KB219834

차이와 반복

Différence et Répétition

DIFFÉRENCE ET RÉPÉTITION

by Gilles Deleuze

Copyright ⓒ 1968 by Gilles Deleuze

All rights reserved.

Korean Translation Copyright ⓒ 2004 by Minumsa

Korean Translation edition is published by arrangement with
Presses Universitaires de France

이 책의 한국어 판 저작권은
Presses Universitaires de France와 독점 계약한 (주)민음사에 있습니다.

저작권법에 의해 한국 내에서 보호를 받는 저작물이므로
무단 전재와 무단 복제를 금합니다.

차이와 반복

질 들뢰즈
김성환 옮김

민음사

차례

차례

1 차이 그 자체

3   사유의 이미지

4   차이의 이념적 종합

5 감성적인 것의 비대칭적 종합

결론   차이와 반복

일러두기

1   프랑스어 원문에서의 인용과 강조는 각각 " "와 ' '로 표기하였고, 이탤릭체로 표기된 부분은
고딕체로 표기하였다. 또 이탤릭체로 표기된 원어를 역어 앞에 써주어야 할 경우에는 그대로
이탤릭체로 표기하였다. 그러나 외국어(가령 라틴어나 그리스어)이기 때문에 이탤릭체로 표기한
용어에는 이런 원칙을 적용하지 않았다.
2   옮긴이 주의 경우에는 각주에서 번호 뒤에 (옮긴이 주)라고 표시하였고 원주의 경우에는 아무런
표시도 하지 않았다.
3   〔 〕로 묶은 말은 대체 가능한 번역어이거나, 뜻이 잘 통하도록 하기 위해서 옮긴이가 임의로 넣은
말이다.

머리말

    책의 취약성 배후에는 종종 실현될 수 없는 헛된 의도들이 있다. 이런 의미에서, 의도를 선언한다는 것은 이상적인 책에 대한 진정한 겸손을 나타낸다. 서문은 맨 마지막에 가서야 읽어야 한다는 말이 있다. 거꾸로 결론은 때로 가장 먼저 읽어야 한다. 결론을 읽으면 나머지 부분의 독서가 불필요해질지도 모르는 우리네 책의 경우 이는 옳은 말이다.

    여기서 다루는 주제는 분명 이 시대에 널리 공유되어 있다. 이를 말해주는 조짐들은 많다. 하이데거는 점점 더 심각하게 존재론적 차이의 철학으로 향하고 있다. 구조주의의 실천은 공존의 공간에 분배된 변별적 특성들에 기초한다. 현대 소설은 가장 추상적인 성찰뿐 아니라 실제적인 기법에서까지 차이와 반복의 주위를 맴돈다. 모든 영역에서 반복의 고유한 역량이 발견되고 있으며, 또한 이는 무의식, 언어, 예술의 힘으로서 나타난다. 이 모든 조짐들은 반(反)-헤겔주의로 집약될 수 있다. 즉 차이와 반복이 동일자(同一者)와 부정적인 것, 동일성과 모순의 자리를 대신 차지하고 있다. 왜냐하면 차이는 동일자에 종속되는 한에서만 부정적인 것을 함축하고 마침내 모순에까지 이르기 때문이다. 어떻게 파악하든 동일성의 우위가 재현[1]의 세계를 정의한다. 그러나 현대적 사유는 재현의 파산과 더불어 태어났다. 동일성의 소멸과 더불어, 동일자의 재현 아래에서 꿈틀거리는 모든 힘들의 발견과 더불어 태어난 것이다. 현대는 시뮬라크르simulacres, 곧 허상(虛像)들의 세계이다. 이 세계에서 인간은 신보다 오래 존속하지 않으며, 주체의 동일성은 실체의 동일성보다 오래 존속하지 않는다. 모든 동일성은 흉내 낸 것에 불과하다. 그것은 차이와 반복이라는 보다 심층적인 유희에 의한 광학적 '효과'에 지나지 않는다. 우리는 차이 자체를, 즉자적 차이를 사유하고자 하며 차이소[2]의 상호 관계를 사유하고자 한다. 이는 차이나는 것들을 같음으로 환원하고 부정적인 것들로 만들어버리는 재현의 형식들에서 벗어나야 가능한 일이다.

우리는 우리의 안팎에서 지극히 기계적이고 천편일률적인 반복들에 직면하고 있다. 그리고 동시에 그 반복들로부터 끊임없이 어떤 작은 차이, 이형(異形), 변양(變樣)들을 추출해내고 있다. 이것이 현대적 삶의

---

1 (옮긴이 주) représentation. 근대 인식론, 심리학 등의 문맥에서는 표상으로 옮겨야 하겠지만 플라톤과 아리스토텔레스 이래 개념의 매개 및 구성 능력을 포괄적으로 지칭하는 경우 재현으로 옮겨야 한다. 그 밖에 대리, 대표, 상연 등으로 옮겨야 할 때가 있다.

2 (옮긴이 주) les différents. '차이짓는 것', '차이나는 것' 등으로 옮길 수 있고, 실제로 많은 경우 그렇게 번역했다. 늘 그런 것은 아니지만 이 차이소는 두 종류의 차이소, 즉 분화적 차이소le différenciant와 변별적 차이소le différentiel를 동시에 지칭할 때가 있다. 논의가 진행됨에 따라 분화적 차이소는 차이나는 것들을 종합하거나 소통하게 해주는 **분화소**, 변별적 차이소는 이념적 연속체를 구성하는 **미분적인 것**이라는 한정된 의미를 얻게 된다. 들뢰즈에게서 차이는 분화적 차이différenciation이자 미분적 차이différentiation며, 그 중간 고리로 **강도적 차이(개체화)**가 있다. 논의가 진행됨에 따라 분화적 차이는 **분화**로, 미분적 차이는 **미분화**로 의미가 한정된다. 강도적 차이différence intensive는 개체화하는 차이différence individuante와 개체적 차이différence individuelle로 이루어져 있는데, 현상과 인식의 실질적 발생 원천(본체, 누메나)인 이 강도적 차이는 이 책 전체를 통해 들뢰즈의 초월론적 경험론이 해명하려는 궁극적 주제에 해당한다. 아래의 논의뿐 아니라 이 책 전체를 통해 등장하는 '순수한 차이', '즉자적 차이', '내적 차이' 등은 강도적 차이를 의미하고, 아무런 수식어 없이 그냥 '차이'라 할 때도 강도적 차이로 새겨야 하는 경우가 많다.

특징이다. 반면 차이가 부단히 자리를 바꿈에 따라 살아나는 반복들, 비밀스럽고 위장한 채이며 숨어 있는 반복들은 우리의 안팎에서 헐벗고 기계적이고 천편일률적인 반복을 다시 낳는다. 허상 안에서 반복은 이미 일어난 반복들 위에, 차이는 이미 성립한 차이들 위에 있다. 스스로 반복하는 것은 반복들이며 스스로 차이짓는 것은 분화소이다. 삶의 과제는 차이가 분배되는 공간에 모든 반복들이 공존할 수 있도록 하는 데 있다. 이 책은 두 가지 탐구 방향에서 시작되었다. 하나는 부정 없는 차이의 개념으로 향한다. 이는 정확히 동일자에 종속되지 않는다면 차이는 대립이나 모순에까지 이르지 않거나 이를 '필요가 없을' 것이라는 이유 때문이다. 다른 하나는 반복의 개념으로 향한다. 물리적이고 기계적이며 헐벗은 반복(같음의 반복)들은 숨어 있는 반복의 보다 심층적인 구조들에서 자신의 이유를 발견할 것이다. 이 숨어 있는 반복에서 '변별적 차이소'는 스스로 위장하고 자리를 바꾼다. 이런 두 가지 탐구는 서로 자연스럽게 얽히게 된다. 왜냐하면 순수한 차이를 둘러싼 개념들과 복합적 반복을 둘러싼 개념들은 모든 경우에 다시 통합되고 뒤섞이는 것처럼 보이기 때문이다. 차이가 부단한 탈중심화와 발산(發散)의 운동이라면, 반복에서 일어나는 전치(轉置)와 위장은 그 두 운동과 밀접한 상응 관계에 놓여 있다.

동일자에서 벗어나 있고 부정적인 것에 의존하지 않는 순수한 차이들을 불러들이는 데에는 많은 위험이 따른다. 가장 큰 위험은 아름다운 영혼[3]의 표상들로 전락하는 데 있다. 그것은 피 흘리는 투쟁들과는 거리가 먼 차이, 서로 연합하고 화해할 수 있는 차이들에 그치고 마는 위험

---

3 (옮긴이 주) belle-âme. 헤겔이 낭만주의자를 이르던 표현인 schöne Seele의 번역어. 잘못된 현실을 비난하고 고고한 이상에 머물지만 정작 그 현실에 대한 자신의 책임과 역할을 잊고 있는 사람을 가리킨다. 원래는 낭만주의자 실러의 용어이다.

이다. 아름다운 영혼은 이렇게 말한다. "우리는 서로 다르지만 대립하지
않는다……." 또 문제라는 기초개념은 ─ 우리는 앞으로 이 개념이 차이
의 개념과 연결되어 있음을 알게 될 것이다 ─ 아름다운 영혼의 자양분
인 것처럼 보인다. "중요한 것은 오로지 문제와 물음들뿐이다……." 하
지만 문제들은 각각의 고유한 실증성의 등급에 도달할 때, 그리고 차이
가 그에 상응하는 긍정의 대상이 될 때, 어떤 공격과 선별의 역량을 분
비한다. 우리는 그렇게 믿는다. 문제들은 아름다운 영혼의 동일성을 박
탈하고 그의 선한 의지를 깨뜨리는 가운데 그 영혼을 파괴하는 힘을 낳
는다. 문제틀과 미분적 차이가 규정하는 어떤 투쟁과 파괴들. 이것들에
비추어 보면 부정적인 것의 투쟁과 파괴들은 외양에 불과하다. 아름다
운 영혼들의 경건한 소망들도 마찬가지로 겉모습에 사로잡힌 신비화에
지나지 않는다. 허상은 모상(模像)이 아니다. 허상은 원형들마저 전복하
는 가운데 모든 모상들을 전복한다. 즉 모든 사유는 침략이 된다.

철학 책은 한편으로는 매우 특이한 종류의 추리소설이 되어야 하
고, 다른 한편으로는 일종의 공상과학소설이 되어야 한다. 추리소설이
라 할 때 우리가 말하고자 하는 것은, 국지적 상황을 해결하기 위해 개
입해야 하는 개념들이 특정한 행동반경을 지녀야 한다는 점이다. 개념
들은 그 자체가 문제들에 따라 스스로 바뀌며 어떤 영향권을 거느린다.
그리고 앞으로 보게 될 것처럼, 그 영향권 안에서 개념들은 '드라마'들
과 한데 묶여서 어떤 '잔혹성'의 길을 통해 힘을 행사한다. 개념들은 서
로 정합적이어야 한다. 그러나 이 일관성은 개념들 자체로부터 오는 것
이어서는 안 된다. 개념들은 일관성을 다른 곳에서 끌어와야 한다.

이것이 경험론의 비밀이다. 경험론은 결코 개념들에 대한 반동이 아
니며 생생한 경험에 대한 단순한 호소도 아니다. 거꾸로 경험론은 이제

까지 결코 보거나 듣지 못했던 지극히 광적인 개념 창조를 시도한다. 경험론은 개념의 신비주의, 개념의 수학주의다. 하지만 정확히 말해서 경험론은 개념을 어떤 마주침의 대상으로, 지금-여기로 다룬다. 그보다는 오히려 결코 다 길어 낼 수 없는 것들, '지금들'과 '여기들'이 항상 새롭고 항상 다르게 분배되는 가운데 무궁무진하게 생겨나는 어떤 에레혼*Erewhon*[4]인 것처럼 개념을 다룬다고 해야 한다. 개념들은 사물들 자체, '인류학적 술어들'을 넘어서 있는 자유롭고 야생적인 상태의 사물들 자체이다. 이렇게 말할 수 있는 것은 경험주의자뿐이다. 나는 나의 개념들을 만들고 주조하고 부순다. 움직이고 있는 어떤 지평에서, 언제나 탈중심화되고 있는 어떤 중심으로부터, 개념들을 반복하고 분화(分化)시키면서 언제나 위치를 바꾸는 어떤 주변으로부터 그렇게 한다. 현대 철학의 특징은 시간성/무시간성, 역사성/영원성, 특수/보편 등의 양자택일적 선택지를 넘어서는 데 있다. 니체를 따라 우리는 반시대성을 시간과 영원보다 훨씬 심오한 것으로 발견한다. 즉 철학은 역사의 철학도 영원성의 철학도 아니다. 철학은 반시대적이며, 언제나 그리고 오로지 반시대적일 뿐이다. 다시 말해서 "내가 바라는 것은 이 시대에 반하는, 도래할 시대를 위한" 철학이다. 새뮤얼 버틀러를 따라 우리는 에레혼을 발견한다. 그것은 원초적인 '부재의 장소'를 의미한다. 그리고 그것은 위치를 바꾸고 위장하며 양상을 달리하고 언제나 새롭게 재창조되는 '지금-여기'를 동시에 의미한다. 그것은 경험적 특수자도 추상적 보편자도 아닌 것, 곧 어떤 분열된 자아를 위한 코기토를 가리킨다. 우리는 개체화들이 비인격적이고 독특성들이 전(前)-개체적인 세계, 곧

---

4 (옮긴이 주) 영국 소설가 새뮤얼 버틀러(Samuel Butler, 1835~1902)가 1872년에 발표한 풍자소설의 제목. no where의 철자를 뒤바꾼 단어로, 어떤 상상적 유토피아를 지칭한다. 아래에 나오는 표현 '부재의 장소nulle part'는 원래 단어의 번역어이다. 들뢰즈는 이 책의 결론에서 에레혼을 다시 언급하면서, 이것을 now-here의 변형 글자로 읽는다.

눈부신 익명인 '아무개'의 세계를 믿는다. 여기서 에레혼으로부터 필연적으로 도출되는 공상과학적 국면이 성립한다. 따라서 이 책이 드러냈어야 할 것이 있다면, 그것은 어떤 근접의 정합성이다. 하지만 그것은 더 이상 신이나 세계의 일관성이 아니며 하물며 우리들 인간의 일관성은 더욱 아니다. 이런 의미에서 이 책은 (시간의 계열에서 세 번째 시간에 해당하는) 어떤 묵시록적인 책이어야 했을 것이다.

이 책은 취약성이 쉽게 노출되는 또 다른 방향에서 공상과학소설의 성격을 띤다. 알지 못하거나 잘 알지 못하는 것에 대해 쓰는 경우와는 다르게 쓰려면 어떻게 해야 하는가? 무언가 말할 것이 있다고 필연적으로 상상하게 되는 것은 이 지점에 이를 때이다. 글을 쓰게 되는 것은 오로지 앎이 끝나는 최전방의 지점에 도달할 때이다. 글쓰기는 앎과 무지를 가르고 또한 앎과 무지가 서로 꼬리를 물면서 이어지는 그 극단의 지점에서만 시작된다. 글을 쓰고자 결심하게 되는 것은 오직 이런 길을 통해서이다. 단순히 무지를 메우는 데 그친다면, 그것은 글쓰기를 내일로 미루는 것, 오히려 글쓰기를 불가능하게 만드는 것과 같다. 글쓰기는 죽음과 관계하고 침묵과 관계한다는 말이 있지만, 아마 이 지점에서는 그런 관계보다 훨씬 위험한 관계가 성립할 것이다. 그러므로 우리는 특정한 방식으로 과학에 대해 말했지만, 유감스럽게도 그 방식은 과학적인 것이 아니었음을 깨닫는다.

그토록 오랫동안 유지되어온 방식으로 철학 책을 쓰는 것이 거의 불가능해질 시대가 다가오고 있다. "아, 저 낡은 스타일이여……." 새로운 철학적 표현 수단을 탐색하기 시작한 것은 니체였다. 오늘날 그런 탐색은 연극이나 영화같이 새로운 면모를 갖춘 여타 예술들의 기법에 부응하면서 이루어져야 한다. 이런 관점에서 우리는 이제 철학사의 활용 방식에 대해 물을 수 있다. 우리에게 철학사는 회화에서 콜라주가 맡는 것과 전적으로 유사한 역할을 떠맡아야 할 것으로 보인다. 철학사는 철학 자체의 재생산이다. 철학사에서 해설은 〔해설되는 철학의〕 진정한 분신(分身)으로 기능해야 할 것이며, 이 분신에 적절한 최대치의 변화를 포함하고 있어야 할 것이다. (우리는 콧수염을 기른 모나리자를 생각하듯[5] 전적으로 비슷하게 철학적으로 털투성이인 헤겔과 철학적으로 면도한 마르크스를 상상한다.) 이제 과거 철학의 실질적인 책에 대해 말하되 마치 그것이 상상의 책, 위조된 책인 것처럼 말하는 데까지 이르러야 할 것이다. 잘 알려진 바와 같이 보르헤스는 상상의 책들을 설명하는 탁월한 재주를 지녔다. 하지만 그는 실재의 책을 다룰 때 더 멀리까지 나아간다. 예를 들어 그는 『돈키호테』를 다루되 그것이 상상적 저자인 피에르 메나르에 의해 재기록된 어떤 상상의 책인 것처럼 말하고, 더욱이 그 상상적 저자를 마치 어떤 실재의 저자인 양 마주한다. 그래서 가장 정확하고 가장 엄밀한 반복은 극대치의 차이를 상관항으로 한다.("세르반테스의 텍스트와 메나르의 텍스트는 문자 그대로 동일하다. 그러나 나중의 것이 거의 무한할 정도로 훨씬 풍부하다…….") 철학사의 해설은 텍스트가 보여주는 일종의 느림, 응결, 정지 등의 모습을 재현해야 할 것이다. 해설이 대상으로 하는 텍스트뿐 아니라 해설이 담기는 텍스트 또한 그런 성격을 지녀야 한다. 그리하여 해설은 어떤 이중적 실존성을 띠어야 하고, 과거의 텍스트와 현행의 텍스트가 상대방 안에서 서로를 순수하게 반복한다는 어떤 이중적 이상을 지녀야 한다. 그렇기 때문에 우리는 이 이중적 실존성에 접근하기 위해 우리 자신의 텍스트 안에 때때로 역사적 주석들을 통합해야 했다.

---

5 (옮긴이 주) 1919년 마르셀 뒤샹(Marcel Duchamp, 1887~1968)은 모나리자 상에 수염을 그려 넣은 작품을 제작했다.

반복과 차이

1절
반복과 일반성: 첫 번째 구별(행동의 관점에서)

반복은 일반성이 아니다. 반복은 여러 가지 관점에서 일반성과 구별 되어야 한다. 이 둘을 암묵적으로 혼동하고 있는 표현은 언제나 곤혹스 럽다. 예를 들어 두 사물이 두 물방울처럼 닮았다고 말할 때, 또는 "일 반적인 것에 대해서만 과학이 성립한다."와 "반복하는 것에 대해서만 과학이 성립한다."를 동일시할 때 난처해진다. 반복과 유사성 사이에는 본성상의 차이가 있다. 그 유사성이 지극히 큰 경우라 해도 사정은 마 찬가지다.

일반성은 두 가지 커다란 질서를 거느린다. 그것은 유사성들이라는 질적 질서와 등가성들이라는 양적 질서이다. 순환 주기와 동등성들은 각각 그 두 질서를 상징한다. 그러나 어떤 경우라 해도 일반성은 한 항 이 다른 한 항과 교환될 수 있고 한 항이 다른 한 항을 대체할 수 있다 는 관점을 표현한다. 특수한 것들 사이의 교환과 대체는 일반성에 상응 하는 우리의 행동을 정의한다. 이런 이유에서 경험론자들이 일반적 관념을 그 자체로 특수한 관념인 것처럼 설명하는 것은 무리가 아니다. 물론 이를 위해서는 한 단어의 관점에서 그 일반적 관념과 닮아 보이는, 다른 모든 특수한 관념들로 그 일반적 관념을 대체할 수 있다는 느낌이 먼저 덧붙여져야 한다. 반면 우리는 반복이 대체할 수 없는 것과 관련해서만 어떤 필연적이고 정당화된 행동이라고 생각한다. 행동이자 관점으로서의 반복은 교환 불가능하고 대체 불가능한 독특성[1]과 관계한다. 반영, 반향, 분신, 영혼들 등은 유사성이나 등가성의 영역에 속하지 않는다. 진짜 쌍둥이 사이에 대체가 성립할 수 없는 것처럼, 하물며 영혼의 교환이라는 것은 더욱 불가능한 일이다. 만일 교환이 일반성의 기준이라면, 절도(竊盜)와 증여는 반복의 기준이다. 그러므로 양자 사이에는 어떤 경제학적 차이가 있다.

반복한다는 것은 행동한다는 것이다. 그러나 그것은 유사한 것도 등가적인 것도 갖지 않는 어떤 유일무이하고 독특한 것과 관계하면서 행동한다는 것이다. 그리고 외적인 행동에 해당하는 이 반복은 그 자체로 아마 더욱 비밀스러운 어떤 떨림의 반향일 것이다. 그것은 더욱 심층적이고 내면적인 어떤 반복의 반향, 다시 말해서 그것에 생명을 불어넣어주는 단독자 안에서 일어나는 반복의 반향이다. 축제에는 바로 그런 역설, 즉 '다시 시작할 수 없는 어떤 것'을 반복한다는 명백한 역설이 놓여 있다. 첫 번째 것에 두 번째, 세 번째 것을 더하는 것이 아니라 다만 첫 번째 것을 'n승'의 역량[2]으로 고양시키는 것. 이런 역량의 관계

---

1 (옮긴이 주) singularité. 독특한 것le singulier은 특수한 것le particulier과 구별된다. 특수성은 일반성généralité과 짝을 이루지만, 독특성은 보편성universalité과 짝을 이룬다. 특수한 것은 평범하고 범상한 것l'ordinaire이지만, 독특한 것은 특이한 것le remarquable이고, 일반성의 포섭 능력이 무력화되는 지점을 이룬다. 독특한 것은 문맥에 따라 단독적인 것, 단독자로 옮겨야 할 때가 있다. 들뢰즈에 따르면, 개념의 질서는 특수성과 일반성을, 이념의 질서는 독특성과 보편성을 특징으로 한다.
2 (옮긴이 주) puissance. 이 말은 역량으로, 반면 force는 힘으로 옮기지만, 문맥에 따라서는 간혹 두 말 모두 힘으로 옮긴다. 가령 니체의 volonté de puissance는 힘의 의지로 옮

안에서 반복은 어떤 내면성을 획득하는 가운데 전도된다. 페기가 말한 것처럼, 국가에서 정한 7월 14일 축제가 바스티유 감옥의 점령을 기념하고 재현하는 것이 아니다. 바스티유 감옥의 점령이 축제를 벌이는 것이며 모든 축제일들을 미리 앞서서 반복한다. 또는 모네의 첫 번째 수련이 그 뒤에 이어지는 다른 모든 수련들을 반복한다.[3] 그러므로 특수자의 일반성이라는 의미의 일반성은 독특한 것의 보편성이라는 의미의 반복에 대립한다. 예술작품은 개념 없는 독특성의 자격에서 반복된다. 시를 가슴에 새겨야 하는 것은 우연이 아니다. 머리는 교환의 기관이지만 심장은 반복을 사랑하는 기관이다.(반복 또한 머리와 관련된다는 것도 사실이다. 그러나 정확하게 말해서 이는 머리가 반복을 공포스러운 것으로 인식하거나 반복이 역설적이기 때문에 그렇다.) 피우스 세르비엔이 두 가지 언어를 구별한 것은 옳은 일이다. 즉 과학의 언어는 등가적 상징에 의해 지배된다. 여기서는 각 용어가 다른 용어들에 의해 대체될 수 있다. 반면 서정적 언어에서는 각 용어가 대체 불가능하며 단지 반복될 뿐이다.[4] 반복은 항상 어떤 극단적 유사성이나 완벽한 등가성으로 '재현'될 수 있다. 그러나 점진적으로 한 사태에서 다른 한 사태로 이행할 수 있다고 해서 두 사태 간의 본성상의 차이가 사라지는 것은 아니다.

다른 한편 일반성은 법칙들의 질서에 속한다. 그러나 법칙이 규정하는 것은 유사성과 등가성이다. 그것은 법칙에 예속된 주체(기체)들 사이의 유사성, 또 법칙이 지정하는 항들에 대해 그 주체들이 갖는 등가

거야 할 것이다. 그 밖에 pouvoir는 권력이나 능력으로, faculté는 인식능력, 능력 등으로 옮긴다. 들뢰즈의 중요 개념인 역량은 언제나 반복을, 거듭제곱을 함축하고 있으며(이 책 4장 참조), 그렇기에 역량은 언제나 'n승의 역량'이다. 그리고 니체-들뢰즈적 의미에서 힘의 의지는 역량을 겨냥하는 의지를 의미하는 것이 아니라 오히려 누승적 역량 자체의 자기 반복 의지를 의미한다.

3 Charles Péguy, *Clio*(N.R.F., 1917), 45, 114쪽.
4 Pius Servien, *Principes d'esthétique*(Boivin, 1935), 3~5쪽; *Science et poésie* (Flammarion, 1947), 44~47쪽.

반복과 차이

성에 불과하다. 법칙은 반복에 근거를 마련해주기는커녕 오히려 어떻게 법칙의 순수한 주체들인 특수자들에게 반복이 불가능할 수밖에 없는지를 보여준다. 법칙은 특수자들에게 변하라고 강요한다. 법칙은 차이의 공허한 형식, 변이(變異)의 불변적 형식이다. 법칙은 주체들로 하여금 법칙 자신을 예시하도록 내몰지만, 이때 그 주체들은 자신의 고유한 변화들을 대가로 지불해야만 한다. 물론 법칙이 지정하는 항들 중에는 변항들이 있는 만큼 불변항들도 많다. 또 자연에는 유동적인 흐름과 변이들만큼이나 영속적이고 집요하게 남는 것들이 있다. 그러나 집요하게 남는다는 것은 반복과 전혀 무관하다. 한 법칙의 불변항들은 더욱 일반적인 법칙에서 보면 변항들이 된다. 이는 마치 지상에서 가장 단단한 바위들이 수백만 년을 단위로 하는 지질학적 척도에서 보면 말랑말랑하고 액체 같은 물질들에 다름 아닌 것과 같다. 그리고 각 층위에서 한 법칙에 예속된 주체는 자연 안에 있는 더 크고 항구적인 대상들과 관계함에 따라 반복하지 못하는 자신의 고유한 무능력을 경험한다. 또 이 무능력이 항구적인 대상 안에 이미 포함되어 있고 반영되어 있음을 발견한다. 주체는 그 대상에서 자신의 운명을 읽는다. 법칙은 흐르는 물의 변화를 큰 강의 항구성과 하나로 만들어버린다. 엘리 포르는 와토[5]에 대해 다음과 같이 말한다. "그는 우리의 눈에 지극히 지속적인 것으로 보이는 것 안에, 공간과 거대한 숲 안에 지극히 일시적인 것을 위치시켰다." 이것이 18세기의 방법이다. 『신 엘로이즈』에서 볼마르는 그 방법을 체계화했다. 즉 반복은 불가능하다. 변화——자연의 법칙이 모

---

5 (옮긴이 주) Jean Antoine Watteau(1684~1721). 프랑스 화가로 서정적인 매력과 우아함을 풍기는 로코코 양식으로 유명하다. 엘리 포르(Élie Faure, 1873~1937)는 니체의 영향을 많이 받은 뛰어난 문장력의 예술사가이자 예술 비평가로, 그의 유명한 『예술의 역사』(1909~1921)는 라마르크, 니체, 도스토예프스키, 세잔 등과 같이 다양한 인물들의 초상을 통해 19세기 서양의 심성(心性)을 분석하고 있으며, 이런 작업은 『형상의 정신』(1927)으로 다시 보완된다.

든 특수한 피조물들에 복종하도록 강요하는 듯한 어떤 일반적 조건으로서의 변화 ─ 는 고정된 항들에 대한 관계 안에서 파악된다.(물론 그 항들 자체는 다른 항구성들에 관계하거나 더욱 일반적인 다른 법칙들과 함수 관계에 놓일 때는 변항들이 된다.) 이것이 이 책에서 작은 숲, 동굴, '신성한' 대상들 등이 갖는 의미이다. 생프뢰는 자신이 반복할 수 없음을 깨닫는다. 왜 반복할 수 없는 것일까? 그것은 단지 자신과 쥘리의 변화들 때문만은 아니다. 그것은 무엇보다 자연의 위대한 항구성들 때문이다. 그 위대한 항구성들은 어떤 상징적 가치를 획득하며, 그런 만큼 그는 참된 반복에서 멀어진다. 만일 반복이 가능하다면, 그것은 법칙에 의해서라기보다는 오히려 기적에 의해서이다. 반복은 법칙에 반한다. 법칙의 유사한 형식과 등가적 내용에 반하는 것이다. 만일 반복을 자연에서조차 발견할 수 있다면, 그것은 법칙에 대항하여 자기 자신을 긍정하는 어떤 역량의 이름으로, 법칙 아래에서 작용하지만 아마 법칙보다 우월한 그런 역량의 이름으로 가능하다. 반복이 실존한다면, 그 반복은 일반성에 대립하는 어떤 독특성, 특수성에 대립하는 어떤 보편성, 평범한 것에 대립하는 어떤 특이한 것, 변이에 대립하는 어떤 순간성, 항구성에 대립하는 어떤 영원성 등을 동시에 표현한다. 어떤 관점에서 보더라도 반복이란 결국 위반이다. 반복은 법칙에 물음을 던진다. 그리고 훨씬 심층적이며 예술적인 어떤 실재를 위해 법칙의 명목적이고 일반적인 특성을 고발한다.

일반성의 두 질서: 유사성과 동등성

그럼에도 불구하고 과학적 실험 자체의 관점에서 보면, 반복과 법칙이 갖는 모든 관계를 부정하기는 어려워 보인다. 하지만 우리는 도대체 어떤 조건들에서 실험이 반복을 뒷받침하는지 물어야 한다. 자연의

반복과 차이

현상들은 자유로운 상태에서 산출된다. 이때 유사성을 띤 어떤 거대한 순환 주기들 안에서 모든 추론이 가능해진다. 이런 의미에서 각각의 모든 것은 모든 것에 반응하고 모든 것은 모든 것과 유사하다(잡다한 것이 그 자신과 닮아 있는 상태). 그러나 실험은 상대적으로 닫힌 환경들을 만들어놓는다. 이 환경 안에서 하나의 현상은 소수의 선택된 요인들에 입각해 정의된다(최소한 둘, 예를 들어 진공 속에서 어떤 물체 일반의 운동을 정의하기 위한 시간과 공간). 여기서부터 수학을 자연과학에 적용하는 것에 대해 의문을 제기할 수 없게 된다. 즉 자연과학은 직접적으로 수학적이다. 선택된 요인이나 폐쇄된 환경들이 역시 어떤 기하학적 좌표 체계들을 이루기 때문이다. 이런 조건들 아래에서 현상은 선택된 요인들의 일정한 양적 결합관계와 동등한 것으로 나타난다. 그러므로 실험에서 중요한 것은 하나의 일반적인 질서를 다른 하나의 일반적인 질서로, 곧 유사성의 질서를 동등성의 질서로 대체하는 것이다. 여기서 목적은 어떤 동등성을 발견하는 데 있고, 이를 위해 유사성들을 허물어야 한다. 동등성만이 실험의 특수한 조건들 안에서 한 현상의 정체성을 확인할 수 있도록 해주기 때문이다. 여기서 반복은 하나의 일반성의 질서에서 다른 일반성의 질서로 향하는 이행 안에서만 나타난다. 오로지 이행을 기회로 삼고 그 이행에 힘입어 모습을 드러내는 것이다. 모든 것은 마치 반복이 두 일반성 사이에서, 또 두 일반성 아래에서 한순간에 치고 올라오는 것처럼 이루어진다. 하지만 여기에는 다시 한번 본성상의 차이를 단순한 정도상의 차이로 간주할 위험이 있다. 왜냐하면 일반성은 오로지 가설적 반복만을 재현하고 가설적 반복만을 가정하기 때문이다. 즉 "똑같은 조건이 주어진다면, 그러면……."이라는 식이다. 이 공식은 다음과 같은 것을 의미한다. 서로 유사한 총체들 안에서 동일성을 띤 요인들을 항상 취하고 선별할 수 있으며, 이를 통해 현상의 동등-함 l'être-égal을 재현할 수 있다. 그러나 이런 식으로는 진정으로 반복을 가져오는 것을 놓쳐버린다. 반복에서 절대적으로 중요한 것을 잃어버림은 물론, 반복에서 권리상 유효한 것까지 놓쳐버리게 된다.(권리상 유효한 것, 그것은 두 번째, 세 번째를 경유할 필요 없이 단 한번의 역량으로서의 'n번'이 되는 데 있다.) 본질상 반복은 어떤 독특한 역량에 의존한다. 이 역량은 본성상 일반성과 다른 것이다. 이는 반복이 일반적 질서들 사이의 인위적 이행을 이용해 출현하는 경우에도 마찬가지다.

반복과 일반성: 두 번째 구별(법칙의 관점에서)

'스토아주의'의 오류는 자연법칙의 반복을 기대한다는 데 있다. 지혜로운 자는 덕이 있는 자로 바뀌어야 한다. 반복을 가능케 할 법칙을 발견하고자 하는 꿈은 도덕법칙의 영역으로 자리를 옮긴다. 의무의 재천명과 구별할 수 없는 일상생활에는 항상 다시 시작해야 할 어떤 과제가 있고 다시 되풀이해야 할 어떤 신의(信義)가 있다. 뷔흐너의 당통은 이렇게 말한다. "먼저 윗옷을, 그다음 바지를 꿰입는 것, 저녁마다 침대 안으로 기어들었다 아침마다 다시 밖으로 기어 나오는 것, 그리고 항상 한 발을 다른 한 발 앞에 디디면서 걷는다는 것은 얼마나 진절머리 나는 일인가. 이런 일들이 언젠가 변하리란 희망은 거의 없다. 수백만의 사람들이 이처럼 해왔고 앞으로 다른 수백만의 사람들도 여전히 똑같이 할 것이다. 게다가 우리는 같은 일을 하는 똑같은 두 부분으로 이루어져 있기 때문에 모든 것이 두 번 이루어진다. 이 모든 것은 얼마나 지겹고 슬픈 일인가." 그러나 만일 도덕법칙이 되풀이를 신성시하지 않는다면, 그리고 무엇보다 되풀이를 가능케 하지 않는다면, 그래서 자연법칙이 박탈해간 입법 능력을 다시 우리에게 되돌려 주지 않는다면, 도덕법칙은 무슨 소용이 있단 말인가? 때때로 도덕주의자들이 선과 악을 다음과 같은 관점에서 서술하는 것을 볼 수 있다. 자연에 속한 존

반복과 차이

재자로서 우리는 자연적 본성에 따라 반복(쾌락, 과거, 정념 등의 반복)을 꾀한다. 그러나 그때마다 번번이 절망이나 권태밖에 출구가 없는 어떤 악마적인 그리고 이미 저주받은 시도 속에 빠지고 만다. 거꾸로 선(善)은 우리에게 반복의 가능성, 반복의 성공 가능성과 정신성을 선물할 것이다. 왜냐하면 선이 어떤 법칙에 의존한다면, 이 법칙은 더 이상 자연의 법칙이 아니라 의무의 법칙에 해당할 것이기 때문이며, 우리가 도덕적 존재자로서 입법적 주체가 되지 않고는 그 법칙의 주체가 될 수 없기 때문이다. 게다가 칸트가 최고의 시험이라 불렀던 것은 어떤 사유의 시험이 아니라면 또 무엇이란 말인가? 그것은 권리상 재생산될 수 있는 것을, 다시 말해서 도덕법칙의 형식 안에서 모순 없이 반복될 수 있는 것을 규정해야 하는 사유의 시험이다. 의무의 인간은 반복의 '시험'을 고안해냈고, 반복될 수 있는 것을 권리의 관점에서 규정했다. 따라서 의무의 인간은 악마적인 것과 동시에 지겨울 정도로 판에 박힌 것을 다 같이 극복했다고 믿는다. 게다가 당통의 근심들에 대한 한 가지 반향과 그 응답이 도덕주의일 수 있다. 칸트가 스스로 제작했다는 놀라운 양말대님에조차, 가령 매일의 고정적인 산책 시간들같이 칸트의 전기 작가들이 그토록 정확하게 기술했던 반복 장치들에조차 어떤 도덕주의가 놓여 있는 것이 아닐까?(몸단장을 무시하고 버르장머리가 없다는 것이 어떤 격률을 따르는 행동들이라는 의미에서 이렇게 물을 수 있다. 이런 행동들이 따르는 격률들은 모순 없이는 보편적 법칙으로 생각될 수 없고 그러므로 권리상 반복의 대상도 될 수 없다.)

반복, 자연법칙, 도덕법칙

그러나 양심의 애매성은 바로 다음과 같은 점에 있다. 먼저 양심은 오로지 자연법칙에 외면적이고 자연법칙보다 우월하며 자연법칙에 무관심한 도덕법칙을 정립할 때에만 생각될 수 있다. 하지만 다른 한편 양심은 그 자신 안에서 자연법칙의 이미지와 모델을 되살릴 때에만 도덕법칙의 적용을 생각할 수 있다. 그 결과 도덕법칙을 통해 우리는 참된 반복에 도달하기는커녕 여전히 일반성에 매몰되어버린다. 여기서 일반성은 이제 더 이상 자연의 일반성이 아니다. 그것은 제2의 자연에 해당하는 습관의 일반성이다. 여기서 현존하는 부도덕한 습관이나 악습들을 내세워봐야 헛된 일이다. 본질적으로 도덕적인 것, 선의 형상을 띠는 것은 습관의 형식이다. 달리 말해서 그것은 베르그손이 말했듯이 어떤 습관들(의무의 전부)을 가지려는 습관이다. 그런데 이 모든 습관 또는 이 모든 습관적 일반성 안에서 우리는 다시 두 개의 커다란 질서를 발견한다. 첫째, 유사성들의 질서. 이 질서는 습관이 확립되지 않았을 때 어떤 가정된 모델에 비추어 행위 요소들이 보여주는 가변적인 일치 속에서 형성된다. 둘째, 등가성들의 질서. 이 질서는 습관을 획득한 이후 상이한 상황들 안에서 이루어지는 행위 요소들 간의 동등성과 더불어 형성된다. 그 결과 어떤 습관도 결코 참된 반복을 형성하지 못한다. 전자의 경우 의도는 변하지 않으면서 단지 행동만이 변하고 완전성을 띠어간다. 후자의 경우에는 행동이 동등하게 남아 있으면서 서로 다른 의도와 문맥들 속에 놓인다. 여기서 반복이 가능하다면, 그것은 다시 한번 완전성과 통합성이라는 두 일반성 사이에서만, 그리고 그 두 일반성 아래에서만 나타난다. 하지만 그렇게 나타나는 반복은 그 두 일반성을 전복할지도 모르는 위험을 수반하면서 전혀 다른 종류의 역량을 증언하고 있다.

만일 반복이 가능하다면, 그것은 자연법칙에 반하는 만큼이나 도덕법칙에 반하여 성립한다. 잘 알려져 있는 바와 같이 도덕법칙을 전복하는 데에는 두 가지 길이 있다. 하나는 원리들로 향하는 상승의 길이다. 여기서 법칙의 질서는 이차적이고 파생적인 질서로, 차용된 질서이자

'일반적인' 질서로 부인된다. 법칙 안에서 비난받는 것은 어떤 본연의 힘을 우회시키고 어떤 원천적인 역량을 참칭하는 이차적인 원리이다. 다른 하나는 거꾸로 하강의 길이다. 법칙은 그 귀결들로 내려갈수록, 과도할 정도로 완벽한 세심함을 기울여 복종할수록 전복되기 쉽다. 허위로 복종하는 영혼이 법칙을 회피할 수 있고 법칙이 금지하는 것으로 간주된 쾌락들을 맛볼 수 있게 되는 것은 바로 법칙을 그대로 따른 덕분이다. 이것은 모든 귀류법적 논증들에서, 또 절차를 어김없이 지킴으로써 마비 효과를 가져오는 준법 파업들에서 볼 수 있다. 게다가 이것은 철저한 복종을 통해 조롱의 효과를 낳는 마조히스트의 행동들 속에서도 볼 수 있다. 법칙을 전도시키는 첫 번째 방식은 반어ironie이다. 반어는 원리들의 기술, 원리들을 향한 상승의 기술, 원리 전도의 기술로서 등장한다. 두 번째 방식은 익살humour이다. 이것은 귀결들을 이끌어내는 기술이자 하강의 기술, 계류(繫留)의 기술이자 추락의 기술이다. 반복이 이런 상승 못지않게 계류에서 솟아난다면, 이는 마치 실존이 더 이상 법칙들에 의해 구속되지 않게 되자마자 그 자체로 다시 시작되고 '되풀이되는' 것인 양 이해되어야 하는 것일까? 반복은 익살과 반어에 속하는 사태이다.[6] 반복은 본성상 위반이고 예외이다. 반복은 언제나 법칙에 종속된 특수자들에 반하여 어떤 독특성을 드러내며, 법칙을 만드는 일반성들에 반하여 항상 어떤 보편자를 드러낸다.

---

6 (옮긴이 주) 반복에 대한 논의가 어느 정도 심화된 이후 들뢰즈는 반어를 이념-잠재적 층위의 반복 기법으로, 익살을 강도-개체적 층위의 반복 기법으로 정의한다.

2절
반복 철학의 프로그램: 키에르케고르, 니체, 페기

키에르케고르와 니체 사이에는 어떤 공통의 힘이 흐르고 있다. (성직자, 반-그리스도, 가톨릭 신자를 담는 삼면화(三面畵)를 그리기 위해서는 여기에 페기를 포함시켜야 할 것이다. 이들 각각은 자신만의 방법으로 반복을 언어와 사유의 어떤 고유한 역량, 파토스, 고등 병리학으로 만들었을 뿐 아니라 미래 철학의 근본 범주로 만들었다. 이들 각각에게는 어떤 성서(聖書)가 상응하고 있다. 그리고 또한 어떤 연극, 연극적 발상법, 그리고 반복의 주인공으로 이 연극에 등장할 주요 인물 ── 욥/아브라함, 디오니소스/차라투스트라, 잔 다르크/클리오 ── 이 상응한다.) 키에르케고르와 니체의 차이는 상당하고 분명하며 잘 알려져 있다. 그러나 어떤 경우라 해도 그들은 반복에 대한 사유의 주위에서 마주치게 된다. 이들에게서 반복은 모든 형식의 일반성에 대립한다. 이들은 '반복'이란 말을 은유적으로 취하지 않는다. 오히려 그 말을 문자 그대로 취하고 문제 안으로 끌어들인다. 우선 이들 사이의 일치를 말해주는 주요 명제들을 열거할 수 있을 것이며, 게다가 그렇게 해야만 한다.

1) 반복 자체를 새로운 어떤 것으로 만들기. 반복을 어떤 시험, 선별, 선별적 시험 등과 이어놓기. 반복을 의지와 자유가 향하는 최상의 대상으로 설정하기. 키에르케고르가 명확하게 한정한 것처럼, 이는 반복으로부터 새로운 어떤 것을 끌어내거나 훔쳐내는 것이 아니다. 왜냐하면 오직 응시만이, 외부로부터 응시하는 정신만이 '훔쳐내기'[7] 때문이다. 오히려 여기서 중요한 것은 행동이며 반복 자체를 새로운 사태로

---

7 (옮긴이 주) soutirer. 이에 대해서는 주10 참조.

만드는 것, 다시 말해서 어떤 자유로 만들고 자유의 임무로 만드는 것이다. 니체의 경우 문제는 반복을 의지의 대상 자체로 만들면서 모든 속박으로부터 의지를 해방하는 데 있다. 어쩌면 반복이라는 것 자체가 이미 속박인지 모른다. 그러나 만약 반복이 죽음을 가져온다면, 구원과 치유를 가져오는 것, 또 무엇보다 다른 반복을 치유하는 것도 역시 반복이다. 그러므로 반복 안에는 타락과 구원의 신비한 유희, 죽음과 삶의 연극적 유희, 질병과 건강의 긍정적 유희가 동시에 존재한다.(하나의 똑같은 역량, 곧 영원회귀 안의 반복 역량으로 인해 병드는가 하면 다시 건강을 되찾는 차라투스트라를 보라.)

2) 따라서 반복을 자연법칙에 대립시키기. 키에르케고르는 자신이 자연 안의 반복에 대해, 순환 주기나 계절들에 대해, 교환이나 동등성들에 대해 결코 말하는 법이 없다고 천명한다. 오히려 이렇게 언급한다. 반복이 의지의 가장 내면적인 것에 해당한다면, 이는 모든 것이 자연법칙에 부합하되 의지의 주위에서 변화하기 때문이다. 자연법칙에 따르면 반복은 불가능하다. 이런 이유에서 키에르케고르는 자연법칙적 반복을 획득하려는 모든 노력을 미학적 반복[8]이라 부르며 비난한다. 그런 노력은 입법적 원리와 자신을 동일화하려는 노력인데, 에피쿠로스 학파뿐 아니라 스토아 학파에서도 그에 대한 사례를 찾을 수 있다.

---

8 (옮긴이 주) répétition esthétique. 이 대목 전후에서 들뢰즈가 그려내고 있는 반복과 재현, 반복(운동)과 매개의 대립 구도는 키에르케고르의 문제틀을 참조하고 있고, '독특한 것'의 개념도 키에르케고르의 '단독자der Einzelne(익명인)'와 일정한 연계성을 함축하고 있다. 키에르케고르에게서 실존은 주어진 현실적 조건에 안주하는 '미학적(감성적) 단계'에서 출발하여 '윤리적(인륜적) 단계', '크리스트교적(종교적) 단계'로 상승하고, 이 세 단계 각각은 헤겔, 소크라테스, 예수에 의해 대변된다. 『이것이냐 저것이냐』 2부에 나오는 '미학적'이라는 말은 예술이나 아름다움에 대한 이론적 담론과는 무관하게 인간의 자연적 품성을 규정하는 감성적 충동을 가리키는 말로서, 그리스어 아이스테시스aisthesis의 의미를 그대로 살리는 번역어이다.

니체의 경우는 이런 점들이 불분명하다는 지적이 있을지 모른다. 그러나 니체의 말들은 명쾌하다. 그가 퓌지스Physis 자체 내에서 반복을 발견한다면, 이는 그 안에서 법칙들의 지배보다 월등한 어떤 사태와 마주치기 때문이다. 모든 변화들을 가로질러 자기 자신을 의지하는 어떤 의지, 법칙에 반하는 어떤 역량, 표면의 법칙들에 대립하는 어떤 대지의 내면 등을 발견하는 것이다. 니체는 '그의' 가설을 순환 주기의 가설에 대립시킨다. 그는 영원회귀 안의 반복을 존재로 생각한다. 하지만 이 존재를 모든 법률적 형식에 대립시키며, 동등-함과 마찬가지로 유사-함에도 대립시킨다. 사실상 법칙의 개념에 대한 비판을 가장 멀리까지 밀고 나갔던 철학자가 어떻게 영원회귀를 자연법칙으로 다시 끌어들일 수 있단 말인가? 고대부터 잘 알려진 이런 진부하고 일반적인 자연관을 정식화하는 것에 만족한다면, 그리스 전문가로서 니체가 자신의 생각을 엄청나게 새로운 것으로 평가할 근거는 어디에 있을 수 있겠는가? 차라투스트라는 두 번에 걸쳐서 영원회귀에 대한 잘못된 해석들을 교정한다. 분노하면서 정령과 마주하고("무거움의 정신이여…… 그것을 너무 단순히 여기지 말라!"), 또한 상냥하게 동물들과 마주한다.("오, 어릿광대들이여, 오, 손풍금들이여…… 너희들은 벌써 후렴(後斂)을 만들었구나!") 여기서 후렴은 주기나 순환들에 해당하는 영원회귀, 유사-함과 동등-함으로서의 영원회귀이다. 요컨대 그것은 자연 발생적인 동물적 확실성에 해당하는 영원회귀이자 자연 자체의 감성적 법칙으로서의 영원회귀이다.

3) 반복을 도덕법칙에 대립시키기. 반복을 윤리의 지연과 보류로, 선악을 넘어선 사유로 만들기. 반복은 고독한 자, 단독자의 로고스로 나타나며 '사적(私的)인 사유자'의 로고스로 나타난다. 키에르케고르와 니체는 사적인 사유자, 혜성 같은 사유자, 반복의 담지자를 공적인 교

반복과 차이

수, 전문적 법률가 ── 간접적 형태를 띤 이들의 담론은 매개를 통해 진행되고 개념들의 일반성 안에서 도덕적 사유의 원천을 취한다 ── 와 대비시킨다.(헤겔에 맞서는 키에르케고르, 칸트와 헤겔에 맞서는 니체, 그리고 이런 구도에서 소르본에 맞서는 페기를 보라.) 욥은 무한한 항의를, 아브라함은 무한한 체념을 구현한다. 하지만 이 둘은 단일하고 똑같은 사태이다. 욥은 반어적인 방법으로 법률을 문제 삼고 모든 간접적 형태의 설명을 거부하며 일반적인 것을 퇴출시킨다. 그리고 마침내 원리의 자격과 보편성을 지니는 가장 독특한 것에 도달한다. 아브라함은 해학적으로 법칙에 굴복하지만, 정확히 바로 이 굴복 안에서 법률이 제물로 요구했던 외아들의 독특성을 찾아낸다. 키에르케고르가 이해한 바 그대로, 반복은 심리적 의도들로서의 항의와 체념이 공통적으로 지니는 초월적[9] 상관항이다. (이런 두 가지 측면은 이분화된 페기, 곧 잔 다르크와 제르베즈에게서 발견할 수 있다.) 니체의 분노에 찬 무신론을 보라. 여기서 법칙에 대한 증오와 운명애amor fati, 공격성과 동의(同議)는 차라투스트라의 두 얼굴이다. 성서에 호의적이고 다시 성서를 적대하는 차라투스트라, 그는 여전히 특정한 방식으로 칸트와 겨루고 있다. 도덕법칙

---

9 (옮긴이 주) transcendant. '내재적'이라 옮기는 immanent과 대립하는 이 말은 '초월적' 외에도 '초재적'으로 옮겨야 하는 경우가 있다. 이 말과 혼동되기 쉬운 transcendantal은 '초월론적'으로 옮긴다. 들뢰즈적 의미의 초월론적 초월성은 초재적인 동시에 내재적이다. 이 점은 그의 표현주의를 구성하는 기초개념들(막-주름운동perplication, 안-주름운동implication, 밖-주름운동explication, 온-주름운동complication, 겹-주름운동réplication)과 더불어 비로소 구체적으로 드러난다. 선험적인 것'a priori은 단순히 경험에 앞선다는 의미만을 지니지만, 초월론적인 것은 경험에 앞설 뿐 아니라 경험의 실질적 조건이자 발생 원천이라는 의미도 담고 있다. 그리고 보통 초월적인 것은 경험을 넘어선다거나 세상 밖의 대상과 관계한다는 것을 의미하지만, 들뢰즈적 의미의 초월성은 각각의 인식능력과 배타적으로 관계하면서 그 능력 자체를 낳아주는 사태를 함의한다. 그것은 곧 강도적 사태이다. 초월론적 지위에 있는 이 강도적 사태는 공통감sens commun과 양식bon sens의 지배를 벗어난 인식능력들만이 접근 가능한 사태이다. 이 책 3장에서 개진되는 들뢰즈의 인식론과 인식능력 이론은 이런 강도적 사태와 관계하기 위한 '인식능력의 초월적 사용'을 근간으로 하고 있으며, 이것이 또한 '초월론적 경험론'의 의미를 규정하는 가장 중요한 요소이다.

안에 있는 반복의 시험을 두고 경쟁하는 것이다. 영원회귀는 이렇게 말한다. 네가 무엇을 의지하든 그것의 영원회귀를 의지하는 방식으로 그것을 의지하라. 이것은 〔칸트류의〕 '형식주의'이지만, 칸트를 그의 고유한 영토에서 전복하는 형식주의이다. 여기에 〔칸트의 명법이 함축하는 시험보다〕 더 멀리 이르는 시험이 있다. 이는 미리 가정된 어떤 도덕법칙에 반복을 결부시키는 대신 도덕을 넘어서는 어떤 법칙과 결부시키기 때문이며, 반복을 그 법칙의 유일한 형식으로 만드는 것처럼 보이기 때문이다. 하지만 사태는 생각보다 훨씬 복잡하다. 영원회귀에서 나타나는 반복의 형식, 그것은 무매개성의 난폭한 형식이며 보편성과 독특성을 하나로 엮는 형식이다. 이 형식을 통해 모든 일반적 법칙은 특권적 지위를 빼앗기고 매개들은 용해되며 법칙에 예속된 특수성들은 사라지게 된다. 법칙의 저편과 법칙의 이편, 이 두 편은 차라투스트라의 유머와 블랙 아이러니처럼 영원회귀 안에서 하나가 된다.

4) 반복을 습관의 일반성들뿐 아니라 기억의 특수성들에 대립시키기. 왜냐하면 외부로부터 응시된 어떤 반복에서 새로운 어떤 것을 '훔쳐내는' 데 이르는 것은 아마도 습관일 것이기 때문이다.[10] 습관 안에서 우리는 단지 우리 속에 어떤 응시하는 작은 자아가 있다는 조건에서만

---

10 (옮긴이 주) 이하의 논의는 이 책 2장 전반부에서 상세히 펼쳐지는 습관(하비투스)의 반복(첫 번째 수동적 종합), 순수 과거(므네모시네)의 반복(두 번째 시간의 종합), 죽음본능(무의식)의 반복(세 번째 시간의 종합) 등에 대한 논의를 전제한다. 들뢰즈적 의미의 습관은, 계속 이어지되 서로 독립해 있는 요소와 경우들(순간들)을 수축해서 살아 있는 현재를 구성하는 능력이며, 습관의 이런 수축contraction 능력은 응시contemplation의 수동적 종합 능력으로 정의된다. 이때 응시의 본질은 반복되는 요소나 경우들에서 전혀 새로운 어떤 것, 곧 차이를 훔쳐내는 데 있다.('훔쳐내다'의 원어는 soutirer이다.) 들뢰즈적 의미의 (작은) 자아는 언제나 응시하는 자아, 순간들의 반복에서 차이(살아 있는 생생한 현재)를 훔쳐내는 정신이다. 이 대목에서 들뢰즈는 키에르케고르와 니체의 반복이 자신이 말하는 세 번째 반복의 사례들임을 미리 암시하고 있는 셈이다.

반복과 차이

행동한다. 특수한 경우들의 사이비 반복으로부터 새로운 것, 곧 일반적인 것을 추출해내는 것은 이런 작은 자아이다. 또 기억은 일반성 속에 용해된 특수자들을 다시 발견해내는 것인지 모른다. 하지만 이런 심리학적 운동들은 별로 중요하지 않다. 니체와 키에르케고르에게서 이 운동들은 습관과 기억을 다같이 배척하는 반복 앞에서 사라진다. 반복이 미래의 사상인 것은 바로 이 때문이다. 즉 반복은 상기라는 고전적 범주에, 그리고 하비투스habitus라는 근대적 범주에 대립하는 위치에 있다. 반복 안에서, 그리고 반복을 통해 비로소 망각은 어떤 실증적 역량이 되고 무의식은 어떤 실증적이고 월등한 무의식이 된다.(가령 힘으로서의 망각은 영원회귀의 체험을 구성하는 일부이다.) 모든 것은 역량 안에서 하나로 집약된다. 키에르케고르가 반복을 의식의 이차적 역량이라 할 때, '이차적'이란 말은 두 번째를 의미하지 않는다. 그것은 오히려 단 한 번을 통해 자신을 언명하는 무한자, 한 순간을 통해 자신을 언명하는 영원, 의식을 통해 자신을 언명하는 무의식, 'n승'의 역량을 의미한다. 그리고 니체가 영원회귀를 힘의 의지에 대한 무매개적인 표현으로 제시했을 때, 이 의지는 결코 '역량을 의욕한다'는 것을 말하지 않는다. 오히려 그것은 무엇을 의지하든지 간에 의지하는 바의 것을 '거듭제곱'의 역량으로 끌어올리는 것을 뜻한다. 다시 말해서 역량의 우월한[11] 형식을 끌어내라는 것이다. 이것이 가능한 이유는 영원회귀를 통해 실행되는 사유의 선별적 작용에, 그리고 영원회귀 자체가 보여주는 반복의 독특성에 있다. 존재하는 모든 것의 우월한 형식, 바로 여기에 영원회귀와 초인의 직접적 동일성이 있다.[12]

---

11 (옮긴이 주) supérieure. 일차적으로는 '우월한'으로 옮기지만 간혹 '월등한'으로도 옮긴다. 들뢰즈는 이 말을 '한 차원 높다'라는 뜻으로 사용하고 있는 것 같다.

12 지금까지의 비교 작업에서 우리는 니체와 키에르케고르의 가장 유명한 문헌들을 참조했다. 1) 키에르케고르의 문헌: 『반복』, 『일기』(IV, B 117)의 여러 대목들, 『두려움과 떨림』, 『불안의 개념』(N.R.F)의 매우 중요한 각주(26~28쪽). 그리고 기억에 대한 비판에 관해서

참된 운동, 연극 그리고 재현

우리는 결코 니체의 디오니소스와 키에르케고르의 신 사이에 어떤 유사성이 있는 것처럼 생각하지 않는다. 이와는 반대로 둘 사이의 차이는 극복될 수 없다고 믿으며 또 그렇게 가정한다. 하지만 사정이 그럴수록 이렇게 물어야 한다. 각자의 근본적 목표가 상이한 방식으로 드러남에도 불구하고 그 목표와 반복의 주제에서 두 사람이 일치한다면, 그 일치는 어디에서 유래하는가? 키에르케고르와 니체는 철학에 새로운 표현 수단을 도입한 사람들에 해당한다. 이들과 더불어 철학의 극복에 대해 말한다는 것은 당연한 일이다. 그런데 이들의 모든 저작이 문제 삼고 있는 것은 바로 운동이다. 이들이 헤겔을 비난하는 것은 그가 거짓 운동, 추상적인 논리적 운동, 다시 말해서 '매개'에 머물러 있다는 점 때문이다. 키에르케고르와 니체는 형이상학이 운동성과 활동성을 띠게 되기를 원한다. 이들은 형이상학이 어떤 동작으로, 게다가 무매개적인 동작들로 이어지기를 원한다. 그러므로 이들은 운동을 새롭게 재현하는 것으로 만족하지 않는다. 재현은 이미 매개이다. 이와는 달리 이제는 모든 재현을 넘어 정신을 뒤흔들 수 있는 어떤 운동을 작품 안에 생산해야 한다. 중요한 것은 운동 자체를 어떠한 중재도 없이 하나의 작품으로 만드는 것, 매개적인 재현들을 직접적인 기호들로 대체하는 것이다. 직접적으로 정신에 힘을 미치는 어떤 진동, 회전, 소용

는 『철학 단편』과 『삶의 여정』 등 참조. 2) 니체의 문헌: 『차라투스트라』.(특히 2부의 「구제에 대하여」, 그리고 3부의 두 개의 긴 대목인 「환영(幻影)과 수수께끼에 대하여」와 「치유되고 있는 자」. 전자는 정령과 논쟁하는 병든 차라투스트라에 관한 것이고, 후자는 동물들과 논쟁하는 회복기의 차라투스트라에 관한 것이다.) 또한 『1881~1882년 유고』(여기서 니체는 명확히 '그의' 가설을 주기(週期)의 가설에 대립시키고 있으며 또한 유사성, 동등성, 균형, 동일성 등의 모든 개념들에도 대립시키고 있다.)와 『힘의 의지Volonté de puissance』(trad. Bianquis, N.R.F.), I, 295~301쪽 참조. 3) 끝으로 페기의 경우에는 무엇보다 『잔다르크』와 『클리오』 참조.

돌이, 중력들, 춤 또는 도약들을 고안하는 것이 문제이다. 이런 문제의식, 이것이 시대를 앞서 가는 연극인의 이념이며 연출자의 이념이다. 완전히 새로운 어떤 것이 키에르케고르와 니체로부터 시작된다는 것은 바로 이런 의미에서이다. 이들은 연극에 대해 더 이상 헤겔의 방식으로 반성하지 않는다. 이들은 게다가 어떤 철학적 연극을 만드는 것도 아니다. 이들은 철학 안에서 연극에 상응하는 어떤 놀라운 등가물을 발명하고, 이로써 새로운 철학은 물론 이 미래의 연극을 동시에 근거짓는다. 적어도 연극의 관점에서 말하자면 그들의 작품이 실제로 상연된 적은 한 번도 없다는 지적이 있을 수 있다. 1840년경의 코펜하겐과 성직자라는 직업도, 바그너와의 결별과 바이로이트도 모두 유리한 조건이 아니었다. 그럼에도 불구하고 한 가지만은 확실하다. 키에르케고르가 고대 연극과 근대 드라마에 대해 말할 때, 이미 지반은 바뀌었다. 사람들은 더 이상 반성의 지반 위에 서 있지 않다. 새로운 지반 위에서 등장하는 사유자, 그는 가면의 문제를 체험하고 가면의 고유한 속성인 텅 빈 내면을 깨닫게 된다. 그리고 그 텅 빈 내면을 "절대적 차이"를 통해 채우고 메우고자 노력한다. 다시 말해서 그 내면에 유한자와 무한자의 모든 차이를 위치시키고 이로써 해학극(諧謔劇)과 신앙극(信仰劇)의 이념을 창조하면서 공허를 메우고자 하는 것이다. 키에르케고르가 경건한 기사와 주일을 지키는 부르주아가 혼동되리만큼 유사하다고 설명할 때, 우리는 이 철학적 언급을 경건한 기사가 어떻게 연기되어야 하는지를 지시하는 연출자의 언급으로 받아들여야 한다. 그리고 키에르케고르가 욥이나 아브라함을 논평할 때, 아그네스와 트리톤 이야기의 이본(異本)들을 상상해낼 때, 그 방식은 틀림없는 어떤 시나리오의 기법이다. 아브라함과 욥 안에서까지 모차르트의 음악이 공명하고 있다. 하지만 중요한 것은 이 음악의 멜로디 위로 "도약"하는 것이다. "나는 오로지 운동들에만 관심을 둔다." 이것이 연극의 최고 문제를 제기하는 연출가의 말이다. 그것은 영혼에 직접 미치는 어떤 운동, 그래서 그 자체로 영혼의 운동이 될 수 있는 그런 운동의 문제이다.[13] 하물며 니체의 경우는 말할 것도 없다. 『비극의 탄생』은 고대 연극에 대한 성찰이라기보다는 미래 연극에 대한 실천적 정초(定礎) 작업이며, 바그너를 훨씬 멀리까지 끌고 갈 수 있는 — 니체는 그것이 가능하다고 믿는다 — 길을 열어놓는 작업이다. 니체가 바그너와 결별한 것은 이론의 문제 때문도, 음악의 문제 때문도 아니다. 그것은 니체가 꿈꾼 연극 안에서 텍스트, 플롯, 조음(助音), 음악, 빛, 노래, 춤, 무대 장치 각각이 떠맡는 역할과 관련된 문제이다. 『차라투스트라』는 엠페도클레스를 연극화하기 위한 두 가지 시도를 보여준다. 그리고 만일 비제가 바그너보다 뛰어나다면, 그것은 연극의 관점에서, 또한 『차라투스트라』에 들어갈 춤들에 비추어 그런 것이다. 니체가 바그너를 비난하는 까닭은 그가 '운동'을 전도시키고 훼손했다는 데 있다. 우리로 하여금 행진하고 춤추게 하지 않고 진창 속을 걷고 헤엄치게 하는 어떤 수상(水上) 연극을 만들었다는 것이다. 『차라투스트라』는 전적으로 철학적인 책이지만 또한 전적으로 무대 연출을 위해 구상되었다. 여기서 모든 것은 소리를 통해 표현되고 시각적 이미지를 취한다. 모든 것이 운동하고 행진하며 춤추고 있다. 사실 우월한 인간의 외침에 상응하는 정확한 소리를 찾으려 하지 않으면서 어떻게 『차라투스트라』를 읽을 수 있단 말인가? 모든 이야기를 열어가는 줄타기 광대를 무대에서 연출해보지 않은 채 어떻게 이 작품의 서설을 읽을 수 있단 말인가? 몇몇 대목에서 이 책은 어떤 끔찍한 사태

---

13 키에르케고르, 『두려움과 떨림』(Aubier) 52∼67쪽 참조. 여기서 언급되는 운동은 매개가 아닌 '반복'이며 헤겔의 논리적이고 추상적인 거짓 운동에 대립하는 실질적 운동이다. 또한 『반복』의 부록으로 딸린 『일기』의 언급들도 참조. 또한 페기의 『클리오』(N.R.F.) 45쪽 이하 참조. 페기에게서도 '논리적 운동'에 대한 심층적 비판을 발견할 수 있다. 페기는 논리적 운동을 보수주의적이고 축재적이며 자본주의적인 사이비 운동이라고 비난한다. 이런 비난은 키에르케고르적 비판에 근접해 있다.

들을 두고 벌어지는 희가극opera buffa이 된다. 게다가 니체는 괜히 초인의 희극성에 관해 말하는 것이 아니다. 늙은 마법사의 입을 통해 흘러나오는 아리아드네의 노래를 떠올려보라. 여기서는 두 개의 가면이 중첩된다. 거의 코레[14]와 흡사한 젊은 여인의 가면이 있고, 이것이 혐오스러운 늙은이의 가면 위에 중첩된다. 배우는 코레를 연기하는 노인의 배역을 연기해야 한다. 여기서도 역시 니체에게는 비어 있는 가면의 내부를 무대적 공간 위에서 메우는 것이 중요하다. 다양하게 가면들을 중첩하는 가운데 어디서나 디오니소스의 흔적이 묻어나게 하고 무대 위에 무한한 실재의 운동 — 영원회귀의 반복 안에서 나타나는 절대적 차이로서의 운동 — 을 연출하면서 그 내부를 메워야 한다. 니체는 초인을 두고 파르지팔Parsifal보다는 오히려 보르자Borgia를 닮았다고 말한다. 또 초인은 예수회에 소속되는 동시에 프로이센 장교 집단에 속한다고 말한다. 이런 말들은 있는 그대로 받아들일 때에만, 다시 말해서 초인이 어떻게 '연기'되어야 하는지를 지시하는 연출가의 언급들로 받아들일 때에만 이해될 수 있다.

연극은 실재적 운동이며 자신이 이용하는 모든 기법들을 통해 실재적 운동을 획득해 간다. 우리는 이 말을 다음과 같이 새긴다. 이 운동, 운동의 본질과 그 내면성은 대립도 아니고 매개도 아닌 다만 반복일 뿐이다. 헤겔은 퓌지스Physis와 프시케Psyché의 운동 대신 추상적 개념의 운동을 끌어들이는 작자라고 욕먹고 있다. 헤겔은 이념 안에서 독특한 것과 보편적인 것이 맺는 진정한 관계를 일반적 개념과 특수한 것 사이에서 성립하는 추상적 관계로 대체한다. 그러므로 헤겔은 '재현'의 반성적 지반에, 단순한 일반성에 머물러 있다. 헤겔은 이념들을 드라마로

---

14 (옮긴이 주) 코레Koré는 소녀를 뜻하는 그리스어로, 그리스 신화에서는 데메테르의 딸 페르세포네를 지칭한다.

극화(劇化)하는[15] 대신 어떤 개념들을 재현한다. 어떤 거짓 연극, 거짓 드라마, 거짓 운동 등을 만들어내고 있는 것이다. 헤겔이 변증법의 토대를 이런 몰이해에 두고 운동 ── 자신의 고유한 사유의 운동일 뿐이며 이 사유의 일반성들의 운동일 뿐인 운동 ── 안에 매개를 도입하기 위해 얼마만큼이나 직접적이고 무매개적인 것을 배반하고 훼손했는지를 직시할 필요가 있다. 사변적 차원의 연속적 이행들은 〔다질적인 것들의〕 공존들을 대체하고, 대립들은 반복들을 덮어씌워 감추게 된다. 반면 운동은 반복이고 여기에 우리의 진정한 연극이 있다고 말할 때, 이는 각본을 아직 다 외우지 못했기 때문에 '반복'하는 배우의 노력에 대해 말하는 것이 아니다. 여기서 생각되고 있는 것은 비어 있는 무대적 공간, 이 빈 공간이 기호와 가면들 ── 배우는 이것들을 가지고 다른 배역들을 연기하는 어떤 배역을 연기한다 ── 에 의해 채워지고 규정될 수 있는 방식, 또 반복이 자기 안에 차이들을 포괄하면서 하나의 특이점에서 또 다른 특이점으로 직물처럼 짜여나가는 방식이다. (헤겔주의자들의 거짓된 추상적 운동이나 매개를 비판할 때 마르크스 역시 어떤 이념 ── 그가 전개해나간다기보다는 그냥 가리키고 있는 이념 ── 을 따르고 있는데, 그것은 본질적으로 '연극적인' 이념이다. 즉 역사가 연극인 한에서 반복은, 또 반복 안의 비극과 희극은 운동의 한 가지 조건을 형성한다. 이 조건 아래에서 '배우' 혹은 '주인공들'은 역사 안에서 실질적으로 새로운 어떤 것을 생산한다.)[16] 반복의 연극은 재현의 연극에 대립한다. 이는 운동이 개념과 재현에 대립하는 것과 같다 ── 재현은 운동을 개념과 결부시킨다. 반면 반복의 연극에서

---

15 (옮긴이 주) dramatiser les Idées. 여기서 연극과 관련하여 처음 등장하는 '극화'는 잠시 후 4절에서 프로이트의 정신분석을 배경으로 재등장하고, 6절에서는 '내적 차이'와 관련하여 다시 등장한다. 들뢰즈적 의미의 극화는 개체화와 밀접한 관계가 있는데, 이 개념의 중요성에 대해서는 이 장의 주51과 53을 참조하라.

16 (옮긴이 주) 마르크스의 반복 개념에 대해서는 이 책 2장 3절 후반부에 원주로 붙어 있는 "세 가지 반복에 대한 주석" 참조.

체험할 수 있는 것은 어떤 순수한 힘들이며 공간 안에서 용솟음치는 어떤 역동적인 궤적들이다. 이들은 매개물 없이 정신에 작용하며 정신을 자연과 역사에 직접적으로 통합한다. 이들은 단어들이 존재하기 이전에 말하는 언어, 유기적 신체들보다 앞서 표현되는 몸짓들, 얼굴들보다 앞선 가면들, 등장인물들보다 앞선 유령과 환영들 — '공포의 힘'에 해당하는 반복의 모든 장치들 — 이다.

이제 키에르케고르와 니체의 차이에 대해 쉽게 말할 수 있는 처지가 되었다. 하지만 이런 물음조차 더 이상 아브라함의 신이나 『차라투스트라』에 나오는 디오니소스의 궁극적 본성을 묻는 사변적 수준에서 제기되어서는 곤란하다. 오히려 '운동을 만든다' 혹은 반복한다, 반복을 획득한다는 것이 의미하는 바가 무엇인지를 아는 것이 중요하다. 키에르케고르가 믿는 것처럼 그것은 도약한다는 것인가? 아니면 춤과 도약의 혼동을 싫어했던 니체가 생각하는 것처럼(단지 차라투스트라의 원숭이, 정령, 난쟁이, 어릿광대만이 도약한다.) 춤추는 것을 뜻하는가?[17] 키에르케고르가 우리에게 보여주는 것은 어떤 신앙극이며, 그가 논리적 운동에 대립시키는 것은 영적인 운동, 신앙의 운동이다. 또한 키에르케고르는 우리에게 모든 미학적 반복을 극복하고 반어(反語)뿐 아니라 해학(諧謔)조차도 극복해야 한다고 말하지만, 단지 그런 극복의 미학적, 반어적, 해학적 이미지만을 보여주고 있을 뿐이라는 사실을 뼈저리게 알고 있다. 니체가 보여주는 것은 어떤 불신앙의 연극, 퓌지스에 해당하는 운동의 연극이며 그것은 이미 어떤 잔혹극이다. 여기서 반어와 해학은 극복할 수 없다. 자연의 밑바닥에서 일어나고 있기 때문이다. 영원회귀가 현기증 나는 운동이라는 사실을 잊는다면, 그 회귀는 도대체 무

---

17 니체, 『차라투스트라』, 3부, 「낡은 서판(書板)과 새로운 서판에 대하여」, 4절 참조. "그러나 어릿광대만이 인간을 넘어서는 도약이 가능하리라고 생각한다."

엇이 되겠는가? 영원회귀가 지닌 힘은 결코 '같음' 일반을 되돌아오게 하는 힘이 아니라 창조하되 선별하고 추방하는 힘, 생산하되 파괴하는 힘임을 잊지 말아야 한다. 니체의 이념이 위대하다면, 그 이유는 영원회귀 안에서 나타나는 반복의 근거를 신의 죽음과 자아의 붕괴 위에 두고 있다는 데 있다. 그러나 신앙극 안에서는 전혀 다른 형태의 결합을 볼 수 있다. 키에르케고르가 꿈꾸는 결합은 어떤 재발견된 신과 어떤 재발견된 자아 사이에서 성립한다. 〔키에르케고르와 니체 사이에서 생각할 수 있는〕 모든 종류의 차이들은 서로 꼬리를 물고 이어진다. 즉 운동은 정신의 영역에서 일어나는가 아니면 신도 자아도 알지 못하는 대지의 오장육부에서 일어나는가? 일반성에 반하여, 매개에 반하여 운동을 더 잘 보호할 수 있는 곳은 어디인가? 반복은 자연법칙의 저편에 있는 것이므로 초자연적인 것이라 해야 하는가? 아니면 반복은 가장 자연적인 것이고 자연 그 자체의 의지이며 스스로 퓌지스로서 자신을 의지하는 것이라 해야 하는가? 왜냐하면 자연은 그 자체로 자신의 고유한 왕국과 자신의 고유한 법칙들보다 우월하고 월등하기 때문이다. '미학적' 반복을 비난하면서 키에르케고르는 모든 종류의 반복을 뒤섞어버리는 것은 아닌가? 자연의 일반적 법칙으로 환원되는 사이비 반복, 자연 자체의 진정한 반복, 병리학적 양태로 전개되는 정념들의 반복, 예술과 예술작품 안의 반복 등을 잡탕으로 만드는 것이 아닌가? 지금으로서는 우리는 이 문제들 중 어느 하나도 해결할 수 있는 처지가 아니다. 다만 일반성과 반복 사이에는 어떤 환원할 수 없는 차이가 있다는 사실을 연극의 차원에서 확증하는 것으로 충분히 만족할 뿐이다.

3절
반복과 일반성: 세 번째 구별(개념의 관점에서)

행동의 관점에서 그리고 법칙의 관점에서 반복과 일반성은 서로 대립하고 있음을 보았다. 이제는 개념 혹은 재현의 관점에서 그 둘 간의 세 번째 대립을 좀 더 분명히 명시해야 한다. 이를 위해서 어떤 권리상의quid juris 문제를 제기해보자. 권리상 개념은 실존하는 특수한 사물의 개념일 수 있고, 그런 한에서 무한한 내포(內包)를 갖는다. 무한한 내포는 외연＝1의 상관항이다. 여기서 대단히 중요한 사실에 주목하자. 그것은 이 내포의 무한성이 잠재적인 것이나 단순히 무한정한 것으로 가정되는 것이 아니라 현실적인 것으로 가정된다는 점이다. 바로 이런 조건에서 술어들은 개념의 계기들로서 보존되고 자신들이 귀속되는 주어 안에서 어떤 효력을 지니게 된다. 그래서 무한한 내포에 의해 재기억와 재인(再認)[18]이 가능해지며, 기억과 자기의식이 가능해진다.(이 두 인식능력이 그 자체로는 무한하지 않을지라도 상관없다.) 재현 혹은 표상이란 말은 이런 이중적 측면에서 개념과 그것의 대상 사이의 관계를 지칭한다. 다시 말해서 그것은 기억과 자기의식 안에서 실현되는 양자 간의 관계를 가리킨다. 여기서 통속화된 라이프니츠주의의 원리들을 생각할 수 있다. 어떤 차이의 원리에 따르면 모든 규정은 마지막 심급에 이르러서는 개념적 규정이거나 한 개념이 현실적으로 갖는 내포의 일부이다. 어떤 충족이유율에 따르면 특수한 사물마다 오직 하나의 개념이 상응한다. 그 반대편에 있는 식별 불가능자들[19]의 원리에 따르면 개념

---

18 (옮긴이 주) recognition. 이 책에 빈번하게 등장하는 이 용어가 프랑스어 사전에 나오는 récognition이 아니라는 점에 주의할 것.(하지만 의도적인 것일까, 오식일까?) 재인 외에도 식별, 인정, 재인식 등으로 옮길 수 있을 것이다.

19 (옮긴이 주) 식별 불가능자indiscernables의 원리는 두 개체의 차이와 동일성을 규정하는 원리이고, 내용상 "만일 x가 y의 속성들을 모두 갖고 y가 x의 속성들을 모두 갖고 있다

마다 오직 하나의 사물만이 상응한다. 이 원리들 전체는 차이를 개념적 차이로 풀이하거나 재현이 전개되는 과정을 매개 과정으로 풀이한다.

개념의 내포와 '봉쇄' 현상

그렇지만 하나의 개념은 항상 규정들 각각의 수준에서, 자신이 내포하는 술어들 각각의 수준에서 봉쇄될 수 있다. 규정으로서의 술어는 개념 안에서는 고정되어 있지만 사물 안에서는 얼마든지 다른 것으로 변하는 성질을 지니고 있다.('동물'은 인간과 말에게서 각기 다른 것이 되고, '인간됨'도 피에르와 폴에게서는 다른 것이 된다.) 그렇기 때문에 개념의 내포는 무한하다. 즉 사물 안에서 달라지고 난 술어는 개념 안에서는 어떤 다른 술어의 대상이나 마찬가지인 셈이다. 그러나 또한 마찬가지의 이유에서 각각의 규정은 일반적인 것으로 남아 있거나 어떤 유사성을 정의한다. 개념 안에 고정되어 있으면서 권리상 무한히 많은 사물들에

면, x와 y는 식별 불가능하고 따라서 동일하다."로 요약될 수 있는데, 이때 속성들은 무한히 미세하고 지각 불가능한 것들까지 포함한다. 이런 원리는 라이프니츠에게서 자연(우주의 보편적 조화, 예정조화)의 개념과 개체의 개념을 동시에 설명하는 역할을 맡고 있다. 완벽하게 창조된 라이프니츠의 자연에서는 그 어떤 사물도 동일하지 않고, 다시 말해서 식별 불가능한 (동일한) 두 개체는 없다. 똑같은 두 밀알, 두 먼지는 없다. 어떠한 두 사물도 언제나 어떤 내적 차이를 지닌다(클라크S. Clarke에게 보내는 라이프니츠의 다섯 번째 편지 참조). 물론 절대적 관점에서 식별 불가능한 두 개체를 생각할 수 없는 것은 아니지만, 이런 생각은 라이프니츠에게서 충족이유율principe de raison suffisante과 양립할 수 없다. 충족이유율은 "우연한 모든 속성들은 필연적 속성들 못지않게 주어(기체, 개체, 실체)의 개념에 술어로서 내재하고, 따라서 나름의 이유가 있다."는 내용을 담고 있다. 하지만 한 개체는 그 개념이 무한한 내포를 지니므로 궁극적으로는 그것을 파악하고 창조의 대상으로 선택한 완전한 신에 이유를 두고 있고, 똑같은 두 사물을 창조한다는 것은 최소의 것으로 최대의 효과를 창출하는 신의 완전성에 비추어 보면 성립할 수 없는 일이다. 그 밖에 식별 불가능자의 원리는 연속성 continuité의 원리와 상호 보완적이다. 연속성의 원리가 피조물들의 계열들 안에 있을 수 있는 모든 위치가 어떤 개체에 의해 점유된다는 것을 뜻한다면("자연은 도약하지 않는다."), 식별 불가능자의 원리는 있을 수 있는 모든 위치는 오로지 하나의 개체에 의해서만 점유될 수 있음을 의미하기 때문이다.

반복과 차이

합치하기 때문이다. 따라서 개념의 내포는 실재적 사용에서는 무한으로 나아가지만, 그 논리적 사용에서는 항상 어떤 인위적 봉쇄[20]에 직면할 처지에 놓이게 된다. 개념의 내포에 대한 모든 논리적 제한은 1보다 큰 외연, 권리상 무한한 외연을 가져온다. 그리고 마침내 실존하는 어떠한 개체도 지금 여기서hic et nunc 대응할 수 없는 어떤 일반성을 가져온다(내포와 외연의 반비례 규칙). 그래서 차이 — 개념 안의 차이에 해당하는 차이 — 의 원리는 유사성들의 포착을 금지하지 않는다. 오히려 거꾸로 그것들에 가장 지극한 유희를 허락한다. 이미 수수께끼 놀이의 수준에서 말하더라도 "어떤 차이가 있는가?"라는 물음은 항상 "어떤 유사성이 있는가?"라는 물음으로 바꿀 수 있다. 그러나 무엇보다 분류에서 종(種)들에 대한 규정은 유사성들에 대한 어떤 연속적인 평가를 함축하고 가정한다. 어쩌면 유사성은 어떤 부분적인 동일성이 아닐 것이다. 하지만 이유는 간단하다. 개념 안의 술어는 사물 안에서는 다른 것으로 변한다. 그렇기 때문에 술어는 이 사물의 한 부분이 아니다.

자연적 봉쇄의 세 경우와 반복: 명목적 개념, 자연의 개념, 자유의 개념

이런 유형의 인위적 봉쇄와는 완전히 다른 유형의 봉쇄를 생각할

---

20 (옮긴이 주) bloquer, blocage. 들뢰즈는 이 절에서 기존의 개념 이론들을 체계적으로 종합하고 재구성하는데, 봉쇄는 이런 체계적 종합과 재구성의 지렛대에 해당하는 독창적인 용어이다. 여기서 봉쇄는 개념의 내포가 확장되지 못하도록 저지하거나 동결하는 것, 개념의 내포를 고정시키는 것 등을 의미한다. 이 책의 결론 부분에서 다시 되풀이, 보완되는 이 봉쇄론(봉쇄의 분류에 따르는 개념의 분류)이 궁극적으로 노리는 것은, 우리가 재현의 관점에 서 있는 한에서 차이는 개념 안의 차이(내생적 차이)로, 반복은 개념 바깥의 차이(외생적 차이)로 정의되어야 한다는 점에 대한 증명이다. 여기서 봉쇄는 논리적(인위적) 봉쇄와 자연적 봉쇄로 구분되는데, 전자는 개념 안의 차이와 개념 바깥의 유사성을, 후자는 개념 바깥의 차이와 결핍에 의한 반복을 가져온다. 하지만 이런 논의 끝에서 들뢰즈는 결핍에 의한 것이 아니라 실증적 원리나 역량에 의한 반복의 가능성을 타진한다.

수 있다. 그것은 개념의 자연적 봉쇄라 불러야 할 것인데, 우리는 이 두 유형의 봉쇄 사이의 차이를 분명히 하고자 한다. 전자는 단순한 논리학을 배후로 하지만 후자는 어떤 초월론적 논리학이나 실존의 변증법을 배후로 한다. 일단 이렇게 가정해보자. 그 내포가 유한한 국면에서 포착한 어떤 개념이 있는데, 이 개념에 시간과 공간상의 한 장소를, 다시 말해서 보통 외연＝1에 대응하는 어떤 실존을 강제로 할당한다. 그러면 하나의 유(類)나 종(種)이 아무런 내포상의 증가 없이도 '지금 여기'의 실존으로 이행한다고 말할 수 있을 것이다. 개념에 강제로 부과된 이 외연＝1, 그리고 그 개념의 취약한 내포가 원리상 요구하는 외연 ＝∞, 이 둘 사이에는 분열이 있다. 그 결과는 어떤 '이산적 외연'[21]이될 것이다. 다시 말해서 그것은 개념의 관점에서는 절대적으로 동일하지만 실존 안에서는 똑같은 독특성에 참여하는 어떤 개체들의 번식이다(분신들 혹은 쌍둥이의 역설).[22] 이산적 외연이라는 이 현상은 개념의 자연적 봉쇄를 함축하는데, 이 봉쇄는 논리적 봉쇄와는 다른 본성을 지닌다. 즉 그것은 사유 안에 유사성의 질서를 구성하는 것이 아니라 실존 안에서 어떤 참된 반복을 형성한다. 항상 개념의 어떤 논리적 역량을 지칭하는 일반성, 그리고 개념의 무능력이나 실재적 한계를 증언하는 반복, 이 둘 사이에는 커다란 차이가 있다. 반복, 그것은 이처럼 실존으로 이행하도록 강요되고 유한한 내포를 갖는 개념의 순수한 사실인 것이다. 이런 이행의 사례들로 들 수 있는 것은 무엇인가? 에피쿠로스의 원자가 그런 예들 중의 하나일 것이다. 공간 안에 국소적 위치를 점하는 개체로서 원자는 빈곤한 내포만을 갖지만, 이런 빈곤성은 이

---

21 (옮긴이 주) extension discrète. '이산적'이라는 말은 계속해서 불연속적이거나 연속성을 깨뜨린다는 것을 뜻한다.

22 이산적 외연을 담는 공식과 그것을 표현하는 현상은 곧 출판될 미셸 투르니에Michel Tournier의 글(『방드르디, 태평양의 끝』(1967)을 말한다. ─옮긴이)에서 쉽게 읽을 수 있다.

반복과 차이

산적 외연과 더불어 만회되고 결국 똑같은 형상과 똑같은 크기의 원자들이 무한하게 많이 실존하기에 이른다. 하지만 에피쿠로스적인 원자가 실존할지는 의심스럽다. 반면 어떤 점에서는 언어학적 원자들이라 할 단어들의 실존은 의심할 수 없다. 단어는 필연적으로 유한한 내포를 가진다. 본성상 오로지 명목적 정의의 대상이기 때문이다. 바로 여기서 우리는 개념의 내포가 무한으로까지 나아갈 수 없는 이유를 갖게 된다. 즉 한 단어는 유한한 수의 단어들에 의해서만 정의될 수 있다. 그럼에도 불구하고 단어와 따로 떼어놓을 수 없는 말하기와 글쓰기는 단어에 '지금 여기'의 실존을 부여한다. 따라서 유(類)는 본연의 실존으로 이행한다. 그리고 여기서 다시 외연은 분산(分散)과 이산(離散)을 통해 만회된다. 말하기와 글쓰기 안에 언어의 실재적 역량을 형성하는 어떤 반복의 기호를 통해 만회되는 것이다.

여기서 던져야 하는 물음은 이런 것이다. 이산적 외연이나 유한한 내포 외에 또 다른 자연적 봉쇄들이 있는 것일까? 무한정한(잠재적으로 무한한) 내포를 갖는 개념을 가정해보자. 이 내포가 아무리 멀리까지 진행될 수 있다 하더라도, 항상 이 개념은 서로 완전히 동일한 어떤 대상들을 포섭한다고 간주될 수 있을 것이다. 이때 우리는 한 개념이 자신의 내포를 무한정 확장해나가면서도 그 자체가 언제나 무한정한 복수의 대상을 포섭할 수 있는 경우와 마주한 셈이다. 이는 내포가 현실적으로 무한한 경우와 반대가 되는데, 이때는 개념이 그것의 대상을 권리상 여타의 모든 다른 대상과 구별하는 데 충분하기 때문이다. 이번 경우 개념은 여전히 구별 가능한 대상들에 대해서 같은 것 — 무한정으로 같은 것 — 이다. 그러므로 우리는 이 대상들 사이에 비개념적 차이들이 현존한다는 사실을 인정해야 한다. 한편으로는 단지 무한정한 종별화(種別化)[23]로 나아가는 어떤 개념들이, 다른 한편으로는 순수하게 시-공간적이거나 대립적인 어떤 비개념적 규정들이 있는 것이다. 이 둘 사이의 상관관계(대칭적 대상들의 역설)[24]를 가장 멋지게 지적했던 사람은 칸트다. 그러나 정확히 말하자면 이 규정들은 단지 반복의 형태들일 뿐이다. 즉 시간과 공간은 그 자체가 어떤 반복 매체들이다. 그리고 실재적 대립은 어떤 최대의 차이가 아니라 오히려 어떤 최소의 반복이다. 그것은 자신으로 복귀하고 자신의 반향을 만들면서 둘로 환원되는 하나의 반복, 자신을 정의하는 수단을 발견한 어떤 반복이다. 따라서 반복은 개념 없는 차이로, 무한정 이어지는 개념적 차이에서 벗어나는 차이로 나타난다. 반복은 실존하는 존재자의 어떤 고유한 역량을 드러낸다. 반복은 개념을 통한 모든 종별화 —— 이것이 아무리 멀리까지 이어지는 종별화라 해도 —— 에 저항하는, 직관 속에 끈덕지게 실존하는 존재자의 고집을 표현한다. 칸트는 이렇게 말한다. 개념 안에서 아무리 멀리 나아간다 해도 당신은 늘 반복할 수 있다. 다시 말해서 그 개념에 복수의 대상이, 적어도 두 대상이 대응하도록 만들 수 있다. 가령 오른쪽에 하나 왼쪽에 하나, 더한 쪽에 하나 덜한 쪽에 하나, 적극적인 쪽에

---

23 (옮긴이 주) spécification. 일반화généralisation의 반대말에 해당하는 종별화는 보통 유(類)에서 종(種)으로, 일반에서 특수로 나아가는 한정이나 개별화 과정을 뜻하고, 여기서도 마찬가지다. 하지만 이 책 4장과 5장에서 들뢰즈는 이념적(잠재적) 차원의 미분적 관계들이 자신들을 구현하는 강도적 차원의 드라마(극화)를 거쳐 종(種)과 질(質)들로 현실화되는 과정을 종별화라 한다.

24 칸트에게서도 물론 개념의 무한한 종별화가 성립한다. 그러나 이 무한은 잠재적인(무한정한) 무한에 불과하므로, 여기서 식별 불가능자들의 원리를 확립하는 데 유용한 어떠한 논거도 이끌어낼 수 없다. 반면 라이프니츠에 따르면 (가능적으로든 실재적으로든) 실존하는 존재자의 개념이 지니는 내포가 **현실적으로** 무한하다는 점이 매우 중요하다. 라이프니츠는 이를 『자유에 대하여』에서 분명하게 언급하고 있다.("확실하지는 않지만, 신만이 유일하게 분석의 끝을, 일어나지 않는 그 끝을 본다.") 그러므로 라이프니츠가 사실의 진리vérités de fait의 경우 술어가 주어에 (잠재적으로) 내재한다는 것을 강조할 때 '잠재적으로'라는 말을 사용한다면(가령 『형이상학 서설』의 8절을 참고하라.), 이때 **잠재적**은 '현실적'의 반대말이 아니다. 그것은 '봉인된enveloppé', '함축된impliqué', '각인된impressé' 등을 의미하는 말로 이해되어야 하고, 따라서 현실성을 조금도 배제하지 않는 것으로 새겨야 한다. 엄밀하게 따지자면, 라이프니츠는 잠재성의 개념을 끌어들였지만 단지 필연적 진리들(비-상호적 명제들)에 한해서만 사용했다. 이에 대해서는 『자유에 대하여』 참조.

하나 부정적인 쪽에 하나가 대응하도록 만드는 것이 가능하다.

만일 무한정한 내포를 갖는 개념들이 자연의 개념들이라 간주한다면, 이런 상황을 더 잘 이해할 수 있을 것이다. 무한정한 내포를 지니는 한에서 자연의 개념들은 항상 다른 사물 안에 있게 된다. 즉 그 개념들은 자연 안에 있는 것이 아니라 자연을 응시하거나 관찰하는 정신 안에, 스스로 자연을 표상하는 정신 안에 있게 된다. 자연이 외면화된 개념이라거나 자기 자신과 대립하는 소외된 정신이라고 말하는 것은 이런 이유에서이다. 이런 종류의 개념들에 대응하는 대상들은 그 자체가 기억을 결여하고 있다. 다시 말해서 자기 안에 자신의 고유한 계기들을 지니거나 모으지 않는다. 자연은 왜 반복하는 것일까? 그것은 자연이 '부분 밖의 부분, 일시적 정신'[25]이기 때문이다. 그래서 새로움은 스스로 표상하는 정신의 편에 속하게 된다. 즉 정신은 기억을 지니거나 습관들을 취하기 때문에 어떤 개념들 일반을 형성하고 무언가 새로운 것을 끄집어낼 수 있다. 기억과 습관들 덕분에 정신은 자신이 응시하는 반복으로부터 새로운 어떤 것을 훔쳐낼 수 있는 것이다.

유한한 내포를 지닌 개념들은 명목적 개념들이다. 무한정한 내포를 지니지만 기억을 결여한 개념들은 자연의 개념들이다. 그런데 이 두 경우 모두를 통해 길어낼 수 없는 자연적 봉쇄의 사례들이 아직 남아 있다. 가령 무한한 내포를 지니고 기억을 갖추었으나 자기의식을 결여한 어떤 개별적 기초개념이나 특수한 표상이 있다. 표상이 총괄하는 내용은 물론 즉자적 성격을 띠고 있으며 그 안에는 기억내용도 들어 있다. 이 기억내용은 여기서 모든 낱낱의 특수한 행동, 장면, 사건, 존재자 전체를 끌어안고 있다. 그러나 어떤 특정한 자연적인 이유 때문에 결핍되

---

25 (옮긴이 주) partes extra partes, mens momentanea. '부분 밖의 부분'은 공간이나 연장을 지칭하는 스콜라 철학의 용어이고, '일시적 정신'은 라이프니츠의 용어이다.

는 것이 있다. 그것은 의식의 대자적(對自的) 차원이자 재인(再認)의 차원이다. 기억이 결여하고 있는 것, 그것은 재기억이거나 오히려 차라리 철저한 되새김[26]이다. 의식은 표상과 나 사이에 어떤 관계를 설정한다. 이 관계는 "나는 어떤 표상을 떠올린다."라는 표현에서 나타나는 관계보다 훨씬 심층적이다. 의식이 표상을 나에게 연관짓는다면, 이때 나는 어떤 자유로운 인식능력이며 그래서 어떠한 자신의 생산물에 의해서도 구속되지 않는다. 오히려 그 자유로운 능력에 대해 각각의 생산물은 이미 사유되어 있고 과거로서 재인되어 있으며, 말하자면 내감(內感) 안에서 일어나는 특정한 변화의 기회로 간주된다. 의식이 앎을 결여하거나 기억내용에 대한 철저한 되새김을 결여할 때, 즉자적 상태의 앎은 대상의 반복에 불과하다. 앎은 연기(演技)된다. 다시 말해서 앎은 인식되는 대신 반복되고 행동으로 옮겨진다. 반복은 여기서 자유로운 개념의 무의식, 앎이나 기억내용의 무의식, 표상의 무의식으로 드러난다. 이런 봉쇄에 자연스러운 설명이유를 마련해준 것은 프로이트였다. 그 이유는 억압과 저항에 있다. 이 억압과 저항에 의해 반복 자체는 어떤 진정한 '강제', '강박'이 된다. 따라서 이것을 세 번째 경우의 봉쇄라 할 수 있다. 이 경우 봉쇄는 자유의 개념들과 연관되어 있다. 또한 특정한 프로이트주의적 관점에서 보자면, 여기서 반복과 의식, 반복과 재기억, 반복과 재인 사이에 반비례 관계의 원리를 끌어낼 수 있다('무덤들' 혹은 매장된 대상들의 역설). 즉 더 적게 회상하고 더 적게 의식할수록 과거는 그만큼 더 많이 반복된다 —— 반복하지 않으려면 회상하시오, 기억을 철저히 되새기시오.[27] 재인 안의 자기의식은 미래의 인식능력이나 미래

---

26 (옮긴이 주) élaborer, élaboration. 프로이트의 Durcharbeitung의 번역어로, 억압된 기억을 되살리는 치료 과정을 뜻함. 훈습(訓習)이라고 옮기는 경우도 있으나 여기서는 '철저한 되새김' '되새김 작업' 등으로 옮긴다.

27 프로이트, 『재기억, 반복, 되새김』(1914) 참조. 정신적 반복을 부정적으로 해석하는 길(반복할 수밖에 없는 것은 착오 때문이고 기억내용을 철저하게 되새기지 못하기 때문이며 또 의

반복과 차이

의 기능으로, 새로운 것의 기능으로 나타난다. 사실 유령처럼 되돌아오는 사자(死者)들이야 말로 합당한 경의를 받지 못한 채 너무 빨리, 너무 깊이 매장된 자들이 아닐까? 그리고 후회란 기억의 과잉을 드러낸다기보다는 기억내용의 철저한 되새김에 대한 무능력이나 실패를 나타내는 것이 아닐까?

반복에는 비극적인 반복과 희극적인 반복이 있다. 반복은 게다가 언제나 두 번에 걸쳐서, 한번은 비극적 운명으로, 한번은 희극적 성격을 통해서 나타난다. 연극에서 주인공이 반복한다면, 이는 정확히 그가 본질적으로 어떤 무한한 앎으로부터 분리되어 있기 때문이다. 이 앎은 주인공 안에 침잠해 있으며 주인공 안에서 활동하고 있다. 하지만 마치 어떤 은폐된 사태인 양, 봉쇄된 표상인 양 활동할 뿐이다. 비극과 희극의 차이는 두 가지 요소에 의해 결정된다. 하나는 억압된 앎의 본성인데, 이것은 때로는〔희극의 경우〕직접적인 자연적 앎이거나 단순하게 상식으로부터 주어진 앎이며 때로는〔비극의 경우〕비전적(秘傳的)인 무시무시한 앎이다. 다른 하나는 등장인물이 앎으로부터 배제되는 방식, "그가 자신이 안다는 사실을 알지 못하는" 방식이다. 연극의 현장에서 제기되는 실천적 문제 일반은 다음과 같은 점에 기인한다. 먼저 자각되지 않은 이 앎이 상연되어야 하되 무대 전체를 장악하고 희곡의 모든 부분들을 관류하며 자신 안에 자연과 정신의 모든 역량들을 포용해야 한다. 하지만 다른 한편 주인공은 스스로 이 앎을 결코 표상하지는 못한 채 그것을 행동으로 옮기고 연기하고 반복해야 한다. 이런 반복은 아리스토텔레스가 '발견'이라 불렀던 첨예한 순간에 이르기까지 지속되어야 한다. 바로 그 순간에 이르러서야 반복과 표상은 서로 뒤섞이고 마

식에 이르지 못하기 때문이고 본능들을 갖지 않기 때문이다.)에서 가장 멀리까지 이르고 가장 엄격한 행보를 보여준 저자는 페르디낭 알키에이다. Ferdinand Alquié, *Le désir d'éternité* (P.U.F., 1943), 2~4장 참조.

주친다. 하지만 그때까지는 반복과 표상이라는 두 차원을 혼동하지 말아야 한다. 그 두 차원은 서로를 반영하고 서로를 키워주는 관계에 있다. 따라서 얇은 무대 위에서 배우를 통해 상연되고 반복되는 바의 것과 같은 것으로 식별된다.

4절
반복은 개념의 동일성이나 부정적 조건으로만 설명되지 않는다

이산, 소외, 억압이 자연적 봉쇄의 세 가지 경우이다. 이들 각각은 명목적 개념들, 자연의 개념들, 자유의 개념들에 상응한다. 그러나 이 세 경우에 반복에 대한 설명은 모두 개념 안에 있는 동일자의 형식, 재현 안에 있는 같음[28]의 형식에 의존한다. 즉 반복은 실재적으로는 구별되지만 엄격하게는 똑같은 개념을 갖는 요소들을 통해 언명된다. 따라서 반복은 어떤 차이로서 나타나지만, 이 차이는 절대적으로 개념 없이 성립하는 차이이며, 이런 의미에서 그것은 무차별한 차이이다. '실재적으로', '엄격하게', '절대적으로'라는 말들은 자연적 봉쇄의 현상을 배후로 하고 있는 것으로 간주되며, 이는 어떤 일반성만을 규정하는 논리적 봉쇄와 대조를 이루고 있다. 그러나 이런 시도 전체는 어떤 심각한 곤란에 직면하여 위태로워진다. 어떤 구별되는 대상들에 대해 개념의 절대적 동일성을 내세우는 한, 우리는 단지 부정적인 설명과 결핍에 의존하는 설명만을 제시하고 있을 뿐이다. 이 결핍이 개념이나 재현 자체의 본성에 근거를 두고 있는 것이라 해도 사정은 여전히 마찬가지다.

---

28 (옮긴이 주) le Même. 같음은 다름l'Autre과 짝을 이루는 용어이며, 개념 안의 논리적 동일성Identité과 구별되는 사실상의 현실적 동일성을 의미한다. 마찬가지로 다름은 논리적 차이와 구별되는 현실적 차이를 가리킨다.

첫 번째 경우 반복이 성립하는 것은 명목적 개념이 본성상 유한한 내포를 지니기 때문이다. 두 번째 경우 반복이 성립하는 것은 자연의 개념이 본성상 기억을 결여하고 소외되어 있으며 자신의 바깥에 있기 때문이다. 세 번째 경우는 자유의 개념이 무의식 상태에 놓여 있고 기억내용과 표상이 억압되어 있기 때문에 반복이 성립한다. 이 모든 경우들에서 반복하는 것은 오로지 '포괄'하거나 '이해'[29]하지 못하는 덕분에 반복한다. 회상하지 못하고 알지 못하고 의식하지 못하므로 반복을 행하는 것이다. 어디에서건 반복을 정당화해준다고 간주되는 것은 개념의 불충분성이자 그 개념의 표상에 동반하는 것들(기억과 자기의식, 재기억과 재인)의 불충분성이다. 따라서 개념 안의 동일성 형식에 기초한 모든 논변의 결함은 바로 여기에 있다. 즉 이 논변들은 반복을 단지 명목적으로 정의하고 부정적으로 설명하는 데 그칠 뿐이다. 물론 단순한 논리적 봉쇄에 상응하는 형식적 동일성과 자연적 봉쇄에서 나타나는 실재적 동일성(같음)을 서로 대립시켜 볼 수도 있을 것이다.[30] 그러나 자연적 봉쇄 자체를 설명하기 위해서, 그리고 동시에 그 봉쇄를 통한 반복을 설명할 수 있기 위해서는 초-개념적 성격의 어떤 실증적인 힘이 필요한 것이다.

'죽음본능'의 기능들: 실증적 원리를 요구하는 반복(자유의 개념을 사례로)

여기서 "억압하기 때문에…… 반복한다."라는 정신분석의 사례로 돌

---

29 (옮긴이 주) comprendre. 이 말은 항상 '총괄하다', '포괄하다'라는 뜻을 지니며 '이해하다'로 옮길 때에도 여전히 그런 의미를 담고 있다.

30 (옮긴이 주) 하이데거의 『동일성과 차이』(1954)를 염두에 두고 있는 대목. 하이데거는 차이를 배제하거나 환원하는 '논리적 동일성Identität'과 차이를 포괄하고 보존하는 현실적 사태의 '같음das Selbe'을 대립시키지만, 들뢰즈는 이 책 전체를 통해 여러 번 이런 구분의 불충분성과 무용성을 지적한다.

아가 보자. 프로이트는 기억상실증에 의지해서 반복을 설명하도록 부추기는 그런 부정적인 도식에 결코 만족하지 않았다. 사실 애초부터 억압은 어떤 실증적 역량을 가리키고 있다. 그러나 억압은 이 실증성을 쾌락원칙과 현실원칙에서 빌려온다. 그것은 단지 파생적 실증성이자 대립의 실증성에 불과하다. 프로이트 사상의 거대한 전환점은 『쾌락원칙을 넘어서』에서 나타난다. 여기서 죽음본능이 발견되는 것은 파괴적인 경향들 때문도 아니고 공격성 때문도 아니다. 그것은 다만 반복의 현상들을 직접적으로 고려하는 가운데 발견된다. 기이하게도 죽음본능은 반복을 설명하는 근원적이고 실증적인 원리의 자리에 오른다. 죽음본능의 고유한 영역과 의미는 바로 반복에 있는 것이다. 쾌락원칙이 단지 심리학적 원리에 불과한 반면, 죽음본능은 어떤 초월론적 원리의 역할을 감당한다. 바로 그렇기 때문에 쾌락원칙이 떠들썩하게 일하는 반면, 죽음본능은 우선 소리 내지 않고(경험에 얼굴을 드러내지 않는 상태로) 일한다. 따라서 여기서 던질 수 있는 첫 번째 물음은 다음과 같을 것이다. 심리학적 삶에서 가장 부정적인 것을 끌어안고 있는 듯한 죽음의 주제가 어떻게 그 자체로서 가장 실증적이며, 게다가 반복을 긍정할 수 있을 정도로 초월론적 실증성을 띨 수 있는 것인가? 어떻게 죽음의 주제는 어떤 원초적 본능과 이어질 수 있는가? 하지만 즉각 다음과 같은 두 번째 물음이 앞의 물음을 보완한다. 죽음본능은 어떤 형식을 통해 반복을 긍정하고 명령하는가? 가장 심층적인 층위에서 문제는 반복과 위장들 사이의 관계에 있다. 꿈이나 증상의 작업 — 압축, 전치, 극화(劇化) — 에서 (같음의 반복인) 김빠지고 헐벗은 반복은 이 위장들 때문에 약화되고 급기야 은폐되는 것일까? 억압에 대한 최초의 이론에서부터 프로이트는 이미 다른 길을 가리키고 있었다. 가령 도라가 자신의 고유한 역할을 완전히 되살려내고 아버지에 대한 사랑을 반복하는 것은, 오로지 다른 사람들(K씨, K씨 부인, 여자 가정교사)이 맡은 역할들을 통해서이고 그녀가 이

반복과 차이

역할들과 변별적 관계에 있는 여러 가지 역할들을 떠맡는 과정을 통해서이다.[31] 위장과 이형(異形)들,[32] 가면이나 가장복(假裝服)들은 '겉에서부터' 덮어씌우는 것이 아니다. 오히려 거꾸로 그것들은 반복 자체의 내적인 발생 요소들, 반복을 이루어내고 구성하는 부분들이다. 이 길을 통해서 무의식의 분석은 어떤 참된 연극으로 향할 수도 있었을 것이다. 하지만 만일 거기에 도달하지 못하고 있다면, 이는 프로이트가 ─ 적어도 경향의 차원에서 ─ 김빠진 반복의 모델을 끝내 유지하고 있기 때문이다. 이 점은 프로이트가 고착을 이드에 귀속시킬 때 분명히 엿볼 수 있다. 이때 위장은 힘들 간의 단순한 대립에 입각해서 이해된다. 위장된 반복은 자아와 이드의 대립적인 힘들 간의 이차적 타협의 산물에 불과하다. 심지어 쾌락원칙의 저편에서조차 헐벗은 반복의 형식이 존속하는 것이다. 프로이트가 전적으로 물리적이거나 물질적인 반복의 모델에서 벗어나지 못하는 것은, 죽음본능을 무기적인 물질 상태로 되돌아가려는 어떤 경향으로 해석하기 때문이다.

죽음은 물질적 모델과는 아무런 상관이 없다. 반면 죽음본능을 가면이나 가장복들에 대한 정신적 관계 안에서 이해하는 것으로 충분하다. 반복이란 것은 그야말로 자신을 구성해 가는 가운데 스스로 위장하는 것, 스스로 위장함으로써만 자신을 구성하는 어떤 것이다. 반복은 가면들 아래에 있는 것이 아니라 이 가면에서 저 가면으로 옮겨 가면서 자신을 형성한다. 마치 하나의 특이점에서 다른 특이점으로, 하나의 특권적 순간에서 다른 특권적 순간으로 이행하듯 자리를 옮겨 가면서, 변이형들과 더불어 그리고 변이형들 안에서 자신을 형성한다. 가면들이 가

---

31 (옮긴이 주) 프로이트, 『도라의 히스테리 분석』(1905) 참조.
32 (옮긴이 주) variants. 변이형, 이형, 이본(異本) 등으로 옮길 수 있는 이 말은 변이, 편차 등으로 번역되는 variation을 모태로 한다. 변이는 주어진 전제와 조건 안에서, 다시 말해서 한 차원 안에서 연속적으로 성립하는 변화이다. 반면 이 책 4장에 나오는 '다양체의 변이성variété'은 차원상의 변동, 거듭제곱의 각 단계를 거치는 변이를 뜻하는 듯하다.

리는 것은 다른 가면들 이외에는 아무것도 없다. 반복되어야 할 최초의 항이란 것은 없다. 또한 우리가 어린 시절 어머니에 대해 품는 사랑조차 다른 여성들에 대한 어른들의 또 다른 사랑들을 반복한다. 이는 『잃어버린 시간을 찾아서』의 주인공이 어머니와 더불어 오데트에 대한 스완의 열정을 재연하는 것과 다소 비슷하다. 그러므로 반복되는 것은 반복 안에서 형성되며 또한 은폐된다. 그런 한에서 그것은 결코 반복으로부터 고립되거나 추상될 수 없다. 위장의 작업 자체로부터 추상되거나 추론될 수 있는 헐벗은 반복은 있을 수 없다. 위장하는 것과 위장되는 것은 같은 사태이다. 정신분석의 결정적인 국면은 몇몇 지점에서 프로이트가 유아기의 현실적 사건들을 위장되는 어떤 궁극의 항들로 설정하는 가설을 포기할 때 찾아왔다. 그 이후 그 궁극의 항들은 죽음본능 — 그 안에서는 모든 것이 이미 가면이자 또한 위장이다 — 으로 침잠하는 환상의 역량으로 대체된다. 요컨대 반복은 그 본질에 있어서 상징적이며 상징과 허상(시뮬라크르)은 반복 자체의 문자이다. 위장 그리고 상징적 질서를 통해 차이는 반복 안에 포섭된다. 그렇기 때문에 변이형들은 바깥으로부터 오는 것이 아니다. 억압하는 층위와 억압되는 층위 간의 어떤 이차적 타협을 표현하는 것도 아니다. 변이형들은 또한 여전히 부정적인 대립, 회귀, 전도 등의 형식들로부터 파악해서도 안 된다. 그것들은 오히려 스스로 반복하는 것의 본질과 생성에 속하는 어떤 미분적 메커니즘들을 표현한다. '헐벗은 것'과 '옷 입은 것'의 관계들 자체도 반복 안에서는 뒤바뀌어야 할 것이다. 예를 들어 강박적 예식(禮式)이나 정신분열적 상동증(常同症)과 같은 반복이 있다면, 이것들은 헐벗은 반복(같음의 반복)에 해당한다. 여기서 반복의 기계적인 측면, 외관상 반복되는 행위 요소는 보다 심층적인 반복을 덮고 있는 껍데기의 구실을 맡고 있다. 심층적인 반복은 다른 차원에서, 어떤 비밀스러운 수직성(垂直性) 안에서 연출된다. 그 안에서 배역과 가면들은 죽음본능에서 자양분을 얻는다. 잔혹극. 빈스방거[33]는 정신분열증에 대해 그렇게 말했다. 그리고 여기서 '결코 본 적이 없는 것'은 '이미 본 것'[34]의 반대가 아니다. 이 둘은 모두 똑같은 사태를 의미하며 하나는 다른 하나 안에서 체험된다. 네르발의 「실비」는 이미 우리를 이런 연극으로 안내한 바 있다. 또한 네르발적 영감과 그토록 근접해 있는 「그라디바」가 그려내는 주인공을 보라. 그 주인공은 이런 본연의 반복을 살아내고 있지만 언제나 반복 안에서 스스로 위장하는 반복자를 동시에 체험하고 있다. 강박증에 대한 분석에서 죽음의 주제가 등장하는 것은 강박증 환자가 자신의 드라마에 나오는 모든 등장인물들을 마음대로 다루고 반복 안에서 그들을 다시 모을 수 있는 국면과 일치한다. 이때 반복의 '예식'은 단지 외피(外皮)일 뿐이다. 도처에 있는 것은 가면이자 가장복이며 옷 입은 것이고, 이런 것들이 헐벗은 것의 진리이다. 가면이야말로 반복의 참된 주체이다. 반복은 본성상 재현이나 표상과 다르다. 바로 그렇기 때문에 반복되는 것은 표상될 수 없다. 다만 자신을 지시하는 것을 통해 지시되긴 하나 이내 다시 가려질 뿐이다. 가면을 쓰게 되는 것이다. 하지만 반복되는 것 그 자체도 역시 자신을 가리키는 것에

---

33 (옮긴이 주) 스위스의 정신병 의사인 빈스방거(L. Binswanger, 1881~1966)는 현상학과 실존주의, 특히 하이데거의 현존재(실존) 분석과 프로이트의 정신분석을 접목하여 '실존적 정신분석' 이론을 수립했고, 그의 저작은 푸코와 라캉 등 프랑스 지식인들에게 커다란 영향을 미쳤다. 아래 문장에서 인용된 「실비Sylvie」는 프랑스 상징주의 시인 네르발(Nerval, 1808~1855)이 잃어버린 미(美)의 낙원, 유년기의 기억 등을 소재로 쓴 『불의 딸들Des Filles du feu』(1854)에 들어 있는 서사 작품이다. 또 「그라디바Gradiva」는 덴마크 소설가 옌젠(J. V. Jensen, 1873~1950)이 1903년 독일어로 발표한 중편소설인데, 프로이트는 이 작품을 자신의 꿈 이론을 통해 해석한 바 있고, 이것이 정신분석과 문학작품 사이의 본격적인 첫 만남이었다. 이에 대해서는 프로이트, 『빌헬름 옌젠의 「그라디바」에 나타난 망상과 꿈』(1906) 참조.
34 (옮긴이 주) le jamais vu와 le déjà vu. 이 책에 종종 등장하는 '결코 본 적이 없는 것'과 '이미 본 것'은 원래 야스퍼스K. Jaspers의 『정신병리학 원론』(1913) 앞부분에 나오는 말이다.

가면을 씌우기는 마찬가지다.

　나는 억압하므로 반복하는 것이 아니다. 나는 반복하므로 억압하며, 반복하기 때문에 망각한다. 내가 억압한다면, 그것은 무엇보다 오로지 반복의 양태를 통해서만 특정한 사물이나 경험들을 체험할 수 있기 때문이다. 나는 그런 식의 체험을 방해하는 것을 억압하는 본성을 지녔다. 다시 말해서 나는 체험된 것을 동일성이나 유사성을 띤 어떤 대상의 형식에 맞추어 매개하는 표상을 억압하도록 결정되어 있다. 에로스 Eros와 타나토스Thanatos는 어떻게 구별되는 것일까? 에로스는 반복되어야 하고 오로지 반복 안에서만 체험될 수 있다. 하지만 (초월론적 원리인) 타나토스는 에로스에 반복을 가져다주는 것, 에로스를 반복에 종속시키는 것에 해당한다. 바로 이런 관점에 설 때만 우리는 억압과 관련된 애매한 문제들, 가령 억압의 기원, 본성, 원인들 그리고 억압이 관계하는 정확한 항들에 대한 문제들에서 어떤 진척을 이루어낼 수 있다. 사실 프로이트는 대리적 표상들에 관계하는 '고유한 의미의' 억압 저편에 원초적 억압을 설정할 필요가 있다고 본다.[35] 여기서 원초적 억압은 무엇보다 순수한 직접적 현시들[36]의 상관항이거나 충동들이 필연적으로 체험되는 방식에 대응한다. 우리는 프로이트가 이렇게 말할 때 반복을 설명하는 어떤 내적인 실증적 이유에 최대한 근접하고 있다고 믿는다. 프로이트에게서 이 이유는 나중에 죽음본능 안에서 규정 가능한 것으로 드러날 것이다. 그리고 그 이유는 결코 표상의 봉쇄를 통해 설명되는 것이 아니다. 오히려 그 이유가 표상의 봉쇄를 고유한 의미의 억압 안에서 설명하는 출발점이 되어야 할 것이다. 그렇기 때문에 반복─

35　(옮긴이 주) 프로이트, 『억압에 관하여』(1915) 앞부분 참조.
36　(옮긴이 주) présentations. 일반적으로는 우리가 재현, 표상, 대리 등으로 옮기는 représentation과 대립항을 이루지만, 그 밖에도 73쪽에 나오는 appersentation, 곧 간접적 현시에 대립하는 말이다. 이 책에 자주 등장하는 동사 présenter는 '현시하다' 외에도 '드러내다', '제시하다' 등 여러 가지로 옮긴다.

재기억의 반비례 법칙은 모든 점에서 만족스럽지 못하다. 특히 반복을 억압에 의존하는 현상으로 설명하기 때문이다.

반복하는 일을 멈추기 위해서는 어떻게 해야 하는 것일까? 그것은 추상적으로(정서 없이) 회상하는 것으로도, 어떤 개념 일반을 형성하는 것으로도, 억압된 사건을 특수한 모든 측면에서 표상하는 것으로도 충분하지 않다. 이것은 프로이트가 처음부터 강조했던 사실이다. 즉 기억 내용이 머물렀던 바로 그 곳에서 기억을 찾고 곧장 과거 안에 자리 잡는 가운데 앎과 저항, 표상과 봉쇄를 생생하게 결합해야 한다. 따라서 기억상실 때문에 병에 걸리는 것이 아닌 것과 마찬가지로 단순히 기억을 복구시킨다고 해서 치유되는 것도 아니다. 다른 곳에서와 마찬가지로 여기서도 의식화(意識化)는 사소한 것이다. 유난히 연극적이고 드라마 같은 작업, 바로 그 작업 과정을 통해 비로소 치료가 이루어지거나 이루어지지 않는다. 그 작업 과정은 전이(轉移)라는 이름으로 지칭된다. 그렇지만 전이는 여전히 반복이며, 다른 무엇이기 이전에 반복이다.[37] 만일 반복이 우리를 병들게 한다면, 우리를 치료하는 것 역시 반복이다. 반복이 우리를 속박하고 파괴한다면, 우리를 해방하는 것 역시 반복이다. 반복은 이 두 경우 모두 자신의 '악마적인' 역량을 증언한다. 모든 치료는 반복의 밑바닥에서 이루어지는 어떤 여행이다. 확실히 전이에는 과학적 실험과 유비적인 어떤 측면이 있다. 왜냐하면 환자는 분석가의 인격을 '대상'인 것처럼 취급하면서 자신의 장애 전체를 특권화

---

37 정확히 말해서 프로이트가 전이에 호소하는 것은 바로 반비례 관계라는 개괄적인 법칙을 문제 삼기 위해서이다. 이에 대해서는 S. Freud, *Au-delà du principe de plaisir*(Payot), 24~25쪽 참조. 즉 기억내용과 재생산, 재기억과 반복은 원리상 대립하지만, 임상의 차원에서는 환자가 치료 도중 몇몇 억압된 요소들을 다시 살아낸다는 사실을 수용해야 한다. "이처럼 재생산과 기억내용 사이에서 성립하는 관계는 경우에 따라 변하게 된다." 특히 페렌치 Ferenczi와 랑크Rank는 전이에서 나타나는 것과 같은 반복의 치료적이고 해방적인 측면을 누구보다 역설했다. *Entwicklungziele der Psychoanalyse*(Wien, 1924) 참조.

된 어떤 인위적 조건들 안에서 반복한다고 가정되기 때문이다. 그러나 전이에서 반복이 떠맡는 기능은 동일성을 띤 어떤 사건, 인물, 정념들을 확인하는 데 있지 않다. 그것은 역할들을 인증하고 가면들을 선별하는 데 있다. 전이는 겨우 하나의 경험에 그치는 것이 아니다. 그것은 오히려 분석적 경험 전체에 근거를 마련해주는 어떤 원리이다. 역할들 자체는 본성상 에로스의 성격을 띠지만, 그 역할들을 인증하는 시험은 죽음본능이라는 보다 높은 원리, 보다 심층적인 재판관에 호소한다. 사실 전이에 대한 성찰은 (쾌락원칙을 넘어서는) '저편'을 발견하도록 유도한 결정적인 동기였다. 이런 의미에서 반복은 스스로 우리의 병과 건강, 우리의 타락과 구원을 선별하는 유희로 자신을 구성해간다. 어떻게 이 유희를 죽음본능에 관계시킬 수 있는 것일까? 확실히 그것은 랭보에 대한 멋진 책[38]에서 밀러가 말하고 있는 것과 가까운 의미에서 예감되어야 한다. 즉 "나는 내가 자유로웠다는 것을, 내가 경험했던 죽음이 나를 자유롭게 해주었다는 것을 깨닫는다." 죽음본능이라는 관념은 세 가지 상보적이고 역설적인 요구들에 입각해서 이해되어야 하는 것처럼 보인다. 그것은 곧 반복에 실증성을 띤 어떤 원천적 원리의 자격을 부여하는 것, 하지만 반복에 어떤 자율적 위장의 역량을 부여하는 것, 끝으로 반복에 어떤 내재적 의미를 부여하는 것이다. 그 내재적 의미 안에서 공포는 선별이나 자유의 운동과 긴밀하게 뒤섞여 서로 구별되지 않는다.

---

38 (옮긴이 주) 헨리 밀러(Henry Miller, 1891~1980)가 쓴 『암살자의 시대*Time of the Assassins*』(1962)를 말한다.

반복과 차이

5절

두 가지 반복: 개념의 동일성과 부정적 조건에 의한 반복, 이념 안의 차이와 과잉에 의한 반복(자연적 개념과 명목적 개념을 사례로)

우리의 문제는 반복의 본질에 있다. 여기서 중요한 것은 왜 반복은 개념이나 재현 안의 동일성 형식에 의해서는 설명될 수 없는지, 어떤 의미에서 반복은 우월하고 월등한 어떤 '실증적' 원리를 요구하는지 등을 아는 것이다. 이런 탐색은 자연의 개념과 자유의 개념 전체에 대한 고찰을 필요로 한다. 일단 이 두 경우의 경계에 있는 장식의 모티프로부터 반복을 생각해보자. 여기서는 하나의 도형이 절대적으로 동일한 어떤 개념 아래에서 재생산된다……. 그러나 실제로 예술가는 그런 식으로 작업하지 않는다. 그는 한 도형의 표본들을 병치하지 않는다. 그는 매 순간 한 표본의 한 요소를, 뒤따르는 표본의 또 다른 요소와 결합한다. 그는 역동적인 구성의 과정 속에 어떤 불균형, 불안정, 비대칭, 일종의 입 벌림 현상 등을 끌어들이며, 이런 요소들은 오로지 총체적 결과 안에서만 사라지게 된다. 이런 경우에 대해 논평하면서 레비스트로스는 다음과 같이 쓴다. "이 요소들은 기왓장들처럼 서로 엇물리며 도형은 오직 마지막에 가서야 안정성을 띤다. 도형을 낳는 동역학적 과정 전체는 이 안정성을 통해 확증되는 동시에 부인된다."[39] 이는 인과성의 개념 일반에 대해 유효한 말이다. 왜냐하면 예술적 인과성이나 자연적 인과성에서 중요한 것은 눈앞에 드러난 대칭적 요소들이 아니라 원인 안에 결여된 요소들, 원인 안에 있지 않은 요소들이기 때문이다 ── 원인이 결과보다 대칭을 더 적게 가질 가능성이 중요하다. 게다가 만일 이런 가능성이 어떤 특정한 순간에 실제적으로 실현되지 않

---

39 Claude Lévi-Strauss, *Tristes tropiques*(Plon, 1955), 197~199쪽.

는다면, 그 인과관계는 영원히 가설적인 것으로, 단순한 논리적 범주로 남겨질 것이다. 바로 그렇기 때문에 인과성의 논리적 관계는 신호화라는 물리적 과정과 분리될 수 없다. 이 과정이 없다면 그 논리적 관계는 현실화되지 않을 것이다. 우리는 비대칭적 요소들을 갖추고 불균등한 크기의 질서들을 거느리고 있는 하나의 체계를 '신호'라 부른다. 그리고 그런 체계 안에서 발생하는 것, 간격 안에서 섬광처럼 번득이는 것, 불균등한 것들 사이에서 성립하는 어떤 소통 같은 것을 '기호'[40]라 부른다. 기호는 분명 어떤 효과이지만, 그 효과는 두 가지 측면을 지니고 있다. 한 측면에서 기호는 그야말로 본연의 기호로서 어떤 생산적인 비대칭을 표현한다. 다른 한 측면에서 기호는 그 비대칭을 소멸시키는 경향이 있다. 기호는 결코 상징의 질서에 속하는 것이 아니다. 그렇지만 기호는 어떤 내적인 〔이념 안의〕 차이를 함축하면서 (그러나 여전히 그 질서의 재생산 조건들을 외부에 남겨두면서) 상징의 질서를 예비한다.

우리는 '대칭의 결여'라는 부정적 표현 때문에 속아서는 안 된다. 이 표현은 인과 과정의 기원과 실증성을 가리킨다. 이 표현이 표현하는 것은 실증성 자체인 것이다. 장식의 모티프의 예를 통해 암시되는 것처럼, 우리에게 본질적인 것은 인과성을 분해해서 두 가지 유형의 반복을 구별하는 데 있다. 하나는 오직 추상적인 총체적 결과에만 관련되며, 다른 하나는 작용 중의 원인에만 관련된다. 하나는 정태적인 반복이고 다른 하나는 동태적인 반복이다. 하나는 작업의 결과이지만, 다른 하나는 몸짓의 '진화'와 같은 것이다. 하나는 한 도형의 평범한 표본들 사이

---

40 (옮긴이 주) signe. 기호라 옮기는 이 말은 때로 조짐으로 번역되어야 한다. 들뢰즈적 의미의 기호는 언어적 기호 이전에 성립하고 또 언제나 어떤 해석을 요구하기 때문이다. 이 책에서 기호는 현실적 차원이나 재현적 차원 이전의 강도적 차이와 종합, 드라마, 개체 등과 동렬에 있는 기초개념이므로 5장에 가서야 그 의미가 충분히 드러난다. 보다 정확히 말해서 기호는 강도적 질(거리, 간격)을 표현하고 이 책 2장 후반부부터 등장하는 분화소, '어두운 전조', 허상(시뮬라크르) 등은 가장 탁월한 의미의 기호에 해당한다.

에 어떤 외부적 차이만을 존속케 하는 하나의 똑같은 개념에서 시작되지만, 다른 하나는 [개념 밖에 있지만 이념 안에 있는] 어떤 내적 차이의 반복이다. 이 반복은 각각의 계기들 안에 내적 차이를 포함하며, 그 차이를 한 특이점에서 또 다른 특이점으로 운반한다. 첫 번째 유형과 두 번째 유형의 반복 사이에는 단지 개념의 내용만 바뀌었다든지 오로지 형태만 다르게 분절화된 것이라고 말하면서 이 두 가지 반복을 동질화하려는 시도가 있을 수 있다. 그러나 이는 두 반복이 속한 서로 다른 질서들 각각을 오인하는 것이 아닐까? 왜냐하면 역동적인 질서 안에는 더 이상 재현적 성격의 개념이 존재하지 않으며, 미리 실존하는 공간 안에서 재현되는 그런 도형도 존재하지 않기 때문이다. 거기에 있는 것은 다만 어떤 이념이며, 그에 상응하는 어떤 공간 창조적인 순수한 역동성이다.

이런 이중성은 리듬[율동]에 대한 연구나 대칭에 대한 연구를 통해 확증되고 있다. 대칭은 한편으로는 정수적 계수나 분수적 계수를 가리키는 등차적(等差的) 대칭으로, 다른 한편으로는 무리수적 비례나 관계들에 기초한 등비적(等比的) 대칭으로 나뉜다. 전자는 입방체 혹은 육각형 유형의 정태적 대칭이다. 후자는 오각형 유형의 역동적 대칭이며, 나선형의 선 운동이나 등비수열적(等比數列的) 파동 안에서, 요컨대 생동하되 사멸하게 마련인 '진화' 안에서 나타난다. 그런데 이 두 번째 유형이 첫 번째 유형의 중심부에 있다. 두 번째 유형은 첫 번째 유형의 심장이며, 그것의 능동적 기법이자 실증적 절차이다. 이때 제곱의 형태로 발전하는 그물 안에서 어떤 방사하는 선들이 발견된다. 이 선들은 대칭 없는 극을 오각형이나 별 모양의 중심에 두는 방사상 형태이며 그 그물은 뼈대를 덮는 천과 같다. "그러나 이 뼈대의 절단이나 주된 리듬은 거의 언제나 이 그물과는 무관한 주제이다." 즉 대칭적 성격을 띤 전체에 대하여 발생의 원리인 동시에 성찰의 원리에 해당하는 비대칭의 요소이다.[41] 그러므로 그 그물 안의 정태적 반복은 동태적 반복을 전제하며, 이 동태적 반복은 오각형과 "그 안에 자연적으로 내접하게 되는 일련의 별 모양들이 감소하는 과정"에 의해 형성된다.[42] 마찬가지로 리듬 이론은 우리에게 두 가지 유형의 반복을 즉각적으로 구별하도록 자극하고 있다. 박자-반복은 시간의 규칙적 분할이며 동일한 요소들의 등시간적(等時間的) 회귀이다. 그러나 한 악절은 오로지 강세적 악센트에 의해 규정되고 강도(強度)들의 지배를 받으면서 존재할 뿐이다. 악센트들이 동등한 간격으로 재생되는 것이라고 말한다면, 이는 악센트들의 기능을 오해하는 것이다. 이와는 반대로 강세와 강도를 지닌 음가(音價)들은 계량적으로 동등한 악절이나 음악적 여백들 안에서 어떤 비동등성과 통약 불가능성들을 창조하면서 작용한다. 그 음가들은 항상 다(多)-리듬을 가리키는 어떤 특이점, 특권적 순간들을 창조한다. 여기서도 여전히 동등하지 않은 것이 가장 실증적이다. 박자는 단지 리듬을 감싸는 봉투, 리듬들 간의 관계를 담고 있는 외피일 뿐이다. 동등하지 않은 점들, 굴절하는 점들, 율동적인 사건들의 되풀이가 등질적이고 평범한 요소들의 재생보다 훨씬 근본적이다. 그래서 우리는 도처에서 박자-반복과 리듬-반복을 구별해야 한다. 전자는 단지 후자의 겉모습이거나 추상적 효과에 불과하다. 물질적이고 헐벗은 반복(같음의 반복)이 나타난다면, 이는 항상 또 다른 반복이 그 안에서 자신을 위장하고 있다는 것을 의미한다. 그 안에서 또 다른 반복이 자신을 위장하면서 그 헐벗은

---

41 Matila Ghyka, *Le nombre d'or*(N.R.F., 1931), I, 65쪽.
42 (옮긴이 주) 다음의 그림을 참조할 것.

반복과 차이

반복을 구성하는 동시에 자기 자신을 구성하는 것이다. 자연 안에서조차 등시간적인 자전(自轉)들은 더욱 근본적인 운동의 겉모습일 따름이며, 공전(公轉) 주기들은 단지 추상적인 주기들일 뿐이다. 서로 엮어놓고 보면, 이것들은 진화의 주기와 가변 곡률(曲律)의 나선(螺線)들을 드러내고, 그 궤도는 오른쪽과 왼쪽처럼 비대칭적인 두 측면을 지닌다. 바로 이 벌어진 틈 안에서 피조물들은 언제나 자신들의 반복을 직조해가는 동시에 삶과 죽음의 선물을 부여받는다. 하지만 이 틈은 부정적인 것과 혼동되지 말아야 한다.

이제 명목적 개념들로 돌아가 보자. 단어의 반복을 설명해주는 것은 명목적 개념의 동일성일까? 각운(脚韻)의 예를 들어보자. 각운은 분명 구두적(口頭的) 반복이다. 그러나 그것은 두 단어 사이의 차이를 포함하고 있는 반복이며, 자신이 규정하는 공간 안에서 그 차이를 어떤 시적 이념 안에 기입하는 반복이다. 각운의 의미도 역시 동등한 간격들을 표시한다는 데 있지 않다. 오히려 압운(押韻)의 착상 안에서 볼 수 있는 것처럼, 그 의미는 음색의 길이들을 강세적 리듬에 봉사하도록 만드는 데 있으며, 강세적 리듬들이 산술적 리듬들로부터 독립하도록 협력하는 데 있다. 똑같은 단어의 반복에 대해 말하자면, 우리는 이 반복을 '일반화된 각운'으로 생각해야 하며, 이 각운을 어떤 환원된 반복으로 생각하지 말아야 한다. 이 일반화에는 두 가지 기법이 있다. 먼저 두 가지 의미로 취해진 한 단어가 두 의미 사이의 역설적인 유사성이나 동일성을 담보하는 방식이 있다. 다른 한편 단일한 의미로 차용된 한 단어가 주변의 가까운 단어들에게 어떤 인력(引力)을 행사하고 엄청난 중력을 전달하는 기법이 있다. 이런 절차는 결국 인접한 단어들 중 하나가 순서를 이어받아 다시 반복의 중심이 되는 데까지 이른다. 레이몽 루셀과 샤를 페기는 문학 분야에 서 있는 위대한 반복자들이다. 이들은 언어의 병리적 역량을 월등한 예술적 차원으로 끌어올리는 방법을 알고

있었다. 루셀은 이중의 의미를 지닌 단어나 동음이의어들에서 출발한
다. 그리고 그 두 의미 사이의 모든 거리를 이야기를 통해, 또 그 자체
로는 이분화되어 있지만 두 번 제시되는 대상들을 통해 메워간다. 그는
이렇게 동음이의어를 그것의 고유한 영토 안에서 넘어서고 최대치의
차이를 반복 안에, 단어의 중심에서 열리는 공간 안에 기입한다. 루셀
에게서 이 공간은 다시 가면들의 공간이자 죽음의 공간으로 드러난다.
여기서는 속박하는 반복과 구제하는 반복 — 무엇보다 먼저 속박하는
반복으로부터 구제하는 반복 — 이 동시에 성립한다. 루셀은 언어 이후
의 언어après-langage를 창조하고 있다. 이 언어 안에서는 모든 것이 일
단 말해지고 난 이후 모든 것이 반복되고 다시 시작된다.[43] 폐기의 기
법은 매우 다르다. 반복을 통해 동음이의어를 대체하는 것이 아니라 이
음동의어를 대체하기 때문이다. 이 기법은 언어학자들이 더 이상 유사
성의 기능이라 하지 않고 다만 인접성의 기능이라고 부르는 것에 상응
한다. 이 기법은 언어 이전의 언어avant-langage, 여명의 언어를 형성한
다. 여기서는 모든 미세한 차이들에서 출발하여 점진적으로 단어들의
내면적 공간을 산출하는 절차를 볼 수 있다. 언어 이전의 언어에서 모
든 것은 때 이른 죽음들과 노화(老化)의 문제로 귀착된다. 그러나 언어
이후의 언어에서도 역시 이 문제가 지속되고 있지만 여기서는 모든 것
이 속박하는 반복에 반하여 구제하는 반복을 긍정할 수 있는 유일무이

---

43 반복이 언어와 맺는 관계뿐 아니라 또한 반복이 가면들은 물론 죽음과 맺는 관계에 대해
서는 미셸 푸코의 뛰어난 저작 *Raymond Roussel*(N.R.F., 1963) 참조. "반복과 차이는 서
로 뒤얽혀 있고 그만큼 정확하게 맞물려 있어서 어느 것이 앞서는지 말하는 것이 불가능할
정도이다……."(35~37쪽) "그것은 새로운 출발을 모색하는 언어이기는커녕 이미 말해진 단
어들의 이차적 형태이다. 그것은 파괴와 죽음에 의해 가공된 통상의 언어이다.……본성상 그
것은 반복적이며…… 더 이상 사람들이 되풀이해 말하는 사태들의 횡적 반복이 아니다. 그
것은 비-언어의 저편으로 이행했고, 그렇게 넘어선 허공에 힘입어 시가 되는 근본적 반복이
다……."(61~63쪽) 루셀에 관한 미셸 뷔토르Michel Butor의 글(*Répertoire I*, Minuit)도
구속하면서 구제하는 반복의 이중적 측면을 분석하고 있으므로 역시 참조할 것.

반복과 차이

한 기회로 귀착된다. 페기와 루셀은 서로 다른 방향에서 언어를 그 한 계로까지 이끌어가고 있다(루셀에게서 볼 수 있는 유사성이나 선별, *billard* 와 *pillard*의 '상호 변별적 특질'. 페기에게서 볼 수 있는 인접성과 조합, 그 유명한 양탄자의 바늘땀들[44]). 두 사람 모두 되풀이되는 평범한 단어들의 수평적 반복을 특이점들의 반복으로 대체하고, 단어들의 내면으로 다시 상승이 일어나는 어떤 수직적 반복으로 대체한다. 명목적 개념이나 구두적 재현이 보여주는 결핍에 의한 반복이나 불충분성에 의한 반복을, 언어학적이고 문체론적인 이념의 과잉에서 오는 어떤 실증적 반복으로 대체하는 것이다. 어떻게 언어는 죽음을 통해 살아 숨쉴 수 있는가? 어떻게 언어는 반복이 자신을 긍정할 때면 언제나 드러나는 죽음을 통해 영감을 얻을 수 있는가?

같음의 재생산은 몸동작들을 끌고 가는 동력이 아니다. 잘 알려져 있는 바와 같이 가장 단순한 모방조차 내면적인 것과 외면적인 것의 차이를 끌어안고 있다. 게다가 행동을 구성해나갈 때 모방은 단지 이차적인 규제의 역할만을 감당할 뿐이다. 모방을 통해서는 행동 중인 운동들을 수정하는 것은 몰라도 결코 어떤 운동을 창시할 수는 없다. 배움은 (같음의 재생산처럼) 표상에서 행위로 이어지는 관계 안에서 성립하지 않는다. 그것은 (다름과 부딪히는 마주침처럼) 기호에서 응답으로 이어지는 관계에서 성립한다. 기호는 적어도 세 가지 관점에서 다질성[45]을 포함한다. 먼저 기호를 담지하거나 발산하는 대상 안에서. 이 대상은 불균등한 두 질서 ─ 기호는 크기나 실재성의 불균등한 질서들 사이에서 섬광처럼 번득인다 ─ 처럼, 필연적으로 어떤 수준의 차이를 드러낸다.

---

44 (옮긴이 주) points de tapisserie. 원래 양탄자 앞쪽의 무늬를 만들기 위해서 뒤쪽에서 누빈 바늘땀들을 가리키는 말로서, 페기의 글쓰기 방식을 비유하는 용어가 되었다.
45 (옮긴이 주) hétérogénéité. 보통 이질성으로 옮기지만 들뢰즈 존재론의 개성을 살리기 위해 종종 다질성(多質性)으로 옮긴다. 또 이 말과 짝을 이루는 homogénéité는 종종 등질성(等質性)으로 번역한다.

다른 한편으로는 기호 그 자체 안에서. 왜냐하면 기호는 자신을 담지하는 대상의 경계 안에서 어떤 또 다른 '대상'을 봉인하고 있으며 자연이나 정신(이념)의 어떤 역량을 구현하고 있기 때문이다. 마지막으로 기호가 재촉하는 응답 안에서. 응답의 운동은 기호의 운동과 '유사'하지 않다. 수영하는 사람의 운동은 물결의 운동과 닮지 않았다. 정확히 말하자면, 우리가 모래사장에서 재생하는 수영 교사의 운동은 물결의 운동에 비하면 아무것도 아니다. 우리가 그 물결의 운동에 대응하는 방법을 배우는 것은, 실천적 상황 안에서 그 운동들을 어떤 기호들처럼 파악할 때나 가능한 일이다. 아무개가 어떻게 배우는가를 말한다는 것이 그토록 어려운 것은 바로 그런 이유 때문이다. 즉 거기에는 선천적이든 후천적이든 어떤 실천적인 친밀성, 기호들에 대한 친밀성이 존재한다. 이 친밀성을 통해 모든 교육은 애정의 성격을 띤 어떤 것이 되지만 또한 동시에 치명적인 어떤 것이 된다. 우리는 "나처럼 해봐."라고 말하는 사람 곁에서는 아무것도 배울 수 없다. 오로지 "나와 함께 해보자."라고 말하는 사람들만이 우리의 스승이 될 수 있다. 이들은 따라해야 할 몸동작들을 보여주는 대신 다질적인 것 안에서 개봉해야 할 기호들을 발신하는 방법을 안다. 달리 말해서 관념적 운동성idéo-motricité이란 것은 없다. 오로지 감각적 운동성sensori-motricité만이 있는 것이다. 신체는 자신의 특이점들을 물결의 특이점들과 조합할 때 어떤 반복의 원리와 관계를 맺는다. 이 반복은 더 이상 같음의 반복이 아니다. 그것은 다름을 포괄하는 반복이고, 하나의 물결과 몸짓에서 또 다른 물결과 몸짓으로 이어지는 차이를 포괄하는 반복, 이 차이를 그렇게 구성된 반복의 공간으로 운반하는 반복이다. 배운다는 것, 그것은 분명 어떤 기호들과 부딪히는 마주침의 공간을 만들어간다는 것이다. 이 공간 안에서 특이점들은 서로의 안에서 다시 취합된다. 여기서 반복은 자신을 위장하는 동시에 형성한다. 그리고 배움의 과정에는 언제나 어떤 죽음의 이미지

반복과 차이

들이 내포되어 있다. 이 이미지들은 배움이 개봉해가는 다질성에 의해 조장되고 있으며, 배움이 창조하는 공간의 경계에 머문다. 먼 곳에서 잃어버렸을 때 기호는 치명적이다. 기호가 우리를 정면에서 후려칠 때도 마찬가지로 위험하다. 오이디푸스는 한 번은 너무 먼 곳에서, 한 번은 너무 가까운 곳에서 기호를 수신한다. 그리고 이 두 수신 사이에서 범죄라는 끔찍한 반복이 직물처럼 짜여간다. 차라투스트라는 그의 '기호'를 때로는 너무 가까운 곳에서, 때로는 너무 먼 곳에서 수신한다. 그리고 마지막에 이르러서야 적당한 거리를 예감한다. 영원회귀 안에서 그를 병들게 만드는 것은 이 거리를 통해 해방과 구원의 반복으로 바뀌게 된다. 기호들은 연극의 참된 요소들이다. 기호들은 단어, 몸동작, 등장인물, 재현된 대상들 아래에서 작용하는 자연과 정신의 역량들을 증언한다. 기호들은 실재적 운동에 해당하는 반복을 의미하며, 이 점에서 추상적인 것의 거짓 운동에 해당하는 재현과 대립적 관계에 있다.

헐벗은 반복과 옷 입은 반복

절대적으로 똑같은 개념을 지니고 있는 어떤 동일한 요소들 앞에 있을 때 우리는 반복에 대해 말할 권리가 있다. 그러나 이 이산적 요소들, 이 반복되는 대상들과 구별해야 할 것이 있다. 그것은 이것들을 통해 스스로 자신을 반복하는 비밀스러운 주체, 반복의 진정한 주체이다. 우리는 반복을 대명사적인 것으로 생각하고, 반복의 자기(自己)를 발견해야 하며, 스스로 반복하는 것 안에서 독특성을 찾아야 한다. 왜냐하면 반복자 없이는 반복이란 없기 때문이며, 반복하는 영혼 없이는 반복되는 것도 있을 수 없기 때문이다. 하지만 반복되는 것과 반복하는 것, 대상과 주체의 구별보다는 오히려 반복의 두 가지 형식을 구별해야 한다. 어떤 경우든 반복은 개념 없는 차이다. 그러나 첫 번째 경우 차이는 단지 개넘에 외부적인 것으로 설정되고 있을 뿐이다. 이는 똑같은 개념 아래 재현된 대상들 사이의 차이로서, 무차별성을 띤 시간과 공간으로 추락한다. 두 번째 경우 차이는 이념의 내부에 있다. 이 차이는 이념에 상응하는 역동적인 시간과 공간을 창조하는 어떤 순수한 운동으로 펼쳐진다. 첫 번째 반복은 같음의 반복이고 개념이나 재현의 동일성에 의해 설명된다. 두 번째 반복은 자신 안에 차이를 포괄하며 스스로 이념의 타자성 안에, 어떤 '간접적 현시'[46]의 다질성 안에 포괄된다. 첫 번째 반복은 개념의 결핍에서 성립하는 부정적 반복이며, 두 번째 반복은 이념의 과잉에서 성립하는 긍정적 반복이다. 첫 번째 반복은 가언적이고, 두 번째 반복은 정언적이다. 첫 번째 반복은 정태적이고, 두 번째 반복은 동태적이다. 첫 번째 반복은 결과 안에서 일어나고, 두 번째 반복은 원인 안에서 일어난다. 첫 번째 반복은 외연 안에서 일어나지만, 두 번째 반복은 강도적이다. 첫 번째 반복은 평범하고, 두 번째 반복은 특이하고 독특하다. 첫 번째 반복은 수평적이며, 두 번째 반복은 수직적이다. 첫 번째 반복은 개봉되고 설명되지만, 두 번째 반복은 봉인되어 있고 해석되어야 한다. 첫 번째 반복은 공전(公轉)의 성격을 띠고 있고, 두 번째 반복은 진화의 성격을 띠고 있다. 첫 번째 반복이 동등성, 통약 가능성, 대칭성을 띠고 있다면, 두 번째 반복은 비동등성, 통약 불가능성, 비대칭성 위에 기초하고 있다. 첫 번째 반복은 물질적이며, 두 번째 반복은 자연과 대지 안에서조차 정신적이다. 첫 번째 반복은 생기가 없으나 두 번째 반복은 우리의 죽음과 삶들, 우리의 속박과 해방들, 악마적인 것과 신적인 것의 비밀을 간직하고 있다. 첫 번째 반복은 '헐벗은' 반복이지만, 두 번

---

46 (옮긴이 주) apprésentation. 훗설E. Husserl의 『데카르트적 성찰』 50절에 나오는 말로, 원래 자아가 다른 자아를 경험할 때 성립하는 일종의 간접적 지향성을 풀이하는 말이다. 이 장의 4절 61쪽에 나온 직접적 현시présentation와 짝을 이루고 있음에 주목하자. 아마 개념이 재현이나 재현전화에 상응한다면, 직접적 현시(현전화)에 상응하는 것은 강도이고, 간접적 현시에 상응하는 것은 이념일 것이다.

째 반복은 옷 입은 반복으로서, 스스로 복장을 하면서, 가면을 쓰면서, 스스로 위장하면서 자신을 형성해간다. 첫 번째 반복은 정확성을 특징으로 하지만, 두 번째 반복의 기준은 진정성[47]에 있다.

이 두 가지 반복은 서로 독립적이지 않다. 하나는 독특한 주체이고, 다른 하나의 심장이자 내부이며, 또한 그것의 깊이다. 다른 하나는 단지 겉봉투, 추상적 결과일 뿐이다. 비대칭적 반복은 대칭적 총체나 효과들 안으로 숨어든다. 특이점들의 반복은 평범한 점들의 반복 아래에서 일어난다. 도처에서 다름은 같음의 반복 안에서 발생한다. 이것이 가장 심층적인 비밀스러운 반복이다. 오직 이 반복만이 또 다른 반복의 이유를, 개념들이 봉쇄되는 이유를 제공한다. 그리고 『사토르 레사르투스』[48]에서처럼, 이 영역 안에서 헐벗은 것의 진실은 가면, 위장된 것, 가장복(假裝服)에 있다. 이는 필연적으로 그렇다. 왜냐하면 반복은 다른 사태에 의해 은폐되는 것이 아니라 스스로 위장하면서 자신을 형성하기 때문이다. 반복은 이런 자신의 고유한 위장들에 앞서 미리 존재하지 않으며, 자신을 형성하는 가운데 헐벗은 반복 —— 자신을 봉인하는 반복 —— 을 구성해낸다. 여기서 중요한 귀결들이 따라 나오게 된다. 우리가 가면을 쓰고 등장하는 어떤 반복과 대면할 때를 생각해보자. 이 반복은 어떤 전치(轉置), 가속(加速), 감속(減速), 이형(異形), 차이들 등을 포괄하기 때문에 극단적인 경우 우리를 출발점에서 대단히 멀리 떨어진 곳으로까지 끌고 갈 수 있다. 이런 반복과 마주할 때 우리는 거기서

---

47 (옮긴이 주) authenticité. 앞의 4절 마지막 문단(63쪽)에 나오는 authentifier(인증하다)는 identifier(동일화하다, 정체성을 확인하다)와 대립적인 의미를 지니며 sélectionner (선별하다), faire la différence(차이를 만들다) 등과 상보적인 의미를 지닌다.
48 (옮긴이 주) 『사토르 레사르투스Sartor Resartus』는 빅토리아 시대를 풍미하던 영국 역사가이자 문사인 토머스 칼라일(Thomas Carlyles, 1795~1881)이 1836년에 집필한 에세이의 제목이다. 자전적 요소와 독일 관념론을 주조로 하는 이 글에는 옷을 주제로 한 대목이 나온다.

어떤 혼융의 상태를 보기 마련이다. 반복이 순수하지 못하고 단지 근사(近似)할 뿐인 그런 상태를 보는 경향이 있는 것이다. 그래서 반복이라는 말 자체가 은유나 유비에 의해 상징적으로 사용되는 것처럼 보인다. 물론 우리가 반복을 개념 없는 차이로 엄격하게 정의했던 것은 사실이다. 그러나 그것을 이념의 외부로 추락하는 차이, 개념 안의 같음의 형식 아래로 전락하는 차이로 환원시킨다면 우리는 오류에 빠질 것이다. 개념 없는 차이는 이념의 내부에 존재할 수 있으며, 자기 안에 어떠한 개념이든 극복할 수 있는 기호, 상징, 타자성 등의 모든 원천들을 소유할 수 있음을 알아야 한다. 앞에서 끌어들인 예들은 명목적 개념, 자연의 개념, 자유의 개념 등과 같이 대단히 다종다양한 경우들과 관련된 것들이었다. 그래서 우리가 물리적이고 심리적인 모든 종류의 반복들을 뒤섞어놓았다는 비난이 있을 수 있다. 또 심지어 심리적인 영역 안에서조차 항상 천편일률적인 유형의 헐벗은 반복들과 잠복적이고 상징적인 반복들을 혼동한다고 비난할 수 있다. 하지만 우리가 그렇게 한 것은 모든 반복적 구조 안에서 이 층위들이 공존한다는 것을 보여주길 원했기 때문이다. 동일성을 띤 요소들이 겉으로 드러내는 반복이 어떻게 필연적으로 어떤 잠복해 있는 주체에 의존하는지, 그리고 이 주체는 어떻게 그 요소들을 통해 스스로 자신을 반복하는 가운데 첫 번째 반복의 심장부에서 '또 다른' 반복을 형성하는지를 보여주고자 한 것이다. 따라서 우리는 이 또 다른 반복이 조금도 근사적이거나 은유적이지 않다고 말할 것이다. 오히려 거꾸로 이 반복은 모든 반복의 정신이다. 이 반복은 모든 반복의 문자 그 자체로서, 투명무늬나 구성적 암호의 상태에 있다. 바로 이 새로운 반복이 개념 없는 차이의 본질을 형성하고 매개되지 않은 차이의 본질을 형성하는 것이며, 모든 반복은 여기서 나온다. 바로 그것이 문자 그대로의 반복이며 정신적인 반복으로서, 반복의 첫 번째 의미를 담고 있다. 물질적 의미는 이 첫 번째 의미로부터 따라 나오는 결과이며, 그로부터 마치 어떤 조개껍질처럼 분비된 것이다.

　우리는 일반성과 반복을 구별하면서 이 장을 시작했다. 이어서 우리는 반복의 두 가지 형식을 구별했다. 이 두 가지 구별은 서로 이어진다. 첫 번째 구별은 오로지 두 번째 구별 안에서만 자신의 귀결점들을 개진해 갈 수 있다. 왜냐하면 반복을 추상적으로 설정하는 데 만족하여 그것의 내부를 비워버린다면, 우리는 하나의 개념이 왜 그리고 어떻게 자연적으로 봉쇄될 수 있는지 이해할 수 없게 되며, 일반성과 혼동되지 않는 반복이 나타나도록 할 수도 없게 되기 때문이다. 거꾸로 반복의 문자적 내면을 발견할 때, 우리는 외피로서의 외면적 반복을 이해할 방법을 갖게 될 뿐 아니라 또한 일반성의 질서를 되찾을 방법도 (또 키에르케고르의 소망을 따르자면, 단독적인 것과 일반적인 것을 화해시킬 방법도) 갖게 된다. 사실 내면적 반복이 자신을 덮고 있는 어떤 헐벗은 반복을 통해 투영되는 한에서, 그것이 자신 안에 포괄하는 차이들은 그만큼 헐벗은 반복에 대립하는 요인들로 나타난다. 그 차이들은, 내면적 반복을 약화시키고 '일반적' 법칙들에 따라 변이시키는 헐벗은 반복에 대립하는 요인으로 등장한다. 하지만 법칙들의 일반적 활동 아래에는 언제나 독특성들의 유희가 존속한다. 자연 안의 순환 주기들이 보여주는 일반성들은 이들의 간섭을 물리치면서 샘솟는 어떤 독특성의 가면이다. 그리고 도덕적 삶 속의 습관적 일반성들 아래에서 우리는 어떤 독특한 배움의 과정들을 재발견한다. 법칙들의 영역은 이해되어야 하되, 언제나 자신의 고유한 법칙들보다 우월한 지위에 있는 본연의 자연과 정신에 입각해서 이해되어야 한다. 자연과 정신은 각기 우선 대지와 가슴의 심층 안에서, 곧 아직 법칙들이 현존하지 않는 심층 안에서 자신의 반복들을 직조해간다. 반복의 내면은 언제나 어떤 차이의 질서에 의해 촉발되고 있다. 반복이 외면적이고 헐벗은 것으로 나타나고 사물 자체가 일반성의 범주들에 종속된 것처럼 보인다면, 이는 그 사물이 자신의 질서와는 다른 질서의 반복과 엮이기 때문이다. 일반적인 것의 질서를 열어 놓는 것은 바로 차이와 반복의 불일치이다. 이런 의미에서 가브리엘 타르드는 유사성 자체가 하나의 어긋나 있는 반복일 뿐임을 지적했다. 즉 참된 반복이란 자신과 같은 등급의 차이에 직접적으로 상응하는 반복 이라는 것이다. 그는 자연과 정신 안에서 차이와 반복 사이에 점점 더 완벽한 일치 관계를 열어놓기 위한 비밀스러운 노력을 발견했다. 그런 의미에서 어떤 새로운 변증법에 도달하는 데 성공한 사람은 오로지 타르드밖에 없다.[49]

6절
개념적 차이와 개념 없는 차이

우리가 차이를 어떤 개념적 차이, 내생적으로 개념적인 차이로 파악한다면, 그리고 반복을 어떤 외생적[50] 차이, 하나의 똑같은 개념 아

---

49 *Lois de l'imitation*(Alcan, 1890)에서 가브리엘 타르드Gabriel Tarde는 어떻게 유사성—예를 들면 서로 다른 유형의 종(種)들 사이에서 볼 수 있는 유사성—이 물리적 환경의 동일성으로 귀착되는지, 다시 말해서 문제의 형태들보다 하위의 요소들에게 영향을 미치는 어떤 반복적 과정으로 귀착되는지를 보여준다. 타르드의 철학 전체는—우리는 나중에 이점을 더 정확히 알게 될 것이다—차이와 반복이라는 두 범주 위에 기초하고 있다. 즉 차이는 반복의 기원인 동시에 목적지로서, "점점 더 높은 등급의 자유"를 취하고 그에 따라 점점 더 "강력해지고 정교해지는" 어떤 운동 속에 놓여 있다. 타르드는 모든 영역에서 변별적 차이 관계를 낳고 분화해가는 이 반복으로 대립을 대체하자고 주장한다. 루셀과 페기는 타르드의 공식을 자신들의 것으로 요구할 수 있었을 것이다. 즉 "반복은 확실히 반-정립 명제보다 보기 드물게 힘에 넘치고 피로를 덜 주며, 주체를 갱신하는 데 아주 적절한 문체의 기법이다"(*L'opposition universelle*(Alcan, 1897), 119쪽.) 타르드는 반복에서 지극히 프랑스적인 이념을 보았다. 사실 키에르케고르는 반복에서 지극히 덴마크적인 개념을 보았다. 이들이 말하고자 하는 것은, 반복이 헤겔의 변증법과는 전혀 다른 변증법의 기초가 된다는 것이다.
50 (옮긴이 주) '내생적으로'의 원어는 intrinsèquement, '외생적'의 원어는 extrinsèque. 이하의 논의에서 내생적 차이와 외생적 차이는 각기 개념 안에서 성립하는 차이와 그 바깥에서 성립하는 차이를 지칭한다. 반면 '내적intern'과 '외적extern'은 (개념 바깥에 있고 이

래 재현된 대상들 사이의 차이로 파악한다면, 차이와 반복의 관계들을 둘러싼 문제는 사실들을 통해 해결될 수 있는 것처럼 보인다. 반복들은 존재하는 것인가 존재하지 않는 것인가? 또는 모든 차이는 마지막에 가서 내생적이고 개념적인가? 헤겔은 라이프니츠를 조롱했는데, 이는 두 나뭇잎이 똑같은 개념을 갖지 않는다는 사실을 검증하기 위해 궁정 여인들로 하여금 정원을 산책하면서 실험적 형이상학을 행하도록 했기 때문이다. 궁정 여인들의 자리에 과학 수사관들을 놓는다면, 절대적으로 똑같은 두 알갱이의 먼지는 없다. 똑같은 특이점들을 갖는 두 개의 손, 똑같은 방식으로 두드리는 두 대의 타자기, 똑같은 방식으로 총알을 내뿜는 두 정의 권총은 없다.……그러나 개체화 원리principium individuationis의 기준을 사실들 안에서 찾는 한에서 왜 우리는 문제가 제대로 설정되지 못했다고 느끼는 것일까? 이는 차이가 내적임에도 불구하고 개념적이지 않을 수 있기 때문이다.(이것이 이미 대칭적 대상들의 역설이 지닌 의미이다.) 동역학적 공간은 그 외부의 입장에서가 아니라 그 내부에 연계되어 있는 관찰자의 관점에서 정의되어야 한다. 대상을 재현하기에 앞서 이념을 드라마화하는 어떤 내적 차이들[51]이 있다. 여기서 차이는 대상의 재현인 개념에 대해서는 외부적일지라도 이념에는 내부적이다. 바로 이런 이유 때문에 칸트와 라이프니츠의 대립은 두 학설 안에 현존하는 역동적 요인들을 고려한다면 점차 약화되는 것처럼 보인다. 칸트는 직관의 형식들 안에서 개념들의 질서로 환원될 수 없

념의 연장 선상에 있는) 강도(强度)에 붙는 수식어이고, 그래서 내적 차이는 (현실적인 것의 내적 발생을 설명하는) 강도적 차이를 의미한다. 그 밖에 '내부적 혹은 내면적intérieur'과 '외부적 혹은 외면적extérieur'은 중립적 형용사인 듯한데, 여기서는 이념 안의 차이, 곧 이념 '내부적' 차이를 부각시키기 위해 사용되고 있다.

51 (옮긴이 주) des différences internes qui dramatisent une Idée. 드라마drame, 드라마화나 극화dramtisation 등은 칸트의 도식 이론을 대체하는 들뢰즈의 기초개념들이고 재현적 차원의 현실적 대상들이 생성하는 실질적 과정을 가리킨다. 내적 차이는 강도적 차이를 가리킨다. 강도적 차이, 이념, 현실적 대상의 삼자관계에 대해서는 아래의 주53 참조.

는 어떤 외생적 차이들을 식별했다. 하지만 이 차이들은 여전히 '내적인' 것들이다. 비록 지성이 오로지 공간 전체에 대한 외면적 관계 안에서만 이 차이들을 '내생적인' 것으로 지정하고 재현할 수 있을지언정, 그것은 내적인 차이들이다.[52] 특정한 신칸트주의의 해석과 더불어 말하자면, 이는 공간을 형성하는 어떤 내적인 역동적 구축 과정이 점차적으로 등장하고, 이 구축 과정이 외면성의 형식인 총체성의 '표상'에 선행해야 한다는 것을 말한다. 이 내적 발생의 요소는 도식에 있다기보다는 오히려 강도량[53]에 있고, 지성의 개념들보다는 오히려 이념들에 관계하는 것으로 보인다. 도식이 증언하는 것처럼 외생적 차이들의 공간적 질서와 내생적 차이들의 개념적 질서가 궁극적으로 조화를 이룬다면, 이 것의 보다 심층적인 원천은 이런 미분적이고 강도적인 요소에, 순간에

---

52 내생적이거나 개념적이지 않은 내적 차이에 관해서는 칸트의『프롤레고메나』13절 참조 (innere Verschiedenheit와 inneriche Verschiedenheit의 대립을 볼 것).

53 (옮긴이 주) quantité intensive.『순수이성비판』(B 207)에 나오는 칸트의 원래 표현은 intensive Größe이고 보통 '내포량'이나 '밀도적 크기' 등으로 번역된다(이 책 5장 3절 501쪽 주17 참조). 하지만 여기서는 이런 번역은 성립할 수 없다. 들뢰즈에게서 강도량 또는 강도 intensité는 현실적 대상의 질qualité과 외연량(연장étendu)의 내적 발생을 설명하는 원리다. 다시 말해서 들뢰즈에게서 강도는 공간성이나 양적 성질의 대립항도 아니고 질적인 성질의 동의어도 아니며, 논리학적 의미의 내포는 더욱 아니다. 그것은 다만 질적인 성질과 양적인 성질이 공통으로 유래하는 원천일 뿐인데, 이 점에 대한 서술이 이 책 4장 후반부와 5장의 중심 내용을 이룬다. 앞쪽에서 언급된 드라마, 드라마화, 극화 등의 기초개념들은 강도적인 것이 양적인 것과 질적인 것으로 생성, 분화되는 과정을 지칭한다. 이제까지 서론에서 제시된 차이(발산과 탈중심화)와 반복(전치와 위장)은 이런 내적 발생의 과정인 극화의 역동성에 해당한다. 하지만 이런 강도적 층위가 있기 위해서는 먼저 미분(량)la différentielle 혹은 미분적인 것le différentiel의 층위가 있어야 한다. 이 층위는 잠재성, 이념 등으로 지칭되는 초월론적 차원이고 이 차원을 구성하는 미분비와 특이점들을 드라마화하는 것이 강도적 차이(개체화하는 차이)인데, 이 이념적 층위에 대한 서술이 이 책 4장의 과제이다. 서론의 말미에 해당하는 이 대목에서 들뢰즈는 자신의 존재론에서 강도 개념이 지니는 중요성을 은연중 강조하고 있으며, 자신의 강도론이 서 있는 철학사적 문맥의 일부를 드러내고 있다. 정확히 그것은 칸트의 도식론에 의문을 제기하고 이념적인 것으로부터 시공간적 질서가 역동적으로 발생한다고 보는 마이몬S. Maïmon과 코헨H. Cohen 등의 '특정한 신칸트주의', 또 이들과 비슷한 직관을 유도하는 라이프니츠의 연속체 개념이다.

이루어지는 연속체의 종합에 있다. 이 종합은 어떤 연속적 반복continua repetitio의 형식 아래 우선 내면적으로 이념들에 부합하여 공간을 낳는다. 그런데 라이프니츠에게서 외생적 차이들과 내생적이고 개념적인 차이들 간의 친화성은 이미 어떤 연속적 반복의 내적 과정에 호소하고 있다. 이 과정은 어떤 미분적이고 강도적인 요소 위에 기초하고 있으며, 이 요소는 점(點) 안에서 연속체의 종합을 실행하여 그 안쪽의 공간을 분만한다.[54]

차이의 개념(이념)은 개념적 차이로, 반복의 적극적 본질은 개념 없는 차이로 환원되지 않는다

어떤 반복들은 단지 외생적인 차이들[개념 없는 차이들]로 그치지 않는다. 어떤 내적 차이들은 내생적이거나 개념적이지 않다. 그래서 우리는 앞에서 부딪힌 애매성들의 원천을 훨씬 명료하게 정리할 수 있다. 반복을 개념 없는 차이로 규정할 때, 우리는 보통 반복에서 단지 외생적 성격의 차이만을 결론으로 끌어낼 수 있다고 믿는다. 이때 우리는 모든 내적인 '새로움' 때문에 문자로부터 충분히 멀어지게 되며, 그 새로움은 오로지 유비적으로 언명되는 근사(近似)의 반복과만 화해할 수 있다고 평가한다. 하지만 사실은 그렇지 않다. 왜냐하면 우리는 아직 반복의 본질이 무엇인지 모르기 때문이다. 우리는 '개념 없는 차이'라는 표현

---

54 (옮긴이 주) 칸트와 라이프니츠를 배경으로 (이념적 차원의) '연속체의 종합'에 대해 말할 가능성을 언급하는 이 대목은 근거 문헌이 명시되지 않아 무척 애매하지만, 이 책 4장 전반부에서 상세히 펼쳐질 '점진적 규정détermination progressive'(규정 가능성, 상호적 규정, 완결된 규정)에 대한 논의의 사전 포석이라는 점에서 상당히 중요한 의미를 지닌다. 아마 라이프니츠의 경우에는 그가 스피노자를 논박하면서 남긴 다음과 같은 문장을 인용할 수 있을 것이다. "〔연장은〕 사물들이 서로 유사하거나 식별 불가능한 한에서 감당하는 어떤 무한정한 반복 이외에는 아무것도 아닐 것이다."(*The Philosophical Writings of Leibniz*, ed. G. M. Ducan(New Haven, 1890), 176쪽.)

이 적극적으로 지시하는 바가 무엇인지 모르며, 그것이 함축할 수 있는 내면성의 본성이 무엇인지 모른다. 거꾸로 차이를 개념적 차이로 규정할 때, 우리는 보통 본연의 차이 개념을 충분히 규정했다고 믿는다. 그렇지만 우리는 여기서도 여전히 차이에 대한 어떠한 이념도, 고유한 차이에 대한 어떠한 개념도 가지고 있지 않다. 아마 아리스토텔레스 이래 라이프니츠를 거쳐 헤겔에 이르는 차이의 철학이 저지른 과오는, 차이를 개념 일반 안에 기입하는 것으로 만족한 데 있을 것이다. 그것은 차이의 개념을 단순한 개념적 차이와 혼동하는 것이다. 사실 차이를 개념 일반 안에 기입하는 한, 우리는 도무지 차이의 독특한 이념을 기대할 수 없다. 다만 이미 재현에 의해 매개되어 있는 어떤 차이의 요소 안에 머물러 있어야 하는 것이다. 그러므로 우리는 두 가지 물음과 마주하게 된다. 먼저 차이의 개념은 무엇인가? 단순한 개념적 차이로 환원되는 것이 아니라 어떤 고유한 이념을 요구하는 차이, 이념 안의 어떤 독특성을 요구하는 그런 차이의 개념은 무엇인가? 다른 한편 반복의 본질은 무엇인가? 개념 없는 차이로 환원되지 않고 어떤 똑같은 개념 아래 재현된 대상들의 외양적 성격과 혼동되지 않는 반복, 다만 그 역시 이념의 역량에 해당하는 독특성을 증언하는 반복의 본질은 무엇인가? 차이와 반복이라는 두 기초개념의 마주침은 결코 처음부터 설정될 수 있는 성질의 것이 아니다. 그것은 오히려 두 노선, 곧 반복의 본질로 이어지는 노선과 차이의 이념으로 이어지는 노선이 교차하고 간섭하는 모습들을 들여다 볼 때에나 비로소 나타나는 마주침일 것이다.

반복과 차이

1
차이 그 자체

1절
차이와 어두운 바탕

무차별성[1]은 두 측면을 지닌다. 한쪽에서 보면 그것은 분화되지 않은 심연, 검은 무(無), 규정되지 않은 동물이다. 이 안에서는 모든 것이 용해되어 있다. 다른 한쪽에서 보면 그것은 또한 흰 무(無), 다시 고요해진 표면이다. 여기서는 떨어져나간 사지(四肢), 목 없는 머리, 어깨 없는 팔, 이마 없는 눈 등처럼 서로 연결되지 않는 규정들이 떠다니고 있다. 미규정자는 [분화되지 않았다는 의미에서] 전적으로 차이가 없다. 하지만 떠다니는 규정들도 [서로 무관심하다는 의미에서] 그에 못지않게 서로에 대해 차이가 없다. 차이는 이 두 극단의 중간자에 해당하는 것일까? 혹은 차이는 유일한 극단, 현전(現前)과 정확성의 유일한 계기

---

1 (옮긴이 주) indifférence. 차이-없음의 사태를 의미하고 무관심하다는 뜻을 포함한다. 이번 장의 제목 '차이 그 자체différence en elle-même'나 '즉자적 차이'의 반대말이다. 즉자적 차이는 앞의 서론 말미에서 암시되었고 뒤의 5장에서 본격적으로 다루어질 강도적 차이, 개체화하는 차이 등을 의미하므로 혼동이 없기 바란다.

가 아닐까? 차이는 본래적 규정[2]에 대해 말할 수 있는 바로 그런 상태이다. 두 사물 '사이'의 차이는 단지 경험적인 차이에 불과하고, 그에 상응하는 보통의 규정들은 외생적 규정들에 불과하다. 그러나 다른 사물과 구별되는 사물 대신 이런 사물을 상상해보자. 이 사물은 자신을 어떤 사물과 구별하려고 하는데, 그 어떤 사물은 자신을 이 사물과 구별하지 않는다. 예를 들면 번개는 검은 하늘로부터 떨어져 나오려 하지만, 결국 그 하늘을 같이 끌고 가야만 한다. 이는 마치 떨어지지 않으려는 것으로부터 떨어져 나오려는 것과 같다. 말하자면 바탕이 바탕이기를 그치지 않으면서 표면으로 올라오고 있는 것이다. 포획할 수 없는 적에 대항하는 이 싸움에서는 잔혹한 면, 심지어는 괴물 같은 면이 양쪽 편에서 다같이 엿보인다. 이 싸움에서 구별되려는 쪽이 대립하고 있는 것, 그것은 본성상 자신을 그 항과 구별할 수 없는 어떤 것이다. 그것은 자신과 이혼하는 자와 자꾸만 결혼하는 자이다. 차이는 일방향적인 구별에 해당하는 이런 규정의 상태이다. 그러므로 차이에 대해서 이렇게 말해야 한다. "차이를 만든다"라는 표현에서 볼 수 있는 것처럼, 차이는 만드는 어떤 것, 만들어지고 있는 어떤 것이다. 이런 차이 혹은 본래적 규정은 여전히 또한 잔혹성이다. 플라톤주의자들에 따르면, 일

---

2 (옮긴이 주) LA détermination. 아래 문장에 나오는 *les* déterminations에 대립하는 말. 우리는 이들을 각각 '본래적 규정'과 '보통의 규정들'로 옮긴다. 본래적 규정은 바탕fond으로부터 강도적 차이, 개체화하는 차이가 태어나는 내생적 발생 과정과 구별되지 않는다. 이때 바탕은 강도적 깊이와 그 아래의 이념적(잠재적) 차원을 가리키고, 그 자체가 규정 가능성, 상호적 규정, 완결된 규정이라는 **점진적** 규정의 과정을 통해 처음 형성되지만, 다시 무-바탕 sans-fond과 근거와해effondement로 이어진다. 바탕은 이 책 2장에서 '세 번째 시간의 종합'과 연관되어 논의되고, 점진적 규정은 4장 전반부에서 상세히 다루어진다. 그러나 들뢰즈가 바탕 자체를 정확히 정의하는 대목은 없고, 그렇기에 이 대목의 제목처럼 바탕은 그야말로 애매하고 '어두운' 개념으로 남아 있다. 이 책 전체를 통해 추정하자면, 바탕은 궁극적으로 개체화하는 차이들(강도적 공-간들)이 구성하는 '개체화의 장'을 가리키는 듯하다(개체화의 장에 대해서는 이 책 5장 5절 등 참조). 이번 장에서는 106쪽의 내용이 이런 추정을 뒷받침하는 중요한 근거가 되고 있다.

자(一者)가 아닌 것은 자신을 일자와 구별하지만 그 역은 성립하지 않는다. 왜냐하면 일자는 자신에게서 벗어나려는 것에서 결코 벗어나는 법이 없기 때문이다. 그리고 다른 측면에서 형상은 자신을 질료나 바탕과 구별하지만 그 역은 성립하지 않는다. 왜냐하면 구별 자체가 하나의 형상이기 때문이다. 사실 형상들은 재상승하는 이 바탕 안에 반영될 때 모조리 흩어져버리고 만다. 그 바탕은 스스로 밑바닥에 머물러 있는 순수한 미규정자이기를 그쳤다. 하지만 형상들도 상호 공존적이거나 상보적인 규정들로 머물러 있기를 그친다. 재상승하는 바탕은 더 이상 밑바닥에 남아 있지 않고 자율적인 실존을 얻는다. 이 바탕에 반영되는 형상은 더 이상 형상이 아니다. 그것은 영혼에 직접 작용하는 어떤 추상적인 선이다. 바탕이 표면으로 올라올 때, 인간의 얼굴은 분해된다. 미규정자가 보통의 규정들과 마찬가지로 단 하나의 규정 — 차이를 '만드는' 유일한 규정 — 안으로 혼융(混融)되어가는 그런 거울 안에서 분해되는 것이다. 괴물을 생산하기 위해서 이상야릇한 규정들을 집적하거나 동물을 중층적으로 규정하는 것은 궁여지책에 불과하다. 바탕을 상승하도록 만들고 형상을 와해시키는 편이 훨씬 낫다. 고야의 기법은 아쿠아틴트〔식각 요판(蝕刻凹版)〕와 에칭〔부식 동판〕, 전자의 그리자이유〔단색 명암〕와 후자의 엄밀함에 있다. 오딜롱 르동의 기법은 명-암[3]과 추상적인 선에 있다. 모델을 포기할 때, 다시 말해서 형상에 대한 조형적인 상징을 포기할 때 추상적인 선은 최상의 힘을 획득하고 또한 난폭하게 바탕에 참여한다. 추상적인 선은 자신과 결코 떨어지는 일이 없는 바탕에 대해 구별짓기를 행할수록 그만큼 점점 더 폭력적으로 바탕에 참여한다.[4] 이 지점에서 얼굴들은 이런 특이한 거울 안에서 이지러

---

3 (옮긴이 주) le clair-obscur. 데카르트와 라이프니츠의 관념 이론이 배경일 경우는 '명석-애매'로 옮긴다. 이 책 4장에서 볼 수 있는 것처럼, 들뢰즈는 강도적 차이의 중요한 특성으로 명석-혼잡le clair-confus을, 이념의 특성으로 판명-애매le distinct-obscur를 꼽는다.

차이 그 자체

진다. 그리고 오로지 이성의 잠만이 괴물을 낳는다는 것은 확실치 않다.[5] 괴물을 낳는 것은 또한 사유의 깨어 있음, 불면증이기도 하다. 왜냐하면 사유는 규정이 단일한 하나가 되는 국면을 말하기 때문이다. 규정은 미규정자에 대해 어떤 일방향적이고 정확한 관계를 유지함에 따라 단일한 규정이 된다. 사유는 차이를 '만든다.' 하지만 차이는 괴물이다. 차이가 저주받은 것처럼 보인다는 사실, 그것이 오류나 죄이며 속죄가 필요한 악의 모습을 띠고 있다는 사실에 놀랄 필요는 없다. 차이에 죄가 있다면, 그것은 바탕을 올라오도록 만들고 형상을 와해시킨다는 죄밖에 없다. 아르토의 생각을 떠올려보라. 잔혹성, 그것은 단지 본래적 규정일 뿐이다. 그것은 규정되는 것이 미규정자와 본질적인 관계를 유지하는 이 정확한 지점을 가리킨다. 그것은 규정되는 것이 명석-애매를 자양분으로 삼는 이 엄밀한 추상적인 선과 관계하는 지점에서 성립한다.

재현의 네 측면(4중의 뿌리, 행복한 국면, 큰 차이와 작은 차이)

그래서 차이의 철학은 차이를 저주의 상태에서 벗어나게 하려는 기획인 것처럼 보인다. 차이는 조화로운 유기체가 될 수는 없는가? 차이는 하나의 형상 안에서, 다시 말해서 유기적 재현의 일관된 요소 안에서 규정을 다른 규정들과 묶을 수는 없는가? '이유raison'에 해당하는

---

4 Odilon Redon, *A soi-même*(Journal, Floury), 63쪽. "조형적 형상은 빛과 그림자의 법칙 아래, 모사의 관습적 수단들에 의해 그 자체가 객관적으로 지각된 형태를 말한다. 나의 작품들에서는 그런 조형적 형상은 전혀 발견할 수 없을 것이다……. 나의 예술 전체는 명-암이라는 유일한 원천들에 국한된다. 그리고 나의 예술은 또한 추상적인 선의 효과들, 정신에 직접적으로 작용하는 심오한 원천의 작인(作因)에 빚지는 바가 크다."
5 (옮긴이 주) "이성의 잠은 괴물을 낳는다."는 스페인 화가 고야(F. J. de Goya y Lucientes, 1746~1828)의 작품 제목이다.

재현의 요소는 네 가지 주요한 측면들을 지닌다 ─ 규정되지 않은 개념의 형식 안에서 등장하는 동일성, 규정 가능한 궁극적 개념들 간의 관계 안에서 성립하는 유비, 개념 내부적 규정들의 관계 안에서 성립하는 대립, 개념 자체의 규정된 대상 안에서 나타나는 유사성. 이런 형태들은 매개가 지닌 네 개의 머리 혹은 네 개의 끈과 같다. 말하자면 동일성, 대립, 유비, 유사성이라는 사중의 뿌리에 종속되는 한에서 차이는 '매개'된다. 어떤 첫인상(차이는 악이다.)에서 출발하여 차이를 '구원'하려는 노력이 있어왔다. 차이를 재현함으로써 그런 구원이 가능하고, 차이를 개념 일반의 요구들에 종속시킬 때 그런 재현이 가능하다는 것이다. 그러므로 차이가 개념과 화해하는 듯한 행복한 국면 ─ 그리스적인 행복한 국면 ─ 을 이해하는 것이 중요하다. 차이는 자신의 동굴에서 나와야 하고, 더 이상 괴물이기를 그쳐야 한다. 혹은 적어도 그 행복한 국면에서 벗어나는 괴물, 단지 나쁜 마주침, 나쁜 경우에 간여하는 차이만이 괴물로 남아 있어야 한다. 따라서 여기서 "차이를 만든다"는 표현은 그 의미가 달라진다. 이 표현은 이제 어떠한 차이들이 개념 일반 안에 기입될 수 있는지, 어떻게 기입될 수 있는지를 결정해야 하는 어떤 선별적 시험을 가리킨다. 그런 시험, 그런 선별이 실제적으로 시행되는 것은 큼과 작음에 의해서인 것 같다. 큼과 작음은 본성상 일자(一者)에 대해 언명되는 것이 아니라 무엇보다 먼저 차이에 대해 언명되기 때문이다. 따라서 개념의 이편으로 사라지지도, 개념의 저편으로 달아나지도 않으면서 개념의 한계들 안으로 들어가기 위해서 차이들은 어디까지 갈 수 있고 어디까지 가야 하는가? 차이들은 얼마나 큰가? 얼마나 작은가? 이렇게 묻는 것이 보통이다. 하지만 이런 식으로 해서 문제가 제대로 설정된 것일까? 이를 제대로 안다는 것은 분명 어려운 일이다. 즉 차이는 정말로 악 그 자체였는가? 과연 이런 도덕적 견지에서 물음을 던져야만 했는가? 차이를 체험할 수 있고 사유할 만한 것으로 만들

차이 그 자체

기 위해서는 그것을 '매개'해야만 했는가? 선별은 그런 시험으로 이루어져야 했는가? 시험은 이런 방식으로, 이런 목적으로 구상되어야 했는가? 그러나 일단 행복한 국면이 지녔으리라 가정된 본성을 보다 정확하게 한정할 수 없다면, 우리는 결코 이 물음들에 답할 수 없을 것이다.

2절
개념적 차이: 가장 크고 가장 완전한 차이

아리스토텔레스는 이렇게 말한다. 가장 크면서 μεγιστη도 가장 완전한 τελειος 차이가 있다. 차이 일반은 상이성 혹은 이타성[6]과 구별된다. 왜냐하면 두 항 사이에 차이가 있다면, 이는 그것들이 다르기 때문이지만 무엇보다 자신들에 의해 다른 것이라기보다는 어떤 사태에 의해 다르기 때문이다. 다시 말해서 그 두 항은 역시 다른 사태 안에서 합치할 때 다를 수 있고, 따라서 그 둘 사이에 차이가 있다고 할 수 있다. 가령 종(種)적 차이들은 유(類) 안에서 합치하고, 수적 차이들도 종 안에서 합치한다. 나아가 유적 차이들은 '유비에 따른 존재' 안에서 합치해야 한다. 이런 조건들이 주어졌을 때, 가장 큰 차이는 무엇인가? 가장 큰 차이, 그것은 항상 대립이다. 그러나 대립의 모든 형식들 중에서 가장 완전하고 가장 완결된 형식, 가장 잘 '합치하는' 형식은 무엇인가? 상대적인 것들은 서로를 통해 언명된다. 모순은 이미 어떤 주어〔基體〕에 대

---

6 (옮긴이 주) 상이성의 원어는 diversité, 이타성의 원어는 altérité. 상이성이나 이타성은 어떠한 공통성도 없고 어떠한 종합도 불가능한 상태를 가리킨다. 그러므로 diversité는 잡다성으로 옮겨야 할 때가 있다. 가령 이 책 5장 전반부에서는 잡다성이라는 말이 적절하다. 이하의 논의에서 들뢰즈는 아리스토텔레스가 상이성의 반대 짝으로 열거하는 대립opposition의 여러 유형들(상대성relativité, 모순contradiction, 결핍privation, 상반성contrariété 등)을 재론하고 있다.

해 언명된다. 하지만 그것은 주어의 존속을 불가능하게 만들고 단지 주어가 존재하기 시작하거나 존재하기를 그치도록 만드는 변화만을 인정한다. 결핍도 여전히 실존하는 주어의 일정한 무능력을 표현한다. 오로지 상반성만이 대립적인 것들을 수용할 수 있는 주어의 역량을 대변한다. 이때 주어는 (질료나 유(類)에 힘입어) 실체의 자격에서 같은 것으로 남아 있으면서 대립적인 것들을 수용할 수 있다. 그러나 이런 상반성의 장점이 완전한 차이로 이어질 수 있는 조건은 무엇인가? 질료와 더불어 있는 구체적인 존재자를 고려하는 한에서, 그 존재자에 영향을 주는 상반성들은 어떤 물체적 양태변화들이다. 또 이 변화들을 통해 우리가 얻을 수 있는 것은 여전히 어떤 외생적 차이extra quidditatem에 대한 우연하고 경험적인 개념일 뿐이다. 우연한 것은 마치 '흰'과 '검은'이 '인간'에 대해 그렇듯이 주어로부터 분리될 수도 있고, '동물'에 대해 '암컷'과 '수컷'이 그런 것처럼 주어로부터 분리될 수 없기도 하다. 즉 경우에 따라 차이는 공통적communis이거나 고유할propria 것이다. 하지만 질료에서 비롯되는 한 차이는 언제나 우연한 것일 것이다. 따라서 오로지 본질이나 형상 안에 있는 상반성을 통해서만 우리는 어떤 본질적인 차이 그 자체differentia essentialis aut propriissima의 개념을 얻을 수 있다. 그래서 상반성들이 한 주어〔기체〕에 영향을 미치는 어떤 양태변화들이라면, 이 주어는 자신의 유 안에서 간주되는 주어이다. 사실 유의 고유한 본성은 차이들을 통해 나뉜다는 데 있다. 가령 '발 달린'과 '날개 달린'은 상반적인 것들로 조정되는 차이들이며, 이 차이들을 통해 〔동물이라는〕 하나의 유가 분할된다. 요컨대 완전하고 최대치에 이른 차이는 유 안에서 성립하는 상반성이고, 유 안에 성립하는 상반성은 종차(種差)이다. 종차의 저편과 이편으로 가면 차이는 단순한 이타성(異他性)과 다시 만나는 경향이 있으며, 개념의 동일성에서 거의 벗어나게 된다. 즉 유적 차이는 너무 크고, 상반 관계들로 정리되지 않는 어떤

차이 그 자체

조합 불가능한 것들 가운데 자리한다. 개체적 차이는 너무 작고, 더 이상 상반성을 갖지 않는 어떤 분할 불가능한 것들 가운데 자리한다.[7]

아리스토텔레스에 따른 차이의 논리학: 차이의 개념과 개념적 차이의 혼동

반면 종적 차이는 조화로운 개념이나 유기적 재현의 모든 요구들에 그야말로 잘 부응하는 것처럼 보인다. 종차는 형상적이므로 순수하다. 종차는 본질 안에서 기능하므로 내생적이다. 종차는 질적이다. 또 유(類)가 본질을 지칭하는 한에서 종차는 매우 각별한 질(質), '본질에 따르는' 질, 본질 자체의 질이기까지 하다. 종차는 종합적이다. 왜냐하면 종별화는 어떤 합성이고, 차이는 유 — 잠재적으로만 차이를 간직하고 있는 유 — 에 현실적으로 덧붙여지기 때문이다. 종차는 매개되지만, 그 자신이 매개이자 또 매개항이다. 종차는 산출적이다. 왜냐하면 유가 나뉜다면, 그것은 그냥 아무러한 차이들로 나뉜다기보다는 종(種)들 — 유 안에서 자신과 상응하는 종들 — 을 생산하는 차이들에 의해 나뉘기 때문이다. 그렇기 때문에 종차는 언제나 원인, 형상인(形相因)이다. 가령 가장 짧다는 것은 직선의 종차이다. 압축한다는 것은 검은 색의 종차이며, 분리한다는 것은 흰색의 종차이다. 그와 똑같은 이유에서 종차는 또한 매우 특수한 유형의 술어이다. 왜냐하면 종차는 종에 술어로서 귀속되면서도 동시에 유를 종에 귀속시키며, 자신이 술어로서 귀속되는 종을 구성하기 때문이다. 종합적이고 구성적인 술어, 귀속되는

---

7 아리스토텔레스, 『형이상학』, X, 4, 8, 9절. 공통적인 차이, 고유한 차이, 본질적인 차이 등 세 가지 종류의 차이에 대해서는 포르피리오스, 『이사고게』 8~9절 참조. 또한 토마스주의자들이 남긴 원고들, 예를 들어 Joseph Gredt, *Elementa philosophiae aristotelico-thomisticae*(Friburg, I, 122~125쪽)에 나오는 「차이에 대하여」 참조.

것이기보다는 귀속시키는 술어, 생산의 진정한 규칙인 이런 술어는 마침내 최종적인 어떤 특성을 지닌다. 그것은 자신이 귀속시키는 것을 자신과 더불어 실어 나른다는 데 있다. 사실 본질은 매우 특별한 질을 지니고 있어서 유(類)를 단순히 질만 다른 사물이 아니라 아예 다른 어떤 사물로까지 만들 수 있다.[8] 따라서 유는 자기 자신에 대해서는 같은 것으로 남아 있지만, 자신을 나누고 있는 차이들 안에서는 전적으로 다른 사물이 된다. 차이는 유와 모든 중간의 차이들을 자신과 함께 운반한다. 차이의 운반, 차이의 차이[9]인 종별화는 연쇄적으로 이어지는 나눔의 수준들을 가로질러 차이와 차이를 연결한다. 그리고 이런 과정은 마침내 어떤 최종적 차이, 최하위 종species infimae의 차이에 이른다. 이 최종적 차이는 본질과 그것의 연속적인 질 전체를 선택된 방향 안에서 응축하고, 그 전체를 어떤 직관적 개념 안에 결집하며, 정의해야 할 항을 가지고 그 전체를 근거짓는다. 하지만 그 자체는 분할 불가능한 단일한 것 ἄτομον, ἀδιάφορον, εἶδος이 된다. 종별화는 이와 같이 개념의 내포 안에서 드러나는 일관성과 연속성을 보증한다.

'가장 큰 차이'라는 표현으로 돌아가 보자. 이제 종차가 단지 상대적으로만 가장 큰 차이임이 분명해졌다. 절대적 관점에서 말하자면, 모순은 상반성보다 더 크다. 그리고 특히 유적 차이는 종적 차이보다 더 크다. 아리스토텔레스가 차이를 상이성이나 이타성과 구별하는 방식은 이미 다음과 같은 길을 가리키고 있다. 즉 우리는 오로지 하나의 개념이 지녔다고 가정된 동일성에 의존해서만 종차가 가장 크다고 말할 수 있다. 게다가 바로 유적 개념 안에 있는 동일성의 형식에 의존해서만

---

8 포르피리오스, 『이사고게』, 8절, 20. "운동한다는 차이가 동물에 덧붙여지면 단지 정지해 있음과 다른 질을 갖게 하는 반면, 이성적이라는 차이는 동물을 다른 것으로 변하게 만든다."
9 (옮긴이 주) diaphora de la diaphora. diaphora는 차이를 뜻하는 그리스어로 운반한다는 의미를 포함한다.

차이는 대립에까지 이르고 상반성으로까지 끌려갈 수 있다. 따라서 종차는 결코 차이의 모든 독특성과 전환점들에 대한 어떤 보편적 개념(다시 말해서 이념)을 대신하는 것이 아니다. 다만 차이가 오직 개념 일반과 화해하는 어떤 특수한 국면을 지시할 뿐이다. 따라서 아리스토텔레스에게서 차이의 차이는 거짓된 운반에 지나지 않는다. 거기서는 차이가 본성을 바꾸는 것을 결코 볼 수 없다. 또한 가장 보편적인 것과 가장 독특한 것을 각각의 직접성 안에 묶어놓는 어떤 차이의 분화소[10]를 찾을 수도 없다. 종차는 단지 전적으로 상대적인 의미의 최대치를 지칭할 뿐이다. 그것은 그리스적인 눈을 위한 시력 조절점에 불과하다. 특히 중용이라는 그리스적인 눈은 이미 디오니소스적 운반과 변신들이 지녔던 의미를 상실했다. 모든 차이의 철학을 파멸로 몰고 간 혼동의 원리는 바로 여기에 있다. 즉 차이의 고유한 개념을 설정한다는 것이 차이를 개념 일반 안에 기입하는 것으로 뒤바뀐다. 차이의 개념을 규정한다는 것이 차이를 규정되지 않은 개념의 동일성 안에 기입하는 것으로 뒤바뀐다. 바로 이것이 행복한 국면에 숨어 있는 요술이다.(그리고 아마 이로부터 여타의 모든 것, 곧 차이를 대립, 유비, 유사성 등 매개의 모든 측면들에 종속시키는 결과가 뒤따른다고 해야 할 것이다.) 차이는 이제 개념의 내포 안에 있는 하나의 술어에 지나지 않는다. 아리스토텔레스는 끊임없이 종차의 이런 술어적 성격을 환기시킨다. 하지만 그는 종차의 술어적 성격이 지닌 어떤 이상한 능력들을 인정할 수밖에 없게 된다. 가령 술어로서 귀속되는 것 못지않게 귀속시키는 능력, 유(類)의 질을 양태적으로 변화시키는 만큼 유 자체를 달라지게 만드는 능력 등이 그것이다.

---

10 (옮긴이 주) un différenciant de différence. 분화소는 이 책 2장 5절 전반부에서 상세히 설명되는 것처럼 차이나는 항이나 계열들을 묶고 종합하여 새로운 분절화를 가져오는 역할의 담지자(차이소들 사이에 공명을 일으키는 요소)를 말하며, '어두운 전조précurseur obscur'라 불리기도 한다.

그래서 종차가 고유한 개념의 요구들(순수성, 내면성, 생산성, 운반 등)을 충족시키는 듯한 모든 절차들은 근본적인 혼동에서 출발하고, 따라서 착오에, 심지어 모순에 빠져 있음을 알 수 있다.

종적 차이와 유적 차이

따라서 종차는 유들 자체에서 성립하는 더 큰 차이에 비하면 작은 차이다. 생물학적 분류에서도 종차는 큰 유들에 비하면 아주 작아진다. 이때 물론 종차는 질료적 차이는 아닐 것이다. 그럼에도 불구하고 그것은 질료 '안'에 있는 단순한 차이며, 더함과 덜함을 통해 기능한다. 이는 종차가 가장 크고 가장 완전한 차이지만, 단지 어떤 규정되지 않은 개념(유)의 동일성을 조건으로 할 때만 그럴 수 있기 때문이다. 거꾸로 종차는 규정 가능한 궁극적 개념들인 유들(범주들) 간의 차이와 비교할 때는 사소한 것이다. 왜냐하면 이런 유들은 다시 상위의 동일한 개념이나 공통의 유를 갖는다는 조건을 더 이상 따르지 않기 때문이다. 여기서 존재 자체가 어떤 유가 아닌 이유를 염두에 두자. 아리스토텔레스가 말한 것처럼, 그 이유는 〔존재를 종별화하는〕 차이들이 있다는 데 있다.(따라서 유는 자신의 즉자적 차이들에 술어로서 귀속될 수 있어야 할 것이다. 이는 마치 동물이 어떤 때는 인간이라는 종에 대해 언명되지만, 다른 때는 '이성적'이라는 차이를 통해 언명되고 다른 종을 구성하는 것과 같다……)[11] 따라서 유적 차이들이 어떤 다른 본성을 지닌다고 판단할 수 있다면, 이는 종차의 본성에 빚지는 추론이다. 마치 모든 것이 본성상 다르지만 서로 엉켜 있는 두 개의 '로고스Logos'가 있다는 전제 아래 진행되고 있는 것처럼 보인다. 먼저 종들의 로고스, 아무개가 사유하고 말하는 사

---

11 아리스토텔레스, 『형이상학』, III, 3, 998 b, 20~27. 그리고 『토피카』, VI, 6, 144 a, 35~40.

차이 그 자체

태의 로고스가 있다. 이것은 유로 간주되는 개념 일반의 동일성이나 일의성(一義性)을 조건으로 한다. 다른 한편 유들의 로고스, 우리들을 통해 사유되고 말해지는 로고스가 있다. 전자의 조건에서 벗어나 있는 이 로고스는 존재의 다의성(多義性) 안에서, 가장 일반적인 개념들의 상이성 안에서 움직인다. 우리가 일의적인 것을 말할 때, 이는 여전히 우리 안에서 언명되는 다의적인 것에 대해 말하는 것이 아닐까? 그리고 여기서 사유 안으로 들어오고 있는 일종의 균열, (아리스토텔레스적이지 않은) 다른 분위기에서라면 계속 더 크게 벌어질 어떤 균열을 인정해야 하지 않을까? 하지만 무엇보다 바로 여기에 이미 차이의 철학을 위한 새로운 기회가 찾아온 것이 아닐까? 일단 자신을 전적으로 상대적인 최대치 안에 묶어두고 있는 조건에서 해방되었으므로, 차이는 어떤 절대적 개념에 가까워지고 있는 것이 아닐까?

재현의 네 측면: 개념의 동일성, 판단의 유비, 술어들의 대립, 지각된 것의 유사성

그렇지만 아리스토텔레스에게서는 결코 그런 일은 일어나지 않는다. 진상은 다음과 같다. 유적 차이나 범주적 차이는 여전히 아리스토텔레스적 의미의 차이로 남아 있으며, 단순한 상이성이나 이타성(異他性)으로 전락하지 않는다. 따라서 매우 특별한 방식으로나마 어떤 동일한 개념 혹은 공통의 개념이 여전히 존속한다. 그것은 존재의 개념이다. 이 존재라는 개념은 하나의 유(類)가 자신의 종들에 대해 그런 것처럼 집합적이지 않다. 그것은 다만 분배적이고 위계 설정적일 뿐이다. 즉 존재라는 개념은 그 자체 안에 내용을 갖지 않는다. 단지 형상적으로 구별되는 항들 — 존재의 개념이 술어가 되는 항들 — 에 비례하는 내용만을 가질 뿐이다. 이 항들(범주들)이 존재에 대해 서로 동등한 관계를 가질 필요는 없다. 각각의 항이 존재와 맺는 관계가 그 항에 내면적이면 족한 것이다. 존재의 개념이 지닌 두 가지 특징 — 오로지 분배적으로만 공통의 의미를 갖는다는 것과 위계적 순서에서만 일차적 의미를 갖는다는 것 — 을 생각하면, 그것의 역할이 어디에 있는지 분명해진다. 존재가 범주들에 대해 갖는 역할은 유가 일의적 의미를 띤 종들에 대해 갖는 역할과 다르다. 하지만 존재의 개념이 지닌 이런 두 특징에 비추어 볼 때, 존재의 다의성이란 것이 매우 각별한 것임을 또한 알 수 있다. 즉 여기서 문제는 유비에 있다.[12] 그런데 이렇게 물을 수 있다. 존재가 언명되는 항이나 주어들에 존재의 개념을 비례적으로 분배할 수 있다면, 그 분배의 심급은 어디에 있는가? 그것은 분명 판단에 있다. 왜냐하면 판단은 다음과 같은 두 가지 본질적인 기능을 지니며, 게다가 오로지 이 두 가지 기능만을 지니기 때문이다. 먼저 분배의 기

---

12 이미 알려져 있는 바와 같이 아리스토텔레스 자신은 존재에 대해 유비적으로 말하지 않는다. 그는 범주들을 '하나에 대한 것들πρός ἕν'로, 그리고 확실치는 않지만 '일련의 것들 ἐφεξῆς'로 규정한다.(순수한 다의성을 제외한다면, 이는 공통의 유(類) 없이 '차이'가 존재하는 두 가지 경우이다.) '하나에 대한 것들'은 어떤 단일한 항을 염두에 두고 언명된다. 이것은 **공통의 의미**와 같다. 그러나 이 공통의 의미는 어떤 유가 아니다. 왜냐하면 명시적이고 구별되는 집합적 통일성을 형성하는 유와는 달리, 공통의 의미는 (함축적이고 혼잡한) 분배적 통일성만을 형성하기 때문이다. 그러므로 스콜라 학파가 '하나에 대한 것들'을 '비례의 유비'로 번역한 것은 옳은 일이다. 사실 이 유비는 엄밀한 수학적 의미에서 파악될 필요가 없으며, 동등한 관계를 가정하는 것이 결코 아니다. 유비는 어떤 **내면적** 관계에 의해 정의되며, 이는 앞의 것과 전적으로 다른 것이다. 즉 범주들이 존재와 맺는 관계는 각 범주에 내면적이다. 범주 각각은 자신의 고유한 본성에 힘입어 그 나름의 통일성과 존재를 지닌다. 아리스토텔레스는 범주들을 나눔 διαιρέσεις과 같은 것으로 보면서 이 분배적 특징에 주목하고 있다. 그리고 최근의 특정한 해석들에도 불구하고, 존재가 '존재자들'에게 분배되는 방식에 상응하는 존재의 배당이 있는 것이 사실이다. 그러나 '하나에 대한 것들'에서 단일한 항은 단순히 공통의 의미에 해당하는 존재로 그치는 것이 아니다. 그것은 이미 일차적 의미라는 뜻의 실체이다. 이로부터 위계를 함축하는 '일련의 것들'의 관념으로 이행할 수 있다. 스콜라 학파는 여기서 '비율의 유비'에 대해 말한다. 즉 이제 서로 다른 항들에 형상적으로 관계하는 어떤 분배적 개념 대신 주요 항에는 형상적이고 월등하게, 다른 항들에는 그보다 덜한 정도로 관계하는 어떤 계열적 개념이 있다. 존재는 현실성을 띠고 있으며, 그래서 무엇보다 비례의 유비다. 그러나 존재는 '잠재적으로는' 또한 비율의 유비를 보여주는 것이 아닐까?

차이 그 자체

능. 판단은 개념들을 배당하는 가운데 이 분배의 기능을 수행한다. 그리고 위계화의 기능. 판단은 주어들을 측정하는 가운데 이 위계화의 기능을 수행한다. 전자에는 공통감이라 불리는 판단능력이, 후자에는 양식(혹은 일차적 감각)이라 불리는 능력이[13] 대응한다. 이 둘은 올바른 측정의 근간, 판단의 가치인 '올바름'의 근간을 이룬다. 이런 의미에서 모든 철학적 범주론은, 칸트 그리고 심지어 헤겔에게서도 볼 수 있는 것처럼 판단을 모델로 한다. 그러나 판단의 유비는 공통감과 일차 감각에 기반을 두기 때문에 개념의 동일성은 여전히 존속하게 된다. 비록 암묵적이고 혼잡한 형태로나마, 혹은 잠재적인 형태로나마 존속하게 되는 것이다. 유비는 그 자체가 판단 안에 있는 동일성과 유비적 관계에 있다. 유비는 판단의 본질이지만, 판단의 유비는 개념의 동일성과 유비적이다. 바로 그렇기 때문에 우리는 종차를 통해서 그런 것처럼 유적 차이나 범주적 차이를 통해서도 마찬가지로 차이의 고유한 개념에 도달할 가능성을 기대할 수 없다. 종적 차이가 차이를 규정되지 않은 개념 일반의 동일성 안으로 기입하는 데 그친다면, 이제 (분배적이고 위계적인) 유적 차이는 차이를 규정 가능한 가장 일반적인 개념들의 유사-동일성 안에 기입하는 데 그친다. 다시 말해서 차이를 판단 자체의 유비에 기입하는 데 만족하는 것이다. 이 두 종류의 기입은 서로 보완적이고, 같은 공리에 기초하고 있으며, 동시에 행복한 국면의 경계를 자의적으로 그려놓고 있다. 아리스토텔레스의 차이의 철학 전체는 이런 이중적 기입을 핵심으로 한다.

---

13 (옮긴이 주) 전통적 사유의 이미지에서 공통감sens commun과 양식bon sens이 차지하는 절대적 위상은 이 책 3장 전반부에서 상세히 논의된다.

차이와 유기적 재현

유적 차이와 종적 차이들은 재현 안에서 공모 관계를 맺는다. 이는 결코 그것들이 똑같은 본성을 갖기 때문이 아니다. 유(類)는 오로지 종차를 통해 바깥으로부터 규정될 수 있을 뿐이다. 종(種)들에 대해 유가 동일성을 띤다면, 이와 달리 존재는 유들 자체에 대해 그와 비슷한 동일성을 형성할 수 없다. 그러나 이런 불가능성을 근거짓는 것은 바로 종차들의 본성(종차들이 있다는 사실)이다. 이 사실에 의해 유적 차이들은 마치 어떤 공통의 유에 관계하는 것처럼 존재에 관계할 수 없다.(만일 존재가 유라면, 그것의 차이들은 종차들과 같은 것으로 볼 수 있을 것이다. 하지만 이 경우 이 차이들을 두고서 더 이상 '존재한다'고 말할 수는 없을 것이다. 왜냐하면 유는 술어가 되어 자기 안의 차이들로 귀속되는 것이 아니기 때문이다.) 이런 의미에서 공통의 유 안에서 성립하는 종들의 일의성 배후에는 상이한 유들 안에서 성립하는 존재의 다의성이 자리한다. 말하자면 하나가 다른 하나를 반영하고 있는 것이다. 이는 이상적인 분류의 요구들에 비추어 볼 때 쉽게 알 수 있는 일이다. 즉 큰 단위들, 최종적으로 문(門)이라 불릴 최대 유들 γένη μέγιστα은 유비적 관계들에 따라 규정되며, 이 유비적 관계들은 특성들의 선택 — 추상적 재현 안에서 판단을 통해 수행되는 선택 — 을 가정한다. 하지만 이와 동시에 작은 단위, 작은 유 혹은 종들은 유사성들에 대한 직접적 지각 안에서 규정되며, 이 직접적 지각은 구체적 표상에서 성립하는 감각적 직관의 연속성을 전제한다. 신-진화론만 하더라도 큼과 작음의 범주에 연계되어 있는 이런 두 측면을 인정할 것이다. 커다란 분화 과정들(발생학적이고 조숙하게 이루어지는 분화 과정들)과 작은 분화 과정들(성숙한 개체에서 더디게 일어나는 종(種) 내적이거나 종적인 분화 과정들)을 구별하기 때문이다. 그런데 이 두 측면은 갈등을 빚을 수 있음에도 불구하고(큰 유나 종들이 자연의 개념들로 간주됨에 따라 이런 갈등이 일어난다.) 함께 유기적 재현의 한계들을 구성한다. 또 그 둘은 모두 마찬가지로 분류에 필수적인 요건들을 이룬다. 즉 유비적 판단에 대해 체계적 분배가 필수 불가결한 것처럼, 유사성의 지각에 대해서는 방법적인 연속성이 그에 못지않게 필수 불가결하다. 그러나 둘 중 어느 관점에 서든, 본래적 차이는 오로지 반성적 개념으로만 드러날 뿐이다. 사실 차이가 있기 때문에 우리는 인접해 있는 유사한 종들로부터 그 종들을 포섭하는 어떤 유적 동일성으로 이행할 수 있고, 따라서 감각 가능한 하나의 연속적 계열의 흐름 속에서 유적 동일성들을 선취하거나 절단해낼 수 있다. 다른 층위에서 보자면, 차이가 있기 때문에 우리는 각기 동일성을 띤 유들로부터 그 유들이 이지적(理智的)인 것 안에서 서로 유지하는 유비적 관계들로 이행할 수 있다. 이런 반성적 개념으로 머물러 있는 한에서 차이는 자신이 재현의 모든 요구들에 전적으로 순응하고 있음을 증언하고 있다. 재현은 바로 그런 차이를 통해 유기적 재현이 되는 것이다. 사실 반성적 개념 안에서 매개하고 매개되는 차이는 지극히 당연하게 개념의 동일성, 술어들의 대립, 판단의 유비, 지각의 유사성에 복종한다. 여기서 재현이 필연적으로 지니게 되는 4중의 특성을 재발견할 수 있다. 문제는 이 모든 반성적 측면들 아래 차이가 자신의 고유한 개념과 자신의 고유한 실재성을 한꺼번에 상실할 수 있지 않느냐 하는 데 있다. 만일 차이가 반성적 개념이기를 그치고 정녕 참다운 개념을 되찾을 수 있다면, 이는 사실 차이가 곧바로 어떤 파국을 지시할 때만 가능한 일이다. 그 파국은 유사성들의 계열에서는 연속성의 파열로 나타날 수도 있고, 유비적인 구조들 사이에서는 건널 수 없는 단층으로 나타날 수도 있다. 차이는 파국적 성격을 띠는 한에서만 반성적이기를 그칠 수 있다. 물론 차이가 파국성을 띤다는 것과 반성적 성격을 띤다는 것은 서로 분리할 수 없는 사태일 것이다. 그러나 파국으로서의 차이, 바로 그것이야말로 환원 불가능하고 반항적인 어떤 바탕을, 유기적 재현의 표면적인 균형 아래 계속 움직이고 있는 바탕을 증언하고 있는 것이 아닐까?

3절
일의성과 차이

존재론적 명제는 하나밖에 없었다. "존재는 일의적이다."라는 명제가 그것이다. 오로지 하나의 존재론만이 있었다. 둔스 스코투스의 존재론이 그것이다. 이 존재론은 존재에 단 하나의 목소리만을 부여한다. 우리가 둔스 스코투스를 언급한다면, 이는 그가 추상의 대가를 무릅쓰고 존재의 일의성(一義性)을 지극히 현묘한 지점으로까지 고양시킬 수 있었기 때문이다. 그러나 파르메니데스로부터 하이데거에 이르기까지 똑같은 목소리가, 저 홀로 일의성의 모든 전개 국면을 담아내는 메아리 안에서 되풀이되고 있다. 단 하나의 목소리가 존재의 아우성을 이룬다. 존재가 절대적으로 공통적이라면, 이 때문에 존재가 어떤 유(類)인 것은 아니다. 우리는 이런 점을 어렵지 않게 이해할 수 있다. 판단의 모델을 명제의 모델로 대체하는 것으로 충분하다. 복합적인 사태로 간주되는 명제에서는 다음과 같은 것들을 구별해볼 수 있다. 우선 의미, 혹은 '명제를 통해 표현되는 것'이 있다. 그 다음 지칭되는 것이 있다(명제 안에서 표시되는 것). 마지막으로 표현하는 것 혹은 지칭하는 것들이 있다.(이것들은 수적인 양태들이다. 다시 말해서 의미와 지칭을 갖춘 요소들을 특징짓는 변별적 요인들이다.) 잘 알려져 있는 바와 같이 이름이나 명제들은 전적으로 같은 사물을 지칭할 때도 같은 의미를 지니지 않는다.(새벽 별/저녁 별, 이스라엘/야곱, *plan/blanc* 등과 같은 유명한 예들을 참조하자.) 이 의미들 사이에서 성립하는 구별은 확실히 실재적 구별distinctio realis이다. 그러나 그것은 수적 구별은 아니며 하물며 존재론적 구별은 더욱 아니다. 즉 그것은 형상적 구별이며, 질적이거나 기호학적인 구별이다. 범주들이 그런 의미들과 무조건 같은 것으로 간주될 수 있는지, 혹은 좀 더 그럴듯하게는 그 의미들에서 파생되는지 등에 대한 물음은 일단 제쳐두어야 한다. 중요한 것은 형상적으로는 구별되지만 존재론적으로는 하나인 복수의 의미들을 생각할 수 있다는 사실이다. 여기서 이 복수의 의미들은 단 하나의 지시 대상에 관계하듯 존재와 관계한다. 물론 그런 관점에 서더라도 아직 그 의미들을 유비적인 것들로 간주하거나 이 존재의 단일성을 유비적 통일성으로 간주하지 못할 이유는 없다. 따라서 이렇게 덧붙여야 한다. 존재, 공통의 지칭 대상인 존재는 수적으로 구별되는 모든 지칭자나 표현자들을 통해 언명되지만 이는 단 하나의 똑같은 의미에서 그러하다. 존재는 자신을 표현하는 한 항상 같은 의미에서 표현한다. 그러므로 존재론적 명제 안에서는 단지 지칭 대상만이 질적으로 구분되는 의미들에 대해 존재론적으로 같은 것이 아니다. 여기서는 의미도 역시 존재론적으로 같다. 의미는 개체화하는 양태들, 수적으로 구별되는 지칭자나 표현자들에 대해 같다. 이것이 바로 존재론적 명제 안에서 성립하는 순환이다(총괄적으로 바라본 표현).

사실 일의성의 본질은 존재가 단 하나의 똑같은 의미에서 언명된다는 점에 있는 것이 아니다. 그것은 존재가 단 하나의 같은 의미에서, 하지만 자신의 모든 개체화하는 차이나 내생적 양상들을 통해 언명된다는[14] 점에 있다. 존재는 이 모든 양상들에 대해 같은 것이다. 그러나 이

---

14 (옮긴이 주) il se dise…… de toutes ses différences individuantes……. 들뢰즈가 자주 동원하는 표현 "A se dit de B"는 문맥에 따라 "A는 B를 **통해** 언명된다."와 "A는 B에 **대해** 언명된다."로 나누어 번역한다. 또 이 문장에서 명백히 드러나고 있는 것처럼, 들뢰즈

양상들은 서로 같은 것들이 아니다. 존재는 모든 양상들에 대해 '동등' 하다. 그러나 그 양상들 자체는 서로 동등하지 않다. 존재는 모든 양상들에 대해 단 하나의 의미에서 언명된다. 그러나 그 양상들 자체는 서로 같은 의미를 지니지 않는다. 일의적 존재의 본질은 개체화하는 차이들에 관계하는 데 있다. 그러나 그 차이들은 서로 같은 본질을 지니지 않으며, 또한 존재의 본질을 변하게 만들지도 않는다. 이는 흰색이 상이한 강도들에 관계하지만, 본질적으로는 똑같은 흰색으로 남는 것과 마찬가지다. 파르메니데스의 시를 보고 사람들은 두 가지 '길'이 있다고 믿는다. 그러나 존재의 목소리, 단 하나의 '목소리'[15]가 있을 뿐이다. 이 목소리는 존재의 모든 양태, 지극히 상이한 것, 지극히 다채로운 것, 지극히 분화된 것들에 모두 관계한다. 존재는 자신을 언명하는 모든 것들을 통해 단 하나의 같은 의미에서 언명된다. 하지만 존재를 언명하는 각각의 것들은 차이에 의해 지배받고 있다. 즉 존재는 차이 자체를 통해 언명된다.

분배의 두 유형

물론 일의적 존재에도 여전히 위계와 분배는 있을 터이고, 이 위계와 분배는 개체화하는 요인들과 그 요인들의 의미 안에서 이루어질 것이다. 그러나 분배는, 그리고 위계조차도 서로 화해시킬 수 없는 전혀 다른 두 가지 뜻을 지닌다. 로고스logos나 노모스nomos라는 표현도 분배의 문제들로 귀착되는 한에서 마찬가지다. 우리는 우선 배당된 몫을 함축하는 분배에 주목해야 한다. 즉 문제는 이미 분배된 것 자체를 할

존재론의 중핵에 해당하는 존재의 일의성 테제는 개체화하는 차이, 개체화 요인, 즉 강도적 차이를 중심으로 하고 있음에 주목하기 바란다.

15 (옮긴이 주) 길과 목소리의 원어는 각기 voies와 voix로, 발음상 구별되지 않는다.

차이 그 자체

당하는 데 있다. 여기서는 판단의 유비적 규칙들이 전능한 힘을 행사한다. 따라서 판단의 자질에 해당하는 공통감이나 양식이 할당의 원리들로서 등장하고, 그 원리들 자체는 가장 공평하게 분배된 것으로 천명된다.[16] 이런 유형의 분배는 고정되고 비례적인 규정들, 재현 안에 제한되어 있는 '소유지'나 영토들과 유사한 규정들에 의해 진행된다. 이렇게 부분들을 ('한편, 그리고 다른 한편') 구별하는 능력인 이런 유기적 판단에서 토지의 문제는 상당히 중요했을 수도 있다. 신들 사이에서마저도 각각의 신은 자신의 영역, 자신의 범주, 자신의 속성들을 지닌다. 또이 신들은 모두 유한한 존재자들에게 그들의 운명에 부합하는 어떤 한계와 몫들을 분배한다. 그러나 이와는 전적으로 다른 분배가 있다. 그것은 유목적이라 불러야 하는 분배로서, 소유지도 울타리도 척도도 없는 유목적 노모스이다. 여기서는 더 이상 미리 배당된 몫은 없다. 차라리 제한되지 않은, 혹은 적어도 명확한 한계가 없는 열린 공간 안에서 스스로 자기 자신을 분배하는 자들의 할당이 있을 따름이다.[17] 여기서는 그 누구에게도 무엇 하나 돌아오거나 귀속하지 않는다. 오히려 모든 사람들은 가능한 최대의 공간을 메우도록 여기저기 배치된다. 여기서는 목숨이 걸린 문제가 발생할 때조차 어떤 놀이의 공간, 놀이의 규칙을 말해야 할 것이다. 이는 정착적 노모스의 공간과 대조를 이룬다. 어

---

16 (옮긴이 주) 데카르트의 『방법서설』 1부의 처음에 나오는 "양식은 이 세상에서 가장 공평하게 분배되어 있다."라는 구절을 암시한다.

17 E. Laroche, *Histoire de la racine nem — en grec ancien*(Klincksieck, 1949) 참조. 라로슈는 νόμος-νέμω 안에 있는 분배의 관념은 배당의 관념(τέμνω, δαίω, διαιρέω)과 단순한 관계에 있지 않음을 보여준다. νέμω(방목하다)가 지닌 목축적 의미는 나중에 가서야 토지의 배당을 함축하게 된다. 호메로스 시대의 사회는 방목장의 울타리나 소유지 개념이 없었다. 이 사회에서 문제는 땅을 짐승들에게 분배하는 데 있는 것이 아니라 거꾸로 짐승들 자체를 분배하고 짐승들을 숲이나 산등성같이 한정되지 않은 공간 여기저기에 할당하는 데 있다. νόμος는 일단 점유의 장소를 지칭하지만 그 장소는 명확한 경계가 없다(예를 들면, 마을 주변의 평야). '노마드', 곧 '유목민'이라는 테마도 역시 여기서부터 성립한다.

떤 공간을 채우기, 그 공간에 자신을 배당하기. 이는 공간을 배당하는 것과는 매우 다르다. 이는 방황의 분배, 심지어 '착란'의 분배이다. 여기서 사물들은 일의적이고 배당되지 않은 존재의 모든 범위에 걸쳐 자신을 펼쳐간다. 존재가 재현의 요구들에 따라서 배당되는 것이 아니라 모든 사물들이 존재 안에서 할당된다. 이런 할당은 단순한 현전성을 띤 일의성(일자로서의 전체) 안에서 이루어진다. 이런 분배는 신적이라기보다는 차라리 악마적이다. 왜냐하면 장벽이나 울타리를 뛰어넘으면서 소유지를 어지럽히듯, 신들의 행위 영역들 사이의 간격 안에서 움직인다는 것은 악마들의 특성이기 때문이다. 오이디푸스의 합창단은 이렇게 외친다. "어떤 악마가 가장 멀리 이르는 도약보다 더 힘차게 도약했는가?" 여기서 도약이 말하는 것은 어떤 전복적인 혼란이다. 그것은 유목적 분배들이 재현의 정착적 구조들 안으로 끌어들이는 엄청난 혼란을 말하고 있다. 그리고 위계에 대해서도 마찬가지로 그렇게 말해야 한다. 어떤 위계는 존재자들을 측정하되 그것들의 한계에 따라 측정하고 하나의 원리에 대한 멀고 가까움의 정도에 따라 측정한다. 그러나 역량의 관점에서 사물과 존재자들을 바라보는 위계도 있다. 여기서 문제는 역량 — 절대적으로 고려된 역량 — 의 정도들에 있는 것이 아니다. 다만 한 존재자가 궁극적으로 '도약'하고 있는지, 다시 말해서 그 정도가 어떠하든 자신이 할 수 있는 것의 끝에까지 이르고 이로써 자신의 한계를 넘어서는지를 아는 것이 중요하다. '끝에까지'라는 말은 여전히 어떤 한계를 정의한다고 말할 수 있을지 모른다. 그러나 여기서 한계, 경계πέρας가 가리키는 것은 사물을 하나의 법칙 아래 묶어두는 어떤 것도, 사물을 끝마치거나 분리하는 어떤 것도 아니다. 거꾸로 그것은 사물이 자신을 펼치고 자신의 모든 역량을 펼쳐가기 시작하는 출발점이다. 휘브리스hybris는 이제 단순한 비난의 표적이 아니다. 가장 작은 것은 자신이 할 수 있는 것과 더불어 생각되는 즉시 가장 큰 것과 동등해진

차이 그 자체

다. 이 봉인하는 척도는 모든 사물들에 대해 같은 것이며, 실체, 질, 양 등에 대해서도 같다. 왜냐하면 이 척도는 유일한 최대치를 형성하기 때문이다. 모든 등급들에 걸쳐 개봉된 상이성이 자신을 봉인하는 동등성에 이르게 되는 곳, 그곳에서 이 척도는 유일한 최대치다. 이 존재론적 척도는 앞에서 말한 첫 번째 척도보다는 오히려 사물들의 과도(過度)에 더 가깝다. 이 존재론적 위계는 앞에서 말한 첫 번째 위계보다는 존재자들의 휘브리스나 무정부 상태에 더 가깝다. 그것은 모든 악마들이 결합된 괴물이다. "모든 것은 동등하다."라는 말이 있다. 하지만 동등하고 일의적인 존재 안에서 언명되고 동등하지 않은 것을 통해 언명된다는 조건에서 이 말은 유쾌한 울림을 지닐 수 있다. 동등한 존재는 중개나 매개 없이 모든 사물들에 직접적으로 현전한다. 비록 사물들이 이 동등한 존재 안에서 동등하지 않은 채로 자리한다고 해도, 그 존재 자체는 직접 현전한다. 그러나 모든 것들이 어떤 절대적인 가까움 속에 있다면, 이는 그것들이 휘브리스의 성격을 띨 때 그런 것이다. 또 그때는 크든 작든, 열등하든 우월하든 그 어떤 것도 존재에 더나 덜 참여하는 것이 아니며, 존재를 유비적으로 받아들이는 것도 아니다. 그러므로 존재의 일의성은 또한 존재의 동등성을, 평등을 의미한다. 일의적 존재는 유목적 분배이자 왕관을 쓴 무정부 상태[18]이다.

일의성과 유비의 화해 불가능성

그렇지만 유비와 일의성 사이에 어떤 화해를 생각할 수는 없을까? 왜냐하면 존재로서의 존재가 그 자체로 일의적이라 해도, 이 존재는 유

---

18 (옮긴이 주) 아르토(A. Artaud, 1896~1948)의 작품 *Héliogabale, ou l'anarchiste couronné* (1934)를 암시하는 표현.

비적일 수 있기 때문이다. 존재의 내생적 양태나 개체화 요인들(우리가 위에서 표현자, 지칭자들이라고 불렀던 것들) 안에서 파악하게 되면, 그때부터 존재는 '유비적'이지 않을까? 그 자체로는 동등하다고 해도, 존재는 자신의 품에 자리하는 양상들 안에서는 동등하지 않은 것이 아닐까? 만일 존재가 공통의 사태를 지시한다면, 이는 '실재적으로는' 아무런 공통점이 없이 실존하는 것들에 대해서 그런 것이 아닐까? 존재가 일의성이라는 형이상학적 체제를 지닌다면, 다시 유비라는 형이하학적 체제를 거느리는 것이 아닐까? 그리고 만일 유비가 동일성을 띤 어떤 유사 개념을 인정한다면, 일의성은 ― 단지 존재를 특수한 실존자들에 관계시키기 위해서일 뿐이라 해도 ― 유비라는 어떤 유사 판단을 인정하는 것이 아닐까?[19] 그러나 이런 물음들은 자신들이 서로 접근시키고자 하는 두 테제를 변질시킬 위험에 빠진다. 왜냐하면 앞에서 본 바와 같이 유비는 본질적으로 유적 차이와 종적 차이 간의 특정한 공모 관계(그것들의 본성적 차이에도 불구하고 성립하는 공모 관계)에 의존하기 때문이다. 즉 존재가 공통의 유로 설정되면, 그것이 그렇게 설정되는 이유, 다시 말해서 종적 차이들의 존재 가능성은 필연적으로 무너지게 된다……. 따라서 유비의 관점에서는 모든 것이 유와 종의 중간 지역에서 일어난다는 것은 놀라운 일이 아닐 것이다. 모든 것은 매개와 일반성 ― 개념 일반의 동일성과 가장 일반적인 개념들의 유비 ― 에서 성립한다. 이로부터 유비는 불가피하게 진퇴양난에 봉착하게 된다. 즉 유비는 본질적으로 존재를 개별적 실존자들에 관계시켜야 하지만, 이때 무엇이 그것들의 개체성을 형성하는지를 말할 수 없다. 왜냐하면 유비는 특수한 사물들 안에서 일반적인 것(형상과 질료)에 합치하는 것만

---

19 질송은 이 모든 물음들을 제기한다. Etienne Gilson, *Jean Duns Scot*(Vrin, 1952), 87~88, 114, 236~237, 629쪽 등 참조. 그는 유비와 판단의 관계, 좀 더 특수하게는 유비와 실존 판단의 관계를 강조한다(101쪽 참조).

차이 그 자체

을 고려하는 반면, 개체화 원리를 이미 구성된 개체들의 이러저러한 요소 안에서 찾기 때문이다. 이와 달리 우리는 일의적 존재가 본질적이고도 직접적으로 개체화 요인들과 관계한다고 말한다. 하지만 이때 우리가 염두에 두고 있는 것은 경험 안에서 구성된 개체들이 아니다. 그것은 다만 그렇게 구성된 개체들 안에서 초월론적 원리로서 기능하는 것, 조형적이고 무정부적이며 유목적인 원리로서 작용하는 것이다. 개체화 과정과 동시적인 이 원리는 개체들을 일시적으로 구성하는 것 못지않게 와해하거나 파괴할 수 있다. 즉 개체화 요인들은 존재의 내생적 양상들이다. 이것들은 하나의 '개체'에서 다른 개체로 이행하며 형상과 질료들 밑으로 순환하고 소통한다. 개체화하는 것은 단순히 개체적인 것이 아니다. 이런 조건들에서 볼 때, 개체화가 본성상 종별화와 다르다고 말하는 것으로는 충분치 않다. 둔스 스코투스처럼 말하는 것도 여전히 충분치 않다. 물론 그는 이미 구성된 한 개체의 요소들을 분석하는 데 만족하지 않았고, 그래서 개체화를 "형상의 궁극적 현실성"으로 파악하기에 이르렀다. 하지만 개체화하는 차이가 종적 차이와 본성상 어떻게 다른지를 보여주는 데 그쳐서는 안 된다. 무엇보다 먼저 보여주어야 하는 것은 개체화의 선행성이다. 어떻게 개체화가 형상과 질료에, 종과 부분들에, 그리고 구성된 개체의 다른 모든 요소들에 권리상 선행하는지를 보여주어야 한다. 직접적으로 차이에 관계하는 한에서 존재의 일의성은 어떤 증명을 요구한다. 이 증명을 통해 어떻게 개체화하는 차이가 존재 안에서 유적 차이들에, 종적 차이들에, 그리고 심지어는 개체적 차이들에도 선행하는지 — 어떻게 존재 안에서 먼저 성립하는 개체화의 장(場)이 형상들의 종별화를 가능하게 할 뿐 아니라 부분들의 규정과 개체적 변이들을 조건짓는지 — 를 밝혀야 한다. 개체화는 형상에 의해서도 질료에 의해서도 발생하지 않는다. 질을 통해서도 연장(延長)을 통해서도 성립하지 않는다. 왜 그런가? 이는 개체화가 이미 형상,

질료, 연장성을 띤 부분들에 의해 가정되어 있기 때문이다.(개체화가 단지 이들과 본성상 다르기 때문만은 아닌 것이다.)

따라서 두 가지 방식을 구별할 수 있어야 한다. 먼저 존재의 유비 안에서 유적 차이와 종적 차이들이 개체적 차이들에 매개되는 방식 일반이 있다. 그러나 이것은 일의성 안에서 일의적 존재가 개체화하는 차이들을 통해 직접적으로 언명되는 방식, 혹은 보편적인 것이 모든 매개로부터 독립하여 지극히 독특한 것을 통해 언명되는 방식과는 전혀 다르다. 유비는 존재가 어떤 공통의 유라는 점을 부정하며, 이는 (종적) 차이들이 '존재'한다는 사실 때문이다. 이런 관점에서 보자면, 일의적 존재는 거꾸로 확실히 공통적이다. (개체화하는) 차이들은 '존재하지 않고' 존재해야만 하는 것도 아니기 때문이다. 우리는 앞으로 아주 각별한 의미에서 이 차이들이 존재하지 않는다는 것을 보게 될 것이다. 즉 차이들이 존재하지 않는다면, 이는 일의적 존재 안에서 그것들이 어떤 부정 없는 비-존재에 의존하기 때문이다. 그러나 먼저 이미 명백히 드러나고 있는 점에 주목하자. 그것은 일의성 안에서 존재하거나 존재해야만 하는 것은 개체화하는 차이들이 아니라는 사실이다. 존재하거나 존재해야만 하는 것은 존재, 본연의 차이인 존재이다. 존재는 차이를 통해 언명된다는 의미에서 차이 자체이다. 그리고 존재는 일의적이지 않은데 그 안에서 우리가 일의적인 것은 결코 아니다. 존재는 일의적이다. 그런 존재 안에서, 그 존재에 대해서 우리가, 우리의 개체성이 다의적인 것으로 머물러 있는 것이다.

일의성의 역사적 단계들: 둔스 스코투스, 스피노자, 니체

철학의 역사에서 존재의 일의성이 정교화되는 과정은 중요한 세 단계를 거친다. 첫 번째 단계를 대표하는 인물은 둔스 스코투스이다. 순

차이 그 자체

수 존재론에 대한 가장 위대한 저서인 『옥스퍼드 강의*Opus Oxoniense*』에서 존재는 일의적인 것으로 사유된다. 그러나 이때 일의적 존재는 무한자와 유한자, 단독자와 보편자, 피조물과 창조자에 대하여 무차별하며 중립적이고 중성적neuter이다. 따라서 스코투스는 '현묘한 박사'라는 이름을 받을 자격이 있다. 왜냐하면 그의 시선은 보편적인 것과 독특한 것이 교차하는 이편에서 존재를 식별해내기 때문이다. 그는 판단에 있는 유비의 힘들을 중성화시키고자 한다. 또 이를 위해 그 힘들을 앞질러 우선 추상적인 개념 안에서 존재를 중성화시킨다. 그렇기 때문에 그는 일의적 존재를 단지 사유하기만 했을 뿐이다. 그리고 기독교의 요구들에 따라 그가 피하려고 애쓰는 적을 볼 수 있다. 그것은 범신론이라는 적이다. 만일 공통의 존재가 중성적이지 않다면, 그는 범신론에 빠져버렸을 것이다. 그럼에도 불구하고 그는 무차별한 중립적인 존재를 차이와 관계짓는 두 유형의 구별을 정의할 수 있었다. 사실 형상적 구별은 곧 실재적 구별이다. 존재 안에 혹은 사물 안에 근거를 두고 있기 때문이다. 하지만 그 구별이 반드시 수적 구별인 것은 아니다. 왜냐하면 그 구별은 본질이나 의미들 사이에서, '형상적 이유들' 사이에서 성립하기 때문이다. 이 이유들은 어떤 주어에 귀속되더라도 그 주어의 통일성을 깨뜨리지 않는다. 이렇게 해서 (신과 피조물들에 관계하는) 존재의 일의성은 '속성들'의 일의성으로 확장된다. 그뿐 아니라 무한자인 한에서 신은 자신의 통일성을 잃지 않으면서도 형상적으로 구별되는 일의적 속성들을 소유할 수 있다. 다른 유형의 구별인 양태적 구별은 존재 혹은 속성들과 강도적 변이들 사이에서 성립한다. 속성들은 변이의 능력을 지닌다. 마치 흰색의 등급들과도 같은 이 변이들은 개체화하는 양상들이며, 이것들이 지닌 독특한 강도들은 정확히 무한한 것과 유한한 것에 의해 형성된다. 그러므로 중립성이라는 그 자신의 고유한 관점에서 볼 때, 일의적 존재는 그 자체로 일의적인 어떤 질적 형상들이나 구별성을 띠는 속성들을 함축하는 것으로 그치지 않는다. 일의적 존재는 또한 이 형상과 속성들을 자신뿐 아니라 강도적 요인들이나 개체화하는 등급들[20]에 관계시킨다. 그리고 이 요인과 등급들은 존재의 양태를 변화시키지만 존재의 본질은 변화시키지 않는다. 사실 구별 일반은 존재를 차이와 관계짓는다. 이런 관점에서 보면, 형상적 구별과 양태적 구별은 일의적 존재가 — 자기 자신 안에서, 자기 자신을 통해서 — 스스로 차이와 관계하는 두 가지 유형이다.

두 번째 단계에서 스피노자는 상당한 진전을 이루어낸다. 그는 일의적 존재를 중립적이거나 무차별한 것으로 사유하는 대신 순수한 긍정의 대상으로 만든다. 일의적 존재는 단일하고 보편적이며 무한한 실체와 하나를 이룬다. 신 또는 자연Deus sive Natura으로 정립되는 것이다. 그리고 스피노자가 데카르트와 맞서 싸운다면, 이 싸움은 둔스 스코투스가 성 토마스와 맞서 벌인 싸움과 무관하지 않다. 데카르트의 실체론은 전적으로 유비로 물들어 있다. 데카르트의 구별 개념은 존재론적인 것, 형상적인 것, 수적인 것(실체, 질, 양)을 완전히 혼동하고 있다. 이런 데카르트에 맞서 스피노자는 실체, 속성들, 양태들을 할당하는 놀라운 방법을 개척해간다. 『에티카』의 첫머리에서부터 그는 실재적 구별이 결코 수적 구별이 아니라 단지 형상적 구별일 뿐임을, 다시 말해서 질적이거나 본질적인 구별임을 강조한다(단일한 실체의 본질적 속성들). 그리고 거꾸로 수적 구별은 결코 실재적 구별이 아니며 단지 양태적 구별일 뿐임을 강조한다(유일한 실체와 그 속성들의 내생적 양태들). 속성들은 실상 질적으로 차이나는 의미들처럼 행동하고, 하나의 똑같은 지칭 대상과

---

20 (옮긴이 주) degrés individuants. 강도, 역량, 변이들 등은 언제나 위계를 이루고, 따라서 각기 어떤 등급이나 수준을 지닌다. 이 책에서 degré는 문맥에 따라 등급, 정도 등으로 옮긴다. 이 대목 전후에서 등장하는 개체화, 개체화 요인(개체화하는 차이와 개체적 차이), 강도적 요인 등은 이 책 5장 후반부에서 상세히 논구되고 있다.

차이 그 자체

관계하듯 실체와 관계한다. 그런가 하면 이번에는 실체가 존재론적으로 하나인 의미인 양 행동한다. 자신을 표현하는 양태들, 자신 안에서 개체화하는 요인들이나 강도상의 내생적 등급들로서 존재하는 그 양태들과 관계할 때, 실체는 존재론적으로 단일한 의미를 지닌다. 이로부터 역량의 정도라는 양태에 대한 규정이 따라나온다. 그리고 거기서 양태의 유일한 '의무'가 따라나온다. 그 의무는 자신의 모든 역량이나 존재를 자신의 한계 자체 안에서 펼치는 데 있다. 따라서 실체와 양태들이 똑같은 본질을 갖지 않음에도 불구하고, 속성들은 실체와 양태들에 대해 절대적으로 공통적이다. 양태들과 실체는 똑같은 의미를 갖지 않고 똑같은 방식으로 존재하지도 않는다(자신 안에in se, 그리고 다른 것 안에in alio). 그럼에도 불구하고 존재 자체는 실체와 양태들을 통해 똑같은 의미에서 언명된다. 모든 위계, 모든 탁월성은 부정된다. 실체가 모든 속성들에 의해 동등하게 — 그러나 그 속성들의 본질에 부합하도록 — 지칭되기 때문이며, 실체가 모든 양태들에 의해 동등하게 — 그러나 그 양태들의 역량의 정도에 따라 — 표현되기 때문이다. 스피노자에 이르러 일의적 존재는 더 이상 중립성을 띠지 않는다. 다만 표현성을 띠게 된다. 일의적 존재는 표현적이고 긍정적인 진정한 명제가 된다.

영원회귀 안의 반복은 존재의 일의성을 정의한다

하지만 실체와 양태들 사이에는 여전히 어떤 무관심이 존속하고 있다. 스피노자에게서 실체는 양태들로부터 독립해 있는 것처럼 보인다. 그리고 양태들은 실체에 의존하지만 어떤 다른 사물인 것처럼 의존한다. 실체는 양태들을 통해, 오로지 양태들을 통해서만 자신을 언명해야만 할 것이다. 그런 조건은 보다 일반적이고 단호한 전복을 대가로 해서만 충족될 수 있다. 그런 전복 이후 존재는 생성을 통해, 동일성은 차이나는 것을 통해, 일자는 다자(多者)를 통해……자신을 언명한다. 동일성이 일차적이지 않다는 것, 동일성은 원리로서 현존하지만 이차적 원리로서, 생성을 마친 원리로서 현존한다는 것, 동일성은 차이나는 것의 둘레를 회전한다는 것. 이런 것이 코페르니쿠스적 혁명의 내용이다. 이 혁명을 통해 차이의 고유한 개념을 찾을 가능성이 열리게 되었다. 이제 더 이상 차이는 미리 동일한 것으로 설정된 어떤 개념 일반의 지배 아래 묶여 있는 것이 아니다. 니체가 영원회귀를 통해 말하고자 한 것은 다른 것이 아니다. 영원회귀는 동일자의 회귀를 의미할 수 없다. 오히려 모든 선행하는 동일성이 폐기되고 와해되는 어떤 세계(힘의 의지의 세계)를 가정하기 때문이다. 회귀는 존재이다. 하지만 오직 생성의 존재일 뿐이다. 영원회귀는 '같은 것'을 되돌아오게 하지 않는다. 오히려 생성하는 것에 대해 회귀가 그 유일한 같음을 구성하는 것이다. 회귀, 그 것은 생성 자체의 동일하게-되기이다. 따라서 회귀는 유일한 동일성이다. 하지만 이것은 이차적인 역량에 해당하는 동일성, 차이의 동일성일 뿐이다. 그것은 차이나는 것을 통해 언명되고 차이나는 것의 둘레를 도는 동일자이다. 차이에 의해 산출되는 이런 동일성은 '반복'으로 규정된다. 그래서 영원회귀의 반복은 또한 차이나는 것으로부터 출발하여 같음을 사유하는 데 있다. 그러나 이런 사유는 결코 더 이상 어떤 이론적 재현이 아니다. 왜냐하면 그것은 차이들을 산출 능력에 따라 실천적으로 선별하기 때문이다. 다시 말해서 회귀하는 능력이나 영원회귀의 시험을 견뎌내는 능력에 따라 선별하는 것이다. 영원회귀의 선별적 성격은 니체의 이념 안에서 분명하게 드러나고 있다. 그 이념에 따르면 회귀하는 것은 전체도, 항상 같은 것도 아니다. 혹은 선행의 동일성 일반도 아니다. 게다가 그것은 전체의 부분들에 해당하는 큰 것과 작은 것도 아니고 같은 것의 요소들인 작거나 큰 것도 아니다. 되돌아오는 것은 오로지 극단적 형상들뿐이다. 크건 작건 상관없이 자신의 한계 안

차이 그 자체

에서 자신을 펼쳐가는 형상, 자신의 역량의 끝까지 나아가는 가운데 자신을 스스로 변형하고 서로의 안으로 이행하는 극단적 형상들만이 되돌아온다. 되돌아오는 것은 오로지 극단적이고 과잉성을 띤 것, 다른 것으로 이행하면서 동일한 것으로 생성하는 것뿐이다. 그렇기 때문에 영원회귀는 힘의 의지의 변신(變身)과 가면들로 연출되는 연극적 세계를 통해 언명된다. 영원회귀가 언명되는 무대는 이 의지의 순수한 강도들이 드러나는 연극적 세계이다. 이 강도들은 변동하는 개체화 요인들로서, 더 이상 이러저러한 개체나 이러저러한 자아의 인위적 한계들 안에 붙들려 있지 않다. 영원회귀, 되돌아오기는 모든 변신들에 대해 공통의 존재를 표현한다. 그것이 표현하는 것은 모든 극단적인 것, 역량의 모든 실현 등급들에 공통되는 척도와 존재이다. 그것은 동등하지 않은 모든 것의 동등-함,[21] 자신의 비동등성을 충만하게 실현할 줄 알았던 모든 것의 동등-함이다. 같은 것으로 생성하는 가운데 극단적인 모든 것은 동등하고 공통적인 존재 안에서 서로 소통한다. 회귀를 규정하는 것은 그런 존재이다. 그렇기 때문에 초인은 '존재하는' 모든 것의 우월하고 월등한 형식에 의해 정의된다. 여기서 니체가 고귀하다고 부르는 것을 간파할 줄 알아야 한다. 그는 에너지 물리학자의 언어를 빌려, 자신을 스스로 변형할 수 있는 에너지를 고귀하다고 부르고 있다. 니체는 휘브리스가 모든 헤라클레이토스주의자들의 진정한 문제라고 말하고, 혹은 위계는 자유로운 정신들의 문제라고 말한다. 이때 그는 언제나 똑같은 사태를 가리키고 있다. 즉 존재하는 모든 것은 휘브리스 안에서 자신을 되돌아오게 만드는 존재를 발견한다. 니체는 왕관을 쓴 무정부 상태, 전도된 위계를 가리키고 있다. 이 위계는 동일자를 차이나

---

21 (옮긴이 주) l'être-égal. 프랑스어 être는 '이다'와 '있다'를 동시에 의미하므로 '동등-함' 외에도 '동등하게-있음'을 함축한다. 이 책에는 l'être-x 외에도 le devenir-x(x-되기)라는 표현이 빈번하게 등장한다.

는 것에 종속시키면서 처음 시작되고, 이로써 차이의 확실한 선별을 보장한다.[22] 이런 모든 측면에서 볼 때, 영원회귀는 존재의 일의성이며 그런 일의성의 실제적 실현이다. 영원회귀 안에서 일의적 존재는 단지 사유되고 긍정되기만 하는 것이 아니라 실제적으로 실현된다. 존재는 단 하나의 같은 의미에서 언명된다. 하지만 이 의미는 영원회귀의 의미이다. 그것은 존재를 언명하고 있는 것의 회귀나 반복에 해당하는 영원회귀의 의미이다. 영원회귀의 바퀴는 차이에서 출발하여 반복을 산출하는 동시에 반복에서 출발하여 차이를 선별한다.

4절
차이와 망아적 재현: 무한대와 무한소

큼과 작음을 기준으로 하는 시험은 우리에게 선별을 왜곡하는 것같이 보였다. 왜냐하면 이 시험은 개념 일반이 지닌 동일성의 요구들에 따르고, 이를 위해 차이의 고유한 개념을 포기했기 때문이다. 그것은 단지 어떤 한계들만을 고정시켜놓았다. 그 한계들 사이에서 규정은 동일성을 띤 개념이나 유비적 개념들(최소와 최대) 안으로 기입되는 한에서 차이가 된다. 그렇기 때문에 '차이를 만들기'에 본성을 두고 있는 선별은 어떤 다른 의미를 지니는 것처럼 보였다. 즉 선별은 유기적 재현의 요구들에 따라 평균적 형상들을 측정하고 할당한다는 것을 뜻하지 않는다. 그것은 일의적 존재의 단순한 현전 안에서 극단적 형상들이 나

---

22 "휘브리스라는 이 위험한 단어는 모든 헤라클레이토스주의자의 시금석이다."(니체, 『그리스 비극 시대의 철학』, *La naissance de la philosophie*(N.R.F.), 66쪽.) 위계의 문제에 대해서는 『인간적인 너무나 인간적인』, 서문 6~7절 참조. "존재하는 모든 것의 우월한 형상"으로서의 초인에 대해서는 『이 사람을 보라』(『차라투스트라』 6절) 참조.

차이 그 자체

타나고 각기 자신을 펼쳐갈 수 있도록 만든다는 의미를 지닌다. 그렇지만 우리가 큼과 작음의 능력들 ─ 그것들이 차이에 적용되는 한에서 지니는 능력들 ─ 을 모두 길어냈다고 말할 수 있을까? 우리는 큼과 작음을 극단적 형상들 자체의 특유한 선택지로 다시 발견하게 되는 것이 아닐까? 왜냐하면 극단은 큼이나 작음 안의 무한에 의해 정의되는 것처럼 보이기 때문이다. 이런 시각에서 보면 무한은 심지어 큼과 작음의 상호 동일성, 극단들의 동일성까지 의미한다. 자기 자신 안에서 그런 무한을 발견할 때, 재현은 더 이상 유기적 재현이 아니라 망아적 재현[23]의 모습을 취한다. 즉 재현은 자신 안에서 표면상의 고요함이나 유기적 질서의 한계들 아래 숨쉬고 있는 소란, 불안, 정념 등을 발견한다. 재현은 다시 괴물과 마주친다. 이때 문제가 되는 것은 더 이상 행복한 국면이 아니다. 행복한 국면은 규정이 개념 일반 안으로 들어가고 나가는 입구와 출구를 표시한다. 또 상대적인 최소와 최대, 가장 가까운 지점 punctum proximum과 가장 먼 지점punctum remotum을 표시한다. 하지만 이번에는 거꾸로 근시안과 원시안이 요구되고 있다. 개념이 모든 국면, 모든 계기들을 감당할 수 있어야 하기 때문이다. 즉 이제 개념은 전체이다. 전체로서 개념은 자신의 축복을 모든 부분들로 확장할 수도 있고, 부분들의 분열과 불행은 그 개념 안에 반영되어 일종의 사면을 얻어낼 수도 있다. 따라서 개념은 한쪽 끝에서 다른 쪽 끝으로 이르기까지 온갖 변신을 취하는 규정을 따라다니면서 그 규정과 더불어 짝을 이룬다. 그리고 그 규정을 근거[24]의 자리에 놓는 가운데 순수한 차이로

---

23 (옮긴이 주) représentation *origique*, et non plus *organique*. origique는 디오니소스 축제의 통음난무(痛飲亂舞) 상태를 가리키는 불어 orgiaque를 변용한 들뢰즈의 신조어이다. 이 말은 일단 '망아적'으로 옮기지만 '유기적'의 반대 의미인 '탈-유기적'이란 뜻도 담고 있으며, 들뢰즈가 다른 곳에서 사용하는 용어 '기관들 없는 신체corps sans organs'와 관련지어 새겨야 할 것이다.
24 (옮긴이 주) fondement. 재현적 사유의 중요한 특성은 근거를 설정하는 토대론 안에서

재현한다. 이 근거가 중심이 될 때, 상대적 최소나 최대 앞에 있는지의 여부는 더 이상 중요하지 않다. 큼 앞에 있는지 작음 앞에 있는지, 출발점 앞에 있는지 끝 앞에 있는지의 여부도 더 이상 중요하지 않다. 왜냐하면 양쪽은 모두 근거 안에서 일치하기 때문이다. 근거는 하나이면서 언제나 똑같은 '총체적' 계기이다. 근거는 또한 차이가 소멸하는 동시에 생산되는 계기, 사라지는 동시에 나타나는 국면이다.

이유로서의 근거

이런 관점에서 라이프니츠 못지않게 헤겔이 그런 무한한 소멸의 운동에, 다시 말해서 차이가 소멸되는 동시에 생산되는 그 계기에 얼마나 커다란 비중을 두고 있는지 주목하지 않을 수 없다. 여기서는 한계라는 기초개념 자체의 의미가 완전히 바뀌어버린다.[25] 이런 한계는 더 이상 유한한 재현의 마지막 경계선을 가리키지 않는다. 오히려 유한한 규정이 끊임없이 사라지고 태어나는 모태, 규정이 망아적 재현 안으로 부단히 봉인되고 펼쳐지는 모태를 가리킨다. 〔극한으로서의〕 한계는 더 이상 어떤 형상의 제한을 뜻하지 않는다. 그것은 근거를 향한 수렴을 의미한다. 한계는 더 이상 형상들의 구별을 가리키는 것이 아니다. 그것은 근거와 근거 위에 놓인 것의 상관관계를 가리킨다. 한계는 더 이상 역량의 정지를 의미하지 않는다. 그것은 역량이 발휘되고 근거지어지는 요소를 의미한다. 사실 미분법은 변증법 못지않게 '역량'의 문제,

---

완성된다는 데 있다. 들뢰즈는 재현적 사유의 귀착점인 근거 아래에는 강도적 공-간들이 구성하는 바탕fond이 자리하고 있음을 강조한다. 또 이 바탕이 재현적 층위(표면)로 상승할 때는 무-바탕sans-fond이 되고, 영원회귀 안의 반복에 놓일 때는 근거와해effondement로 이어진다는 점을 말한다.

25 (옮긴이 주) 다시 말해서 한계limite는 극한이 된다.

차이 그 자체

한계가 지닌 거듭제곱의 문제이다.[26] 유한한 재현을 제한하는 경계선을 큼과 작음이라는 수학적이고 추상적인 두 규정으로 취급할 수 있는지 모른다. 하지만 이때 라이프니츠는 (헤겔과 마찬가지로) 규정되는 것이 (다시 말해서 미분량이) 큰 것인지 작은 것인지, 가장 큰 것인지 가장 작은 것인지의 여부에 전적으로 무관심하다는 사실에 주목할 필요가 있다. 무한을 고려하게 되면, 규정되는 것은 그런 물음과는 상관없는 것이 되어버린다. 어떤 경우든 가장 완전한 것 혹은 가장 잘 근거지어진 것을 찾아내는 어떤 건축학적 요소에 종속되기 때문이다.[27] 이런 의미에서 망아적 재현은 차이를 만든다고 할 수 있다. 왜냐하면 차이를 선별하지만 이렇게 차이를 근거와 관계짓는 무한을 도입하는 가운데 선별하기 때문이다.(이때 근거는 선택과 유희의 원리로 작용하는 선(善)에 의한 근거일 수도, 고통과 노동으로 작용하는 부정성에 의한 근거일 수도 있다.) 그리고 유한한 재현을 제한하는 경계선은, 다시 말해서 큼과 작음 자체는 유(類)와 종(種)들에 의해 주어지는 구체적 특성이나 내용 안에서 다룰 수도 있을 것이다. 이때도 재현에 무한을 도입하게 되면 규정되는 것은 규정 가능한 것인 유, 규정으로서의 종과는 상관없는 것이

---

26 (옮긴이 주) 우리가 '역량'으로 옮기는 puissance는 수학적 문맥에서는 멱(冪), 제곱을 의미하고, 들뢰즈 또한 자신의 역량 개념에 이런 수학적 의미를 함축하고 있다. 그 밖에 이 책에 자주 등장하는 série는 보통 '계열'로 옮기지만 수학적 문맥에서는 '급수(級數)'로 옮겨야 하고 점진progression, 등급degré 등의 용어들과 통하는 의미로 새겨야 한다.

27 큼이나 작음에 대한 무차별성이나 무관심에 대해서는 Leibniz, *Tentamen anagogicum* (G., Ph. Schr.), VII을 참조. 헤겔 못지않게 라이프니츠에게서도 무한한 재현은 수학적 구조로 환원되지 않음을 알 수 있다. 즉 미분법과 연속성 안에는 어떤 건축학적인 요소가 있으며, 이 요소는 수학적이지도 않고 초-수학적이지도 않다. 반면 헤겔은 미분법 안에 참된 무한이 있음을 제대로 파악하고 있는 것처럼 보인다. 이때 참된 무한은 '비(比)', 비율적 관계의 무한이다. 헤겔이 미분법에 대해 비난하는 점은 단지 이 진무한을 악무한인 수학적 '급수 serie'의 형태로 표현한다는 데 있을 뿐이다. 헤겔, 『논리학』(Aubier), I, 264쪽 이하 참조. 이미 알려져 있는 바와 같이 현대적 해석은 미분법을 전적으로 **유한한 재현**의 관점에 서서 고찰한다. 우리는 이런 관점을 4장에서 다룰 것이다.

되어버린다. 종에서 벗어나는 진정한 독특성뿐 아니라 유에서 벗어나는 참된 보편성이 동시에 하나의 매개항 안에 보존되기 때문이다. 요컨대 망아적 재현의 원리는 근거에, 그 재현의 요소는 무한에 있다. 반면 유기적 재현의 원리는 형상에, 그 재현의 요소는 유한에 있다. 규정을 사유 가능하고 선별 가능한 것으로 만들어주는 것은 바로 무한이다. 따라서 차이는 이제 규정에 대한 유기적 재현이 아니라 망아적 재현으로 등장한다.

망아적 재현은 사물들에 대한 판단을 살아 있게 만드는 대신 사물 자체를 가지고 그토록 많은 표현, 명제들로 만들어낸다. 무한한 분석 명제나 무한한 종합 명제들을 만들어내는 것이다. 하지만 왜 망아적 재현에는 여전히 양자택일을 강요하는 선택지가 남아 있는 것일까? 왜냐하면 큼과 작음, 최대와 최소라는 두 사태는 무한 안에서 서로 차이가 없거나 동일하게 되었고, 차이는 근거 안에서 그 두 사태와 완전히 상관없는 것이 되었기 때문이다. 그 이유는 무한이 유한한 규정이 사라져버린 장소가 아니라는 데 있다.(무한이 그런 장소라면, 이는 잘못된 한계 개념을 무한 안에 투영한 결과이다.) 망아적 재현이 자기 자신 안에서 무한을 발견한다면, 단지 유한한 규정을 존속하도록 내버려둘 때만 그것을 발견할 수 있다. 망아적 재현은 게다가 이 유한한 규정 자체를 통해 무한을 언명할 때만 자신 안에서 무한을 발견할 수 있다. 망아적 재현은 유한한 규정을 소멸했고 사라져버린 것으로 재현하지 않는다. 다만 소멸 중에 있으며 막 사라질 찰나에 있는 것으로, 따라서 또한 무한 안에서 태어나고 있는 것으로 재현한다. 이 재현 안에서는 본성상 무한과 유한이 서로 같은 '불안'을 겪게 되며, 정확히 이 불안에 의해 하나가 다른 하나 안에서 재현될 수 있다. 그러나 재현의 조건들 아래 무한이 유한 자체를 통해 언명될 때, 이 언명은 두 가지 방식으로 이루어진다. 즉 무한은 무한하게 작은 것으로 언명되거나 무한하게 큰 것으로

차이 그 자체

언명된다. 이 두 가지 방식, 이 두 '차이'는 결코 대칭적이지 않다. 그래서 망아적 재현에서는 이원성이 되살아나고 있지만, 이 이원성은 (가령 종적 차이와 유적 차이의 경우처럼) 유한하고 지정 가능한 두 계기 사이에서 일어나는 상호 보충이나 반영의 형식을 띠지 않는다. 다만 무한하고 지정 불가능한 두 과정 사이에서 성립하는 어떤 양자택일의 형식 — 가령 라이프니츠와 헤겔 사이에서 성립하는 양자택일의 형식 — 을 띠고 있을 뿐이다. 물론 큼과 작음이 무한 안에서 서로 동일해진다는 것은 사실이다. 하지만 무한이 유한을 통해 언명되는 한에서 무한하게 작은 것과 무한하게 큰 것은 새롭게, 그리고 보다 엄격하게 분리된다. 라이프니츠와 헤겔은 각기 큼과 작음의 양자택일에서 벗어난다. 하지만 두 사람 모두 무한하게 작은 것과 무한하게 큰 것 사이의 양자택일에 다시 부딪힌다. 그렇기 때문에 망아적 재현은 어떤 이원성을 향해 열려 있다. 망아적 재현의 불안을 이중화하는 이 이원성은 그 불안의 진정한 이유이기도 하다. 그리고 이 이원성에 의해 망아적 재현은 두 가지 유형으로 나뉘게 된다.

헤겔에 따른 차이의 논리학과 존재론: 모순

헤겔에 따르면 '모순'은 거의 문제를 일으키지 않는 듯하다. 그것은 전혀 다른 기능을 지닌다. 즉 모순은 스스로 해소된다. 그리고 스스로 해소되는 모순은 차이를 근거와 관계짓는 가운데 해소해버린다. 차이가 유일한 문제인 것이다. 헤겔이 그의 선배들을 비난하는 것을 보라. 그들이 차이의 절대적 최대치에, 다시 말해서 모순에, 모순의 무한(무한하게 큰 것으로서의 무한)에 이르지 못한 채, 다만 전적으로 상대적인 최대치에 머물렀다는 것이다. 그들은 감히 마지막까지 나아가지 못하고 있다. "차이 일반은 이미 모순 그 자체이다.……오로지 모순의 정점까지 이끌려갈 때만 비로소 이형(異形)이나 다형(多形)은 잠에서 깨어나고 활력을 얻는다. 또 그럴 때만 이 변화의 부분을 이루는 사물들이 부정성을 취하게 된다. 이 부정성은 자율적이고 자발적이며 살아 있는 운동의 내재적 충동이다.……실재성들 간의 차이를 충분하게 멀리 밀고 나아갈 때, 상이성은 대립으로 생성하고 그 결과 모순이 되며, 마침내 모든 실재성들 전체가 이번에는 절대적 모순 그 자체로 생성한다는 것을 알게 된다."[28] 아리스토텔레스와 마찬가지로 헤겔은 극단적이거나 상반적인 것들의 대립을 통해 차이를 규정한다. 그러나 무한으로 나아가지 않을 경우, 대립은 여전히 추상적인 것으로 남게 된다. 또 무한은 유한한 대립들의 바깥에 위치한다면 여전히 추상적인 것으로 머물게 된다. 즉 무한이 도입됨에 따라 여기서 상반적인 것들의 상호 동일성이 귀결되거나, 타자의 상반성이 자기(自己)의 상반성으로 바뀌게 된다. 물론 상반성이 오로지 무한 안에서만 내면성의 운동을 재현한다는 것은 사실이다. 하지만 내면성의 운동에도 불구하고 어떤 무차별이나 무관심의 상태가 여전히 존속한다. 왜냐하면 각각의 규정은 타자를 포함하되, 타자와는 독립적이기 때문이다. 규정은 외면에 대한 관계에 의존하지 않는 것처럼 마찬가지로 타자에 의존하지 않는다. 또한 각각의 상반자는 자신의 타자를 배제하고, 따라서 자기 자신을 배제하며, 자신이 배제하는 그 타자가 되어야 한다. 이런 것이 모순이다. 모순은 외면성의 운동이거나 실재적 객체화의 운동이며, 무한의 참된 충동을 형성한다. 따라서 이 모순에서는 실증적인 것과 부정적인 것의 상호 동일성과 마찬가지로 상반자들의 단순한 상호 동일성이 극복되어 있다. 실증적인 것과 부정적인 것이 같음의 사태가 되는 것은 이와 같은 방식을 따르지 않기

---

28 헤겔, 『논리학』, II, 57, 70, 71쪽. 또 『백과전서』, 116~122절 참조. 차이에서 대립과 모순으로 나아가는 이행에 대해서는 이폴리트의 주석들을 참조. Jean Hyppolite, *Logique et existence*(P.U.F., 1953), 146~157쪽.

차이 그 자체

때문이다. 이제 부정적인 것은 긍정적인 것의 생성이면서(긍정적인 것이 부정될 때) 동시에 긍정적인 것의 회귀이다(긍정적인 것이 자신을 스스로 부정하거나 배제할 때). 물론 실증적인 것과 부정적인 것으로 규정된 각각의 상반자는 이미 모순성을 띠고 있었을 것이다. "그러나 실증적인 것은 오로지 즉자적인 모순인 반면, 부정은 정립된 모순이다." 차이가 자신의 고유한 개념을 발견하는 것은 바로 이 정립된 모순 안에서이다. 이 모순 안에서 차이는 부정성으로 규정된다. 차이는 여기에 이르러 내생적, 본질적, 질적, 종합적, 생산적인 순수한 차이가 된다. 이 지점에서 무차별성이나 무관심은 더 이상 존속할 수 없게 된다. 모순을 견뎌내고 지양한다는 것은 차이(사실적 실재와 일시적이거나 우연한 현상 간의 차이)를 '만드는' 선별적 시험이다. 이런 식으로 차이는 마지막까지, 다시 말해서 근거로까지 이끌려간다. 이 근거 안에서 차이는 무화(無化)되는가 하면 다시 돌아오거나 다시 생산된다.

이런 헤겔적 의미의 무한은 대립이나 유한한 규정을 통해 언명된다. 그럼에도 불구하고 그것은 여전히 신학이 말하는 무한하게 큰 것, 자신보다 더 큰 것이 없는 실재Ens quo nihil majus……라 할 때의 무한하게 큰 것이다. 여기서 염두에 두어야 하는 것은 칸트이다. 칸트는 한 사물을 그것이 아닌 모든 것과 구별하는 실재적 모순의 본성을 처음으로 정식화했다. 이 정식화에서 실재적 모순은 "완결된 규정"이라는 이름을 얻고, 최고 실재Ens summum에 해당하는 어떤 총체적 실재성의 정립에 의존한다.[29] 따라서 신학적 성격을 띠고 있는 이 무한한 크기, 이 숭

---

29 (옮긴이 주) 칸트, 『순수이성비판』 변증론의 「순수이성의 이상」(2절), B 602 이하 참조. 여기서 칸트는 논리적 제한이나 대립에 의한 규정의 불충분성을 지적하고, 사물의 진정한 규정성은 내용적 차원의 실재적 부정에서 비롯된다는 것을 말하고 있다. 이런 관점에서 볼 때 제대로 규정된 각각의 사물은 "최고 실재"의 부정과 제한에서 파생된 어떤 것이어야 하고, 그 최고 실재는 어떤 "이상(理想)"에 해당한다. 그 밖에 칸트적 의미의 "실재적 대립"(논리적 대립, 변증론적 대립 등과 구별되고 모순 없이 성립하는 대립)에 대해서는 분석론 마지막 부분

고한 크기를 수학적으로 다룰 가능성을 기대할 여지는 없다. 라이프니츠의 경우 사정은 달라진다. 왜냐하면 유한 속에 무한을 끌어들이지만, 이는 피조물들이 지켜야 할 겸양의 미덕을 위해, 신과 피조물들을 혼동할 모든 가능성을 피하기 위해서이기 때문이다. 라이프니츠는 오로지 무한하게 작은 것의 형태로만 무한을 유한 안으로 도입한다. 그렇지만 이런 이유로 라이프니츠가 헤겔보다 '멀리 못' 나아간다고 말하기는 어려울 것이다. 비록 다른 길을 통해서일지언정 라이프니츠도 역시 유기적 재현을 극복하고 망아적 재현으로 나아가고 있다. 헤겔은 평온한 재현 안에서 무한하게 큰 것의 도취와 불안을 발견한다. 하지만 라이프니츠는 유한하고 명석한 관념 안에서 무한하게 작은 것의 불안을, 도취, 현기증, 소실(消失), 심지어 죽음으로 이어지는 불안을 발견한다. 따라서 헤겔과 라이프니츠 사이의 차이는 유기적 질서를 넘어서는 두 가지 방식에 있는 것처럼 보인다. 확실히 일자와 다자, 동등한 것과 동등하지 않은 것, 동일성을 띤 것과 차이나는 것 등이 그런 것처럼, 본질적인 것과 비본질적인 것은 마찬가지로 서로 분리될 수 없다. 그러나 헤겔의 출발점은 유(類)라는 본질적인 것이다. 그리고 무한은 유 안에 분열을 낳고 종(種) 안에서 분열을 제거하는 것에 해당한다. 따라서 유는 자기 자신이면서 종이고, 전체는 자기 자신이면서 부분이다. 그러므로 본질적인 것은 본질 안에 타자를 포함하고 있다. 타자를 본질적으로 끌어 안고 있는 것이다.[30] 반면 라이프니츠는 현상들에 관한 한 비본질적인 것 ― 운동, 동등하지 않은 것, 차이나는 것 ― 에서 출발한다. 이제 비본질적인 것이 무한하게 작은 것에 힘입어 종으로, 유로 정립되고, 이

의 부록 「반성 개념의 모호성에 대한 주석」(B 328 이하), 변증론의 「순수이성의 이율배반」 7절(B 530 이하) 등 참조.
30 헤겔의 무한, 유(類), 종(種) 등에 대해서는 『정신현상학』(Aubier), I, 135~138, 149~151, 243~247쪽 등 참조.

런 자격에서 "대립해 있는 유사 종"이 되기에 이른다. 이는 본질적인 것이 타자를 본질 안에 포함하고 있다는 것을 의미하는 것이 아니라 단지 부수적 속성 안에, 개별적인 경우 안에 포함하고 있을 뿐임을 의미한다. 무한소(無限小)의 분석[미적분학]은 본질들의 언어인가, 아니면 편의를 위한 허구인가? 이런 양자택일적 물음은 잘못된 물음이다. 왜냐하면 '경우'에 의한 포섭이나 부수적 속성들의 언어는 자신만의 고유한 독창성을 갖기 때문이다. 본질들의 구별을 유지하는(하나가 다른 하나에 대해 비본질적인 것의 역할을 맡고 있는 한에서 그 구별을 유지하는) 이런 무한소의 절차는 모순과는 완전히 다르다. 또한 그것은 "부차모순(副次矛盾)"[31]이라는 특수한 이름으로 불러야 마땅하다. 무한하게 큰 것 안에서는 동등한 것은 동등하지 않은 것과 모순을 이루지만, 동등하지 않은 것을 본질적으로 소유하고 있다. 또 동등한 것은 자기 자신과 모순을 이루지만 동등하지 않은 것을 부정하면서 자기 자신을 부정한다. 그러나 무한하게 작은 것 안에서는 동등하지 않은 것은 동등한 것과 부차모순을 이루고 자기 자신과 부차모순을 이룬다. 하지만 그것은 자신을 본질적으로 배제하는 것을 자신의 경우 안에 포함한다. 본질적인 것은 비본질적인 것을 본질 안에 담고 있는 반면, 비본질적인 것은 본질적인 것을 자신의 경우 안에 포괄하고 있다.

라이프니츠에 따른 차이의 논리학과 존재론: 부차모순(연속성과 식별 불가능자들)

부차모순은 오로지 부수적 속성들에만 관계한다. 이런 이유에서 부

---

31 (옮긴이 주) vice-diction. 라이프니츠의 이념적 차이의 특성을 표현하기 위한 들뢰즈의 신조어로, 헤겔의 모순contra-diction에 대립하는 뜻을 담고 있다.

차모순은 모순보다 멀리 나아가지 못한다고 해야 하는가? 사실 '무한히 작은 차이'라는 표현은 직관에 대해 차이가 소멸해버린다는 점을 잘 나타내고 있다. 그러나 여기서 차이는 자신의 개념을 발견한다. 게다가 그 자체로 소멸하는 것은 오히려 직관이다. 직관은 미분적 관계, 곧 미분비(微分比)[32] 앞에서 소멸한다. 이는 이미 잘 알려져 있는 사실이다. 사람들이 말하는 것처럼, dx가 x에 비하여 아무것도 아니고 dy가 y에 비하면 아무것도 아니지만, dy/dx는 내적이고 질적인 관계이며, 이 관계는 특수한 수치들과는 별도로 한 함수의 보편자를 표현한다. 이 관계는 수적인 규정성을 띠지 않는다. 하지만 거기에는 여전히 상이한 형식〔범함수〕과 방정식들에 상응하는 변이의 등급들이 있다. 이 등급들은 그 자체로 보편자의 비율적 관계들과 같다. 그리고 이런 의미에서 미분비들은 가변 계수들의 상호 의존성을 번역하고 있는 어떤 상호적 규정의 절차 안에서 파악된다.[33] 그러나 여전히 상호적 규정은 오로지 진정한 이유율의 첫 번째 측면만을 표현한다. 이 원리의 두 번째 측면은 완결된 규정이다. 왜냐하면 한 함수의 보편자로 취해진 각각의 등급이나 비율적 관계는 해당 곡선상의 특이점들의 실존과 할당을 규정하기 때문이다. 우리는 여기서 '완결된 것'과 '전체적인 것'을 혼동하지 않도록 무척 조심해야 한다. 예를 들면 곡선 방정식에서 미분비는 곡선의 본성에 의해 규정되는 어떤 직선들만을 가리킨다. 그것은 이미 대상에 대한 완

---

32 (옮긴이 주) rapport différentiel. 미분비, 미분적 관계 등으로 옮긴다. 이 책 4장에서 명확히 드러나는 것처럼 들뢰즈는 재현 가능한 현실적 차원의 관계는 relation(결합관계)으로, 재현 이하의 이념적 차원에서 성립하는 관계는 liaison(연관), rapport(비율적 관계) 등으로 나누어 표현하고 있다.

33 Leibniz, *Nova Caculi differentialis applicatio*…(1964) 참조. 마이몬이 라이프니츠로부터 이끌어내고 있는 상호적 규정의 원리에 대해서는 M. Gueroult, *La philosophie transcendantale de Salomon Maïmon*(Alcan), 75쪽 이하 참조. 그러나 마이몬과 마찬가지로 라이프니츠도 비〔비율적 관계〕들의 상호적 규정과 대상의 완결된 규정을 구별하지는 않는다.

차이 그 자체

결된 규정이지만, 대상 전체의 일부분, 곧 '도함수로' 간주되는 부분만을 표현한다.(이른바 원시함수에 의해 표현되는 나머지 부분은 적분에 의해서만 발견할 수 있는데, 이 적분은 결코 미분의 역에 그치는 것이 아니다. 마찬가지로 선행적으로 규정된 특이점들의 본성을 정의하는 것은 적분이다.) 그렇기 때문에 한 대상은 완결된 형태 — 모든 방식으로 규정되는 실재ens omni modo determinatum — 로 규정될 수 있지만, 그렇다고 해서 반드시 그에 대한 적분 — 그것의 현실적 실존을 구성하는 유일한 절차인 적분 — 에 의존할 필요는 없다. 그런데 상호적 규정과 완결된 규정이라는 이중의 측면에서 볼 때, 이미 극한은 거듭제곱의 역량 자체와 일치한다는 것을 알 수 있다. 극한은 수렴에 의해 정의된다. 한 함수의 수치들이 지닌 극한은 미분비에 있다. 미분비들의 극한은 변이의 등급들에 있다. 그리고 각각의 등급에서 특이점들은 급수[계열]들의 극한인데, 이 급수들은 서로의 안에서 해석적으로 접속되고 확장된다. 미분적 관계, 곧 미분비는 누승(累乘)적 잠재력[34]의 순수한 요소이다. 뿐만 아니라 극한은 연속체의 역량이며, 마찬가지로 연속성은 극한들 자체의 역량이다. 그래서 차이는 어떤 부정적인 것 안에서 자신의 개념을 발견한다. 하지만 이것은 순수한 제한을 뜻하는 부정, 어떤 상대적인 무nihil respectivum(dx는 x에 비해서는 아무것도 아니다.)이다. 이런 모든 관점에서 볼 때, 연속체 안에는 비본질적인 것에 고유한 두 가지 범주가 있다. 이 두 범주는 특이한 것과 평범한 것, 혹은 독특한 것과 규칙적인 것의 구별을 통해 형성된다. 이 범주들을 통해 한계와 부수적 속성들에 대한 모든 언어가 활성화되고, 현상들 자체의 구조가 구성된다. 이런 관점에

---

34 (옮긴이 주) potentialité. 이 누승적 잠재력은 수학적 차원의 거듭제곱 역량을 의미한다. 들뢰즈의 역량puissance 개념은 이 수학적 잠재력에 선행하는 형이상학적 잠재력, 형이상학적 거듭제곱 역량이다. 이 책 4장 2절 후반부에서 들뢰즈는 미분법의 중요한 절차인 거듭제곱 제거dépotentialisation(탈잠재화)를 수학적 거듭제곱 잠재력이 형이상학적 순수 잠재력으로 거듭나는 과정으로 기술한다.

서 앞으로 우리는 철학이 경험을 기술하기 위해서 특이점과 평범한 점들의 분배로부터 기대해야만 하는 모든 것을 보게 될 것이다. 그러나 이미 그 두 종류의 점들을 통해 본질들 자체가 비본질적인 것 안에서 구성되는 과정이 예비, 규정되고 있다. 여기서 비본질적이라는 것은 중요하지 않다는 의미가 아니다. 비본질적인 것은 오히려 가장 심층적인 것, 보편적인 질료나 연속체를 가리키며, 궁극적으로는 본질들 자체를 형성하고 있는 어떤 것을 가리킨다.

사실 라이프니츠의 입장에서는 연속성의 법칙과 식별 불가능자들의 원리 사이에 결코 모순이 성립하지 않는다. 연속성의 법칙은 부수적 속성들, 변용들, 혹은 완결된 경우들을 지배한다. 식별 불가능자들의 원리는 본질들, 곧 전체를 이루는 개체적 기초개념들로 파악되는 본질들을 지배한다. 잘 알려져 있는 바와 같이 이 전체를 이루는 기초개념들(모나드들) 각각은 세계의 총체성을 표현한다. 하지만 정확히 특정한 미분적 관계를 통해, 그리고 그 관계에 대응하는 특정한 특이점들 주위에서 표현한다.[35] 이런 의미에서 미분비와 특이점들은 이미 연속체 안에서 어떤 봉인의 중심들을 지시한다. 그것들은 개체적 본질들에 의해 실행되는 함축과 퇴축(退縮)의 가능한 중심들을 가리키고 있다. 이 점을 위해서는 변용과 부수적 속성들의 연속체가 특정한 방식으로 개체적 본질들의 구성에 권리상 선행한다는 것을 보여주는 것으로 충분하다.(이는 결국 특이점들이 그 자체로 전(前)-개체적인 독특성들이라고 말하는 셈이 된다. 그리고 이는 개체화가 현실적 종별화에 선행한다는 생각과 전

---

35 Leibniz, *Lettre à Arnauld*(Janet, 2판), I, 593쪽. "영혼은 어떤 의미에서 우주 전체를 자연스럽게 표현하고 있으며, 그것도 다른 물체들이 그 영혼의 신체와 맺는 관계에 따라 표현하고 있습니다. 따라서 영혼은 자신의 신체의 부분들에 속하는 것을 훨씬 더 직접적으로 표현하고 있는 것입니다. 그래서 나는 이런 영혼이 자신의 신체의 부분들에서 일어나는 몇몇 특이한 운동들을 자신에게 본질적인 관계의 법칙들에 힘입어 특수하게 표현하고 있어야 한다고 말한 것입니다." 또 1687년 4월 30일자 편지에 나오는 "관계의 정도들"(573쪽)을 참조.

차이 그 자체

혀 모순되지 않는다. 하지만 물론 개체화에 앞서 모든 미분적 연속체가 성립해야 한다.) 이런 조건은 라이프니츠 철학에서는 다음과 같은 방식으로 충족되고 있음을 알 수 있다. 모든 모나드들은 공통적으로 세계를 표현하고 있지만, 세계는 자신의 표현들보다 앞서 실존한다. 그런데 세계는 자신을 표현하고 있는 것의 바깥에서, 곧 모나드들 자체의 바깥에서는 진정 실존하지 않는다. 하지만 이런 표현들이, 표현되고 있는 세계에 관계하는 방식이 특이하다. 자신들의 구성 요건에 관계하는 양 그것에 관계하기 때문이다. 바로 이런 의미에서(라이프니츠가 아르노에게 보낸 편지에서 줄곧 상기시키는 것처럼) 술어들이 각각의 주어〔기체〕에 내재하기에 앞서 이 모든 주어들에 의해 표현되는 세계의 공가능성(共可能性)[36]이 전제되어야 한다. 즉 신은 죄인 아담을 창조한 것이 아니라 먼저 아담이 죄를 지은 세계를 창조했다. 물론 각각의 세계의 공가능성을 정의하는 것은 연속성일 것이다. 그리고 만일 실재 세계가 최선의 세계라면, 이는 그것이 최대의 경우들 안에서 최대의 연속성을 지니기 때문이다. 그 세계는 최대의 관계들과 최대의 특이점들 안에서 최대의 연속성을 보여준다. 이는 다음의 두 가지 점을 의미한다. 먼저 각각의 세계에 대해 어떤 하나의 특이점 주위로 수렴하는 한 계열은 어느 방향으로든, 다른 점들 주위로 수렴하는 다른 계열들 안으로 접속될 수 있다. 반면 세계들의 비-공가능성은 획득된 계열들을 발산하게 만들 특이점들의 근방에서 정의된다. 여기서 비-공가능성의 개념이 결코 모순으로 환원

---

36 (옮긴이 주) compossibilité. 아래에 나오는 비-공가능성의 원어는 in-compossibilité. 라이프니츠가 루이 부르게Louis Bourguet에게 보내는 1714년 12월자 편지에 나오는 용어. 라이프니츠의 가능세계 이론(우리가 살고 있는 이 세계는 무한히 많은 가능한 세계들 중에서 선택, 창조된 최선의 세계라는 이론)에 따르면, '가능한 세계'는 논리적 모순을 포함하지 않을 뿐 아니라 **또한** 동시에 '공가능'해야 하고, 다시 말해서 상호 일관적이고 정합적이어서 어떤 단일한 총체성을 이루어야 한다. 최선의 세계는 가장 많은 사태들이 공가능하여 가장 풍부한 총체성을 이루는 세계이다.

되지 않으며 또한 실재적 대립마저 함축하지 않는 이유가 분명하게 드러난다. 즉 비-공가능성이 함축하고 있는 것은 오로지 발산뿐이다. 또 공가능성은 해석적 확장과 접속에 해당하는, 부차모순의 독창적인 과정만을 번역하고 있을 뿐이다. 따라서 공가능한 세계라는 연속체 안에서 미분비와 특이점들은 표현적 중심들(개체적 본질이나 개체적 실체들)을 규정한다. 그 중심들 안에서 세계 전체는 매번 어떤 특정한 관점을 통해 봉인된다. 거꾸로 이 중심들은 전개되고 개봉되기도 한다. 중심들은 세계를 복구하면서, 그리고 표현된 연속체 안에서 그들 스스로 단순한 특이점과 '경우들'의 역할을 수행하는 가운데 개봉된다. 여기서 연속성의 법칙은 세계가 지닌 부수적 속성이나 경우들에 대한 법칙으로 드러난다. 그것은 표현되고 있는 세계뿐 아니라 세계 안의 모나드들 자체에 적용되는 개봉과 전개의 법칙이다. 반면 식별 불가능자들의 원리는 본질들에 대한 원리이다. 그것은 표현들, 다시 말해서 모나드들, 그리고 모나드들 안의 세계에 적용되는 봉인의 원리이다. 두 언어는 끊임없이 서로를 자신 안으로 번역하고 있다. 그 둘은 모두 차이 — 무한하게 작은 동시에 유한한 차이 — 를 근거로서의 충족이유에 관계짓는다. 이 충족이유는 선별의 근거이다. 다시 말해서 최선의 세계를 선택하는 근거이다. 이런 의미에서 모든 세계들 중에서 가장 좋은 세계라는 것은 당연히 어떤 비교를 함축한다. 하지만 여기서 최선은 비교급의 최선이 아니다. 각 세계는 무한하므로, 그것은 차이를 절대적 최대치에까지 이끌어가는 최상급이다. 최선의 세계는 무한하게 작은 것의 시험에서도 여전히 차이를 절대적 최대치에까지 실어 나른다. 모나드 안에서 유한한 차이는 명석하게 표현된 세계의 영역으로 규정된다. 반면 무한하게 작은 차이는 이 명석함의 조건이 되는 혼잡한 바탕으로 규정된다. 이런 두 가지 방식을 통해 망아적 재현은 규정을 매개하고, 그 규정을 차이의 개념으로 만든다. 망아적 재현은 매개된 규정에 하나의 '이유'를 지정해주는 가운데 규정을 차이의 개념으로 만든다.

망아적 재현 혹은 무한한 재현의 불충분성

유한한 재현은 질료를 포괄하고 있는 어떤 형상의 재현이다. 하지만 이때 질료는 상반적인 것들에 의해 형상이 부여된 어떤 이차적 질료이다. 우리는 유한한 재현이 차이를 재현하되 매개하고, 유(類)라는 동일성에 종속시킨다는 것을 보았다. 그리고 유들 자체의 유비 안에서, 규정들의 논리적 대립 안에서, 또 고유하게 질료적인 내용들의 유사성 안에서 이런 종속을 공고히 한다는 것을 보았다. 하지만 무한한 재현의 경우 사정은 달라진다. 왜냐하면 전체를 포괄하기 때문이다. 다시 말해서 무한한 재현은 일차적 질료인 바탕, 그리고 주어, 자아 혹은 절대적 형상인 본질을 모두 포함한다. 무한한 재현은 본질, 바탕 그리고 그 둘 간의 차이를 동시에 근거나 충족이유에 관계짓는다. 여기서는 매개 자체가 근거가 되었다. 때로 바탕은 보편자가 지닌 부수적 속성들의 무한한 연속이다. 이 보편자는 그 자체가 본질들로 간주되는 특수하고 유한한 자아들 안으로 봉인된다. 하지만 때로 특수한 것들은 보편적이고 무한한 바탕 안에서 개봉되고 전개되는 어떤 부수적 속성이나 형태들에 불과하되, 그 배후에는 본질들이 자리하고 있으며, 그 바탕 안에 봉인되어 있는 순수한 자아 혹은 차라리 '자기(自己)'의 참된 규정들이 자리하고 있다. 이 두 경우에서 무한한 재현은 이중적 담론의 대상이다. 부수적 속성들에 대한 담론과 본질들에 대한 담론 —— 라이프니츠에게서는 형이하학적인 점들에 대한 담론과 형이상학적인 점이나 관점들에 대한 담론, 헤겔에게서는 정신 형태들에 대한 담론과 계기나 범주들에 대한 담론 —— 의 대상인 것이다. 라이프니츠가 헤겔보다 멀리 나아가지 못한다고 말할 수는 없을 것이다. 오히려 라이프니츠에게서 바탕이 더 큰 주도권을 행사한다는 의미에서 훨씬 깊은 심층, 훨씬 황홀한 망아적 축제나 바쿠스적 광기를 발견할 수 있다. 그러나 역시 이 두 경우에서도 무한한 재현은 불충분한 것 같다. 차이의 사유를 본질들의 단순한 유비나 부수적 속성들의 단순한 상사성으로부터 해방시키는 데는 역부족인 것이다. 왜 그런가? 이는 결국 마지막에 가서 무한한 재현은 재현의 전제 조건인 동일률에서 벗어나지 못하기 때문이다. 바로 그렇기 때문에 라이프니츠에게서 무한한 재현은 여전히 계열들의 수렴이라는 조건에 굴복한다. 그리고 헤겔에게서는 원환들의 단일 중심화라는 조건에 굴복한다. 무한한 재현은 근거를 끌어들인다. 근거는 물론 동일자 자체는 아니다. 하지만 역시 근거를 끌어들인다는 것은 동일률을 각별히 중시하는 한 가지 방식이다. 그것은 동일률에 어떤 무한한 가치를 부여하는 방식, 동일률을 전체와 통하도록 만들고 그럼으로써 실존 자체 위에 군림하도록 만드는 한 가지 방식이다. 동일성(가령 세계나 자아의 동일성)이 무한소(無限小)의 관점에서 분석적인 것으로 파악되는지, 아니면 무한대(無限大)의 관점에서 종합적인 것으로 파악되는지의 여부는 별로 중요하지 않다. 전자의 경우 충족이유, 곧 근거는 동일성과 부차모순을 이루는 것에 해당한다. 후자의 경우 근거는 동일성과 모순을 이루는 것에 해당한다. 그러나 어떤 경우든 충족이유, 곧 근거가 무한을 통해 하는 일은 딱 한 가지뿐이다. 그것은 동일자를 자신의 동일성 자체 안에서 실존하도록 인도하는 일이다. 그리고 이 점은 라이프니츠의 경우 분명하지만, 헤겔에게서도 그에 못지않게 분명하다. 헤겔적 모순은 동일성이나 비-모순을 부정하지 않는다. 거꾸로 그 모순의 본성은 실존하는 것 안에 비-모순의 두 가지 비(非)를 기입하는 데 있다. 이런 조건 아래, 그리고 이런 정초 작업 안에서 동일성은 본래적으로 실존하는 것을 충분히 사유하기에 이른다. "사물은 자신이 아닌 것을 부정한다."라든가 "사물은 자신이 아닌 모든 것과 구별된다."라는 공식은 동일성에 봉사하는 논리적 괴물(그 사물이 아닌 바의 전체)이다. 차이는 부정성이라고 말하는 경우가 있다. 또 차이는 마지막까지 밀려나가면 모순으로까지 나아가거나 나아가야 한다고 말하는 경우가 있다. 이것이 참이라면, 이는 오로지 차이가 이미 어떤 길 위에, 동일성이 당기고 있는 끈 위에 놓여 있을 때뿐이다. 그 말은 차이를 거기까지 밀고 가는 것이 동일성인 한에서만 참일 수 있다. 여기서 차이는 바탕이지만, 동일자가 출현하기 위한 바탕일 뿐이다. 헤겔의 원환은 영원회귀가 아니다. 다만 부정성을 통한 동일자의 무한한 순환일 뿐이다. 헤겔의 대담성은 낡은 원리에 대해 표하는 최후의, 그리고 가장 강렬한 경의이다. 라이프니츠와 헤겔 사이에서는 차이에 대해 가정된 부정성이 부차모순적 제한으로 사유되는지, 아니면 모순적 대립으로 사유되는지의 여부는 별로 중요하지 않다. 무한한 동일성 그 자체가 분석적인 것으로 정립되는지, 아니면 종합적인 것으로 정립되는지의 여부도 중요하지 않다. 어쨌든 차이는 여전히 동일성에 종속되어 있다. 차이는 부정적인 것으로 환원되고 있으며, 상사성과 유비 안에 갇혀 있다. 그렇기 때문에 무한한 재현안에서 광기는 미리 형성된 광기, 동일자의 휴식과 평온을 전혀 깨뜨리지 못하는 거짓 광기에 불과하다. 따라서 무한한 재현은 유한한 재현과 똑같은 결함을 지닌다. 그 결함은 차이의 고유한 개념을 차이의 기입과 혼동하는 데 있다. 개념 일반의 동일성 안으로 차이를 기입하는 것과 차이의 개념을 혼동하는 것이다.(비록 무한한 재현이 동일성을 유(類)로 파악하는 대신 무한하고 순수한 원리로 파악하고, 개념 일반의 권리 범위를 한정하는 대신 전체로 확대한다 하더라도 사정은 마찬가지다.)

5절
차이, 긍정, 부정

차이는 어떤 결정적인 경험과 맞물려 있다. 제한 앞이나 안에, 대립 앞이나 안에 처하게 될 때마다 우리는 그런 상황이 전제하는 것이 무엇인지 물어야 한다. 그런 상황은 우글거리는 차이들을 전제한다. 거기에는 자유롭고 야생적인 혹은 길들여지지 않은 차이들의 다원주의가 전제되어 있다. 그런 상황은 고유한 의미에서 변별적이고 원천적인 어떤 시공간을 전제한다. 이 원천적인 시공간은 한계나 대립이 초래하는 단순화를 이겨내면서 끈질기게 존속하고 있다. 힘들의 대립이나 형상들의 제한이 명확한 윤곽을 띠기 위해서는 우선 훨씬 심층적인 어떤 실재적 요소가 필요하다. 이 요소는 형상을 띠지 않고 누승적 잠재력을 띤 다양체로 정의되고 규정된다. 대립들은 어떤 섬세한 환경 속에서 거칠게 재단되어 나온다. 이 환경은 부분적으로 겹쳐진 관점들, 거리들, 소통하는 발산과 불균등성들, 다질적인 잠재력과 강도들 등으로 이루어져 있다. 여기서 무엇보다 중요한 것은 그 속의 긴장들을 동일자 안에서 해소하는 데 있는 것이 아니다. 그것은 불균등한 것들을 하나의 다양체 안에서 분배하는 데 있다. 제한은 일차원의 단순한 역량에 대응한다. 물살에 떠밀려 가는 배들을 언급하는 라이프니츠의 예에서처럼, 단 하나의 차원과 단 하나의 방향만을 가진 공간에서 충돌들이 일어날 수 있다. 하지만 그 충돌들은 중립화와 대립의 가치가 아니라 필연적으로 제한과 동등화의 가치를 지닌다. 대립의 경우에 대해 말하자면, 그것은 이차원의 역량을 재현한다. 이 재현은 평면적 공간에 사물들을 펼쳐 놓는 과정이거나 단 하나의 평면으로 환원된 어떤 분극화(分極化)일 수 있다. 또 이때 종합 자체는 단지 거짓된 깊이 안에서만 이루어지고 있을 뿐이다. 다시 말해서 다른 차원들에 덧붙여지고, 평면을 이분화(二

차이 그 자체

分化)하는 데 그치는 어떤 허구적인 삼차원에서 이루어진다. 어쨌든 거기서 우리가 놓치게 되는 것은 원천적이고 강도적인 깊이다. 이 깊이야말로 공간 전체의 모태이자 차이의 일차적 긍정이다. 그 안에는 어떤 것이 자유로운 차이들의 상태로 살아 우글거리고 있다. 그것은 오로지 그 다음 단계에서만 선형적 제한과 평면적 대립으로 나타나게 될 것이다. 어디서든 짝과 분극성들은 어떤 묶인 다발과 그물망들을 전제한다. 유기적으로 조직화된 대립들은 전방위적으로 퍼져 나가는 어떤 방사(放射)들을 가정한다. 입체경적 이미지들은 단지 평면적이고 밋밋할 따름인 대립을 형성한다. 매우 다른 방식을 통해서이지만, 이 이미지들이 최종적으로 지시하는 것은, 층을 이루며 상호 공존하는 변동적 평면들, 원천적 깊이 안의 어떤 '불균등화'[37]이다. 어디서든 차이의 깊이가 일차적이다. 그리고 이 깊이를 삼차원적인 것으로 재발견하더라도, 애초에 그것이 다른 두 차원을 봉인하고 있으며 다시 자기 자신을 삼차원으로서 봉인하고 있다고 생각하지 않는다면 아무런 소용이 없다. 시간과 공간은 오로지 표면에서만 대립들(그리고 제한들)을 드러낸다. 그러나 시간과 공간은 실재적인 깊이 안에서는 훨씬 방대한 차이들을 전제하고 있다. 긍정되고 분배되는 이 차이들은 밋밋한 부정성으로 환원되지는 않는다. 루이스 캐롤의 거울을 보라. 여기서는 모든 것이 표면에서는 반대이고 거꾸로 서 있다. 그러나 두께에서는 '차이'를 보여준

---

37 (옮긴이 주) disparation. disparité(불균등성), disparate(불균등한) 등의 연장 선상에서 들뢰즈가 만든 신조어. 불균등성은 이 책 5장 첫머리에서 강조되는 것처럼 강도적 차이와 역량을 정의하는 가장 중요한 기초개념이고, disparation은 그런 불균등성의 역동적 과정을 표현한다. 그 밖에 들뢰즈는 dispars라는 신조어도 사용하는데, 이 말은 흩어진다, 산재한다 등을 뜻하는 épars를 어미로 끌어들인 셈이다(가령 데리다의 dissémination을 생각할 것). 우리는 5장 전반부에 나오는 플라톤의 우주론에 대한 들뢰즈의 주석을 근거로 이 용어를 '계속되는 불일치'로 옮긴다. 위에서 나왔던 '차이의 차이diaphora de la diaphora'나 잠시 후에 나오는 '차이지면서 나아가는 차이différence allant différant' 등도 이 말과 교감하고 있다.

다. 우리는 앞으로 모든 공간이 그와 같다는 것을 알게 될 것이다. 기하학적, 물리학적, 생체학적, 사회적, 언어학적 공간이 모두 마찬가지다.("차이의 관념은 대립의 관념을 전제한다……."라고 선언하는 트루베츠코이 N. Troubetzkoy의 원리는 이런 관점에서 얼마나 불확실해 보이는가.) 투쟁은 거짓된 깊이를 보여줄 수 있다. 그러나 그 투쟁 아래에는 차이들이 유희하는 공간이 있다. 부정적인 것은 차이의 이미지이다. 그러나 그것은 소의 눈 ── 헛된 투쟁을 꿈꾸는 변증법자의 눈? ── 에 비친 촛불처럼 납작해지고 거꾸로 선 이미지에 불과하다.

여전히 이런 의미에서 라이프니츠는 헤겔보다 훨씬 멀리, 다시 말해서 훨씬 깊은 곳으로 나아간다. 바탕 안에서 한 다양체의 특이점과 미분적 요소들을 분배하고, 세계 창조 안에서 어떤 유희를 발견하기 때문이다. 따라서 일차원, 곧 한계(극한)의 차원이 그 모든 불완전성에도 불구하고 차라리 원천적인 깊이에 더욱 가깝다고 할 수 있다. 라이프니츠가 범한 유일한 잘못은 오직 차이를 부정적 제한에 묶어놓았다는 데 있는 것이 아닐까? 왜냐하면 낡은 원리의 지배를 유지시켰고, 계열들을 어떤 수렴의 조건에 묶어두었기 때문이다. 라이프니츠는 발산 자체가 긍정의 대상이라는 것을 알지 못한다. 혹은 비-공가능성들이 하나의 같은 세계에 속하고 이 세계를 통해 긍정된다는 것을 알지 못한다. 공가능성들은 영원회귀라는 단 하나의 같은 세계에 속하며, 이 세계를 통해 가장 큰 죄와 가장 큰 덕으로서 긍정된다.

차이는 대립을 가정하지 않는다. 대립을 가정하는 것이 차이가 아니라 차이를 가정하는 것이 대립이다. 그리고 대립은 차이를 해소하기는커녕, 다시 말해서 근거로까지 끌고 가기는커녕, 차이를 왜곡하고 변질시킨다. 우리는 즉자적 차이 그 자체가 '이미' 모순이 아님을 말하는 것으로 그치지 않는다. 나아가 차이는 모순으로 환원되거나 소급되는 것이 아님을 또한 말하고 있다. 모순은 깊이가 얕고 차이만큼 깊지 않기 때문이다. 어떤 조건에서 차이는 어떤 평면적 공간으로 인도되고 그 평면에 투사되는가? 정확히 그것은 차이가 미리 설정된 어떤 동일성 안에, 동일자의 경사면 위에 강제로 놓일 때이다. 이 경사면에 의해 차이는 필연적으로 동일성이 원하는 곳으로 끌려가게 되고 동일성이 원하는 곳 안에, 다시 말해서 부정적인 것 안에 반영된다.[38] 『정신현상학』의 초두에서 헤겔의 변증법이 벌이는 손장난은 종종 주목의 대상이 되어 왔다. 즉 지금과 여기는 텅 빈 동일성, 추상적 보편성으로 정립되며, 이것들은 자신과 함께 차이를 끌고 간다고 주장한다. 그러나 차이는 분명 따라가지 않고 있다. 다만 여전히 자신의 고유한 공간의 깊이 안에 걸려 있고, 언제나 독특성들로 이루어진 어떤 변별적 실재의 지금-여기에 붙들려 있다. 종종 지적되는 것처럼, 운동이 불가능하다는 점을 설명하고자 하는 사상가들이 있어왔음에도 불구하고 운동은 여전히 계속 일어나고 있다. 헤겔의 경우 사정은 반대이다. 그는 운동을 만들며, 무한자의 운동까지도 만들어낸다. 그러나 말과 재현들을 통해 만들기 때문에 그 운동은 거짓 운동이며, 그것으로부터는 아무것도 따라 나오지 않는다. 매개 또는 재현이 등장할 때는 매번 그런 일이 벌어진다. 재현

---

38 루이 알튀세르는 헤겔 철학에서 동일성의 전능(全能), 다시 말해서 **내적 원리의 단순성**을 비판한다. "사실 헤겔적 모순의 단순성은 오로지 모든 역사적 시기의 본질을 구성하는 내적 원리의 단순성에 의해서만 가능하다. 이는 주어진 역사적 사회(그리스, 로마, 신성로마제국, 영국 등)의 총체성, 무한한 다양성을 어떤 단순한 내적 원리로 환원하는 것이 권리상 가능하기 때문이며, 그렇게 모순에서 권리적으로 획득된 그 똑같은 단순성이 거기에 반영될 수 있기 때문이다." 그렇기 때문에 알튀세르는 헤겔적 환원이, 모든 형태들이 반영되고 보존되는 단 하나의 중심만을 갖는다고 비난한다. 알튀세르는 헤겔에 반대하여, 마르크스에게서 발견할 수 있다고 믿는 다중적 모순 혹은 과잉결정된 모순의 원리를 내세운다. "운동 중에 있는 각각의 심급들을 구성하는 **차이들**은……그것들이 어떤 실재적 통일성에 **기초한다** 하더라도, **단순한** 모순의 내면적 통일성 안에 있는 순수한 **현상**처럼 **흩어지지 않는다**."(하지만 알튀세르에 따르면, 그래도 역시 과잉결정되고 변별적 차이를 띠는 것은 모순이며, 주요 모순 안에서 정당하게 정초되는 것은 모순의 차이들 전체이다.) Louis Althusser, *Pour Marx*(Maspro, 1965), 「모순과 과잉결정」, 100~103쪽 참조.

하는 자는 말한다. "모든 사람은 ……을 알아보고 재인(再認)한다." 그러나 재현되지 않는 어떤 독특성은 항상 있기 마련이다. 독특성의 주체는 알아보거나 재인하지 않는다. 왜냐하면 그는 정확히 모든 사람이나 보편자가 아니기 때문이다. '모든 사람'은 보편자를 알아보고 재인한다. 왜냐하면 그 자신이 보편자이기 때문이다. 그러나 말하자면 심층적이고 감성적인 의식인 독특성의 주체는 보편자를 알아보지 못하고, 때문에 그에 대한 대가를 치러야 한다고 간주된다. 말하기의 불행은 말하기 자체에 있는 것이 아니다. 그것은 다른 사람들을 위해 말한다는 데 있으며, 혹은 무언가를 재현한다는 데 있다. 감성적 의식(다시 말해서 어떤 사태, 차이나 다름 τὰ ἄλλα)은 완고하게 버티고 있다. 매개하고 반정립으로 이행하며 종합을 이루어내는 것이 언제나 가능한지도 모른다. 그러나 테제는 뒤따라 나오지 않는다. 테제는 다만 자신의 직접성 안에, 그 자체로 참된 운동을 만들어내는 자신의 차이 속에 존속한다. 차이는 테제의 참된 내용, 테제의 고집이다. 부정적인 것, 부정성은 차이의 현상을 붙들지조차 못한다. 다만 차이의 환영이나 부대 현상만을 받아들일 뿐이다. 모든 정신현상학은 부대현상학이다.

가상으로서의 부정적 사태

차이의 철학이 거부하는 것이 있다. 그것은 "모든 규정은 부정omnis determinatio negatio"이라는 명제이다. 여기서는 무한한 재현의 일반적 양자택일이 거부된다. 이 양자택일의 한쪽에는 규정되지 않은 것, 무차별하거나 무관심한 것, 분화되지 않은 것이 있다. 다른 한쪽에는 어떤 차이가 있는데, 그것은 이미 부정으로 규정된 차이, 부정적인 것을 함축하고 봉인하고 있는 차이다.(이를 통하여 특수한 양자택일 역시 거부된다. 여기서 선택지는 제한의 부정성과 대립의 부정성이다.) 차이는 본질적으로 긍정의 대상, 긍정 자체이다. 긍정은 본질적으로 그 자체가 차이다. 그러나 여기서 차이의 철학이 새로운 형태의 아름다운 영혼으로 드러날 우려는 없는가? 사실 아름다운 영혼은 도처에서 어떤 차이들을 발견하고 불러들인다. 하지만 역사가 피비린내 나는 모순들을 이용하여 끊임없이 생성하는 곳에서, 그가 불러들이는 것은 존중해줄 만하고 화해시킬 수 있으며 연합 가능한 차이들이다. 아름다운 영혼은 전쟁터에 내던져진 평화의 심판자인 것처럼 처신한다. 용서 없는 싸움에서 의견 차이로 인한 단순한 '분쟁'이나 차라리 오해로 빚어지는 갈등만을 보려는 것이다. 하지만 거꾸로 아름다운 영혼에게 순수한 차이들에 대한 취향을 일깨워보자. 그리고 실재적 차이들의 운명을 부정이나 모순의 운명과 하나로 만들어보자. 이를 위해서는 얼른 굳은 표정을 하고 긍정과 부정, 삶과 죽음, 창조와 파괴 사이에는 상호 보충관계가 있다는 상식적인 이야기 — 마치 그것들이 어떤 부정성의 변증법을 근거짓기에 충분하기라도 한 듯 내세우는 이야기 — 를 꺼내는 것으로는 충분하지 않다. 왜냐하면 그런 보충관계들을 안다고 해서 한 항이 다른 항과 맺는 관계를 알 수 있는 것은 전혀 아니기 때문이다.(규정된 긍정은 이미 부정적이고 부정하는 차이의 결과인가, 아니면 부정이 이미 변별적 차이를 띠는 긍정의 결과인가?) 아주 일반적으로 우리는 '필연적 파괴'를 불러들이는 두 가지 방식이 있음을 말한다. 먼저 창조적 역량의 이름으로 말하는 시인의 방식이 있다. 이 역량은 모든 질서와 모든 재현을 전복하는 가운데 본연의 차이 자체를 긍정하기에 이른다. 영원회귀라는 영구 혁명 상태에 있는 차이를 긍정하는 것이다. 다른 한편 정치가의 방식이 있다. 이 방식은 우선 일탈적인 것, '차이나는' 것을 부정하는 데 관심을 기울인다. 이는 역사 안에서 확립된 질서를 보존하고 확장하기 위해서, 혹은 이미 세상에서 자신의 재현 형식들을 부추기고 있는 역사적 질서를 확립하기 위해서이다. 격동기에 이 두 방식은 일치할 수도 있다. 그러나 이것들은 결코 같은 것이 아니다. 니체에 비한다면 누구나 아름다운 영혼으로 통할 수 있다. 그의 영혼은 극단적으로 아름답지만, 아름다운 정신이라는 의미에서 그런 것은 아니다. 니체만큼 잔혹성의 감각, 파괴의 취향을 갖기도 힘들다. 그러나 니체 자신은 자신의 모든 저작에서 끊임없이 긍정–부정의 관계에 대한 두 가지 생각을 대립시킨다.

첫 번째 생각에 따르면, 부정은 확실히 발동 장치이자 역량이다. 긍정은 그것의 결과, 말하자면 대용품이다. 또 긍정의 환영, 긍정의 대용품을 만들기 위해서라면 아마 두 개의 부정은 너무 많은 것은 아닐 것이다. 그러나 만일 부정되는 것이 보존되지 않는다면, 어떻게 긍정이 부정으로부터 귀결될 수 있겠는가? 니체 역시 그런 발상법에 젖어 있는 무시무시한 보수주의에 주목하고 있다. 여기서도 물론 긍정은 산출된다. 그러나 그 산출은 부정적이고 부정하는 모든 것, 부정될 수 있는 모든 것에 "예."라고 말하기 위함이다. 차라투스트라의 당나귀는 바로 그런 식으로 "예."라고 말한다. 하지만 그에게 긍정한다는 것은 짊어지고, 떠맡고, 감당한다는 것이다. 당나귀는 모든 것을 짊어진다. 사람들이 그에게 지우는 짐들(신적 가치들)을, 그 스스로 떠맡는 짐들(인간적 가치들)을, 그리고 짊어질 것이 더 이상 없을 때는 자신의 피로해진 근육의 무게(가치들의 부재)를 짊어진다.[39] 이 당나귀나 변증법적 황소에게는 책임감을 향한 지독한 취향과 도덕적 향수가 있다. 이를 보면 마치 속죄에 기대서만 긍정할 수 있는 듯하고, "예."라고 말할 수 있기 위해

---

39 니체는 끊임없이 '긍정한다'와 '짐을 진다'의 혼동을 비난한다. "사유한다는 것과, 그 무게를 떠맡음으로써 무언가를 심각하게 받아들인다는 것은 그들에게는 완전히 하나이다. 그들은 사유에 대한 다른 경험을 갖지 못한다."(『선악을 넘어서』, 213절) 이는 **짐을 진다는 것**이 거짓된 능동성, 거짓된 긍정을 함축하기 때문이며, 이 거짓된 긍정은 단지 **니힐리즘**의 산물들만을 떠맡기 때문이다. 그래서 니체는 칸트와 헤겔을 "철학의 노동자들"로 정의한다. 이 정의에 따르면, 그들은 비록 과거를 이겨내느라고 힘들이고 있지만 결국 막대한 규모의 확립된 가치 판단들을 축적하고 보존한다. 이런 의미에서 그들은 여전히 부정적인 것의 노예이다(앞의 책, 211절).

차이 그 자체

서는 먼저 분열과 찢김의 불행들을 통과해야만 할 것처럼 보인다. 마치 본연의 차이 자체가 악이고 또한 부정성을 띠고 있어서, 오로지 속죄할 때만, 다시 말해서 부정된 것과 부정 자체의 무게를 동시에 감당할 때만 긍정을 산출할 수 있는 것처럼 보인다. 동일률의 꼭대기에서부터 울리고 있는 오래된 저주는 언제나 이렇게 말하고 있다. 단순히 재현되는 것은 구원받지 못한다. 차이를 마침내 동일자에게 되돌려주기 위해 부정성을 띤 모든 것을 보존하는 무한한 재현(개념)만이 구원을 얻을 수 있다. 지양Aufheben이 지닌 모든 의미 가운데 들어 올린다는 것보다 더 중요한 의미는 없다. 물론 변증법의 원환을 꼽지 않을 수 없다. 하지만 그 무한한 원환은 어디서든 단 하나의 중심만을 지닌다. 이 중심을 통해 무한한 원환은 다른 모든 원환들과 다른 모든 일시적인 중심들을 자신 안에 붙들어둔다. 변증법적 되풀이나 반복들이 표현하는 것은 단지 전체의 보존일 뿐이다. 이 반복들을 통해 모든 형태들과 모든 계기들이 하나의 거대한 기억 안에 보존된다. 무한한 재현은 보존하는 기억이다. 반복은 거기서 기억 자체의 박물관, 기억 자체의 역량에 불과하다. 변증법의 순환적인 선별이 있긴 하지만, 그것은 항상 무한한 재현 안에 보존되는 것에 유리한 선별이다. 다시 말해서 그것은 젊어지는 자와 짐이 된 자를 위해 봉사하는 선별이다. 원환을 일그러지게 만들거나 기억내용의 투명성을 깨뜨리는 것에 대해서 그 선별은 반대 방향으로 기능하고, 또 가차없이 그들을 제거한다. 마치 동굴의 그림자들과도 같이 젊어지는 자와 짐이 된 자는 무한한 재현 안으로 끊임없이 들어갔다 나오고 다시 들어간다. 그리고 이들은 마침내 고유한 의미의 진정한 변증법적 역량을 떠맡게 되었다고 주장하는 것이다.[40]

---

40 (옮긴이 주) 들뢰즈는 이념의 층위를 물음-문제들의 복합체로, 변증법적 역량의 심급으로 기술하고 있고, 이는 이 책 4장의 주요 과제들 중의 하나이다. 칸트의 『순수이성비판』의 구조와 비교할 수 있을 만큼 4장의 이념론은 변증론에, 5장의 강도론은 감성론에 해당한다.

부정적인 것의 배제와 영원회귀

그러나 다른 발상법을 따른다면 긍정이 일차적이다. 긍정은 차이, 거리를 긍정한다. 차이는 가벼운 것, 공기 같은 것, 긍정적인 것이다. 긍정한다는 것은 짐을 짊어진다는 것이 아니다. 오히려 거꾸로 짐을 던다는 것, 가볍게 한다는 것이다. 그것은 더 이상 부정적인 것이 아니다. 부정적인 것은 긍정의 환영, 대용품 같은 환영만을 산출한다. 긍정에서 따라 나오는 것은 "아니요."이다. 이것은 다시 그림자이지만, 그러나 차라리 귀결이라는 의미의 그림자이다. 후속Nachfolge이라고도 할 수 있을 것이다. 부정적인 것, 그것은 부대 현상이다. 연못 안에서 볼 수 있는 (안개나 운무 같은) 현상처럼, 부정은 너무나 강하고 너무나 차이나는 긍정의 효과이다. 부정이라는 그림자를 후속으로 산출하기 위해서는 아마 두 개의 긍정이 필요할 것이다. 또 거기에는 아마 두 국면이 있을 것이다. 그 두 국면은 본연의 차이로서, 그림자조차 사라지는 자정이나 정오와 같다. 이런 관점에서 니체는 당나귀의 "예."와 "아니요."를 디오니소스-차라투스트라의 "예."와 "아니요."에 대립시킨다. 이는 두 가지 관점의 대립이다. 그것은 "아니요."로부터 긍정의 환영을 끌어내는 노예의 관점, 그리고 "예."로부터 부정적이고 파괴적인 귀결을 끌어내는 '주인'의 관점 — 오래된 가치를 지키는 보수주의자들의 관점과 새로운 가치를 추구하는 창조자들의 관점 — 사이의 대립이다.[41] 니체가 주인이라고 부르는 자들은 분명 역량을 지닌 사람이지만, 그렇다고 권력을 지닌 사람은 아니다. 왜냐하면 권력은 현행 가치들의 귀속 관계에 의해 판정되기 때문이다. 노예가 권력을 잡는다고 해서

이번 장 말미에 나오는 플라톤의 변증술에 대한 주석은 이런 새로운 변증론을 위한 포석이다. 41 『선악을 넘어서』 211절. 주인의 "아니요."는 귀결이며, 이는 원리에 해당하는 노예의 "아니요."와 대립적 관계에 있다. 이에 대해서는 『도덕의 계보』, I, 10절 참조.

차이 그 자체

노예의 신분에서 벗어날 수 있는 것은 아니다. 노예들은 세계의 운행 법칙이나 세계의 표면 법칙마저 주도하는 위치에 있다. 게다가 확립된 가치들과 창조 사이의 구별을 역사적 상대주의의 관점에서, 가령 확립된 가치들이 당시에는 새로운 것이었으며 새로운 가치도 적당한 때에 이르러 확립된 가치로 자리잡으리라 생각하지 말아야 한다. 확립된 가치들과 창조 사이에는 오히려 재현의 보수적 질서와 창조적 무질서 사이에서처럼 본성적 차이가 있다. 가령 창조적 카오스는 역사의 한 순간과 일치할 수밖에 없지만, 그렇다고 그 순간과 혼동되는 일은 결코 없다. 가장 심층적인 본성상의 차이는 평균적 형상과 극단적 형상들(새로운 가치들) 사이에서 성립한다. 그러므로 평균적 형상들을 무한으로까지 끌고 간다고 해서 극단적 형상에 도달할 수 있는 것은 아니다. 유한 안에서 드러나는 평균적 형상들의 대립을 이용하여 무한에 이르고 그 안에서 그것들의 동일성을 긍정한다해도 여전히 극단적 형상에 도달하는 것은 아니다. 무한한 재현 안에서, 그 안의 사이비 긍정을 통해서 우리는 결코 평균적 형상들에서 벗어나지 못한다. 니체 역시 대립이나 투쟁에 기초한 모든 선별의 절차를 비난한다. 평균적인 것에 유리하도록 돌아가고 "큰 숫자"의 편에서 진행된다는 것이다. 참된 선별의 운영은 영원회귀의 소관이다. 왜냐하면 그것은 평균적 형상들을 오히려 배제하고 "존재하는 모든 것의 우월한 형상"을 끄집어내기 때문이다. 극단성은 상반적인 것들의 동일성이 아니다. 그것은 오히려 차이남의 일의성일 뿐이다. 우월한 형상은 무한한 형상이 아니다. 그것은 오히려 영원회귀 자체의 비형상, 변신과 변형들을 거쳐가는 영원한 비형상일 뿐이다. 영원회귀는 차이를 '만든다'. 왜냐하면 우월하고 월등한 형식을 창조하기 때문이다. 영원회귀는 후속(後續)으로서의 부정을 이용한다. 그리고 '부정의 부정'에 대한 새로운 공식을 고안한다. 이제 부정되는 것, 부정되어야만 하는 것이 있다면, 그것은 부정될 수 있는 모든 것이다. 영원회귀의 독창성은 기억에 있는 것이 아니다. 그것은 낭비에 있고 능동성을 띠게 된 망각에 있다. 부정성을 띤 모든 것, 부정하는 모든 것, 부정적인 것을 짊어지고 있는 모든 평균적 긍정, "아니요."에서 비롯하고 잘못 빠져 들고 있는 모든 창백한 "예.", 영원회귀의 시험을 견뎌내지 못하는 모든 것, 이런 것들은 모두 부정되어야 한다. 만일 영원회귀가 어떤 바퀴라면, 이 바퀴는 또한 폭력적인 원심 운동을 갖추고 있어야 한다. 그리고 이 운동을 통해 부정'될 수' 있는 모든 것, 시험을 견뎌 내지 못하는 모든 것들이 축출되어야 한다. 니체는 영원회귀를 '믿지 않을' 사람들에게 가벼운 처벌만을 통고한다. 즉 그들은 단지 덧없는 삶만을 느끼고 그런 삶만을 살 것이다. 그들은 자신들의 모습을 느끼고 알게 될 것이다. 그것이 부대 현상임을 알게 될 것이다! 이런 앎이 그들이 말하는 절대지(絶對知)일 것이다. 그래서 귀결로서의 부정은 충만한 긍정의 결과로 따라나오고, 부정적인 모든 것을 소진시키며, 그 스스로 영원회귀의 움직이는 중심에서 소진된다. 왜 그런가? 만일 영원회귀가 어떤 원환이라면, 그 중심에 있는 것은 본연의 차이며, 같음은 단지 가장자리에 있을 뿐이기 때문이다. 그것은 매 순간 중심을 이탈하고 끊임없이 일그러지는 원환으로서, 단지 비동등성의 주위만을 맴돌고 있다.

부정은 차이다. 그러나 작은 쪽에서 본 차이, 낮은 곳에서 본 차이다. 이와 거꾸로 높은 곳에서 낮은 곳으로 다시 바로 세워놓고 보면, 차이는 긍정이다. 하지만 이 명제는 많은 의미를 지니고 있다. 가령 차이는 긍정의 대상이라는 것, 긍정 자체는 다양체의 성질을 띤다는 것, 긍정은 창조라는 것, 그뿐 아니라 긍정은 창조되어야 한다는 것 등을 의미한다. 긍정은 차이를 긍정하는 긍정으로, 그 자체가 차이인 긍정으로 창조되어야 한다. 부정적인 것은 결코 발동 장치가 아니다. 오히려 실증적인 미분적 요소들이 있을 뿐이며, 바로 이것들이 긍정의 발생과 긍정된 차이의 발생을 동시에 규정한다.[42] 우리는 그런 긍정의 엄연한 발생을 놓치기 쉽다. 긍정을 규정되지 않은 것 속에 방치한다든가 규정을 부정적인 것 속에서 구할 때마다 우리는 그 발생을 간과하게 된다. 부정은 긍정의 결과이다. 이는 부정이 긍정에 뒤이어 나오거나 긍정의 옆쪽에서 출현한다는 것을 의미한다. 그러나 부정은 보다 심층적인 발생적 요소의 그림자로서만 출현할 뿐이다. 부정은, 긍정을 분만하고 긍정 안에 차이를 분만하는 역량이나 '의지'의 그림자이다. 부정적인 것을 짊어지고 있는 자들은 자신이 무엇을 행하는지 알지 못한다. 그들은 그림자를 실재인 줄 알고, 환영들을 양육하고 있다. 그들은 전제들로부터 귀결을 잘라내고, 부대 현상에 현상과 본질의 지위를 부여하고 있다.

재현 앞에서는 차이를 통해 긍정된 세계는 달아나기 마련이다. 재현은 단 하나의 중심만을 지닌다. 단일하고 회피적인 원근법만을 지니며, 따라서 거짓된 깊이만을 지닐 뿐이다. 재현은 모든 것을 매개하지만, 그 어떤 것도 끌어들이거나 움직이지 못한다. 반면 운동은 다원적인 중심들을 함축한다. 거기에는 포개지는 원근법들, 뒤얽히는 관점들, 재현을 본질적으로 기형화시키면서 공존하는 계기들이 함축되어 있다. 그림이나 조각은 이미 그런 기형화의 주체이다. 왜냐하면 우리에게 운동을 만들도록 강제하기 때문이다. 다시 말해서 지면(地面)을 스치는 관점과 위에서 내려다보는 관점을 조합하도록 강제하며, 앞으로 나아감에 따라 공간 안에서 상승하고 하강하도록 강제한다. 재현들을 복수적으로 중복한다고 해서 과연 이런 '효과'를 얻을 수 있는 것일까? 무한한 재현은 정확히 무한히 많은 재현들을 포괄한다. 이런 무한한 재현을 통해 모든 관점들은 확실하게 하나의 같은 대상이나 세계로 수렴할 수

---

42 (옮긴이 주) 들뢰즈적 의미의 실증성positivité과 긍정affirmation은 서로 다른 수준에서 성립한다. 나중에 명확히 언급되는 것처럼, 실증적인 것은 이념의 변증법적 역량이고 긍정적인 것은 강도적 역량이다.

있게 된다. 또는 모든 계기들은 하나의 같은 자아가 지니게 될 부수적 속성들로 변하기도 한다. 하지만 이런 방식으로 무한한 재현은 어떤 단일한 중심을 수호한다. 다른 모든 중심들을 수용하고 대표하는 이 중심은 항들과 이것들의 관계들 전체를 한번에 모두 정돈하고 유기적으로 조직하는 어떤 통일적인 계열과 같다. 이는 무한한 재현이 자신을 가능케 하는 어떤 법칙으로부터 분리될 수 없기 때문이다. 이 법칙은 동일성의 형식인 개념의 형식에 있다. 이 형식은 때로는 재현되는 것의 즉자 존재(A는 A이다.)를 구성하고, 때로는 재현하는 것의 대자 존재(자아 =자아)를 구성한다. 재현이라는 말에서 접두사 재(再, RE-)는 차이들을 잡아먹는 이 동일자의 개념적 형식을 뜻한다. 따라서 재현과 관점들을 중복한다고 해서 '재현 이하'의 것으로 정의되는 직접적이고 무매개적인 사태에 도달할 수 없다. 반면 부분을 이루는 각각의 재현은 벌써부터 자신의 중심에서 기형화되고 이탈되고 강탈되어야 할 처지에 있다. 각각의 관점 자체가 사물화되거나 사물이 관점화되어야 한다. 따라서 사물은 결코 동일자일 수 없다. 오히려 보고 있는 주체의 동일성과 마찬가지로 보이고 있는 대상의 동일성이 모두 소멸해버리는 어떤 차이 안에서 사분오열되어야 한다. 차이는 요소, 궁극적 단위가 되어야 하며, 따라서 배후에 있는 다른 차이들과 관계해야 한다. 이 배후의 다른 차이들에 의해서 차이는 결코 동일한 정체성 안에 빠지지는 않으며 다만 분화의 길로 들어선다. 한 계열의 각 항은 이미 차이를 띠므로 다른 항들과 가변적인 관계에 놓여야 하고, 이로써 중심과 수렴이 없는 다른 계열들을 구성해야 한다. 계열 안에서조차 발산과 중심 이탈을 긍정해야 한다. 차이들 중의 한 차이에 불과한 각각의 사물, 각각의 존재자는 차이가 자신의 고유한 동일성을 삼키고 있는 모습을 지켜보아야 한다. 차이가 차이지으면서 나아가는 차이[43]임을 보여주어야 한다. 잘 알려져 있는 바와 같이 현대 예술작품은 이런 조건들을 현실화하는 경향을 보

차이 그 자체

여주고 있다. 즉 작품은 이런 의미에서 변신과 치환들로 이루어지는 어떤 진정한 연극이 된다. 그것은 고정된 것이라곤 전혀 없는 연극 혹은 실이 없는 미로가 된다.(아리아드네는 스스로 목매달았다.) 예술작품은 재현의 영역을 떠나고 있다. '체험'이 되기 위해서, 초월론적 경험론이나 감성적인 것에 대한 학문이 되기 위해서 떠나는 것이다.

(감성적인 것에 대한 학문으로서) 감성론은 감성적인 것을 문제 삼는다. 하지만 감성론이 재현될 수 있는 것 위에 근거를 둘 수 있었다는 것은 이상한 일이다. 물론 반대 방향의 절차도 별 소용없기는 마찬가지다. 이 절차는 재현으로부터 순수한 감성적 요소를 추출하고, 이것을 일단 재현이 제거된 후에 남는 것으로 규정한다(가령 어떤 모순적인 흐름, 감각들의 광시곡). 우리는 감성적인 것 안에서도 오로지 감각밖에 할 수 없는 것, 곧 감성적인 것의 존재 자체를 직접적으로 포착할 수 있다. 그때 경험론은 실로 초월론적 성격을 띠게 되고, 감성론은 절대적으로 확실한 분과 학문이 된다. 여기서 감성적인 것의 존재는 차이, 누승적 잠재력을 띤 차이, 질적 잡다의 충족이유인 강도적 차이 등을 뜻한다. 현상이 기호로서 섬광을 발하고 바깥으로 주름을 펼치는 것은 차이 안에서이다. 바로 차이 안에서 운동은 '효과'로서 산출된다. 차이들로 가득한 강렬한 세계, 거기서 질(質)들은 자신의 이유를 발견하고 감성적인 것은 자신의 존재를 발견한다. 그런 강렬한 세계야말로 우월한 경험론의 대상이다. 이 경험론을 통해 우리가 배우는 것은 어떤 낯선 '이유', 다양체, 그리고 차이의 카오스(유목적 분배들, 왕관 쓴 무정부 상태들) 등이다. 차이들은 언제나 서로 닮게 된다. 차이들은 항상 서로 유비적

---

43 (옮긴이 주) différence allant différant. 앞에서 나왔던 '차이의 차이diaphora de la diaphora'와 유사한 말. 차이를 끌고가고 운반한다는 것은 또한 공명, 종합, 분절화를 가져온다는 것을 의미하고, 그런 의미의 운반 주체는 분화소le différenciant, 어두운 전조 등으로 불린다. 이런 차이를 데리다의 차연différance과 비교한다면?

이며 서로 대립적이거나 동일하다. 즉 차이는 모든 사물들의 배후에 있다. 그러나 차이의 배후에는 아무것도 없다. 차이의 본성은 다른 모든 차이들을 거쳐 지나가는 데 있다. 차이는 다른 모든 차이들을 거쳐 스스로 자기 자신을 '의지'하거나 재발견한다.[44] 그렇기 때문에 영원회귀는 이차적으로 출현하거나 이후에 오는 것이 아니다. 영원회귀는 모든 변신들 안에 현전하고 있으며, 자신이 되돌아오게 만드는 것과 동시적이다. 영원회귀가 관계하는 세계에서 차이들은 서로를 함축하고 있다. 서로의 안으로 주름을 접어 넣고 있는 것이다. 온-주름운동에 놓여 있는 이 복잡한 세계는 동일성이 없고 말 그대로 카오스이다. 조이스는 카오스모스를 돌게 하는 재순환의 길을[45] 보여주었다. 또 이미 니체는 카오스와 영원회귀가 서로 구별되는 사태가 아님을, 다만 하나의 똑같은 긍정임을 말했다. 세계는 재현 안에서처럼 유한한 것도 아니고 무한한 것도 아니다. 즉 세계는 완성되어 있고 무제약적이다. 영원회귀는 완성된 세계 자체의 무제약성이다. 그것은 차이를 통해 언명되는 일의적 존재이다. 영원회귀 안에서 카오스-유랑[46]은 재현의 일관성에 대립한다. 이 유랑은 재현 대상의 일관성은 물론이고 재현 주체의 일관성을 배제한다. 반복*répétition*은 재현*représentation*에 대립한다. 여기서 접두사의 의미는 바뀌었다. 왜냐하면 후자의 경우 차이는 단지 동일자에 대한 관계 안에서 언명되지만, 전자의 경우는 일의적인 것이 차이나는 것에 대한 관계 안에서 언명되기 때문이다. 반복은 모든 차이들의 비형식적 존재

---

44 (옮긴이 주) 이 점은 이 책 5장 5절에서 '개체화하는 차이'와 '개체적 차이'를 구별할 때 구체적으로 서술된다. 개체화하는 차이는 어떤 다른 차이들(개체적 차이들)을 함축하는데, 다른 모든 개체적 차이들 안에는 그 개체화하는 차이(함축하는 차이)가 이미 함축되어 있고, 따라서 다른 차이들을 함축할 때 차이는 다시 자기 자신으로 돌아가고 있는 셈이다.

45 (옮긴이 주) chaosmos, vicus of recirculation. 제임스 조이스의 소설 『피네건의 경야』에 나오는 표현들. 카오스모스는 cosmos와 chaos를 결합한 신조어이다.

46 (옮긴이 주) chaos-errance. 이 말은 cohérence(일관성)와 발음상 유사한 울림을 지니는 신조어이다.

차이 그 자체

이고 바탕의 비형식적 역량이다. 이 역량을 통해 각 사물은 자신의 재현이 허물어지는 극단적 '형상'에까지 나아간다. 반복의 궁극적 요소는 계속되는 불일치[47]에 있으며, 재현의 동일성에 대립한다. 또한 영원회귀의 원환, (동일자와 모순적인 것의 원환을 무너뜨리는) 차이와 반복의 원환은 어떤 일그러진 원환이다. 이것은 차이나는 것을 통해서만 같음을 언명한다. 시인 블러드Blood는 진정한 감성론에 해당하는 초월론적 경험론의 신앙 고백을 표현하고 있다. "자연은 본질적으로 우연하게 존재하고 과잉에 차 있으며 신비롭다.……사물들은 낯설다.……우주는 야생적이다.……같은 것은 되돌아오지만 차이나는 것을 실어 올 뿐이다. 판각사(版刻師)는 느리게 회전하는 선반을 통해 머리칼의 두께만을 얻는다. 그러나 차이는 결코 정확히 맞아떨어지지 않게 곡선 전체 위에 분배된다."[48]

칸트 이전의 철학과 칸트 이후의 철학으로 대표되는 두 국면 사이에는 상당한 철학적 변화가 있다고들 한다. 이전의 국면은 제한의 부정성에 의해, 이후의 국면은 대립의 부정성에 의해 정의될 수 있을 것이다. 하나는 분석적 동일성에 의해, 다른 하나는 종합적 동일성에 의해, 하나는 무한한 실체의 관점에서, 다른 하나는 유한한 자아의 관점에서 정의될 수 있다. 라이프니츠의 위대한 분석 안에서는 유한한 자아가 무한자의 전개 안으로 도입된다. 하지만 헤겔의 위대한 종합에서는 무한자가 유한한 자아의 움직임 안으로 다시 도입된다. 그러나 이와 같은 변화가 중요한 의미를 지니고 있는지는 더 생각해볼 일이다. 차이의

---

47 (옮긴이 주) dispars. 주37 참조.
48 Jean Wahl, *Les philosophies pluralistes d'Angleterre et d'Amérique*(Alcan, 1920), 37쪽에서 재인용. 장 발의 저작 전체는 차이에 대한 심층적 성찰이다. 이 성찰을 통해서 시적이고 자유롭고 야생적인 차이의 본성을 표현하는 경험론의 가능성들이 드러나고 있다. 그리고 차이를 단순히 부정적인 것으로 환원시킬 수 없음이 밝혀지고 있으며, 긍정과 부정 사이에서 성립하는 비헤겔적인 관계들이 확인되고 있다.

철학에 대하여 부정적인 것이 제한을 통해 파악되든 대립을 통해 파악되든 별 상관은 없다. 동일성이 분석적인 것으로 생각되든 종합적인 것으로 생각되든 그런 구분도 별로 중요하지 않다. 어쨌거나 차이가 이미 부정적인 것으로 환원되고 동일자에 종속되어 있기 때문이다. 실로 신적 실체의 단일성과 동일성만이 동일성을 띤 단일한 자아를 보증할 수 있고, 자아를 지켜내는 한에서만 신을 보존할 수 있다. 종합적인 유한한 자아와 분석적인 신적 실체는 같은 사태이다. 그렇기 때문에 신-인간의 전환은 매우 실망스럽다. 우리는 그런 전환에 기댄 채로는 한 발짝도 움직일 수 없다. 니체는 자아가 와해될 때만 신의 죽음이 현실적 의미를 지니게 된다는 사실을 누구보다 먼저 간파한 듯하다. 그렇게 해서 드러나는 것은 바로 존재이다. 이 존재는 차이들을 통해 언명되지만, 이 차이들은 실체 안에 있는 것도, 주체 안에 있는 것도 아니다. 그 차이들은 지하에서 울리는 긍정들이다. 만일 영원회귀가 가장 지고한 사유, 다시 말해서 가장 강렬한 사유라면, 그 이유는 어디에 있는가? 그것은 가장 높은 지점에서 성립하는 영원회귀의 극단적 일관성이 사유하는 주체의 일관성, 세계의 일관성, 그리고 보증하는 위치에 있는 신의 일관성을 모두 배제한다는 데 있다.[49] 칸트 이전과 이후에 일어나는

---

49 이전까지의 니체 해석을 쇄신한 두 논문에서 클로소브스키는 이 요소를 끌어냈다. "**신은 죽었다**는 실존을 해명하는 신성(神性)의 역할이 종식되었음을 의미하는 것이 아니다. 그것은 니체의 의식의 지평에서 책임 있는 자아의 동일성에 대한 절대적 보증이 사라진다는 것을 의미한다. 니체의 의식은 이러한 소멸과 하나가 된다.……(이 의식에 대해) 자신의 동일성 자체도 필연적으로 임의적으로 유지되는 어떤 우연한 사태임이 선언될 수밖에 없고 그래서 그 의식 자체가 우연의 보편적 수레바퀴로 간주되는 것을 괘념치 않으며, 가능하다면 사태들의 총체성을 끌어안는 것을 괘념치 않는다. 우연한 것 자체를 필연적 총체성 안에서 끌어안는 것이다. 그러므로 존속하는 것은 존재이며, '존재하다'라는 동사는 존재 자체에는 결코 적용되지 않고 다만 우연한 것에 적용된다."(Pierre Klossowski, "Nietzsche, le polythéisme et la parodie", *Un si funeste désir*(N.R.F., 1963), 220~221쪽) "이는 사유하는 주체가 자신을 배제하는 어떤 일관된 사유에 따라 동일성을 상실한다는 것을 의미하는가?……자아를 비일관적이게 만들어버리는 이런 순환적 운동 안에서 자아의 몫은 어디에 있는가? 왜

일(이는 결국 같은 것이다.)에 주목하기보다 우리는 칸트 사상의 정확한 한 국면에 관심을 기울여야 한다. 은밀하되 폭발적인 이 국면은 칸트에게서조차 계속 이어지지 못하고 칸트 이후의 철학에서는 더욱 더 이어지지 못하고 있다.(여기서 "무조건적 전회"의 경험과 이념 안에 있는 횔덜린만은 제외해야 한다.) 사실 칸트는 이성 신학을 법정에 세울 때, 동시에 "나는 생각한다."의 순수 자아 안에 일종의 불균형, 틈새나 균열, 권리상 극복 불가능한 어떤 권리 소외를 도입한다. 즉 주체는 이제 자신의 고유한 자발성을 오로지 어떤 타자의 자발성으로서밖에 표상할 수 없다. 그리고 이를 통해 최종적으로는 자신의 고유한 일관성뿐 아니라 세계의 일관성과 신의 일관성을 배제하는 어떤 신비한 일관성에 호소한다. 그것은 어떤 분열된 자아를 위한 코기토이다. 즉 "나는 생각한다."의 자아는 본질적으로 수용적 직관에 얽매여 있으며, 그 수용적 직관에 대해 본연의 나JE는 이미 타자이다. 종합적 동일성이, 그 다음으로 실천 이성의 도덕성이 자아, 세계, 신의 완전무결한 일체성을 복원하고 칸트 이후의 종합들을 준비한다는 것은 여기서 그렇게 중요하지 않다. 순식간에 우리는 어떤 권리적 차원의 분열증에 빠져 들고 있는 셈이다. 이 분열증은 사유의 지고한 역량을 말해주고 있으며, 모든 개념적 매개와 화해들에 반하여 차이 위에 존재를 직접적으로 개방하고 있다.

나하면 이 사유는 너무도 완벽한 일관성을 띠어서 자아는 그것을 생각하는 순간조차 그 사유로부터 배제되기 때문이다.……이 사유는 어떻게 자아의 현실성에 타격을 가하는가? 왜 나하면 그 사유는 동시에 자아를 고양하기 때문이다. 이 사유는 자아를 의미하는 유동적 사태들을 해방하지만, 이 자아의 현재 안에 공명하고 있는 것은 오로지 이미 경과된 것일 뿐이다.……여기서 신적인 악순환Circulus vitiosus deus이란 것은 디오니소스를 모델로 어떤 신의 모습을 취하는 이런 기호에 대한 명명일 뿐이다." (Pierre Klossowski, "Oublie et anamnèse dans l'expérience vécue de l'éternel retour du Même", *Nietzsche, Cahiers de Royaumont*(Minuit, 1966), 233~235쪽.)

6절
플라톤에 따른 차이의 논리학과 존재론

플라톤주의의 전복. 이것이 현대 철학의 과제를 정의한다. 이 전복은 플라톤적 성격들을 많이 보존하고 있다. 이는 불가피할 뿐 아니라 바람직하기까지 하다. 플라톤주의가 이미 일자(一者), 유비, 유사성, 심지어 부정성의 역량에 대한 차이의 종속을 대변한다는 것은 사실이다. 말하자면 플라톤주의는 길들여지고 있는 어떤 동물과 같다. 이 동물은 자유로운 상태에 있을 때보다는 오히려 막다른 위기에 처할 때 갓 상실한 본성을 더 잘 드러낸다. 바로 그때 헤라클레이토스적인 세계가 플라톤주의 안에서 으르렁거린다. 플라톤의 마지막 출구가 어디에 있는지는 여전히 의심스럽다. 매개는 완성된 운동에 이르지 못했다. 이데아는 아직 세계를 재현의 요구들에 종속시키는 어떤 대상 개념이 아니다. 차라리 그것은 어떤 생생한 현전이다. 이 현전은 사물들 안의 '재현 불가능한' 것에 의존해서만 이 세상 안으로 환기될 수 있다. 이데아도 역시 차이를 어떤 개념 일반의 동일성에 묶어두기로 선택한 것은 아니다. 이데아는 차이 그 자체의 순수한 개념, 고유한 개념을 찾는 것을 아직 포기하지 않았다. 실 없이, 실의 도움 없이 미궁이나 카오스를 탈출하고 있는 것이다. 아리스토텔레스는 플라톤주의에 대체 불가능한 것이 있음을 제대로 간파했다. 물론 그는 정확히 이 점 때문에 플라톤을 비판했다. 즉 차이의 변증술은 차이에 고유한 방법 — 나눔 — 을 지니고 있다. 하지만 이 방법은 매개 없이, 중간항이나 합리적 이유 없이 진행되는 무매개적 절차이고, 어떤 개념 일반의 요구들보다는 이데아의 영감들에 의존한다. 그리고 개념 안에 가정된 동일성과 비교하면, 나눔은 사실 어떤 변덕스럽고 일관되지 못한 절차이다. 하나의 독특성에서 다른 하나의 독특성으로 도약하기 때문이다. 그러나 이데아의 관점에서

차이 그 자체

볼 때, 그 방법의 힘은 바로 여기에 있는 것이 아닐까? 나눔의 방법은 다른 변증술적 절차들 가운데 있는 하나의 절차가 아니고, 그렇기에 다른 절차들에 의해 보완되거나 대체되어야 할 필요도 없다. 그것은 오히려 다른 모든 절차들을 대체하는 과정으로 등장하는 것이 아닐까? 나눔의 방법은 진정한 차이의 철학에 유리하게 작용하는 모든 변증술적 역량을 집약하는 기법, 그래서 플라톤주의와 플라톤주의의 전복 가능성을 동시에 가늠하는 기법이 아닐까?

나눔의 방법에 등장하는 것들: 지망자와 근거의 시험, 물음과 문제, (비)−존재와 부정적인 것

우리는 플라톤의 나눔의 방법을 아리스토텔레스의 요구들에 입각해서 이해하려는 잘못된 관행을 지니고 있다. 아리스토텔레스에 따르면, 문제는 하나의 유(類)를 대립적인 종(種)들로 나누는 데 있다. 그런데 나눔의 절차는 그 자체로 '합리적 이유'를 결여하고 있을뿐더러 어떤 사물이 다른 종이 아닌 바로 이 종에 속한다고 결정할 수 있는 이유도 결여하고 있다. 예를 들면 기술은 생산 기술과 채집 기술로 나뉜다. 하지만 왜 고기잡이는 채집 기술 쪽에 속하는 것일까? 여기서 결여된 것은 매개이다. 다시 말해서 중간항의 구실을 할 수 있는 어떤 개념적 동일성이 결여된 것이다. 그러나 플라톤의 나눔이 어떤 유의 종들을 규정하는 데 관심을 두고 있는 것이 아니라면, 그런 반론이 무력해진다는 것은 자명한 일이다. 좀 더 정확히 말하자면, 플라톤의 나눔이 그런 문제에 관심을 두고 있다는 것은 사실이다. 하지만 표면적으로, 심지어 반어적으로만 관심을 두고 있을 뿐이다. 나눔의 방법은 그런 가면 아래 자신의 참된 비밀을 좀 더 잘 감출 수 있었다.[50] 나눔은 '일반화'를 뒤집어놓은 것이 아니다. 결코 종별화가 아닌 것이다. 문제는 종별화의 방법에 있는 것이 아니라 선별의 방법에 있다. 중요한 것은 하나의 규정된 유를 한정된 종들로 나누는 것이 아니다. 중요한 것은 어떤 혼잡한 종을 순수한 계통들로 나누는 것, 혹은 순수하지 않은 소재에서 출발하여 순수한 계통들을 선별하는 것이다. 생물학자들은 '조르당식'과 '린네식'을 대립시킨다.[51] 마찬가지로 여기서 '아리스토텔레스식'에 대립하는 '플라톤식'에 대해 말할 수 있을 것이다. 왜냐하면 아리스토텔레스에게서는 나눌 수 없는 최하위의 종이라 해도 여전히 커다란 종이기 때문이다. 플라톤의 나눔은 완전히 다른 영역에 위치한다. 그것은 작은 종이나 계통들의 영역이다. 게다가 나눔의 출발점은 유이든 종이든 상관없다. 하지만 이런 유, 이런 거대 종은 분화되지 않은 논리적 소재로서 설정된다. 그것은 어떤 무차별한 재료, 혼합물, 한정되지 않은 다양체이다. 그것은 순수한 계통으로서의 이데아를 드러내기 위해 배제되어야 하는 것을 대신하고 있다. 금 찾기, 바로 이것이 나눔의 모델이다. 차이는 유의 두 규정들 사이에 있는 종적 차이가 아니다. 차이는 사이에 있다기보다 전적으로 한쪽 편에, 선별된 계통 안에 있다. 즉 차이는 더 이상 하나의 같은 유에 속하는 상반자들 사이의 차이가 아니다. 그것은 다만 한 혼합물 — 커다란 종을 형성하는 혼합물 — 안에 속하는 순수한 것과 불순한 것, 좋은 것과 나쁜 것, 진짜와 가짜 사이의 차이다. 그것은 순수한 차이, 차이의 순수한 개념이지 결코 개념 일반 안에서 매개된 차이, 유와 종들 안에서 매개된 차이가 아니다. 나눔의 방

---

50 플라톤의 나눔에 대한 아리스토텔레스의 비판에 대해서는 『분석론 전서』, I, 31과 『분석론 후서』, II, 5와 13 등 참조. 이 두 번째 문헌에서 아리스토텔레스는 종의 규정에서 나눔의 특정한 역할을 유지하고 있다. 하지만 이때 그는 플라톤의 견해에 어떤 불충분한 점이 있다고 믿고, 그 점을 어떤 연속성의 원리를 통해 교정한다. 그러나 종들의 규정은 반어적인 외양일 뿐, 결코 플라톤의 나눔의 방법이 의도하는 목적은 아니다. 이 점은 가령 플라톤의 『정치가』, 266 b~d에서 확인해볼 수 있다.

51 (옮긴이 주) 조르당(A. Jordan, 1814~1897)은 린네(C. de Linn, 1707~1778)가 하나로 분류했던 유럽의 히메나즈 풀을 200종 이상으로 세분했다.

차이 그 자체

법이 지닌 의미, 그것이 의도하는 목표는 경쟁자들의 선별에, 지망자들[52]의 시험에 있다. 그것은 부정 ἀντίφασις이 아닌 싸움 ἀμφισδήτησις에 있다.(이는 플라톤의 두 가지 주요 사례에서 잘 나타난다. 먼저 『정치가』에서 정치가는 "사람들을 방목"할 줄 아는 자로 정의된다. 하지만 상인, 노동자, 빵 굽는 사람, 체육 선생, 의사 같은 많은 인물들이 나타나서 이렇게 말한다. "진정한 인간 목동은 나다!" 다른 한편 『파이드로스』에서는 좋은 광기와 진정한 연인을 정의하는 문제가 제기되는데, 많은 지망자들이 등장해서 이렇게 말한다. "연인, 사랑은 바로 나다!") 반어에 의한 것이 아니라면, 여기서 종에 대한 물음이 설 자리는 어디에도 없다. 아리스토텔레스의 고민거리들과 공통되는 것은 아무것도 없다. 즉 문제는 정체성의 확인에 있는 것이 아니라 참됨의 인증에[53] 있다. 플라톤 철학 전체를 관통하는 유일한 문제, 학문과 기술들에 대한 플라톤의 분류를 주재하는 유일한 문제가 있다면, 그것은 언제나 경쟁자들을 가늠하는 데 있다. 그것은 지망자들을 선별하는 문제이고, 유사 유나 거대 종의 한가운데에서 사물과 그것의 허상들을 구별하는 문제이다. 중요한 것은 차이를 만드는 것이다. 따라서 문제는 직접적인 것의 깊이들 안에서 직접적인 것의 변증술을 운영하는 것이다. 그것은 실도 끈도 없이 감행하는 위험한 시험이다. 왜냐하면 고대적 관습, 신화와 서사시의 관습에 따르면 가짜 지망자들은 죽어야 하기 때문이다.

플라톤이 말하듯 선별적 차이가 과연 진짜 지망자와 가짜 지망자

---

52 (옮긴이 주) prétendants. 지망자, 구직자 등 이외에도 구혼자, 왕위 계승권을 주장하는 왕자 등을 의미한다. 이와 같은 계열을 이루는 용어 prétention은 '경쟁적 지망'으로 옮긴다.
53 (옮긴이 주) pas d'identifier, mais d'authentifier. 전자는 동일성으로 환원하는 것을 뜻하고, 이때는 문맥에 따라 '정체성 확인', '동일화' 등으로 옮기며, 동일한 것으로 간주한다는 뜻을 담을 때는 '동일시'로 옮긴다.(비슷한 문맥에서 assimiler는 같은 것, 유사한 것으로 만들거나 간주한다는 뜻에서 '동질화', '등치화' 등으로 옮긴다.) 후자는 인증한다는 뜻인데, '차이를 만든다', '선별하다', '측정하다' 등의 말과 교감하고 있다. 앞의 서론 5절(74쪽)에서 그랬던 것처럼, 이 동사의 명사형인 authenticité는 '진정성'으로 옮겨야 할 것이다.

들 사이에 있는지의 여부는 아직 우리의 물음이 아니다. 우리의 물음은 차라리 플라톤이 나눔의 방법에 힘입어 어떻게 이런 차이를 만드는지를 아는 데 있다. 여기서 독자는 커다란 놀라움에 빠지게 된다. 플라톤이 '신화'를 끌어들이기 때문이다. 따라서 나눔은 종별화의 가면을 벗어버리고 자신의 진정한 목적을 발견하게 되지만, 그 순간 오히려 그 진정한 목적의 실현을 포기하고 단순한 신화적 '유희'로 뒤바뀐다고 말할 수 있다. 실제로 『정치가』는 지망자들의 물음이 대두하기 시작하자마자 고대에 세계와 인간들 위에 군림했던 어떤 신의 이미지를 내세운다. 정확히 말해서 그 신만이 '인간들의 목자-왕'이란 이름에 걸맞는 자격이 있다는 것이다. 하지만 정확히 그 신과 비교해서 모든 지망자들이 우열이 없지는 않다. 즉 인간 공동체에 대한 어떤 '염려'가 있는데, 이는 특히 전적으로 정치적 인간을 암시한다. 정치가야말로 목자-신의 원형적 모델에 가장 가깝기 때문이다. 어떤 점에서 지망자들은 당선 경쟁의 질서에 따라 측정되고 있다. 그리고 정치적 경쟁자들 가운데 부모, 하인, 조수, 마침내는 사기꾼, 위선자 등을 (신화에 의해 제시된 이런 존재론적 척도에 따라) 구별할 수 있을 것이다.[54] 『파이드로스』에서도 마찬가지의 행보를 볼 수 있다. '광기들'을 구별하는 문제에 이르러 플라톤은 갑자기 어떤 신화를 끌어들인다. 그는 육체로 들어오기 이전의 영혼들의 순회를 기술하고, 이데아들 — 영혼들이 관조할 수 있었던 이데아들 — 에서 비롯되는 기억내용을 기술한다. 서로 다른 유형의 광기들에 대하여 그 가치와 순서를 결정하는 것은 이런 신화적 관조이다. 그 가치와 순서는 그런 관조의 본성이나 등급에 의해, 회상에 필요

---

54 이런 측면에서 볼 때 신화는 유비를 통해 부모, 하인들, 조수들, 가짜들을 구별하게 해주는 다른 장르, 다른 범례를 통해 보완되어야 한다. 이와 마찬가지로 금을 추려내는 시험도 불순한 것들을 제거한다든지 '같은 가족'에 속하면서도 금이 아닌 다른 금속들을 제거하는 등과 같이 몇 가지 선별 작업을 거친다. 『정치가』, 303 *d~e* 참조.

차이 그 자체

한 기회들의 종류에 의해 결정된다. 즉 우리는 누가 가짜 연인이고 누가 진짜 연인인지 규정할 수 있다. 우리는 연인, 시인, 목사, 점쟁이, 철학자 중에서 누가 경쟁적으로 상기(想起)와 관조에 참여하는지 — 누가 참된 지망자이고 참된 참여자인지, 그리고 다른 인물들은 어떤 순서로 놓이는지 — 규정할 수 있다. (나눔에 관련된 세 번째의 위대한 텍스트『소피스트』에서는 어떠한 신화도 등장하지 않는다는 반박이 있을 수 있다. 여기서 나눔의 방법은 역설적으로 사용되고 있다. 말하자면 어떤 반대-사용법을 통해 플라톤은 탁월한 가짜 지망자를 고립시키고자 한다. 아무런 권리도 없이 모든 곳에 지망하는 그 가짜 지망자는 '소피스트'이다.)

하지만 아리스토텔레스의 모든 반론들은 이렇게 도입된 신화 때문에 더욱 견고해지는 것처럼 보인다. 즉 나눔은 매개를 결여하고 있으므로 전혀 설득력이 없을 수 있고, 그래서 자신의 임무를 신화에 넘겨주어야 했을 것이다. 신화는 상상적 형태로 나눔의 방법에 매개의 등가물을 제공하고 있는 것처럼 보인다. 그렇지만 여기서도 우리는 그토록 신비로운 이 나눔의 방법이 지닌 의미를 왜곡하고 있다. 확실히 신화와 변증술은 플라톤 사상 전반에 걸쳐 서로 구별되는 두 가지 힘이다. 하지만 변증술이 나눔 안에서 자신의 진정한 방법을 발견하는 순간 이 구별은 가치를 상실한다. 나눔은 그런 이분법을 극복하고 있다. 나눔을 통해 신화는 변증술 안에 통합되고 변증술 자체의 한 요소로 바뀌게 된다. 플라톤에게서 신화의 구조는 명료하게 드러난다. 즉 그것은 원환적이다. 이 원환은 회전과 복귀, 분배 또는 할당 등으로 구분할 수 있는 두 가지 역동적인 기능을 갖는다 — 윤회가 영원회귀에 속하는 것처럼, 운명들의 할당은 회전하는 바퀴에 속한다. 여기서 우리의 관심을 끄는 것은 플라톤이 확실히 영원회귀의 주창자가 아닌 이유들에 있지 않다. 그럼에도 불구하고『정치가』나 다른 대화편에서와 마찬가지로『파이드로스』에서도 신화는 여전히 어떤 부분적인 순환의 모델을 만들어놓고 있다. 이 모델 안에서는 차이를 만드는 데 적합한 어떤 근거, 다시 말해서 역할이나 지망자들을 측정하는 데 적합한 근거가 등장한다. 『파이드로스』에서 이 근거는 이데아들 — 천상을 순회하는 영혼들에 의해 관조되는 이데아들 — 의 형태로 규정되고 있다. 『정치가』에서 그 근거는 우주의 순환 운동을 주재하는 목자-신의 형태로 규정되고 있다. 원환의 중심이나 발동 장치에 해당하는 근거는 신화에서 어떤 시험이나 선별의 원리로 설정된다. 이 원리는 당선 경쟁의 등급들을 고정시키고, 이로써 나눔의 방법에 그 모든 의미를 부여해준다. 따라서 원환적 구조의 신화는 어떤 정초 작업의 반복-서사이고, 이는 가장 오래된 전통과 일치한다. 나눔은 차이를 만들 수 있는 근거로서 원환적 구조의 신화를 요구하고 있다. 거꾸로 신화는 근거지어져야 하는 것 안에 있는 차이의 상태로서 나눔을 요구하고 있다. 나눔은 변증술과 신화학의 진정한 통일이다. 나눔 안에서는 정초로서의 신화와 나누는 말 λγος τομεύς로서의 로고스가 하나를 이루고 있다.

근거가 지닌 이런 역할은 플라톤의 분유(分有) 개념에서 아주 명쾌하게 드러나고 있다. (그리고 이 근거는 나눔의 방법에 결여된 것처럼 보이던 매개를 제공하고, 또 동시에 차이를 일자에 관계짓는다고 할 수 있을 것이다. 그러나 이런 과정은 매우 각별한 방식으로 이루어진다.) 분유한다는 것은 차지한다는 것을, 이후에 이차적으로 차지한다는 것을 뜻한다. 일차적으로 소유하는 것, 그것은 근거 자체이다. 플라톤은 단지 올바름만이 올바르다고 말한다. 올바르다고 불리는 자들에 대해 말하자면, 그들은 올바른 자질을 소유하되 다만 이차적으로, 삼차적으로, 사차적으로…… 혹은 허상으로서 소유한다. 단지 올바름만이 올바르다는 것은 단순한 분석 명제가 아니다. 그것은 일차적으로 소유하는 근거인 이데아를 지칭한다. 그리고 근거의 고유한 본성은 분유의 기회를 준다는 것, 이차적으로 준다는 것에 있다. 그래서 분유하는 자, 상이한 정도들

차이 그 자체

로 더나 덜 분유하는 자는 필연적으로 어떤 경쟁적 지망자가 된다. 근거에 호소하는 자는 지망자이다. 근거를 지녀야 하는(혹은 근거가 없다고 비난받는) 것은 경쟁적 지망이다. 지망은 다른 현상들 가운데 있는 한 현상이 아니다. 그것은 모든 현상의 본성이다. 근거는 어떤 시험이며, 이 시험을 통해서 지망자들에게 지망 대상을 더나 덜 분유할 기회가 주어진다. 근거가 차이를 측정하고 만들어낸다는 것은 이런 의미에서이다. 따라서 다음과 같은 구별이 필요하다. 먼저 올바름이 있고, 이것은 근거이다. 다음으로 올바른 자질이 있고, 이것은 근거짓는 자가 소유하고 있는 지망 대상이다. 마지막으로 올바른 자들이 있고, 이들은 그 대상을 동등하지 않게 분유하는 경쟁적 지망자들이다. 이 점에 기대어 보면 신플라톤주의자들이 얼마나 심오하게 플라톤 사상을 이해하고 있는지 알 수 있다. 그들은 분유 불가능한 것, 분유되는 것, 분유자들로 이루어진 성스러운 삼항관계를 제시한다. 근거의 역할을 맡는 원리는 분유 불가능한 것에 해당한다. 하지만 이 원리가 분유자, 이차적 소유자, 다시 말해서 근거의 시험을 통과할 수 있었던 지망자에게 분유할 어떤 것을 제공한다. 말하자면 아버지, 딸, 구혼자가 있다. 그리고 삼항관계는 분유들의 계열을 따라 재생산되고, 지망자들은 현실적 차이를 대변하는 어떤 순서와 등급들에 따라 분유한다. 이 점에서 신플라톤주의자들은 본질적인 것을 제대로 간파했다. 즉 나눔의 목표는 종들에 대한 수평적 구별에 있는 것이 아니다. 그것은 어떤 계열적 변증술의 확립, 수직적 계열이나 계통의 확립에 있다. 이것들은 당선 경쟁적 분유는 물론이고 선별적 근거의 기능 방식들을 표시한다(제우스Ⅰ, 제우스Ⅱ 등등). 이제 모순은 근거 자체의 시험을 의미하기는커녕, 오히려 거꾸로 분유의 막바지에서 어떤 근거 없는 지망의 상태를 대변하는 것으로 드러난다. 올바른 지망자(일차적으로 근거지어진 자, 제대로 근거지어진 자, 참됨을 인증받은 자)에게는 여러 경쟁자들이 있다. 부모, 조수, 하인들 같은 이 경쟁자들이 상이한 지망 자격에서 선발 경쟁에 참여한다. 하지만 올바른 지망자에게도 역시 자신의 허상들, 위조된 가짜들이 있고, 이들도 시험에 의해 적발된다. 플라톤에 따르면 '소피스트', 어릿광대, 켄타우로스 혹은 사티로스 등이 그런 허상과 가짜들에 해당한다. 소피스트는 아무 데나 지망하고, 아무 데나 지망하면서도 결코 근거를 얻지 못하며, 모든 것과 모순을 이루고 자기 자신과도 모순에 빠진다…….

하지만 근거의 시험은 정확히 어떻게 이루어지는가? 이를 말해주는 것은 신화이다. 신화는 언제나 완수해야 할 임무, 풀어야 할 수수께끼에서 시작한다. 사람들은 신탁에 대해 묻는다. 그러나 신의 대답은 그 자체로 하나의 문제이다. 변증술[문답법]은 반어이다. 그러나 반어는 문제와 물음들의 기술이다. 반어의 본성은 사물과 존재자들을 어떤 숨겨진 물음들에 대한 각각의 답변들로 간주하고, 어떤 해결할 문제들을 가리키는 각각의 경우들로 취급하는 데 있다. 플라톤의 정의에 따르면 변증술은 '문제들'에 힘입어 앞으로 나아간다는 사실을 기억하자. 이 문제들을 통해 근거의 역할을 맡는 순수한 원리로까지, 다시 말해서 문제들 자체를 본래대로 측정하고 해당의 해답들을 분배하는 순수한 원리로까지 상승할 수 있는 길이 열린다. 또 『메논』은 오로지 기하학적 문제에 의존해서만 상기(想起)를 설명한다. 이 문제는 해결되기에 앞서 이해되어야 하며, 그에 대한 해답은 상기하는 자가 그 문제를 이해했던 방식이나 정도에 따라 달라진다. 지금 우리는 문제와 물음이라는 두 심급 사이에 설정할 만한 구분법에 신경 쓸 필요는 없다. 그보다는 오히려 그것들의 복합체가 플라톤적 변증술에서 본질적인 역할을 떠맡는 방식을 생각해야 한다. 이 역할은 그 중요성에서 가령 나중에 헤겔의 변증법에서 부정적인 것이 떠맡는 역할에 견주어볼 만하다. 그러나 플라톤에게서 그 역할을 떠맡는 것은 분명 부정적인 것이 아니다. 이런 점에 주목할 때, 『소피스트』의 유명한 테제는 몇몇 애매한 구석에도 불구하고 다음과 같이 이해할 수 없는 것인지 자문해야 한다. 즉 '비-존재'라는 표현에서 '비(非)'는 부정적인 것과는 다른 어떤 것을 표현한다. 이 점에 관한 한 전통적 이론들은 오류를 범하고 있다. 우리에게 어떤 의심스러운 선택지를 강요하기 때문이다. 이 선택지의 한편을 따르면, 부정적인 것을 몰아내고자 할 때, 우리는 존재가 충만하고 적극적인 실재성을 띠고 있고 어떠한 비-존재도 허용하지 않는다는 것을 보여준다면 만족스럽다고 선언한다. 다른 한편 거꾸로 부정에 근거를 마련하려 할 때, 우리는 존재 안에 혹은 존재와 관련하여 어떤 비-존재든 설정할 수만 있게 된다면 만족한다.(우리가 보기에 이 비- 존재는 필연적으로 부정적인 것의 존재이거나 부정의 근거이다.) 따라서 선택지는 비-존재가 없거나 있는 두 경우로 나뉜다. 그래서 한편 비-존재는 없고 부정은 가상적이며 근거가 없다. 다른 한편 비-존재는 있고 이 비-존재는 존재 안에 부정적인 것을 위치시키며 부정의 근거가 된다. 하지만 우리는 아마 이렇게 말할 수 있는 이유들을 가지고 있을 것이다. 비-존재는 있다. 그리고 동시에 부정적인 것은 가상적이다.

문제나 물음은 어떤 주관적 규정이 아니다. 인식에 있어 불충분성의 국면을 표시하는 어떤 결여적 규정도 아니다. 문제제기의 구조는 대상들의 일부를 이루고, 대상들을 기호들로 파악할 수 있게 해준다. 이는 물음을 던지거나 문제를 설정하는 심급이 인식의 일부를 이루고, 배움의 행위 안에서 인식의 실증성과 특징을 파악할 수 있게 해주는 것과 전적으로 같다. 좀 더 심층적인 관점에서 말하자면, 바로 그와 같은 문제나 물음의 본질에 '상응'하는 것은 존재이다.(플라톤은 이데아라 했다.) 존재와 물음을 서로 관련짓는 어떤 존재론적인 '통로', '틈', '주름' 같은 것이 있다. 이런 관계에서 볼 때, 존재는 본연의 차이 그 자체이다. 존재는 또한 비-존재이기도 하다. 그러나 비-존재는 부정적인 것의 존재가 아니다. 그것은 문제틀의 존재, 문제와 물음의 존재이다. 본연의 차이 자체는 부정적인 것이 아니다. 거꾸로 그것은 비-존재이고, 이 비-존재는 본연의 차이, 곧 반대 ἐναντίον가 아닌 다름 ἕτερον이다. 그렇기 때문에 비-존재는 차라리 (비)-존재라 적어야 하고, 그보다는 ?-존재라고 적는 편이 훨씬 낫다. 이런 관점에서 보면 존재의 원형 동사 esse는 어떤 명제를 가리킨다기보다 그 명제가 대답한다고 간주되는 질문을 가리킨다. 이 (비)-존재는 변별적 차이 관계가 형성되는 지반이고, 이 본연의 지반 안에서 긍정 ── 다양체의 성격을 띠는 긍정 ── 은 자신의 발생 원리를 발견한다. 부정에 관해 말하자면, 그것은 어떤 그림자에 불과하다. 부정은 이런 상위 원리의 그림자, 이미 산출된 긍정 옆에 머물러 있는 차이의 그림자일 뿐이다. 우리가 (비)-존재를 부정적인 것과 혼동한다면, 모순은 불가피하게 존재 안으로 들어오게 된다. 그러나 모순은 여전히 겉모습이거나 부대 현상이다. 모순은 문제에 의해 투사된 가상, 열려 있는 어떤 물음의 그림자, (답이 주어지기 이전의) 이 물음과 소통하고 있는 존재의 그림자이다. 모순이 유독 플라톤에게서만은 이른바 아포리아적인 대화들의 상태를 특징짓는다면, 이는 그가 이미 이런 관점에서 보기 때문이 아닐까? 모순의 저편은 차이다. 비-존재의 저편은 (비)-존재이고, 부정적인 것의 저편은 문제와 물음이다.[55]

---

55 하이데거의 차이의 철학에 대한 주석 ──『존재와 시간』과『형이상학이란 무엇인가』이후 하이데거가 자신의 철학에 대한 왜곡이라며 거부했던 주요 오해들은 이 점과 관련되어 있을 것이다. 즉 하이데거가 말하는 'ni NE-PAS'는 존재 안에 있는 부정적인 것을 암시하는 것이 아니라 차이로서의 존재를 암시한다. 그것은 부정을 가리키는 것이 아니라 물음을 가리킨다. 사르트르는『존재와 무』의 첫머리에서 질문을 분석했다. 그때 그는 부정적인 것과 부정성의 발견으로 이어지는 어떤 길을 열어놓았다. 이는 어떤 면에서 하이데거의 행보에 반대되는 것이다. 물론 거기서 어떤 오해를 지적한다는 것은 무의미하다. 사르트르의 목적은 하이데거에 대한 주석에 있는 것이 아니기 때문이다. 그러나 확실히 메를로퐁티는 좀 더 실질적으로 하이데거적 영감 안에 있었다. 그런 영감 안에서 그는『지각의 현상학』에서부터 ('구멍들'과 '비-존재의 함정'에 대립하는) '주름'이나 '접힘'에 대해 말했고, 사후 저작인『볼 수 있는 것과 볼 수 없는 것』에서는 차이와 물음의 존재론으로 되돌아갔다.

차이 그 자체

우리가 보기에 하이데거의 테제들은 다음과 같이 요약될 수 있다.

(1) 비Nicht는 부정적인 것을 표현하는 것이 아니라 존재와 존재자 사이의 차이를 표현한다. 『근거의 본질』(3판, 1949) 서문 참조. "존재론적 차이는 존재자와 존재 사이의 '비'이다." 그리고 『형이상학이란 무엇인가』(4판, 1943)의 후기 참조. "결코 존재자도 아니고 그 어디서도 존재자처럼 존재하지 않는 것이 스스로 자신을 모든 존재자로부터 차이짓는 것으로 드러나고 있지 않는가?"(25쪽)

(2) 이러한 차이는 일상적인 의미의 '-사이'에 있지 않다. 그것은 주름, Zwiefalt이다. 그것은 존재를 구성하고 있으며, '드러냄'과 '감춤'의 이중 운동 안에서 존재가 존재자를 형성하는 방식을 구성하고 있다. 진정으로 존재는 차이의 분화소이다. '존재론적 차이'라는 표현은 이로부터 나온다. 『형이상학의 극복』(in Essais et conférences) 89쪽 이하 참조.

(3) 존재론적 차이는 물음과 교감한다. 차이는 물음의 존재이고, 물음은 문제들 안에서 자신을 전개해나가면서 존재자에 대해 규정된 장들의 경계를 만들어나간다. 『근거의 본질』(in Qu'est-ce que la métaphysique?), 57~58쪽.

(4) 그렇게 이해된 차이는 재현의 대상이 아니다. 형이상학의 요소인 재현은 차이를 동일성에 종속시킨다. 이런 종속화는 차이를 어떤 제3의 항에 관계시킬 수 있을 때만 성립할 것이다. 여기서 그 제3의 항은 차이가 있다고 여겨지는 두 항들(존재와 존재자) 사이의 비교 중심이다. 하이데거는 이런 형이상학적 재현의 관점이 아직도 『근거의 본질』에 나타나고 있음을 인정한다.(59쪽 참조. 여기서 제3의 항은 '현존재'의 초월성 안에서 발견된다.) 그러나 형이상학은 차이 그 자체를 사유하는 데 있어 무력하고, 하나로 묶는 만큼 또한 분리하는 것(분화소)의 중요성을 사유할 능력도 없다. 차이에는 종합도, 매개도, 타협도 없다. 있는 것은 오히려 분화적 차이에 집착하는 끈덕진 고집이다. 이것이 형이상학을 넘어서는 '전회'이다. "만일 존재 자체가 자신이 보존하고 있는 존재와 존재자의 차이를 그 진리 안에서 드러낼 수 있다면, 이는 차이가 자신의 고유한 방식으로 자신을 현성(顯成)할 때만 가능하다……." (『형이상학의 극복』, 89쪽) 이 점에 대해서는 Beda Allemann, Hölderlin et Heidegger(P. U.F.), 157~162, 168~172쪽, 그리고 Jean Beaufret, Poème de Parménide(P.U.F.), 서론 45~55, 69~72쪽 참조.

(5) 따라서 차이는 동일자나 동등한 것에 종속되지 않는다. 차이는 이제 같음 안에서, 같음으로서 사유되어야 한다. 『동일성과 차이』(1957) 참조. 그리고 『인간은 시적으로 거주한다』(in Essais et conférences), 231쪽. "같은 것과 동등한 것 사이에는 아무런 중복이 없다. 같음은 또한 순수한 동일자의 공허한 제일성(齊一性)과 겹치지 않는다. 동등성은 항상 차이-없음에 묶이게 되고, 결국 모든 것이 그 안에서 일치하게 된다. 반면 같음은 차이나는 것의 상호 소속이며, 이는 차이에 의한 회집(會集)에서부터 시작된다. 오로지 차이가 사유될 때만 같음에 대해 말할 수 있다……같음은 동등성 안에서 차이들을 해소하려는 모든 열망과는 거리가 멀다. 항상 동등하게 하려고만 하지 그 밖의 것은 알지 못하는 열정이 문제이다. 같음은 어떤 근원적 통일성 안에서 차이나는 것을 회집한다. 반면 동등성은 단순히 동형적인 일자(一者)의 생기 없는 단일성 안에 차이의 사태를 흩어놓는다."

우리는 차이와 물음, 존재론적 차이와 존재 물음 사이의 이런 '교신'을 근본적인 것으로 받아들인다. 하지만 하이데거는 자신의 '무' 개념을 통해 스스로 자신에 대한 오해들을 조장한

7절
차이의 문제에서 결정적인 것: 허상과 허상의 저항

따라서 플라톤의 변증술에서는 네 가지 장면을 볼 수 있다. 차이의 선별, 신화적 원환의 설립, 정초의 확립, 물음-문제 복합체의 정립 등이 그것이다. 그러나 이런 형태들을 거치면서도 차이는 여전히 같음이나 일자에 의존한다. 또 같음을 개념 일반의 동일성과 혼동하지 말아야 할 것이다. 같음은 오히려 사물 '자체'인 이데아의 특징이다. 과연 참된 근거의 역할을 떠맡는 한에서 같음이 가져오는 효과는 무엇인가? 왜냐하면 근거지어진 것 안에 동일자를 실존하게 만드는 것, 동일자를 실존하도록 하기 위해 차이를 이용하는 것 외에는 다른 효과를 찾기 어렵기 때문이다. 사실 같음과 동일성의 구별이 어떤 결실들을 맺는다면, 이는 오로지 같음이 어떤 전향(轉向)을 통해 차이나는 것에 의존할 때뿐이다. 이때 차이의 사태 안에서 구별되는 사물과 존재자들도 동시에 그에 상응하는 방식으로 자신들의 동일성이 급진적으로 파괴되는 과정을 거쳐야 한다. 단지 이런 조건에서만 차이는 재현되거나 매개되지 않고 그 자체로 사유될 수 있다. 이와는 반대로 플라톤주의 전체는 '사물 자체'와 허상들 사이에 어떤 구별이 이루어져야 한다는 생각에 의해 지배되고 있다. 플라톤주의는 차이를 그 자체로 사유하지 않는다. 그 대신 차

것이 아닌지 물을 수 있다. 왜냐하면 비-존재의 (비)를 괄호 안에 넣는 대신 존재를 '말소'하기 때문이다. 게다가 근원적 차이를 사유하고 그것을 매개로부터 해방하기 위해서는 같음을 동일성에 대립시키는 것으로 충분한 것일까? 몇몇 주석가들이 훗설에게서 토마스주의의 반향을 재발견할 수 있었던 것이 사실이라면, 거꾸로 하이데거는 둔스 스코투스의 편에 있으며, 존재의 일의성에 새로운 광채를 부여하고 있다. 그러나 하이데거의 전회에 따르면, 일의적 존재는 오로지 차이를 통해 언명되어야 하고 그런 의미에서 존재자의 주변을 회전해야 하지만, 그는 과연 그런 전회를 이루어내고 있는 것일까? **존재자**에 대한 그의 이해를 따를 때, 존재자는 재현의 동일성에 묶인 모든 종속 상태에서 진정으로 벗어나고 있는 것일까? 니체의 영원회귀에 대한 그의 비판을 보면 결코 그런 것 같지 않다.

이를 이미 어떤 근거에 관련짓고 같음의 사태에 종속시키며, 또 신화적 형식을 통해 매개를 도입한다. 플라톤주의를 전복한다는 것, 그것은 모사에 대한 원본의 우위를 부인한다는 것을 말한다. 그것은 이미지에 대한 원형의 우위를 부인한다는 것이며 허상(시뮬라크르)과 반영들의 지배를 찬양한다는 것이다. 피에르 클로소브스키는 우리가 앞에서 인용한 글들에서 이 점을 잘 지적한 바 있다. 즉 엄밀한 의미에서 영원회귀는 각각의 사물이 오로지 되돌아오는 가운데 실존할 수 있다는 것을 뜻한다. 영원회귀는 사물이 무한히 많은 모사들의 모사이고, 때문에 원본도, 심지어 기원조차 계속 존속할 수 없다는 것을 의미한다. 바로 그런 이유에서 영원회귀는 '패러디'의 성격을 띠고 있다고 말해진다. 즉 영원회귀는 자신이 존재하게(그리고 되돌아오게) 만드는 것에 허상이라는 자격을 부여한다.[56] 영원회귀가 존재(비형상적인 것)의 역량일 때, 허상은 존재하는 것 — '존재자' — 의 참된 특성 혹은 형상이다. 사물들의 동일성이 와해될 때, 존재는 거기서 빠져나와 일의성에 도달하며, 차이나는 것의 주위를 맴돌기 시작한다. 존재하는 것 혹은 되돌아오는 것은 결코 이미 구성된 선행의 동일성을 지니지 않는다. 사물은 자신을 갈가리 찢는 차이로 환원되고, 이 차이 안에 함축된 모든 차이들을 통과하며, 그 차이들로 환원된다. 이런 의미에서 허상은 상징 자체이다. 다시 말해서 허상은 자신의 고유한 반복 조건들을 내면화하는 기호이다. 허상은 사물로부터 원형의 지위를 박탈하지만, 그 사물 안에서 어떤 구성적 성격의 불균등성을 움켜쥐었다. 앞에서 보았던 것처럼 영원회귀의 기능은 평균적 형상과 우월한 형상들 사이에 어떤 본성상의 차

56 이 책 147쪽의 주49 참조. 그리고 영원회귀와 관련하여 클로소브스키에게서 나타나는 허상의 사상에 대해서는 M. Foucault, "La prose d'Actéon", *Nouvelle Revue française*, mars 1964와 M. Blanchot, "Le rire des dieux", *Nouvelle Revue française*, juillet 1965 등 참조.

이를 확립하는 데 있다. 하지만 본성상의 차이는 영원회귀에 대한 평균적이거나 중도적인 이해들(부분적 순환 주기들, 혹은 대략적이고 근사한 형태의 회귀로 보는 관점)과 엄밀하거나 정언적인 이해 사이에도 역시 존재한다. 왜냐하면 자신의 역량 전체 안에서 긍정될 때 영원회귀는 어떠한 정초-근거의 설립도 결코 허용하지 않기 때문이다. 오히려 거꾸로 영원회귀는 근거 전체를 파괴하고 삼켜버린다. 근거는 원본과 파생물, 사물과 허상들 사이에 차이를 두는 심급이기 때문이다. 영원회귀를 통해 우리는 보편적인 근거와해[57]를 목격하게 된다. 근거와해라는 말은 그야말로 매개되지 않은 바탕의 자유로 받아들여야 한다. 그것은 다른 모든 바탕의 배후에 있는 어떤 바탕의 발견, 무-바탕과 탈-근거의 관계, 비형상적인 것과 우월한 형상 ── 영원회귀를 구성하는 우월한 형상 ── 의 직접적 상호 반영이다. 동물이든 존재자이든 각각의 사물은 허상의 상태에 이르게 된다. 그때 영원회귀를 사유하는 자는 물론 동굴 밖으로 끌려 나오지 않는다. 오히려 항상 그 너머의 다른 동굴을 발견하고 그리로 숨어 들어간다. 그때 그는 당연히 자신이 존재하는 모든 것의 우월한 형상들로 충만하다고 말할 권리가 있다. 그는 "인류로, 심지어 동물들로 충만하다."라고 말하는 시인과 같다. 이런 말들 자체는 중첩된 동굴들 안에서 메아리를 얻는다. 그리고 잔혹성은 처음에 괴물을 구성하고 속죄를 치러야 하며 재현적 매개에 의해서만 누그러질 수 있는 것으로 나타났지만, 이제는 이념을 형성하고 있는 것처럼 보인다. 다시 말해서 그것은 전도된 플라톤주의 안에서 차이의 순수개념을 형성하고 있다. 잔혹성은 가장 순수한 것, 순수함의 상태이자 그것의 메아리이다.

플라톤이 생각했던 변증술의 최고 목적은 '차이를 만든다'는 데 있

---

57 (옮긴이 주) effondement. fondement(근거)과 effondrement(붕괴, 와해)의 합성어. 바탕fond의 진화 과정의 마지막 국면으로, 바로 아래 나오는 무-바탕sans-fond과 탈-근거 non-fondé, 앞에서 나왔던 카오스모스chaosmos 등의 용어들과 교감하는 말.

차이 그 자체

다. 사물과 허상들, 원형과 모상들 사이에 있지 않은 것은 오직 차이뿐이다. 사물은 허상 자체이고, 허상은 우월한 형상이다. 모든 사물에게 어려운 일이 있다면, 그것은 자신의 고유한 허상에 도달하는 것, 영원회귀의 일관성 안에서 기호의 상태에 도달하는 것이다. 플라톤은 영원회귀를 카오스에 대립시켰다. 마치 카오스가 모순적인 상태이고 바깥으로부터 어떤 질서나 법칙을 받아들여야 하는 것처럼, 가령 반항적인 질료를 굴복시키고 있는 데미우르고스의 작업을 요구하는 것처럼 생각했기 때문이다. 플라톤은 소피스트의 배후에서 모순을, 카오스라는 어떤 가정된 상태를 보았다. 다시 말해서 가장 낮은 등급의 역량을, 마지막 단계의 분유를 본 것이다. 그러나 실상 n승의 힘은 두 번, 세 번, 네 번을 경유하지 않는다. n승의 힘은 직접적으로 긍정되어 지고한 것을 구성하기에 이른다. 즉 그것은 카오스 자체로부터 긍정된다. 그리고 니체가 말하는 것처럼 카오스와 영원회귀는 서로 다른 두 사태가 아니다. 소피스트는 모순의 존재자(혹은 비-존재자)가 아니다. 그는 오히려 모든 사물들을 허상의 상태로까지 끌고 가는 자, 허상의 상태 안에서 사물들 전체를 운반하는 자이다. 플라톤은 반어를 그런 지점까지 ── 그런 패러디까지 ── 밀어붙여야 하지 않았을까? 플라톤은 플라톤주의를 전복하는 최초의 인물, 적어도 그런 전복의 방향이라도 보여주는 최초의 인물이어야 하지 않았을까? 여기서 『소피스트』의 장대한 결말을 떠올려보자. 거기서 차이는 자리를 바꾼다. 나눔의 방법은 그 자신을 배반하고 자신의 절차에 역행한다. 그리고 허상(꿈, 그림자, 반영, 그림)의 깊이를 천착하여 그것을 원본이나 원형으로부터 구별해내는 것이 불가능함을 증명한다. 이방인은 소피스트를 정의하지만, 그렇게 정의된 소피스트는 소크라테스 자신과 더 이상 구별 불가능하다. 즉 그는 반어적인 모방자이며, 간결한 논변들(물음과 문제들)을 통해 나아간다. 그래서 차이의 각 계기는 선별, 반복, 근거와해, 물음-문제 복합체 등과 같은 자신의 진정한 형태를 발견해야 한다.

우리는 재현을 그와는 다른 본성을 띤 어떤 형성 과정에 대립시켰다. 재현의 요소 개념들은 가능한 경험의 조건들로 정의되는 범주들이다. 그러나 범주들은 실재에 비해 너무 일반적이고 너무 크다. 그물은 너무 성겨서 대단히 큰 물고기도 빠져나가 버린다. 그래서 감성론이 환원 불가능한 두 영역으로 쪼개진다는 것은 놀라운 일이 아니다. 그렇게 쪼개진 한 영역은 감성적인 것에 대한 이론인데, 이 이론은 실재에서 오로지 가능한 경험과 합치하는 것만을 보존한다. 다른 한 영역은 미(美)에 대한 이론인데, 이 이론은 감성적인 것에 대한 이론에 반영되는 것만을 실재의 실재성으로 받아들인다. 하지만 우리가 실재적 경험의 조건들을 규정한다면 모든 것은 달라진다. 이 실재적 경험의 조건들은 조건화되는 것보다 더 크지 않으며, 범주들과는 본성상의 차이를 지닌다. 여기서 감성론의 두 가지 의미는 서로 뒤섞여 하나가 된다. 감성적인 것의 존재가 예술작품을 통해 드러나는 동시에 예술작품은 경험이나 실험으로 나타나는 상황이 벌어지는 것이다. 재현은 무엇 때문에 비난을 받는가? 동일성의 형식에 머물기 때문이며, 보이는 대상과 보는 주체라는 이중의 관계 아래 머물기 때문이다. 동일성은 각각의 부분적 재현 안에 보존된다기보다는 본연의 무한한 재현 전체 안에 보존된다. 무한한 재현은 관점들을 계속 중복하고 그것들을 계열들에 따라 유기적으로 조직한다. 그러나 이는 무위에 그친다. 이 계열들은 여전히 하나의 같은 대상, 하나의 같은 세계로 수렴된다는 조건에 종속되어 있기 때문이다. 무한한 재현은 형태와 계기들을 계속 증식하고 그것들을 자기 운동 능력을 지닌 원환들을 통해 유기적으로 조직한다. 그러나 이는 무위에 그친다. 이 원환들은 여전히 하나의 단일한 중심만을 지니고, 이 유일한 중심은 의식이라는 거대한 원환의 중심이기 때문이다. 반면 현대 예술작품은 서로 교대하는 계열들과 원환적 구조들을 발전시키고

차이 그 자체

있다. 그때 예술은 철학에 재현을 폐기하는 데가지 이르는 길을 가리키고 있다. 원근법들을 복수화한다고 해서 원근법주의를 만들 수 있는 것은 아니다. 각각의 원근법이나 관점에는 자족적 의미를 지닌 어떤 자율적 작품이 대응해야 한다. 즉 중요한 것은 계열들의 발산, 원환들의 탈중심화, '괴물'이다. 따라서 원환과 계열들 전체는 형상을 띠지 않는 어떤 카오스이다. 근거가 와해된 이 카오스는 그 자신의 고유한 반복, 자신의 재생산 외에는 다른 '법칙'을 갖지 않으며, 이 반복과 재생산은 발산하고 탈중심화하는 것의 전개 속에서 이루어진다. 익히 알려진 바와 같이 이런 조건들은 말라르메의 『책』이나 조이스의 『피네건의 경야』 같은 작품들 안에서 이미 구체적으로 현실화되어 있다. 말하자면 이 작품들은 본성상 문제를 제기하는 작품들이다.[58] 거기서는 읽히는 사물의 동일성은 비의적 단어들을 통해 한정되는 발산적 계열들 안에서 와해된다. 마찬가지로 읽는 주체의 동일성은 가능한 복수적인 다중의 독서 안에서, 중심을 이탈한 원환들 안에서 와해된다. 그러나 상실되는 것은 아무것도 없다. 각 계열은 다른 계열들의 회귀 안에서만 실존하기 때문이다. 모든 것은 허상이 되었다. 하지만 이때 허상을 어떤 단순한 모방으로 이해하지 말아야 한다. 허상은 차라리 원형이나 특권적 위치라는 생각 자체를 반대하고 전복하는 행위이다. 허상은 어떤 즉자적 차이를 포괄하는 심급, (적어도) 두 개 이상의 발산적 계열들을 포괄하는 심급이다. 허상은 이 발산적 계열들 위에서 유희를 벌이지만, 여기서는 모든 유사성이 폐기되어 있다. 따라서 무엇이 원본이고 무엇이 모상인지 가리킬 수 없다. 이런 방향으로 들어설 때 찾아야 하는 것은 더 이상 가

---

58 움베르토 에코, 『열린 작품』 참조. 에코에 따르면, '고전적인' 예술작품은 복수적인 원근법에 의해 조망되고 복수적인 해석에 의해 정당화될 수 있다. 하지만 각각의 관점이나 해석에 대하여 하나의 자율적인 작품이 대응하는 것은 아직 아니다. 자율적인 작품은 거대-작품(걸작)의 카오스 안에 휩싸여 있다. '현대적인' 예술작품의 특징은 중심이나 수렴의 부재에 있음을 알 수 있다(1장과 4장 참조).

능한 경험의 조건들이 아니라 실재적 경험의 조건들(선별, 반복 등)이다. 바로 여기서 우리는 재현 이하의 영역의 실재성을 체험적으로 발견한다. 재현이 동일성을 요소로, 유사한 것을 측정 단위로 하는 것이 사실이라면, 허상 안에 나타나는 바 그대로의 순수한 현전은 '계속되는 불일치'를 측정 단위로 한다. 다시 말해서 어떤 차이의 차이가 언제나 그 순수한 현전의 직접적이고 무매개적인 요소인 것이다.

차이 그 자체

2
대자적 반복

1절
반복: 무엇인가 변하고 있다

반복되고 있는 대상 안에서는 아무것도 변하지 않는다. 하지만 반복을 응시하고 있는 정신 안에서는 무엇인가 변하고 있다. 흄의 이 유명한 테제에 힘입어 우리는 문제의 핵심으로 나아갈 수 있다. 어째서 반복되고 있는 요소나 경우 안에서 어떤 변화가 일어나는 것일까? 사실 반복은 권리상 각각의 현전화가 완전한 독립성을 띠고 있음을 함축하고 있으니 말이다. 반복을 지배하는 불연속성이나 순간성의 규칙은 다음과 같이 정식화된다. 즉 어떤 것이 나타나기 위해서는 반드시 다른 것이 사라져야 한다. 이것이 순간적 정신mens momentanea에 해당하는 물질의 상태이다. 하지만 어떻게 "두 번째", "세 번째", 그리고 "그것은 같은 것이다."라고 말할 수 있을까? 왜냐하면 반복은 생성하는 가운데 소멸하기 때문이다. 즉자(卽自)로서의 반복은 없다. 반면 반복을 응시하는 정신 안에서는 무엇인가 변하고 있다. 이것이 양태변화의 본질이다. 흄이 사례로 드는 것은 경우의 반복이고, 이 반복은 AB, AB, AB, A……라는 형태를 띤다. 각각의 경우, 각각의 객관적 요소 연속 AB는 다른 것에 대해 독립적이다. 반복(그러나 사실 아직 반복에 대해 말할 수 있는 처지가 아니다.)은 대상 안에서, 사물들의 상태 AB 안에서는 아무것도 변화시키지 않는다. 반면 응시하는 정신 안에서는 어떤 변화가 일어난다. 정신 안에서 어떤 차이, 새로운 어떤 것이 발생하는 것이다. A가 나타난다고 해보자. 그러면 나는 이제 B가 나타날 것을 기대한다. 이것이 바로 반복의 대자적 측면이 아닐까? 이때 대자적 측면은 반복을 필연적으로 구성하고 있어야 하는 어떤 근원적 주관성에 해당한다. 반복의 역설은 여기에 있다. 응시하는 정신 안에 차이나 변화를 끌어들이는 것은 반복이다. 하지만 반복에 대해 말할 수 있기 위해서는 오로지 그것이 끌어들이는 바로 그 차이나 변화에 의존할 수밖에 없는 것이 아닐까? 오로지 정신이 반복에서 훔쳐내는 어떤 차이를 통해서만 반복에 대해 말할 수 있는 것이 아닐까?

이런 변화의 본성은 어디에 있는가? 흄의 설명에 따르면, 동일하거나 유사한 독립적인 경우들은 상상력을 통해 용해된다. 여기서 상상력은 수축의 능력으로 정의된다. 즉 상상력은 감광판처럼 새로운 경우가 나타날 때 이전의 경우를 계속 보존한다. 상상력을 통해 경우, 요소, 진동, 동질적 순간들이 수축된다. 그리고 일정한 무게를 지닌 어떤 내적이고 질적인 인상 안으로 용해된다. A가 나타날 때 우리는 B가 나타날 것을 기대하고, 이 B는 수축된 모든 AB들의 질적인 인상에 상응하는 어떤 힘을 지니고 있으리라 생각된다. 이런 기대와 생각은 기억에 의한 것도, 하물며 지성의 작용에 의한 것도 아니다. 수축은 어떤 반성이 아니기 때문이다. 엄밀하게 말하면 수축은 어떤 시간의 종합을 이루어낸다. 순간들의 계속[1]은 시간을 형성한다기보다 오히려 와해한다. 이 계

---

1 (옮긴이 주) succession. 계기(繼起)로 옮기기도 하지만 moment의 번역어 계기(契機)

속은 오로지 시간이 탄생한 지점만을, 그러나 항상 실패한 탄생 지점만을 표시한다. 시간은 오로지 어떤 근원적 종합 안에서만 구성된다. 순간들의 반복을 대상으로 하는 이 종합은 독립적이면서 계속 이어지는 순간들을 서로의 안으로 수축한다. 이런 종합을 통해 체험적 현재, 살아 있는 현재가 구성된다. 그리고 시간은 이런 현재 안에서 펼쳐진다. 과거와 미래도 모두 이런 현재에 속한다. 즉 선행하는 순간들이 수축을 통해 유지되는 한에서 과거는 현재에 속한다. 기대는 그런 똑같은 수축 안에서 성립하는 예상이므로 미래는 현재에 속한다. 과거와 미래는 현재라고 가정된 순간과 구분되는 어떤 순간들을 지칭하는 것이 아니다. 다만 순간들을 수축하는 현재 그 자체의 차원들을 지칭할 뿐이다. 현재는 과거에서 미래로 가기 위해 자기 자신으로부터 외출할 필요가 없다. 따라서 살아 있는 현재는 과거에서 미래로 가지만, 그 과거와 미래는 현재 자체가 시간 안에서 구성한 과거이자 미래이다. 다시 말해서 살아 있는 현재는 특수한 것에서 일반적인 것으로 이행한다. 하지만 이때 그 현재는 수축을 통해 특수한 것들을 봉인하고 있다가 자신의 기대 범위 안에서 일반적인 것을 개봉한다.(정신 안에서 산출된 차이는 미래의 생생한 규칙을 형성하는 한에서 일반성 그 자체이다.) 이런 모든 점을 고려할 때, 이 종합은 수동적 종합이라 불러야 한다. 이 종합은 구성적이다. 하지만 그렇다고 능동적인 것은 아니다. 이 종합은 정신에 의해 이루어지는 것이 아니다. 다만 모든 기억과 모든 반성에 앞서 응시하는 정신 안에서 이루어지고 있을 뿐이다. 시간은 주관적이다. 하지만 그것은 어떤 수동적 주체의 주관성이다. 수동적인 종합, 혹은 수축은 본질적으로 비대칭적이다. 현재 안에서 과거에서 미래로, 따라서 특수한 것에서 일반

와 혼동되기 쉬우므로 계속(繼續)으로 옮긴다. 그 밖에 successif는 계속되는, (매 순간) 계속 이어지는 등으로 옮긴다.

대자적 반복

적인 것으로 나아가기 때문이며, 이를 통해 시간의 화살에 방향을 부여하기 때문이다.

시간의 첫 번째 종합: 살아 있는 현재

대상 안에서 반복을 고찰한다면, 우리는 반복의 이념을 가능하게 해주는 조건들을 넘어서지 못할 것이다. 그러나 주체 안에서 변화를 고찰한다면, 우리는 이미 이 조건들을 넘어서서 차이의 일반적 형식 앞에 서게 된다. 또한 반복의 이념적 구성 안에는 일종의 사후적이고 소급적인 운동이 함축되어 있는데, 그것은 이 두 한계(반복을 대상 안에서 고찰하는 경우와 주체 안에서 고찰하는 경우) 사이에서 성립하는 운동이다. 반복의 이념적 차원은 그 두 한계 사이에서 직물처럼 짜여나간다. 흄은 이 운동을 심층적으로 분석하고 있다. 이때 그는 상상력에 의해 수축되거나 용해되는 경우들이 기억이나 지성 안에서는 여전히 구별되는 상태에 머물러 있다는 사실을 보여준다. 왜 그런가? 이는 한 경우가 사라지지 않고서는 다른 경우를 산출하지 않는 물질 상태로 되돌아가기 때문이 아니다. 오히려 거꾸로 그것은 상상력의 질적인 인상에서 출발하기 때문이다. 기억은 자신에게 고유한 '시간의 공간' 안에 특수한 경우들을 보존하고, 그런 가운데 이 경우들을 구별되는 경우들로 재구성한다. 그래서 과거는 더 이상 파지(把持)[2]에 의한 직접적 과거가 아니

---

2 (옮긴이 주) rétention. 훗설의 시간론에 나오는 Retention의 번역어. 훗설은 지금-여기의 직접적 지각에 수반되는 일차적 기억을 '파지'로, 일차적 기대를 '예지'로 지칭한다. 예지의 원어는 Protention이고, 들뢰즈의 다음 문장에 나오는 anticipation은 이 용어의 번역어로, 그 아래 문장의 (능동적이고 의식적인) 예견prévision과 대립한다. 이는 파지가 능동적 재기억에 의한 재생reproduction의 대립항인 것과 같다. 들뢰즈는 시간의 일차적 종합을 다루는 이 부분에서 베르그손의 수축contraction 개념을 끌어들여 흄의 습관론을 시간론으로 탈바꿈시키고 있는데, 이 대목에서는 훗설의 시간론도 자신의 시간 이론의 일부로 편입될 수 있음을 암시하고 있다. 또 여기서 '수동적 종합'이란 용어를 처음 사용한 철학자는 훗설임을 기억하자.

다. 다만 재현에 의한 반성적 과거, 반성되고 재생된 특수성일 뿐이다. 이에 상응하여 미래도 역시 예지에 의한 직접적 미래로 남아 있을 수 없다. 다만 예견에 의한 반성적 미래, 지성에 의해 반성된 일반성이 되는 것이다.(지성을 통해 상상력의 기대는, 관찰되고 상기된 유사하면서도 구별되는 경우들의 수와 비례적 관계에 놓인다.) 이는 기억과 지성의 능동적 종합이 상상력의 수동적 종합과 중첩되고, 또 그 능동적 종합이 수동적 종합에 의존한다는 것을 의미한다. 그러므로 반복의 구성에는 이미 세 가지 층위가 함축되어 있다. 먼저 즉자(卽自)의 층위가 있다. 하지만 이를 통해서는 반복은 사유 불가능하게 된다. 혹은 생성되고 있는 반복은 이 층위를 통해서는 단지 와해될 뿐이다. 그 다음 수동적 종합에 따르는 대자(對自)의 층위가 있다. 그리고 마지막으로 이 층위에 기초한 반성적 재현의 층위가 있다. 이는 '우리에 대하여'라는 형식의 반성적 재현이며, 이 재현은 능동적 종합 안에서 성립한다. 연상주의는 어디서도 볼 수 없는 미묘한 성격을 띠고 있다. 그와 비슷한 문제에 직면했을 때 베르그손이 흄의 분석들을 다시 찾는 것은 놀라운 일이 아닐 것이다. 가령 시계가 네 시를 알린다고 하자.⋯⋯각각의 타종, 각각의 진동이나 자극은 순간적 정신mens momentanea인 다른 타종이나 진동에 대해 논리적으로 독립적인 관계에 있다. 그러나 우리는 이것들을 어떤 내적이고 질적인 인상 안으로 수축한다. 이 수축은 모든 회상이나 분명한 계산의 바깥에서 성립한다. 그 수축은 살아 있는 현재 안에서, 지속으로서의 이 수동적 종합 안에서 이루어진다. 그 후에 우리는 그 타종들을 어떤 보조적인 공간과 파생적인 시간 안에 다시 위치시킨다. 여기서 우리는 그것들을 재생할 수 있고 반성할 수 있으며 얼마든지 양화 가능한 외부적 인상들인 것처럼 계산할 수 있다.[3]

---

3 베르그손의 텍스트는 『의식에 직접 주어진 것』(*Œuvres*), 2장, 82~85쪽에 있다. 베르그

아마 베르그손의 예는 흄의 예와는 똑같지 않을 것이다. 베르그손의 예는 닫힌 반복을, 흄의 예는 열린 반복을 가리킨다. 게다가 베르그손의 예는 A A A A(틱, 틱, 틱, 틱)라는 요소들의 반복을, 흄의 예는 AB AB AB A……(틱-탁, 틱-탁, 틱-탁, 틱……)라는 경우들의 반복을 가리킨다. 이 두 형식은 주로 다음과 같은 점에서 서로 구별된다. 즉 흄의 예에서 차이는 단지 요소들 일반의 수축 안에서만 나타나는 것이 아니다. 여기서 차이는 각각의 특수한 경우 안에도 현존한다. 이 각각의 경우는 어떤 대립 관계를 통해 규정되고 결합되는 두 요소 사이에서 성립한다. 여기서 대립의 기능은 권리상 요소적 반복을 제한하는 데 있다. 그 대립을 통해 요소적 반복은 가장 단순한 집단 안에 묶이고 둘이라는 최소치로 환원된다.(틱은 탁의 역전이다.) 따라서 차이는 일차적으로 취했던 일반성의 형태를 포기하고, 반복되고 있는 특수자 안에서 분배되는 것처럼 보인다. 하지만 이를 통해 새로운 생생한 일반성들이 태어난다. 반복은 두 요소로 환원된 '경우' 안에 갇혀 있다. 하지만 어떤 새로운 무한이 열린다. 경우들 그 자체의 반복, 그것이 새로운 무한이다. 그러므로 요소들의 반복이 본성상 모두 닫힌 반복이라고 믿는 것이 오류이듯, 경우들의 반복이 본성상 모두 열린 반복이라고 믿는 것은 오류일 것이다. 경우들의 반복이 열려 있다면, 그것은 오로지 이항 대립을 통해 요소들 사이에 폐쇄적 관계가 성립한 이후에만 그러하다. 거꾸로 요소들의 반복이 닫혀 있다면, 그것은 오로지 그 배후에 경우의 구조들이

손은 여기서 정신 안의 융합이나 수축, 그리고 공간 안의 펼침을 서로 구별되는 두 측면으로 나누어 고찰한다. 수축은 지속의 본질이고 요소적인 물질적 진동들 위에 작용하여 지각된 성질을 구성한다. 이 점은 『물질과 기억』에서 훨씬 더 정확하게 분석된다.

흄의 텍스트는 『인간 본성에 관한 논고』(Aubier), 특히 3부 16절에 있다(I, 249~251쪽). 흄에 따르면, 상상력 안에서 이루어지는 경우들의 결합이나 융합—기억이나 지성과는 독립적으로 이루어지는 결합—을 기억과 지성 안에서 일어나는 똑같은 경우들의 구별과 혼동하지 말아야 한다.

자리하고 있을 때만 그러하다. 이 구조들 안에서 요소들의 반복 — 총괄적 관점에서 바라본 반복 — 은 대립하고 있는 두 요소들 중 한쪽의 역할을 스스로 떠맡는다. 즉 4는 단지 네 번의 타종과 맺는 관계 안에서만 일반성을 띠는 것이 아니다. '네 시'는 지나갔거나 뒤따라올 30분과 더불어, 심지어 지각 세계의 지평에서는 아침과 저녁의 뒤바뀐 네 시들과 더불어 갈등 관계에 놓인다. 수동적 종합 안에서 반복의 두 형식은 언제나 서로 의존하는 관계에 있다. 즉 경우들의 반복은 요소들의 반복을 가정하지만, 요소들의 반복은 필연적으로 스스로 자신을 넘어서서 경우들의 반복 안으로 들어선다.(틱-틱 일반을 어떤 하나의 틱-탁으로 경험하는 수동적 종합의 본성적인 경향은 이로부터 비롯된다.)

습관, 수동적 종합, 수축, 응시

바로 그렇기 때문에 두 형식 사이의 구별보다 훨씬 더 중요한 것이 어떤 수준들의 구별이다. 한 형식과 다른 형식이 서로 영향을 미치고 서로 조합되는 수준들이 있는 것이다. 베르그손의 예나 흄의 예에 기댈 때, 우리는 감성적이고 지각적인 종합들의 수준에 머물게 된다. 감각된 성질은 요소적 자극들의 수축과 구별되지 않는다. 하지만 지각된 대상 그 자체는 두 가지 사태를 함축한다. 먼저 경우들의 수축이 있고, 이 수축을 통해 한 성질은 다른 성질 안에서 독해된다. 다른 한편 어떤 구조가 있는데, 이 구조 안에서 대상의 형식은 그 성질 — 적어도 어떤 지향적인 부분에 해당하는 성질 — 과 짝을 맺는다. 그러나 구성적 수동성의 질서 안에서 지각적 종합들의 배후에는 어떤 유기체적 종합들이 자리한다. 이는 마치 감관들의 감성이 우리의 존재에 해당하는 어떤 원초적 감성에 의존하는 것과 같다. 우리는 수축된 물, 흙, 빛, 공기이다. 우리는 그것들을 식별하거나 표상하기 전에, 심지어 그것들을 느끼기 전에 이미 수축된 물, 흙, 빛, 공기이다. 모든 유기체는 수축, 파지, 기대들이 어우러진 어떤 총합이다. 수용적이고 지각적인 요소들 안에서, 그리고 또한 내장(內臟)들 안에서 볼 때 유기체는 수축, 파지, 기대 안에 놓여 있다. 생명이 숨쉬는 이 원초적 감성의 수준에 주목해보라. 여기서는 체험된 현재가 이미 시간 안에서 어떤 과거와 미래를 구성하고 있다. 이 미래는 욕구 안에서 나타나며, 이 욕구는 기대의 유기체적 형식에 해당한다. 반면 파지의 과거는 세포의 유전에서 나타난다. 게다가 이런 유기체적 종합들은 자신을 발판으로 하는 지각적 종합들과 조합되며, 그런 가운데 스스로 심리-유기체적 기억과 지성의 능동적 종합 안에서 다시 자신을 펼쳐간다(본능과 학습). 따라서 수동적 종합과 관련하여 우리는 단지 반복의 형식들을 구별하는 것으로 그치지 말아야 한다. 수동적 종합들의 수준들, 이 수준들 사이의 조합들, 그리고 이 수준들과 능동적 종합들의 조합들을 구별하는 데까지 나아가야만 한다. 기호들의 영역은 이 모든 것에 의해 형성된다. 이 풍부한 영역은 매 순간 다질성을 봉인하고 행동에 활기를 불어넣는다. 사실 각각의 수축, 각각의 수동적 종합은 하나의 기호를 구성하고 있고, 이 기호는 능동적인 종합들 안에서 해석되거나 펼쳐진다. 어떤 기호들을 통해 동물이 물의 현존을 '느낀다'면, 이 기호들은 그 목마른 유기체에 부족한 요소들과 유사하지 않다. 감각이나 지각이 반복에 참여하는 방식, 나아가 욕구와 유전, 학습과 본능, 지성과 기억이 반복의 성격을 지니는 방식은 언제나 네 가지 측면에서 이해되어야 한다. 반복의 형식들의 조합, 이 조합들이 정교화되는 수준들, 이 수준들의 연관성, 능동적 종합과 수동적 종합들의 상호 간섭 등이 그것이다.

우리가 유기체에까지 확장시켜야 했던 이 모든 영역에서 문제가 되고 있는 것은 무엇인가? 흄은 그것이 정확히 습관의 문제임을 말했다. 그러나 흄이 분석하는 인과적인 요소 연속뿐 아니라 베르그손이 예로

드는 시계의 타종들에 대해 이런 물음을 던질 수 있다. 우리는 실제로 습관의 신비를 매우 가깝게 느끼면서도 '습관적으로' 습관이라 불리는 것에 대해 제대로 아는 것이 아무것도 없다. 이런 사실을 어떻게 설명할 것인가? 그 이유는 아마 심리학의 가상들 안에서 찾아야 할 것이다. 심리학은 능동성을 물신(物神)으로 숭배하고 있다. 심리학은 내성(內省)에 대한 커다란 공포 때문에 오로지 움직이는 것만을 관찰하게 되었다. 심리학은 어떻게 사람들이 행동하는 가운데 습관들을 취득하게 되는지를 묻는다. 그러나 이렇게 시작하는 학습*learning*에 대한 모든 연구는 오류에 빠질 위험이 있다. 다음과 같은 선행의 물음을 제기하지 않기 때문이다. 즉 습관들을 취득하는 것은 행동하면서인가…… 아니면 거꾸로 응시하면서인가? 심리학은 자아가 자기 자신을 스스로 응시할 수 없다는 것을 확정된 사실로 간주한다. 하지만 문제는 여기에 있는 것이 아니다. 여기서 던져야 할 물음은 혹시 자아 자신이 어떤 응시가 아닌지, 혹시 자아의 본성이 어떤 응시에 있는 것은 아닌지 하는 데 있다. 그리고 사람들이 신체적 행동을 배우거나 형성할 수 있다면, 또 자기 자신이 스스로 형성할 수 있다면, 그런 학습과 형성은 응시와는 다르게 이루어지는 것인지를 아는 것이 문제이다.

습관은 반복에서 새로운 어떤 것, 곧 차이(일단 일반성으로 설정된 차이)를 훔쳐낸다. 습관의 본질은 수축에 있다. 이를 증명해주는 것은 언어이다. 가령 습관을 '수축한다(붙인다)'[4]는 말이 있는데, 이 동사는 오직 어떤 하비투스habitus를 구성할 수 있는 보어(補語)가 있을 때만 사용된다. 물론 심장이 팽창할 때보다 수축할 때 더 많은 습관을 가지는 것은 아니라는(또는 그보다 더한 습관은 아니라는) 반박이 있을 수 있다. 하지만

---

4 (옮긴이 주) contracter une habitude. 습관을 붙인다, 얻는다는 뜻의 관용어. 여기서는 습관과 수축의 밀접한 관련성을 보여주는 사례로 활용되고 있다. 문맥을 살리기 위해 일단 '습관을 수축한다'로 직역해둔다.

대자적 반복

이는 우리가 완전히 다른 두 종류의 수축을 혼동하기 때문이다. 즉 수축은 틱-탁…… 유형의 계열 안에서 능동적인 두 요소 중의 하나를, 그 계열 안에서 대립하고 있는 두 시간 중의 하나를 지칭할 수 있다. 이때 다른 요소는 이완이나 팽창이 된다. 그러나 수축은 또한 응시하는 영혼 안에서 계속 이어지는 틱-탁들의 융합을 가리킨다. 이것이 수동적 종합이다. 이 수동적 종합은 우리의 삶의 습관을 구성한다. 다시 말해서 그것이 구성하는 것은 '이것'이 계속되리라는 우리의 기대이며, 두 요소 중의 하나가 다른 요소 이후에 뒤따라올 것이라는 우리의 기대이다. 이때 우리의 경우가 영속하리라는 확신이 생긴다. 그러므로 습관이 수축이라고 말할 때 우리는 반복의 한 요소를 형성하기 위해 다른 순간적 행위와 합쳐지는 순간적 행위에 대해 언급하고 있는 것이 아니다. 우리가 언급하고 있는 것은 응시하는 정신 안에서 일어나는 이런 반복의 융합이다. 심장, 근육, 신경, 세포 등에는 어떤 영혼이 있다고 해야 한다. 하지만 이 영혼은 응시하는 영혼이며, 이 영혼의 모든 역할은 습관을 수축하는〔붙이는〕 데 있다. 이는 결코 미개하거나 신비스러운 가설이 아니다. 오히려 거꾸로 습관은 여기서 자신의 충만한 일반성을 드러낸다. 이 일반성은 우리가 (심리학적으로) 가지는 감각-운동의 습관들에만 관련되는 것이 아니다. 그것은 무엇보다 우리 자신의 존재인 원초적 습관들에 관련되어 있고, 우리를 유기적으로 형성하는 수천의 수동적 종합들에 관련되어 있다. 우리가 습관들로 이루어져 있다면, 이는 우리가 수축하기 때문이다. 하지만 우리가 수축하게 되는 것은 응시를 통해서이다. 이 둘은 동시적 사태이다. 우리는 어떤 응시들이고, 우리는 어떤 상상들이다. 우리는 어떤 일반성들이고, 우리는 어떤 경쟁적 지망들이며, 우리는 어떤 만족들이다. 왜냐하면 지망의 현상은 수축하는 응시 이외의 다른 어떤 것이 아니기 때문이다. 이 수축하는 응시를 통해 우리는 우리가 수축하고 있는 것에 대한 우리의 권리와 기대를 천명한다. 그리고 우리가 응시하는 한에서 우리 자신에 대한 우리의 만족을 천명한다. 우리는 우리 자신을 스스로 응시하지 않는다. 하지만 우리는 오로지 응시하기 때문에 비로소 실존한다. 다시 말해서 우리는 수축하기 때문에 비로소 존재한다. 우리는 우리가 있기 위해 먼저 있는 것을 응시하고 수축하며, 그런 가운데 실존한다. 쾌락은 그 자체로 수축이나 긴장인가, 아니면 언제나 이완의 과정과 이어져 있는가? 하지만 이것은 잘못 제기된 물음이다. 쾌락의 요소들은 자극체들이 이완과 수축들을 계속 힘차게 이어나갈 때 발견될 것이다. 하지만 쾌락은 왜 우리의 심리적인 삶 안에 있는 하나의 요소나 경우일 뿐 아니라 모든 경우 안에서 우리의 심리적인 삶을 지배하는 어떤 최고의 원리인가? 이는 앞의 것과 전적으로 다른 종류의 물음이다. 쾌락이 원리라면, 이는 그것이 어떤 충만한 응시의 흥분이기 때문이다. 응시는 이완과 수축으로 이루어진 경우들을 자기 자신 안에서 수축할 때 충만해진다. 거기에는 수동적 종합의 지극한 행복이 있다. 응시를 통해 우리는 쾌락을 맛본다. 그리고 우리는 우리 자신과는 완전히 다른 사물을 응시함에도 불구하고, 그 응시가 가져다 준 쾌락(자기만족)을 통해 모두 나르키소스가 된다. 우리는 응시에서 끌어내는 쾌락 때문에 나르키소스임에도 불구하고, 우리가 응시하는 것을 통해 언제나 악타이온이 된다. 응시한다는 것, 그것은 훔쳐낸다는 것이다. 자기 자신의 이미지로 충만해지기 위해서는 언제나 먼저 다른 것을, 물, 아르테미스, 나무들을 응시해야만 한다.

습관의 연속성 이외의 다른 연속성이 없다는 사실을 그 누구보다 잘 보여준 사람은 새뮤얼 버틀러이다. 그에 따르면 우리는 수많은 습관들의 연속성 말고는 다른 연속성을 가지고 있지 않다. 이 수많은 습관들은 우리 안에서 그토록 많은 미신과 응시의 자아들을, 그토록 많은 경쟁적 지망자와 만족들을 구성하고 형성한다. "사실 들판의 밀 자신은 자신의 실존에 관한 한 미신적인 지반에 뿌리내리고 성장한다. 그것이 흙과 습기를 밀알로 변형시키는 것은 오로지 주제넘은 믿음 덕분이다. 밀은 그런 변형을 이루어낼 자신의 고유한 능력을 한없이 신뢰하고 있다. 자기 자신에 대한 그런 신뢰나 믿음이 없다면 밀은 무력해질 것이다."[5] 경험주의자가 아니라면 이런 행복한 표현을 감히 엄두조차 내지 못할 것이다. 흙과 습기의 수축이 있고, 이것이 밀알이라 불린다. 그리고 이 수축은 어떤 응시이며 이 응시가 가져오는 자기만족이다. 들판의 백합은 단지 자신의 실존을 통해 이미 어떤 영광을 노래하고 있다. 하늘, 여신과 신들의 영광을, 다시 말해서 자신이 수축하면서 응시하는 요소들의 영광을 노래하는 것이다. 어떤 유기체가 예외이겠는가? 모든 유기체는 반복의 요소와 경우들로 이루어져 있다. 응시되고 수축된 물, 질소, 탄소, 염소, 황산 등으로 이루어져 있으며, 그래서 자신을 구성하고 있는 모든 습관들을 서로 얽고 조여 매고 있다. 유기체들은 『엔네아데스』 3권의 "모든 것은 응시이다!"라는 숭고한 말과 더불어 잠에서 깨어나고 있다. 물론 모든 것이 응시라고 말하는 것, 심지어 바위와 나무들, 동물과 인간들, 나아가 악타이온과 사슴, 나르키소스와 꽃, 심지어 우리의 행위와 욕구들조차 응시라고 말하는 것은 '반어'인지 모른다. 그러나 반어 또한 여전히 어떤 응시이다. 그것은 응시 이외의 다른 어떤 것이 아니다.⋯⋯플로티누스에 따르면, 사람들은 오로지 자신의 고유한 이미지를 응시하기 위해서 자신의 유래를 향하여 스스로 뒤돌아설 때만 그 이미지를 규정하고 향유할 수 있다.

습관의 문제

습관을 반복에 의존하지 않는 것으로 만들어주는 이유들을 이리저

---

5 Samuel Butler, *La vie et l'habitude*(N.R.F.), 86~87쪽.

리 끌어 모으는 것은 쉬운 일이다. 즉 행위한다는 것은 이루어지고 있는 행위 안에서건 이미 이루어진 행위 안에서건 결코 반복한다는 것이 아니다. 앞에서 보았던 것처럼 오히려 행위는 특수한 것을 변수로 취하고, 일반성을 요소로 삼는다. 하지만 일반성이 반복과는 전혀 다른 사태라는 것이 사실이라 해도, 일반성은 반복에 의존한다. 반복은 일반성이 구성되는 숨겨진 기저(基底)이다. 행위가 일반성의 질서 안에서, 이 질서에 상응하는 변수들의 영역 안에서 구성된다면, 그것은 오로지 반복 요소들의 수축을 통해서만 그러하다. 이 수축은 단지 행위 안에서만 이루어지는 것이 아니라 행위자를 이중화하는 어떤 응시하는 자아 안에서도 이루어진다. 그리고 여러 행위들을 훨씬 복잡한 하나의 행위 안으로 통합하기 위해서는 처음의 행위들이 다시 어떤 '경우' 안에서 반복 요소들의 역할을 감당해야 한다. 하지만 이런 역할은 언제나 합성된 행위 주체의 기저에 놓인 어떤 응시하는 영혼과 관련해서 주어진다. 행위하는 자아 아래에는 응시하는 작은 자아들이 있다. 행위와 능동적 주체를 가능하게 하는 것은 이 작은 자아들이다. 우리가 '자아'를 말할 수 있다면, 이는 오로지 우리 안에서 응시하는 이 수많은 목격자들이 있기 때문이다. 자아를 말하는 것은 항상 어떤 제삼자이다. 심지어 미로의 쥐 안에도, 쥐를 이루는 각각의 근육 안에도 이 응시하는 영혼들이 있다고 해야 한다. 그런데 응시는 어떠한 행위의 순간에도 나타나지 않는다. 응시는 항상 뒤로 물러서 있다. 응시는 그 어떤 것도 '행하지' 않는다.(비록 어떤 것이, 완전히 새로운 어떤 것이 응시 안에서 행해짐에도 불구하고.) 그래서 우리는 응시를 망각하기 쉬우며, 반복을 전혀 끌어들이지 않고 자극과 반응의 전 과정을 해석하기 쉽다. 왜냐하면 반복을 끌어들이는 것은 단지 자극 및 반응들과 응시하는 영혼들의 관계 안에서만 볼 수 있는 현상이기 때문이다.

반복에서 새로운 어떤 것을 훔쳐내고 반복에서 차이를 훔쳐내는 것.

이는 상상의 역할이거나 다양하고 조각난 상태에서 응시하는 정신의 역할이다. 게다가 반복은 본질상 상상적이다. 왜냐하면 여기서 상상만이 구성의 관점에서 반복적인 힘vis repetitiva의 '계기'를 형성하기 때문이다. 상상은 자신이 수축하는 것을 반복의 요소나 경우들의 자격에서 실존하게 해주면서 그런 계기를 형성한다. 상상적 반복은 참된 반복의 부재를 보충할 어떤 거짓된 반복이 아니다. 참된 반복은 상상에서 나온다. 즉자의 상태에서 끊임없이 와해되는 반복과 재현의 공간 안에서 우리에 대해 펼쳐지고 보존되는 반복 사이, 그 사이에는 차이가 있다. 그 차이는 반복의 대자적 측면이고, 이 측면은 상상적인 것이다. 차이는 반복에 거주한다. 수평적 구도에서 볼 때 차이는 우리로 하여금 반복 안의 한 질서로부터 다른 질서로 옮겨가게 해준다. 이때 우리는 즉자적으로 와해되는 순간적인 반복에서 출발하여 수동적인 종합을 경유하고, 이를 통해 능동적으로 재현된 반복으로 이행한다. 다른 한편 수직적 구도에서 볼 때 차이는 우리로 하여금 어떤 반복의 질서로부터 다른 반복의 질서로 옮겨가게 해준다. 이때 우리는 수동적인 종합들 그 자체 안에서 하나의 일반성으로부터 다른 일반성으로 이행한다. 끄덕거리는 병아리의 머리를 보라. 그 끄덕임은 유기체적 종합 안에서 일어나는 심장의 박동들을 동반하고 있다. 곡물 낱알에 대한 지각적 종합 안에서 일어나는 쪼아 먹기의 움직임은 그 선행의 움직임에 힘입어 나중에 일어난다. 그리고 이미 원천적으로 '틱' 소리들의 수축에 의해 형성된 일반성은 '틱-탁'이라는 좀 더 복잡한 소리들의 반복 안에서 특수한 것들로 재분배된다. 하지만 이 복잡한 소리들도 역시 수동적 종합들의 계열 안에서 수축된 것이다. 어떤 관점에서 보더라도 물질적이고 헐벗은 반복, 이른바 같음의 반복은 외피이거나 겉봉투이다. 벗겨져 내리는 껍질처럼 그것은 중핵에 해당하는 차이와 좀 더 복잡한 내적 반복들을 감싸고 있다. 차이는 두 반복 사이에 있다. 이는 역으로 반복이 또한 두 차이 사이에 있으며, 우리로 하여금 차이의 한 질서로부터 다른 한 질서로 이동하게 만든다는 점을 말하고 있는 것이 아닐까? 그래서 가브리엘 타르드가 지적했던 것처럼, 변증법적 전개는 반복이다. 이 반복은 어떤 일반적 차이들의 상태로부터 독특한 차이로 옮겨가는 이행이며, 외부적 차이들로부터 내부적 차이로 향하는 이행이다. 요컨대 반복은 차이의 분화소le différenciant이다.[6]

---

6 가브리엘 타르드Gabriel Tarde의 철학은 최근의 위대한 자연철학들 중의 하나로서 라이프니츠를 계승하고 있다. 이 철학은 두 가지 차원에서 전개된다. 첫 번째 차원에서 볼 때, 그 철학은 모든 현상들을 지배하는 세 가지 기초 범주와 이 범주들 간의 관계를 제시한다. 반복, 대립, 적응이 그것이다(*Les lois sociales*(Alcan, 1898) 참조). 그러나 대립은 어떤 하나의 차이가 분배되는 형태에 불과하다. 이 형태 아래 차이는 반복 안에서 분배된다. 이는 반복을 제한하고 새로운 질서나 새로운 무한을 향해 반복을 열어놓는 결과를 가져온다. 예를 들어 생명이 자신의 부분들을 둘씩 대립시킬 때, 무한정한 성장이나 증식을 포기하고 이로부터 제한된 전체들이 형성된다. 하지만 다른 종류의 무한을 얻고 다른 본성의 반복, 곧 생식(生殖)의 반복을 획득하게 된다(*L'opposition universelle*(Alcan, 1897)). 적응 그 자체도 반복적인 흐름들이 어떤 상위의 반복 안에서 교차하고 통합되는 형태이다. 그 결과 **차이는 두 종류의 반복 사이에서 나타나며**, 각각의 반복은 자신과 어떤 같은 등급의 차이를 가정한다.(모방은 발명의 반복이고, 재생은 변이의 반복이며, 방사(放射)는 교란(攪亂)의 반복이고, 합산은 변별적 차이소의 반복이다…….(*Les lois de l'imitation*(Alcan, 1890)))

그러나 보다 심층적인 차원에서는 오히려 반복이 차이를 '위해' 있다. 왜냐하면 대립도, 심지어 적응마저도 자유로운 형태의 차이를 드러내지 못하기 때문이다. 즉 차이는 "사물들의 최종적인 목표"로서, "그 어떤 것과도 대립하지 않으며 그 어떤 것에도 봉사하지 않는다." (*L'opposition universelle*, 445쪽) 이런 관점에서 볼 때 **반복은 두 가지 차이 사이에 있으며**, 우리로 하여금 차이 안의 한 질서로부터 다른 한 질서로 이행하도록 한다. 즉 우리는 외적 차이에서 내적 차이로, 요소적 차이에서 초월적인 차이로, 무한소의 차이에서 인격적이고 단자론적인 차이로 이행한다. 따라서 반복은 차이가 증가하거나 감소하는 과정이 아니다. 그것은 차이가 "차이나게" 이어지고 "차이를 자기 자신의 목표로 삼는" 과정이다.(*Essais et mélanges sociologiques*(Maloine, 1895)에 나오는 「단자론과 사회학」, 그리고 「보편적 변이」 참조.)

타르드의 사회학을 심리학이나 심지어 내성심리학으로까지 환원하는 것은 전적으로 오류이다. 타르드가 뒤르켐E. Durkheim을 비난한 것은 그가 설명해야만 하는 것, 즉 "수백만 사람들의 유사성"을 당연한 것으로 전제하기 때문이다. "비인격적 소여들 아니면 위대한 인간들의 이념들"이라는 양자택일의 자리에, 그는 자질한 사람들의 변변찮은 관념들, 변변찮은 발명들, 그리고 모방적 흐름들 사이의 상호 간섭들을 놓는다. **타르드가 창시한 것, 그것은 미시사회학이다.** 이 미시사회학은 반드시 두 개인들 사이에서 성립하는 것은 아니다. 그것은 이미 단일하고 똑같은 개인 안에 토대를 두고 있다.(예를 들면 주저한다는 것은 "극소화된 사회적

대자적 반복

시간의 종합은 시간 안에서 현재를 구성한다. 이는 현재가 시간의 한 차원임을 의미하지 않는다. 오로지 현재만이 실존한다. 종합은 시간을 살아 있는 현재로 구성하며, 과거와 미래를 이 현재의 차원들로 구성한다. 그렇지만 이 종합은 시간 내적이다. 이는 이 현재가 지나간다는 것을 의미한다. 물론 어떤 영속적 현재, 시간과 똑같은 외연을 공유하는 현재를 생각해볼 수 있을 것이다. 이를 위해서는 무한하게 계속되는 순간들을 응시하게 하는 것으로 충분하다. 하지만 그런 현재가 성립할 물리적 가능성은 없다. 즉 응시 안의 수축은 요소나 경우들을 따르는 반복의 질서에 언제나 질적 변용을 가져온다. 수축은 필연적으로 특정한 지속을 띤 현재를 형성한다. 이 현재는 종, 개체, 유기체, 고려되는 유기체의 부분들에 따라 수명을 다하고 이행하는 현재, 변모하는 현재이다. 계속 이어지는 두 현재는 수축된 순간들의 수가 더 광범위한 세 번째의 현재와 동시간적일 수 있다. 유기체는 하나의 현재적 지속을 향유하거나 상이한 현재적 지속들을 향유한다. 이는 자신의 응시적 영혼들이 발휘하는 수축의 자연적 범위에 따라 결정된다. 이는 피곤이 실질적으로 응시에 속한다는 것을 뜻한다. 아무것도 행하지 못하는 자는 피곤한 사람이라는 그럴듯한 말이 있다. 피곤은 영혼이 자신이 응시하는 것을 더 이상 수축할 수 없는 국면을 표시한다. 그것은 응시와 수축이 와해되는 지점이다. 우리는 응시만큼이나 많은 피곤들로 이루어져 있다. 그렇기 때문에 욕구와 같은 현상은, 행위와 욕구가 결정하는 능동적 종합들의 관점에서는 일종의 '결여'로 이해될 수 있다. 하지만 욕구는 그것을 조건짓는 수동적 종합의 관점에서는 극단적

대립"이다. 또는 발명은 "극소화된 사회적 적응"이다. *Les lois sociales* 참조.) 개인 연구물들에서 출발하는 이런 방법을 통해서 반복이 어떻게 작은 변이들을 모으고 통합하는지, 그리고 그 결과 언제나 "차이짓는 차이소"를 이끌어내는지를 보여줄 수 있다(*La logique sociale* (Alcan, 1893)). 타르드의 철학 전체는 그래서 차이와 반복의 변증법으로 요약된다. 그것은 어떤 우주론 전체 위에 미시사회학의 가능성을 근거짓는 변증법이다.

인 '포만'이나 '피곤'으로 받아들여질 수 있다. 욕구는 정확히 가변적인 현재의 한계들을 표시한다. 현재는 욕구가 분출하는 두 지점 사이에서 범위를 얻고, 응시가 지속되는 시간과 하나가 된다. 욕구의 반복과 이것에 의존하는 모든 것의 반복은 시간의 종합에 고유한 시간을 표현하며, 이 종합의 시간 내적 특성을 표현한다. 반복은 본질적으로 욕구 안에 기입되어 있다. 왜냐하면 욕구는 본질적으로 반복과 관계하는 심급에 의존하기 때문이다. 이 심급은 반복의 대자적 측면, 곧 특정한 지속의 대자적 측면을 형성하고 있다. 우리의 리듬들, 우리의 저장된 양분들, 우리의 반응 시간들, 우리를 구성하는 수천의 매듭과 현재들 그리고 피곤들은 모두 우리의 응시들로부터 정의된다. 사람들은 자신의 고유한 현재보다, 더 정확히 말해서 자신의 고유한 현재들보다 더 빨리 갈 수 없다. 이것이 규칙이다. 우리는 기호들을 서로를 지시하는 하비투스나 수축들로 정의했다. 이 기호들은 언제나 현재에 속한다. 스토아주의의 위대함을 말해주는 것들 가운데 하나는 모든 기호가 어떤 현재의 기호임을 보여주었다는 점이다. 이 증명이 이루어지는 수동적 종합의 관점에서는 과거와 미래가 정확히 현재 자체의 서로 다른 차원들에 불과하다.(흉터는 과거에 당한 부상의 기호가 아니라 "부상을 입은 적이 있다는 현재적 사실의 기호이다." 말하자면 흉터는 부상에 대한 응시이다. 상처는 자아를 부상과 분리시키는 모든 순간들을 하나의 생생한 현재 안에 수축한다.) 또는 여기서 비로소 진정한 의미를 얻는 것은 차라리 자연적인 기호와 인공적인 기호의 구분이다. 자연적인 것, 그것은 현재의 기호들이다. 이것들은 자신이 의미하는 대상 안에서 현재를 드러내는 기호들, 수동적 종합에 기초하는 기호들이다. 거꾸로 현재와 구별되는 차원들로서 과거나 미래를 드러내는 기호들은 인공적이다. 하지만 이때 현재는 아마 다시 이 차원들에 의존하고 있을 것이다. 이 인공적 기호들은 능동적 종합들을 함축한다. 다시 말해서 여기에 함축된 것은 자발적 상상력에서 반성된 재현, 기억, 지성 등의 능동적 인식능력들로 향하는 이행이다.

따라서 욕구 그 자체는 그것을 이미 능동성과 관련시키는 어떤 부정적 구조들로부터 출발할 때는 매우 불완전하게 이해된다. 만일 능동성이 성립하는 응시의 토양이 규정되지 않는다면, 행해지거나 이루어지고 있는 능동성을 끌어들이는 것도 역시 충분하지 않다. 이 바탕 위에서도 부정적인 것(결핍으로서의 욕구) 안에서 좀 더 높은 심급의 그림자를 보려는 경향이 있다. 하지만 욕구는 대답의 비-존재나 부재를 표현하기 전에 이미 입을 벌리고 있는 어떤 물음을 표현하고 있다. 응시한다는 것, 그것은 묻는다는 것이다. 대답을 '훔쳐낸다'는 것, 바로 거기에 물음의 고유성이 있는 것이 아닐까? 물음은 고집이나 완고함, 그리고 욕구에 상응하는 권태와 피곤을 동시에 현시한다. 거기에는 어떤 차이가 있는가……? 이것이야말로 응시하는 영혼이 반복에게 제기하고 반복으로부터 대답을 훔쳐내는 어떤 물음이다. 응시들은 어떤 물음들이다. 응시들 안에서 이루어지고 응시들을 채우는 수축들은 모두 어떤 유한한 긍정들이다. 이 긍정들이 발생할 때 현재들은 시간의 수동적 종합 안에서 영속하는 현재로부터 태어난다. 부정적인 것을 생각하게 되는 것은 욕구를 능동적 종합들과의 관계 안에서 이해하려는 우리의 성급한 태도 때문이다. 하지만 이 능동적 종합들은 사실 오로지 응시의 토양 위에서 성립하고 있을 뿐이다. 게다가 만일 우리가 능동적 종합들을 그것들이 가정하는 이 바탕 위에 다시 위치시킨다면, 능동성은 차라리 물음들과 함께 문제제기의 장(場)들이 구성되고 있음을 의미한다. 행동의 영역 전체, 인공적 기호와 자연적 기호들의 물림과 얽힘, 본능과 학습의 상호 간섭, 기억과 지성의 상호 개입 등은 어떻게 응시의 물음들이 능동적 문제제기의 장들 안에서 전개되는지를 보여준다. 시간의 첫 번째 종합에는 살아 있는 현재(삶의 위급성) 안에서 나타나는 바 그대로의 첫 번째 물음-문제 복합체가 상응한다. 이 살아 있는 현재는, 그리고 이와 더불어 모든 유기체적이고 심리적인 삶은 습관에 의존한다. 콩디야크E. B. de Condillac를 따라 우리는 습관을 다른 모든 심리적 현상들이 파생되는 정초 지점으로 간주해야 한다. 그러나 이는 다른 모든 현상들이 응시들에 의존하거나 그 자체로 어떤 응시들이기 때문이다. 심지어 욕구, 물음, '반어'조차 그 자체가 응시인 것이다.

따라서 우리를 이루고 있는 이 수많은 습관들 — 이 수축, 응시, 지망, 자만, 만족, 피곤들, 그리고 이 가변적 현재들 — 은 수동적 종합들의 기저(基底) 영역을 형성한다. 본연의 수동적 자아는 단순히 수용성에 의해, 다시 말해서 감각 작용들을 받아들이는 능력에 의해 정의되는 것이 아니다. 그것은 감각 작용들을 구성하기 전에 이미 유기체 자체를 구성하는 수축하는 응시에 의해 정의된다. 이 자아는 또한 결코 단순하다는 특징을 가지고 있지 않다. 자아를 상대화하고 복수화하는 가운데 매번 자아 안에 어떤 완화된 단순한 형식을 보존하는 것조차 충분하지 않다. 자아들은 어떤 애벌레-주체들이다. 수동적 종합들의 세계는 규정되어야 할 어떤 조건들 안에서 자아의 체계를 구성한다. 하지만 그것은 분열된 자아의 체계이다. 어디선가 은밀한 응시가 성립하는 순간 거기에는 자아가 있다. 어디선가 수축하는 기계가 기능하고 반복에서 어떤 차이를 훔쳐내는 국면에 도달하는 순간 거기에는 자아가 있다. 자아는 양태변화를 겪는 것이 아니라 그 자신이 어떤 양태변화이고, 이때 이 용어는 정확히 훔쳐낸 차이를 지칭한다. 마지막으로 덧붙이자면, 결국 우리는 우리 자신이 가지고 있는 것에 불과하다. 여기서 존재가 형성되거나 수동적 자아가 있는 것은 바로 어떤 소유7를 통해서이다. 모든 수

---

7 (옮긴이 주) un avoir. 습관의 어원인 habitus는 존재 방식이나 상태를 의미하지만, 또한

대자적 반복

축은 어떤 주제넘은 자만, 경쟁적 지망이다. 다시 말해서 수축은 자신이 수축하는 것에 대한 기대나 권리를 표명하고 자신의 대상이 자신을 벗어나자마자 와해된다. 사뮈엘 베케트는 자신의 소설 전체를 통해 애벌레-주체들이 피곤과 정념 안에서 탐닉하게 되는 소유물들의 목록을 서술했다. 몰로이의 조약돌, 머피의 비스킷, 말론의 재산들로 이어지는 계열이 그것이다. 여기서 문제는 언제나 요소들의 반복이나 경우들의 조직화에서 어떤 작은 차이, 빈곤한 일반성을 훔쳐내는 것이다. 아마 '누보로망nouveau roman'의 가장 심오한 의도들 중의 하나도 역시 능동적 종합의 이편에서 우리를 구성하는 수동적 종합들의 영역 —— 양태변화, 반사적 굴성(屈性), 하찮은 재산들 —— 에 다시 도달하는 데 있을 것이다. 분열된 자아는 자신을 구성하는 모든 피곤들 안에서, 보잘것없는 모든 자기만족들 안에서, 조소를 자아내는 자신의 모든 자만들 안에서, 자신의 비참과 가난 속에서 존재한다. 하지만 여전히 신의 영광을, 다시 말해서 자신이 응시하고 수축하며 소유하는 것의 영광을 노래하고 있다.

2절
시간의 두 번째 종합: 순수 과거

시간의 첫 번째 종합은 비록 그것이 시원을 이루는 종합이라 할지라도 여전히 시간 내적이다. 이 종합은 시간을 현재로 구성하지만, 그렇게 구성된 현재는 지나가버리는 현재이다. 시간은 현재로부터 나오는 것이 아니다. 하지만 현재는 서로를 침범하는 도약들을 통해 끊임

소유한다, 지닌다는 뜻의 동사 habere의 명사형이다.

없이 움직인다. 현재의 역설은 여기에 있다. 즉 현재는 시간을 구성하지만, 이 구성된 시간 안에서 지나가버린다. 이로부터 우리가 기피하지 말아야 할 필연적 귀결이 따라 나온다. 즉 그 안에서 시간의 첫 번째 종합이 일어나는 어떤 또 다른 시간이 있어야 한다. 시간의 첫 번째 종합은 필연적으로 어떤 두 번째 종합을 전제한다. 수축의 유한성을 강조하면서 우리는 그 결과를 보여주었다. 하지만 우리는 왜 현재가 지나가는지, 그리고 현재가 시간과 똑같은 외연을 공유하지 못하도록 방해하는 것이 무엇인지를 전혀 보여주지 못했다. 첫 번째 종합은 습관의 종합이고, 이 종합은 시간의 진정한 정초이다. 하지만 우리는 정초와 근거를[8] 구분해야 한다. 정초는 땅과 관련된다. 그리고 어떤 것이 어떻게 그 땅 위에 세워지는지, 어떻게 그 땅을 점유하고 소유하는지를 보여준다. 그러나 근거는 차라리 하늘에서 비롯된다. 근거는 정상(頂上)에서 정초 지점들로 향해 가고 소유권에 따라 땅과 소유주를 측정한다. 습관은 시간의 정초 지점이고, 지나가는 현재에 의해 점유된 움직이는 땅이다. 지나간다는 것, 그것은 정확히 현재의 요구이자 지망이다. 하지만 현재를 지나가도록 만들고 현재와 습관을 전유(專有)하는 것은 시간의 근거로 규정되어야 한다. 시간의 근거는 다름 아닌 본연의 기억에 있다. 우리는 앞에서 기억이 파생적인 능동적 종합이며, 이 종합은 습관에 의존한다는 것을 보았다. 사실 모든 것은 정초에 의존한다. 하지만 기억을 구성하는 것은 결코 거기에 주어져 있지 않

---

8 (옮긴이 주) la fondation et le fondement. 들뢰즈의 초월론적 경험론을 특징짓는 중요한 용어들. 모두 과학적 원리들의 발생을 설명하고 그 원리들이 지닌 보편적 타당성을 정당화하는 초월론적 토대에 해당한다. 하지만 들뢰즈는 시간을 세 가지 종합의 차원으로 나누어 해명하는 것처럼, 초월론적 토대도 세 가지로 구분한다. **정초**는 경험론과 연상주의를 염두에 둔 토대이고 시간의 첫 번째 종합에 의해 발생한다. 근거는 베르그손의 순수 과거와 원뿔 도식을 염두에 둔 토대이고, 시간의 두 번째 종합에서 주어진다. 하지만 앞으로 다룰 시간의 세 번째 종합에서 성립하는 토대는 **바탕**fond이라 불리고, 이 바탕은 **무-바탕**sans-fond과 **근거와해**effondement로 이어진다.

대자적 반복

다. 〔능동적 종합에 해당하는〕기억은 습관에 정초를 두는 동시에 습관과 구별되는 또 다른 수동적 종합에 의해 근거지어져야 한다. 그리고 습관의 수동적 종합은 그 자체가 이런 보다 심층적인 수동적 종합을 전제한다. 이 새로운 종합은 기억의 수동적 종합이다 — 하비투스Habitus와 므네모시네Mnémosyne, 혹은 하늘과 대지의 연대. 습관은 시간의 시원적 종합이며, 이 종합은 지나가는 현재의 삶을 구성한다. 기억은 시간을 근거짓는 종합이며, 이는 과거의 존재(현재를 지나가게 하는 것)을 구성한다.

기억, 순수 과거, 현재들의 재현

먼저 과거가 두 현재 사이에 끼어 있다는 통념을 생각해보자. 즉 과거는 그것이 한때 구가했던 현재와 그것이 과거이기 위해 거리를 둔 현재 사이에 끼어 있다. 과거는 사라진 현재[9] 자체가 아니라 그 안에서 이 사라진 현재가 겨냥되는 요소이다. 또한 특수성도 역시 이제 그 겨냥된 것 안에, 다시 말해서 복합과거 시제의 과거 안에 있다. 반면 과거 자체, 곧 반과거(半過去) 시제의 과거[10]는 본성상 일반적이다. 과거 일반은 그 안에서 각각의 사라진 현재를 특별하게 그리고 특수한 것으로서 겨냥하는 요소이다. 훗설의 용어 사용법에 따라 우리는 파지와 재생[11]을

---

9 (옮긴이 주) ancien présent. 현행적 현재actuel présent와 이항 대립을 이루는 말. 직역하면 '옛 현재'나 '오래된 현재'가 되겠지만 문맥을 살리기 위해서 '사라진 현재'로 옮긴다.

10 (옮긴이 주) le était. 번역하기 어려운 대목. être동사의 삼인칭 단수 반과거형이 명사로 활용되었는데, '반과거 시제의 과거' 혹은 '반과거 시제의 존재자'로 옮기는 것으로 만족하고, 따라서 앞 문장의 ce qui a été는 '복합과거 시제의 과거'로 옮긴다. 이 반과거 시제의 존재자는 들뢰즈가 실존existence과 구별하는 실존 양태들, 가령 내속insistance, 공속consistance 등과 밀접한 관련이 있는 것처럼 보인다. 이 점에 대해서 194쪽 주14 참조.

11 (옮긴이 주) la rétention et la reproduction. 파지에 대해서는 172쪽 주2 참조. 재생도 파지, 예지 등과 마찬가지로 훗설의 용어로, 그 원어는 Reproduktion이다. 재생은 파지와

구분해야 한다. 하지만 우리가 조금 전에 습관의 파지라고 불렀던 것은 특정한 지속의 어떤 현행적 현재 안에서 수축되어 있는 계속적 순간들의 상태였다. 그 순간들은 특수성을, 다시 말해서 본성상 현행적 현재에 속하는 어떤 무매개적이고 직접적인 과거를 형성하고 있었다. 현재 자체에 대해 말하자면, 그것은 기대를 통해 미래로 열려 있으며 일반적인 것을 구성하고 있었다. 반면 기억의 재생 쪽에서 보면 일반성을 띠게 된 것은 오히려 과거(현재들의 매개로서의 과거)이고, 특수성을 띠게 된 것은 현재(사라진 현재와 현행적 현재)이다. 과거 일반이 그 안에서 각각의 사라진 현재를 겨냥할 수 있는 요소인 한에서, 그리고 사라진 현재가 과거 일반 안에 보존되고 있다면, 사라진 현재는 현행적 현재 안에 '재현전화'되어 있다. 이런 재현이나 재생의 한계들은 실제로 유사성과 인접성의 가변적 관계들에 의해 규정되고, 이 관계들은 연상(聯想)이라는 이름 아래 파악되고 있다. 사실 사라진 현재가 재현되기 위해서는 현행적 현재와 유사해야 하고, 또 매우 다른 지속을 띠고 있지만 부분적으로는 동시적인 현재들로 분리되어야 한다. 그러므로 이 사라진 현재들은 서로 인접해 있고 극단의 경우에는 현행적 현재와 인접해 있다. 연상주의의 위대성은 인공적 기호들에 대한 이론을 전적으로 이런 연상의 관계들 위에 정초했다는 점에 있다.

그런데 사라진 현재가 〔기억의 능동적 종합을 통해〕 현행적 현재 안에 재현되기 위해서는 반드시 현행적 현재 자체가 이런 재현 안에서 다시 재현되어야 한다. 재현은 본질적으로 단지 어떤 것을 재현하는 것으로 그치는 것이 아니다. 재현은 또한 그 자신의 고유한 재현성을 재현한다. 따라서 사라진 현재와 현행적 현재는 시간의 일직선 위

달리 능동적이고 재현적인 의식의 차원에서 성립하는 재기억의 기능을 말하고, 재생의 대상은 언제나 객관적 위치와 동일화 가능한 정체성을 띠게 된다.

에서 계속 이어지는 두 순간이 아니다. 오히려 현행적 현재는 필연적으로 또 하나의 차원을 포함하고 있다. 그 새로운 차원을 통해 현행적 현재는 사라진 현재를 재-현하고 또 그 차원 안에서 스스로 자기 자신을 재현한다. 현행적 현재는 회상의 미래적 대상으로 간주되지 않는다. 현행적 현재는 오히려 사라진 현재의 회상을 형성하는 동시에 자기 자신을 스스로 반조(返照)하는 것으로 간주된다. 따라서 능동적 종합은 결코 대칭적이지는 않지만 서로 상관적인 두 측면을 지닌다. 재생과 반조, 재기억과 재인(再認), 기억과 지성 등이 그것이다. 종종 주목되어왔던 것처럼, 반조는 재생 이상의 어떤 것을 함축한다. 하지만 그 이상의 어떤 것이란 무엇인가? 그것은 단지 모든 현재가 사라진 현재를 재현하는 동시에 현행적 현재로서 자기 자신을 반조하는 바로 이 보충적 차원에 불과하다. "의식의 상태 전체는 회상할 때 함축되는 차원 이상의 어떤 차원을 요구한다."[12] 그래서 사라진 현재의 재생과 현행적 현재의 반조라는 이중의 측면을 생각할 때, 기억의 능동적 종합은 재현의 원리라 불릴 수 있다. 이런 기억의 능동적 종합은 습관의 수동적 종합 위에 정초하고 있다. 왜냐하면 습관의 수동적 종합은 가능한 모든 현재 일반을 구성하고 있기 때문이다. 그러나 이 두 종합은 그 심층에서 커다란 차이를 보여준다. 즉 이제 항구적으로 증가하고 무한하게 증식해가는 차원들 안에 비대칭이 자리 잡게 된다. 습관의 수동적 종합은 현재라는 조건 아래 순간들의 수축을 통해 시간을 구성했다. 하지만 기억의 능동적 종합은 현재들 자체를 서로 끼워 맞추는 방식으로 시간을 구성한다. 하지만 어떤 조건에서? 이것이 문제의 핵심이다. 사라진 현재가 재생될 수 있는 것은, 그리고 현행적 현재가 자신을 반조하는 것은 과거의 순수 요소에 의해서이다. 이 과거는 과거 일

---

12 Michel Souriau, *Le Temps*(Alcan, 1937), 55쪽.

반, 또는 선험적a priori 과거에 해당한다. 과거는 현재나 재현으로부터 파생되기는커녕 오히려 모든 재현에 의해 전제되고 있다. 그런 의미에서 아무리 기억의 능동적 종합이 습관의 (경험적인) 수동적 종합 위에 정초하고 있다 해도 오로지 또 다른 수동적 종합, 곧 기억 자체의 고유한 (초월론적인) 수동적 종합에 의해서만 근거지어질 수 있다. 습관의 수동적 종합은 시간 안에서 살아 있는 현재를 구성하고 과거와 미래를 그 현재의 비대칭적인 두 요소로 만든다. 반면 기억의 수동적 종합은 시간 안에서 순수 과거를 구성하고 사라진 현재와 현행적 현재를 (따라서 재생 안의 현재와 반조 안의 미래를) 그런 본래적 과거의 비대칭적인 두 요소로 만든다. 하지만 순수하고 선험적인 과거, 과거 일반 혹은 본래적 과거란 무엇을 의미하는가? 『물질과 기억』이 위대한 저서라면, 이는 아마 베르그손이 순수 과거를 형성하는 이런 초월론적 종합의 영역을 깊이 통찰하고 이로부터 그 종합을 구성하는 모든 역설들을 끄집어냈기 때문일 것이다.

과거의 네 가지 역설

과거를 두 현재 사이에 끼어 있는 것으로 보고 그 현재 — 과거가 한때 구가했던 현재이든, 그것이 과거이기 위해 거리를 둔 현재이든 — 로부터 출발하여 과거를 재구성할 수 있다고 주장하는 것은 헛된 일이다. 사실 우리는 과거가 한때 현재였다가 그 이후에 구성된다거나 새로운 현재가 나타나기 때문에 구성된다고 믿을 수 없다. 만일 과거가 과거로서 구성되기 위해 새로운 현재를 기다려야 한다면, 사라진 현재는 결코 이행할 수 없으며 새로운 현재 또한 도착할 수 없을 것이다. 현재는 현재인 '동시에' 과거가 아니고서는 결코 지나갈 수 없을 것이다. 과거는 먼저 한때 현재였던 '동시에'〔과거로서〕미리 구성되어 있지 않다면 결코 구성될 수 없을 것이다. 이것이 첫 번째 역설이다. 이는 과거와 그것이 한때 구가했던 현재의 동시간성이라는 역설이다.[13] 우리는 이 역설에서 지나가는 현재를 이해할 수 있는 설명이유를 찾을 수 있다. 현재가 언제나 지나가고 또 새로운 현재를 위해 지나가는 것은 과거가 현재로서의 자기 자신과 동시간적이기 때문이다. 그로부터 두 번째 역설, 곧 공존의 역설이 뒤따른다. 만일 각각의 과거가 자신이 한때 구가했던 현재와 동시간적이라면, 사실 모든 과거는 그것이 과거이기 위해 지금 거리를 둔 새로운 현재와 공존하는 셈이다. 과거는 첫 번째 현재[사라진 현재] '이후'에 있지 않은 것처럼 더 이상 두 번째 현재[현행적 현재] '안'에도 있지 않다. 따라서 베르그손은 각각의 현행적 현재는 단지 지극한 수축 상태의 과거 전체에 불과하다고 생각한다. 과거는 또 다른 현재가 생겨나도록 만들지 않는다면 결코 하나의 현재를 지나가게 할 수 없다. 하지만 과거 자체는 지나가지도 생겨나지도 않는다. 바로 그렇기 때문에 과거는 시간의 한 차원에 머물기는커녕 시간 전체의 종합이며, 현재와 미래는 단지 그 종합에 속하는 차원들에 불과하다. 따라서 "과거가 있었다."라는 말은 성립할 수 없다. 과거는 더 이상 실존하지 않는다. 과거는 실존하는 것이 아니라 끈덕지게 자신을 주장하면서 내속하고 공속하며, 그런 의미에서 있다.[14] 과거는 사라진 현재

---

13 (옮긴이 주) 이 부분에서 들뢰즈는 베르그손의 시간론(순수 과거에 대한 이론)을 네 가지 역설을 중심으로 재구성하고 있다. 첫 번째 역설은 동시간성contemporanéité의 역설로, 순수 과거와 사라진 현재 사이에서 성립한다. 두 번째 역설은 공존coexistence의 역설로, 순수 과거와 현행적 현재 사이에서 성립한다. 세 번째 역설은 선재préexistence의 역설로, 순수 과거와 지나가는 현재 사이에서 성립한다. 마지막으로는 순수 과거의 자기 자신과의 공존이라는 역설이 있다.

14 (옮긴이 주) il n'existe pas, mais il insiste, consiste, il est. 번역하기 어려운 문장. 일단 들뢰즈는 이 책 전체를 통해서 실존existence과는 다른, 혹은 실존보다 더 심층적이고 근본적인 존재 양식들이 있음을 강조하고 있다. 이 문장에 나오는 insistance와 consistance, 그 밖에 subsistance와 persistance 등이 그것인데, 여기서는 이 말들을 각각 내속(內續), 공속(共續), 존속(存續), 항존(恒存) 등으로 옮긴다. 이 말들은 모두 실증적

속에 내속하고, 현행적 현재나 새로운 현재와 더불어 공속한다. 과거는 시간의 즉자적 측면이며, 이것이 이행의 최종적 근거이다. 이런 의미에서 과거는 시간 전체의 순수하고 일반적이며 선험적인 요소를 형성한다. 사실 과거가 자신이 한때 구가했던 현재와 동시간적이라고 말할 때, 우리는 필연적으로 결코 현재였었던 적이 없는 어떤 과거[15]에 대해 말하는 셈이다. 왜냐하면 그 과거는 어떤 '이후에' 형성되는 것이 아니기 때문이다. 여기서 과거가 현재로서의 자기 자신과 동시간적으로 존재하는 방식을 생각해보자. 그 방식은 현재를 지나가게 하면서 자신을 그 지나가는 현재에 의해 전제된 것으로 이미 거기에 자리하는 데 있다. 과거가 새로운 현재와 공존하는 방식은 어디에 있는가? 그것은 자신을 즉자적으로 자신 안에 보존하면서, 그리고 자신의 수축을 통해서만 생겨나는 새로운 현재에 의해 전제된 것으로 자신의 즉자적 위상을 정립하는 데 있다. 따라서 선재(先在)의 역설이 앞의 두 역설을 완성한다. 즉 각각의 과거는 자신이 한때 구가했던 현재와 동시간적이고, 과거 전체는 그것이 과거이기 위해 거리를 둔 현재와 공존하지만, 과거 일반의 순수 요소는 지나가는 현재에 선재한다.[16] 따라서 시간의 실체적 요

이지만 자기 은폐적이어서 개념적으로 포착되지 않는 재현 이하의 존재론적 사태를, 더 정확히 말해서 잠재적 차원의 존재론적 사태를, 하지만 재현적 차원으로 환원되지 않을 뿐 아니라 재현적 차원 안에서 그 차원의 조건으로 끈질기게 자신을 주장하고 있는 존재론적 사태를 나타낸다. 특히 고집하고 주장한다는 뜻의 동사 insister와 밀접한 관련이 있는 insistance가 그렇다. 이렇게 재현 이하의 차원에서 끈질기게 자신을 주장하는 존재자의 존재 양태를 표현하기 위해 들뢰즈는 다른 문맥에서 반과거적 존재자 le était라는 말을 사용한다. 이에 대해서는 190쪽 주10과 234쪽 주44 참조.

15 (옮긴이 주) un passé qui ne *fut* jamais présent. 순수 과거 가운데 결코 현재로 드러나거나 현실화된 적이 없는 측면을 가리키는 표현으로, 단순과거 시제를 이용하고 있음에 주목할 것. 반면 앞의 문장에서는, 순수 과거가 현재로 드러났다가 사라지는 국면이 복합과거 시제를 통해 표현되고 있다.

16 이 세 가지 역설들이 『물질과 기억』 3장의 대상이다.(베르그손은 이 세 가지 측면에 입각하여 심리학적 **실존**을 지니지 않는 순수 과거나 순수 회상을 재현에, 다시 말해서 회상-이미지image-souvenir의 심리학적 현실에 대립시킨다.)

대자적 반복

소(결코 현재였었던 적이 없는 본연의 과거)가 있는 셈이고, 이것이 근거의 역할을 맡는다. 이 요소 자체는 재현되지 않는다. 재현되는 것은 언제나 현재이고, 이 현재는 사라졌거나 현행적이다. 그렇지만 시간이 재현 안에서 그렇게 펼쳐지는 것은 그 순수 과거에 의해서이다. 초월론적인 수동적 종합은 동시간성과 공존, 그리고 선재라는 세 가지 관점에서 이 순수 과거와 관계한다. 이와 반대로 능동적 종합은 현재의 재현이며, 이 재현은 사라진 현재의 재생과 새로운 현재의 반조라는 이중적 측면에서 이루어진다. 능동적 종합은 초월론적인 수동적 종합에 의해 근거 지어진다. 그리고 만일 새로운 현재가 항상 어떤 보충적인 차원을 거느린다면, 이는 그 현재가 순수 과거 일반의 요소 안에서 반조되기 때문이다. 반면 사라진 현재는 단지 이 요소를 가로질러 특수한 것으로서 겨냥될 뿐이다.

습관의 수동적 종합과 기억의 수동적 종합을 비교한다면, 우리는 그 둘 사이에서 반복과 수축의 할당이 얼마만큼 달라졌는지 알게 된다. 하기야 어쨌든 현재는 어떤 수축의 결실로 나타날 것이다. 그러나 이 수축은 전적으로 다른 차원들과 관계한다. 습관의 수동적 종합에서 현재는 계속 이어지는—하지만 즉자적으로는 서로 독립적인—순간이나 요소들의 지극한 수축 상태이다. 기억의 수동적 종합에서 현재는 모든 과거 전체—즉자적으로는 공존의 총체에 해당하는 과거 전체—의 지극한 수축 정도를 지칭한다. 사실 두 번째 역설의 필연성에 따라 이렇게 가정해볼 수 있다. 즉 과거는 자신이 과거이기 위해 거리를 둔 현재 안에 보존되는 것이 아니라 자기 자신 안에 보존되며, 이때 현행적 현재는 단지 자신과 공존하는 과거 전체의 최대 수축일 뿐이다. 이렇게 가정했을 때, 먼저 이 과거 전체가 이완과⋯⋯ 수축의 상이한 정도들에서 자기 자신과 공존해야 할 것이다. 현재가 현재 자신과 공존하는 과거의 지극한 수축 상태라면, 이는 오로지 과거 자체가 먼저 무한하게 상이한 이완과 수축의 정도들에 따라, 무한하게 많은 수준들에서 자기 자신과 공존할 때에만 그렇다.(이것이 베르그손의 유명한 원뿔의 비유,[17] 혹은 과거의 네 번째 역설이 지닌 의미다.)[18] 어떤 삶, 정확히 말해서 정신적인 삶 안에서 반복이라고 불리는 것에 대해 생각해보자. 여기서는 현재들이 서로를 침범하면서 계속 이어진다. 그렇게 계속 이어지는 현재들은 일관성을 결여하거나 서로 대립할 수 있다. 하지만 우리는 그 비일관성이나 대립이 아무리 크더라도 각각의 현재가 어떤 다른 수준에서 '똑같은 삶'을 펼친다는 인상을 받는다. 바로 그것이 운명이라고 불리는 것이다. 운명은 어떤 재현된 시간의 순서에 따라 계속되는 현재들 사이에서 점점 가까이 드러나는 결정론적 관계들과는 전혀 무관하다. 운명이 계속 이어지는 현재들 사이에서 함축하는 것은 어떤 정위(定位) 불가능한 연관들, 원격 작용들, 재취합과 공명과 반향의 체계들, 객관

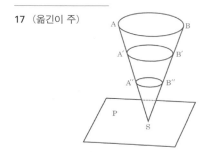

17 (옮긴이 주)

『물질과 기억』(*Œuvres*, 302쪽)에 나오는 옆의 그림을 말한다. 이 그림에서 원뿔 전체(SAB)는 우리의 의식과 기억 전체를, 원뿔의 바탕(AB)은 기억의 잠재태인 순수 과거와 순수 기억을, 꼭지점(S)은 기억의 현실태인 순수 현재를, 사각형(P)은 세계에 대한 지각과 표상의 차원을 상징한다. 또 각각의 절단면(A′B′, A″B″)은 이 순수 과거의 수축 정도나 등급을 표시한다.

18 베르그손, 『물질과 기억』. "따라서 똑같은 심리학적 삶이 기억의 계속되는 단계들에서 무한정한 회수로 반복될 것이다. 그리고 언제나 똑같은 정신의 작용이 서로 다른 수많은 수준에서 일어날 수 있을 것이다……."(*Œuvres*, 250쪽); "우리들의 심리학적 삶이 수천수만 번 반복되는 장소가 있다. 이 장소들은 A′B′, A″B″ 등과 같은 원뿔 안의 수많은 구역으로 표시된다."(302쪽) 여기서 그 반복이 심리학적 삶과 관련되지만 그 자체로는 심리학적인 것이 아니라는 점에 주목하자. 즉 원뿔의 구역이나 수준들은 순수 과거 안에서 그려지지만, 심리학은 오로지 회상-이미지와 함께 시작될 뿐이다. 따라서 심리학적 삶의 메타-심리학적 반복이 문제이다. 다른 한편 베르그손이 '계속되는 단계'들에 대해 말할 때, 그 계속되는이라는 말은 전적으로 비유적인 표현으로 이해되어야 한다. 그것은 베르그손이 제시한 그림을 훑어보는 우리 눈을 염두에 둔 비유이다. 사실 실제의 언명에 따르면, 모든 단계들은 서로 함께 공존한다.

대자적 반복

적 우연들, 신호와 기호들, 공간적 상황과 시간적 계속성들을 초월하는 어떤 역할들 등이다. 계속 이어지는 가운데 운명을 표현하는 현재들은 수준의 차이를 제외하면 언제나 똑같은 사태와 똑같은 이야기를 펼쳐 놓고 있다고 말할 수 있다. 즉 이쪽에서는 더나 덜 이완되어 있고, 저쪽에서는 더나 덜 수축되어 있다. 바로 그렇기 때문에 운명은 결정론과는 그토록 부합하지 못하는 반면 자유와는 그토록 잘 부합한다. 즉 자유는 수준의 선택에 있다. 계속되는 현행적 현재들은 단지 보다 심층적인 어떤 것의 표출에 불과하다. 즉 거기서 드러나고 있는 것은 각각의 현행적 현재가 앞선 현재와는 다른 수준이나 등급에서 삶 전체를 다시 취하는 방식이다. 하지만 이때 이 모든 수준과 등급들은 공존하고 있으며, 결코 현재인 적이 없었던 어떤 과거의 바탕으로부터 우리의 선택에 내맡겨진다. 우리는 우리를 형성하는 현재들 사이의 계속적 관계와 동시적 관계들을 경험적 특성이라 부른다. 이 현재들이 인과성, 인접성, 유사성, 그리고 심지어 대립에 따라 연합하는 것도 경험적 특성이라 불릴 수 있다. 반면 본체적인 특성이라 불러야 하는 것이 있다. 그것은 어떤 순수 과거의 수준들 사이에 성립하는 잠재적 공존의 관계들이다. 각각의 현재는 이 수준들 중의 하나를 현실화하거나 재현하고 있을 뿐이다. 요컨대 우리가 능동적 종합의 관점에서 서로 다른 현재들의 계속을 경험한다면, 그 계속의 사태는 또한 수동적 종합 안에서 일어나는 과거의 수준들의 공존이기도 하며, 그 공존은 언제나 증대해간다. 각각의 현재는 전체의 한 수준을 수축하지만, 이 수준은 이미 이완이나 수축의 상태에 있다. 다시 말해서 현재의 기호는 극한으로의 이행이며, 어떤 수준이든 하나의 수준을 선택할 수 있도록 뒷받침하는 최대한의 수축이다. 하지만 그렇게 선택된 수준은 그 자체로 수축되어 있거나 팽창되어 있으며, 무한히 많은 다른 가능한 수준들 가운데 하나이다. 그리고 우리가 하나의 삶에 대해 말할 수 있는 것은 복수의 삶에 대해서도 타당하다. 각각의 삶이 어떤 지나가는 현재라면, 하나의 삶은 다른 삶을 다른 수준에서 다시 취할 수 있다. 이는 마치 철학자와 돼지, 범죄자와 성인이 거대한 원뿔의 서로 다른 수준에서 똑같은 과거를 연출하는 것과 같다. 이것이 바로 윤회라 불리는 것이다. 각각의 인물은 자신이 낼 소리의 높이나 색깔, 아마 가사까지 선택할 것이다. 하지만 어떤 가사가 붙든지 곡조는 늘 같고, 음고(音高)와 음색이 아무리 달라져도 후렴(tra-la-la)은 늘 같아진다.

물질적 반복과 정신적 반복

두 가지 반복, 물질적 반복과 정신적 반복 사이에는 큰 차이가 있다. 물질적 반복은 서로 독립적이면서 계속 이어지는 요소나 순간들의 반복이다. 반면 정신적 반복은 공존하는 상이한 수준들에서 일어나는 전체의 반복이다.(라이프니츠가 말한 것처럼 "완전함의 정도들을 제외하고는 언제 어디서나 똑같은 사태.")[19] 또한 이 두 가지 반복이 '차이' 자체와 관계짓는 방식은 매우 다르다. 요소나 순간들은 어떤 살아 있는 현재 안으로 수축되고, 그런 한에서 차이는 물질적 반복으로부터 훔쳐내는 대상이다. 반면 전체는 자신의 수준들 사이의 차이를 포괄하고, 그런 한에서 차이는 정신적 반복 안에 놓여 있다. 앞의 반복은 헐벗은 반복이고 뒤의 반복은 옷 입은 반복이다. 전자는 부분들의 반복이고 후자는 전체의 반복이다. 하나는 계속 이어지는 반복이고 다른 하나는 공존하는 반복이다. 전자는 현행적이고 후자는 잠재적이다. 전자는 수평적 반복이고 후자는 수직적 반복이다. 현재는 언제나 수축된 차이다. 하지만 물질적 반복의 경우 현재는 서로 무관심한 순간들을 수축

---

19 Leibniz, *Nouveaux essais sur l'entendement humain*, I, 1장.

한다. 반면 정신적 반복의 경우 현재는 극한에 이르고, 그런 가운데 하나의 수준을 수축한다. 이 수준은 그 자체로 이완이나 수축의 상태에 있는 전체 안에서 변별적 차이를 보인다. 그래서 현재들 자체의 차이는 두 반복 사이에 놓인다. 하나의 반복은 요소적 순간들의 반복이며, 이때 차이는 이 순간들에서 훔쳐내는 그 무엇이다. 다른 하나의 반복은 전체가 지닌 수준들의 반복이며, 이때 차이는 이 수준들 안에 포함되어 있다. 또한 베르그손의 가설에 따르자면, 우리는 헐벗은 반복을 옷 입은 반복의 겉봉투로 생각해야 한다. 다시 말해서 계속되는 순간들의 반복은 공존하는 수준들 중에서도 지극히 이완된 수준에서 일어나는 것으로 간주되어야 한다. 물질은 정신의 지극히 이완된 과거이거나 꿈이다. 엄격히 말하자면 이 두 가지 반복 중 어느 것도 재현 가능하지 않다. 왜냐하면 물질적 반복은 성립하는 동시에 와해되기 때문이다. 물질적 반복은 오로지 계산과 보존의 공간 안에 그 반복의 요소들을 투사하는 능동적 종합에 의해서만 재현된다. 하지만 동시에 이 반복은 재현의 대상이 되자마자 요소들의 동일성이나 보존되고 합산된 경우들의 유사성에 종속된다. 그리고 정신적 반복이 과거의 즉자 존재 안에서 성립한다면, 재현은 단지 능동적 종합 안의 어떤 현재들을 포착하고 그 현재들에 관련되어 있을 따름이다. 따라서 재현을 통해 모든 반복은 반조 안의 현행적 현재의 동일성에, 그리고 재생 안의 사라진 현재의 유사성에 종속된다.

수동적 종합들은 분명 재현 이하의 사태들이다. 그러나 우리가 물어야 할 것은 전적으로 과연 우리가 기억의 수동적 종합을 꿰뚫어 볼 수 있는지의 여부에 있다. 이를테면 습관의 수동적 종합을 체험하는 것처럼 똑같이 과거의 즉자 존재를 체험할 수 있는 것일까? 과거 전체는 즉자적으로 자기 자신 안에 보존된다. 하지만 어떻게 그 과거를 우리에 대해 되살려낼 것인가? 과거의 즉자 존재를 과거가 한때 구가했던 현재나 과거가 과거이기 위해 거리를 둔 현행적 현재로 환원하지 않고 어떻게 그 존재 안으로 침투해 들어갈 것인가? 어떻게 그 존재를 우리에 대해 되살려낼 것인가? 바로 이 부근에서 프루스트는 베르그손의 뒤를 이어 다시 묻고 있다. 그런데 대답은 아주 오래 전부터 주어져 있는 것 같다. (플라톤적 의미의) 상기(想起)가 바로 그것이다. 사실 상기는 자발적 기억의 모든 능동적 종합과는 본성상 다른 어떤 수동적 종합이나 비-자발적 기억을 지칭한다. 콩브레[20]는 과거에 현전했던 모습 그대로, 혹은 앞으로 현전할 모습 그대로 다시 나타나지 않는다. 다만 결코 체험된 적이 없었던 어떤 광채 안에서, 결국 이중의 환원 불가능성을 드러내는 어떤 순수 과거로 다시 나타날 뿐이다. 이 순수 과거는 자신이 언젠가 구가했던 현재로도, 언젠가 구가할 수도 있을 현행적 현재로도 환원되지 않으며, 이런 이중의 환원 불가능성은 그 두 현재의 상호 충돌에 힘입고 있다. 망각이 경험적으로 극복되는 한에서 사라진 현재들은 망각 저편의 능동적 종합 안에서 재현된다. 하지만 콩브레가 결코 현전했던 적이 없는 어떤 과거의 형태로 출현하는 것, 곧 콩브레의 즉자 존재가 출현하는 것은 바로 본연의 망각 안에서이다. 그것은 여기서 아득한 태고의 것 l'immémorial으로 나타난다. 만일 과거의 즉자 존재가 있다면, 상기는 그것의 본체(누메나)이거나 그 본체에 사로잡힌 사유이다. 상기를 통해 우리는 단지 어떤 현행적 현재에서 사라진 현재들로, 최근의 사랑들에서 유년 시절의 사랑에게로, 연인들에게서 어머니들에게로 돌아가는 것으로 그치는 것이 아니다. 여기서도 여전히 지나가는 현재들의 관계가 순수 과거를 고려하지 않고 있기는 마찬가지다. 순수 과거는 지나가는 현재들에 힘입고 또 그 현재들을 이용하는 가운데 재현 아래에서

---

20 (옮긴이 주) Combray. 프루스트의 『잃어버린 시간을 찾아서』 1권 1부의 제목으로, 주인공 마르셀이 어린 시절을 보낸 시골 마을의 이름이다.

대자적 반복

나타난다. 즉 동정녀는 결코 체험된 적이 없었으며 연인의 저편에, 어머니의 저편에 있지만, 연인과 공존하고 어머니와 동시간적으로 존재한다. 현재는 실존한다. 하지만 오로지 과거만이 고집스럽게 자신을 주장하는 가운데 내속하며, 그 안에서 현재들이 지나가고 서로 충돌하는 요소를 제공한다. 두 현재 사이의 반향은 단지 끈덕지게 항존하는 어떤 물음만을 형성한다. 그 물음은 찾고 답하고 해결하라는 엄격한 명령 아래 재현 안에서 어떤 문제의 장(場)으로서 전개된다. 하지만 응답은 항상 다른 쪽에서 온다. 즉 모든 상기는 마을과 관련되어 있든 여자와 관련되어 있든 상관없이 에로스의 성격을 띤다. 우리가 이 즉자의 순수 과거 안으로, 이 처녀의 반복, 곧 므네모시네 안으로 침투해 들어갈 수 있는 것은 언제나 에로스, 본체 때문이다. 에로스는 므네모시네의 동반자, 약혼자이다. 에로스의 이런 능력은 어디로부터 오는가? 어째서 순수 과거에 대한 탐색은 에로스적인가? 어째서 에로스는 물음과 대답들의 비밀을, 우리의 실존 전체 안에서 내속하는 어떤 끈덕진 주장의 비밀을 동시에 거머쥐고 있는가? 우리가 아직 마지막 말에 이르지 못하고 있다면, 그리고 시간의 세 번째 종합이 없다면…….

3절
데카르트적 코기토와 칸트적 코기토: 규정되지 않은 것, 규정, 규정 가능한 것

시간상으로, 다시 말해서 시간 이론의 관점에서 칸트적 코기토와 데카르트적 코기토의 차이보다 더 교훈적인 것은 없다. 데카르트적 코기토는 전적으로 두 논리치, 곧 규정과 규정되지 않은 실존이라는 두 가치에 따라 기능하는 것처럼 보인다. 규정(나는 생각한다.)은 규정되지 않

은 실존(나는 존재한다, 왜냐하면 "생각하기 위해서는 존재해야 하기" 때문에.)을 함축한다 ─ 그리고 정확히 그 규정되지 않은 실존을 사유하는 존재자의 실존으로 규정한다. 즉 나는 생각하고 따라서 존재한다, 나는 사유하는 어떤 것이다. 칸트적 비판 전체는 결국 다음과 같은 반데카르트적 논박으로 귀착된다. 즉 규정을 규정되지 않은 것에 직접적으로 관계시키는 것은 불가능하다. "나는 생각한다."라는 규정은 분명 규정되지 않은 어떤 것("나는 존재한다.")을 함축한다. 하지만 이 미규정자가 어떻게 나는 생각한다에 의해 규정될 수 있는지를 우리에게 말해주는 것은 아직 아무것도 없다. "내가 순수한 사유를 통해 나 자신에 대해 갖는 의식 안에서, 나는 존재 자체이다. 하지만 사실 이를 통해 이 존재의 어떤 것도 아직은 나에게 사유할 것으로 주어진 것이 아니다."[21] 따라서 칸트는 세 번째 논리치인 규정 가능한 것을 덧붙인다. 이것은 차라리 미규정자가 (규정에 의해) 규정될 수 있는 형식이다. 이 세 번째 가치는 논리학을 어떤 초월론적 심급으로 만들기에 충분하다. 그것은 본연의 차이 자체의 발견을 구성한다. 여기서 발견되는 차이는 더 이상 두 규정 사이의 경험적 차이가 아니다. 그것은 본래적 규정[22] 자체와 그것이 규정하는 것 사이의 초월론적 차이다 ─ 존재와 사유를 분리하는 외면적 차이가 아니라 그 둘을 선험적으로 관계시키는 내적 차이. 칸트의 유명한 답변에 따르면, 규정되지 않은 실존이 "나는 생각한다."에 의해 규정될 수 있는 형식, 그것은 시간의 형식이다……[23] 이로부터 따라

---

21 칸트, 『순수이성비판』, 「이성적 심리학에서 우주론으로의 이행에 관한 일반적 주석」(Gibert), I, 335쪽.

22 (옮긴이 주) LA détermination. 이 책 1장 첫머리에 처음 등장했던 용어. 이 **본래적** 규정은 강도적 차원에서 개체가 발생하는 과정과 구별되지 않는데, 이 대목에서는 그것이 시간의 세 번째 종합, 무-바탕, 근거와해, 카오스 등에 의한 선별과 배제를 가정한다는 것이 드러나고 있다.

23 칸트, 『순수이성비판』, 「분석론」, 25절의 주.

대자적 반복

나오는 귀결들은 극단적이다. 즉 규정되지 않은 나의 실존은 오로지 시간 안에서만 규정될 수 있다. 이때 나의 실존은 어떤 현상의 실존으로, 곧 시간 안에서 출현하는 수동적이거나 수용적인 현상적 주체의 실존으로 규정된다. 따라서 "나는 생각한다." 안에서 내가 의식하는 자발성을 어떤 실체적이고 자발적인 존재자의 속성으로 이해할 수는 없다. 그것은 단지 수동적 자아의 변용으로만 이해해야 한다. 이 수동적 자아는 자신의 사유, 자신의 지성, 자신이 '나JE'라고 말하기 위해 의지하는 것이 자신 안에서 그리고 자신에게 힘을 미친다는 것을 느끼지만, 이 모든 것이 자기 자신에 의한 것이 아님을 느낀다. 이렇게 해서 어떤 한없이 긴 이야기가 시작된다. 그 이야기는 "나는 어떤 타자이다.", 혹은 내감(內感)의 역설로 집약된다. 사유의 능동성은 어떤 수용적 존재자에 적용되고, 따라서 이 수동적 주체는 능동성을 행사한다기보다는 표상한다. 이 주체는 능동성을 창출한다기보다 그 능동성의 효과를 느끼며, 능동성을 자신 안의 어떤 타자로 체험한다. "나는 생각한다.", 또 "나는 존재한다."에는 자아를, 다시 말해서 수동적 입지(칸트가 직관의 수용성이라고 부르는 것)를 덧붙여야 한다. 규정에, 그리고 규정되지 않은 것에는 규정 가능성의 형식을, 다시 말해서 시간을 덧붙여야 한다. 하지만 '덧붙이다'는 여전히 좋은 말이 아니다. 왜냐하면 여기서 중요한 것은 차라리 차이를 만들고 그 차이를 존재와 사유 안에 내면화하는 데 있기 때문이다. 처음부터 끝까지 나는 어떤 균열을 겪고 있다. 즉 나는 시간의 순수하고 텅 빈 형식에 의해 균열되어 있다. 이런 형식을 통해 볼 때, 나는 시간 안에서 나타나는 수동적 자아의 상관항이다.[24] 내 안의

---

24 (옮긴이 주) 이 저작 전체를 통해 들뢰즈는 나Je와 자아moi를 이런 관점에서 설명하고 있다. 즉 나는 능동적이고, 자아는 그런 능동성의 수동적 상관항이다. 또 나중에 분명하게 정식화되는 것처럼, 나는 언제나 균열된 나Je fêlé이고 자아는 언제나 분열된 자아moi dissous이다.

어떤 틈이나 균열, 자아 안의 어떤 수동성, 바로 여기에 시간이 의미하는 바가 있다. 그리고 바로 수동적 자아와 균열된 나의 이 상관관계를 통해 비로소 초월론적인 것의 발견이나 코페르니쿠스적 혁명의 요소가 구성되고 있는 것이다.

균열된 나, 수동적 자아, 시간의 텅 빈 형식

데카르트는 오로지 코기토를 순간으로 환원하고 시간을 몰아내는데 힘입어 결론을 끌어내고 있다. 데카르트는 시간을 연속적인 창조 작업 중인 신에게 내맡겨놓는다.[25] 좀 더 일반적으로 말하자면, 나에 대해 가정된 동일성은 신 자신의 단일성 외에는 다른 보증이 없다. 그렇기 때문에 '신'의 관점을 '나'의 관점으로 대체한다는 것은 보통 말하는 만큼 그렇게 중요한 의미를 지니는 것은 아니다. 하나가 보존하는 동일성은 정확히 다른 하나에 의존하는 동일성이기 때문이다. 내가 존속성, 단순성, 동일성을 향유하는 한에서 신은 계속 살아 있다. 그런 것들은 신적인 것과 나 사이의 전적인 유사성을 표현하고 있기 때문이다. 거꾸로 신의 죽음은 나의 동일성을 존속하게 내버려두지 않는다. 오히려 신의 죽음을 통해 내 안에 있던 신의 표지나 인장은 사라진다. 그 대신 어떤 본질적 비유사성, '표시 삭제'가 생겨나고 내면화된다. 『순수이성비판』에서 칸트는 바로 이 점을 적어도 한 번은 아주 깊이 꿰뚫

---

25 (옮긴이 주) 데카르트의 연속창조création continuée론을 가리킨다. 데카르트는 『세 번째 성찰』 후반부에서 시간의 본성에 대한 성찰을 통해 신 존재의 확실성을 증명하는데, 세계의 지속은 사유하는 자아에 의해서는 설명될 수 없고 매 순간 신이 세계를 창조한다고 가정할 때만 설명될 수 있다는 것이 이 증명의 내용이다. 들뢰즈는 시간을 '사유하는 주체'의 내면에 둔다는 점에서 칸트적 코기토의 독창성을 찾고, 이 점을 중심으로 칸트의 '코페르니쿠스적 전환'을 재해석해야 한다고 주장할 뿐 아니라, 이 시간의 내면화를 서양 철학사의 가장 커다란 전환점으로 간주하기도 한다. 이 점에 대해서는 가타리와 함께 저술한 『철학이란 무엇인가』(1991) 앞부분 참조.

대자적 반복

어 보았다. 즉 이성 신학과 이성 심리학은 동시에 소멸하고, 신의 사변적 죽음은 나의 균열로 이어진다. 만일 초월론 철학의 가장 위대한 창의성이 시간의 형식을 본연의 사유 안으로 끌어들이는 데 있다면, 순수하고 텅 빈 이 형식은 이제 다시 불가피하게 죽은 신, 균열된 나, 그리고 수동적 자아를 의미하게 된다. 물론 칸트는 이런 창의성을 끝까지 추구하지 않는다. 즉 신과 나는 실천적 차원에서 부활하게 된다. 심지어 사변적 영역에서조차 새로운 형식의 동일성, 능동성을 띤 종합적 동일성을 통해 그 균열은 곧바로 메워진다. 반면 수동적 자아는 단지 수용성에 의해 정의되고, 이런 자격에서 어떠한 종합의 능력도 지니지 못하게 된다. 하지만 이와는 달리 우리는 변용들을 겪는 능력인 수용성은 어떤 귀결에 불과하다는 것을, 그리고 수동적 자아는 보다 깊은 차원에서 그 자체가 수동적인 어떤 종합(응시-수축)에 의해 구성된다는 것을 보았다. 인상이나 감각들을 수용할 가능성은 여기서 비롯된다. 이제 칸트적 할당 방식을 유지한다는 것은 불가능하다. 그것은 재현의 세계를 구제하기 위한 최상의 노력이다. 여기서 종합은 능동적인 것으로 파악되고, 나 안에서 새로운 형식의 동일성에 호소한다. 여기서 수동성은 종합을 결여한 단순한 수용성으로 파악된다. 칸트적 창의성이 회복될 가능성은 바로 이 수동적 자아를 전혀 다르게 평가하는 데 있다. 이 새로운 평가 안에서 시간의 형식은 죽은 신과 균열된 나를 동시에 지탱한다. 이런 의미에서 칸트주의의 마지막 출구는 피히테나 헤겔에게 있는 것이 아니라 횔덜린에게 있다는 말은 옳다. 횔덜린은 순수한 시간의 공허를 발견한다. 그리고 이 공허 안에서 신성한 것의 연속적 전회(轉回), 나의 심화된 균열, 그리고 본연의 자아를 구성하는 수동적 정념을 동시에 발견한다.[26] 바로 이런 시간의 형식 안에서 횔덜린은

---

26 시간의 순수 형식과 그것이 '나' 안으로 도입하는 균열 혹은 '각운의 중단césure'에 관

비극의 본질이나 오이디푸스의 모험을, 곧 죽음본능의 상호 보완적 형태들을 보았다. 그렇다면 칸트의 철학은 오이디푸스의 계승자일 수 있는 것일까?

기억의 불충분성: 시간의 세 번째 종합

하지만 그렇게 시간을 본연의 사유 안으로 끌어들이는 것은 칸트만의 특별한 기여일까? 왜냐하면 플라톤의 상기(想起)는 이미 그런 의미를 지녔던 것처럼 보이기 때문이다. 본유성(本有性)은 상기 못지않게 하나의 신화이다. 하지만 그것은 순간성의 신화이며, 따라서 그것은 데카르트에게나 어울린다. 플라톤은 명시적으로 상기를 본유성에 대립시킨다. 이때 그가 말하고자 하는 것은 본유성은 앎의 추상적 이미지만을 재현하지만 배움의 실질적 운동은 영혼 안에서 '이전'과 '이후'의 구분을 함축한다는 사실이다. 다시 말해서 그것이 함축하는 것은 우리가 알고 있었던 것을 잊기 위한 어떤 첫 번째 시간의 도입이다. 왜냐하면 우리가 잊었던 것을 되찾는 것은 어떤 두 번째 시간 안에서 일어나기 때문이다.[27] 그러나 상기는 도대체 어떤 형식을 통해 시간을 도입하는가? 모든 물음은 이 점으로 귀착된다. 심지어 영혼에 대해서도 어떤 물리적 시간이 문제가 된다. 주기적이거나 순환적인 이 퓌지스의 시간은 그 안에서 일어나는 사건들이나 그것이 측정하는 운동들에 종속되어 있으

해서는 Hölderlin, *Remarques sur Œdipe, Remarques sur Antigone*(10/18)과 Jean Beaufret의 주석 참조. 보프레는 칸트가 횔덜린에 미친 영향을 매우 강조한다. *Hölderlin et Sophocle*, 특히 16~26쪽.
('나'의 어떤 '균열'이 죽음본능으로 이해된 시간의 형식과 본질적 관계에 놓여 있음을 주제화하고 있는 사례로는, 모두 훌륭하지만 서로 매우 상이한 다음의 세 문학 작품들을 꼽을 수 있다. 졸라E. Zola의 『수인*La bête humaine*』, 피츠제럴드F. S. Fitzgerald의 『크랙업 *The Crack-up*』, 라우리M. Lowry의 『화산 밑에서*Under the volcano*』.)
27 상기와 본유성의 명백한 대립에 관해서는 플라톤의 『파이돈』, 76 a~d 참조.

며, 자신에게 박자를 가져다주는 우여곡절들에 종속되어 있다. 물론 이 시간은 어떤 즉자 존재에서, 다시 말해서 이데아의 순수 과거 안에서 자신의 근거를 찾아야 할 것이다. 이 이데아를 통해 현재들의 질서는 이상적인 것에 대한 유사성의 증감에 따라 원환적으로 조직된다. 하지만 이 이데아를 통해 영혼 또한 그 원환에서 벗어나게 된다. 이때 영혼은 즉자 존재의 영역을 대자적으로 보존하거나 재발견할 수 있어야 한다. 그럼에도 불구하고 이데아는 여전히 근거로 남아 있다. 매 순간 계속 이어지는 현재들은 이 근거를 출발점으로 시간의 원환 안으로 조직된다. 따라서 이데아 자체를 정의하는 순수 과거는 여전히 필연적으로 현재의 관점에서 표현되고, 사라진 신화적 현재로서 표현된다. 이미 시간의 두 번째 종합이 지닌 애매성, 므네모시네의 모호성은 전적으로 이 점과 이어져 있었다. 사실 므네모시네는 자신의 순수 과거의 높이에서 재현의 세계를 넘어서고 지배한다. 즉 그것은 근거, 즉자 존재, 현상 배후의 본체, 이데아이다. 하지만 그것은 여전히 자신이 근거짓는 재현에 묶여 있다. 므네모시네를 통해 재현의 원리들은 높이 고양된다. 동일성은 아득한 태고의 원형이 지닌 특성이 되고, 유사성은 현재의 이미지가 지닌 특성이 된다. 바로 같음과 닮음이 그것이다. 므네모시네는 현재로 환원될 수 없고 재현보다 우월하지만 현재들의 재현을 순환적이거나 무한하게 만들뿐이다.(라이프니츠나 헤겔에게서조차 무한 안의 재현의 전개를 근거짓는 것은 여전히 므네모시네다.) 근거의 불충분성은 바로 여기에 있다. 근거는 자신이 근거짓는 것에 상대적이고, 자신이 근거짓는 것에서 특성들을 빌려오며, 그 빌려온 특성들을 통해 자기 자신을 입증한다. 근거가 원환을 만든다는 것도 마찬가지로 이런 의미에서이다. 즉 근거는 사유 안으로 시간을 끌어들인다기보다 영혼 안으로 운동을 끌어들인다. 말하자면 근거는 '팔꿈치 모양으로 휘어져' 있고, 우리를 어떤 저편의 세계로 성급히 이끌어가기 마련이다. 그렇지만 시간의 두 번째 종합은 또한 재현의 상관항으로 머물러 있는 즉자 존재의 가상을 폭로하는 세 번째 종합을 향해 자신을 넘어선다. 과거의 즉자 존재와 상기 안의 반복은 일종의 '효과'일 것이다. 말하자면 그것은 기억 자체의 어떤 광학적 효과, 차라리 에로스적 효과일 것이다.

시간의 형식, 순서, 집합, 계열

시간의 텅 빈 형식 혹은 시간의 세 번째 종합. 이 말은 무엇을 의미하는 것일까? 북부의 왕자에 따르면, "시간의 축은 빗장이 풀려 있다."[28] 과연 북부의 철학자는 똑같은 사태를 말하고, 오이디푸스적이므로 햄릿답다고 할 수 있을까? 빗장, 경첩, 축cardo. 바로 이 축의 뒷받침이 있기에 시간은 정확히 방위 기준점들 — 시간에 의해 측정되는 주기적 운동들이 지나가는 점들 — 에 종속된다.(시간은 세계에 대해서와 마찬가지로 영혼에 대해서도 운동의 수이다.) 반면 빗장이 풀린 시간은 미친 시간을 의미한다. 그것은 신이 부여했던 만곡(彎曲)에서 벗어난 시간, 지나치게 단순한 원환적 형태로부터 풀려난 시간, 자신의 내용을 이루던 사건들에서 해방된 시간, 운동과 맺었던 관계를 전복하는 시간, 요컨대 자신이 텅 빈 순수한 형식임을 발견하는 시간이다. 이때는 결코 어떤 것도 시간 안에서 (원환이라는 지나치게 단순한 모양을 따라) 펼쳐지지 않는다. 오히려 그 대신 시간 자체가 스스로 자신을 펼쳐간다.(다시 말해서 외관상 어떤 원환이기를 그친다.) 시간은 기수적(基數的)이기를 그치고, 서수적(序數的)이 된다. 바로 이것이 시간의 순수한 순서이다. 횔덜린에 따르면, 시간의 순서는 더 이상 "각운(脚韻)"을 띠지 않게 된다. 왜냐하

---

28 (옮긴이 주) 셰익스피어의 『햄릿』에 나오는 문장으로, 원문은 "the time is out of joint."이다.

대자적 반복

면 그 순서는 시작과 끝을 서로 어긋나게 하는 어떤 "각운의 중단"[29] 양 편으로 균등하지 않게 분배되기 때문이다. 우리는 여기서 시간의 순서 를 정의할 수 있다. 그것은 동등하지 않은 것에 대해 일어나는 순수하 게 형식적인 분배이며, 이 분배는 각운의 중단을 기점으로 하여 성립 한다. 그래서 더 길거나 짧은 어떤 과거, 그에 반비례하는 어떤 미래는 구분될지언정, 미래와 과거는 여기서 시간에 대한 경험적이고 동역학 적인 규정들이 아니다. 그것은 시간의 형식적이고 고정된 특성들이며, 이 특성들은 시간의 정태적 종합에 해당하는 선험적 순서로부터 유래 한다. 그것은 불가피하게 정태적이다. 왜냐하면 시간은 더 이상 운동에 종속되어 있지 않기 때문이다. 그것은 가장 급진적인 변화의 형식이지 만, 그 변화의 형식 자체는 변하지 않는다. 나의 균열을 구성하는 것은 바로 이 각운의 중단, 그리고 그 중단이 결정적인 어떤 한 순간[30] 순서 를 부여하는 이전과 이후이다.(그 중단은 정확히 균열의 탄생 지점이다.)

자신의 경험적 내용을 버렸고 자신의 고유한 근거를 전복한 시간. 이 시간은 단지 어떤 형식적이고 텅 빈 순서에 의해서만 정의되는 것 이 아니다. 그것은 또한 어떤 집합과 계열에 의해 정의된다. 먼저 시간 의 집합은 다음을 의미한다. 즉 어떤 것이든 각운의 중단은 언제나 어 떤 행위의 이미지[31] 안에서 규정되어야 하며, 시간 전체에 부합하는 단 일하고 무시무시한 어떤 사건의 이미지 안에서 규정되어야 한다. 이 이 미지 자체는 어떤 분열된 형식을 통해 동등하지 않은 두 부분으로 나뉘

---

29 (옮긴이 주) césure. 횔덜린의 오이디푸스론에 나오는 표현. 이 책 206쪽 주26을 참조 할 것.

30 (옮긴이 주) une fois pour toutes. 이 책에 자주 등장하는 이 표현은 원래 P. Klossowski, *Un si funeste désir*(N.R.F., 1963) 앞부분에 나오는 표현이고, 종종 toutes les fois와 댓구 를 이룬다. 이 두 표현은 각각 '결정적인 어떤 한 순간(모두)'과 '매 순간' 혹은 '매번' 등으로 옮기기로 한다. 이 '매번'은 들뢰즈의 역량 개념, 즉 'n승의 역량'의 시간적 측면에 해당한다.

31 (옮긴이 주) l'image d'une action. 니체의 『차라투스트라』 1부 중 「창백한 범죄자에 대 하여」에 나오는 das Bild der Tat의 번역어가 아닐까?

어 현존한다. 하지만 이 이미지를 통해 일체의 시간 전체가 회집(會集)된다. 이 이미지는 동등하지 않은 부분들을 포섭하고 회집하되 동등하지 않은 것들로서 회집한다. 그런 부분들과 관련하여 이 이미지는 하나의 상징이라 불려야 한다. 시간의 집합에 부합하는 그런 상징은 여러 가지 방식으로 표현된다. 시간의 빗장을 풀기, 태양을 폭파하기, 화산 속으로 뛰어들기, 신이나 아버지를 죽이기 등이 그것이다. 각운의 중단, 이전과 이후를 모두 회집하는 한에서 이런 상징적 이미지는 시간의 집합을 구성한다. 하지만 그것들을 동등하지 않게 분배하는 한에서 이 상징적 이미지는 어떤 시간의 계열을 가능하게 한다. 사실 언제나 행위가 '자아에게는 너무 벅찬' 이미지로 다가오는 어떤 시간이 있다. 과거나 이전은 바로 여기서 선험적으로 정의된다. 즉 사건 자체가 완료되었는지의 여부, 행위가 이미 이루어졌는지의 여부는 별로 중요하지 않다. 과거, 현재, 미래는 이런 경험적 기준에 따라 분배되는 것이 아니다. 오이디푸스는 이미 행위했고, 햄릿은 아직 행위하지 않았다. 하지만 어떤 경우든 그들은 과거에 속하는 상징의 첫 번째 부분을 살아내고 있다. 행위의 이미지를 자신에게는 너무 벅찬 것으로 체험하면서 그들은 과거 안에서 자기 자신을 살아내고 또 과거 안으로 내던져진다. 따라서 각운의 중단 자체를 전제하는 두 번째 시간은 변신의 현재, 행위에 필적하게 되는 동등하게-되기, 자아의 이분화이다. 그것은 행위의 이미지 안에 어떤 이상적 자아를 투사하는 시간이다.(그것은 햄릿의 바다 여행이나 오이디푸스의 탐문 결과에 의해 드러난다. 즉 주인공은 행위를 '감당할 수 있게' 된다.) 미래를 발견하는 세 번째 시간의 경우 — 이 시간은 사건, 행위가 자아의 일관성을 배제하는 어떤 비밀스러운 일관성을 지니고 있음을 의미한다. 이 일관성은 사건과 행위에 필적할 수 있게 된 자아에 등을 돌리고, 자아를 수천 조각으로 쪼개어 투사한다. 말하자면 새로운 세계를 잉태한 자는 자신이 낳고 있는 파열하는 다양체에 의해 압

대자적 반복

도되고 탕진되어버린다. 즉 자아가 필적하게 된 것, 그것은 즉자적 비동등이다. 시간의 순서에 따라 균열된 나와 시간의 계열에 따라 분할된 자아는 바로 이런 방식을 통해 서로 상응하고 어떤 공통의 출구에 이른다. 그 출구는 이름도, 가족도, 특질도, 자아나 나도 없는 인간, 어떤 비밀을 간직한 "평민"[32]에 있다. 그는 이미 초인(超人), 그 흩어진 사지(四肢)가 숭고한 이미지의 주위를 맴돌고 있는 초인이다.

세 번째 종합 안의 반복: 결핍에 의한 조건, 변신의 주체, 무제약적 특성

이런 상징적인 이미지에 비추어 보면, 시간의 계열 안에서 모든 것은 반복이다. 과거 자체는 결핍에 의한 반복이며, 현재 안에서 변신에 의해 구성되는 또 다른 반복을 준비한다. 종종 역사가는 현재와 과거 사이에서 어떤 경험적 상응 관계들을 찾곤 한다. 그러나 이런 역사적 상응 관계들의 그물망은 아무리 풍성하다 하더라도 상사성이나 유비를 통해서만 반복을 형성할 뿐이다. 실은 그 자체로 반복인 것은 과거이자 현재이다. 물론 과거와 현재는 서로 다른, 하지만 서로의 안에서 반복되는 두 가지 양태에 따르는 반복이다. 어떤 반복적 사실들이 역사 안에 있다기보다는 오히려 반복이 새로운 무언가가 실제적으로 산출되기 위한 역사적 조건이다. 루터와 바울로 사이의 유사성, 1789년의 혁명과 로마 공화정 사이의 유사성 등은 역사가의 반성을 통해 드러나는 것이 아니다. 가령 혁명가들은 어떤 반복을 통해 행동을 시작한다. 그들의 행위를 개시하게끔 하는 이 반복은 어떤 고유한 과거의 양태에 따라 이루어지고, 따라서 그들이 자신들을 필연적으로 어떤 과거의 역사적 인

---

32 (옮긴이 주) le plébéien. 이 책에서 인용되는 피에르 발랑슈P. Ballanche의 용어. 이 책 215쪽의 긴 원주 참조.

물과 동일시한다는 조건들 위에서 성립한다. 그러나 그 이전에 혁명가들은 무엇보다 먼저 자기 자신과의 관계에서 어떤 '부활한 로마인들'처럼 살도록 규정되어 있다. 그 이후에야 그들은 비로소 자신들이 시작한 행위를 감당할 수 있게 된다. 반복은 반성의 개념이기 이전에 행위의 조건이다. 우리는 한번은 과거를 구성하는 이 양태에 따라 반복하고, 그 다음 번에는 변신의 현재 안에서 반복한다는 조건에서만 어떤 새로운 것을 생산할 수 있다. 그리고 생산되는 것, 절대적으로 새로운 것 자체도 역시 반복 이외엔 아무것도 아니다. 그것은 세 번째 반복, 이제는 과잉에 의한 반복, 영원회귀에 해당하는 미래의 반복이다. 물론 우리는 영원회귀를 마치 시간의 모든 계열이나 집합에 영향을 미치고 미래뿐 아니라 과거와 현재에도 적용되는 것처럼 해석할 수 있다. 하지만 이런 해석은 그저 서론에 불과하다. 이런 해석은 문제제기적이고 규정되지 않은 가치 이외의 다른 가치, 영원회귀의 문제를 제기하는 기능 이외의 다른 기능을 지니지 못한다. 비의적인 진리 안에서 되새길 때 영원회귀는 오로지 계열상의 세 번째 시간에만 관련되고 또 그 시간에만 관련될 수 있다. 영원회귀는 단지 여기서만 규정될 수 있을 뿐이다. 바로 그렇기 때문에 영원회귀는 문자 그대로의 의미에서 미래에 대한 믿음, 미래 안에서의 믿음이라 말해지는 것이다. 영원회귀는 오로지 새로운 것에만 관계된다. 이때 새로운 것이란, 결핍을 조건으로 그리고 변신의 단계를 거쳐 생산되는 어떤 것이다. 하지만 영원회귀는 조건도 행위자도 돌아오게 하지 않는다. 오히려 거꾸로 영원회귀는 자신의 원심력 전체를 통해 그 조건과 행위자를 추방하고 부인한다. 영원회귀는 생산물의 자율성을, 작품의 독립성을 구성한다. 영원회귀는 과잉에 의한 반복이며 이 반복은 결핍을 겪는 어떤 것에 대해서도, 동등하게-되기에 이르는 어떤 것에 대해서도 존속을 허락하지 않는다. 영원회귀는 그 자체로서 이미 새로운 것, 전적인 새로움이다. 영원회귀는 그 자체만으로도

대자적 반복

계열의 세 번째 시간이며, 그런 의미에서 본연의 미래이다. 클로소브스키가 말하는 것처럼, 영원회귀는 나의 고유한 일관성, 나의 고유한 동일성, 자아의 동일성, 세계의 동일성과 신의 동일성을 배제하면서 성립하는 비밀스러운 일관성이다. 영원회귀는 평민, 이름 없는 인간만을 되돌아오게 한다. 영원회귀는 죽은 신과 분열된 자아를 자신의 원환 안으로 끌어들인다. 영원회귀는 태양을 돌아오게 하지 않는다. 태양의 폭발을 전제하기 때문이다. 영원회귀는 단지 성운(星雲)들에만 관계될 뿐이다. 영원회귀는 성운들과 뒤섞여 하나가 되고 오로지 성운들을 위해서만 운동한다. 그렇기 때문에 영원회귀를 마치 시간의 집합 전체에 적용되는 것인 양 해석한다면, 이는 언제인가 차라투스트라가 정령에게 말했던 것처럼 사태를 단순화하는 것이다. 이는 또 언제인가 차라투스트라가 동물들에게 말하는 것처럼 사태를 진부한 것으로 만드는 것이다. 말하자면 우리는 너무 단순한 원환, 그러니까 지나가는 현재를 내용으로 하고 상기의 과거를 형태로 하는 단순한 원환에 머물러 있는 셈이다. 그러나 바로 정확히 시간의 순서, 순수하고 텅 빈 형식으로서의 시간을 통해 그런 원환은 와해되어버렸다. 그런데 그런 와해는 훨씬 덜 단순하고 훨씬 더 비밀스러우며 훨씬 더 찌그러져 있는 어떤 원환을 위해서, 훨씬 더 성운에 가깝고 영원히 궤도를 벗어나는 원환을 위해서 일어난다. 이 새로운 원환은 오로지 계열상의 세 번째 시간 안에서만 재형성되는 차이의 원환, 탈중심화된 원환이다. 시간의 순서가 같음의 원환을 깨뜨리고 시간을 계열화했다면, 이는 오로지 그 계열의 끝에서 어떤 다름의 원환을 재형성하기 위해서였다. 시간의 순서 안에 '결정적인 어떤 한 순간'이 있다면, 이는 오로지 그 비의적 의미의 마지막 원환에서 성립하는 '매 순간'[33]을 위해서이다. 시간의 형식은 오로지 영원회

---

[33] (옮긴이 주) une fois pour toutes, toutes les fois. 210쪽 주30 참조.

귀 안의 비형상을 드러내기 위해서 있다. 극단적 형식성은 오로지 과도한 비형식(횔덜린의 Unförmliche)을 위해서 있다. 근거가 어떤 무-바탕를 향해, 보편적 근거와해 —— 그 자체로 회전하는 가운데 오로지 도래 중인 것 l'à-venir만을 되돌아오게 하는 근거와해 —— 를 향해 극복되는 것은 이런 방식을 통해서이다.[34]

---

34 세 가지 반복에 대한 주석──역사적 반복에 관한 마르크스의 이론은 특히 『브뤼메르의 18일』에서 잘 나타나 있다. 역사가들이 충분히 이해하지 못하고 있는 것 같은 이 이론은 다음의 원리 주변을 맴돌고 있다. 즉 역사 안의 반복은 역사가의 반성적 유비나 개념이 아니라 무엇보다 먼저 역사적 행위 자체의 조건이다. 해롤드 로젠버그Harold Rosenberg는 매우 빼어난 글을 통해 이 점을 밝힌 바 있다. 즉 역사의 배우, 행위자들은 자신을 과거의 인물들과 동일시한다는 조건에서만 창조적일 수 있다. 역사가 어떤 연극이라는 것은 이런 의미에서이다. "그들의 행위는 자발적으로 어떤 예전의 역할의 반복이 되었다……역사가 신화의 베일 뒤로 숨을 수밖에 없는 것은 혁명적 위기 때문이며, 완전히 새로운 어떤 것을 창조하기 위해 기울이는 노력 때문이다……."(La tradition du nouveau(Minuit), "부활한 로마인들"이라는 제목이 붙은 12장, 154~155쪽.)

마르크스에 따르면 반복은 갑자기 정지할 때, 다시 말해서 변신이나 새로움의 생산에 이르지 못한 채 일종의 퇴화에 빠지고 진정한 창조와는 반대 방향으로 나아갈 때 희극이 된다. 이때 희극적 변장이 비극적 변신을 대신한다. 하지만 마르크스에게 이런 희극적이거나 기괴한 반복은 비극적이고 진화적인 반복 혹은 창조적인 반복 **이후에** 필연적으로 오는 것처럼 보인다.("모든 위대한 역사적 사건과 인물들은 말하자면 두 번 반복된다.……처음에는 비극으로, 그 다음에는 익살극으로.") 그러나 이런 시간적 순서가 절대적으로 근거지어진 것처럼 보이지는 않는다. 희극적 반복은 결핍에 의해, 고유한 과거의 양태를 통해 이루어진다. 주인공은 '행위가 자신에게 너무 벅찬' 한에서 필연적으로 이런 반복과 마주치게 된다. 즉 폴로니우스의 살해는 결핍에 의한 것이며 희극적이다. 오이디푸스의 탐문도 마찬가지다. 비극적 반복은 그 다음에 오는 것이며, 이것이 변신의 계기이다. 물론 이 두 계기는 서로 독립적인 것이 아니며, 오로지 희극적인 것과 비극적인 것 저편의 세 번째 계기를 위해서 현존한다. 이 세 번째 계기는 새로운 어떤 것의 생산 안에서 일어나는 극적인 반복이며, 이 반복은 주인공마저 배제한다. 하지만 처음의 두 요소가 추상적 독립성을 띠거나 **장르**로 변질될 때, 비극 장르의 뒤를 잇는 것은 바로 희극 장르이다. 이는 변신의 실패가 절대적인 것으로 고양될 때, 이미 이루어진 예전의 변신을 가정하는 것과 같다.

세 가지 시간으로 이루어진 반복의 구조는 오이디푸스 못지않게 햄릿에서도 엿볼 수 있다. 횔덜린은 비교 불가능할 정도의 엄밀한 분석을 통해 오이디푸스에서 이런 구조를 찾아낸 바 있다. 그의 분석에 따르면, 그 구조는 이전, 각운의 중단, 이후로 이루어져 있다. 횔덜린은 이전과 이후라는 상관적 차원들은 각운의 중단이 자리하는 위치에 따라 달라질 수 있다는 점을 강조했다.(그래서 안티고네의 급작스러운 죽음은 오이디푸스의 긴 유랑과 대립적 관계에 있다.) 그러나 본질적인 것은 삼항 구조의 끈질긴 존속에 있다. 이 점에 관한 한 로젠

버그가 햄릿을 해석하는 방식은 전적으로 횔덜린적인 도식과 일치한다. 그 도식에 따르면, 각운의 중단은 햄릿의 바다 여행에 의해 구성된다(11장, 136~151쪽 참조). 햄릿과 오이디푸스는 단지 내용에서만이 아니라 극적인 형식에서도 닮은꼴이다.

드라마는 단 하나의 형식을 통해 세 가지 반복을 결집한다. 니체의『차라투스트라』는 분명 드라마, 다시 말해서 연극이다. 이 책의 대부분을 차지하는 것은 결핍이나 과거의 양태를 띠는 이전이다. 즉 행위는 자아에게 너무 벅차다.(「창백한 범죄자에 대하여」, 혹은 신의 죽음과 관련된 희극적 이야기 전체, 혹은 영원회귀의 계시 앞에서 차라투스트라가 겪는 모든 두려움―"너의 열매들은 잘 익었다, 하지만 너, 너는 너의 열매들을 감당할 만큼 익지 않았다." 등 참조.) 그다음에 오는 것은 각운의 중단 또는 변신의 계기, '전조'이다. 여기서 차라투스트라는 **감당할 수 있게** 된다. 차라투스트라의 죽음을 함축하는 세 번째 계기인 영원회귀의 계시와 그에 대한 긍정의 계기는 이 책에 빠져 있다. 잘 알려져 있는 것처럼 니체는 자신이 계획했던 이 부분을 쓸 시간이 없었다. 그렇기 때문에 우리는 니체의 영원회귀론이 아직 언명되지 않았고 다만 다음 작품의 몫으로 남게 되었다고 꾸준히 생각해올 수 있었다. 즉 니체는 단지 과거의 조건과 현재의 변신만을 개진했을 뿐, 그것들로부터 따라 나오는 무제약적인 것, 곧 "미래의 도래자"는 개진하지 않았다.

세 가지 시간의 테마는 이미 대부분의 **순환적** 발상법 안에서 거듭 재발견된다. 가령 조아키노Gioacchino da Flore의 세 성서가 그렇고 비코Vico의 세 시대, 곧 신들의 시대, 영웅들의 시대, 인간들의 시대가 그렇다. 첫 번째 시대는 필연적으로 결핍에 의한 시대이고 자기 자신 안에 닫혀 있다. 두 번째 시대는 열린 시대이고 영웅적인 변신을 보여준다. 하지만 가장 본질적인 것 혹은 가장 신비로운 것은 세 번째 시대이다. 이 시대는 앞의 두 시대에 대해 "전조된 사태"의 역할을 맡는 위치에 있다.(가령 조아키노에 따르면, "하나의 전조된 사태에 대해 전조를 드러내는 두 가지 사태가 있다."(*L'Evangile éternel*(Rieder), 42쪽) 조아키노와 비코에게 다같이 많은 영향을 받은 피에르 발랑슈는 이 세 번째 시대를 평민의 시대로 규정하려고 노력한다. 율리시즈 혹은 "아무도 아닌 자", "이름 없는 인간"의 시대이며 "위대한 희생자의 흩어진 사지를 찾는" 시역자(弑逆者), 곧 현대적 오이디푸스의 시대이다(괴상한 책 *Essais de palingénésie sociale*(1827) 참조).

이런 관점에서 우리는 조금씩 서로 어긋나는 몇 가지 가능한 반복들을 구분해야 한다. 1) 먼저 순환 주기 안의 반복이 있다. 이 반복의 핵심은 앞의 두 시대가 서로를 반복하는 방식, 좀 더 정확히 말하자면 도래할 하나의 동일한 '사태', 행위나 사건을 반복하는 방식에 있다. 이는 특히 구약과 신약 사이의 일치점들에 관한 표를 구성하는 조아키노의 테제이다. 하지만 이 테제는 아직 단순한 반성적 유비들을 극복할 수 없다. 2) 그다음 순환적 반복이 있다. 여기서는 세 번째 시대의 끝에서, 그리고 어떤 와해의 극단에서 모든 것이 첫 번째 시대로 돌아가 다시 시작된다고 가정한다. 따라서 두 순환 주기 사이에서 유비들이 확립된다(비코). 3) 그러나 세 번째 시대에 적합한 반복은 없는가? 무엇이 영원회귀의 이름에 걸맞은 유일한 반복인가? 모든 문제는 여기에 있다. 왜냐하면 앞의 두 시대가 반복했던 것은 오로지 세 번째 시대에서만 대자적으로 나타나는 어떤 사태였기 때문이다. 하지만 세 번째 시대에 이 '사태'는 그 자체가 즉자적으로 반복된다. 두 가지 '전조의 지시'는 이미 반복적이지만, 전조된 것 자체는 순수한 반복이다. 정확히 세 번째 시대 **안에서** 영원회귀로 파악되는 이 우월

영원회귀의 관점에서 본 비극, 희극, 역사, 신앙

이 시간의 마지막 종합 안에서 볼 때, 현재와 과거는 이제 미래에 속하는 차원들에 불과하다. 즉 과거는 조건으로서, 그리고 현재는 행위자로서 미래에 속한다. 첫 번째 종합, 습관의 종합은 시간을 어떤 살아 있는 현재로 구성했고, 이런 구성은 과거와 미래가 의존하는 어떤 수동적 정초 안에서 이루어졌다. 두 번째 종합, 기억의 종합은 시간을 어떤 순수 과거로 구성했고, 이런 구성은 현재를 지나가게 하고 또 다른 현재가 도래하게 하는 어떤 근거의 관점에서 이루어졌다. 그러나 세 번째 종합에서 현재는 제거될 운명에 처한 배우, 저자, 행위자에 불과하다. 과거는 결핍에 의해 작용하는 어떤 조건에 불과하다. 시간의 종합은 세 번째 단계에 이르러 어떤 미래를 구성하고, 이 미래는 조건에 대한 생산물의 무제약적 특성을, 저자나 배우에 대한 작품의 독립성을 동시에 천명한다. 현재, 과거, 미래는 세 가지 종합을 거쳐서 일어나는 본연의 반복으로 드러나지만, 이는 서로 매우 다른 양태들을 통해서이다. 현재는 반복을 일으키는 어떤 것에 해당한다. 과거는 반복 자체에 해당한다. 그리고 미래는 반복되는 것에 해당한다. 그런데 전체적으로 볼 때 반복의 비밀은 반복되는 것 안에 있다. 반복되는 것은 두 번에 걸쳐 전조(前兆)되고 지시되는 셈이다. 최상의 반복은 바로 미래의 반복이다. 이 미래의 반복을 통해 다른 두 반복은 종속적 지위에 놓이고 따라서 자율성을 상실한다. 사실 첫 번째 종합은 단지 시간의 내용과 정초

한 반복은 순환 주기 내적 반복의 가설을 바로잡는 동시에 순환적 반복의 가설을 너끈히 반박할 수 있다. 먼저 처음 두 계기 안에서 반복은 사실 더 이상 반성적 유비들을 표현하는 것이 아니라 영원회귀가 실제로 생산되기 위한 행위의 조건들을 표현한다. 다른 한편 이 처음의 두 계기는 세 번째 계기 안에서 일어나는 영원회귀의 재생산에 의해 오히려 제거되기 때문에 되돌아오지 않는다. 이런 두 가지 관점에서 볼 때, 모든 순환적 발상법에 '자신의' 발상법을 대립시키는 니체는 전적으로 옳다(Kröner, XII, 1부, 106절 참조).

대자적 반복

에만 관련된다. 두 번째 종합은 단지 시간의 근거에만 관련된다. 하지만 그 너머의 세 번째 종합은 시간의 순서, 집합, 계열, 그리고 최종 목표를 마련해준다. 반복의 철학은 반복 자체를 반복할 수밖에 없도록 운명지어져 있고, 그런 한에서 이 모든 '단계들'을 통과해간다. 그러나 이 단계들을 거치면서 반복의 철학은 확실한 프로그램을 마련한다. 이 프로그램의 항목들로는 이런 것들을 꼽을 수 있다. 반복을 미래의 범주로 만들기 — 습관의 반복과 기억의 반복을 이용하되 단계들로만 이용하기, 그 단계들을 길 위에 남기고 떠나기 — 한 손으로 하비투스에 대항하여 싸우고 다른 한 손으로 므네모시네에 대항하여 싸우기 — 더나 덜한 차이를 '훔쳐내는' 데 그치는 반복의 내용(하비투스)을 거부하기 — 차이를 포괄하되 여전히 같음과 닮음에 종속시킬 뿐인 반복의 형식(므네모시네)을 거부하기 — 지나치게 단순한 순환 주기들, 곧 순수 과거가 조직하는 순환 주기(아득한 태고의 순환 주기)뿐 아니라 습관적 현재가 겪는 순환 주기(관습적 순환 주기)를 거부하기 — 기억의 근거를 결핍에 의한 단순 조건으로 바꾸어놓기, 뿐만 아니라 습관의 정초를 '소유'의 파산으로, 행위자의 변신으로 바꾸어놓기 — 작품이나 생산물의 이름으로 행위자와 조건을 몰아내기 — 반복을 어떤 차이를 '훔쳐낼' 대상으로 삼거나 가변적 차이를 포괄하는 것으로 만드는 대신, '절대적으로 차이나는 것'의 사유와 생산으로 만들기 — 반복의 대자 존재가 차이의 즉자 존재가 되도록 하기.

이 프로그램의 항목들 대부분은 프로테스탄트적 탐구와 가톨릭적 탐구를 자극한다. 키에르케고르와 페기가 각기 그런 탐구를 대변한다. 그 누구도 이 두 저자만큼 습관과 기억의 반복에 '자신의' 반복을 대립시키지 못했다. 그 누구도 이들처럼 현재의 반복이나 과거의 반복이 지닌 불충분성을 멋지게 고발하지 못했다. 그들은 순환 주기들의 단순성, 상기들의 함정, 보통 반복에서 '훔쳐낸다'고 주장되거나 거꾸로 단순한 변이형으로 이해되는 차이들의 상태를 적나라하게 까발린다. 게다가 이들 말고는 아무도 반복을 미래의 범주로 원용하지 못했다. 므네모시네의 오래된 근거를, 그리고 플라톤적 상기를 이들만큼 확실하게 거부한 사람은 아무도 없었다. 이들에게서 근거는 결핍에 의한 조건에 불과하다. 왜냐하면 그것은 원죄와 더불어 상실된, 따라서 그리스도 안에서 다시 주어져야 하는 조건일 뿐이기 때문이다. 그에 못지않게 하비투스의 현재적 정초도 거부를 면치 못한다. 즉 정초는 현대 세계 안에서 배우나 행위자의 변신을 피해가지 못한다. 물론 이런 변신을 통해 행위자는 자신의 일관성, 생명, 또 습관들을 잃어버려야 한다.[35].

그렇지만 키에르케고르와 페기는 가장 위대한 반복자들이라고 해도 필수의 대가를 지불할 용의가 없었다. 이들은 미래의 범주에 해당하는 이 지고한 반복을 신앙에 내맡긴다. 과연 신앙은 습관과 상기를 와해하기에 충분한 힘을 지니고 있는지 모른다. 습관적 자아와 상기들의 신, 시간의 정초와 근거는 신앙을 통해 파괴될 수 있다. 그러나 신앙의 권유에 따르자면 우리는 결정적인 어떤 한 순간 신과 자아를 공동의 부활 안에서 재발견해야 한다. 키에르케고르와 페기는 칸트를 완성했다. 신의 사변적 죽음을 극복하고 자아의 상처를 메우려는 염려를 신앙에 내맡길 때, 그들은 칸트주의를 실현했다. 아브라함에서 잔다르크에 이르기까지 그들의 문제는 바로 여기에 있다. 다시 발견된 자아와 다시 주어진 신의 약혼이 문제인 것이다. 따라서 조건에서도, 행위자에서도

---

35 키에르케고르의 반복이 관습적 순환 주기에, 그리고 또한 상기들의 원환에 대립하는 방식에 관해서는 제물을 바치는 아브라함에 대한 미르치아 엘리아데Mircea Eliade의 주석들을 참조. 『영원회귀의 신화Le mythe de l'éternel retour』(N.R.F., 1949), 161쪽 이하. 저자는 이 주석의 결론으로 역사적 및 신앙적 범주들의 새로움을 언급한다.

어떤 차이를 '훔쳐내도록' 할 필요가 없는 참된 반복에 관한 키에르케고르의 매우 중요한 텍스트는 『불안의 개념』(N.R.F.), 28쪽에 나온다. 키에르케고르가 조건, 무제약적인 것, 그리고 절대적으로 차이나는 것에 대한 이론을 본격적으로 펼치는 것은 『철학적 단편』에서이다.

대자적 반복

진정 벗어날 길이 없게 된다. 게다가 습관은 새로워지고, 기억은 신선해진다. 그러나 신앙의 모험이란 것이 있다. 그 모험에 따라 사람들은 언제나 자신의 고유한 신앙의 어릿광대, 신앙적 이상(理想)의 희극배우가 된다. 왜냐하면 신앙은 그에 고유한 어떤 코기토를, 하지만 다시 자신을 조건짓는 코기토를 지니기 때문이며, 내면의 빛과 같은 은총의 느낌을 갖기 때문이다. 대단히 특수한 이 코기토 안에서 신앙은 자신을 반조한다. 그리고 이 코기토 안에서 신앙은 자신의 조건이 오로지 '다시-주어진 것'으로서만 주어질 수 있음을, 자신이 이 조건으로부터 분리되어 있을 뿐 아니라 또한 이 조건 안에서 이분화된다는 사실을 실감한다. 그래서 신앙인은 조건을 박탈당한 상태에 놓여 있는 한에서 비극적인 죄인으로 살아가지만, 그 조건 안에서 이분화되고 반조되는 한에서는 또한 희극배우나 광대로, 자기 자신의 허상(시뮬라크르)으로 살아간다. 두 신앙인은 웃음 없이 서로를 쳐다볼 수 없다. 은총은 결여되어 있을 때 못지않게 주어져 있을 때도 배제한다. 키에르케고르는 자신이 신앙의 기사라기보다 신앙의 시인이라는 멋진 말을 남겼다. 요컨대 "유머리스트"라는 것이다. 하지만 이는 그의 결함이 아니라 신앙 개념의 결함이다. 아마 고골리N. Gogol의 엄청난 모험은 훨씬 더 좋은 예가 될 것이다. 어떻게 신앙이 자기 자신의 습관과 자기 자신의 상기가 아닐 수 있겠는가? 어떻게 신앙이 대상으로 삼는 반복 — 역설적이게도 결정적인 어떤 한 순간 진행되는 반복 — 이 희극적이지 않을 수 있겠는가? 그 반복 아래에는 또 다른 반복이 포효하고 있다. 거기서 으르렁거리고 있는 것은 니체적 반복, 영원회귀의 반복이다. 그리고 이 반복을 통해 또 다른 혼인들이 맺어진다. 우리는 거기서 죽은 신과 분열된 자아의 약혼, 흡사 장례식에 가까운 약혼들을 본다. 이때 죽은 신과 분열된 자아는 각기 결핍에 의한 참된 조건을, 행위자의 참된 변신을 형성한다. 하지만 그 둘은 모두 생산물의 무제약적 특성 안에서 사라져버린다. 영원회귀는 어떤 신앙이 아니라 신앙의 진리이다. 즉 영원회귀는 분신이나 허상을 고립시켰다. 영원회귀는 희극성을 해방하여 초인의 요소로 만들었다. 그렇기 때문에 여전히 클로소브스키가 말하는 것처럼 영원회귀는 어떤 교의(敎義)라기보다 모든 교의의 허상(지고한 반어)이며, 어떤 믿음이라기보다 모든 믿음의 패러디(지고한 해학)이다. 즉 영원회귀는 영원히 미래로부터 도래하고 있는 믿음이자 교의이다. 무신론자는 믿음의 관점에서 평가되어야 한다는 권유가 있다. 믿음이 일깨운다고 간주되는 신앙의 관점에서, 요컨대 은총의 관점에서 무신론자를 심판해야 한다는 것이다. 이런 권유는 너무 강력해서 오히려 우리는 그 반대의 관점에서 평가하고 싶은 유혹에 빠지지 않을 수 없다. 무신론자의 관점에서 신앙인을 심판하고 싶어지는 것이다. 이미 신앙인 안에 살고 있는 난폭한 무신론자, 은총 안에 영원히 주어져 있고 '매 순간' 주어져 있는 반-그리스도라면 어떻게 심판할 것인가?

4절
반복과 무의식: "쾌락원칙을 넘어서"

생물심리학적 삶은 어떤 개체화의 장(場)을 함축한다. 이 장 안에서 강도(强度)의 차이들은 자극이나 흥분들의 형식을 취하는 가운데 여기저기 분배된다. 이 차이의 해소 과정, 질적인 동시에 양적인 이 해소 과정은 쾌락이라 불린다. 이렇게 강도적 장에서 일어나는 차이들의 유동적 할당과 국소적 해소들이 어떤 총체를 이룬다면, 이 총체가 프로이트가 이드라 불렀던 것, 적어도 이드의 첫 번째 층에 해당한다. 이런 의미에서 '이드'는 어떤 미지의 가공할 대명사만을 지칭하는 것이 아니다. 그것은 또한 움직이는 장소의 부사, 흥분과 해소들이 일어나는 '여기와 저기'[36]를 가리킨다. 게다가 프로이트의 문제는 바로 여기서 시작한다. 어떻게 쾌락은 과정이기를 멈추고 다시 어떤 원칙이 되는가? 어떻게 쾌락은 국소적 과정이기를 멈추고 이드 안에서 생물심리학적 삶을 조직화하는 경향의 어떤 경험적 원리의 자리에 올라서는가? 바로 이것이 문제인 것이다. 쾌락이 쾌락을 낳는다는 것은 분명하다. 하지만 이 사실만으로는 쾌락이 어떤 체계적인 가치를 띠고 있고, 따라서 '원리적으로' 탐구 가능하다고 말할 수 없다. 쾌락원칙을 넘어서가 의미하는 것은 바로 여기에 있다. 즉 그것은 결코 이 원칙에서 벗어나는 어떤 예외들을 가리키는 말이 아니다. 그것은 다만 쾌락이 실제적으로 원칙이 될 수 있는 조건들에 대한 규정을 지시하고 있을 뿐이다. 프로이트의 답변에 따르면, 자유로운 차이로서의 흥분은 말하자면 "리비도 집중이 일어나야 하고" "묶이고" 결박되어야 하며, 그 결과 흥분이 체계적으로 해소될 수 있어야 한다. 이런 묶기 혹은 리비도 집중을 통해 비로소 일반적으로 가능하게 되는 것은 결코 쾌락 자체가 아니다. 그것은 오히려 쾌락이 획득하는 원리적 가치이다. 그래서 여기서 어떤 이행이 일어나는 셈이다. 그것은 분산적인 해소의 상황에서 어떤 통합의 국면으로 옮겨가는 이행이다. 이 통합의 국면을 통해 이드의 두 번째 층 혹은 어떤 조직화의 첫 단계가 구성된다.

---

36 (옮긴이 주) çà et là. 프로이트의 용어 이드Es의 프랑스어 번역어는 Ça이다. 들뢰즈는 여기서 이 번역어 자체의 환유적 함축을 살려 이드의 첫 번째 층위의 특성, 곧 아직 '묶이지 않은' 흥분들이 유동하고 있는 상태를 '여기와 저기'로 표현하고 있다. 『우편엽서』(1980)에서 개진되는 데리다의 프로이트론(『쾌락원칙을 넘어서』에 대한 해체론적 주석)에서는 프로이트의 텍스트에 등장하는 끈, 묶기 등의 비유가 분석의 초점이 되고 있는데, 여기서도 들뢰즈는 자신의 시간 이론을 관통하는 끈과 묶기의 비유를 프로이트의 텍스트를 통해 다시 개진할 뿐 아니라 자신의 시간 이론(세 가지 수동적 종합에 대한 이론) 전체를 정신분석이 개척한 영역에서 구체적으로 다시 전개하고 있다.

첫 번째 종합과 묶기: 하비투스

그런데 이 묶기는 진정한 재생의 종합, 다시 말해서 어떤 하비투스이다. 동물이 스스로 눈을 형성해낸다면, 이는 분산되고 흩어져 있는 빛의 자극들을 자기 신체의 특권적인 한 표면 위에서 재생되도록 규정하기 때문이다. 눈은 빛을 묶는다. 눈은 그 자체가 어떤 묶인 빛이다. 이 예를 통해 보더라도 종합이 얼마만큼 복잡한 것인지 족히 알 수 있다. 사실 묶어야 할 차이를 대상으로 하는 어떤 능동적 재생의 활동이 분명 있다. 하지만 그보다 더 깊은 심층에는 어떤 수동적 반복의 정념이 있다. 새로운 차이(형성된 눈이나 바라보는 자아)는 바로 이 수동적 반복에서 유래한다. 차이로서의 흥분은 이미 어떤 요소적 반복의 수축이었다. 이번에는 흥분이 다시 반복의 요소가 되므로, 수축하는 종합은 어떤 이차적 역량으로, 정확히 말해서 묶기나 리비도 집중에 의해 대변되는 역량으로 고양된다. 리비도 집중들, 묶기나 통합들, 이것들은 수동적 종합들이자 이차적 등급의 응시-수축들이다. 충동들은 묶인 흥분들 이외에 아무것도 아니다. 각각의 묶기가 일어나는 수준마다 어떤 하나의 자아가 이드 안에서 형성된다. 하지만 이 자아는 수동적이고 부분적이며 애벌레 같은 자아, 응시하고 수축하는 자아이다. 이드는 국소적 자아들이 서식하는 장소이다. 이 국소적 자아들을 통해 비로소 이드에 고유한 시간, 살아 있는 현재의 시간이 구성된다. 묶기에 상응하는 통합은 바로 여기서 일어난다. 이 자아들은 그 자체로 나르키소스적이다. 이때 나르시시즘은 자기 자신의 응시가 아니다. 그것은 다른 사물을 응시할 때 충만하게 차오르는 어떤 자기 이미지이다. 가령 눈, 바라보는 자아는 자신이 묶는 흥분을 응시하는 가운데 자기 자신의 이미지로 가득 차게 된다. 이 자아는 자신이 응시하는 것에서 (그리고 자신이 응시를 통해 수축하거나 리비도를 집중하는 것에서) 자기 자신을 스스로 산출하

대자적 반복

거나 '훔쳐낸다'. 그렇기 때문에 묶기에서 생기는 만족감은 불가피하게 자아 스스로의 '환각적' 만족감이다. 비록 여기서 환각이 결코 묶기의 사실성과 모순되는 것은 아니라 해도 사정은 마찬가지다. 이런 모든 의미에서 묶기는 어떤 순수한 수동적 종합을 대변한다. 그것이 대변하는 것은 곧 어떤 하비투스, 정확히 말해서 만족감 일반을 설명하는 원리의 자격을 쾌락에 부여하는 하비투스이다. 이드의 조직화, 그것은 바로 습관의 조직화이다.

그러므로 습관을 쾌락에 종속시키는 한에서 습관의 문제는 잘못 설정되어 있는 셈이다. 어떤 경우 습관 안의 반복은 이미 획득된 쾌락을 재생하려는 욕망을 통해 설명될 수 있다고 간주된다. 또 어떤 경우 이 반복은 그 자체로 불쾌한 긴장들과 관련될 수 있다고 간주된다. 이때 반복은 쾌락을 획득하려는 목적으로 이 불쾌한 긴장들을 제어한다고 여겨진다. 이런 두 가설은 분명 이미 쾌락원칙을 가정하고 있다. 즉 획득된 쾌락의 관념, 획득해야 할 쾌락의 관념은 오로지 쾌락원칙의 지배 아래에서만 유효하다. 이 두 관념은 쾌락원칙의 두 가지 적용, 곧 과거 적용과 미래 적용을 형성하고 있을 따름이다. 그러나 묶기의 수동적 종합인 한에서 습관은 오히려 쾌락원칙에 선행하며, 그 원칙이 가능하도록 만들어준다. 쾌락의 관념도 이 습관에서 생겨난다. 이는 앞에서 보았듯이 과거와 미래가 살아 있는 현재의 종합에서 생겨나는 것과 같다. 쾌락원칙은 묶기의 효과로서 출현한다. 이 원칙을 전제하는 그 어떤 것도 묶기의 대상이 될 수 없다. 쾌락이 원칙의 지위에 오를 때, 오로지 그때에만 쾌락의 관념은 어떤 회상이나 기획 안에서 그 원칙에 포섭된 것으로 작용한다. 이때 쾌락은 자신의 고유한 순간성을 넘어서서 어떤 만족감 일반의 모습을 취하게 된다.(너무 주관적인 것으로 판단되는 쾌락의 심급을 성과나 성공과 같은 '객관적인' 개념들로 대체하려는 시도들이 있다. 이런 시도들도 여전히 쾌락원칙에 의해 가능하게 된 이런 범위 확장을 증언하고 있다. 하지만 이 경우 쾌락의 관념은 오로지 실험자의 머리 속으로 이행했을 뿐이다.) 경험적 차원에서 우리는 얼마든지 반복을 획득된 쾌락이나 획득해야 할 쾌락에 종속되어 있는 것으로 체험할 수 있다. 그러나 조건들의 질서에서는 반대이다. 묶기의 종합은 어떤 흥분을 제어하려는 의도나 노력을 통해서는 설명될 수 없다. 비록 이 종합이 그런 효과를 갖는다고 해도 사정은 마찬가지다.[37] 우리는 다시 한번 재생의 능동성과 그것이 가리고 있는 반복의 수동성을 혼동하지 않도록 주의를 기울여야 한다. 흥분의 반복에 어떤 목적이 있다면, 그 진정한 목적은 수동적 종합을 쾌락원칙과 그것의 미래 적용이나 과거 적용이 모두 유래하는 어떤 역량으로까지 끌어올리는 데 있다. 그러므로 습관 안의 반복 혹은 묶기의 수동적 종합은 쾌락원칙을 '넘어서' 있다.

이 최초의 '넘어서'는 이미 일종의 초월론적 감성론을 구성하고 있다. 만일 이 감성론이 우리에게 칸트의 감성론보다 심층적인 것으로 나타난다면, 이는 다음과 같은 이유들 때문이다. 수동적 자아를 단순한 수용성을 통해 정의하는 칸트는 감각들을 오로지 표상의 선험적 형식에만 관계시키고, 이 형식은 공간과 시간으로 규정된다. 여기서 감각들은 이미 완료된 것으로 주어진다. 이런 이론을 통해 칸트는 공간을 점진적으로 구성하는 길을 차단하는 가운데 수동적 자아를 단일화했고, 이 수동적 자아에게서 모든 종합의 능력을 박탈했다.(종합은 능동성의 몫으로 돌아간다.) 뿐만 아니라 칸트는 감성론을 두 부분으로 나누었다. 공간의 형식에 의해 보장되는 감각의 객관적인 요소가 그 하나이며, 쾌락과 고통을 통해 구현되는 감각의 주관적인 요소가 다른 하나이다. 반

---

37 라가슈는 심리학적인 습관 개념을 무의식에, 그리고 무의식 안의 반복에 적용하는 것이 가능한지를 검토했다. (하지만 여기서 반복은 긴장들의 억제라는 단 하나의 관점에서만 고려되고 있는 것같이 보인다.) Daniel Lagache, 「전이의 문제」, *Revue française de psychanalyse*(1952), 1, 84~97쪽 참조.

대자적 반복

면 앞의 분석들에 힘입어 우리는 수용성이 국소적 자아들의 형성을 통해, 응시나 수축의 수동적 종합들을 통해 정의되어야 한다는 사실을 보여주고자 했다. 이 수동적 종합들은 감각 체험(검사)들의 가능성은 물론 감각들을 재생하는 역량, 그리고 쾌락이 장악한 원리의 지위를 동시에 설명할 수 있는 출발점이다.

그러나 수동적 종합에서 시작하는 이중의 발전 과정이, 그것도 아주 다른 두 방향에서 나타난다. 한편에서는 수동적 종합들의 정초 위에 어떤 능동적 종합이 확립된다. 여기서 능동적 종합의 본성은 묶인 흥분을 하나의 정립된 대상 — 현실적인 것으로,[38] 행위들의 종착점으로 정립된 대상 — 에 관계시키는 데 있다(재생의 수동적 종합에 의존하는 재인의 종합). 능동적 종합을 정의하는 것은 이른바 '대상적 주-객 관계'[39] 안에서 성립하는 현실 검사이다. 더 정확히 말하자면, 큰 자아는 바로 현실원칙에 따라 '능동적으로 행위하고' 자신을 능동적으로 통일하는 경향을 띠게 된다. 또 큰 자아는 역시 현실원칙에 따라, 자신 안에서 응시하는 모든 수동적 소자아들을 회집하고 또 자신을 위상학적으로 이드와 구별하는 경향을 띠게 된다. 수동적 자아들은 이미 어떤 통합들이었다. 하지만 이것들은 수학자들이 말하는 것처럼 단지 국소적 적분(積分)들

---

38 (옮긴이 주) comme réel. réalité, réel 등은 이 책의 다른 곳에서는 주로 '실재', '실재적' 등으로 옮기지만 프로이트의 『쾌락원칙을 넘어서』를 다루는 이 부분에서는 모두 '현실', '현실적' 등으로 옮긴다. 이는 쾌락원칙과 짝을 이루는 현실원칙principe de la réalité의 압력으로 인한 불가피한 선택이다. 실제로 들뢰즈 자신도 현실성actualité과 실재성réalité의 구분을 4장 7절에 가서야 엄밀하게 지키기 시작하고, 그 이전에는 현실적인 것과 실재적인 것이 혼용되고 있음을 인정한다. 이 점에 대해서는 이 책 455~456쪽 참조.

39 (옮긴이 주) relation objectale. 프로이트의 대상선택 이론 이후 멜라니 클라인의 '좋으면서 나쁜 대상'과 위니코트의 과도기 대상, 라캉의 대상 a에 이르기까지 광범위하게 논의, 논구되는 이른바 대상관계relation d'objet와 혼동하지 말 것.(이에 대해서는 231쪽 주41과 이 부근에서 전개되는 들뢰즈의 논의 참조.) 이 개념은 현실적 대상과 지향적 의식 사이의 관계를 지칭하는 듯하고, 그런 한에서 충동과 결부된 대상관계 이후 현실 속에서 성립하는 '정상적' 주-객 관계일 것이다.

에 불과하다. 반면 능동적 자아는 총괄적 적분을 시도한다. 정립된 현실의 위상을 외부 세계에 의해 산출된 어떤 효과에, 심지어 수동적 종합이 마주친 실패들의 결과에 결부시키는 것은 결코 정확하지 못한 이야기일 것이다. 오히려 거꾸로 현실 검사는 자아의 모든 능동성을 동원하고 부추기며 고취한다. 게다가 어떤 부정적 판단의 형식을 통해 그렇게 하는 것도 아니다. 현실 검사는 묶기를 넘어서서 끈의 지지대 역할을 하는 어떤 '실체적인 것'으로 향하고, 그런 이행의 형식을 통해 능동성을 고취한다. 현실원칙이 마치 쾌락원칙에 대립하고 쾌락원칙을 제한하며 쾌락원칙에 포기를 강요하는 것처럼 생각하는 것도 역시 결코 정확하지 못한 이야기일 것이다. 이 두 원칙은 비록 하나가 다른 하나를 넘어서는 것이라 해도 여전히 같은 발걸음 안에 있다. 사실 당장의 쾌락을 포기한다는 것은 쾌락 자체가 끌어안게 되는 원칙의 역할 안에, 다시 말해서 쾌락의 관념이 과거와 미래에 대해 취하는 역할 안에 이미 포함되어 있는 사태이다. 의무 없는 원칙은 없는 법이다. 현실과 그것이 우리에게 불러일으키는 체념들은 쾌락원칙이 장악한 여백이나 범위에 서식하고 있을 뿐이다. 그리고 현실원칙은 단지 선행의 수동적 종합들에 정초를 두고 있는 한에서의 어떤 능동적 종합을 규정하고 있을 뿐이다.

두 번째 종합: 잠재적 대상들과 과거

그러나 현실적 대상들, 현실이나 끈의 지지대로 정립된 대상들이 자아의 유일한 대상들을 구성하는 것은 아니며, 이른바 대상적 주-객 관계들의 총체를 모두 드러내는 것은 더욱 아니다. 우리는 동시적으로 성립하는 두 차원을 구별해왔다. 즉 수동적 종합은 다른 방향에서 다시 심화되지 않는다면 자기 자신을 넘어서서 능동적 종합을 향해 이행할

대자적 반복

수 없다. 이 심화의 방향에서 수동적 종합은 여전히 수동적이고 응시적인 종합으로 머물러 있다. 하지만 묶인 흥분을 현실원칙의 방식과는 다른 방식으로 이용하면서 새로운 사태에 도달하게 된다. 게다가 능동적 종합이 수동적 종합 위에 구축되려면, 이를 위해서는 수동적 종합이 반드시 그 능동적 종합과 동시적으로 존속해야 하고, 자기 자신을 그와 동시에 전개해가야 하며, 또 능동성에 대해 비대칭적이면서도 보충적인 관계에 있는 새로운 정식을 발견해야 하는 것처럼 보인다. 걸음마를 시작한 어린아이를 예로 들어보자. 아이가 겪는 흥분들은 내생적이고 아이 자신의 운동들에서 생겨난 것이라 가정할 수 있다. 그럼에도 불구하고 아이는 이 흥분들을 수동적 종합 안에서 묶어내는 것으로 만족하지 않는다. 어느 누구도 내생적인 방식으로 걷는 법은 없다. 한편으로 어린아이는 묶인 흥분들을 넘어서서 대상의 정립이나 대상에 대한 지향성을 향해 나아간다. 가령 엄마가 노력의 목표이자 '현실 안에서' 능동적으로 합류해야 할 종착점이 될 수 있다. 아이는 이 종착점을 기준으로 자신의 성공과 실패들을 가늠한다. 하지만 다른 한편으로 그리고 동시에 그 아이는 또 다른 대상, 전혀 다른 유형의 대상을 스스로 구성해낸다. 그것은 잠재적 대상 혹은 초점이다. 아이의 현실적 활동의 진전과 실패들은 이 잠재적 대상에 의해 규제당하거나 보상을 받는다. 가령 아이는 여러 손가락을 자신의 입안에 가져다 넣고 이 초점을 다른 팔로 감싸고는 잠재적인 엄마의 관점에서 상황 전반을 평가한다. 아이의 시선이 현실적인 엄마를 향해 있다는 사실, 잠재적 대상이 어떤 외관상의 활동(예를 들어 손가락을 조금씩 빨기)의 종착점이라는 사실을 보면서 관찰자는 자칫 잘못 판단할 수 있다. 아이가 그렇게 손가락을 빠는 것은 단지 수동적 종합을 심화하는 가운데 응시해야 할 어떤 잠재적 대상을 제공하기 위한 행동일 뿐이다. 거꾸로 아이가 바라보는 현실적인 엄마는 단지 행위의 목적에 해당하는 역할을 하고 있으며, 능동적 종합 안에서 행위를 평가하는 기준의 역할을 맡고 있다. 여기서 어린아이의 자기중심주의에 대해 말한다는 것은 그렇게 중대한 문제가 아니다. 읽을 줄도 모르면서 책 읽는 시늉을 내기 시작하는 아이는 결코 실수하는 일이 없다. 언제나 책을 거꾸로 집는 것이다. 아이는 타인에게 책을 내밀 때, 마치 그가 자신의 능동적 활동의 현실적 종착점인 양 내민다. 그리고 동시에 자신은 책의 반대쪽을 잡되, 마치 그것이 자신의 수동성과 심화된 응시의 잠재적 초점인 양 붙든다. 청개구리식 반항, 거울에 쓰기, 특정한 형태의 말더듬기, 특정한 반복증 등과 같이 매우 상이한 현상들은 유아적 세계를 특징짓는 이런 이중적 초점에서부터 설명될 수 있을 것이다. 하지만 중요한 것은 이 두 초점 중 어느 것도 자아가 아니라는 사실이다. 유아의 행동들이 이른바 '자기중심주의'에 속하는 것으로, 유아적 나르시시즘이 다른 사물의 응시를 배제하는 현상으로 해석되어온 것은 바로 이 점을 사람들이 이해하지 못하기 때문이다. 사실 묶기의 수동적 종합, 묶인 흥분들로부터 출발하여 어린아이는 이중의 계열 위에서 자신을 구축해간다. 그러나 이 두 계열은 모두 대상적이다. 즉 하나는 능동적 종합의 상관항인 현실적 대상들의 계열이며, 다른 하나는 심화되는 수동적 종합의 상관항인 잠재적 대상들의 계열이다. 수동적 자아는 바로 이 잠재적 초점들을 응시하면서 심화되고 또이제 나르키소스적 이미지로 가득 차게 된다. 하나의 계열은 다른 계열 없이는 현존할 수 없을 것이다. 하지만 이 두 계열은 서로 닮지 않았다. 그렇기 때문에 어린아이의 걸음마에 대한 앙리 말디네의 사례 분석은 그럴듯하게 들린다. 그 분석에 따르면, 유아적 세계는 결코 원환적이거나 자기중심적이지 않다. 오히려 타원적이고 이중의 중심을 갖는데, 이두 중심은 모두 대상적이거나 객체적이지만 본성상 서로 다르다.[40] 게

---

40 Henri Maldiney, *Le Moi*(Boulletin Faculté de Lyon, 1967) 참조.

대자적 반복

다가 어쩌면 그 두 중심은 서로 유사하지 않기 때문에 그 사이에서는 어떤 교차, 어떤 뒤틀림, 어떤 나선, 어떤 8자형이 형성되고 있을 것이다. 그렇다면 이드와 위상학적으로 구별되는 자아는 무엇이며, 어디에 있는 것일까? 자아는 8자형의 교차 지점에, 서로를 잘라내는 비대칭적인 두 원환의 접합 지대에, 다시 말해서 현실적 대상들의 원환과 잠재적 대상이나 초점들의 원환이 만드는 접합 지대에 있을 수밖에 없는 것이 아닐까?

자기보존 충동들과 성적 충동들의 분화(分化)는 상관적 관계에 있는 이 두 계열의 이중성과 결부되어야 한다. 사실 보존 충동들은 현실원칙의 구성, 능동적 종합의 정초, 그리고 능동적 자아 전반, 만족스럽거나 위협적인 것으로 포착되는 현실적 대상과의 관계들 등과 분리될 수 없다. 하물며 성적 충동들은 잠재적 초점들의 구성, 혹은 이 초점들에 상응하는 수동적 종합과 수동적 자아의 심화 등과 더더욱 분리되지 않는다. 성기기(性器期) 이전의 성생활에서 행동은 언제나 어떤 관찰이자 응시이다. 하지만 응시되는 것, 관찰되는 것은 언제나 잠재적이다. 두 계열이 상대편 없이는 현존하지 못한다는 사실은 단지 이것들이 상호 보충적이라는 것만을 의미하지 않는다. 그것은 또한 두 계열이 서로 유사하지 않고 본성상 다르기 때문에 상호 차용하고 양육하는 관계에 있다는 것을 의미한다. 잠재적 대상들은 현실적 대상들의 계열에서 절취된다는 사실, 그리고 잠재적 대상들이 현실적 대상들의 계열 안에 편입〔합체〕되어 있다는 사실이 동시에 확증되고 있다. 이런 절취는 우선 어떤 고립이나 불안정을 함축한다. 이 고립을 통해 현실적 대상은 고착화되고 이로부터 어떤 하나의 자세, 국면, 부분이 추출된다. 하지만 이 고립은 질적이다. 고립시킨다는 것은 단순히 현실적 대상에서 한 부분을 훔쳐낸다는 것이 아니다. 훔쳐낸 부분은 잠재적 대상으로 기능하면서 새로운 본성을 획득한다. 잠재적 대상은 어떤 부분 대상이다. 이는 단지 잠재적 대상이 현실적 대상에 남아 있는 한 부분을 결여하고 있기 때문만은 아니다. 잠재적 대상은 즉자적으로 그리고 대자적으로 부분 대상이다. 이는 그것이 잠재적인 두 부분으로 쪼개지고 이분화되기 때문이고, 이 두 부분의 각각은 언제나 다른 한 부분을 결여하고 있기 때문이다. 요컨대 잠재적 대상은 현실적 대상들에 영향을 미치는 특성 전반에 종속되어 있지 않다. 잠재적 대상은 그 기원뿐 아니라 자신의 고유한 본성에서 조각이고 파편이며 허물이다. 잠재적 대상은 자신의 고유한 동일성을 결여하고 있다. 좋은 엄마와 나쁜 엄마, 또는 부성적(父性的) 이중성에 따르는 근엄한 아빠와 같이 놀아주는 아빠는 두 개의 부분 대상이 아니라 같은 대상이다. 다만 하나의 같은 대상이 자신의 분신 안에서 동일성을 잃어버린 것뿐이다. 능동적 종합은 수동적 종합을 넘어서서 전면적 통합(총괄적 적분)과 총체화 가능한 자기 동일적 대상들의 정립을 향해 나아간다. 반면 수동적 종합은 스스로 심화되는 가운데 자기 자신을 넘어서서 총체화 불가능한 것으로 남아 있는 부분 대상들을 응시하기에 이른다. 이 부분 대상이나 잠재적 대상들은 멜라니 클라인의 좋으면서 나쁜 대상 안에서, '과도기' 대상[41] 안에서, 페티시즘의 대상 안에서, 그리고 무엇보다 라캉의 대상 *a* 안에서 상이한 자격을 취하는 가운데 재발견되고 있다. 프로이트는 어떻게 성기기 이전의 성

---

41 (옮긴이 주) objet transitionnel. 영국 정신분석학자 위니코트(D. W. Winnicott, 1896~1971)의 용어. 어린아이가 순수하게 주관적으로 구성하는 최초의 대상관계로부터 객관적이고 현실적인 주-객 관계로 이행하는 과정에서 거치는 중간 단계의 과도기 대상. 임상적으로는 잠잘 때 빠는 이불의 솔기나 단추 등을 가리키고, 기능적으로는 엄마의 젖을 대신한다. 순수한 쾌락원칙의 대상과 현실원칙의 대상 사이의 대상이라 할 수도 있을 것이다. 반면 바로 앞의 '좋으면서 나쁜 대상'은 영국 정신분석학자 멜라니 클라인(Melanie Klein, 1882~1960)의 아동 심리학에서 핵심을 이루는 개념으로, 최초의 충동적 대상, 주로 엄마의 젖가슴을 지칭한다. 클라인에 따르면 어린아이의 환상 속에서 이 부분 대상은 양가적으로 쪼개져 있다. 보상을 주는 동시에 벌을 주고, 리비도 충동의 투사 대상인 동시에 죽음충동을 대리하여 주체를 파괴하는데, 이런 균열은 이후 전체적 대상의 지각에 흔적을 남긴다는 것이 클라인의 주장이다(가령 좋은 엄마'와' 나쁜 엄마).

대자적 반복

욕이 자기보존 충동들의 운동에서 절취된 부분 충동들로 이루어져 있는지를 명확하게 보여주었다. 이런 절취는 그 자체로 부분적인 대상들의 구성을 가정하고 있으며, 그렇게 가정된 부분 대상들은 성욕의 잠재적 초점들로, 항상 이분화되는 극(極)들로 기능한다.

거꾸로 이 잠재적 대상들은 현실적 대상들 안에 편입, 합체되어 있다. 이런 의미에서 잠재적 대상들은 주체나 다른 인물의 신체가 지닌 부분들에 상응할 수 있고, 심지어 장난감이나 페티시즘의 대상물 같은 유형의 아주 특별한 대상들에 상응할 수도 있다. 합체는 주체의 한계를 넘는 것이므로 결코 동일시도, 내투사(內投射)도 아니다. 합체는 고립에 대립하기는커녕 고립을 보충한다. 잠재적 대상이 합체되어 있는 현실이 무엇이든, 잠재적 대상은 그 현실 안으로 통합되지 않는다. 오히려 그 안에 박혀 있거나 꽂혀 있다. 하지만 잠재적 대상은 현실적 대상 안에서 자신을 메워줄 반쪽을 발견하는 것이 아니다. 잠재적 대상은 오히려 이 대상에 언제나 부재하는 나머지의 잠재적 반쪽이 있음을 증언한다. 멜라니 클라인에 따르면, 엄마의 몸 안에는 수많은 잠재적 대상들이 포함되어 있다. 하지만 이때 엄마의 몸이 잠재적 대상들을 총체화하거나 총괄하고, 또 그 대상들을 소유한다고 보면 잘못이다. 오히려 그 대상들은 엄마의 몸 안에 박혀 있고, 게다가 다른 세상의 나무들처럼, 고골리의 코나 데우칼리온의 돌들처럼[42] 심겨 있다고 보아야 한다. 그럼에도 불구하고 합체는 여전히 보존 충동들과 이것들에 상응하는 능

---

42 (옮긴이 주) 19세기 러시아 사실주의를 정초했다고 평가되는 극작가이자 소설가인 니콜라이 고골리(Nikolay Gogol, 1809~1852)의 부조리 소극(笑劇)『코』의 내용을 말하고 있다. 또 그리스 신화에 등장하는 데우칼리온Deucalion은 인류의 창조자 프로메테우스의 아들로, 제우스가 홍수로 인간을 멸망시키려 하자 방주(方舟)를 지어 자신의 아내와 함께 항해하다 파르나소스 산에 도착하고, 여기서 제사를 지내던 중 인류를 구하기 위해서는 모친의 뼈를 자신들 뒤로 던지라는 명령을 받는데, 이들은 이 명령을 듣고 그 산 중턱의 돌(어머니-땅의 뼈)들을 등 뒤로 던진다. 데우칼리온이 던진 돌들은 남자가, 그의 아내가 던진 돌들은 여자가 되었다고 한다.

동적 종합이 —— 그것들 고유의 능력과 더불어, 그리고 이번에는 자신들의 차례에서 —— 성욕을 현실적 대상들의 계열로 끌어내리고 또 외부로부터 성욕을 현실원칙의 지배 영역 안으로 통합할 수 있는 조건이다.

잠재적 대상은 본질적으로 과거적이다. 베르그손은 『물질과 기억』에서 두 개의 중심을 갖는 세계의 도식을 제시했다.[43] 여기서 하나의 중심은 현실적이고 다른 하나의 중심은 잠재적이다. 이 두 중심으로부터 한편에서는 '지각-이미지들'의 계열이 뻗어 나오고, 다른 한편에서는 '회상-이미지들'의 계열이 뻗어 나오며, 이 두 계열은 끝없이 이어지는 어떤 회로 안에서 서로를 조직한다. 잠재적 대상은 사라진 현재와는 무관하다. 왜냐하면 현재의 질(質)과 이행의 양상은, 능동적 종합에 의해 구성되는 한에서의 현실성의 계열에 대해서만 배타적으로 영향을 미치기 때문이다. 하지만 앞에서 순수 과거는 자신의 고유한 현재와 동시간적인 것으로 정의되었다. 그렇게 정의된 순수 과거는 지나가는 현재에 선재(先在)하고 또 모든 현재가 지나갈 수 있도록 만들어준다. 잠재적 대상에 질이나 자격을 부여하는 것은 바로 이런 순수 과거이다. 잠재적 대상은 순수 과거의 한 조각이다. 나는 잠재적 중심들을 응시하고, 이 응시의 높이로부터 지나가는 현재에 주도적으로 참여하며, 또 잠재적 중심들이 합체되는 —— 그리고 매 순간 계속 이어지는 —— 현실적 대상들

---

43 (옮긴이 주)

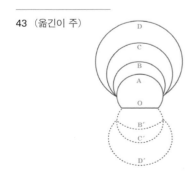

『물질과 기억』(Œuvres, 250쪽)에 나오는 주의(注意) 도식을 말한다. 이 그림에서 A, B, C, D 등은 지각의 차원에서 주의력이 심화, 발전해가는 단계들을, O는 대상을, B′, C′ 등은 현재의 지각에 상응하는 과거의 기억을 나타낸다. 이 도식은 주의력이 심화될수록 잠재적 기억의 회로들이 팽창하여 점점 심화되는 현행적 지각의 회로와 8자형을 이루면서 상호 작용한다는 것을 말하고 있다.

대자적 반복

에 주도적으로 참여한다. 이에 대한 설명이유는 이 중심들의 본성에서 찾을 수 있다. 현재의 현실적 대상에서 절취된 잠재적 대상은 현실적 대상과는 본성상의 차이를 지닌다. 잠재적 대상은 현실적 대상에서 홈쳐낸 것이지만 단지 그 현실적 대상과의 관계 안에서만 어떤 것을 결여하고 있지 않다. 잠재적 대상은 그 자체로 어떤 것을 결여하고 있는 것이다. 잠재적 대상은 언제나 자기 자신의 반쪽이고, 나머지 반쪽을 차이나고 부재(不在)하는 것으로 정립한다. 그런데 앞으로 보게 될 것이지만, 이 부재는 부정적인 것과는 반대되는 것이다. 즉 자기 자신의 영원한 반쪽인 잠재적 대상은 자신이 있어야 하는 곳에 있지 않고, 오로지 그런 조건에서만 자신이 있는 곳에 있다. 잠재적 대상은 자신이 없는 곳에서 탐색되어야 하고, 오로지 그런 조건에서만 자신이 발견되는 곳에 있다. 잠재적 대상은 자신을 지니고 있는 자들에게 소유되지 않지만 동시에 자신을 지니지 않는 자들에게 소유된다. 그것은 언제나 어떤 반과거(半過去) 시제의 존재자[44]이다. 이런 의미에서 에드거 포의 도둑맞은 편지를 잠재적 대상과 같은 것으로 보는 라캉의 글들은 우리에게 좋은 모범으로 비친다. 라캉에 따르면, 현실원칙의 지배 아래 있는 현실적 대상들은 어느 곳엔가 있거나 어디에도 없다는 법칙에 종속되어 있다. 반면 잠재적 대상은 자신이 있는 곳, 자신이 향하는 곳에 있으면서 있지 않는 속성을 지닌다. "마치 도서관에서 분실된 책을 다시 찾는다는 것이 말해주듯이…… 감춰져 있는 것은 단지 제자리에 없을 뿐이다. 그렇기 때문에 문자 그대로의 의미에서 어떤 것이 제자리에 없다고 말할 때 우리는, 오로지 자리를 바꿀 수 있는 것에 대해서만, 다시 말해서 상징적인 것에 관해서만 그렇게 말할 수 있다. 왜냐하면 어떠한 충격이

---

44 (옮긴이 주) un était. 여기서 잠재적 차원의 존재 양태들(내속, 공속, 끈질긴 항존 등)과 반과거 시제 사이의 관계가 분명해진다. 이와 관련하여 190쪽 주10, 194쪽 주14 등 참조.

초래된다 하더라도, 실재는 항상 그리고 어떤 경우에나 제자리에 있고, 누가 자신을 쫓아낼 수 있는지도 모르면서 그 동요의 밑창에 찰싹 달라 붙어 있기 때문이다."[45] 그 누구도 현재와 순수 과거를 이보다 잘 대립시키지 못했다. 현재는 지나가는 현재이고 자기 자신과 더불어 실려 가는 현재이다. 순수 과거는 보편적 운동성과 보편적 편재성을 띠고, 이를 통해 현재가 지나갈 수 있도록 해준다. 이런 순수 과거는 영속적으로 자기 자신과 달라지고 있다. 잠재적 대상이 과거적이라면, 이는 결코 새로운 현재에 대한 관계 안에서 과거적인 것이 아니다. 하물며 자신이 한때 구가했던 현재와의 관계에서 과거적인 것은 더욱 아니다. 잠재적 대상은 어떤 고착된 현재 안에서, 자신이 구가하는 현재와 동시간적인 가운데 과거적이다. 잠재적 대상이 과거적인 것은 부분 대상으로서 어떤 다른 부분을 결여하고 또한 동시에 그 자신에 해당하는 부분을 결여하기 때문이다. 잠재적 대상은 자신의 자리에 있으면서 자리를 바꾸었기 때문에 과거적이다. 그렇기 때문에 잠재적 대상은 오로지 자기 자신의 단편으로만 실존할 뿐이다. 즉 그것은 오직 잃어버린 어떤 것으로만 발견될 수 있다 — 그것은 오로지 재발견된 어떤 것으로만 실존한다. 여기서 상실이나 망각은 어떤 극복되어야 할 규정들이 아니다. 오히려 거꾸로 그것은 망각의 한가운데에서, 그리고 상실된 것의 자격에서 재발견되는 대상의 객관적 본성이다. 잠재적 대상은 현재적인 자기 자신과 동시간적이고, 그 자체로 자기 자신의 고유한 과거이며, 현실적 계열 안에서 지나가는 모든 현재에 선재한다. 그런 의미에서 잠재적 대

---

45 Jacques Lacan, 「도둑맞은 편지에 관한 세미나」, *Écrits*(Seuil), 25쪽. 라캉이 반복에 관한 생각을 가장 심오하게 펼치고 있는 것은 아마 이 텍스트일 것이다. 라캉의 몇몇 제자들은 이 "자기 자신과 동일하지 않은 것"의 주제와 여기서 비롯되는 차이와 반복의 관계에 많은 관심과 노력을 기울였다. 가령 J.-A. Miller, "La suture"; J.-C. Milner, "Le point du signifiant"; S. Leclaire, "Les éléments en jeu dans une psychanalyse", *Cahiers pour l'analyse*, no.. 1, 3, 5(1966) 등 참조.

대자적 반복

상은 순수 과거에 속한다. 잠재적 대상은 순수한 단편이자 자기 자신의 단편이다. 그러나 이 순수한 단편이 〔현실적 대상들의 계열 안으로〕합체될 때야 비로소 물리적 경험 안에서 볼 수 있는 질적 변화가 일어나고 현실적 대상들의 계열 안에서 현재가 지나가게 된다.

에로스와 므네모시네

바로 이런 것이 에로스와 므네모시네의 연관 관계이다. 에로스는 순수 과거에서 잠재적 대상들을 탈취하고, 우리는 또 그 에로스에 힘입어 그 대상들을 체험한다. 잠재적이거나 부분적인 모든 대상들 가운데 라캉은 상징적 기관에 해당하는 '팔루스phallus'를 발견한다. 만일 팔루스 개념에 이런 확장된 외연(모든 잠재적 대상들을 포섭하는 외연)을 부여할 수 있다면, 이는 이 개념이 앞에서 언급된 특성들을 실제로 포괄하고 있기 때문이다. 자기 자신의 고유한 부재를 증언하고 과거적인 것으로서의 자기 자신을 증언한다는 것, 자기 자신에 대해 본질적으로 자리를 바꾸고 있다는 것, 오로지 잃어버린 것으로서만 발견된다는 것, 언제나 분신 안에서 동일성을 잃어버리는 단편적인 존재자로서만 발견된다는 것 등이 그런 특성들에 해당한다 — 왜냐하면 팔루스는 오로지 엄마 쪽에서만 탐색되고 발견될 수 있기 때문이다. 게다가 팔루스는 장소를 바꾼다는 역설적인 속성을 지니고 있다. 즉 거세의 주제가 보여주는 것처럼, 팔루스는 '페니스'를 가진 사람들에 의해 소유되는 것이 아니라 오히려 그것을 갖지 않은 사람들에 의해 소유된다. 상징적인 팔루스는 성욕의 아득한 태고 못지않게 순수 과거의 에로스적 양태를 의미한다. 상징은 언제나 자리를 바꾼 단편이며, 결코 현재인 적이 없었던 어떤 과거, 곧 대상=x에 대해 타당한 가치를 지닌다. 하지만 잠재적 대상들이 궁극적으로는 그 자체로 상징적인 어떤 요소를 전제한다는 이런 생각

236

은 무엇을 말하는 것일까?

반복, 전치, 위장: 차이

아마 여기서 문제가 되고 있는 것은 정신분석학적인, 다시 말해서 성애적(性愛的) 성격을 띠는 모든 반복의 유희일 것이다. 이 문제의 관건은 반복을 어떻게 생각하느냐에 달려있다. 과연 반복은 현실적 계열 안의 한 현재에서 다른 한 현재로, 어떤 현행적 현재에서 사라진 현재로 이행하는 가운데 일어나는 것일까? 만일 그렇다면 사라진 현재는 마치 자신의 자리에 머물러 있으면서 어떤 인력(引力)을 행사하는 궁극적이거나 원초적인 항처럼 어떤 복잡한 점(點)의 역할을 떠맡고 있어야 할 것이다. 즉 사라진 현재는 반복되어야 할 사태를 제공하는 것은 물론이고 반복의 과정 전체를 조건짓는 것에 해당할 것이다. 하지만 그런 의미에서 이 사라진 현재는 반복과는 독립적일 것이다. 고착과 퇴행의 개념은, 그리고 외상(外傷)이나 원초적 장면 등의 개념도 역시 〔사라진 현재라는〕 이 최초의 요소를 표현하고 있다. 따라서 권리상 반복의 과정은 같음의 반복에 해당하는 어떤 물질적이고 김빠진 반복, 헐벗은 반복의 모델에 따라 이루어진다고 해야 할 것이다. 가령 〔반복강박을 특징짓는〕 '자동성'의 관념은 여기서 고착화된 충동의 양태, 더 정확히 말해서 고착이나 퇴행에 의해 조건지어진 반복의 양태를 표현한다. 이 물질적 모델은 실제로 모든 종류의 위장들에 의해 혼란을 겪을 수 있다. 그리고 사라진 현재로부터 새로운 현재를 구별해주는 수많은 가장복(假裝服)이나 전치(轉置)들에 의해 동요되고 은폐될 수 있다. 하지만 여기서 이런 동요와 은폐는 필연적 근거에 따르는 것이라 해도 오로지 이차적인 방식으로만 일어나고 있을 뿐이다. 즉 대부분의 경우들에서 나타나는 기형화(奇形化)는 고착에도, 심지어는 반복에도 속하는 것

237

대자적 반복

이 아닐 것이다. 오히려 그 기형화는 고착과 반복에 덧붙여지고 중첩되며 그 고착과 반복에 필연적으로 옷을 입히는 꼴이 될 것이다. 하지만 이런 과정은 외부로부터 비롯될 것이고, 반복 주체와 반복되는 것 사이의 (반복 안의) 갈등을 번역하고 있는 억압을 통해 설명될 것이다. 이런 시각에서 보면 고착, 반복의 자동성, 억압이라는 서로 매우 다른 세 개념은 어떤 분배를 증언하고 있다. 그것은 반복과 관련하여 최초나 최후의 것으로 가정되는 항, 또 자신을 은폐하는 위장들과 관련하여 헐벗은 것으로 가정되는 반복, 그리고 갈등의 힘에 의해 필연적으로 반복에 덧붙여지는 위장들 사이에서 일어나는 분배이다. 심지어, 또 무엇보다 죽음본능[46]을 무기물질(無機物質)을 향한 회귀로 파악하는 프로이트의 발상법마저 궁극적인 항의 설정과 분리 불가능한 관계에 놓여 있다. 뿐만 아니라 그런 발상법은 물질적이고 헐벗은 반복의 모델에, 그리고 삶과 죽음 사이의 갈등에 기초하는 이원론에 완전히 묶여 있다. 사라진 현재가 객관적 현실 속에서가 아니라 체험되거나 상상되었던 형식 속에서 작용한다는 것은 별로 중요하지 않다. 사실 여기서 상상력이 개입하는 것은 오로지 현실적 계열 — 체험된 현실에 해당하는 계열 — 안의 두 현재 사이에서 일어나는 공명들을 모으고 또 그 두 현재 사이에서 성립하는 위장들을 뒷받침하기 위해서일 뿐이기 때문이다. 상상력은 사라진 현재의 흔적들을 모으고 사라진 현재를 모델로 새로운 현재를 본뜬다. 반복강박에 대한 전통적인 정신분석학 이론들은 여전히 본질적으로 사실주의적이고 유물론적이며 주관주의적이거나 개인주의적이다. 그 이론이 사실주의적인 것은, 모든 것을 현재들 사이에서 '일어나는(지나가는)' 것으로 간주하기 때문이며, 유물론적인 것은, 자동성을

---

46 (옮긴이 주) instinct de mort. 프로이트의 Todestrieb의 번역어. 들뢰즈가 라캉의 반론에도 불구하고 죽음**충동**pulsion이라 하지 않고 굳이 죽음**본능**instinct이라 하고 있음에 유의할 것.

띤 김빠진 반복의 모델이 기저에 남아 있기 때문이다. 개인주의적이고 주관적이며 유아론적(唯我論的)이거나 단자적(單子的)인 것은, 사라진 현재, 곧 반복되고 위장되는 요소와 새로운 현재, 곧 변장한 반복의 현행 항들이 오로지 주체의 표상들로 간주될 뿐이기 때문이다. 다시 말해서 그것들은 무의식적이거나 의식적인 표상들, 잠복적이거나 명시적인 표상들, 억압하거나 억압되는 표상들로 간주된다. 그래서 모든 반복 이론은 단순한 표상의 요구들에 종속되어 있다. 표상의 사실주의, 표상의 유물론, 표상의 주관주의 등의 관점이 내세우는 요구들에 예속되어 있는 것이다. 보통 반복은 사라진 현재 안의 동일성 원리에, 현행적 현재 안의 유사성 규칙에 종속되고 만다. 프로이트는 계통발생에 대해, 융은 원형(原型)들에 대해 새로운 사실을 발견했지만, 우리는 이런 발견을 통해 그와 같은 발상법의 불충분성이 교정될 수 있으리라고는 결코 믿지 않는다. 설령 현실적인 실제 사실들에 상상적인 것의 권리들을 전면적으로 대립시킨다 해도, 문제는 여전히 궁극적이거나 원초적인 것으로 간주되는 어떤 심리적 '실재'에 있다. 설령 물질에 정신을 대립시킨다 해도, 문제는 여전히 자신의 최후의 동일성 위에 똬리를 틀고 자신에게서 파생된 유비들에 의지하는 어떤 정신, 옷과 베일을 벗은 정신에 있다. 설령 개인적인 무의식에 집단적이거나 우주적인 무의식을 대립시킨다 해도, 이 새로운 무의식은 오로지 어떤 유아론적인 주체에게(그 주체가 한 문화의 주체이건 세계의 주체이건) 이러저러한 표상들을 불러일으키는 능력을 통해서만 기능할 수 있다.

　종종 강조되는 바와 같이 반복의 과정을 사유하는 것은 어려운 일이다. 만일 시간에 의해 현실적으로 분리된 두 현재, 두 장면이나 두 사건(어린아이와 어른)을 고려한다면, 사라진 현재는 어떻게 원격적으로 현행적 현재에 영향을 미칠 수 있는 것일까? 그리고 현행적 현재가 자신에게 미치는 모든 영향력을 사후적으로 받아들여야 한다면, 사라진 현재는 어떻게 현행적 현재를 모델로 삼을 수 있는 것일까? 여기서 시간의 간격을 메우는 데 필수 불가결한 상상 작용들을 끌어들일 수 있다. 이 상상 작용들 때문에 반복은 단지 어떤 유아론적 주체의 착각으로만 존속하게 될지 모른다. 하지만 결국 그 두 현재의 현실은 이 상상 작용들에 의해 모두 흡수되기에 이를 것이 틀림없다. 그러나 이 두 현재가 현실적 계열 안에서 가변적인 거리를 두고 계속 이어지고 있다는 것이 사실이라면, 그 둘은 오히려 또 다른 본성의 잠재적 대상과 관계하면서 공존하는 두 현실적 계열을 형성한다. 이 잠재적 대상은 (비록 각 계열의 위치, 항, 관계들을 대행하는 인물이나 주체들이 그들 자체로서는 일시적으로 구별된 채 남아 있다 할지라도) 두 계열 안에서 끊임없이 순환하며 자리를 바꾼다. 반복은 한 현재와 다른 한 현재 사이에서 구성되는 것이 아니다. 반복은 이 현재들이 잠재적 대상(대상=x)을 중심으로 형성하는, 공존하는 두 계열 사이에서 구성된다. 이 잠재적 대상은 부단히 순환하고 자기 자신과의 관계에서 언제나 자리를 옮기고 있다. 그렇기 때문에 현실적인 두 계열 안에서, 곧 두 현재 사이에서 출현하는 이 잠재적 대상을 통해 항들의 형태변화들과 상상적 관계들의 양태변화들이 규정된다. 그러므로 잠재적 대상의 자리바꿈〔전치〕은 여러 가지 위장들 중의 한 가지 위장으로 그치는 것이 아니다. 그것은 오히려 어떤 원리에 해당하는 위장이다. 이 원리를 통해 반복은 현실 안에서 비로소 위장된 반복으로 태어난다. 반복은 오로지 위장들과 더불어, 그리고 그 위장들 안에서만 구성되고 이 위장들은 현실적 계열들의 항과 관계들에 영향을 미친다. 그렇지만 이는 반복이 잠재적 대상에 의존하기 때문이다. 이때 잠재적 대상은 무엇보다 전치를 고유한 속성으로 하는 어떤 내재적 심급에 해당한다. 그러므로 우리는 위장이 억압을 통해 설명된다고는 생각할 수 없을 것이다. 사정은 오히려 반대이다. 억압은 현재들의 표상과 관련되는 어떤 하나의 귀결로서 산출된 것이다. 그것은 반복이 자신의 규정 원리를 특징짓는 전치에 힘입어 필연적으로 위장되기 때문에 비로소 산출되는 귀결이다. 프로이트는 억압보다 훨씬 더 심층적인 심급을 찾을 때 이 점을 제대로 감지하고 있었다. 하지만 그가 이 심급을 이른바 '원초적' 억압으로 파악했고, 그래서 여전히 예전과 똑같은 방식으로 파악하고 말았다는 점이 아쉬울 뿐이다. 어쨌든 억압하기 때문에 반복하는 것이 아니라 오히려 반복하기 때문에 억압하는 것이다. 마찬가지로 억압하기 때문에 위장하는 것이 아니라 오히려 위장하기 때문에 억압하는 것이고, 이 위장은 반복을 규정하는 중심에 힘입어 이루어진다. 위장은 반복에 대해 이차적인 것이 아니다. 마찬가지로 반복은 궁극적인 것, 근원적인 것으로 가정되는 어떤 고정된 항에 대해 이차적이지 않다. 왜냐하면 만일 사라진 현재와 현행적 현재라는 두 현재가 잠재적 대상을 중심으로 서로 공존하는 두 계열을 형성하고 그 잠재적 대상은 그 계열들 안에서 또 자기 자신과의 관계에서 자리를 바꾸고 있다면, 이 두 계열 중 어떤 것도 더 이상 원초적인 것으로나 파생적인 것으로 지칭될 수 없기 때문이다. 이 두 계열을 통해 상이한 항과 주체들은 복잡한 상호 주관성 안에서 어떤 유희 관계에 놓이게 된다. 이때 각각의 주체는 자신의 계열 안에서 자신의 역할과 기능을 떠맡게 되는데, 이런 역할과 기능은 그 주체가 잠재적 대상에 대한 관계 안에서 차지하는 무시간적인 위치에 따라 결정된다.[47] 다른 한편 이 잠재적 대상

<hr>

[47] 라캉은 아주 중요한 두 텍스트에서 복수의 계열들이 실존한다는 사실을 도출해낸다. 앞에서 인용했던 「도둑맞은 편지」(첫 번째 계열: '왕-여왕-장관', 두 번째 계열: '경찰청장-장관-뒤팽'), 그리고 '쥐 인간'에 대한 주석인 「신경증의 개인 신화」(여기서는 아버지의 계열과 자식의 계열이라는 두 계열을 통해 빚, 친구, 가난한 여자와 부유한 여자 등이 서로 다른 상황들 안에서 관계의 유희에 빠진다.)가 그것이다. 각각의 계열 안에 놓인 요소와 결합관계들은 항상 자리를 바꾸는 잠재적 대상(첫 번째 사례의 편지, 두 번째 사례의 빚)에 대한 관계 안에서 그것들이 차지하는 위치에 따라 규정된다―"단지 주체뿐 아니라 오히려 상호 주관성 안에 놓인 주체들이 순서를 기다리고 있다.……주체들의 타고난 재능이나 사회적 기득권이 어떠하든 또 그들의 성격이나 성별이 어떠하든, 그들의 행동, 운명, 거부의 몸짓, 맹목성,

대자적 반복

자체에 대해 말하자면, 이 대상은 더 이상 궁극적이거나 원초적인 항으로 취급될 수 없다. 이는 말하자면 그 잠재적 대상에 어떤 고정된 장소와 동일성을 부여하는 셈인데, 이는 그 대상의 본성을 전적으로 배반하는 것이다. 만일 라캉에게서 볼 수 있는 것처럼 이 대상이 팔루스와 '동일화'될 수 있다면, 이런 동일화는 오직 이 대상이 언제나 자신의 자리에 없는 한에서, 자기동일성을 결여하고 표상에서 벗어나는 한에서만 성립할 수 있다. 요컨대 궁극적인 항이란 없으며, 우리의 사랑은 엄마로 귀착되지 않는다. 엄마는 단지 우리의 현재를 구성하는 계열 안에서 잠재적 대상과 관계하는 어떤 특정한 위치를 차지하고 있을 뿐이다. 이때 이 위치는, 언제나 이 대상=x가 자리를 바꿈에 따라 또 다른 주관성의 현재를 구성하게 되는 계열 안에서, 필연적으로 또 다른 인물에 의해 채워진다. 이는 『잃어버린 시간을 찾아서』의 주인공이 자신의 엄마를 사랑하는 가운데 오데트에 대한 스완의 사랑을 반복하는 것과 다소 비슷하다. 부모는 주체의 궁극적인 항이 아니라 상호 주관성의 중간 항에 해당하는 인물들이다. 그들은 서로 다른 주체들에 대해 한 계열에서 다른 한 계열로 이어지는 의사소통과 변장의 형식들이고, 이 형식들은 잠재적 대상의 이동을 통해 규정된다. 그러므로 가면들의 뒤에는 여전히 가면들이 있다. 맨 뒤에 감춰져 있는 것도 여전히 어떤 은신처이며, 이런 과정은 무한히 계속된다. 여기에 무슨 착각이 있다면, 어떤 사물이나 인물의 가면을 벗긴다는 착각말고는 없다. 반복의 상징적 기관인 팔루스 자체는 감춰져 있지만 그에 못지않게 또한 어떤 가면이다. 이는 가면이 두 가지 의미를 지니기 때문이다. "좀 줘, 제발 부탁이야,

---

성공과 운수 등은 기표의 자리바꿈을 통해 규정된다."(*Écrits*, 30쪽) 따라서 상호 주관적 무의식은 개인적 무의식이나 집단적 무의식으로 환원되지 않는다. 그리고 이 상호 주관적 무의식에 대해 도무지 어떤 계열이 원초적 계열이고 어떤 계열이 파생적 계열인지 명확히 지정할 수 없다.(물론 라캉은 이런 용어들을 계속 사용하고 있는데, 이는 아마 언어상의 편의 때문일 것이다.)

나에게 줘. ……그런데 무엇을? 다른 가면 말이야." 가면은 우선 위장을 의미하고, 이 위장은 권리상 공존하는 두 현실적 계열의 항과 관계들에 상상적으로 영향을 미친다. 하지만 그보다 심층적인 차원에서 가면은 전치를 의미하고, 이 자리바꿈은 상징적인 잠재적 대상에 본질적으로 영향을 미친다. 이때 이 잠재적 대상은 자신의 계열뿐 아니라 현실적 계열들 안에서 끊임없이 순환하고 있다. (그래서 자리바꿈을 통해서 가면의 입 부분과 착용자의 눈이 대응하게 되거나 착용자의 얼굴이 그냥 머리 없는 몸뚱이처럼 보이게 된다. 물론 이 경우 머리를 몸뚱이 위에 그리는 일은 얼마든지 가능하다.)

무의식의 본성에 대한 귀결들: 무의식은 계열적이고 미분적이며 물음을 던진다

그러므로 그 본질을 들여다보면 반복은 상징적이고 정신적이며 상호 주관적이다. 혹은 반복은 모나드와 같은 성격을 지녔다. 이로부터 무의식의 본성과 관련된 최종적인 귀결이 뒤따른다. 무의식의 현상들은 대립이나 갈등과 같이 지나치게 단순한 형식을 통해서는 포착될 수 없다. 프로이트에게서 갈등 모델의 우위를 엿볼 수 있는데, 이 모델은 단지 억압 이론을 통해서만 조장되는 것이 아니라 충동 이론 안에서 꿈틀대는 이원론을 통해서도 강화되고 있다. 하지만 그 갈등들은 훨씬 더 미묘한 차이의 메커니즘들(전치와 위장들)의 결과물이다. 또 만일 힘들이 자연스럽게 어떤 대립 관계들 안으로 들어가게 된다면, 이런 유입 과정은 보다 심층적인 심급을 표현하는 미분적 요소들로부터 시작된다. 우리는 앞에서 제한과 대립이라는 이중적인 측면을 통해 드러나는 부정성 일반은 문제와 물음들로 구성된 심급에 비해 이차적임을 보았다. 다시 말해서 부정적인 것은 근본적으로 무의식적인 물음과 문제들의 그림자를 단지 의식 안에서 표현하고 있을 따름이고, 그 부정적인 것이 지닌 외관상의 능력은 이 문제와 물음들의 자연적인 정립 안에서 불가피하게 성립하는 '거짓'의 부분에서 차용된 것이다. 확실히 무의식은 욕망하고 또 욕망밖에 할 줄 모른다. 그러나 잠재적 대상을 통해 욕망과 욕구 사이의 원리적 차이가 확연해지는 순간, 욕망은 부정의 역량으로도, 대립의 요소로도 드러나지 않는다. 욕망은 오히려 물음을 던지고 문제를 제기하는 어떤 탐색의 힘으로 나타난다. 그것은 욕구와 만족의 장(場)과는 다른 장에서 전개되는 힘이다. 물음과 문제들은, 전적으로 잠정적인 자격에 머물며 경험적 주체의 순간적 무지를 표시하는 어떤 사변적 활동들이 아니다. 물음과 문제들은 어떤 살아 있는 활동들이고, 이 활동들을 통해 무의식이 지닌 특별한 종류의 객관성들이 활력을 띠게 되지만, 이 활동들은 이와 달리 대답과 해답들에 영향을 미치는 잠정적이고 부분적인 상태에서 수명을 이어갈 운명에 있다. 문제들은 현실의 계열들을 구성하는 항과 관계들의 상호 변장과 '교감하고' 있다. 물음들은 문제들의 원천이며, 계열들이 전개되는 기준점인 잠재적 대상의 전치와 교신하고 있다. 잠재적 대상에 해당하는 팔루스는 수수께끼와 알아맞히기 놀이들을 통해 항상 자신이 없는 자리에서 표시된다. 이는 정확히 팔루스가 자신의 전치 공간과 구별되지 않기 때문이다. 심지어 오이디푸스의 갈등들조차 일단은 스핑크스의 물음에 의존하고 있다. 탄생과 죽음, 성별의 차이 등은 단순한 대립항들이기 이전에 문제들을 제기하는 복합 테마들이다.(페니스의 소유나 박탈에 의해 규정되는 성별의 대립 이전에 팔루스의 '물음'이 있고, 이 물음을 통해 각각의 계열 안에서 성별을 지닌 인물들의 변별적 위치가 규정된다.) 문제와 물음은 대답들에 대해 초월적 위치에 있고, 해답들을 관통해 끈덕지게 자신을 주장하고 있으며, 특정한 방식으로 자신의 고유한 입 벌림 현상을 유지하고 있다. 이런 모든 물음들, 이런 모든 문제들 안에는 대단히 광적인

무언가가 있기 십상이다.[48]

도스토예프스키나 체스토프에게서 볼 수 있는 것처럼, 집요한 물음은 대답을 불러일으키기보다는 모든 대답을 침묵에 빠뜨리기에 족하다. 바로 여기서 물음은 자신의 고유한 존재론적 범위를 발견하고, 부정적인 것의 비-존재로 환원되지 않는 물음의 (비)-존재를 발견한다. 원초적인 혹은 궁극적인 대답이나 해답들이란 것은 없다. 그런 것이 있다면 그것은 오로지 물음-문제들뿐이고, 이는 모든 가면들 배후의 어떤 가면, 모든 장소들 배후의 어떤 자리바꿈 덕분이다. 삶과 죽음의 문

---

[48] 세르주 르클레르Serge Leclaire는 무의식의 근본 범주인 물음의 개념을 중시하는 가운데 신경증 이론과 정신병 이론의 기본 구도를 세웠다. 이런 방향에서 그는 히스테리 환자의 묻는 방식("나는 남자인가 여자인가?")과 강박증 환자의 묻는 방식("나는 죽은 것인가 살아 있는 것인가?")을 구별한다. 또한 그는 이 물음의 심급을 중심으로 신경증과 정신병의 상대적 위치를 구별한다─「강박증 환자의 삶 안의 죽음」, *La psychanalyse*, no. 2(1956); 「정신병에 대한 심리요법의 원리들을 찾아서」, *Evolution psychiatrique*, II(1958) 참조. 환자들이 체험하는 물음들의 형식과 내용에 관한 이 연구들은 대단히 중요한 작업으로 보이며, 무의식 일반에서 부정적인 것과 갈등이 떠맡는 역할을 재검토하는 계기를 제공하고 있다. 여기서도 여전히 자크 라캉의 가르침이 연구의 출발점이 되고 있다. 히스테리와 강박증에서 드러나는 물음의 유형들에 대해서는 *Écrits*, 303~304쪽 참조; 또, 욕망, 욕망과 욕구의 차이, 욕망과 '요구'의 관계, 그리고 욕망과 '물음'의 관계 등에 대해서는 *Écrits*, 627~630, 690~693쪽 참조.

융의 이론이 지니는 가장 중요한 논점들 중의 하나도 이미 여기에 내포되어 있었던 것은 아닐까? 융은 무의식 안에 있는 '묻기'의 힘을 지적하고, 무의식을 '문제'와 '과제들'의 무의식으로서 개념화한다. 이로부터 어떤 분화(分化) 과정이 그것의 결과인 대립들보다 훨씬 심층적인 사태라는 사실의 발견이 이어진다(『자아와 무의식』 참조). 프로이트는 물론 이런 관점을 강력하게 비판한다. 가령 『늑대 인간』의 5절에서 프로이트는, 어린아이는 묻는 것이 아니라 욕망하고, 과제들에 부딪히는 것이 아니라 대립이 지배하는 심적 동요들에 직면한다고 주장한다. 또한 그는 『도라의 히스테리 분석』의 2절에서 꿈의 핵심이 상응하는 갈등에 개입된 욕망일 수밖에 없음을 보여준다. 그럼에도 불구하고 융과 프로이트 사이의 토론은 엇갈리고 있는 것이 아닌가 한다. 왜냐하면 문제는 무의식이 욕망하기 이외의 다른 일을 할 수 있는지의 여부에 있기 때문이다. 사실 욕망이 단지 대립의 힘에 그치는 것인지 아니면 전적으로 물음의 역량에 근거를 두고 있는 힘인지를 묻는 것이 차라리 옳지 않을까? 프로이트가 끌어들이는 도라의 꿈조차 오로지 (잠재적 대상=x의 역할을 하는 보석 상자와 함께 성립하는) 히스테리 형식의 물음을 전개하는 (아빠와 엄마, K씨와 K씨 부인이라는 두 계열과 더불어 구성되는) 어떤 문제의 관점에서만 해석될 수 있는 것이다.

대자적 반복

제, 사랑과 성차(性差)의 문제 등이 과학적인 해답이나 입장들에 따라 결정되어야 한다고 생각하는 것은 순진한 믿음일 것이다. 설령 그런 문제들의 전개 과정에 이 입장이나 해답들이 어떤 순간 필연적으로 뛰어들거나 개입할 수밖에 없는 것이라 해도 사정은 마찬가지다. 문제들은 영원한 위장과 관련되고, 물음들은 영원한 전치와 관련된다. 신경증 환자, 정신병 환자들은 어쩌면 그들의 고통을 대가로 이 궁극적이고 원천적인 바탕을 탐험하고 있는 것인지 모른다. 신경증 환자는 이렇게 묻는다. 어떻게 문제를 다른 장소로 옮길 수 있을까? 반면 정신병 환자는 이렇게 묻는다. 어디에서 물음을 던질 수 있을까? 정확히 말해서 그들의 고통과 수난은 그 자체로 끊임없이 자리를 바꾸는 어떤 물음에 대한 유일한 대답이자 그 자체로 끊임없이 위장하는 어떤 문제에 대한 유일한 답변이다. 어떤 본보기가 될 수 있고 또 그들 자신을 넘어서는 것은 그들이 말하거나 생각하는 것이 아니라 바로 그들의 삶이다. 그들은 이런 초월성을 증언하고 있고 또 참과 거짓 사이에서 벌어지는 별나고도 기이한 유희를 증언한다. 하지만 이런 증언은 결코 대답과 해답들의 차원에서 이루어지는 것이 아니다. 그것은 오히려 문제들 자체 안에서, 물음들 자체 안에서, 다시 말해서 거짓이 참의 탐구 양식이 되고 거짓이 자신의 본질적인 위장들이나 근본적인 전치의 고유한 공간이 되는 어떤 조건들 안에서 이루어진다. 즉 사이비pseudos는 여기서 참됨의 파토스가 되었다. 물음들의 역량은 언제나 대답들과는 다른 곳에서 오고, 결코 해결되지 않는 어떤 자유로운 바탕을 향유한다. 물음이나 문제들이 보여주는 끈덕진 요구와 내속성, 초월성, 존재론적 풍모는 충족이유에 따르는 목적론적 형식("무엇을 위해?" 혹은 "왜?")을 통해서는 표현되지 않는다. 그것은 다만 "어떤 차이가 있지?", "조금 반복해보지." 등과 같이 차이와 반복의 이산적 형식을 통해 표현될 뿐이다. 이 점에 관한 한 결코 차이라는 것은 있을 수 없다. 하지만 이는 차이가 대답 안에 있는 같음의 사태로 되돌아오기 때문이 아니다. 그것은 차이가 물음 이외의 다른 곳 안에 있지 않기 때문이고, 물음의 반복 — 물음의 이동과 위장을 보장하는 반복 — 이외의 다른 곳 안에 있지 않기 때문이다. 따라서 문제와 물음들은 무의식에 속한다. 하지만 무의식은 본성상 차이를 만드는가 하면 반복적이며 계열적일 뿐 아니라 문제와 물음을 제기한다. 무의식은 결국 대립적인가 아니면 미분적인가? 무의식은 갈등 관계에 놓인 커다란 힘들과 이어져 있는 것인가 아니면 계열들을 이루는 작은 요소들과 이어져 있는가? 무의식은 서로 대립하는 커다란 표상들의 무의식인가 아니면 분화된 미세 지각들의 무의식인가? 이렇게 묻는 것이 보통이다. 이런 물음들을 통해 칸트적 전통과 라이프니츠적 전통 사이에 있었던 오래된 망설임들, 그리고 또한 오래된 논쟁들이 되살아나곤 하는 것처럼 보인다. 프로이트는 전적으로 헤겔적 성격을 띤 후기 칸트주의의 입장에, 다시 말해서 대립적 무의식의 편에 서 있다. 하지만 그런 프로이트가 왜 라이프니츠의 추종자인 페히너G. Fechner를 그토록 존경하고 왜 그가 '징후학자'로서 보여준 세밀한 변별력에 그토록 커다란 경의를 표하는 것일까? 사실 여기서 중요한 것은 무의식이 논리적 제한의 비-존재를 함축하는지의 여부, 또는 현실적 대립의 비-존재를 함축하는지의 여부가 아니다. 왜냐하면 이 두 비-존재는 어쨌든 모두 부정의 유형에 불과하기 때문이다. 무의식은 제한과도 무관하고 대립과도 무관하다 — 무의식은 전락(轉落)의 무의식도 모순의 무의식도 아니다. 무의식은 물음이나 문제들과 관련되어 있고, 이 물음이나 문제들은 해답-대답들과는 본성상의 차이를 지닌다. 즉 무의식은 문제틀의 (비)-존재와 관계한다. 이 (비)-존재는 위에서 언급된 부정적 비-존재의 두 형식을 모두 거부한다. 그런 부정적 비-존재는 오로지 의식의 명제들만을 지배할 뿐이다. "무의식은 '아니요'를 모른다."라는 유명한 말은 문자 그대로 받아들일 필요가 있다. 부분 대상들은 미세 지각들의 요소들이다. 무의식은 미분적이고 어떤 미세 지각들로 이루어져 있다. 하지만 바로 이 점에서 무의식은 의식에 대해 본성상의 차이를 지닌다. 무의식이 관계하는 문제나 물음들은 커다란 대립이나 그로부터 의식이 도출하는 총체적 효과들로 환원될 수 없다.(우리는 라이프니츠의 이론이 이미 이런 길을 가리키고 있음을 곧 알게 될 것이다.)

따라서 우리는 쾌락원칙을 넘어서는 두 번째 것과 마주쳤다. 그것은 무의식 자체 안에서 성립하는 두 번째 시간의 종합이다. 첫 번째 수동적 종합, 하비투스의 종합은 살아 있는 현재의 재개된 양식에 의존하여 반복을 끈으로 제시했다. 이 첫 번째 종합은 상호 보충적인 두 방향에서 쾌락원칙의 정초를 보장했다. 왜냐하면 그 종합으로부터 쾌락이 일반적 가치를 획득하게 되어 이제 이드 안에서 심리적 삶이 종속되는 최종 심급의 자리에 오른다는 결과가 뒤따르고, 또 동시에 각각의 수동적 자아가 특수한 환각적 만족감을 통해 자기 자신의 나르키소스적 이미지로 가득 차게 된다는 결과가 뒤따르기 때문이다. 반면 두 번째 종합은 에로스-므네모시네의 종합이다. 이 종합은 반복을 위장과 전치로 설정하고, 쾌락원칙의 근거로서 기능한다. 그래서 문제는 이제 어떤 사용을 조건으로, 또 어떤 제한과 심화 과정들을 대가로 이 쾌락원칙이 어떻게 자신의 관할 영역에 적용되는지를 아는 데 있다. 이에 대한 답변은 두 가지 방향에서 주어져 있다. 하나는 현실 일반을 지배하는 법칙이 서 있는 방향이다. 이 방향에서 첫 번째 수동적 종합은 자신을 넘어서서 능동적 종합과 능동적 자아를 향해 나아간다. 반면 다른 한 방향에서 첫 번째 수동적 종합은 스스로 심화되는 가운데 두 번째 수동적 종합에 이른다. 이 두 번째 종합을 통해 특수한 나르키소스적 만족감은 강화되는가 하면 또한 잠재적 대상들의 응시와 관계를 맺게 된다. 여기서 쾌락원칙은 생산된 현실에 관련해서만이 아니라 구성된 성욕에 관련해서도 새로운 조건들 아래 놓이게 된다. 단지 묶인 흥분으로만 정의되었던 충동은 이제 어떤 분화된 형식을 통해 나타나게 된다. 가령 충동은 현실의 능동적 노선을 따를 때는 자기보존 충동으로 나타나고, 새롭게 획득된 수동적 깊이 안에서는 성적 충동으로 나타난다. 첫 번째 수동적 종합이 〔칸트적 의미의〕'감성론'을 구성한다면, 두 번째 수동적 종합은 당연히 '분석론'의 동의어로 정의될 수 있다. 첫 번째 수동적 종합이 현재의 종합이라면, 두 번째 수동적 종합은 과거의 종합이다. 첫 번째 수동적 종합이 반복을 이용하여 그로부터 어떤 차이를 훔쳐낸다면, 두 번째 수동적 종합은 반복의 품안에서 차이를 포괄한다. 사실 차이의 두 가지 형태, 곧 이동과 가장복, 전치와 위장은 반복 자체의 요소들이 되었기 때문이다. 이때 전치를 통해서는 잠재적 대상이 상징적 변용을 겪고, 위장을 통해서는 —— 잠재적 대상이 합체되어 있는 —— 현실적 대상들이 상상적 변용을 겪는다. 프로이트가 에로스의 관점에서 차이와 반복을 분배할 때 다소 불편을 느꼈던 것은 바로 이런 이유 때문이다. 그는 한편으로 이 두 요인들 간의 대립을 견지하고 반복을 무화된 차이의 물질적 모델에 의지하여 이해한다. 그렇지만 다른 한편으로는 에로스를 새로운 차이들의 도입, 심지어 새로운 차이들의 생산으로 정의하고 있다. 이것이 그런 불편한 느낌의 배후이다.[49] 그러나 실은 에로스가 지닌 반복의 힘은 차이가 지닌 어떤 역량에서 직접적으로 파생된다. 에로스가 므네모시네에게서 차용하는 이 차이의 역량은 어떤 순수 과거의 파편들에 해당하는 잠재적 대상들에 변용을 가져온다. 자네P. Janet가 이런 저런 방식으로 예감했던 것처럼, 에로스적인 반복의 역할을 설명해주고 이 반복과 차이의 조합을

---

49 에로스가 이 두 세포체의 결합을 함축하고 그래서 새로운 **활력적인 차이들**을 끌어들이는 한에서 "우리는 성적 본능 안에서 이 반복의 경향을 검출해낼 수 없었다. 이를 발견해야 우리는 죽음본능이 존재한다고 결론지을 수 있다."(프로이트, 『쾌락원칙을 넘어서』, *Essais de psychanalyse*(Payot), 70쪽.)

대자적 반복

설명해주는 것은 기억상실이 아니라 오히려 어떤 과다 기억이다. 언제나 자리를 바꾸고 위장되는 대상의 특성인 '결코 본 적 없음le jamais-vu'은 그 대상이 추출되는 순수 과거 일반의 특성인 '이미 본 상태le déjà-vu' 안으로 빠져 들어간다. 문제틀의 객관적 본성이 언제나 그렇듯, 이 대상을 언제 보았다거나 어디서 보았는지를 알기란 힘든 일이다. 그리고 결국 마지막에 가서는 오로지 친근한 낯섦, 스스로 반복하는 차이만이 있게 되는 것이다.

확실히 에로스와 므네모시네의 종합은 여전히 모호한 채 남아 있다. 하비투스에 의한 첫 번째 수동적 종합에 비추어 보면, 현실적인 것(혹은 현실 안에서 지나가는 현재들)의 계열과 잠재적인 것(혹은 모든 현재와 본성상 다른 어떤 과거)의 계열은 서로 발산하는 두 원환을 그리고 있다. 그 두 계열은 두 원환, 심지어 하나의 같은 원환에 속하는 두 궁형(弓形)이나 원호(圓弧)를 형성한다. 그러나 잠재적 계열의 내재적 한계이기도 하고 두 번째 수동적 종합의 원리이기도 한 '대상=x'에 비추어 보면, 이제 어떤 공존하는 계열들을 형성하고 원환들이나 심지어 하나의 같은 원환에 속하는 원호들을 형성하는 것은, 매 순간 계속 이어지는 현실적 현재들이다. 이 두 준거점이 혼동을 겪고, 그래서 순수 과거가 어떤 사라진 현재의 상태로 전락하는 것은 불가피하다. 여기서 사라진 현재의 상태는 신화적일 수 있지만, 순수 과거는 자신이 폭로한다고 간주되던 가상 ── 근원적인 것과 파생적인 것이 있다는 착각, 기원 안에는 동일성이 있고 파생적인 것 안에는 유사성이 있다는 착각으로서의 가상 ── 을 재구성하고 되살리는 가운데 그처럼 사라진 현재의 상태로 전락한다. 게다가 에로스의 삶은 순환 주기로서, 혹은 순환 주기의 요소로서 펼쳐진다. 이 요소에 대립하는 또 다른 요소는 기억의 바탕에 있는 타나토스일 수밖에 없고, 이 두 요소는 사랑과 증오, 구축과 파괴, 인력과 척력처럼 조합된다. 근거 또한 여전히 똑같은 모호함 속에 잠겨 있다. 자신이 근거짓는 것에 대해 스스로 부과하는 원환 안에서 표상되기 때문이고, 자신이 원리적으로 규정하는 표상의 회로 안에 다시 요소의 자격으로 들어가 있기 때문이다.

세 번째 종합 혹은 세 번째의 '넘어서': 나르키소스적 자아, 죽음본능, 시간의 텅 빈 형식

잠재적 대상의 본질적 특성은 잃어버린 대상이라는 데 있다. 현실적 대상의 본질적 특성은 변장한 대상이라는 데 있다. 이 두 가지 대상은 나르시시즘을 끌고 가는 강력한 동기들이다. 그러나 리비도가 자아로 회귀하거나 역류할 때, 그래서 수동적 자아가 전적으로 나르시시즘의 상태에 빠질 때, 자아는 두 노선 사이의 차이를 내면화하고 있으며 또 자기 자신을 한 노선 안에서는 영원히 전치된 것으로, 다른 한 노선 안에서는 영원히 위장된 것으로 경험한다. 나르키소스적 자아는 자신을 구성하는 어떤 상처와 분리될 수 없을 뿐더러 위장과 전치들로부터도 분리될 수 없다. 이 전치와 위장들은 한쪽 끝에서 다른 쪽 끝까지 서로 직물처럼 얽히는 가운데 자아의 양태변화를 초래한다. 자아는 다른 가면들을 가리는 가면이고 다른 가장복(假裝服)들 밑의 가장복이다. 이런 자아는 자신의 고유한 광대들과 구분되지 않고, 초록 다리와 붉은 다리를 절면서 걷는다. 하지만 두 번째 종합의 선행 단계와 대비되는 이 수준에서 어떤 재조직화가 산출되는데, 이 재조직화의 중요성은 아무리 강조해도 지나치지 않다. 사실 수동적 자아가 나르시시즘에 빠지는 순간 사유되어야 하는 것은 능동성이기 때문이다. 하지만 이때 능동성은 오로지 변용으로서만, 심지어 양태변화로서만 사유될 수 있다. 그것은 나르키소스적 자아가 수동적으로 체험하는 양태변화이고, 이런 체험 과정에서 자아의 배후에는 다시 자신에게 '타자'로 다가오는 어떤

대자적 반복

나Je가 있다. 능동적이지만 또한 균열된 이 나는 초자아의 기저(基底)일 뿐 아니라 나르키소스적 자아의 상관항이기도 하다. 수동적이고 상처 받은 이 자아는 폴 리쾨르가 "유산된 코기토"[50]라고 그럴듯하게 명명한 어떤 복잡한 총체 안에 있다. 이런 유산된 코기토 외에 또 다른 코기토 는 없다. 그런 애벌레-주체 외에 또 다른 주체는 없다. 앞에서 보았던 것처럼, 나의 균열은 단지 시간에서 비롯될 뿐이다. 그 균열은 자신의 내용들에서 벗어난 순수하고 텅 빈 형식으로서의 시간에 의해 생긴다. 그렇기 때문에 나르키소스적 자아는 시간 속에서 나타남에도 불구하고 전혀 시간적인 내용을 구성하지 못한다. 나르키소스적 리비도를 통해, 자아로 향하는 리비도의 역류를 통해 모든 내용이 사상(捨象)되는 것이 다. 나르키소스적 자아는 차라리 텅 빈 시간의 형식에 상응하되 이 형 식을 채우지 못하는 현상이며, 이 형식 일반의 공간적 현상이다.(이 공 간적 현상은 신경증적인 거세, 정신병적 분열 등에서 여러 가지 방식으로 나 타난다.) 나 안에서 시간의 형식은 시간의 순서, 집합, 계열을 규정했다. 이전l'avant, 사이le pendant, 이후l'après라는 정태적이고 형식적인 순서 는 시간 안에서 나르키소스적 자아의 분할, 혹은 — 자아에 의한 — 응 시의 조건들을 나타낸다. 시간의 집합은 가공할 행위의 이미지 안에서 모이게 된다. 이때 이 행위는 초자아에 의해 현시되는 동시에 금지되고 또한 예고되는 행위, 즉 행위=x이다. 시간의 계열을 통해 지칭되는 것 은 분할된 나르키소스적 자아와 시간의 총체적 집합 사이 혹은 그 자아 와 행위의 이미지 사이에서 성립하는 대결 구도이다. 나르키소스적 자 아는 먼저 '이전'의 양태나 결핍의 양태를 통해, 곧 이드의 양태를 통해 한 번 반복한다.(이 행위는 자아에게 너무 벅차다.) 하지만 두 번째에 나르 키소스적 자아는 이상적 자아에 고유한 양태, 어떤 무한한 동등하게-되

50 Paul Ricœur, *De l'interprétation*(Seuil, 1965), 413~414쪽 참조.

기의 양태를 통해 반복한다. 그리고 세 번째에는 초자아의 예고를 실현하는 '이후'의 양태를 통해 반복한다.(이드와 자아, 조건과 행위자는 무화될 것이다!) 사실 실천적 법칙 자체는 이 텅 빈 시간의 형식 이외에는 어떤 것도 의미하지 않기 때문이다.

죽음본능, 대립, 물질적 반복

나르키소스적 자아는 잠재적 대상들의 자리를 차지하기도, 현실적인 대상들의 자리를 차지하기도 한다. 나르키소스적 자아는 잠재적 대상들의 전치를 감당하고 현실적 대상들의 위장을 책임진다. 이때 나르키소스적 자아는 시간의 내용을 다른 내용으로 대체하는 것이 아니다. 오히려 우리는 세 번째 종합 안으로 들어와 있다. 말하자면 시간은 므네모시네의 모든 가능한 내용들을 포기했고, 이를 통해 에로스가 그 내용을 끌어들이던 원환을 깨뜨려버렸다. 시간은 펼쳐졌고 다시 세워졌으며 궁극의 형태를 취한다. 그 궁극의 형태는 직선으로 이루어진 미로, 보르헤스가 말하는 것처럼 "볼 수 없고 끝없이 이어지는" 미로이다. 빗장이 풀린 텅 빈 시간은 철저히 형식적이고 정태적인 순서, 압도적인 총체〔집합〕, 비가역적인 계열을 이루고 있다. 이런 시간은 정확히 죽음본능이다. 죽음본능은 에로스와 더불어 어떤 하나의 원환 안으로 들어가지 않는다. 죽음본능과 에로스는 결코 상호 보충적이거나 적대적인 관계에 놓이는 법이 없다. 죽음본능은 결코 어떤 방식으로도 에로스와 대칭을 이루지 않는다. 죽음본능은 다만 전적으로 다른 또 하나의 종합을 증언할 뿐이다. 이제 에로스와 므네모시네의 상관관계는 대체될 운명에 있다. 그것을 대체하는 것은 나르키소스적 자아와 죽음본능의 상관관계이다. 이때 나르키소스적 자아는 기억을 지니지 않는, 지독한 건망증 환자이다. 반면 죽음본능은 사랑을 지니지 않는, 탈성화(脫性化)된 상태에 있다. 나르키소스적 자아가 소유하는 것은 단지 죽은 신체뿐이다. 나르키소스적 자아는 대상들을 잃어버리는 순간 동시에 신체도 잃어버렸다. 나르키소스적 자아는 — 마치 균열된 '나'의 두 조각 안에서처럼 — 죽음본능을 통해 이상적 자아 안에 반조되고 초자아 안에서 자신의 끝을 예감한다. 나르키소스적 자아와 죽음본능 사이에서 성립하는 이런 관계를 그토록 깊이 통찰한 바 있는 프로이트에 따르면, 탈성화되지 않은 리비도는 결코 자아로 집중되지 않는다. 리비도는 전치 가능한 어떤 중성적 에너지, 본질적으로 타나토스에 봉사할 수 있는 에너지로 탈바꿈될 때만 자아로 흘러 들어갈 수 있다.[51] 하지만 도대체 왜 프로이트는 그렇게 죽음본능을 이 중성적 에너지보다 먼저 존재하는 것으로 간주하고 원칙상 그 에너지로부터 독립해 있는 것으로 설정하는 것일까? 아마 두 가지 이유 때문일 것이다. 충동 이론 전체에 영감을 불어넣고 있는 이원론적 갈등 모델이 계속 유지되고 있다는 것이 한 이유일 것이고, 반복 이론을 주재하는 물질적 모델이 또 다른 이유일 것이다. 바로 그런 이유에서 프로이트는 때로 에로스와 타나토스 간의 본성상의 차이를 역설한다. 이런 주장에 따르면 타나토스의 질적 특성은 에로스에 대한 대립적 관계 안에서 파악되어야 한다. 하지만 프로이트는 때로 그 둘 사이의 차이가 리듬이나 진폭의 차이라고 역설하기도 한다. 이때는 마치 타나토스가 무기적인 물질의 상태로 복귀하고, 이에 따라 김빠지고 헐벗은 반복의 역량과 동일시되며, 이 역량은 에로스에서 오는 활력적인 차이에 의해 단지 은폐되거나 방해를 받고 있을 뿐이라고 가정되는 듯하다. 하지만 어쨌든 생명체가 양적으로나 질적으로 무생물로 돌아가는 것이 죽음이라면, 그런 규정은 단지 과학적이고 객관적인 외생적 정의에 불과하다. 프로이트는 이상하게 죽음과 관련

---

51 프로이트, 『자아와 이드』, *Essais de psychanalyse*(Payot), 212~214쪽.

된 그 밖의 다른 모든 차원을 거부하고, 무의식 안에 있을 수 있는 죽음의 전형이나 죽음의 현시를 모두 거부한다. 이는 그가 출생이나 거세에 대해 말할 때는 그런 전형들의 현존을 인정한다는 점과 좋은 대조를 이룬다.[52] 그런데 죽음을 물질의 객관적 규정으로 환원하는 것은 어떤 편견을 드러낸다. 그 편견에 따르면 반복의 궁극적 원리는 이차적이거나 대립적인 차이의 전치와 위장들 저편에 있는, 아직 분화되지 않은 어떤 물질적 모델 안에서 찾아야 한다. 그러나 실은 무의식의 구조는 갈등적 구조도, 대립적이거나 모순적인 구조도 아니다. 무의식의 구조는 다만 물음과 문제를 이루는 구조일 뿐이다. 게다가 반복은 위장들 저편에 있는 김빠지고 헐벗은 역량이 아니며, 그래서 반복은 멀쩡하게 있다가 변이형들에 해당하는 위장들을 통해 이차적으로 변용되는 것이 아니다. 그와는 달리 반복은 위장 안에서, 전치 안에서 직물처럼 짜여간다. 이런 위장과 전치는 반복을 구성하는 요소들이며, 그래서 반복은 이 요소들보다 먼저 존재하지 않는다. 죽음은 생명체가 곧 '되돌아갈' 어떤 무차별하고 무기적인 물질의 객관적 모델 안에서는 나타나지 않는다. 오히려 죽음은 생명체 안에 현전하고, 어떤 전형을 갖춘 주관적이고 분화된 경험으로 현전한다. 죽음은 어떤 물질적 상태에 응답하지 않는다. 거꾸로 죽음은 모든 물질을 전적으로 포기한 어떤 순수한 형식 — 시간의 텅 빈 형식 — 에 상응한다. (또한 반복을 어떤 죽어 있는 물질의 외생적 동일성에 종속시키든 어떤 불사의 영혼의 내생적 동일성에 종속시키든 아무런 차이가 없다. 그것은 모두 시간을 채우는 방법에 지나지 않는다.) 이는 죽음이 부정으로도, 대립의 부정성으로도, 제한의 부정성으로도 환원되지 않기 때문이다. 죽음의 전형은 일정한 수명의 생명이 물질 앞에서 겪

---

52 프로이트, 『억압, 증상, 불안』(P.U.F., 1968), 53쪽 이하. 프로이트는 이상하게도 랑크가 출생에 관해 지나치게 객관적인 견해를 취하고 있다고 비난한다.

대자적 반복

는 제한에서 오는 것도, 불멸의 생명과 물질 사이의 대립에서 오는 것도 아니다. 죽음은 차라리 문제틀의 마지막 형식이고, 문제와 물음들의 원천이며, 모든 대답 위에서 문제와 물음들이 항구적으로 존속한다는 사실을 말해주는 표지이다. 죽음은 (비)-존재를 지칭하는 "언제 그리고 어디서?"이고, 모든 긍정은 그렇게 지칭되는 이 (비)-존재에서 자양분을 얻고 있다.

죽음본능과 영원회귀 안의 반복

블랑쇼가 제대로 지적했던 것처럼, 죽음은 두 측면을 지닌다. 첫 번째 측면에서 볼 때 죽음은 나, 자아와 관련되는 인격적인 죽음이다. 나는 어떤 싸움 안에서 이 죽음에 직면하거나 어떤 한계 안에서 이 죽음과 합류할 수 있다. 어떤 경우든 나는 모든 것을 지나가게 하는 어떤 현재 안에서 죽음과 마주칠 수 있다. 반면 두 번째 측면에서 보면 죽음은 '자아'와는 무관한, 기이하게도 비인격적인 죽음이다. 이 죽음은 현재의 죽음도 과거의 죽음도 아닌, 다만 항상 도래하고 있는 죽음이다. 이 죽음은 끈덕지게 항존하는 어떤 물음 안에서 다채롭고 끊임없이 이어지는 어떤 모험의 원천이다. "죽는다는 사실은 어떤 급진적인 전복을 끌어안고 있다. 이 전복을 통해 내 능력의 극단적 형식이던 죽음은 박탈하는 어떤 것이 된다. 시작하고 끝내는 내 능력의 바깥으로 나를 내던지는 가운데 내게서 그런 능력을 박탈해가는 것이다. 하지만 이것으로 그치지 않는다. 죽음은 다시 나 자신과 무관한 것, 나에게 전적으로 무능력한 것, 모든 가능성을 잃어버린 것, 곧 실재성을 결여한 무한정자가 된다. 나는 이 전복을 표상할 수 없고 심지어 결정적인 것으로 포착할 수도 없다. 이 전복은 그것의 저편을 지나 다시 돌아올 수 없는 그런 비가역적인 이행이 아니다. 왜냐하면 그것은 완료되지 않는 것, 종료할 수 없는 것, 끝없이 이어지는 것이기 때문이다.……그것은 현재가 없는 시간이다. 나는 이 시간과 관계하지 않는다. 나는 이 시간을 향해 뛰어들 수 없다. 왜냐하면 (그 시간 안에서) 나는 죽지 않기 때문이고 죽을 능력을 빼앗겼기 때문이다. (그 시간 안에서) 죽는 것은 익명인 아무개on이다. 거기서 익명인은 끊임없이 죽고 또 멈추지 않고 죽는다.……그것은 끝나는 지점이 아니라 다만 끝낼 수 없는 것, 고유한 죽음이 아니라 다만 그 어떤 하찮은 죽음, 진정한 죽음이 아니라 다만 카프카가 말하는 치명적인 과오에 대한 비웃음이다."[53] 이렇게 대조해놓고 보면, 심지어 자살을 통해서도 그 두 측면은 서로 부합하거나 일치할 수 없음을 쉽게 알 수 있다. 그런데 죽음의 첫 번째 측면이 의미하는 것은 인격의 인격적 소멸, 나와 자아가 표상하는 이 차이의 폐기이다. 이 차이는 결국 사라지기 위해서만 존재했다. 이런 차이의 소멸은 가령 엔트로피 안에서 계산되는 것처럼 무기적 물질로 회귀하는 과정 안에서 객관적으로 재현될 수 있다. 겉보기와 달리 이 죽음은 심지어 지극히 인격적인 가능성을 구성하는 순간에조차 항상 바깥에서 오고, 심지어 지극히 현재적일 때조차 언제나 과거에서 온다. 하지만 다른 죽음, 죽음의 다른 얼굴, 다른 측면은 자유로운 차이들의 상태를 지칭한다. 이때 이 차이들은 나와 자아가 부여하는 형식에 종속되어 있지 않다. 이 차이들이 어떤 형태 안에서 자유롭게 전개되고 있다면, 그 형태는 그 어떠한 동일성의 정합성과 마찬가지로 자아의 고유한 일관성을 배제한다. '나의 죽음je meurs'보다 훨씬 더 심층적인 '아무개의 죽음on meurt'이 상존하며, 끊임없이 죽고 다채로운 방식으로 죽는 신들 이외에 다른 신은 없다. 여기서는 마치 개체가 나와 자아의 인격적 형식 안에 갇히지 않는 어떤 세계, 나아가 독특한 것이 개인의 한계 안에 갇히지 않는 그런 세계들

---

53 Maurice Blanchot, *L'espace littéraire*(N.R.F., 1955), 107, 160~161쪽.

이 출현한 듯하다 ― 요컨대 죽음의 첫 번째 측면에서는 '식별'될 수 없는 비종속적 다양성이 출현한 것이다. 그런데 프로이트적 발상법 전체의 배후에는 그런 첫 번째 측면의 죽음이 자리하고 있다. 하지만 바로 그렇기 때문에 그 발상법은 죽음본능을 결여하는 것이고, 또 그에 상응하는 경험이나 전형을 결여하는 것이다.

따라서 우리가 보기에는 어떠한 이유로도 에로스와 구별되는 죽음본능을 설정할 수 없다. 죽음본능과 에로스는 두 힘 간의 본성상의 차이에 의해서도, 두 운동 간의 리듬이나 진폭의 차이에 의해서도 구별되지 않는다. 이 두 경우 차이는 이미 주어져 있는 셈이고, 타나토스는 독립해 있을 것이다. 반면 우리가 볼 때 타나토스는 전적으로 에로스의 탈성화, 곧 프로이트가 말하는 이 중성적이고 전치 가능한 에너지의 형성과 하나를 이룬다. 이 중성적이고 전치 가능한 에너지는 타나토스에 봉사하는 것이 아니라 오히려 타나토스를 구성한다. 즉 에로스와 타나토스 사이에는 어떤 분석적 차이가 있는 것이 아니다. 다시 말해서 양자를 모두 통합하거나 교차 관계에 놓을 어떤 단일한 '종합' 안에 이미 주어진 차이가 있는 것은 아니다. 이렇게 말하는 것은 그 둘 간의 차이가 그다지 크지 않기 때문이 아니다. 오히려 반대로 그 차이는 종합적인 까닭에 훨씬 더 크다. 정확히 말해서 타나토스는 에로스와는 전혀 다른 시간의 종합을 의미하기 때문에 그 둘 간의 차이는 무척 크고, 이 종합은 에로스로부터 절취되고 에로스의 파편들 위에 구축되는 만큼 훨씬 더 배타적이다. 에로스가 자아로 역류하는 순간 자아는 대상들을 특징짓는 위장과 전치들을 자신의 역할로 떠맡고 마침내 자신의 고유한 치명적 변용에 이른다 ― 그 순간 리비도는 기억내용 전체를 잃어버리고, 시간은 원환적 형태를 상실하는 가운데 가차 없는 직선적인 형식을 취한다 ― 그리고 그 순간 이 순수한 형식과 동일한 죽음본능이 나타난다. 그렇게 나타나는 죽음본능은 이 나르키소스적 리비도가 탈성화된 에너지이다. 에로스와 므네모시네가 두 번째 종합을 정의한다면, 나르키소스적 리비도와 죽음본능의 상호 보완성은 세 번째 종합을 정의한다. 그리고 이 탈성화된 에너지가 나르키소스적 성격을 띠게 된 리비도의 상관항이라면, 프로이트는 사유 과정 일반이 이 에너지와 결부되어 있을지 모른다고 말한다. 이때 우리는 오래된 딜레마가 제기하는 문제와는 거꾸로 생각해야 한다. 여기서 문제가 되는 것은 더 이상 사유가 선천적인지 아니면 후천적인지를 아는 데 있지 않다. 사유는 선천적이지도 후천적이지도 않다. 사유는 다만 생식적이다. 다시 말해서 사유는 탈성화되고, 우리에게 텅 빈 시간을 열어주는 이 역류로부터 절취된다. 언제나 균열을 겪고 있는 어떤 나 안에서 사유가 발생하는 과정을 드러내기 위해서 아르토는 "나는 선천적인 생식체이다."라고 했다. 분명 이 말은 또한 어떤 '탈성화된 습득물'을 의미하고 있다. 사유는 후천적으로 습득할 필요도 없고 선천적 능력인 양 행사할 필요도 없다. 오히려 필요한 것은 사유 자체 안에서 사유하는 활동을 분만하는 것이다. 이는 아마 어떤 폭력의 효과 아래 일어나는 분만일 것이다. 그것은 리비도를 나르키소스적 자아로 역류시키는 폭력이다. 이와 병행하는 현상이지만, 이 폭력을 통해 에로스에서 타나토스가 추출되고, 모든 내용으로부터 시간이 추상되며, 그 결과 시간의 순수한 형식이 도출되기에 이른다. 이와 같은 세 번째 종합에 상응하는 어떤 죽음의 체험이 있는 것이다.

프로이트에 따르면, 무의식은 세 가지의 커다란 무지에 휩싸여 있다. 아니요, 죽음, 그리고 시간에 대한 무지가 그것이다. 또 무의식 안에서 물을 것이 있다면 그것은 여전히 시간, 죽음, 아니요의 물음밖에 없다. 이 점이 말하는 것은 이것들이 결코 표상되는 일 없이 다만 행동화된다는 사실에 불과할까? 실은 그 이상이다. 무의식이 아니요를 알지 못한다면, 이는 무의식이 문제와 물음들의 (비)-존재를 살아내고 있기 때문이지, 결코 의식과 그 표상들에만 영향을 미치는 부정적인 것의 비-존재를 겪어나가기 때문이 아니다. 무의식이 죽음을 알지 못한다면, 이는 죽음에 대한 모든 표상이 정확성을 결여한 측면과 관계하는 반면, 무의식은 죽음의 이면, 죽음의 다른 얼굴을 포착하기 때문이다. 무의식이 시간을 알지 못한다면, 이는 무의식이 표상 안에서 지나가는 어떤 현재의 경험적 내용들에 종속되어 있는 것이 아니라 어떤 원초적인 시간을 수동적으로 종합해내기 때문이다. 이제 무의식을 구성하는 이 세 가지 종합으로 되돌아가야 한다. 이 세 가지 종합은 어떤 위대한 소설가의 작품 속에 등장하는 반복의 형태들에 상응한다.[54] 가령 끈, 항상 새롭게 바뀌는 노끈과 항상 자리를 바꾸는 벽의 얼룩, 그리고 언제나 닳아 없어지는 지우개가 그런 형태들에 해당한다. 끈-반복, 얼룩-반복, 지우개-반복. 이것이 쾌락원칙을 넘어서는 세 가지 반복의 형태이다. 첫 번째 종합은 살아 있는 현재 위에 시간을 정초한다. 이 정초 위에서 쾌락은 경험적 원리의 가치 일반을 획득하고, 이드 안에서 이루어지는 정신생활의 내용은 이 원리의 지배를 받는다. 두 번째 종합은 순수 과거를 통해 시간을 근거짓는다. 이 근거에 의해 쾌락원칙의 적용 범위는 자아의 내용으로 제약된다. 하지만 세 번째 종합은 무-바탕을 지칭한다. 근거를 통해 우리는 이 무-바탕 안으로 추락하게 된다. 즉 타나토스는 세 번째 위치에서, 하비투스의 정초와 에로스의 근거 저편에 있는 이 무-바탕으로서 발견된다. 또한 타나토스는 쾌락원칙과 관계하지만, 이 관계를 통해 그 원칙은 혼란에 빠진다. 이 점은 종종 고통과 함께 묶여 있는 어떤 쾌락, 그 불가사의한 쾌락의 역설들 안에서 표현된다.(하지만 실은 이는 전혀 다른 문제이다. 여기서 중요한 것은 세 번째 종합 안에서 일어나는 탈성화이다. 왜냐하면 탈성화는 쾌락원칙을 선행의 지도 이념으로 삼는

---

54 (옮긴이 주) 로브그리예Alain Robbe-Grillet의 소설 『엿보는 사람Le Voyeur』(1955), 『질투La Jalousie』(1957), 『고무지우개Les Gommes』(1950)를 암시한다.

것을 금지하고 마침내 재성화(再性化)로 나아가기 때문이다. 가학증이나 피학증에서 볼 수 있는 것처럼, 이 과정에서 쾌락은 오로지 순수하고 냉정한 사유, 감정이 없고 얼음같이 차가운 사유로만 몰리게 된다.) 어떻게 보면 세 번째 종합을 통해 과거, 현재, 미래라는 시간의 모든 차원들이 통합되고 이제 순수한 형식 안에서 자유롭게 유희하게 된다. 또 어떻게 보면 세 번째 종합을 통해 시간의 모든 차원들이 재조직화된다. 왜냐하면 과거는 시간의 집합과 관련지어 보면 결핍에 의한 조건에 해당하고 그런 자격에서 이드 쪽으로 밀려나기 때문이며, 이와 동시에 현재는 이상적 자아안에서 일어나는 행위자의 변신에 의해 정의되기 때문이다. 하지만 또 어떻게 보면 이 마지막의 종합은 오로지 미래에만 관계할 뿐이다. 왜냐하면 이 종합은 초자아 안에서 이드와 자아를 파괴하고 현재 못지않게 과거를, 행위자 못지않게 조건을 파괴하기 때문이다. 바로 이 극단의 지점에서 시간의 직선은 다시 어떤 원환을, 하지만 유달리 굴곡이 심한 원환을 형성한다. 혹은 여기서 죽음본능은 죽음의 '다른' 얼굴 안에서 어떤 무제약적인 진리를 드러낸다 — 정확히 말해서 이 죽음의 다른 얼굴에 해당하는 것은 영원회귀이다. 이 영원회귀는 모든 것을 돌아오게 하는 것이 아니다. 영원회귀는 오히려 조건의 결핍과 행위자의 동등성을 벗어던진 세계에 변용을 가져오고, 마침내는 오로지 과도하고 비동등한 것, 끝낼 수 없고 끊임없이 이어지는 것, 가장 극단적인 형식성의 산물인 비형식만을 긍정하기에 이른다. 시간의 역사는 이렇게 끝난다. 즉 시간의 역할은 지나치게 중심화된 물리적이거나 자연적인 자신의 원환을 와해하고 어떤 직선을 형성하는 데 있다. 하지만 이 직선은 그 자신의 고유한 길이에 이끌려 다시 영원히 탈중심화된 원환을 형성한다.

영원회귀는 긍정하는 역량이다. 영원회귀는 다양한 모든 것, 차이나는 모든 것, 우연한 모든 것을 긍정한다. 하지만 이것들을 일자, 같음,

대자적 반복

필연성에 종속시키는 것은 여기서 제외되고 하나인 것, 같은 것, 필연적인 것도 제외된다. 통설에 따르면, 일자는 결정적인 어떤 한 순간 다양한 것에 종속되어 있다. 그렇다면 그 다양한 것은 바로 죽음의 얼굴이 아닐까? 하지만 죽음의 또 다른 얼굴을 통해, 결정적인 어떤 한 순간 작용하는 모든 것은 이제 다시 결정적인 어떤 한 순간 죽음에 이르는 것이 아닐까? 만일 영원회귀와 죽음이 어떤 본질적인 관계에 놓여 있다면, 이는 영원회귀가 '결정적인 어떤 한 순간' 일자의 죽음을 부추기거나 암시하기 때문이다. 만일 영원회귀와 미래가 어떤 본질적인 관계에 놓여 있다면, 이는 미래를 통해 다양한 것, 차이나는 것, 우연한 것이 대자적 관계 안에서 '매 순간' 전개되고 주름을 펼쳐가기 때문이다. 영원회귀 안의 반복은 두 가지 규정을 배제한다. 종속시키는 위치에 있는 한 개념의 같음이나 동일성이 그 하나이다. 반복되는 것을 같음에 관계짓는 가운데 그 종속을 보장하는 조건의 부정성이 또 다른 하나이다. 영원회귀 안의 반복은 개념에 동등하게-되기나 유사하게-되기를 배제한다. 동시에 그런 되기와 생성 배후에 있는, 결핍에 의한 조건을 배제한다. 반면 영원회귀 안의 반복은 (허상, 시뮬라크르에 해당하는) 어떤 과도한 체계들에 관련되어 있다. 이 체계들은 차이나는 것을 차이나는 것에, 다양한 것을 다양한 것에, 우연한 것을 우연한 것에 묶는다. 그리고 이런 묶기의 과정은 언제나 던져진 물음이나 취해진 결정들과 똑같은 외연을 갖는 어떤 긍정의 총체 안에서 이루어진다. 인간은 놀 줄 모른다는 말이 있다. 왜 이런 말이 나오는 것일까? 그것은 심지어 어떤 우연이나 다양성이 주어져 있는 상황에서도 인간은 자신의 긍정이나 결정들을 잘못 생각하기 때문이다. 인간은 이 우연을 제한할 목적으로 긍정한다고 생각한다. 또 우연의 효과를 예방하기 위해서 결정을 내린다고 생각하고, 어떤 이득의 가설 아래 같은 사태가 복귀하도록 만들기 위해 재생산한다고 생각한다. 정확히 말해서 그것은 졸렬한 게임이다. 이 놀이에서는 이길 수 있는 만큼 질 수도 있다. 왜냐하면 여기서는 모든 우연이 긍정되지 않기 때문이다. 여기서 분할 규칙은 미리 확립된 특성을 지니는데, 이 특성은 결핍에 의한 조건과 짝을 이루고, 그 조건은 어느 조각이 나올지 모르는 놀이 참가자 안에 있다. 반면 미래의 체계는 신적인 놀이라 불러야 한다. 왜냐하면 규칙이 미리 존재하지 않기 때문이고, 놀이가 이미 자신의 고유한 규칙들에 걸리기 때문이며, 노는 아이는 ― 모든 우연이 매번 그리고 언제나 긍정되어 있으므로 ― 항상 이길 수밖에 없기 때문이다. 여기서 긍정은 한정하거나 제한하는 긍정이 아니다. 그것은 다만 던져진 물음들이나 이런 물음들을 낳는 결정들과 범위가 같은 긍정이다. 이런 놀이에서는 필연적으로 이길 수밖에 없는 패가 반복된다. 자기 자신의 고유한 복귀 체계 안에 가능한 모든 조합과 규칙들을 끌어안고 있는 덕분에 그럴 수밖에 없는 노릇이다. 이 차이와 반복의 놀이를 끌고 가는 것이 죽음본능이라고 할 때, 이 놀이에서 가장 멀리 나아간 것은 그 유별난 작품 전체를 통해 읽을 수 있는 보르헤스이다. "만일 복권이 강렬한 우연이고 코스모스 안으로 주기적으로 침투하는 카오스라면, 우연은 결코 추첨의 단계뿐 아니라 오히려 거기에 이르는 모든 단계에 끼어드는 것이라 해야 옳지 않을까? 그 누군가의 죽음이 우연에 의해 초래되었으면서도 이 죽음을 둘러싼 상황 ― 은밀하게 준비된 죽음이라든지, 공개된 죽음이라든지, 한 시간이나 한 세기 연기된 죽음이라는 상황 ― 이 우연에 예속되어 있지 않다는 것은 정말 우스꽝스러운 일이 아닐까? …… 사실 추첨들의 횟수는 무한하다. 그 어떤 결정도 최종적인 것이 아니고, 모든 결정은 가지 모양으로 뻗어나간다. 무지한 자들은 무한하게 추첨을 하려면 무한한 시간이 필요하다고 생각한다. 하지만 실은 시간이 무한히 쪼개지는 것으로 충분하다.……모든 허구 안에서 상이한 해법들이 제시될 때마다 인간은 그중 하나를 선택하고 나머지를 배제한다. 빠져나오

대자적 반복

기 힘든 취팽[55]의 소설 속에서 인간은 모든 것을, 그것도 동시적으로 선택한다. 이렇게 해서 그는 상이한 미래들, 증식하고 또 분기(分岐)해 가는 상이한 시간들을 창조한다. 그 소설의 모순들은 여기서 비롯된다. 예를 들면 팽은 어떤 비밀을 간직하고 있는데, 낯선 사람이 그의 방문을 두들기자 팽은 그를 죽이기로 결심한다. 이 이야기는 당연히 여러 가지 결말로 끝날 수 있다. 가령 팽이 침입자를 죽이거나, 침입자가 팽을 죽이거나, 둘 다 살아나거나, 둘 다 죽는 등의 여러 경우를 생각할 수 있다. 취팽의 작품에서는 이 모든 결말들이 함께 펼쳐진다. 각각의 결말은 또 다른 분기들의 출발점인 것이다."[56]

5절
유사성과 차이

영원회귀에 의해 변용되는 체계, 그런 체계들은 어떤 것인가? 먼저 다음과 같은 두 가지 명제를 생각해보자. 오로지 서로 유사한 것만이 차이를 지닐 수 있다. 이것이 첫 번째 명제이다. 하지만 두 번째 명제는 이렇게 말한다. 오로지 차이들만이 서로 유사할 수 있다.[57] 첫 번째 정식에 따르면, 유사성이 차이의 조건이다. 서로 유사하다는 조건에서만 서로 다른 두 사물이 있다면, 아마 이 정식은 또한 두 사물에 대해 동

---

55 (옮긴이 주) 보르헤스Jorge Luis Borges의 『픽션들』에 수록된 「끝없이 두 갈래로 갈라지는 길들이 있는 정원」에 등장하는 가상의 중국인 소설가이다.

56 보르헤스, 『픽션들』(N.R.F., 1951) 89~90, 129~130쪽.

57 Claude Lévi-Strauss, *Le totémisme aujourd'hui*(P.U.F.), 111쪽. "서로 유사한 것은 유사성들이 아니라 오히려 차이들이다." 레비스트로스는 이 원칙이 적어도 두 계열의 구성 안에서 어떻게 전개되는지를 보여준다. 이때 각 계열(가령 토테미즘에 대해서는 서로 구별되는 동물 종들의 계열, 그리고 변별적 차이를 띠는 사회적 신분들의 계열)의 항들은 서로에 대해 차이를 지닌다. 즉 유사성은 "이런 차이들의 두 체계 사이에서" 성립한다.

일성을 띤 개념이 가능해야 한다고 요구할 것이다. 이 정식은 또한 이 개념과 각 사물의 관계 안에서 어떤 유비가 성립한다는 것을 암묵적으로 전제할 것이다. 그리고 마침내 차이를 이 세 계기들에 의해 규정되는 어떤 대립으로 환원하기에 이를 것이다. 반면 두 번째 정식에 따르면 유사성 그리고 또한 동일성, 유비, 대립 등은 어떤 효과들로 간주될 수밖에 없다. 이것들은 모두 어떤 일차적 차이에서 비롯되는 산물, 혹은 차이들의 일차적 체계가 낳는 산물들에 불과하다. 이 새로운 정식에 따르면, 차이는 차이나는 항들을 서로 직접적으로 관계지어야 한다. 하이데거의 존재론적 직관과도 부합하는 것이지만, 차이는 그 자체로 분절화이고 묶기여야 한다. 차이는 차이나는 것을 차이나는 것에 관계짓되 동일한 것, 유사한 것, 유비적이거나 대립적인 것에 의한 어떠한 매개도 없이 관계지어야 한다. 차이의 분화가 있어야 하며, 분화소로서의 즉자적 차이, 스스로 나뉘는 차이가[58] 있어야 한다. 이 분화소를 통해 차이나는 것은 차이나는 동시에 회집(會集)되어 있을 뿐, 결코 어떤

---

58 (옮긴이 주) une différenciation de la différence, un en-soi comme un différenciant, un Sich-Unterscheidende. 들뢰즈가 말하는 즉자적 차이, 강도적 차이, 개체화하는 차이 등의 중요한 일면을 드러내는 표현. 마지막에 나오는 독일어 단어는 하이데거의 용어이다. 하이데거의 존재론적 차이나 데리다의 차연과 마찬가지로 들뢰즈에게서도 차이는 분절화하고 회집하는 기능, 새로운 것을 종합하고 선사하는 기능을 지니며, 이런 기능은 선별과 배제의 기능, 새로운 위계화의 기능과 구별되지 않는다. 들뢰즈가 말하는 본래적 규정LA détermination은 차이의 이런 이중의 기능과 분리해서 생각할 수 없다. 여기서 특히 중요한 것은 분화소le différenciant로, 정확히 차이소들les différents(계열들)을 서로 엮고 그 사이에 공명을 가져오는 것에 해당하며, '차이짓는 차이소le différemment différent'라 불리기도 한다. '체계란 무엇인가'라는 표제 아래 펼쳐지는 이 부분의 논의는 이 분화소를 중심에 두고 있으며, 위의 정신분석 관련 논의에 등장하던 잠재적 대상(부분 대상, 대상 a, 대상=x 등), 아래의 체계 관련 논의에 등장할 어두운 전조précurseur obscur, 콩브레Combray, 플라톤 관련 논의에서 등장할 허상simulacre 등이 모두 이 분화소에 해당한다. 이 분화소에 의한 공명과 종합은 때로는 순수 긍정affirmation으로, 때로는 강도적 종합 등으로 불리고, 이런 분화소의 분화하고 종합하는 '모험'이 극화dramatisation이다. 잠재적 이념(다양체, 구조)은 이 극화를 통해 현실화되면서 개체를 낳는다. 들뢰즈가 말하는 탁월한 의미의 기호나 상징은 이런 분화소에 해당하고, 이런 탁월한 의미의 기호는 전조나 조짐 등으로 번역할 수 있다.

대자적 반복

선행의 유사성, 동일성, 유비, 대립 등의 조건 아래 재현되는 것이 아니다. 이 심급들에 대해 말하자면, 이것들은 더 이상 조건들이 아니다. 이것들은 일차적 차이와 그 차이의 분화가 가져오는 효과들, 전체상의 효과들이거나 표면적 효과들에 불과하다. 이 효과들은 변질된 재현의 세계를 특징짓고, 차이의 즉자 존재가 스스로 숨어 들어가는 방식 — 자신을 가리게 되는 것을 스스로 야기하는 가운데 자기 자신을 감추는 방식 — 을 표현한다. 우리는 이 두 정식이 단지 말하는 방식에서 다를 뿐 내용상 별 차이가 없다고 해야 하는지 그 여부를 물어야 한다. 이 두 정식은 전적으로 다른 체계들에 대응하는가, 아니면 똑같은 체계들(궁극적으로는 우주의 체계)에 대응하므로 결코 양립 불가능하거나 통약 불가능한 두 해석 — 하나의 해석에 의해 다른 하나의 해석이 모두 바뀔 만큼 다른 두 해석 — 을 의미하지는 않는 것인가?

체계란 무엇인가

차이의 즉자 존재가 자기 자신을 숨기는 것과 차이가 재현의 범주들 안으로 떨어지는 것은 똑같은 조건들 아래에서 벌어지는 사태이다. 그렇다면 차이가 '분화소'에 해당하는 이 즉자 존재를 전개해가는 것은 어떤 조건들에서인가? 차이는 어떤 조건들에서 가능한 모든 재현을 넘어서서 차이나는 것을 회집하는가? 우리가 볼 때 체계의 첫 번째 특성은 계열들을 이루어내는 유기적 조직화에 있는 듯하다. 하나의 체계는 둘이나 그 이상의 복수적인 계열들을 기저(基底)로 삼아 구성되어야 한다. 이때 각 계열은 자신을 이루는 항들 사이의 차이들에 의해 정의된다. 만일 우리가 계열들이 이러저러한 힘의 활동에 따라 서로 소통하기 시작한다고 가정한다면, 이 소통을 통해 일군의 차이들은 다른 일군의 차이들과 관계를 맺는 것처럼 보인다. 말하자면 체계 안에서 어떤 차이들의 차이들이 구성되는 것이다. 이 두 번째 등급의 차이들은 '분화소' 의 역할을 떠맡고 있으며, 다시 말해서 첫 번째 등급의 차이들을 일정한 관계 안에 묶어놓는다. 이런 사태는 특정한 물리학적 개념들을 통해 적절하게 표현되고 있다. 다질적 계열들 간의 짝짓기, 거기서 비롯되는 체계 내적 공명, 거기서 비롯되는 강요된 운동 등이 그것인데, 이 운동의 진폭은 기저 자체의 계열들 밖으로 넘친다. 이 요소들의 본성은 함께 성립하는 두 가지 차이를 통해 규정될 수 있다. 그 요소들이 속한 한 계열 안에서 성립하는 차이와 한 계열에서 다른 계열로 이어지면서 성립하는 차이의 차이가 그것이다. 이런 차이들은 곧 어떤 강도(强度)들이다. 그 고유한 특성 안에서 볼 때 강도는 그 자체가 어떤 차이에 의해 구성된다. 하지만 이 차이는 다시 다른 차이들에 의해 형성된 차이다.(E–E′에서 E는 $e-e'$를, e는 $\varepsilon-\varepsilon'$를 배후로 한다.) 해당 체계들의 강도적 본성 때문에 우리는 이것들의 명칭에, 가령 기계 체계, 물리 체계, 생물 체계, 심리 체계, 사회 체계, 미학 체계, 철학 체계 등등과 같은 명칭에 선입견을 가지지 말아야 한다. 물론 각 유형의 체계는 아마 저마다의 특수한 조건들을 지니고 있을 것이다. 하지만 이 조건들은 위에서 언급한 특성들에 부합하고, 그런 가운데 각 경우에 적당한 구조를 그 체계들에 제공한다. 가령 단어들은 특정한 미학 체계 안에 있는 참된 강도들이다. 개념들 또한 철학적 관점에서 볼 때는 어떤 강도들이다. 프로이트가 1895년에 작성한 그 유명한 『과학적 심리학을 위한 구상』에서는 생물심리학적 삶이 그와 같은 강도적 장(場)의 형식을 통해 제시되고 있음을 엿볼 수 있다. 이 강도적 장 속에서는 자극이나 흥분들에 해당하는 어떤 규정 가능한 차이들, 그리고 길 트기에 해당하는 어떤 — 규정 가능한 — 차이들의 차이들이 분배되고 있다. 그러나 체계들 일반의 세 차원을 구현하는 것은 무엇보다 프시케의 종합들이다. 사실 마음에서 일어나는 묶기(하비투스)는 흥분의 계열들을 짝짓고, 에로스는 거기서 비롯되는 각별한 상태의 내적 공명을 지칭한다. 그리고 죽음본능은 강요된 운동과 구별되지 않고, 이 운동의 심리적 진폭은 공명하는 계열들 자체를 넘어선다.(이로부터 죽음본능과 공명하는 에로스 사이에 진폭의 차이가 생긴다.)

다질적인 계열들 사이에 소통이 일어나면, 이로부터 체계 안에서는 온갖 종류의 귀결들이 따라 나오게 된다. 가령 가장자리들 사이에서 어떤 일이 '일어난다.' 번개나 천둥처럼 사건들이 터져 나오고 현상들이 번득인다. 어떤 시-공간적 역동성들이 체계를 가득 채우고, 그런 가운데 짝지은 계열들의 공명과 그 계열들 밖으로 넘치는 강요된 운동의 진폭을 동시에 표현한다. 이 체계에는 어떤 주체들이 서식한다. 그 주체들은 애벌레-주체인 동시에 수동적 자아들이다. 왜 수동적 자아들인가? 이는 그들이 짝짓기와 공명들에 대한 응시와 구별되지 않기 때문이다. 왜 애벌레-주체들인가? 이는 그들이 역동성들의 지지대이거나 인내자이기 때문이다. 사실 강요된 운동에 필연적으로 참여하게 되는 순수한 시-공간적 역동성은 오로지 생존 가능성의 극한에서만 체험될 수 있다. 훌륭하게 구성된 주체, 독립성과 능동성을 띤 모든 주체는 이런 체험 조건들을 만족시키지 못하고, 따라서 이 순수한 역동성을 통해 죽음에 이를 것이다. 이는 이미 발생학이 가르쳐주고 있는 진리이다. 그 진리에 따르면, 오로지 배아가 견뎌낼 수 있는 한에서만 어떤 체계적인 생명 운동들이 있을 수 있고 또 그 운동들이 미끄러지거나 비틀릴 수 있다. 이런 운동들을 감수하지 못하는 성체(成體)는 갈기갈기 찢긴다. 어떤 운동들은 그저 견뎌낼 수밖에 없고, 따라서 그 앞에서는 누구나 수동적인 인내자일 수밖에 없다. 하지만 그런 한에서 이 인내자는 다시 어떤 유충이나 맹아(萌芽)일 수밖에 없다. 진화는 자유로운 분위기에서 이루어지는 것이 아니다. 오로지 퇴화를 겪은 것만이 진화하고, 말하자면 안으로 말린 것만이 밖으로 펼쳐지는 것이다. 악몽은 아마 깨어 있는 사람도, 심지어 꿈꾸는 사람조차 견뎌낼 수 없는 어떤 심리적 역동성일 것이다. 그것은 단지 꿈꿀 겨를도 없는 깊은 잠에 빠진 사람만이 견뎌낼 수 있는 역동성이 아닐까? 이런 관점에서 볼 때, 철학 체계의 고유한 역동성을 구성하는 사유가 데카르트의 코기토에서 그렇듯이 깔끔하게 구성되고 완성된 어떤 실체적 주체와 묶일 수 있는지는 확실치 않다. 사유는 오히려 애벌레-주체를 규정하는 조건들 안에서만 견뎌낼 수 있는 이 끔찍한 운동들에서 나온다. 체계는 오로지 그런 주체들만을 허용한다. 왜냐하면 그런 주체들만이 강요된 운동을 만들어낼 수 있고, 그런 가운데 그 운동을 표현하는 역동성들의 인내자가 될 수 있기 때문이다. 심지어 철학자조차 자신의 고유한 체계의 애벌레-주체일 뿐이다. 바로 그렇기 때문에 체계는 단지 체계 밖으로 넘쳐나는 다질적 계열들에 의해서만 정의되는 것이 아니다. 체계의 차원들을 구성하는 짝짓기, 공명, 강요된 운동 등도 체계를 온전히 정의하지 못한다. 그 체계에 서식하는 주체들이 있어야 하고, 그 체계를 가득 채우는 역동성들이 있어야 하며, 마지막으로는 이 역동성들로부터 개봉되는 질(質)과 연장들이 있어야 하는 것이다.

어두운 전조와 '분화소'

그러나 주요 난점은 여전히 남아 있다. 이 강도적 체계들 안에서 차이나는 것과 차이나는 것을 관계짓는 것은 과연 차이일까? 차이의 차이는 아무런 매개 없이 차이를 그 차이 자체와 관계짓는 것일까? 우리가 다질적 계열들의 소통, 짝짓기, 공명 등에 대해 말할 때, 이런 언급은 계열들 사이에는 어떤 최소한의 유사성이 있고 소통을 일으키는 작인(作因) 안에는 어떤 최소한의 동일성이 있다는 조건에서 성립하는 것이 아닐까? 계열들 간의 차이가 '너무' 크다면, 모든 작용이 불가능하게 되는 것은 아닐까? 그러므로 별수 없이 서로 다른 사물들 간의 유사성과 제3항의 동일성에 힘입어 겨우 차이를 사유할 수 있는 어떤 특권적인 지점을 다시 찾아내야 하는 것이 아닐까? 이런 물음 앞에서 우리는 차이, 유사성, 동일성이 지닌 각각의 역할에 세심한 주의를 기울여야 한다. 그렇다면 먼저 소통을 보장하는 이 작인, 이 힘이란 도대체 어떤 것인가? 번개는 서로 차이나는 강도들 사이에서 번쩍인다. 하지만 그 이전에 어떤 어두운 전조59가 선행해야 한다. 이 전조는 볼 수 없고 느낄 수도 없지만, 마치 음각처럼 패여 있으면서 번개의 길을 전도된 방향에서 미리 규정한다. 마찬가지로 모든 체계는 저마다 어두운 전조를 포함하고 있고, 인접해 있는 계열들은 이 전조를 통해 비로소 소통하게 된다. 나중에 보게 될 것이지만, 체계가 다종다양한 만큼 이 역할도 매우 상이한 규정들에 의해 채워진다. 그러나 어쨌든 여기서 문제는 전조가 이 역할을 실행하는 방식에 있다. 전조에는 의심할 나위 없이 어떤 자기동일성이 있다. 또 전조를 통해 소통하게 되는 계열들 사이에는 확실히 어떤 유사성이 있다. 하지만 이 '있다'는 전적으로 미규정적인 상태에 머물러 있다. 여기서 동일성과 유사성은 어두운 전조가 작동하기 위한 조건들인가, 아니면 그 작동방식의 효과들인가? 어두운 전조는 자기 자신 위에 필연적으로 어떤 허구적 동일성의 가상을 투사한다. 또한 자신에 의해 회집된 계열들 위에서는 필연적으로 어떤 소급적인 유사성의 가상을 투사한다. 그래서 동일성과 유사성은 어떤 불가피한 가상이나 착각들에 불과하다. 다시 말해서 그것들은 반성의 개념들이고, 이 개념들은 차이를 재현의 범주들에 입각해서 사유하는 우리의 고질적인 습관과 결부되어 있다. 하지만 이런 불가피성은 전조 자체

---

59 (옮긴이 주) précurseur obscur. 원래 번개를 일으키는 미약한 전기 방출 현상을 가리키는 용어이지만, 여기서는 물리학적 문맥을 넘어 느슨한 의미로 사용되고 있다.

에서 비롯된다. 그 보이지 않는 전조는 자기 자신을 숨기고 자신의 작동방식을 감출 뿐 아니라 또한 동시에 스스로 차이의 참된 본성, 곧 차이의 즉자 존재를 감춘다. 두 개의 다질적 계열, 차이들의 계열이 주어진다면, 전조는 이런 차이들의 분화소로서 행동한다. 어두운 전조는 바로 이와 같이 자신의 고유한 역량을 통해 차이들을 직접적이고 무매개적으로 서로 관계짓는다. 어두운 전조는 차이의 즉자 존재 또는 '차이짓는 차이소'[60]이다. 다시 말해서 전조는 두 번째 등급의 차이, 자기 자신과 차이나는 차이다. 차이나는 것은 이런 차이를 통해 비로소 차이나는 것과 관계하게 된다. 전조가 그리는 궤적은 보이지 않거나 혹은 오로지 거꾸로만 보일 뿐인데, 자신이 체계 안으로 유도하는 현상들에 의해 뒤덮이고 이리저리 스치기 때문이다. 이런 이유에서 전조는 자신이 '결여한' 자리 말고는 다른 자리에 없고, 자신이 결여한 동일성 말고는 다른 동일성을 갖지 않는다. 정확히 말해서 전조는 고유한 동일성이 없을 뿐 아니라 언제나 '제 자리에 없는' 대상=x이다. 반성은 전조에 추상적으로 논리적 동일성을 빌려주고, 전조가 회집하는 계열들에는 물리적 유사성을 빌려준다. 하지만 이런 동일성과 유사성은 단지 전조의 작동방식이 체계 전반에 가져온 통계적 효과에 불과하다. 다시 말해서 그 둘은 전조가 자신의 고유한 효과들 밑으로 숨어 들어가는 필연적 방식을 표현하고 있을 뿐이다. 사실 전조는 자기 자신에 대해서는 영속적으로 자리를 바꾸고 계열들 안에서는 항상 자신을 위장하기 때문이다. 그래서 우리는 어떤 제3항의 동일성과 부분들의 유사성이 차이의 존재와 차이의 사유가 성립하기 위한 조건이라고 생각할 수 없다. 오히려 이

---

60 (옮긴이 주) le différemment différent. 분화소le différenciant의 다른 말. 차이나는 것 (계열), 차이소들le différents 사이에 공명과 종합을 가져오는 차이소, 가장 탁월한 차이소를 뜻한다. 265쪽 주58 참조. 하지만 분화소가 차이짓는 차이소들 각각은 단순하게 '차이나는 것'으로 그치는 것이 아니라 그 자체가 다질적인 항들을 하나의 계열로 엮어낸다는 의미에서 '차이짓는 것', 다시 말해서 분화소일 수 있다.

대자적 반복

동일성과 유사성은 다만 차이의 재현을 위한 조건일 뿐이고, 이 재현을 통해 표현되는 것은 차이의 존재와 차이의 사유가 변질되는 과정이다. 그 재현은 마치 어떤 광학적 효과처럼 즉자적 상태의 조건이 누리는 참된 지위의 시야를 흐려놓는다.

계속되는 불일치dispars. 우리는 어두운 전조, 이 차이의 즉자 존재를 그렇게 부른다. 이 두 번째 등급의 차이를 통해 그 자체로 다질적이거나 불균등한 계열들은 일정한 관계 안에 놓인다. 이렇게 관계를 맺은 차이들의 상대적 크기를 규정하는 것은 그 두 번째 등급의 차이가 경우마다 다르게 드러내는 전치의 공간과 위장의 과정이다. 잘 알려져 있는 바와 같이 특정한 경우들(특정한 체계들)에서는 그렇게 유희 관계에 놓이는 차이들의 차이가 '매우 클' 수 있고, 다른 체계들에서는 '매우 작아야' 한다.[61] 그러나 이 두 번째 경우에서 유사성이 선행 조건으로 요구되고 있을 뿐이라고 생각하는 것은 잘못일 것이다. 만일 그렇다면 유사성은 첫 번째 경우에서 단지 어떤 이완 상태로 빠져 드는 것밖에 되지 않고, 그 이완의 정도는 세계의 규모로까지 확장되고 있는 셈이다. 가령 불균등한 계열들이 거의 유사해야 하고, 주파수들은 서로 인접해 있어야 한다(ω는 ω_o에 인접해 있어야 한다.)는 필연성, 요컨대 차이는 작아야 한다는 필연성이 강조되고 있는 것이 사실이다. 그러나 실은 세계의 단계나 규모에서 말하더라도 '작은' 차이란 없다. 차이소들을 소통시키는 작인의 동일성을 전제하더라도 사정은 마찬가지이다.

---

61 레옹 셀므에 따르면, 차이들이 무화된다는 가상은 체계 안에서(가령 열역학 기계에서) 실현된 차이들이 작으면 작을수록 더 커진다. Léon Selme, *Principe de Carnot contre formule empirique de Clausius*(Givors, 1917) 참조. 체계들의 구성에 있어 불균등한 계열들과 이것들의 내적 공명이 차지하는 중요성에 대해서는 Gilbert Simondon, *L'individu et sa genèse physico-biologique*(P.U.F., 1964), 20쪽을 참조. (그러나 질베르 시몽동은 계열들이 유사성을 요구하고 또 유희 관계에 놓인 차이들이 작아야 한다고 보는 까닭에 이 두 요구를 조건의 반열에 올려놓는다. 같은 책 254~257쪽 참조.)

앞에서 본 바와 같이 크고 작음은 차이에는 잘 어울리지 않는다. 같음과 유사성을 기준으로 차이를 판단하기 때문이다. 만일 차이를 자신의 분화소와 관련지어 본다면, 또 이 분화소에는 있지도 않고 있을 수도 없는 어떤 동일성을 끌어들이지 않도록 조심한다면, 우리는 그것의 분열 가능성들에 따라 차이가 크거나 작다고 말할 수 있게 된다. 다시 말해서 분화소의 전치와 위장에 따라 차이는 크거나 작다고 할 수 있다. 하지만 어떤 경우 이런 작은 차이가 유사성의 엄밀한 조건을 증언하고 있다고 주장할 수는 없다. 하물며 큰 차이가 단순히 이완된 유사성의 끈덕진 항존을 증언한다는 주장은 더 말이 되지 않는다. 어떤 시각에서 보더라도 유사성은 어떤 효과, 어떤 작동방식의 산물, 어떤 외적 결과이다 — 그것은 작인이 자신에게 결여된 동일성을 참칭하자마자 떠오르는 어떤 가상이다. 그러므로 차이가 크거나 작다는 것은 중요하지 않다. 또 차이가 어떤 훨씬 광대한 유사성에 비해서는 결국 언제나 작다는 것도 중요하지 않다. 중요한 것은 그 즉자적 측면에서 볼 때 차이는 크든 작든 언제나 내적이라는 점이다. 어떤 체계들은 서로 커다란 외적 유사성을 지니면서도 작은 내적 차이를 가진다. 그와 반대로 작은 외적 유사성을 지니면서 커다란 내적 차이를 가진 체계들도 얼마든지 가능하다. 하지만 불가능한 것이 있다. 그것은 모순적인 것이다. 유사성은 항상 외부에 있고, 차이는 크든 작든 언제나 체계의 핵심을 형성하고 있다.

문학 체계

매우 상이한 문학 체계들에서 빌려 올 수 있는 예들을 들어보자. 레이몽 루셀의 작품에서 우리는 어떤 구두적(口頭的) 계열들 앞에 서게 된다. 여기서 전조의 역할은 어떤 동음이의어나 유사 동음이의어

대자적 반복

(billard-pillard)로 돌아간다. 하지만 이 어두운 전조는 두 계열 중 하나가 필요에 의해 숨어 있게 됨에 따라 그만큼 더 볼 수 없고 감지할 수도 없게 된다. 두 계열들 사이의 차이는 어떤 낯선 이야기들을 통해 메워질 것이고, 이에 따라 어떤 외적 유사성의 효과와 외적 동일성의 효과가 생겨나게 된다. 그런데 전조는 명목적 동일성이든 동음이의어의 동일성이든 결코 어떤 동일성을 지니지 않고 또 그런 동일성에 의해 움직이지도 않는다. 이는 유사 동음이의어에서 제대로 엿볼 수 있는 점이다. 유사 동음이의어는 두 단어의 변별적 특성(b와 p)과 전혀 구별되지 않고, 또 오로지 그런 혼동을 통해서만 기능한다. 마찬가지로 동음이의어도 여기서는 한 기표의 명목적 동일성으로 나타나는 것이 아니라 다만 서로 다른 기의들의 분화소로 나타난다. 기의들 사이에 성립하는 유사성의 효과는 이 분화소를 통해 이차적으로 산출된 것이고, 이 점에서 그것은 기표 안에서 생기는 어떤 동일성의 효과와 마찬가지다. 그러므로 문학 체계가 어떤 부정적인 규정에 정초를 두고 있다고 말하는 것으로는 충분하지 않을 것이다. 체계는 단어가 사물에 비할 때 가지게 되는 결점 위에 정초하고 있고, 그런 이유에서 한 단어가 복수의 사물을 지칭할 수밖에 없다고 생각하는 것도 옳지 않을 것이다. 바로 그와 같은 가상에 휩싸이기 때문에 우리는 어떤 유사성과 동일성에 입각해서 차이를 생각하게 된다. 차이보다 유사성과 동일성이 선행한다고 가정하고, 따라서 차이가 부정적인 것으로 보이게 되는 것이다. 실은 언어가 어떤 형식을 창안하고 그 형식 안에서 어두운 전조의 역할을 떠맡게 된다면, 이는 어휘의 빈곤성 때문이 아니라 과잉성 때문이다. 지극히 실증적인 통사론적이고 의미론적인 역량 때문인 것이다. 그런 형식 안에서 언어는 서로 차이나는 사물들에 대해 말하지만, 이 차이들은 또한 언어를 통해 분화된다. 다시 말해서 그 차이들은 서로 직접적으로 관계하게 되고, 결국 언어가 공명하게 만드는 계열들로 조직화된다. 앞에서

보았던 것처럼, 바로 그렇기 때문에 단어들의 반복은 더 이상 부정적으로 설명되지 않는다. 단어들의 반복은 어떤 헐벗은 반복, 차이 없는 반복으로 해명될 수 없다. 분명 조이스의 작품은 전적으로 다른 기법들에 의지하고 있다. 그러나 문제는 언제나 불균등한 계열들을(극단의 경우 우주를 구성하는 발산적 계열들 전체를) 최대한 회집하는 데 있으며, 그런 가운데 언어학적인 어두운 전조들이(여기서는 비의적인 단어들, 혼성어들이) 기능할 수 있도록 만드는 데 있다. 이 어두운 전조들은 결코 어떤 선행의 동일성에 의존하지 않으며, 무엇보다 먼저 원리상 '정체 확인'이 불가능하다. 그러나 이 어두운 전조들은 체계 전반 안으로 어떤 최대한의 유사성과 동일성을 유인한다. 그것은 즉자적 차이 그 자체의 분화에서 비롯되는 결과이다.(『피네건의 경야』에 나오는 우주적인 문자를 참조.) "에피파니", 곧 현현(顯現)이라는 것[62]은 체계 안에서, 어두운 전조의 활동에 힘입어, 서로 공명하는 계열들 사이에서 일어나는 사태이다. 우주의 확장은 단지 어떤 강요된 운동의 진폭과 더불어 서로 구별될 수 없을 정도로 일체를 이룰 뿐이다. 이 강요된 운동은 계열들, 마지막 심급의 죽음본능, 스티븐의 "아니요."를 범람에 빠지게 하는 가운데 일소해버린다. 그 아니요는 물론 부정적인 것의 비-존재가 아니라 끈덕지게 항존하는 어떤 물음의 (비)-존재이다. 블룸 부인의 우주적 긍정인 "예."는 그 (비)-존재에 대답하는 것은 아니지만 그것과 상응하고 교감한다. 그 (비)-존재를 가장 적절하게 점유하고 채울 수 있는 것은 오로지 그런 긍정뿐이기 때문이다.[63]

---

62 (옮긴이 주) epiphanie. 원래 기독교의 주현절(主顯節, 동방박사 세 사람이 베들레헴의 예수 앞에 나타난 날을 기념하는 1월 6일의 축일)을 뜻하지만, 조이스 문학에서는 작고 소소한 것으로부터 인간의 본질이 돌연 계시되는 순간을 의미한다.

63 프루스트의 체험들에 대한 주석. 이 체험들은 분명 조이스의 에피파니들과는 전적으로 다른 구조를 보여준다. 그러나 여기서도 문제는 역시 두 계열, 즉 사라진 현재(체험된 바 그대로의 콩브레)의 계열과 현행적 현재의 계열에 있다. 이 체험의 일차적 차원에 그냥 머문다

대자적 반복

심리적 경험은 언어처럼 구조화되는 것일까? 게다가 물리적 세계는 한 권의 책과 비교될 수 있는 것일까? 이런 물음을 결정하는 것은 어두운 전조들의 본성에 있다. 언어학적 전조, 비의적인 단어는 그 자체로 어떠한 자기동일성도 지니지 않는다. 명목적 동일성마저 지니지 않고, 하물며 그 단어의 의미작용들 또한 유사성을 띠는 것은 더욱 아니다. 그러므로 거기서 무한정 이완된 유사성을 찾는 것은 헛된 일이다. 전조의 역할을 떠맡는 단어는 단순히 복잡한 단어나 결합된 단어들로 그치지 않는다. 그것은 또한 단어들에 대한 단어이며, 그런 자격에서 첫 번째 단계의 단어들을 분절하는 '분화소'와 전혀 구별되지 않고, 그 단어들의 의미작용들을 연결하는 '비유사화 요소'와 구별되지 않는다. 언어학적 전조가 어떤 타당성을 지닌다면, 이는 또한 어떤 다른 사태를 지

면, 아마 그 두 계열 사이에는 어떤 유사성이 있을 것이고(마들렌과 아침 식사), 심지어 동일성까지 있을 것이다.(그 맛은 그 두 국면에서 단지 비슷한 것으로 그치는 것이 아니라 자기 자신과 동일하기까지 한 성질이다.) 그렇지만 비밀은 여기에 있는 것이 아니다. 그 맛이 어떤 능력을 가지고 있다면, 이는 그것이 동일성을 통해서는 도저히 정의할 수 없는 어떤 사물=x를 봉인하고 있기 때문이다. 즉 그것은 콩브레를 봉인하고 있다. 이때 콩브레는 **즉자 존재**이고 순수 과거의 단편이다. 이 단편은 그것이 한때 구가했던 현재(지각)로도, 그것이 다시 보이게 되거나 다시 구성되는 현행적 현재(자발적 기억)로도 환원되지 않는다는 의미에서 이중의 환원 불가능성을 띤다. 그런데 즉자적으로 존재하는 이 콩브레는 자신의 고유한 본질적인 차이에 의해 정의된다. 그것은 어떤 '질적 차이'인데, 프루스트에 따르면 이 차이는 "대지의 표면"이 아니라 다만 어떤 독특한 깊이 안에 실존한다. 또 이 차이는 자기 자신을 봉인하는 가운데 질(質)의 동일성을 생산하고, 이와 동시에 계열들의 유사성을 생산한다. 그러므로 동일성과 유사성은 여기서도 여전히 어떤 분화소의 결과물에 지나지 않는다. 그리고 두 계열은 매 순간 계속 이어진다 해도 콩브레의 즉자 존재와 관계하는 한에서는 오히려 반대로 서로 공존하고 있다. 콩브레는 그 두 계열을 공명하게 만드는 대상=x인 것이다. 게다가 이 두 계열은 자신들 밖으로 넘쳐나는 어떤 죽음본능 위에서 공명하기도 한다. 가령 발목 장화와 할머니의 추억이 그렇다. 에로스는 공명에 의해 구성되지만 죽음본능을 향해 자기 자신을 넘어서고, 이 죽음본능은 어떤 강요된 운동의 진폭 안에서 구성된다.(죽음본능은 비자발적인 기억의 에로스적 체험들을 넘어 예술작품 안에서 자신의 찬란한 출구를 발견한다.) "잠깐 동안의 순수한 상태"라는 프루스트의 표현은 무엇보다 먼저 순수 과거, 과거의 즉자 존재, 다시 말해서 에로스에 의한 시간의 종합을 지칭한다. 하지만 보다 심층적인 차원에서 그 표현은 시간의 순수하고 텅 빈 형식, 마지막의 종합을 지칭한다. 다시 말해서 시간 안에서 회귀의 영원성에 이르는 죽음본능의 종합을 가리키는 것이다.

시하거나 언명하기 때문이 아니다. 전조는 자신이 언명하는 사태가 지닌 의미를 언명하는 것이고, 오로지 그렇게 주장하는 한에서만 타당성을 지닌다. 그런데 재현의 영역을 지배하는 언어 법칙은 이런 가능성을 배제한다. 그 법칙에 따르면, 한 단어의 의미는 오로지 다른 한 단어를 통해서만 언명될 수 있고, 그래서 첫 번째 단어는 이 새로운 단어에 대해 대상의 위치에 놓인다. 따라서 여기서 다음과 같은 역설적 상황이 성립한다. 즉 언어학적 전조는 일종의 메타언어에 속하면서도 첫 번째 단계에 있는 구두적 재현의 계열들의 관점에서 볼 때는 오로지 의미가 결여된 단어를 통해서만 구현될 수 있다. 그런 전조에 해당하는 것이 바로 후렴refrain이다. 비의적인 단어는 자신의 고유한 의미를 언명하되 언제나 자신을 무의미로 재현하면서, 또 그 고유한 의미를 무의미로 재현하면서 언명한다. 이런 이중의 상태는 계열들 안에서 이루어지는 의미의 영속적인 전치와 그 의미의 위장을 잘 표현하고 있다. 그러므로 비의적인 단어는 그야말로 언어학적인 대상=x이고, 또한 이 대상=x는 언어의 경험은 물론이고 심리적 경험을 구조화한다. 물론 이때 따라야 할 조건이 있다. 그것은 언어학적 의미가 빠져 드는 보이지도 들리지도 않는 영속적인 자리바꿈을 감안해야 한다는 조건이다. 어떻게 보면 모든 사물은 말을 하고 있고 저마다 어떤 의미를 지니고 있다. 하지만 이는 말이 말하는 동시에 또한 침묵하고 있다는 조건에서, 또는 차라리 의미가 말의 한가운데에서 침묵하고 있다는 조건에서만 타당한 이야기이다. 곰브로비치의 매우 아름다운 소설 『우주』를 보면, 두 가지 다질적인 차이들의 계열(매달기들의 계열과 입들의 계열)이 상이한 기호들을 통해 소통을 갈망하다가 마침내 어떤 어두운 전조(고양이의 살해)를 창시하기에 이르는 과정이 나온다. 여기서 어두운 전조는 그 차이들의 분화소로서, 의미로서 활동하지만, 이 의미는 부조리한 재현을 통해 구현될 뿐이다. 그러나 우주라는 체계 안에서 어떤 역동성들이 터져 나

대자적 반복

오고 어떤 사건들이 일어나는 것은 이렇게 부조리하게 재현되는 의미로부터이며, 이런 역동성과 사건들이 빠져나가는 마지막 출구는 계열들 바깥으로 넘쳐나는 어떤 죽음본능이다.[64] 이렇게 해서 한 권의 책이 우주일 수 있고 우주가 한 권의 책이 될 수 있는 조건들이 그 모습을 드러내고 있다. 그리고 조이스가 매우 상이한 기법들을 통해 개진하고 있는 '카오스=코스모스'라는 궁극적인 등식은 보르헤스나 곰브로비치에게서 재발견된다.

각 계열은 하나의 이야기를 형성한다. 가령 라이프니츠는 여러 관점들을 통해 도시를 바라보지만, 그런 식으로 서로 다른 복수의 관점에서 하나의 똑같은 이야기를 펼치는 것이 아니라 전적으로 구별되는 여러 이야기들이 동시적으로 전개되는 것이다. 기저에 놓인 계열들은 분기하고 발산한다. 하지만 그것은 길을 다시 거슬러 올라가면 충분히 어떤 수렴 지점을 찾을 수 있는 상대적 의미의 발산이 아니다. 그것은 절대적 의미의 발산이다. 여기서 수렴 지점, 수렴 지평은 어떤 카오스 안에 놓여 있고, 이 카오스 안에서 언제나 자리를 바꾸고 있다. 발산은 긍정의 대상이고, 그와 동시에 이 카오스 자체는 지극히 실증적이다. 카오스는 온-주름운동에 놓인 모든 계열들을 끌어안고 있는 '현자의 돌'과 구별되지 않는다. 이 지보(至寶)는 동시적으로 성립하는 모든 계열들을 긍정하는 가운데 복잡하게 얽힌 온-주름으로 만든다.(조이스가 콤플리카치오complicatio 이론가인 부르노에 그토록 많은 관심을 기울였다는 것은 하등 놀라운 일이 아니다). 온-주름운동, 밖-주름운동, 안-주름운동은 삼위일체[65]를 이룬다. 일체를 이루는 체계 전체, 다시 말해서 카오스, 계열들,

---

64 Witold Gombrowicz, *Cosmos*(Deno헌, 1966). 곰브로비치는 이 소설의 서문에서 불균등한 계열들, 이 계열들의 공명, 그리고 카오스 등에 대한 이론을 구상하고 있다. 또한 *Ferdydurke*(Julliard, 1958), 76〜80쪽에서는 반복의 주제가 등장한다.

65 (옮긴이 주) la trinité complication-explication-implication. 들뢰즈의 일의성의 존재론을 구성하는 가장 핵심적 측면이 표현expression 이론인데, 이 삼위일체는 그 표현 이론

분화소 등으로 이루어진 체계 전체는 이 삼위일체를 통해 해명될 수 있다. 이 체계를 들여다보면, 모든 것을 끌어안고 있는 카오스의 안과 밖을 발산하는 계열들이 드나들고 또 분화소를 통해 서로 관계를 맺는다. 각 계열은 바깥으로 주름을 펼치거나 자신을 개봉한다. 하지만 이런 밖-주름운동이나 개봉운동은 각 계열과 다른 계열들 간의 차이 안에서 이루어진다. 각 계열은 자기 자신 안에 다른 계열들을 안-주름처럼 함축하고, 또 다른 계열들 안으로 안-주름처럼 함축된다. 각 계열은 자기 자신 안에 다른 계열들을 봉인하고, 또 다른 계열들 안으로 봉인된다. 이런 주름운동, 봉투운동은 모든 것을 복잡한 온-주름으로 만드는 카오스 안에서 이루어진다. 발산하는 계열들, 그 본연의 계열들은 단일한 통일성을 이루고, 그것이 곧 일체를 이루는 체계의 총체성이다. '문제'의 객관성은 그런 총체성에 상응하여 성립하고, 물음-문제들의 방법은 바로 여기서 비롯된다. 조이스는 바로 이 방법을 통해 자신의 작품에 생명을 불어넣고 있으며, 그보다 앞서 루이스 캐롤은 이미 그런 방식을 통해 혼성어들을 문제틀의 지위에 올려놓았다.

의 근간이다. 즉 표현되는 것은 표현하는 것(개체화 요인)들에 의해 **설명**expliquer되는 동시에 함축impliquer되면서 복잡화complication의 길로 들어서고, 표현하는 것들은 서로를 함축하는 동시에 서로에 의해 함축되는 상호 함축의 관계에 놓인다. 이때 설명한다는 것은 개봉하고 전개한다는 것développer을, 함축한다는 것은 봉인하고 담는다는 것envelopper을 의미한다. 개봉과 봉인이 그들의 공통 어간 vel이 함의하는 어떤 봉투운동이라면, 설명과 함축은 공통 어간 pli가 함의하는 어떤 주름운동이다. 이 점을 분명히 드러내기 위해서 이 책에서는 문맥에 따라 설명 대신 밖-주름운동을, 함축 대신 안-주름운동을, 복잡화 대신 온-주름운동을 번역어로 사용했다. 들뢰즈는 5장에서 이념-잠재적 층위와 개체-강도적 층위의 관계(분화, 현실화, 개체화), 강도적 층위의 특징, 특히 개체화하는 강도와 개체적 강도의 관계 등을 이 주름 이론을 통해 해명한다.

대자적 반복

환상 또는 허상, 영원회귀 내 동일자의 세 형태

본질적으로 중요한 것, 그것은 분기하고 발산하는 계열들 전체를 통해 유지되는 동시성, 동시간성, 공존성이다. 계열들이 서로 앞서거나 뒤서면서 매 순간 계속 이어진다는 것은 사실이다. 하지만 이는 재현 안에서 지나가는 현재들의 관점에서나 할 수 있는 이야기이다. 이런 관점에서는 두 번째 계열은 첫 번째 계열과 유사하다고 얼마든지 말할 수 있다. 하지만 그렇게 말할 수 없는 경우들이 있다. 그 두 계열을 포괄하는 카오스로 돌아가서 볼 때 그렇고, 그 두 계열을 왕래하는 대상=x로 돌아가서 볼 때 그렇다. 또 그 두 계열을 서로 소통하게 만드는 전조에 비추어 볼 때 그렇고, 그 두 계열 밖으로 넘치는 강요된 운동에 비추어 볼 때 역시 그렇다. 즉 계열들은 언제나 분화소를 통해 공존한다. 우리가 이미 여러 차례 그 역설을 목격한 것처럼, 현실적으로 매 순간 계속 이어지는 현재나 계열들은 또한 어떤 공존 관계에 있다. 순수 과거나 잠재적 대상에 비추어 보면 상징적으로 공존하고 있는 것이다. 프로이트에 따르면, 환상은 적어도 두 가지의 기저 계열 위에서 구성된다. 생식기 이전의 유아기 계열과 사춘기 이후의 생식기 계열이 그것이다. 주체의 유아론적 무의식의 관점에서 보면, 이 계열들은 분명 한 현재에서 다른 현재로 계속 이어지고 있다. 이때 물어야 하는 것은 '사후성'의 현상이다. 다시 말해서 원초적인 것으로 가정되는 유아기의 장면은 오로지 그와 유사하고 또 파생적이라고도 불리는 어떤 성인기의 장면 속에서만 효력을 미친다. 거리를 두고 원격적으로 효력을 미치는 것인데, 이렇게 사후적인 효과가 성립하기 위해 필요한 시간을 어떻게 파악할 것인가?[66] 여기서 제기되고 있는 것은 두 계열 사이에서

---

66 이 문제에 대해서는 J. Laplanche, J.-B. Pontalis, "Fantasme originaire, fantasmes

일어나는 공명의 문제이다. 그러나 엄격하게 말하자면 이 문제는 제대로 제기되지 못했다. 아직 두 계열이 어떤 상호 주관적인 무의식 안에서 공존할 수 있음을 말해주는 심급이 계산되지 않고 있기 때문이다. 사실 유년기 계열과 성인기 계열, 이 두 계열은 하나의 똑같은 주체 안에서 할당되는 것이 아니다. 유년기의 사건은 현실적인 두 계열 중의 하나를 형성한다기보다는 차라리 어두운 전조를 형성하고, 기저의 두 계열은 이 전조를 통해 서로 소통하게 된다. 우리가 어린 시절 알고 있던 어른들의 계열, 그리고 현재 우리가 다른 어른들, 다른 어린아이들과 더불어 속해 있는 성인 계열이 소통하게 되는 것이다. 이를 말해주는 것이 『잃어버린 시간을 찾아서』의 주인공이다. 그는 어린 시절 엄마를 무척 사랑했다. 바로 이 사랑에 힘입어 두 성인 계열이 소통하게 되는데, 스완과 오데트가 형성하는 계열, 그리고 어른이 된 주인공과 알베르틴이 형성하는 계열이 바로 그 두 성인 계열이다 — 그리고 그 두 계열 안에는 언제나 똑같은 비밀이 숨어 있다. 그 사랑의 포로가 (곧 주인공의 엄마가) 겪는 영원한 전치와 영원한 위장이 바로 그 비밀이며, 이 비밀은 또한 그 계열들이 상호 주관적 무의식 안에서 공존하게 되는 지점을 가리키고 있다. 어떻게 유년기의 사건은 오로지 사후적으로만 효과를 미치는 것일까? 여기서 이런 물음을 던질 필요는 없다. 그 사건은 바로 이 사후적 지연이다. 하지만 이 지연 자체는 이전과 이후를 공존하게 만드는 시간의 순수 형식이다. 프로이트는 환상이 궁극적 실재일지 모르고 또 계열들 밖으로 넘치는 어떤 것을 함축하고 있다는 사실을 발견한다. 하지만 여기서 유년기의 장면이 비현실적이거나 상상적인 것이라고 결론지을 수 있는 것은 아니다. 오히려 두 계열이 시간 안에서 계속 이어지기 위한 경험적 조건이 환상 속에서는 두 계열

des origines, origine du fantasme", *Les Temps modernes*(avril 1964) 참조.

대자적 반복

의 공존으로 대체되고 있다고 결론지어야 한다. 환상 속에서는 미래의 어른과 과거의 어른이 공존한다.(페렌치가 공격자에 대한 어린아이의 동일시라고 불렀던 것을 참조할 것.) 환상은 어린아이가 어두운 전조로서 모습을 드러내는 사건이다. 그리고 환상 속에 어떤 근원적인 것이 있다면, 그것은 다른 계열과 관계하고 있는 어떤 한 계열에 있지 않다. 근원적인 것은 계열들의 차이에 있다. 이는 바로 이 차이를 통해 한 차이들의 계열이 다른 차이들의 계열과 관계를 맺기 때문이고, 그 계열들이 시간 안에서 경험적으로 매 순간 계속 이어진다는 것은 여기서 전혀 고려될 필요가 없기 때문이다.

만일 무의식의 체계 안에서 계열들이 매 순간 계속되는 순서를 확립한다는 것이 더 이상 가능하지 않다면, 만일 이 체계에서는 모든 계열들이 공존하고 있다면, 하물며 그 둘 중의 하나는 근원적인데 반해 다른 하나는 파생적이라 생각한다거나, 하나는 원형(原形)인데 반해 다른 하나는 모상이라고 생각하는 것은 더욱 불가능한 일이다. 계열들은 공존하고 있는 것으로 파악되고, 그런 한에서 그것들은 시간 안에서 매 순간 계속 이어지기 위한 조건과 무관하게 존재한다. 또 계열들은 차이소들로 파악되고, 그런 한에서 한 계열은 원형의 동일성을 향유하는 반면 다른 계열은 모사의 유사성만을 누리게 되는 상황의 조건에서 벗어나 있다. 게다가 이 두 사태는 동시적으로 성립한다. 발산하는 두 이야기가 동시적으로 전개될 때, 그 둘 중의 하나에 특권을 부여하는 것은 불가능한 일이다. 이는 그 둘 사이에 우열이 없음을 말하는 것일까? 하지만 여기서 "그 둘 사이에 우열이 없다."는 말은 그 둘 사이의 차이를 통해 언명되고 있으며, 또 오로지 그 차이를 통해서만 언명될 수 있다. 그 두 계열, 그 두 이야기 사이의 내적 차이가 아무리 작다 해도, 하나가 다른 하나를 통해 재산출되는 것은 아니고, 하나가 다른 것의 모델로 이용되는 것도 아니다. 오히려 유사성과 동일성은 어떤 효과들, 곧 체

계 안에서 유일하게 근원적인 위치에 있는 바로 그 차이의 작동방식에
서 비롯되는 효과들에 불과하다. 따라서 체계 안에서는 당연히 일차적
인 것과 이차적인 것은 물론 근원적인 것과 파생적인 것을 각각 지정할
가능성은 배제된다고 말할 수 있다. 왜냐하면 차이야말로 유일한 기원
이고, 또 이 차이를 통해 차이소들은 모든 유사성에서 벗어나 서로 관
계를 맺는 동시에 공존하게 되기 때문이다.[67] 아마 이런 측면에서 볼 때
야 비로소 영원회귀는 이 체계의 바탕 없는 '법칙'으로 드러날 것이다.
영원회귀는 동일한 것과 유사한 것을 돌아오게 하는 것이 아니다. 다만
그 자체가 어떤 순수한 차이의 세계에서 비롯되고 있을 뿐이다. 각각의
계열은 자신을 함축하는 다른 계열들 안으로 다시 돌아오는 것은 물론
자기 자신에 대해서도 다시 돌아온다. 왜냐하면 한 계열이 다른 계열들
을 통해 함축되기 위해서는 먼저 그 자신이 스스로 그 다른 계열들을
함축할 수 있어야 하고, 그런 자격에서 그 자신이 총체적으로 재산출되
어야 하기 때문이다. 영원회귀는 '지정 가능한 기원의 부재' 이외에는
하등의 다른 의미를 갖지 않는다. 만일 영원회귀가 어떤 기원을 지정하
고 있다면, 그 기원은 차이다. 차이나는 것들을 서로 관계짓는 가운데
그 차이나는 것(들)을 차이나는 것으로서 다시 돌아오게 만드는 차이,

---

67 자크 데리다는 특히 프로이트의 환상과 관련하여 이렇게 쓴다. "그러므로 근원적인 것은
이 사후적 지연이다. 이것이 없다면 차연은 의식이나 현재의 자기 현전이 이용하는 미루기에
불과할 것이다. …… (차연이) 근원적이라고 말하는 것은 어떤 현전 상태의 기원이 있다는
신화를 지워버리는 것과 다름없다. 그렇기 때문에 '근원적'이라는 말은 말소 표시 아래에 새
겨야 한다. 그렇게 하지 않는다면 차연은 어떤 충만한 기원의 파생물로 전락할 것이다. 근원
적인 것은 비-기원이다."(Jacques Derrida, *L'écriture et la différence*(Seuil, 1967), 302
~303쪽.) 그 밖에 Maurice Blanchot, *Le rire des dieux* (N.R.F., juillet 1965)도 참조.
"이미지는 이른바 첫 번째 대상이라는 것 다음의 두 번째에 오는 것이 아니다. 이미지는 그런
위치에서 벗어나 어떤 특정한 우선권을 요구해야 하고, 동시에 이와 더불어 근원적인 것과
기원은 창시적인 역량들을 독점하던 여러 특권들을 잃어버리게 될 것이다. …… 더 이상 근
원적인 것은 없다. 있는 것은 어떤 영원한 섬광뿐이다. 이 섬광 안에서 부재하는 기원은 작열
하는 우회와 복귀를 통해 산산히 흩어지고 있다."

대자적 반복

그것이 기원이다. 이런 의미에서 영원회귀는 어떤 근원적인 차이의 당연한 귀결이다. 그것은 순수하고 종합적인 차이, 곧 (니체가 힘의 의지라고 불렀던) 차이의 즉자 존재에서 비롯되는 귀결이다. 만약 차이가 즉자 존재라면, 영원회귀 안의 반복은 차이의 대자 존재이다. 그럼에도 불구하고 영원회귀가 같음과 분리될 수 없다는 것을 어떻게 부정할 수 있는가? 그 자체로 볼 때 그것은 같음의 영원회귀가 아닐까? 하지만 우리는 적어도 세 가지 표현, '같은 것, 동일한 것, 유사한 것'이 지닌 의미상의 차이를 식별할 수 있어야 한다.

먼저 어떤 경우, 같은 것은 영원회귀에 대해 가정된 어떤 주체를 지칭한다. 이때 그것은 원리의 자격에 있는 일자(一者)의 동일성을 가리킨다. 그런데 바로 이것이야말로 가장 크고 가장 오래된 오류이다. 니체는 분명히 말하고 있다. 만일 돌아오는 것이 일자라면, 그 일자는 처음부터 자기 자신의 바깥으로 빠져나오지 않았을 것이다. 만일 일자가 다자(多者)에게 자신을 닮도록 규정해야 하는 것이라면, 그런 일자는 처음부터 황폐화되고 있는 이 유사자 안에서 결코 자신의 동일성을 잃지 않았을 것이다. 반복은 다자의 유사성이 아닌 것처럼 일자의 항구성도 아니다. 영원회귀의 주체는 같은 것이 아니라 차이나는 것이고, 유사한 것이 아니라 유사성을 벗어나는 것이다. 그 주체는 일자가 아니라 다자이고, 필연성이 아니라 우연이다. 게다가 영원회귀 안의 반복은 어떤 파괴를 함축한다. 영원회귀는 자신의 작동방식을 방해하는 모든 형상들을 파괴한다. 그리고 같은 것, 일자, 동일한 것, 비슷한 것 등과 같은 선행 전제들을 통해 구현되는 재현적 범주들을 파괴한다. 다른 한편 어떤 경우, 같은 것과 유사한 것은 단지 영원회귀에 종속된 체계들의 작동방식에서 비롯되는 어떤 효과에 불과하다. 이때 동일성은 근원적인 차이 위에 필연적으로 투사되어 있거나 차라리 역투사되어 있는 셈이고, 유사성은 발산하는 계열들 안에 내면화되어 있는 셈이다. 우리는 이 동일성과 이 유사성이 '흉내 낸' 것이라고 말해야 한다. 즉 그것들은 차이를 통해 차이소와 차이소를 관계짓는 체계 안에서 생산된 것이다.(바로 그렇기 때문에 그런 체계 자체는 시뮬라크르, 허상이다.) 동일한 것, 유사한 것은 영원회귀가 분만하는 어떤 허구들이다. 이렇게 생각하는 경우 여기에 있는 것은 어떤 오류가 아니라 어떤 가상이다. 이 가상이나 착각은 불가피한 것이고 또 오류의 원천에 놓여 있지만, 그 오류와 얼마든지 분리될 수 있다. 마지막으로 어떤 경우, 동일한 것과 유사한 것은 영원회귀 자체와 구별되지 않는다. 이것들은 영원회귀에 앞서 미리 존재하지 않는다. 즉 돌아오는 것은 동일한 것도 유사한 것도 아니다. 다만 영원회귀 자체가 다시 돌아오는 것에 대해 유일하게 같은 것이자 유일하게 유사한 것이다. 하물며 동일한 것과 유사한 것은, 영원회귀로부터 추상되어 그 원인에 다시 작용하는 것은 더욱 아니다. 동일한 것은, 차이짓는 가운데 차이나는 것으로 남아 있는 어떤 것을 통해 언명된다. 영원회귀는 차이나는 것의 같음이고, 다자의 일자이며, 비유사화 요소의 유사성이다. 영원회귀는 위에서 언급한 가상의 원천이다. 하지만 영원회귀가 그 가상을 분만하고 보존한다면, 이는 오로지 그 가상을 즐겁게 향유하기 위함이고 또 자신의 고유한 시각의 효과인 양 그 안에서 자신을 비추어 보기 위함이지만, 영원회귀는 결코 그 옆의 오류 속으로 빠져 들지 않는다.

6절
플라톤주의의 참된 동기는 허상의 문제에 있다

체계들은 불균등하고 공명하는 계열들, 어두운 전조와 강요된 운동 등으로 이루어져 있다. 이런 차이 생산적 체계들은 허상이나 환상들이라 불린다. 영원회귀가 관계하고 또 돌아오게 하는 것은 오로지 그런 의미의 허상, 환상들[68]뿐이다. 또 플라톤주의의 안과 밖이 나뉘는 가장 본질적인 지점, 플라톤주의와 반플라톤주의, 플라톤주의와 플라톤주의의 전복을 가늠할 수 있는 시금석은 아마 여기에 있을 것이다. 사실 우리가 앞 장(章)에서 전제했던 것처럼, 플라톤의 사유는 각별히 중요한 어떤 구별의 주위를 맴돌고 있다. 그것은 곧 원본과 이미지의 구별, 원형과 모상(模像)의 구별이다. 여기서 원형은 어떤 근원적이고 월등한 동일성을 누리고 있다고 간주되고(오직 이데아만이 자기 이외의 다른 어떤 것이 아니며, 그래서 오로지 용기만이 용기 있고 오로지 경건함만이 경건하다.), 반면 모상은 어떤 파생적인 내면적 유사성에 따라 평가된다. 이런 시각에서 보면 과연 차이는 동일성과 유사성 다음의 세 번째 위치밖에 올 수 없고, 또 오로지 동일성과 유사성에 의지해서만 사유될 수 있다. 차이는 단지 두 가지 상사성의 비교 관계를 통해서만, 다시 말해서 동일성을 띤 어떤 원본의 모범적 상사성과 다소간 닮아 보이는 어떤 모상의 모방적 상사성 사이의 비교 관계를 통해서만 사유된다. 가령 경쟁적 지망자들의 시험이나 측정이 그런 비교에 해당한다. 하지만 좀 더 깊게 들여다보면, 플라톤의 참된 구별은 위치와 본성을 바꾸고 있다. 즉 그 구별은 원본과 이미지 사이에서 성립하는 것이 아니라 두 종류의 이미지idoles 사이에서 성립한다. 이것들 중 모상들icônes은 단지 첫 번째 종류의 이미지에 불과하고, 다른 종류의 이미지는 허상들phantasmes로 이루어져 있다. 여기서 원형-모상의 구별은 오로지 모상-허상의 구분을 근거짓고 또 응용하기 위해서만 있을 뿐이다. 왜냐하면 모상들이 정당화되는 근거, 구제되고 선별되는 근거는 원형의 동일성에 있고 또 이 이

---

68 (옮긴이 주) phantasmes. 우리가 허상(虛像)이라 옮기는 simulacre와 동의어인데, 이 플라톤적 의미의 환상(幻像)은 프로이트의 fantasme을 옮기는 번역어 환상(幻想)과 혼동하지 말아야 한다.

넘적인 원형과 내면적으로 유사하다는 사실에 있기 때문이다. 원형의 개념이 개입하는 것은 이미지들의 세계 전반에 대립하기 위해서가 아니라 좋은 이미지들을 선별하고 나쁜 이미지들을 제거하기 위해서이다. 좋은 이미지들, 그것은 곧 내면으로부터 유사한 이미지들, 모상들이다. 반면 나쁜 이미지들은 허상, 시뮬라크르들이다. 플라톤주의 전체는 환상이나 허상들을 몰아내려는 이런 의지에서 비롯되고 있다. 플라톤에게서 환상이나 허상들은 소피스트 자체와 동일시된다. 악마, 교묘한 사기꾼이나 흉내꾼, 언제나 위장하고 자리를 바꾸는 그 가짜의 지망자가 소피스트이다. 그렇기 때문에 우리가 보기에는 플라톤과 더불어 어떤 철학적 결단이 내려진 셈이고, 이 결단은 매우 커다란 중요성을 띠고 있다. 즉 이 결단을 통해 차이는 시초에 있다고 가정된 같음과 닮음의 역량에 종속되고, 차이 그 자체는 사유 불가능한 어떤 것으로 선언되며, 마침내 차이 그 자체와 허상들은 바탕 없는 대양(大洋)으로 쫓겨난다. 그러나 플라톤은 아직 잘 정비된 재현적 범주들을 구비하지 못한 상황이다.(그런 상황은 아리스토텔레스에 이르러서야 성립할 예정이다.) 플라톤이 자신의 결단을 이데아 이론 위에 근거지을 수밖에 없는 것은 정확히 바로 그런 이유 때문이다. 말하자면 재현의 논리가 펼쳐질 수 있기 이전에 먼저 지극히 순수한 상태의 어떤 도덕적 세계관이 출현하고 있는 것이다. 허상이 축출되어야 하고, 또 이를 통해 차이마저 같음과 닮음에 종속되어야 하는 것은 무엇보다 어떤 도덕적인 이유들 때문이다. 그러나 왜 플라톤적인 우주 곳곳에는 적이 잠복해 들어와 으르렁거리고 그 우주의 멍에에 저항하고 있는 것일까? 왜 거기서는 헤라클레이토스와 소피스트들이 저승의 소리같이 어떤 시끄러운 잡음을 내고 있는 것일까? 그것은 플라톤이 결단을 내리되 승리는 쟁취하지 못하고 있기 때문이다. 그 승리는 재현이 장악한 세계에서나 쟁취될 수 있다. 하지만 여기서는 어떤 이상한 분신이 소크라테스의 발걸음을 뒤쫓고

대자적 반복

있다. 심지어 플라톤의 문체에까지 출몰하고, 그 문체의 반복과 변주들 안으로 슬며시 끼어들어가고 있는 것이다.[69]

사실 허상이나 환상들은 단순히 어떤 모상의 모상, 무한하게 이완된 유사성, 좋았다가 타락한 영상에 불과한 것이 아니다. 플라톤주의를 쫓던 교부(敎父)들에게 그토록 많은 영감을 주었던 교리문답 덕택에 우리는 이미 어떤 유사성 없는 이미지라는 관념과 친숙해졌다. 인간은 원래 신의 이미지를 본따 창조되었고 그래서 신과 유사했지만, 우리는 원죄 때문에 그 이미지를 온전히 간직하면서도 신과의 유사성을 잃어버리고 말았다는 것이다……. 허상은 정확히 말해서 유사성을 결여하고 있는 이미지, 어떤 악마적인 이미지이다. 또는 차라리 허상은 모상과는 반대로 유사성을 외부에 방치하고 단지 차이를 통해 살아가는 이미지이다. 만일 허상이 어떤 외면적 효과로 유사성을 산출한다면, 그것은 어떤 가상에 해당하는 것이지 결코 어떤 내적 원리에 해당하는 것이 아니다. 허상은 그 자체가 어떤 불균등성 위에 구축되고 있다. 허상을 구성하는 계열들은 유사하지 않고, 그 계열들의 관점들은 발산하고 있다. 허상 자체는 그런 탈유사성과 발산을 내면화했고, 그 결과 여러 사태들을 동시에 보여주고 여러 이야기들을 동시에 들려주기에 이른다. 이런 것이 바로 허상의 첫 번째 특성이다. 그러나 만일 허상이 그 스스로 원형과 관계한다면, 이제 여기서 이 원형은 더 이상 같음의 이념적 동일

---

69 플라톤의 추론들은 문체상의 되풀이와 반복들을 통해 일정한 리듬을 얻고 있다. 이 되풀이와 반복들은 치밀하게 이루어지고 있는데, 이런 치밀함은 어떤 주제를 '바로 세우고' 방어하기 위한 노력에서 온다. 인접해 있지만 유사하지 않은 어떤 다른 주제가 '슬며시 끼어들기' 때문이다. 플라톤이 자신의 주제를 반복함으로써 추방하고 중성화시키는 것은 바로 회귀하고 있는 소크라테스 이전의 주제들이다. 말하자면 여러 차례에 걸쳐 부친살해가 저질러지고 있으며, 이는 특히 플라톤 자신이 스스로 비난하는 자들을 모방할 때에 그렇다. P.-M. Schuhl, "Remarques sur la technique de la répétition dans le *Phédon*", *Etudes platoniciennes*(P.U.F., 1960), 118~125쪽(특히 슐이 "이데아의 지루한 되풀이"라고 부르는 것) 참조.

성을 향유하지 않는다고 추론해야 하지 않을까? 거꾸로 허상은 다름의 원형, 다른 원형이라고 말해야 하지 않을까? 허상은 즉자적 차이의 원형이고, 바로 거기서 내면화된 탈유사성이 비롯되는 것이 아닐까? 플라톤의 어떤 대목들을 읽으면 플라톤주의의 한복판에서 반플라톤주의가 모습을 드러내고 있음을 알 수 있다. 그런 황당한 대목들 가운데 몇몇 곳에서 암시되고 있는 것처럼, 차이나는 것, 유사하지 않은 것, 동등하지 않은 것, 요컨대 생성은 일단 모상에 변용을 가져오는 어떤 결함들에 불과할 수 있다. 이 경우 그것들은 마치 모상이 두 번째 특성을 지니기 위해 치러야 하는 어떤 대가이고, 그래서 모상이 지닌 유사성과 대칭 관계에 있는 것처럼 보인다. 하지만 이것으로 그치지 않는다. 그것들은 또한 그 자체로 어떤 원형들이다. 사이비들의 원형이고, 바로 그 끔직한 원형에서 거짓된 것의 역량이 전개되는 것이다.[70] 물론 이 가설은 재빨리 제지된다. 저주받고 금지되는 것이다. 하지만 이 가설은 마치 한밤중의 번개처럼 튀어나와서 이미 허상들의 지속적인 활동을 증언해주었다. 허상들의 은밀한 노동을, 허상들의 고유한 세계의 가능성을 말해준 것이다. 게다가 이는 다시 세 번째의 이야기로 이어진다. 허상에는 모상의 개념과 원형의 개념을 모두 부인하는 그 무엇이 있는 것이 아닐까? 모상들은 결국 자신들이 내면화하는 계열들의 탈유사성 안으로 빠져 들어가게 되고, 그때 원형이 차이 안에서 파멸하게 된다. 여기서는 결코 무엇이 모상이고 무엇이 원형인지 말할 수 없다. 『소피스트』는 그런 결말과 더불어 끝나고 있다. 허상들이 승리할 가능성과 더

---

70 플라톤주의에는 데카르트의 악령이나 속이는 신에 해당하는 것이 있다. 그런 악령이나 신을 구성하는 '다른' 모델에 대해서는 『테아이테토스』, 176 e, 그리고 특히 『티마이오스』 28 b 이하 참조.
   환상에 대해서는 물론, 모상과 환상들의 구분에 대해 참조할 수 있는 중요한 텍스트들로는 『소피스트』, 235 e~236 d, 264 c~268 d 등이 있다.(그 밖에 『국가』, X, 601 d 이하 참조.)

대자적 반복

불어 끝나는 것이다. 왜냐하면 소크라테스는 자신을 소피스트와 구별
하는 반면 소피스트는 자신을 소크라테스와 구별하지 않고, 또 그런 구
별의 정당성을 물음에 붙이기 때문이다. 소피스트는 모상, 좋은 영상
들의 황혼이다. 이는 원형의 동일성과 모상의 유사성이 어떤 오류들이
되는 지점을 가리키고 있는 것이 아닐까? 여기서 같음과 닮음은 허상
의 작동방식과 더불어 태어난 어떤 가상들이 아닐까? 허상은 영원회귀
의 탈중심화된 중심들을 통과하고 재통과하며, 그런 가운데 자기 자신
위에 발을 디딘 채 기능한다. 이는 더 이상 코스모스를 카오스에 대립
시키려는 플라톤의 노력이 아니고, 그래서 마치 반항적인 질료와 그것
에 자신의 유사성을 부과할 수 있는 초월적 이데아를 서로 대립시킨다
거나 코스모스를 그런 이데아의 인장에 해당하는 어떤 커다란 원환으
로 생각하는 것과는 거리가 멀다. 이는 오히려 전적으로 반대되는 사태
를 가리킨다. 그것이 가리키는 것은 카오스와 코스모스의 내재적 동일
성, 영원회귀 안의 존재, 유별나게 굴곡이 심한 원환 등이다. 플라톤은
영원회귀를 어떤 규율 안에 가두어놓으려고 무진 애를 썼고, 이를 위해
영원회귀를 이데아들에서 비롯되는 어떤 효과로 만들었다. 다시 말해
서 어떤 원형을 모사하도록 만들어버린 것이다. 그러나 모사에서 모사
로 이어지는 운동, 그 타락해가는 유사성의 무한한 운동 안에서 우리는
모든 것의 본성이 변질되는 지점에 이른다. 여기서는 모상 자체가 허상
으로 전도되고 유사성, 정신적 모방은 마침내 반복에 자리를 내주기에
이른다.

3
사유의 이미지

1절
철학과 전제들의 문제

　당연한 이야기이지만, 철학에서 시작의 문제는 언제나 아주 미묘한 것으로 여겨져왔다. 왜냐하면 시작한다는 것은 모든 전제들을 배제한다는 것을 의미하기 때문이다. 하지만 과학의 전제들은 엄밀한 공리체계에 의해 배제될 수 있는 어떤 객관적 전제들인 반면, 철학의 전제들은 객관적인가 하면 또한 주관적이다. 객관적 전제들이란 어떤 주어진 하나의 개념이 명시적으로 가정하는 개념들을 일컫는다. 예컨대『두 번째 성찰』에서 데카르트는 인간을 이성적 동물로 정의하려 들지 않는다. 왜냐하면 그와 같은 정의는 이성적이라는 개념과 동물이라는 개념을 명시적으로 알려져 있는 것으로 가정하기 때문이다. 따라서 코기토를 하나의 정의로 제시할 때 그는 유(類)와 종차(種差)를 따르는 절차에 따라붙는 모든 객관적인 전제들을 몰아냈다고 주장한다. 그렇지만 분명한 것은, 그가 주관적이거나 암묵적인 또 다른 종류의 전제들, 다시 말해서 어떤 개념 안에 담기는 것이 아니라 어떤 느낌 안에 담기는 전제들에서 벗어나지 못하고 있다는 사실이다. 그는 모든 사람들 각각이 개념에 의존하지 않고도 자아, 사유, 존재 등이 무엇을 의미하는지 알고 있다고 가정한다. 따라서 "나는 생각한다."의 순수 자아가 어떤 출발점인 것처럼 보인다면, 이는 단지 이 자아가 자신의 모든 전제들을 경험적인 자아 안으로 돌려놓았기 때문일 뿐이다. 또 이 점과 관련하여 헤겔이 이미 데카르트를 비판하고 있다 해도, 막상 그 자신이 다른 방식의 절차를 밟는 것처럼 보이지는 않는다. 이번에는 순수 존재가 어떤 출발점이 되지만, 이는 단지 그것의 모든 전제들을 감성적이고 경험적인 구체적 존재 안으로 돌려놓은 덕분일 뿐이다. 이와 같은 태도는 객관적 전제들을 거부하되 그에 못지않게 많은 주관적 전제들(더구나 이 전제들은 어떤 다른 형식 아래에서는 앞의 전제들과 똑같은 전제들일 것이다.) 이 주어진다는 조건에서만 거부할 수 있는데, 어떤 선(先)-존재론적 존재 이해를 말하는 하이데거도 여전히 이런 태도를 취하고 있다. 이로부터 끌어낼 수 있는 결론이 있다면, 그것은 철학에서는 어떤 참된 시작이 있을 수 없다는 것이고, 혹은 차라리 철학의 참된 시작, 다시 말해서 차이는 이미 그 자체가 반복이라는 것이다. 하지만 이런 정식, 그리고 철학을 순환적 원환으로 지칭하는 호명 방식은 너무도 많은 해석이 가능하기 때문에 아무리 신중을 기한다 해도 지나침이 없을 것이다. 사실 만일 처음에 있었던 것을 끝에서 되찾는 것이 문제라면, 또 개념에 의존하지 않고 단순하게 암묵적인 방식으로 알았던 것을 다시 알아보는 것이 문제이고, 이것을 명료하고 명시적인 수준의 개념으로까지 끌고 가는 것이 문제라면 — 이런 작업이 아무리 복잡하고 이러저러한 저자들이 취하는 절차들 사이에 아무리 많은 차이들이 있다 해도 — 이 모든 것은 여전히 너무 단순하며, 게다가 이 원환은 그야말로 충분히 울퉁불퉁하지 않다고 말해야 할 형편이다. 철학에 대해 원환의 이미지는 오히려 그것이 참된 시작의 능력을 결여하고 있음을 증언하고, 게다가 진정한 반복의 능력마저 결여하고 있음을 증언하고 있다고 해야 할 것이다.

주관적이거나 암묵적인 전제라는 것이 무엇인지 보다 자세히 살펴보면, 그것은 "모든 사람들은 ……임을 알고 있다."라는 형식을 취한다. 개념이 주어지기 이전에, 그리고 선-철학적인 방식으로 모든 사람들은 알고 있다. …… 사유한다는 것과 존재한다는 것이 무엇을 의미하는지 모든 사람들은 알고 있다. …… 그래서 "나는 생각한다, 그러므로 존재한다."라고 말할 때 철학자는 자신의 전제들이 포함하는 보편자, 곧 존재와 사유의 의미가 암묵적으로 이해되어 있다고 가정할 수 있다. …… 그리고 어느 누구도 회의하는 것이 사유하는 것이고 사유하는 것이 존재하는 것임을 부정할 수 없다. …… 모든 사람들은 알고 있다, 어느 누구도 부정할 수 없다. 바로 이것이 재현의 형식이고 재현적 주체의 이야기 형식이다. 따라서 암묵적이거나 주관적인 전제들 위에 자신의 출발점을 둘 때 철학은 순진무구한 척할 수 있다. 왜냐하면 철학은 그야말로 본질적인 것, 다시 말해서 이 이야기 형식을 제외하고는 아무것도 보존하지 않았기 때문이다. 그래서 철학은 현학적인 자에 '백치'를 대립시키고, 에피스테몬에 에우독소스를,[1] 너무 충만한 지성에 선한 의지를, 당대의 일반적 관념들에 의해 타락한 인간에 자연적 사유능력만을 가지고 생각하는 특수한 인간을 대립시킨다.[2] 철학은 바보의 편에 서고, 이때 이 바보는 전제들 없이 생각하는 사람에 해당한다. 하지만 그 진상을 보면 에우독소스는 에피스테몬 못지않게 많은 전제들을 지니고 있다. 다만 이 전제들을 어떤 다른 형식, 암묵적이거나 주관적인 형식,

---

[1] (옮긴이 주) 에피스테몬와 에우독소스는 데카르트의 대화편 『자연의 빛에 의한 진리 탐구』에 등장하는 인물이다. 원어 Épistémon과 Eudoxe는 각각 학식을 지닌 자와 좋은 의견을 지닌 자라는 뜻을 담고 있다. 아래에서는 에우독소스와 정통교리의 친족관계가 언급되고 있는데, 정통교리의 원어 orthodoxie는 올바른 의견이란 어원적 의미를 담고 있다.

[2] Descartes, *Recherche de la vérité par la lumière naturelle*, éd. Alquié(Garnier), II.

사유의 이미지

'사적'일 뿐 '공적'이지 않은 형식, 어떤 자연적 사유의 형식을 통해 지니고 있을 뿐이다. 이런 자연적 사유의 형식에 힘입어 철학은 출발점에서는 듯하고 전제들 없이 시작하는 듯한 모습을 취할 수 있다.

그런데 바로 여기서 어떤 외침들, 고립되었지만 열정에 찬 외침들이 터져 나온다. 이 외침들은 "모든 사람들은 ……임을 알고 있다."는 점을 부정한다. 따라서 어찌 고립되지 않을 수 있겠는가? 또한 이 외침들은 어느 누구도 부정할 수 없는 것이라고 언급되는 것을 부정한다. 이럴진대 어찌 열정적이지 않을 수 있겠는가? 이것은 귀족적인 선입견을 옹호하기 위해 나오는 항변이 아니다. 여기서 중요한 것은 소수의 사람들만이 사유하고 또 소수의 사람들만이 사유한다는 것의 의미를 알고 있다고 말하는 데 있지 않다. 여기서는 오히려 거꾸로 단지 한 사람뿐일지도 모르지만 어쨌든 분명 겸손하면서도 모든 사람들이 알고 있는 것을 알지 못하고 모든 사람들이 인정하고 있다고 간주되는 것을 겸손하게 부정하는 그 누군가가 있다. 이런 사람은 재현하는 일에는 결코 말려드는 법이 없을뿐더러, 그것이 어떤 것이든 아무것도 재현하려 들지 않는다. 그는 선한 의지와 자연적 사유를 부여받은 어떤 특수한 인간이라기보다는 오히려 악한 의지로 가득 찬 어떤 독특한 인간으로서, 자연 안에서나 개념 안에서는 결국 사유하지 못하고 만다. 오로지 이런 사람만이 전제들을 갖지 않는다. 오로지 이런 사람만이 실질적으로 시작하고, 또 실질적으로 반복한다. 그리고 이런 사람에 대해서는 주관적 전제들도 객관적 전제들에 버금가는 어떤 선입견들이고, 에우독소스와 에피스테몬은 경계해야 할 똑같은 한 사람의 기만자이다. 바보짓으로 끝날 수도 있겠지만, 이런 사람을 일단 러시아식으로 표현해보자. 그는 당대의 문화가 지닌 객관적 전제들 안에서는 물론이고 자연적 사유의 주관적 전제들 안에서도 자기 자신을 알아보지 못하는 어떤 지하 생활자이다. 이 지하 생활자는 어떤 원(圓)을 그릴 때 컴퍼스를 사용하지 않는다. 그는 시간적이지도 영원하지도 않은 반시대적 인간이다. 아, 체스토프[3]! 그만이 던질 수 있는 물음들, 그만이 보여줄 수 있는 악한 의지, 그만이 사유 속에 품고 있는 사유의 무능력을 보라! 지극히 과격한 시작과 지극히 완고한 반복을 동시에 문제 삼는 이 까다롭고 엄격한 물음들 안에서 그가 펼쳐가는 이중적 차원을 보라!

첫 번째 공준: 보편적 본성의 사유라는 원리

많은 이들이 이로움을 구할 목적으로 말하는 바에 따르면, 모든 사람들은 '이것'을 알고 있고, 모든 사람들은 이것을 인정하고 있으며, 어느 누구도 이것을 부정할 수 없다. (어떤 침울한 대화 상대자가 일어나 자신이 그런 식으로 대변되고 싶지 않다고 대답하기 전까지, 또 자신의 이름으로 말하는 사람들을 부정하며 그들을 인정하지 않는다고 대답하기 전까지 그들은 쉽게 승리를 구가할 수 있다.) 물론 철학자는 이보다는 훨씬 더 사심 없이 처신한다. 철학자가 보편적으로 인정된 것으로 설정하는 것은 단지 사유, 존재, 자아 등이 의미하는 것에 한정되며, 다시 말해서 어떤 '이것'이 아니라 다만 재현이나 재인 일반의 형식에 국한된다. 그렇지만 이 형식은 어떤 질료를 갖고, 게다가 이 질료는 어떤 순수한 질료, 곧 어떤 요소이다. 이 요소의 특징은 다만 사유를 어떤 인식능력의 자연적 실행으로 설정하는 데 있고 어떤 자연적 사유를 전제하는 데 있을 따름이다. 이때 이 자연적 사유는 사유 주체의 선한 의지와 사유의 올바른 본성이라는 이중적 측면에서 참에 대한 자질을 지니고 있고, 참과 친근한 관

---

3 (옮긴이 주) Léon Chestov(1866~1938). 러시아에서 태어나 프랑스에서 활동한 기독교적 실존주의자. 톨스토이, 도스토예프스키, 니체, 파스칼 등의 영향 아래 이성적 진리의 빈곤성을 질타하고 부조리의 체험과 인간의 실존적 비극성을 강조했으며, 『도스토예프스키와 니체』(1903), 『비극의 철학』(1927), 『키에르케고르와 실존철학』(1936) 등 많은 저서를 남겼다.

사유의 이미지

계에 있다. 사유한다는 것이 무엇을 의미하는지 모든 사람들이 암묵적으로 알고 있다고 간주되는 것은 모든 사람들이 자연적으로 사유한다는 이유 때문이다. 따라서 재현의 가장 일반적인 형식은 올바른 본성과 선한 의지(에우독소스와 정통교리)에 해당하는 어떤 공통감(共通感)의 요소 안에 있다. 철학의 암묵적 전제는 보편적 본성의 사유Cogitatio natura universalis에 해당하는 공통감 안에 자리하고, 철학은 이 보편적 본성의 사유에서 출발할 수 있다. 전제의 유무를 검증하기 위해 철학자들이 여기저기 뱉어놓은 선언들, 가령 "모든 사람들은 본성상 알기를 좋아한다."에서부터 "양식(良識)은 이 세상에서 가장 공평하게 분배되어 있는 어떤 것이다."에 이르는 여러 가지 선언들을 긁어모은다는 것은 헛된 일이다. 왜냐하면 이 전제는 자신이 영감을 주고 있는 명시적인 명제들을 통해 타당성을 입증한다기보다 정확히 말해서 자신을 모호하게 덮어두고 있는 철학자들로부터 끈질기게 살아남음으로써 그 타당성을 입증하기 때문이다. 철학에서 공준(公準)들은 철학자가 일반인들에게 동의를 요구하는 어떤 명제들이 아니다. 그것은 오히려 거꾸로 명제들에 암묵적으로 담겨 있는 어떤 주제[테마]들이고, 이 주제들은 어떤 선(先)-철학적인 방식을 통해 이해되고 있다. 이런 의미에서 철학의 개념적 사유는 어떤 사유의 이미지를 암묵적으로 전제하고 있으며, 선-철학적이고 자연적인 이 사유의 이미지는 공통감의 순수한 요소로부터 차용되었다. 이 이미지에 비추어 보면, 사유는 참과 친근하고 형상적으로 참을 소유하며 질료상으로는 참을 원한다. 또 모든 사람들 각각이 사유한다는 것의 의미를 알거나 알고 있다고 간주되는 것도 바로 이런 사유의 이미지 위에서이다. 그래서 사유가 이런 이미지에 종속되어 있고, 이 이미지는 이미 전체를 예단하여 주체와 대상의 분배는 물론 존재와 존재자의 분배를 예단하고 있는 실정이라면, 철학이 대상에서 시작하든 주체에서 시작하든, 존재에서 출발하든 존재자에서 출발하든 별다른 차이가 없는 것이다.

이런 사유의 이미지를 우리는 독단적 혹은 교조적 이미지, 도덕적 이미지라 부를 수 있다. 물론 이 이미지에는 여러 가지 변이형들이 있다. 가령 '합리론자들'과 '경험론자들'은 모두 이 이미지를 확립된 것으로 가정하지만, 결코 똑같은 방식으로 가정하는 것은 아니다. 더구나 앞으로 보게 될 것처럼, 이 암묵적인 이미지를 받아들이기까지 철학자들은 수많은 후회나 수정을 겪고, 또 명시적인 개념적 반성에서 비롯되는 가운데 그 이미지를 훼손하고 전복하려는 경향의 수많은 실선들을 덧칠해놓고 나서야 겨우 이 암묵적인 이미지를 받아들인다. 그렇지만 아무리 철학자가 진리는 결국 '어떤 도달하기 쉽고 모든 사람들이 이해할 수 있는 사태'가 아니라고 강조한다 해도, 이 이미지는 암묵적인 상태에서 계속 굳건하게 버티고 있다. 바로 이런 이유에서 우리는 철학들에 따라 바뀌게 되는 이러저러한 사유의 이미지가 아니라 철학 전체의 주관적 전제를 구성하는 하나의 단일한 이미지 일반에 대해 말하는 것이다. 철학의 가장 일반적인 전제들에 대해 의문을 품었던 니체는 이 전제들이 본질적으로 도덕적이라고 말한다. 왜냐하면 오로지 도덕만이 우리에게 사유가 선한 본성을 지니고 사유 주체가 선한 의지를 지녔음을 설득할 수 있고, 또 오로지 선(善)만이 사유와 참 사이에 가정된 친근성을 근거지을 수 있기 때문이다. 사실 도덕이 아니라면 그 무엇이 이런 역할을 감당할 수 있겠는가? 또 참에 사유를 가져다주고 사유에 참을 가져다주는 이 선이 아니라면 또 그 무엇……? 종류를 막론하고 어떠한 전제도 없이 성립할 수 있는 철학이 있다면, 이제 이 철학이 갖추어야 할 조건들은 훨씬 명쾌하게 드러난다. 가령 이런 철학은 사유의 도덕적 이미지에 의존할 것이 아니라 오히려 이 이미지와 이 이미지가 함축하는 '공준들'에 대한 어떤 과격한 비판으로부터 출발해야 할 것이다. 철학이 자신의 차이나 참된 시작을 발견하는 장소는 선-철학적 이미지와 합의하는 곳이 아니라 그 이미지에 대항하여 치열한 싸움을 벌이는 곳일 것이고, 이런 싸움은 비-철학[4]이라는 비난도 듣게 된다. 이를 통해 철학은 어떤 이미지 없는 사유 안에서 자신의 본래적인 반복을 찾게 될 것이다. 물론 여기서 치러야 할 대가는 크다. 가령 엄청난 파괴와 도덕적 퇴폐들이 따를 것이다. 철학은 역설 이외에는 어떠한 동맹자도 없이 버텨야 하고, 공통감의 요소는 물론이고 재현의 형식마저 포기하는 완고함이 있어야 한다. 말하자면 사유가 사유하기 시작할 수 있고 또 언제나 다시 시작할 수 있는 것은 오로지 그 선-철학적 이미지와 그 공준들에서 벗어나 자유를 구가할 때뿐이다. 만일 사유로부터 이런 형태-왜곡적 이미지를 투사하는 그 공준들이 먼저 검토되지 않는다면, 새로운 진리론을 내놓겠다는 주장은 공허한 메아리로 그치고 만다.

2절
두 번째 공준: 공통감의 이상

사유한다는 것이 어떤 인식능력의 자연스러운 실행이고 이 인식능력은 어떤 선한 본성과 선한 의지를 지닌다는 점은 사실적 차원에서 이해될 수 있는 것이 아니다. '모든 사람들'이 잘 알고 있는 바와 같이 우

---

4 포이어바흐는 시작의 문제에서 가장 멀리 나아간 사람들에 속한다. 그는 철학 일반에서, 특히 헤겔 철학에서 암묵적으로 가정된 전제들을 비판한다. 그에 따르면, 철학은 어떤 **선-철학적** 이미지와 화합하는 곳에서 출발하는 것이 아니라 자신과 비-철학 사이의 "차이"에서 출발해야 한다. (다만 그는 경험적이고 감각적이고 구체적인 존재에 출발점을 둘 때 이런 참된 시작의 요구가 충분히 실현된다고 생각한다.) 이에 대하여, Feuerbach, *Contribution à la critique de la philosophie de Hegel*, trad. Althusser, *Manifestes philosophiques* (P.U.F.), 특히 323쪽 참조.

리 인간이 실제로 사유한다는 것은 드문 일이고, 또 어떤 고양된 취미 안에서 사유한다기보다는 오히려 어떤 돌발적인 충격 속에서 사유하게 된다. 그리고 양식(사유할 수 있는 역량)은 이 세상에서 가장 잘 분배되어 있는 것이라는 데카르트의 그 유명한 구절은 단지 어떤 오래된 농담에 의존하고 있을 뿐이다. 왜냐하면 이 구절이 의도하는 것은, 사람들이 기억력과 상상력이 모자라고 심지어 귀도 밝지 못하다는 것을 어쩔 수 없이 한탄하게 되면서도, 지성과 사유의 관점에서는 언제나 그런대로 공평하다고 느낀다는 점을 환기시키는 데 있기 때문이다. 하지만 데카르트가 철학자라면, 이는 그가 이 농담을 이용하여 권리적 차원에서 어떤 사유의 이미지를 일으켜 세우기 때문이다. 즉 권리를 사실들로 번역하거나 사실들의 저편에서 다시 발견한다는 것이 아무리 어려운 일이라 해도, 권리상 선한 본성은 사유에 속하고 또 참과의 친근성도 사유에 속할 것이다. 따라서 자연적인 양식이나 공통감은 순수사유의 규정으로 간주된다. 이때 식(識)이나 감(感)[5]의 역할은 자신의 고유한 보편성을 예단하는 데 있으며, 또 자신을 권리상 보편적이고 권리상 전달가능한 것으로 미리 상정하는 데 있다. 권리를 부과하고 재발견하기 위해, 다시 말해서 재능을 타고난 정신을 활용하기 위해서는 어떤 명시적인 방법이 있어야 한다. 그러므로 아마 사실적 차원에서 사유한다는 것은 어려운 일일 것이다. 하지만 사실적 차원에서 가장 어려운 것은 권리적 차원에서는 여전히 가장 쉬운 것으로 통한다. 바로 그렇기 때문에

---

5 (옮긴이 주) sens. 양식과 공통감의 원어인 bon sens와 sens commun은 모두 sens를 기본으로 하고 있다. 참고로 덧붙이면, 공통감은 원래 아리스토텔레스의 영혼론에서 유래하는 용어이다. 지각은 보통 시각, 청각, 촉각 등 여러 가지 감각들에 의해 동시에 이루어지는데, 아리스토텔레스는 공통감을 설정하여 서로 다른 감각들이 소통하고 하나로 묶일 가능성을 설명했다. 이후 칸트는 『판단력비판』에서 취미판단의 보편적 타당성을 설명하기 위해 이 용어를 동원하는데, 여기서 공통감은 인식능력들 간의 조화로운 일치는 물론이고 미적 체험의 보편적 전달 가능성을, 다시 말해서 상호 주관적 소통 가능성을 의미한다.

사유의 이미지

방법 자체는 사유의 본성의 관점에서는 쉽다고 말해지는 것이다.(이 쉽다는 개념은 데카르트주의 전체를 위험에 빠뜨리는 치명적인 독이라 해도 과언이 아니다.) 철학이 권리상의 타당성을 주장하는 어떤 사유의 이미지 안에서 자신의 전제를 찾고 있는 이상, 우리가 이 전제를 반박하기 위해 반대의 사실들을 들이대는 것으로 만족할 수는 없는 노릇이다. 토론을 권리적 차원 자체에 위치시켜야 하고, 또 이 이미지가 순수사유로서의 사유의 본질 자체를 배반하는지를 알아야 한다. 권리상 타당한 한에서 이 이미지는 경험적인 것과 초월론적〔선험적〕인 것 사이의 특정한 할당을 전제한다. 그리고 이 할당이야말로 판단해야 할 대상이다. 다시 말해서 그 이미지 안에 함축된 이 초월론적 모델을 판단해야 하는 것이다.

사유와 독사

분명 어떤 모델이 실제로 있기는 있다. 재인(再認)의 모델이 바로 그것이다. 재인을 정의하는 것은, 똑같은 것으로 가정된 어떤 대상에 대해 적용되는 모든 인식능력들의 조화로운 일치이다. 가령 똑같은 대상을 보고 만지고 상기하고 상상하고 파악하고 ……할 수 있다. 또는 데카르트가 밀랍 조각에 대해 말하는 것처럼, "똑같은 것을 내가 보고 만지고 상상하는 것이며, 또 마지막으로 나는 언제나 똑같은 것이 처음에 있었던 것이라 믿었던 것이다." 아마 각각의 인식능력은 감각할 수 있는 것, 기억할 수 있는 것, 상상할 수 있는 것, 지성적으로 파악할 수 있는 것 등등처럼 자신만의 특수한 소여(所與)를 지니고 있을 것이고, 또 그 소여를 장악하는 자신의 특수한 스타일, 자신의 특수한 활동들이 있을 것이다. 하지만 어떤 대상이 재인되는 것은, 하나의 인식능력이 그 대상을 어떤 다른 인식능력의 대상과 동일한 것으로 겨냥할 때이다. 혹은 차라리 그것은 모든 인식능력들 전체가 스스로 그들에게 주어진 소여는 물론이고 그들 자신마저도 대상의 어떤 동일성 형식과 관계지을 때이다. 따라서 이와 동시에 재인은 '모든 사람들'에게 인식능력들의 협동이라는 어떤 주관적 원리를 요구하고, 다시 말해서 인식능력들의 조화로운 일치concordia facultatum에 해당하는 어떤 공통감을 요구한다. 또 대상의 동일성 형식은 철학자에게 어떤 근거를 요구하고, 이 근거는 다른 모든 인식능력들을 양태로 하고 있는 어떤 사유하는 주체의 통일성 안에 있어야 한다. 출발점으로서의 코기토가 지닌 의미는 바로 여기에 있다. 코기토는 주체 안에 있는 모든 인식능력들의 통일성을 표현한다. 따라서 코기토는 모든 인식능력들이 주관적 자기동일성을 반영하는 어떤 하나의 대상 형식과 관계할 수 있는 가능성을 표현한다. 코기토는 공통감이라는 전제에 어떤 철학적 개념을 제공한다. 코기토는 그 자체가 철학적 성격을 띠게 된 공통감이다. 데카르트는 물론이고 칸트에게서도, 모든 인식능력들의 조화로운 일치를 근거짓고 똑같은 것으로 가정된 어떤 대상의 형식 위에서 이 능력들이 합치함을 근거짓는 것은, "나는 생각한다."의 자아가 지닌 자기동일성이다. 물론 우리가 마주하는 대상은 어떤 형식적 대상, 보편적 대상이 아니라 오히려 언제나 이러저러한 대상, 인식능력들이 이루어낸 어떤 한정된 기여 안에서 재단되고 종별화된 대상이라는 반론이 있을 수 있다. 하지만 바로 여기서 끌어들여야 하는 것은 상호 보충적인 두 심급인 **공통감과 양식** 사이의 정확한 차이다. 왜냐하면 순수 자아와 이 자아에 상응하는 이러저러한 대상 형식의 관점에 서 있는 공통감이 동일성의 규범이라면, 경험적 자아들과 이러저러하게 질화(質化)된 대상들의 관점에 서 있는 양식은 배당의 규범이기 때문이다.(바로 그렇기 때문에 양식은 보편적으로 분배되어 있다고 평가된다.) 공통감이 같음의 형식을 제공할 때, 양식은 각각의 경우에서 인식능력들이 기여하는 몫을 규정한다. 또 만일 그 어떤

사유의 이미지

대상이라 해도 오로지 질화된 상태에서만 실제로 존재할 수 있는 것이라면, 거꾸로 질화는 오로지 이러저러한 대상을 상정할 때만 성립할 수 있다. 나중에 좀 더 상세히 보게 될 것이지만, 양식과 공통감은 사유의 이미지 안에서 전적으로 필연적인 방식으로 서로를 보완한다. 즉 양식과 공통감, 이 둘은 독사doxa의 두 반쪽을 구성한다. 지금으로서는 공준들 자체의 침전 순서를 지적하는 것으로 충분하다. 먼저 본성상 올바를 뿐 아니라 사유한다는 것이 무엇을 의미하는지를 아는 어떤 사유의 이미지가 있고, 그 다음 이 사유의 이미지로부터 '권리상' 따라 나오는 공통감의 순수 요소, 마지막으로 재인의 모델 혹은 이미 이 모델에서 따라 나오게 되는 재현의 형식 등이 있다. 사유는 본성상 올바른 것으로 가정된다. 왜냐하면 이 사유는 다른 인식능력들과 동렬에 있는 어떤 하나의 인식능력이 아니라 오히려 어떤 주체와 연관되어 있는, 다른 모든 인식능력들의 통일이기 때문이고, 이 인식능력들은 모두 이 사유의 양태들에 불과하기 때문이며, 게다가 재인의 모델 안에서 이 사유는 다른 모든 인식능력들이 같음의 형식을 향하도록 그 방향을 정해놓기 때문이다. 재인의 모델은 사유의 이미지 속에 필연적으로 포함되어 있다. 또 플라톤의『테아이테토스』, 데카르트의『성찰』그리고 칸트의『순수이성비판』을 살펴본다면, 여전히 왕의 자리에 있는 것은 이 재인의 모델이고, 사유한다는 것의 의미에 대한 철학적 분석을 '정향(定向)하는' 것도 이 모델이다.

이와 같은 정향은 철학에게는 난감한 것이다. 왜냐하면 본성상 올바른 사유, 권리상 자연적인 공통감, 그리고 초월론적 모델로서의 재인이라는 이 3중의 가정된 수준이 구성할 수 있는 것은 어떤 교조적인 이상(理想)에 불과하기 때문이다. 철학은 독사와 결별하려 했지만, 이제 더 이상 이런 기획을 실현할 방법이 전혀 없는 것이다. 아마 철학은 특수한 독사는 모두 거부하고 있을 것이다. 철학은 어쩌면 양식이나 공통감[6]의 특수한 명제는 결코 받아들이지 않을 것이다. 또한 특수한 것은 그 무엇도 인정하지 않을 것이다. 하지만 철학은 독사에서 본질적인 것, 다시 말해서 형식을 보존한다. 그리고 공통감에서 본질적인 것, 다시 말해서 요소를 보존한다. 또 철학은 재인에서 본질적인 것, 다시 말해서 모델(보편적인 것의 자격에서 사유하는 주체 안에 근거를 두고 있고 이러저러한 대상에 대해 실행되는 인식능력들의 일치)을 보존한다. 사유의 이미지는 독사가 합리적 수준으로 고양됨에 따라 보편화되는 어떤 모습에 불과하다. 그러나 단지 독사의 경험적 내용만이 추상될 뿐, 그 내용에 상응하고 또 암묵적으로 그 내용의 본질적 측면을 보존하고 있는 인식능력 사용 방식이 계속 유지되고 있다면, 독사의 감옥에서 벗어난다는 것은 요원한 일이다. 제 아무리 어떤 초-시간적 형상이 발견된다거나 심지어 어떤 시간 이하의 제1질료, 지하(地下)나 원초적 독사Urdoxa가 발견된다 해도, 사람들이 똑같은 동굴에 갇혀 있거나 당대의 관념들에 갇혀 있는 한에서는 한 발자국의 전진도 기대할 수 없다. 여기서는 단지 그렇게 발견된 형상이나 질료를 철학의 조짐으로 축복하는 가운데 '재발견하기'를 추켜올리는 아첨과 애교만이 난무하게 될 뿐이다. 재인의 형식은 재인 가능한 것과 재인되는 것 외에는 결코 다른 사태를 용인하지 않았다. 재인의 형식은 일치나 합치들 외에는 결코 다른 사태를 고취하지 않을 것이다. 또 만일 철학의 배후에 그것의 암묵적인 전제로 공통감이 자리한다면, 도대체 이 공통감에게 철학이 무슨 소용이란 말인가? 가슴 아픈 일이지만, 공통감은 나름의 방식으로 자신의 철학을 수립할 수 있음을 날마다 과시하고 있지 않은가?

---

6 (옮긴이 주) 공통감의 원어 sens commun에는 상식이라는 뜻도 있다. 이 대목에서는 공통감과 상식 사이의 유사성이 은연중 강조되고 있다.

사유의 이미지

세 번째 공준: 재인의 모델

여기에는 철학에 파멸을 가져올 수 있는 이중의 위험이 따른다. 먼저 재인의 활동들이 실제로 존재하고 또 우리의 일상적 삶의 커다란 부분을 차지하고 있다는 것은 분명한 사실이다. 가령 이것은 책상이다, 이것은 사과이다, 이것은 밀랍 조각이다, 안녕 테아이테토스 등등. 하지만 누가 여기서 사유의 운명이 펼쳐지고 있다고 믿을 수 있겠는가? 재인할 때 우리가 과연 사유하고 있다고 그 누가 믿을 수 있겠는가? 아무리 베르그손의 방식대로 재인의 두 가지 유형을 구별하여 풀 앞에 있는 암소의 재인과 자신의 추억들을 회상하는 인간의 재인을 대립시킨다 해도, 첫째 유형뿐 아니라 둘째 유형도 사유한다는 것의 의미를 밝혀줄 어떤 모델이 될 수 없기는 마찬가지다. 앞에서 말했던 바와 같이, 사유의 이미지는 사실적 차원의 반론들에 따라 판단할 것이 아니라 그것이 권리적 차원에서 내놓는 주장들을 토대로 판단해야 한다. 하지만 이 사유의 이미지에 대해 비난해야 할 점은 바로 정확히 자신의 가정된 권리를 특정 사실들, 게다가 그토록 무의미한 사실들의 외삽이나 확대 적용을 통해 근거지었고, 일상적인 진부함 자체, 본연의 재인을 통해 근거지었다는 데 있다. 이는 마치 사유는 좀 더 기이하거나 좀 더 위험스러운 모험들에서는 자신의 모델을 찾지 말아야 한다는 것과 같다. 칸트의 예를 들어보자. 모든 철학자들 중에서도 그토록 놀라운 초월론적 영역을 발견한 이는 바로 칸트이다. 그는 어떤 위대한 탐험가에 비견될 만한 철학자이다. 그가 탐험하는 것은 어떤 다른 세계가 아니라 이 세계의 산이나 땅속이다. 그렇지만 칸트는 도대체 무엇을 하고 있는 것인가?『순수이성비판』의 초판에서 그는 사유하는 인식능력들 각각의 기여도를 측정하는 세 가지 종합을 상세하게 서술한다. 이 종합들은 재인의 종합이라는 세 번째 종합에서 절정에 달하고, 이 재인의 종합은 이러저러한 대상 형식 안에서 표현되며, 이때 이 대상 형식은 모든 인식 능력들이 관계하는 "나는 생각한다."의 상관항에 해당한다. 이런 식으로 칸트는 어떤 심리적 의식의 경험적 활동들을 기초로 이른바 초월론적인 구조들을 전사(傳寫)하고 있음이 분명하다. 가령 포착의 초월론적 종합은 어떤 경험적 포착에서 곧바로 유도되는 것이고, 그 밖의 것들도 마찬가지다. 칸트는 2판에서 이 대목을 삭제하는데, 이는 뻔히 들여다 보이는 이런 절차를 감추기 위해서이다. 그렇지만 보다 깊숙이 감추어 졌다 해도 이런 전사의 방법은 그의 모든 '심리주의'와 더불어 여전히 계속 존속하고 있을 따름이다.

다른 한편 재인은 오로지 사변적 모델의 자격에서만 하찮은 의미를 지닐 뿐, 그것이 봉사하고 우리에게 동참을 요구하는 목적들에서 보면 더 이상 그렇지 않다. 재인되는 것은 일단 어떤 대상이지만, 또한 그 대상에 실린 어떤 가치들이기도 하다.(가치들은 심지어 양식이 실행하는 분배들 안에서도 본질적으로 개입한다.) 만일 재인이 '확립된 가치들' 안에서 자신의 실천적 목적성을 발견하는 것이라면, 자연적 사유Cogitatio natura 에 해당하는 사유의 이미지 전체는 이 모델 아래에서 어떤 불안한 자기 만족을 증언하고 있다. 니체가 말하는 것처럼, 진리는 확실히 "어떤 순박하고 안락한 생활을 즐기는 피조물"로 나타나고, "이 피조물은 확립된 모든 권력에 대해 자신이 그 누구에게도 하등의 곤란을 초래하지 않을 것임을 끊임없이 확신시킨다. 왜냐하면 진리라는 이 피조물은 결국 순수 과학일 뿐이므로……."[7] 그 누구에게도 아픔을 주지 않는 사유, 사유하는 자에게도 그 밖의 다른 이들에게도 일체 고통을 주지 않는 사유는 도대체 사유일 수 있을까? 재인의 기호는 어떤 기괴한 약혼식들을 경축하고 있다. 이 약혼식들을 통해 사유는 국가를 '재발견'하고 '교회'

---

7 니체, 『반시대적 고찰』, 「교육자 쇼펜하우어」, 3절.

를 재발견하며 시대의 모든 가치들을 재발견한다. 영원히 축복받은 이러저러한 영원한 대상의 순수 형식 아래 그 자신이 교묘하게 통용시켰던 당대의 모든 가치들을 재발견하는 것이다. 니체가 새로운 가치들의 창조와 확립된 가치들의 재인을 구별할 때, 절대로 이 구별을 어떤 상대적이고 역사적인 관점에서 이해하지 말아야 한다. 그래서 마치 확립된 가치들도 그 당시에는 새로운 가치였고 새로운 가치들도 일정한 시간만 지나면 확립된 가치가 되기 마련인 것처럼 생각하지 말아야 한다. 여기서 정말 문제가 되는 것은 어떤 형상적 차이이자 본성상의 차이다. 새로운 것은 거듭 시작할 수 있는 자신의 역량 속에서 언제나 영원히 새로운 것으로 남는다. 반면 확립된 것은 그 정체성이 파악되기까지 약간의 경험적 시간이 필요하다 해도 애초부터 확립된 것이었다. 정확히 말해서 새로운 것 안에서 확립되는 것은 새로운 것이 아니다. 왜냐하면 새로운 것의 고유한 측면, 다시 말해서 차이는 사유 안에서 오늘도 내일도 여전히 재인과는 무관한 어떤 힘들을 자극하는 데 있고, 재인된 적도 재인할 수도 없는 어떤 미지의 대지terra incognita 안에서 전혀 다른 모델의 역량들을 자극하는 데 있기 때문이다. 하지만 새로운 것의 그 고유한 측면은 도대체 어떤 힘들을 통해 사유 안으로 도래하는 것일까? 도대체 어떤 악한 본성을 통해, 또 어떤 중심적인 악한 의지, 어떤 중심적인 와해를 통해 오는 것일까? 그것은 사유에서 '본유성'의 껍질을 벗겨내고, 또 매번 사유를 언제나 현존했던 어떤 것이 아니라 오히려 강제와 강요를 통해 시작하는 어떤 것으로 취급하는 바로 그런 와해와 더불어 도래하는 것이 아닐까? 이에 비하면 재인을 위해 벌이는 자발적인 싸움들이란 얼마나 가소로운가? 여기서 싸움은 오로지 어떤 공통감이나 상식 아래에서 오로지 확립된 가치들을 둘러싸고만 벌어질 뿐이며, 통용되는 가치들(명예, 부, 권력 등)을 차지하거나 주무르기 위해 벌어지고 있을 따름이다. 이는 의식들이 벌이는 싸움이자 보편적 본성의 사유에 의해 구성된 우승컵을 획득하고 재인의 우승컵과 순수 재현의 우승컵을 획득하기 위해 벌이는 이상한 싸움이다. 니체는 자신이 힘의 의지라고 부르는 것에서 이런 싸움이 거론될 수 있을지 모른다는 생각만으로도 웃음을 터뜨렸다. 그리고 헤겔뿐 아니라 칸트까지도 "철학의 노동자들"이라 불렀는데, 이는 그들의 철학이 이 지울 수 없는 재인의 모델로 각인되어 있기 때문이다.

칸트적 비판의 애매성

그렇지만 칸트는 사유의 이미지를 전복하기 위해 무장을 했던 듯하다. 그는 오류의 개념 대신 착각 혹은 가상의 개념을 끌어들였다. 이로써 바깥에서 유래하고 어떤 신체적 인과성의 효과에 불과한 오류들은 이성 내부의 어떤 내적 가상들로 대체되었다. 칸트는 실체적 자아의 자리에 시간의 선(線)에 의해 심층적으로 균열되는 자아를 놓았다. 또 이와 똑같은 운동 안에서 신과 자아는 일종의 사변적인 죽음을 맞이했다. 하지만 어쨌든 칸트는 세 가지 비판의 개념적 장치를 위태롭게 하면서까지 암묵적 전제들을 포기하려 하지 않았다. 사유는 계속 올바른 본성을 향유해야 했고, 철학은 공통감 그 자체나 '상식적인 대중의 이성'보다 더 멀리 나아갈 수 없거니와 그와 다른 방향들로 나아갈 수도 없어야 했다. 그래서 비판은 기껏해야 자연법의 관점에서 고찰되고 있는 사유에 시민의 자격과 신분을 부여하는 것으로 그치게 된다. 즉 칸트의 기획은 공통감들을 복수화하고, 이성적 사유의 자연적인 관심들이 얼마만큼 많이 있느냐에 따라 공통감들을 만들어낸다. 왜냐하면 공통감 일반이 언제나 어떤 같음의 형식이나 재인의 모델에 기초한 인식능력들의 상호 협력을 함축한다는 것이 사실이라 해도, 경우에 따라 인식능력들 중에서 어떤 하나의 능동적인 인식능력이 어떤 형식이나 모델을 제공하는 역할을 맡게 되고, 다른 인식능력들은 이 형식이나 모델에 일정 부분씩 기여한다는 것 또한 사실이기 때문이다. 상상력, 이성, 지성[8] 등은 이런 식으로 인식 안에서 서로 협력하고 또 어떤 '논리적 공통감'을 형성한다. 하지만 여기서 입법적 능력을 차지할 뿐 아니라 다른 두 능력을 협력에 나서도록 끌어들이는 사변적 모델을 제공하는 것은 지성이다. 반면 재인의 실천적 모델의 경우 도덕적 공통감 안에서 입법적 지위에 있는 것은 이성이다. 게다가 제3의 모델도 있는데, 여기서 인식 능력들은 어떤 고유한 의미의 심미적 공통감 안에서 어떤 자유로운 일치 상태에 도달하게 된다. 모든 인식능력들이 재인 일반 안에서 서로 협력한다는 것은 사실이지만, 이 상호 협력을 표현하는 정식들은 경우에 따라 달라진다. 재인되어야 하는 것, 가령 인식 대상, 도덕적 가치, 심미적 효과…… 등의 조건들에 따라 달라지는 것이다. 그러므로 칸트는 공통감의 형식을 전복하기는커녕 오히려 복수화했을 뿐이다. (현상학에 대해서도 똑같이 말해야 하지 않을까? 현상학은 제4의 공통감, 수동적 종합으로서의 감성에 정초를 두고 있는 공통감을 발견한 것이 아닐까? 하지만 이 새로운 공통감은 어떤 원초적 독사를 구성한다고는 하지만 여전히 독사의 형식에 사로잡혀 있는 것이 아닐까?)[9] 칸트적 비판이 결국 얼마만큼이나 공손하고 경건한 것인지는 종종 언급되고 있다. 즉 인식, 도덕, 반성, 신앙 등은 이성의 자연적 관심들에 상응한다고 간주되는 까닭에 그 자체

---

8 (옮긴이 주) 칸트적 의미의 지성은 개념적 사유능력이고, 이성은 이념적 사유능력이다.

9 이런 공통감에 대해, 또 재인 모델의 끈덕진 존속에 대해서는 Maurice Merleau-Ponty, *Phénoménologie de la perception*(N.R.F.), 276쪽 이하, 366쪽 이하 참조. 칸트의 공통감 이론에 대해서는 무엇보다 『판단력비판』 18~22절, 40절 참조. 또 『순수이성비판』의 원리 선언 참조. "인간 본성의 본질적인 목적들에 비추어 볼 때 지고한 철학은 이 본성이 공통감에 부여한 방향보다 더 멀리 나아갈 수 없다." "순수 이성의 이념들은 오로지 이념들의 오용에 의해서만 거짓된 가상을 산출한다. 왜냐하면 이 이념들은 우리 이성의 본성에 의해 우리에게 주어진 것이고, 또 우리 사변의 모든 권리와 모든 요구에 대한 이 최고의 법정 그 자체가 어떤 원칙적인 착각과 현혹들을 포함한다는 것은 불가능하기 때문이다."

로는 절대 의문시되지 않는다. 의문시되는 것은 단지 인식능력들의 사용일 뿐이고, 이 사용은 이러저러한 이성의 관심에 따라 그 정당성 여부가 결정된다. 도처에서 재인의 모델은 가변성을 띠는 가운데 인식능력들의 올바른 사용을 고정시켜놓는다. 그 올바른 사용은 인식능력들의 조화로운 일치에 있고, 이 일치는 어떤 하나의 공통감 아래에서 어떤 하나의 지배적인 인식능력에 의해 규정된다. 그렇기 때문에 부당한 사용(가상)은 단지 다음과 같이 설명될 따름이다. 즉 자연 상태에서 사유는 자신의 관심들을 혼동하고 자신의 권리 범위들이 서로 충돌하거나 침해하는 것을 방치한다. 그럼에도 불구하고 사유는 그 바탕이 선하고, 어떤 자연적인 선한 법을 지니고 있으며, 비판은 이런 법에 그 민법상의 효력을 승인해준다. 또 권리 범위, 관심, 경계, 재산들 등은 어떤 양도 불가능한 권리 위에서 축성(祝聖)되고 정초된다. 비판에는 치안판사의 법정, 등기소, 토지대장 등 모든 것이 있다. 단지 사유의 이미지를 전복해버릴 새로운 정치의 역량만이 없는 것이다. 심지어 죽은 신과 균열된 나까지도 어떤 통과해야 할 불행한 국면, 어떤 사변적 계기에 불과하다. 죽은 신과 균열된 나는 어떤 다른 관심, 실천적이거나 도덕적인 관심 안에서 부활하여 그 어느 때보다 훨씬 더 공고해지고 확실해지며, 그 어느 때보다 자기 자신을 확신하게 된다.

네 번째 공준: 재현의 요소

이런 것이 재현의 세계 일반이다. 앞에서 말했던 것처럼, 재현은 특정한 요소들에 의해 정의된다. 개념 안의 동일성, 개념의 규정 안에 있는 대립, 판단 안의 유비, 대상 안의 유사성 등이 그 요소들에 해당한다. 그 어떤 것이든 개념의 동일성은 재인 안에 있는 같음의 형식을 구성한다. 개념의 규정은 가능한 술어들과 이에 대립하는 술어들 간의 비

사유의 이미지

교를 함축하고, 이 비교는 이중의 계열에 따라 이루어진다. 한편으로
는 재기억이 주파하는 역방향의 계열을 따라 이루어지고, 다른 한편으
로는 재발견과 재창조(기억-상상력에 의한 재생산)를 의도하면서 상상력
이 주파하는 순방향의 계열을 따라 이루어지는 것이다. 유비는 규정 가
능한 최고의 개념들에 의존하거나 규정된 개념들과 이 개념들 각각의
대상 사이에서 성립하는 관계들에 의존하고, 또 판단 안에 있는 할당의
역량에 호소한다. 개념의 대상에 대해 말하자면, 이 대상은 그 자체로
서든 그것이 다른 대상들과 맺는 관계에서든 어떤 유사성에 의존하고,
이 유사성은 지각 안에 있어야 하는 어떤 연속성의 요건에 해당한다.
그러므로 각각의 요소는 저마다 특별하게 어떤 하나의 인식능력을 요
청하지만, 또한 어떤 공통감의 품안에서 한 인식능력에서 다른 한 인식
능력으로 이어지는 중간에서도 성립할 수 있다(가령 어떤 지각과 어떤 재
기억 사이에서 성립하는 유사성). "나는 생각한다."는 재현의 가장 일반적
인 원리이고, 다시 말해서 이 요소들의 원천이자 이 모든 인식능력들의
통일이다. 가령 나는 개념적으로 파악한다, 나는 판단한다, 나는 상상
하고 회상한다, 나는 지각한다 등은 코기토에서 뻗어 나오는 네 갈래의
가지에 해당한다. 그리고 정확히 말해서 바로 이 가지들 위에서 차이
는 십자가의 수난을 당하는 것이다. 이 4중의 굴레 속에서는 오로지 동
일성을 띤 것, 유사한 것, 유비적인 것, 대립하는 것 등만이 차이를 지
니는 것으로 생각될 수 있다. 차이가 재현의 대상이 되는 것은 언제나 개
념적으로 파악되는 어떤 동일성, 판단을 통해 주어지는 어떤 유비, 상상에 의
한 어떤 대립, 지각상의 어떤 상사성과 관계 맺을 때이다.[10] 이 네 가지 형태
전체 아래에서 차이는 비교원리principium comparationis에 해당하는

---

10 "고전주의적인" 재현의 세계에서 차이가 개념적으로 파악된 동일성과 지각된 유사성에
이중적으로 종속된다는 점에 대해서는 Michel Foucault, *Les mots et les choses* (N.R.F.,
1966), 66쪽 이하, 82쪽 이하 참조.

어떤 충족이유를 가질 수 있다고 간주되기도 한다. 그렇기 때문에 재현의 세계는 차이 그 자체를 사유하는 데는 물론이고 또한 반복을 그 대자적 측면에서 있는 그대로 사유하는 데 무능력하다는 특징을 지닌다. 왜냐하면 여기서 반복은 재인, 할당, 재생산, 유사성 등을 통해서만 파악되기 때문이고, 게다가 이것들이 접두사 재RE[11]를 재현의 단순한 일반성들 안으로 소외시키는 한에서만 파악되기 때문이다. 그러므로 재인의 공준은 그보다 훨씬 더 일반적인 어떤 재현의 공준을 향한 첫걸음이었다.

3절
차이론적 인식능력 이론

"감각적 지각들의 경우, 어떤 사태들은 지각만으로도 충분히 규정할 수 있기 때문에 지성적 사유가 나서서 탐구할 필요가 없지만, 어떤 사태들은 지성적 사유를 전적으로 끌어들여서 탐구에 나서도록 만들지. 지각이 건전한 것이라곤 아무것도 가져다주지 않는 한에서는 말이야. ─ 선생님께서는 멀리서 나타나는 것들과 음영화법으로 그린 그림들에 대해 말씀하시는 게 분명하군요. ─ 자네는 내가 말하고자 하는 것을 제대로 알아맞히지 못했네……."[12] 그러므로 이 대목은 두 가지 사태를 구별하고 있다. 사유를 가만히 내버려두는 사태와 (플라톤이 나중에 말하게 될) 사유하도록 강요하는 사태가 그것이다. 첫 번째 것은 재인의 대상들이다. 대상을 재인할 때 사유와 사유의 모든 인식능력들

---

11 (옮긴이 주) 재인, 할당, 재생산, 유사성의 원어는 각각 récognition, répartition, reproduction, ressemblance인데, 모두 접두사 re로 시작한다.
12 플라톤, 『국가』, VII, 523 *b* 이하.

은 얼마든지 동원될 수 있다. 사유는 대상을 재인하는 데 얼마든지 열중할 수 있다. 하지만 이런 열중과 동원은 사유한다는 것과는 아무런 상관이 없다. 대상을 재인할 때 사유는 자신의 이미지로 채워질 뿐이며, 이 이미지 안에서 사물들을 제대로 알아볼수록 그만큼 더 자기 자신을 잘 재인하게 된다. 가령 이것은 손가락이다, 이것은 책상이다, 안녕 테아이테토스. 따라서 소크라테스의 대화 상대자는 이런 물음을 던지게 된다. 참되게 사유하는 것은 바로 재인하지 않을 때가 아닌가? 재인하는 데 어려움을 겪을 때가 아닌가? 이렇게 묻는 자는 이미 데카르트주의자인 것처럼 보인다. 그러나 분명한 것은, 우리가 어떤 의심스러운 것을 통해 재인의 관점에서 벗어나게 되지는 않는다는 사실이다. 게다가 의심스러운 사태가 기껏해야 어떤 지엽적인 회의주의나 어떤 일반화된 방법에 영감을 주는 것이라 해도, 이는 확실성과 의심을 본질적으로 구별짓는 것이 무엇인지를 식별하려는 의지가 이미 사유에 있다는 조건에서 가능한 일이다. 의심스러운 사태들이든 확실한 사태들이든 사정은 같다. 이것들은 모두 재인의 이상(理想)으로 파악되는, 사유 주체의 선한 의지와 사유의 선한 본성을 전제하고 참에 대해 주장되는 바로 이 친근성, 사유의 이미지와 철학의 개념을 동시에 미리 규정하는 바로 이 필리아 φιλία를 전제한다. 또 의심스러운 사태들 못지않게 확실한 사태들도, 사유하도록 강제하지 않는다. 삼각형의 세 각이 필연적으로 두 직각과 동등하다는 것은 사유를 가정하며 생각하려는 의지, 삼각형에 대해 생각하려는 의지, 게다가 삼각형의 각들에 대해 생각하려는 의지를 가정한다. 예컨대 데카르트가 언급했던 것처럼, 이런 동등성은 사람들이 그것에 대해 생각하는 한에서는 결코 부정될 수 없는 것이지만, 이런 동등성에 대한 생각 없이도 생각은 얼마든지 가능하고 심지어 삼각형에 대한 생각도 얼마든지 있을 수 있다. 이런 종류의 진리들은 모두 가설적인데, 이는 이것들이 사유 속에 사유하는 행위를 분만하지 못하기 때문이고, 물음의 대상이 되는 모든 것을 가정하고 있기 때문이다. 진실로 개념들이 지칭하는 것은 단지 어떤 가능성들에 불과하다. 개념에는 어떤 발톱이 없다. 절대적 필연성의 발톱, 다시 말해서 사유에게 가해지는 어떤 원천적 폭력의 발톱, 어떤 이방성(異方性)의 발톱, 어떤 적의(敵意)의 발톱 같은 것이 없다. 사유는 오로지 이런 적의의 발톱을 통해서만 자연적 마비 상태나 영원한 가능성의 상태에서 벗어날 수 있을 것이다. 즉 사유는 비자발적인 한에서만 사유일 수 있고, 사유 안에서 강제적으로 야기되는 한에서만 사유일 수 있다. 사유는 이세계 속에서 불법 침입에 의해 우연히 태어날수록 절대적으로 필연적인 것이 된다. 사유 속에서 일차적인 것은 불법 침입, 폭력, 적이다. 또사유 속에서는 그 어떤 것도 (철학의 어원적 의미에 해당하는) 지혜의 사랑philosophie을 상정하지 않으며 오히려 모든 것은 어떤 지혜의 증오misosophie에서 출발한다. 사유에 기대어 그것이 사유하는 대상의 상대적 필연성을 공고하게 만들어주는 일은 없도록 하자. 오히려 거꾸로 어떤 마주침, 사유하도록 강제하는 것과의 우발적인 마주침에 기대도록 하고, 이를 통해 사유 행위와 사유하려는 정념의 절대적 필연성을 일으켜 세우도록 하자. 진정한 비판과 진정한 창조는 똑같은 조건들을 따른다. 자기 자신을 전제하는 사유의 이미지의 파괴, 사유 자체 속에서 일어나야 할 사유 행위의 탄생이 바로 그것이다.

인식능력들의 불화적 사용: 폭력과 각 인식능력의 한계

세상에는 사유하도록 강요하는 어떤 사태가 있다. 이 사태는 어떤 근본적인 마주침의 대상이지 결코 어떤 재인의 대상이 아니다. 이 마주침의 대상은 소크라테스일 수도, 신전이나 다이몬(악령)일 수도 있다. 이것은 감탄, 사랑, 증오, 고통 등 여러 가지 정서적 음조들을 통해 파

악될 수 있다. 하지만 이 음조가 무엇이든 상관없이 마주침의 대상이
지닌 첫 번째 특성은 오로지 감각밖에 될 수 없다는 데 있다. 바로 이런
의미에서 이 대상은 재인과 대립한다. 왜냐하면 재인 안에서 감성적인
것은 오로지 감각밖에 될 수 없는 것이 아니기 때문이다. 여기서 그것
은 오히려 상기되고 상상되고 개념적으로 파악될 수 있는 어떤 대상 안
에서 감각들과 직접적으로 관계하는 어떤 것이다. 감성적인 것은 감각
되는 것과는 다른 사태일 수 있는 어떤 대상을 지시할 뿐 아니라, 또한
그 자체가 다른 인식능력들에 의해 겨냥될 수도 있다. 그러므로 감성
적인 것은 감각들의 실행을 전제하는 것은 물론이고 어떤 공통감 안에
서 이루어질 여타 인식능력들의 실행을 전제한다. 반면 마주침의 대상
은 감각 속에 실질적으로 감성을 분만한다. 이것은 감각될 수 있는 어
떤 것 αισθητνο이 아니라 감각되어야 할 어떤 것 αισθητέον이다. 이것
은 어떤 질(質)이 아니라 오히려 어떤 기호이다. 이것은 어떤 감성적 존
재자가 아니라 오히려 감성적인 것의 존재이다. 이것은 주어진 소여(所
與)가 아니며 오히려 그것을 통해 비로소 소여가 주어진다. 게다가 이
것은 어떤 특정한 측면에서 보면 감각 불가능한 것이기도 하다. 정확히
말해서 재인의 관점, 다시 말해서 〔인식능력에 대한〕 어떤 경험적 실행
의 관점에서 본다면 이것은 감각 불가능한 것이다. 이 경험적 실행에서
감성은 단지 여타의 인식능력들에 의해서도 파악될 수 있는 것만을 파
악하고, 또 그것이 어떤 공통감 안에서 관계하는 대상은 여전히 여타의
인식능력들에 의해서도 포착되어야 한다. 반면 오로지 감각밖에 될 수
없는 것(이와 더불어 감각 불가능한 것)이 현전할 때 감성은 어떤 고유한
한계 ── 기호 ── 에 부딪히게 되고, 또 어떤 초월적 실행 ── n승의 역
량 ── 으로 고양된다. 여기서 공통감은 더 이상 감성의 기여도를 어떤
협동적인 작업의 조건들에 따라 특정하게 제한하지 않는다. 그래서 감
성은 여기서 어떤 불협화음을 내는 유희 속에 놓이게 되고, 감성적 기

관들은 형이상학적 성격을 띠게 된다.

마주침의 대상이 지닌 두 번째 특성은 다음과 같다. 오로지 감각밖에 될 수 없는 것(감각되어야 할 것 혹은 감성적인 것의 존재)은 영혼을 뒤흔들고 '막-주름지게perplexe' 만들며, 다시 말해서 어떤 문제를 설정하도록 강요한다. 말하자면 마주침의 대상, 곧 그 기호가 마치 문제를 머금고 있었던 양, 마치 문제를 만들어내고 있었던 양 그렇게 강요하는 것이다.[13] 플라톤의 다른 문헌들에 비추어 볼 때, 이런 문제나 물음을 어떤 초월론적 기억의 독특한 대상과 동일시할 수 있는가? 왜냐하면 이 초월론적 기억은 오로지 상기(想起)밖에 될 수 없는 것을 파악함으로써 이 영역에서 어떤 배움을 가능하게 해주기 때문이다. 모든 정황을 따져보면 결국 그렇게 말할 수밖에 없다. 물론 플라톤의 상기는 태고적이거나 기억되어야 할 과거의 존재를 파악한다고 주장하지만, 이 과거의 존재는 동시에 어떤 본질적인 망각에 의해 각인되어 있다. 초월적 실행의 법칙에 따르면, 오로지 상기밖에 될 수 없는 것은 (경험적 실행 안에서는) 또한 상기 불가능한 것이기 때문이다. 이런 본질적인 망각과 경험적인 망각 사이에는 커다란 차이가 있다. 경험적인 기억이 관계하는 대상들은 그 기억에 의한 것과는 다르게 파악될 수 있고 심지어 다르게 파악되어야 한다. 즉 내가 상기하는 것을 나는 보고 듣고 상상했거나 사유했어야 한다. 경험적인 의미에서 망각된 것이란, 그것을 다시금 찾을 때 기억을 통해 다시 파악하지 못하는 것이다.(그것은 너무 멀리 떨어져 있고, 망각에 의해 나와 기억내용이 분리되거나 그 기억내용이 지워졌다.) 그러나 초월론적 기억이 파악하는 것은 처음부터, 그리고 일차적으로 오로지 상기밖에 될 수 없는 것이다. 이것은 어떤 우연한 과거

---

13 같은 책, 524 a~b. Gaston Bachelard, *Le rationalisme appliqué*(P.U.F, 1949), 51~56쪽에서는 어떻게 문제나 문제의 담지-대상이 데카르트적 회의와 대립하고, 또 어떻게 철학에 등장하는 재인의 모델이 비판될 수 있는지를 엿볼 수 있다.

사유의 이미지

가 아니라 오히려 과거의 존재 자체이자 모든 시간의 과거이다. 기억이 어떤 사태를 본질적으로 포착할 때 그것이 기억에 대해 몸소 망각된 것으로 나타나는 것은 이런 방식을 통해서이다. 이 사태는 기억 안의 망각과 관계하지 않는다면 기억과도 관계하지 않는다. 여기서도 기억되어야 할 것은 여전히 기억 불가능한 것, 태고의 것이다. 망각은 더 이상 우리와 어떤 우연한 기억내용을 서로 갈라놓는 어떤 우연한 무능력이 아니다. 그것은 오히려 본질적인 기억내용 속에 현존하고, 이때 이 본질적인 기억내용은 그것의 한계나 오로지 상기밖에 될 수 없는 것과 관련지어 보면 기억이 지닌 n승의 역량에 해당한다. 이런 사정은 감성의 경우도 마찬가지였다. 여기서도 두 가지의 감각 불가능자가 대립하기 때문이다. 먼저 경험적 실행에 놓인 우리의 감각들에 대해서는 우연하고 너무 작으며 너무 멀리 떨어진 감각 불가능자가 있고, 다른 한편 이것과 대립하는 초월적 실행의 관점에서는 오로지 감각밖에 될 수 없는 것과 구별되지 않는 어떤 본질적인 감각 불가능자가 있다. 그러므로 감성은 마주침을 통해 감각되어야 할 것sentiendum을 감각하도록 강요되지만, 이번에는 감성이 다시 기억을 강요하여 기억되어야 할 것mémorandum, 오로지 상기밖에 될 수 없는 것을 회상하도록 만든다. 또 마지막으로 초월론적 기억은 다시 사유를 강요하여 오로지 사유밖에 될 수 없는 것, 다시 말해서 사유되어야 할 것cogitandum(νοητέον), 곧 본질을 파악하게 만들고, 바로 여기에 마주침의 대상이 지닌 세 번째 특성이 있다. 하지만 이 본질은 지성적으로 파악할 수 있는 것, 가지적(可知的)인 것이 아니다. 왜냐하면 가지적인 것은 여전히 사유되는 것과는 다른 사태일 수 있는 어떤 것을 사유하는 양태에 불과하기 때문이다. 그 본질이란 것은 오히려 가지적인 것의 존재이며, 이 존재는 사유의 마지막 역량에 해당할 뿐 아니라 또한 사유 불가능한 것에 해당한다. 감각되어야 할 것에서부터 사유되어야 할 것에 이르기까지 개봉되고 전개되는 것은 사유하도록 강요하는 것의 폭력이다. 각각의 인식능력은 빗장이 풀려 경첩들에서 벗어났다. 하지만 이 경첩들은 모든 인식능력들을 회전시키고 수렴시켰던 공통감의 형식이 아니라면 도대체 또 무엇이란 말인가? 그 자체로 보든 그 순서에서 보든, 각각의 인식능력은 독사doxa의 경험적 요소 안에서 자신을 지탱해오던 바로 그 공통감의 형식을 깨뜨리고 자신의 *n*승의 역량에 도달하게 된다. 이는 초월적 실행 안에서 역설의 요소에 도달한다는 것과 같다. 모든 인식능력들이 수렴하면서 어떤 하나의 대상을 재인하려는 공통의 노력에 기여하는 장면 대신, 이제는 어떤 발산적인 노력이 목격되는 것이고, 여기서 각각의 인식능력은 자신이 본질적으로 관련된 '고유한' 측면과 마주하게 된다. 불화(不和)를 겪는 인식능력들, 연쇄적으로 이어지는 힘, 실처럼 이어지며 불타는 화약. 여기서 각각의 인식능력은 자신의 한계에 부딪히고, 다른 인식능력으로부터는 오로지 어떤 폭력만을 수용하며(혹은 다른 능력에 전달하며), 이런 폭력을 통해 자신의 고유한 요소와 대면한다. 하지만 이때 이 고유한 요소라는 것은 각각의 인식능력이 자기 자신과 불균등하고 비교 불가능하게 되는 사태 자체인 것이다.

플라톤주의의 애매성

그렇지만 플라톤이 각각의 인식능력별로 그 한계의 본성을 규정하는 방식을 살펴보자. 『국가』는 본질적인 마주침의 대상, 곧 모든 재인과 구별되어야 하는 대상을 "동시적으로 일어나는 어떤 상반적인 감각 작용"의 대상으로 정의한다. 손가락은 단지 하나의 손가락일 뿐이고 언제나 재인을 불러일으킨다. 반면 단단한 것은 결코 무른 것이 아니면서 단단할 수 없다. 왜냐하면 단단한 것은 자신 속에 상반적인 것을 위치시키는 어떤 생성이나 결합관계와 분리될 수 없기 때문이다.(이는 큰 것과 작

사유의 이미지

은 것, 일자와 다자의 경우에도 마찬가지다.) 그러므로 기호를 구성하거나 사유를 강제하는 것의 출발점을 구성하는 것은 바로 상반적인 것들의 공존이자 어떤 무제한의 질적 생성 안에서 엿볼 수 있는 더한 것과 덜한 것의 공존이다. 이와는 달리 재인은 성질을 측정하고 제한하지만, 그 성질을 어떤 사태와 관계지으면서 그렇게 하는 것이고, 이를 통해 그 성질의 미치게-되기를 가로막는다. 하지만 이렇게 대립이나 질적 상반성의 형식을 통해 첫 번째 심급을 정의할 때 플라톤은 이미 감성적인 것의 존재를 어떤 단순한 감성적 존재자, 어떤 순수한 질적 존재자 $\alpha\iota\sigma\theta\eta\tau\sigma\nu$와 혼동하고 있는 것이 아닐까? 상기라는 두 번째 심급을 염두에 두면 이런 의혹은 더 짙어진다. 왜냐하면 상기는 단지 표면적으로만 재인의 모델과 결별 상태에 놓이기 때문이다. 상기는 오히려 재인의 도식을 복잡하게 만드는 것으로 그친다. 가령 재인이 지각될 수 있거나 지각되는 대상에 관계하는 반면, 상기는 어떤 다른 대상에 관계한다. 이 상기의 대상은 재인의 대상과 연합되어 있거나 차라리 재인의 대상 속에 봉인되어 있다고 가정되고, 또 어떤 판명한 지각과는 무관하게 그 자체로 재인되기를 촉구한다. 기호 안에 봉인되어 있는 이 또 다른 사태는 결코 본 적이 없는 것인 동시에 또한 이미 재인된 것, 이상하게 불안을 일으키는 것이기 십상이다. 그래서 시인처럼 이것은 이미 보았으되 어떤 다른 생애에서, 어떤 신화적 현재에서 보았노라 말하고 싶은 유혹을 느낀다. "너는 ……와 유사하구나." 그러나 이로부터 모든 것이 왜곡된다. 우선 마주침의 본성이 왜곡된다. 마주침은 이제 재인에 대해 특별히 어려운 어떤 시험, 특별히 펼쳐내기 어려운 어떤 봉인물을 제시하는 것이 아니라 오히려 모든 가능한 재인과 대립하게 되기 때문이다. 다음으로는 초월론적 기억과 오로지 상기밖에 될 수 없는 것의 본성이 왜곡된다. 왜냐하면 이 두 번째 심급은 오로지 상기 안의 상사성 형식을 통해서만 파악되기 때문이다. 그리하여 이전과 똑같은 반론이 제기된다. 상기는 과거의 존재와 어떤 과거적인 존재자를 서로 혼동한다. 또 이 과거가 현재였던 어떤 경험적 순간을 지정할 수 없는 까닭에 어떤 원천적이거나 신화적인 현재를 내세운다. 상기 개념의 위대성(또 그것이 근본적으로 데카르트의 본유성 개념과 구별되는 이유)은 사유 자체에 시간을 도입하고 시간의 지속을 끌어들였다는 데 있다. 상기 개념은 이를 통해 사유에 고유한 어떤 불투명성을 설정하고, 그런 가운데 바깥으로부터 기호들에 의해 충격을 받아야 하는 어떤 악한 본성이나 의지를 증언한다. 하지만 앞에서 보았던 것처럼, 여기서 시간은 단지 어떤 자연학적 순환 주기로만 도입된 것이지 결코 자신의 순수한 형식이나 본질을 통해 도입된 것이 아니다. 그렇기 때문에 사유는 여전히 어떤 좋은 본성, 어떤 빛나는 명석성을 지니고 있다고 가정되고, 이런 본성과 명석성은 단순히 자연적 순환의 우여곡절 속에서만 빛을 잃거나 혼미하게 된다고 가정된다. 상기는 여전히 재인의 모델을 위한 어떤 도피처이다. 또 칸트 못지않게 플라톤도 경험적 실행의 형태를 기준으로 초월론적 기억의 실행을 전사(傳寫)하고 있다.(이 점은 『파이돈』의 논의 과정을 통해 잘 드러나고 있다.)

세 번째 심급에 대해 말하자면, 이것은 순수사유의 심급, 혹은 오로지 사유밖에 될 수 없는 것의 심급이다. 플라톤은 이 심급을 분리되어 있는 상반자로 규정한다. 가령 크기는 크기만 할 뿐 그 밖의 어떤 것도 아니고, 작음은 작기만 할 뿐 그 밖의 어떤 것도 아니다. 무게는 오로지 무거울 뿐이고, 단일성은 단지 하나일 뿐이다. 우리가 상기의 압력 아래 사유하도록 강요받는 것은 바로 이런 것들이다. 그러므로 플라톤에게서 본질을 정의하는 것은 실재적 자기동일성의 형식(αὐτό καθ' αὐτό로서 이해되는 같음)이다. 모든 것은 위대한 원리와 더불어 정점에 이른다. 즉 모든 것에도 불구하고 또 모든 것에 앞서, 사유와 진리 사이에는 어떤 친근성, 어떤 혈연 관계가 있고, 또는 차라리 어떤 애호 관계가 있다고 말하는 것이 나을 것이다. 요컨대 최종 단계에서 선(善) 안의 유비 형식 위에 근거하는 어떤 선한 본성과 어떤 선한 욕망이 있다는 것이다. 따라서 『국가』라는 텍스트의 저자 플라톤은 독단적이고 도덕적인 사유의 이미지를 그려낸 첫 번째 인물이었고, 이 이미지를 통해 이 텍스트는 중성화될 뿐 아니라 단지 어떤 '수정 흔적'이나 덧칠 자국으로밖에는 더 이상 기능하지 못하게 된다. 플라톤은 인식능력들에 대한 우월한 사용이나 초월론적 실행을 발견하면서도 이런 사용이나 실행을 감성적인 것 안의 대립 형식, 상기 안의 상사성 형식, 선 안의 유비 형식에 종속시킨다. 이를 통해 그는 재현의 세계를 준비하고 있고, 이 세계의 요소들에 대한 어떤 최초의 분배를 실천하고 있으며, 사유의 실행을 전제하는 동시에 배반하는 어떤 독단적 이미지를 통해 이미 그 실행 자체를 보이지 않게 만들고 있다.

사유하기: 사유 안에서 사유하기가 발생하는 과정

인식능력의 초월론적 형식은 그것의 탈구(脫臼)적 실행,[14] 다시 말해서 우월한 실행이나 초월적 실행과 구별되지 않는다. 초월적이라는 것은 결코 인식능력이 세계 밖의 어떤 대상들과 관계한다는 것을 의미하지 않는다. 그것은 오히려 거꾸로 인식능력이 세계 안에서 오로지 자신과만 배타적으로 관련되고 또 자신을 이 세계에 낳아주는 어떤 것을 파악한다는 것을 의미한다. 만일 초월적 실행이 경험적 실행을 기초로 전사되지 말아야 한다면, 이는 정확히 초월적 실행이 어떤 공통감의 관점에서는 결코 파악될 수 없는 것을 포착하기 때문이다. 공통감은 모든

---

14 (옮긴이 주) exercice disjoint. 초월적 실행exercice transcendant의 특성과 내용을 설명하는 이 용어는 아래에 나오는 역설적 사용usage paradoxal과 마찬가지로 공통감에서 벗어났을 때 인식능력 사용이 맞이하는 상황을 표현하고, 그 밖에 불화적 사용usage discordant, 부조화의 조화accord discordant, 역설감para-sens, 디오니소스적 사유, 이미지 없는 사유 등의 용어들과 하나의 계열을 이루고 있다.

인식능력들의 경험적 사용을 측정하되, 이 인식능력들 간의 협력의 형식 아래 각각의 인식능력에게 되돌아오는 것에 따라 측정한다. 바로 그렇기 때문에 초월론적 차원은 어떤 우월한 경험론을 통해서만 제대로 정당화될 수 있고, 이런 종류의 경험론만이 초월론적 영역과 지역들을 탐사할 수 있다. 왜냐하면 칸트의 믿음과는 반대로 초월론적 차원은 공통감의 규정을 통해 나타나는 바와 같은 일상적인 경험적 형식들로부터는 귀납될 수 없기 때문이다. 인식능력 이론은 철학 체계에 꼭 필요한 부분임에도 불구하고 오늘날 불신의 늪에 빠져 들고 말았다. 이는 고유한 의미에서 초월론적인 이런 경험론이 오인되었기 때문이고, 경험적인 것을 기초로 초월론적인 것을 전사하여 부질없이 그런 초월론적 경험론을 대체했기 때문이다. 이제 필요한 것은 각각의 인식능력을 그것이 고장 나는 극단적인 지점으로까지 이르게 하는 일이다. 이 지점에서 인식능력은 어떤 3중의 폭력 앞에 놓인 희생양이다. 자신에게 실행을 강요하는 어떤 것의 폭력, 자신이 파악하도록 강요받는 어떤 것의 폭력, 자신만이 파악할 수 있지만 (경험적 실행의 관점에서 보자면) 또한 파악 불가능한 어떤 것의 폭력에 휩싸이는 것이다. 이는 마지막 역량이 지닌 3중의 한계와 같다. 각각의 인식능력은 여기서 자신에게 고유한 정념을 발견한다. 다시 말해서 자신의 급진적 차이, 자신의 영원한 반복, 자신의 미분적이고 반복적인 요소 등을 발견한다. 이는 다시 각각의 인식능력에 대하여 행위의 갑작스러운 분만, 대상의 영원한 되풀이, 이미 시작된 반복의 와중에서 태어나는 방식 등에 해당한다. 예를 들어 우리는 다음과 같이 묻는다. 감성에게 감각하도록 강요하는 것은 무엇인가? 오로지 감각밖에 될 수 없는 것은 무엇인가? 감각밖에 될 수 없는 동시에 감각 불가능한 것은 무엇인가? 그리고 우리는 이런 물음을 단지 기억과 사유에 대해서만 제기하는 것으로 그치지 말아야 한다. 그 밖에 상상력에 대해서도 상상의 한계이자 상상하기 불가능한 것

사유의 이미지

이지만 또한 동시에 상상되어야 할 어떤 것imaginatum(φανταστέον)이 있는지 물어야 하고, 언어에 대해서도 침묵인 동시에 또한 말해야 할 어떤 것loquendum이 있는지 물어야 한다. 또 어떤 완결된 인식능력 이론에서라면 자신의 자리를 되찾을 어떤 다른 능력들에 대해서도 물어야 한다. 가령 괴물을 초월적 대상으로 하는 어떤 생명력이 있는지, 그리고 무정부 상태를 초월적 대상으로 하는 어떤 사회성이 있는지 물어야 한다. 또 마지막으로는 아직은 모르지만 언젠가 발견하게 될지도 모를 능력들에 대해서도 이런 물음을 던져야 한다.[15] 왜냐하면 미리 말할 수 있는 것은 아무것도 없고, 탐구에 대해서는 결코 예단할 수 없기 때문이다. 가령 너무나 잘 알려졌고 지나치게 알려져 있는 특정한 인식능력들은 공통감의 형식을 통해서만 부과되고 실행되기 때문에, 어떤 고유한 한계를 갖지 않고 동사적인 형용사를 갖지 않은 것으로 드러날 수도 있다. 거꾸로 이 공통감의 형식에 의해 억압되어 있던 어떤 새로운 인식능력들이 그 모습을 드러낼 수도 있다. 탐구의 결과들과 관련된 이런 불확실성 때문에, 또한 인식능력들 각각의 특수한 경우에 대한 연구가 이렇게 복잡하다 해도, 인식능력 이론 일반이 불가능해지는 것은 아니다. 오히려 거꾸로 초월론적 경험론은 경험적인 것의 형태들을 기준

---

15 **상상력의 경우**: 이는 칸트가 공통감의 형식에서 해방된 어떤 인식능력을 고려하고 이 능력에 대해 진정으로 '초월적인' 어떤 정당한 실행을 발견하는 유일한 경우이다. 사실 『순수이성비판』에서 도식화하는 상상력은 여전히 이른바 논리적이라 불리는 공통감에 종속되어 있다. 아름다움의 판단에서 반성하는 상상력은 여전히 심미적 공통감에 종속되어 있다. 그러나 숭고와 더불어 칸트가 말하는 상상력은 자신의 고유한 한계, 상상되어야 할 것 φανταστέον, 자신의 최대치에 부딪히도록 강요되고 강제된다. 이때 상상력의 최대치는 또한 자연 안에서는 상상 불가능한 것, 비-형상적이거나 탈-형상적인 것이기도 하다(『판단력비판』 26절). 또 상상력은 자신이 겪는 강제력을 사유에 전달하고, 이로써 사유는 다시 사유하기의 본성과 능력의 근거로서 초-감성적인 것을 사유하도록 강요받는다. 즉 사유와 상상력은 여기서 어떤 본질적인 부조화 속으로 진입하고, 어떤 새로운 유형의 일치를 조건짓는 어떤 상호적인 폭력 속으로 진입한다(27절). 그리하여 숭고 속에서는 재인의 모델이나 공통감의 형식이 실패를 겪는 가운데 사유를 전혀 새로운 방식으로 생각할 기회가 주어진다.

으로 초월론적인 것을 전사하지 않는 유일한 방책이다.

여기서 우리의 주제는 그런 종류의 인식능력 이론을 확립하는 것이 아니다. 우리는 다만 그런 이론의 요구들이 지닌 본성만을 규정하고자 한다. 그러나 이 점과 관련하여 플라톤의 규정들은 만족스러울 수 없다. 왜냐하면 인식능력들로 하여금 자신들 각각의 한계에 이르도록 할 수 있는 것은 이미 매개되고 재현과 결부된 형태들이 아니라 오히려 거꾸로 차이 그 자체의 자유롭거나 야생적인 상태들이기 때문이다. 이것은 감성적인 것 안의 질적 대립이 아니라 그 자체로 차이인 어떤 요소이고, 게다가 이 요소는 감성적인 것 안에서 질(質)을 창조하는 동시에 감성 안에서 초월적 실행을 창조한다. 이 요소는 곧 강도(強度)이고, 이 강도는 순수한 즉자적 차이에 해당한다. 이런 강도는 경험적 차원의 감성에 대해서는 감각 불가능하다. 이 수준에서 감성은 강도를 파악하지만, 그렇게 파악된 강도는 언제나 스스로 창조한 질에 의해 이미 뒤덮여 있거나 매개되어 있다. 그렇지만 마주침 안에서 강도를 직접적으로 포착하는 초월적 감성의 관점에서 보면, 이 요소는 동시에 오로지 감각밖에 될 수 없다. 또 감성이 자신이 겪는 강제력을 상상력으로 전달하고, 그래서 이제는 상상력이 초월적 실행으로 고양될 때, 상상되어야 할 것 φαντασϛον, 오로지 상상밖에 될 수 없는 것이자 경험적으로는 상상 불가능한 것을 구성하는 것은 환상(幻想)이고 환상 안의 불균등성이다. 또 기억의 단계에서는, 어떤 초월적 기억의 아득한 태고를 구성하는 것은 상기 안의 유사성이 아니라 오히려 거꾸로 시간의 순수한 형식 안에 있는 비유사성이다. 그리고 이 시간의 형식에 의해 균열된 어떤 나는 마침내 오로지 사유밖에 될 수 없는 것을 사유하도록 강제받기에 이른다. 같음의 사태가 아니라 본성상 언제나 달라지는 바로 그 초월적 '우발점'을 사유하도록 강제받는 것이다. 이 우발점에는 모든 본질들이 마치 사유의 미분들인 양 봉인되어 있다. 또 이 우발점은 경험적 사용 안에서는 사유 불가능한 것 혹은 사유하기의 무능력을 지칭하는 한에서 가장 지고한 사유의 역량을 의미한다. 여기서 하이데거의 심오한 텍스트들을 되새겨보자. 그 텍스트들에 따르면, 사유는 자신의 선한 본성과 선한 의지를 전제하는 것으로 만족하고 어떤 공통감, 어떤 이성ratio, 어떤 보편적 본성의 사유Cogitatio natura universalis의 형식 아래 머물러 있는 한에서는 도대체 전혀 사유하지 않는다. 사유는 의견에 사로잡혀 있고 어떤 추상적 가능성 안에 고착되어 있다……. "인간이 사유할 수 있는 것은 그에 대한 가능성을 지니고 있는 한에서이지만, 이런 가능성이 주어져 있다 해도 아직 우리가 사유할 수 있다는 것이 보증된 것은 아니다." 사유는 오로지 "사유를 야기하는" 것, 사유되어야 할 것에 직면하여 겪게 되는 강제와 강요의 상태에서만 사유할 따름이다. 또 여기서 사유되어야 할 것이란 또한 사유 불가능자 혹은 비-사유이고, 다시 말해서 (시간의 순수 형식에 따라) "우리는 아직 사유하지 않는다."라는 영속적인 사실이다.[16]

사유되어야 할 것으로 이르는 길에서는 진실로 모든 것은 감성에서 출발한다. 강도적 사태에서 사유에 이르기까지, 우리에게 사유가 일어나는 것은 언제나 어떤 강도를 통해서이다. 감성이 기원으로서 지니는 특권은 다른 데 있는 것이 아니다. 그것은, 감각하도록 강요하는 것과 오로지 감각밖에 될 수 없는 것이 마주침 안에서는 어떤 단일하고 똑같

---

16 하이데거, 『사유란 무엇인가』(P.U.F.), 21쪽. 하이데거가 사유와 사유되어야 할 것 사이에 있을 수 있는 어떤 욕망이나 필리아라는 주제, 어떤 유비나 혹은 차라리 상동(相同)관계라는 주제를 보존하고 있다는 것은 틀림없는 사실이다. 이는 그가 같음의 우위를 계속 고수하기 때문인데, 설령 이 같음이 본연의 차이를 회집하고 포괄한다고 간주된다 해도 사정은 마찬가지다. 이로부터 귀결되는 것은 증여와 선물의 은유들이고, 이 은유들을 통해 폭력의 은유들이 대체된다. 이런 모든 의미와 방향에서 볼 때 하이데거는 우리가 앞에서 주관적 전제들이라 불렀던 것을 포기하지 않고 있다. 『존재와 시간』(N.R.F.), 21쪽에서 엿볼 수 있는 것처럼, 실제로 존재에 대한 어떤 선-존재론적이고 암묵적인 이해가 있다는 것이고, 하이데거가 한정하듯 **설령 그 이해로부터 명시적인 개념이 따라 나오지 않는다 해도** 사정은 마찬가지다.

은 사태인 반면, 여타의 경우들에서는 이 두 심급이 서로 판이하게 구별된다는 점에서 드러난다. 사실 강도적인 것, 강도 안의 차이는 마주침의 대상인 동시에, 이 마주침을 통해 감성이 도달하게 되는 대상이기도 하다. 감성이 마주치는 것은 신들이 아니다. 비록 숨어 있다 해도 신들은 재인을 위한 형식들에 불과하다. 감성이 마주치는 것은 다이몬(악령)들이고 도약, 간격, 강도적이거나 순간적인 것 등의 역량들이며, 이것들은 차이를 메우되 오로지 차이나는 것을 통해 메운다. 이것들은 경계에 놓인 기호들porte-signes이다. 하지만 가장 중요한 것은 다음과 같은 사실이다. 즉 감성에서 상상력으로, 상상력에서 기억으로, 기억에서 다시 사유로 어떤 이행이 일어날 때 ── 각각의 탈구된 인식능력이 다른 인식능력으로 폭력을 전달하고, 이 폭력을 통해 이 인식능력이 자신의 고유한 한계에 이르게 될 때 ── 어떤 자유로운 형태의 차이가 매번 인식능력을 일깨우고, 게다가 이 차이의 차이소로서 일깨운다. 강도 안의 차이, 환상 안의 불균등성, 시간 형식 안의 비유사성, 사유 안의 미분 등이 그것이다. 대립, 유사성, 동일성, 그리고 심지어 유비까지도 차이의 이런 여러 가지 현시 작용들에 의해 산출된 어떤 효과들에 불과할 뿐, 차이를 자신에게 종속시키고 어떤 재현된 사태로 만드는 조건들이 아니다. 여기서는 결코 어떤 필리아에 대해 말할 수 없다. 이 필리아는 어떤 욕망, 어떤 사랑, 어떤 선한 본성이나 선한 의지를 증언하고 있으며, 이것들에 의해 인식능력들은 폭력을 통해 이르게 될 대상을 이미 소유하거나 그 대상을 향해 손을 내미는 것인지 모른다. 또 그 대상과의 유비나 자신들 사이의 상동성(相同性)을 현시하는 것인지도 모른다. 하지만 이제 이런 필리아에 대해 말할 수 있는 상황이 아니다. 사유는 물론이고 각각의 인식능력이 빠져 들 수 있는 모험은 오로지 비자발성의 모험밖에 없다. 자발적 사용은 경험적인 것 안에 갇혀 있다. 로고스는 상형문자들로 으스러져버리고, 이 문자들 각각은 어떤 인식능력에 속하는 초월적 언어를 말하게 된다. 심지어 출발점마저, 다시 말해서 감각하도록 강요하는 것과 마주친 감성마저 어떠한 친근성도, 어떠한 예정된 목적지도 가정하지 않는다. 오히려 거꾸로 마주침의 우발성이나 우연성이야말로 그 마주침이 사유하도록 강요하는 것의 필연성을 보증해준다. 감성과 감각되어야 할 것sentiendum을 함께 묶어주는 것은, 유사한 것과 같은 것 사이에서 성립하는 바와 같은 어떤 우정이 아니고, 대립하는 것들을 통일하는 그런 우정도 아니다. 본연의 차이소를 전달하거나 소통시키고 이 차이소가 차이와 소통하도록 만드는 어두운 전조(前兆)만으로도 충분하다. 즉 어두운 전조는 어떤 친구가 아니다. 슈레버 법원장[17]은 그 나름대로 플라톤의 세 계기들을 다시 취했지만, 동시에 그는 이 계기들을 원래의 소통적인 폭력으로 되돌려놓았다. 신경들과 이 신경들의 병합, 조사받은 영혼들과 이 영혼들의 살해, 강제된 사유 혹은 사유하도록 만드는 강제가 바로 그것이다.

비록 그것이 폭력적인 소통이나 전달이라 해도 하나의 소통 원리인 만큼, 이 원리는 어떤 공통감의 형식을 유지하고 있는 것처럼 보인다. 그렇지만 실은 전혀 그렇지 않다. 물론 인식능력들 간에는 어떤 연쇄가 있기 마련이고, 이 연쇄 안에는 어떤 질서가 현존한다. 하지만 이런 질서와 연쇄는 똑같은 것으로 가정된 하나의 대상 형식에 바탕을 둔 어떤 협력을 함축하는 것이 아니다. 그렇다고 "나는 생각한다."의 본성 안에서 성립하는 어떤 주관적 통일성을 함축하는 것도 아니다. 균열된 나의 가장자리들을 스쳐가고 또 분열된 자아의 조각들을 이리저리 스쳐가는 것은 어떤 강요되고 깨져버린 연쇄이다. 인식능력들의 초월적 사용은 정확히 말해서 어떤 역설적 사용이고, 이 역설적 사용은 어떤 공

17 (옮긴이 주) 프로이트의 『편집증 환자 슈레버: 자서전적 기록에 의한 정신분석』(1911)의 주인공.

통감의 규칙 아래에서 이루어지는 인식능력들의 실행과 대립한다. 또한 인식능력들 간의 조화는 단지 부조화의 조화로서만 산출될 수 있다. 왜냐하면 각각의 인식능력이 다른 인식능력으로 전달하거나 소통시키는 것은 오로지 폭력밖에 없기 때문이고, 이런 폭력과 마주할 때 각각의 인식능력은 여타의 모든 인식능력들에 대해 차이를 드러내는 동시에 그 모든 인식능력들과 더불어 발산 관계에 놓이게 되기 때문이다.[18] 칸트는 숭고 속에서 상상력과 사유가 이루어내는 관계의 경우를 통해 역사상 처음으로 이런 부조화에 의한 조화의 사례를 제시했다. 그러므로 하나의 인식능력에서 다른 하나의 인식능력으로 소통되는 어떤 것이 있다. 하지만 이것은 소통되면서 변신하되 결코 어떤 공통감을 형성하지는 않는다. 게다가 또한 어떤 이념들이 있어서 모든 인식능력들을 주파하되 결코 그 어떤 특수한 인식능력의 대상은 되지 않는다고 말할 수 있을 것이다. 앞으로 보게 될 것이지만, 사실 이념들이라는 이름은 아마 순수히 사유되어야 할 사태들cogitanda을 지칭하기 위해 보전할 것이 아니라, 오히려 차라리 감성에서 사유로, 사유에서 감성으로 가는 어떤 심급들을 지칭하기 위해 남겨두어야 할 것이다. 이때 이 심급들은 이 두 경우 모두 자신들에 속하는 어떤 질서에 따라 각각의 인식능력의 한계-대상이나 초월적 대상을 분만할 수 있다. 이념들은 문제들이지만, 문제들은 단지 인식능력들이 우월하거나 월등한 실행에 이를 수 있는 조건들만을 가져다줄 뿐이다. 이런 측면에서 보면 이념들은 어떤 양식이나 공통감을 매체로 하지 않는다. 그렇기는커녕 이념들의 배후에는 어떤 역설감[19]이 자리하고 있고, 이 역설감은 탈구된 인식능력

---

18 코스타 악셀로스는 '부조화의 조화'라는 개념을 제대로 규정하고 있다. 그는 이 개념을 세계에 적용하고, 어떤 특수한 기호("또는ou/그리고et")를 이용하여 이런 의미의 존재론적 차이를 지칭한다. Kostas Axelos, *Vers la pensée planétaire*(Minuit, 1964) 참조.
19 (옮긴이 주) 역설감의 원어 para-sens는 양식과 공통감의 원어 bon sens, sens commun 과 같은 계열을 이루는 신조어이고 이 두 말과 대립하는 의미를 담고 있다.

들 간의 유일한 소통을 규정한다. 게다가 또한 이념들은 어떤 '자연의 빛'에 의해 명료해지는 것도 아니다. 이념들은 오히려 도약하고 변신하면서 변별적 차이 관계에 놓이는 미광(微光)들처럼 반짝거린다. 자연의 빛이라는 착상마저도 이념이 지녔다고 가정된 특정한 가치, 가령 '명석-판명'과 분리될 수 없고, 또 이념이 유래한다고 가정된 특정한 기원, 가령 '본유성'과 분리될 수 없다. 하지만 본유성은 단지 어떤 기독교 신학이나 보다 일반적으로는 창조의 요구들의 관점에서 사유의 선한 본성을 대변하고 있을 따름이다.(이런 이유에서 플라톤은 상기를 본유성과 대립시켰고, 또 이 본유성이 순수사유에 접어든 영혼 안에서 시간 형식이 떠맡는 역할을 모르고 있거나, 혹은 이전과 이후 사이에 있어야 하는 어떤 형상적 구별 ─ 사유하도록 강요하는 것 안에서 망각을 근거지을 수 있는 구별 ─ 의 필연성을 모르고 있다고 비난했다.) '명석-판명' 자체는 재인의 모델과 분리될 수 없고, 재인의 모델은 모든 정통교리에 해당하며, 설령 그 교리가 합리적이라 해도 사정은 마찬가지다. 명석-판명은 재인의 논리학이고, 이는 본유성이 공통감의 신학인 것과 같다. 이 둘은 모두 이념을 이미 재현과 표상 안으로 쏟아 넣었다. 인식능력 이론 안에 이념을 복원하기까지는 명석-판명이 폭발하는 단계를 거치기 마련이다. 또는 어떤 디오니소스적 가치를 발견하는 단계를 통과하게 될 것이고, 이 디오니소스적 가치에 따를 때 이념은 판명한 한에서는 필연적으로 애매하고, 보다 판명해질수록 그만큼 더 애매해진다. 판명-애매는 여기서 철학의 진정한 음조가 된다. 불협화음에 빠지는 이념의 교향곡이 되는 것이다.

자크 리비에르와 앙토냉 아르토 사이의 서신 교환은 더할 나위 없이 모범적이다. 리비에르는 권리상 어떤 본성과 의지를 부여받은 어떤 자율적인 사유 기능의 이미지를 고수한다. 사실적 차원에서 우리의 사유를 가로막는 지대한 난점들이 있다는 것은 의심의 여지가 없다. 가령 방법의 결여, 기술이나 응용 능력의 결여, 심지어 건강의 결여 등이 그것이다. 하지만 이런 어려움들은 그나마 다행이다. 왜 그런가? 단지 이 어려움들이 막아주는 덕택에 사유의 본성이 우리의 고유한 본성을 죄 다 삼켜버리는 일이 없기 때문만은 아니다. 또 이 어려움에 의해 사유 는 어떤 장애물들과 관계하게 되고, '사실들'에 버금가는 이 장애물들 이 없다면 사유는 자신의 방향을 설정하지 못하게 될지 모른다는 것 때 문만도 아니다. 그것은 무엇보다 이 어려움들을 극복하려는 노력 덕분 에 우리가 순수사유 안에서 어떤 자아 이상(理想)을 유지할 수 있기 때 문이다. 이때 이 자아 이상은 사실상 우리에게 끊임없이 영향을 미치 는 모든 변이들, 차이와 비동등성들에도 불구하고 "우리 자신들에 대 해 성립할 수 있는 어떤 월등한 등급의 자기동일성"과 같다. 독자들은, 리비에르가 자신이 아르토에 가까이 다가가고 있고 그를 이해하게 됐 다고 믿을수록 그만큼 점점 더 멀어지고 또 그만큼 점점 더 다른 사태 에 대해 말하게 된다는 것을 확인하고는 놀라고 만다. 매우 희귀한 종 류의 오해가 있었던 셈이다. 사실 아르토는 단순히 자신의 "경우"에 대 해 말하는 것으로 그치지 않았다. 그는 이 젊은 시절의 편지들에서 이 미 자신의 경우를 통해 사유하기가 따르는 어떤 일반화된 절차와 마주 하게 되었음을 예감하고 있다. 이 절차는 더는 안심할 만한 독단적 이 미지 뒤로 숨을 수 없고, 오히려 거꾸로 이 이미지의 완벽한 파괴와 일 체를 이룬다. 게다가 그가 체험한다고 말하는 이 어려움들은 어떤 사실 들로 이해될 것이 아니라 오히려 어떤 권리상의 어려움들로 이해되어 야 한다. 그것들은 사유하기가 의미하는 바의 본질과 관련될 뿐 아니 라 그 본질에 영향을 미치는 권리상의 어려움들이다. 아르토에 따르면, (그에게) 문제는 자신의 사유에 방향을 설정하는 데 있는 것도 아니고, 자신이 사유하는 것에 대해 완벽한 표현을 찾는 데 있는 것도 아니다. 응용과 방법을 얻는 데 있는 것도 아니고, 자신의 시들에 대해 최대한 의 완성도를 추구하는 데 있는 것도 아니다. 다만 문제는 그저 무엇인

사유의 이미지

가를 사유하기에 이르는 데 있다. 그의 경우에 생각할 수 있는 유일한 "작업"은 바로 여기에 있다. 이 작업은 사유하기의 충동이나 강박을 가정한다. 모든 종류의 분기점(分岐點)들을 거쳐 가는 이 충동이나 강박은 신경들로부터 출발하고, 영혼으로 소통해 들어가다 마침내 사유에 도달하게 된다. 이때부터 사유가 사유하도록 강요받는 것은 결국 사유 자체의 중심에서 일어나는 붕괴, 사유 자체의 균열, 사유에 고유한 자연적 "무능impouvoir"이다. 이런 무능은 사유의 가장 커다란 역량과 구별되지 않는다. 다시 말해서 사유되어야 할 것들cogitanda, 아직 말로 표현되지 않은 이 힘들과 구별되지 않는 것이고, 이 힘들은 그대로 사유의 절도(竊盜)나 불법 침입에 해당한다. 이 모든 점에서 아르토는 끔찍스럽게 드러나는 어떤 이미지 없는 사유를 추구하고, 또 재현을 용납하지 않는 어떤 새로운 권리를 끝까지 장악하고자 한다. 그는 본연의 어려움과 이것에 뒤따르는 문제와 물음들이 사실적 차원의 사태가 아니라 사유의 권리적 구조임을 안다. 기억상의 기억상실증 환자, 언어상의 실어증 환자, 감성상의 지각불능증 환자 등과 마찬가지로 사유상의 무두인(無頭人)이 있음을 안다. 그는 사유하기가 본유적으로 타고난 것이라기보다 사유 속에서 분만되어야 하는 것임을 안다. 그는 문제가 본성상 그리고 권리상 선재(先在)하는 어떤 사유를 방법적으로 지도하거나 응용하는 데 있는 것이 아니라 다만 아직 현존하지 않는 것을 낳는 데 있음을 안다.(이와 다른 작업은 없고, 여타의 모든 것은 임의적이며, 또 장식에 불과하다.) 사유한다는 것은 창조한다는 것이고, 그 밖의 다른 창조는 없다. 하지만 창조한다는 것은 무엇보다 사유 속에 '사유하기'를 낳는 것이다. 그렇기 때문에 아르토는 사유를 생각할 때 생식성을 내세워 본유성뿐 아니라 상기에도 대립시키고, 또 어떤 초월론적 경험론의 원리를 이렇게 설정한다. "나는 어떤 본유적인 생식기이다. …… 어떤 얼간이들은 자신들이 어떤 존재자, 본유성에 의한 존재자라고 믿는다. 나로 말할 것 같으면 자신의 본유성에 채찍질을 해야 비로소 존재할 수 있는 사람이다. 본유성에 의해 존재하는 자는 어떤 부정적인 존재자여야만 하는 사람이다. 다시 말해서 언제나 이런 텅 빈 개집이나 후려치는 자이다. 오 불가능성의 강아지들이여……. 사유는 문법의 아래쪽에, 바로 거기에 있다. 어떤 본유적인 사실로 간주될 때 이 사유는 이겨내기가 대단히 힘든 치욕이고 범하기가 너무 까다로운 숫처녀이다. 왜냐하면 사유는 한번도 현존한 적이 없는 아주머니이기 때문이다."[20]

4절
다섯 번째 공준: '부정적인 것'으로서의 오류

　여기서 문제는 사유의 독단적 이미지에 어떤 다른 이미지, 예컨대 분열증에서 빌려온 이미지를 대립시키는 데 있는 것이 아니다. 문제는 차라리 분열증이 하나의 인간적인 사실로 그치는 것이 아니고, 그것이 또 어떤 사유의 가능성임을 상기시키는 데 있다. 분열증은 독단적 이미지를 폐기할 때만 드러날 수 있는 사유의 가능성이다. 사실 독단적 이미지와 관련하여 주목할 만한 점은, 그것이 단지 오류만을 사유의 재난으로 인정할 따름이고 모든 재난을 오류의 형태로 환원한다는 데 있다. 우리가 다섯 번째 공준으로 꼽아야 하는 것도 바로 여기에 있다. 즉 오류는 사유에 유일하게 속하는 '부정적인 것'으로 제시된다. 그리고 아마 이 공준이 다른 공준들에 의존하는 것처럼, 다른 공준들도 이 공준에 의존하고 있을 것이다. 가령 사유의 선한 본성은 물론

20　Antonin Artaud, *Correspondance avec Rivière, Œuvres complètes*(N.R.F.), 1권, 9~11쪽. 이 서신 교환에 대해서는 Maurice Blanchot, *Le livre à venir*(N.R.F.) 참조.

331

사유의 이미지

사유 주체의 선한 의지를 가정하는 어떤 보편적 본성의 사유Cogitatio
natura universalis에게 일어날 수 있는 일은 실수하는 것, 다시 말해서
거짓된 것을 참된 것으로 믿는 일(본성상 거짓인 것을 의지에 따라 참으로
간주하는 것) 말고 또 무엇이 있겠는가? 또 오류는 그 자체가 어떤 공통
감의 형식을 증언하고 있는 것이 아닌가? 왜냐하면 하나의 인식능력만
으로는 결코 실수라는 것이 일어날 수 없기 때문이다. 실수한다는 것은
적어도 두 가지 이상의 인식능력들에 대해, 이 능력들 간의 협력의 관
점에서 일어날 수 있다. 실수는 곧 한 인식능력의 어떤 대상이 다른 인
식능력의 어떤 다른 대상과 혼동되면서 일어나는 것이다. 그리고 오류
가 언제나 어떤 잘못된 재인이 아니라면 또 무엇이겠는가? 또한 오류
가 재현의 요소들에 대한 어떤 잘못된 할당에서 오는 것이 아니라면,
대립, 유비, 유사성, 동일성 등에 대한 어떤 잘못된 평가에서 오는 것
이 아니라면 어디서 오는 것이겠는가? 오류는 어떤 합리적인 정통교리
의 이면에 불과하다. 게다가 오류는 자신이 벗어나고 있는 것에 유리하
게 증언하고, 어떤 공명정대를 위해, 이른바 실수하는 자의 어떤 선한
본성과 선한 의지를 위해 증언한다. 그러므로 오류는 그 스스로는 어떠
한 형상도 지니지 않으면서도 거짓에 참의 형상을 부여하는 것이고, 그
런 한에서 '진리'에 충성을 서약하고 있다. 바로 이런 의미에서 플라톤
은 『테아이테토스』에서 필경 『국가』에서와는 전적으로 다른 영감 속에
서 재인이나 공통감의 긍정적 모델과 오류의 부정적 모델을 동시에 세
워놓고 있다. 사유는 어떤 '정통교리'의 이상(理想)을 차용하고, 공통감
은 자신의 대상을 대립, 상사성, 유비, 동일성 등의 범주들 안에서 발
견하지만, 이것으로 이야기가 그치는 것은 아니다. 이에 더하여 오류
는 자기 자신 안에 어떤 초월성을 함축하고 있다. 감각 작용들을 넘어
서는 어떤 공통감의 초월성과 모든 인식능력들을 넘어서는 어떤 영혼
의 초월성을 함축하는 것이고, 이 인식능력들은 이 영혼에 의해 같음의

형식 안에서 협력하도록 συλλογισμός 규정된다. 사실 나는 지각하거나 개념적으로 파악하는 두 사태를 혼동할 수는 없다 해도, 내가 지각하는 사태와 내가 개념적으로 파악하거나 회상하는 사태가 서로 혼동되는 것은 언제든지 일어날 수 있는 일이다. 가령 나의 감각 작용에 나타난 대상을 나의 기억에 있는 어떤 다른 대상의 인상이나 흔적 안으로 슬그머니 끼워 넣는 경우가 그렇고, 그래서 테아이테토스가 지나갈 때 "안녕 테오도르."하는 경우가 그렇다. 그러므로 오류는 그토록 비참한 처지에서도 여전히 자연적 사유Cogitatio natura의 초월성을 증언하고 있다. 통설에 따른다면, 오류는 언제나 때 묻지 않고 청렴한 어떤 공통감의 형식 아래에서 양식이 겪게 되는 일종의 실패일지 모른다. 오류는 독단적 이미지의 선행 공준들에서 비롯되지만, 이런 실패를 통해 그에 못지않게 이 공준들을 확증해주고, 또 그 공준들에 어떤 귀류법(歸謬法)에 의한 증명을 제공하는 것이다.

물론 이런 증명은 이 공준들 자체와 똑같은 요소 안에서 이루어지기 때문에 전혀 효력을 발휘하지 못하는 것이 사실이다. 『테아이테토스』와 『국가』라는 텍스트 사이의 화해 가능성에 대해 말하자면, 그것은 처음에 생각했던 것보다는 훨씬 쉽게 발견될 수 있을 것이다. 『테아이테토스』가 아포리아의 성격을 띤 대화편이라는 것은 우연이 아니다. 정확히 말해서 이 대화편을 끝맺는 아포리아는 차이나 디아포라diaphora의 아포리아다. (차이에 대해 사유는 '의견'을 넘어서는 어떤 초월성을 요구하는 만큼, 의견도 자기 자신에 대해 차이의 내재성을 요구한다.) 『테아이테토스』는 공통감, 재인, 재현, 그리고 이것들의 상관항에 해당하는 오류를 한데 아우르는 최초의 거대 이론이다. 하지만 차이의 아포리아는 처음부터 이 이론의 실패를 가리키고, 또 전혀 다른 방향에서 사유 이론을 탐색해야 할 필요성을 가리키고 있다. 그것은 『국가』의 7권이 지시하는 방향일까? …… 그렇지만 『테아이테토스』의 모델이 그 저변에서

사유의 이미지

계속 힘을 발휘하고 있고, 재현의 집요한 요소들은 여전히 『국가』의 새로운 시야를 어지럽히고 있다는 점을 유념해야 한다.

오류는 보편적인 본성의 사유라는 가설 안에서 자연스럽게 개진되는 '부정적인 것'이다. 그렇지만 독단적 이미지는 사유에는 오류 이외의 다른 재난들, 훨씬 이겨내기 어려운 어떤 치욕들, 유달리 개봉하기 어려운 어떤 부정적인 것들이 있음을 모르지 않는다. 게다가 독단적 이미지는 광기, 어리석음, 짓궂음 ─ 같음으로 환원되지 않는 무시무시한 삼위일체 ─ 이 오류로 환원되지 않음을 모르지 않는다. 하지만 이번에도 여전히 마찬가지로 독단적 이미지에 대해서는 오로지 어떤 사실들밖에 없다. 어리석음, 짓궂음, 광기는 외적 인과성에 따르는 어떤 사실들로 간주되고, 이 사실들을 통해 공명정대한 사유를 탈선시킬 수 있는 어떤 외부적인 힘들 자체가 어떤 유희 관계에 놓인다고 간주된다. 게다가 우리가 단지 사유하는 자로만 그치지 않는 한에서 그렇다는 것이다. 하지만 정확히 말해서 이 힘들이 사유에 미치는 효과만이 오류와 같은 것이 되고, 이 오류는 사실상의 외적 인과성들에서 비롯되는 효과들을 권리상 모두 수용한다고 간주된다. 그러므로 어리석음, 짓궂음, 광기를 오류라는 유일한 형태로 환원하는 것은 권리적 차원에서 이해해야 한다. 이 무미건조한 오류 개념의 잡종적 특성은 바로 이로부터 귀결된다. 즉 만일 사유가 바깥으로부터 탈선하지 않는다면 오류는 순수사유 속에 자리하지 않을 것이지만, 만일 이 바깥이 순수사유 안에 있지 않다면 오류는 이 바깥으로부터 발생하는 결과일 수 없을 것이다. 바로 이런 이유 때문에 우리로서는 독단적 사유의 권리상의 이미지에 맞서기 위해 특정한 사실들을 끌어들이는 것으로 만족할 수 없는 것이다. 재인의 경우에 대해 그런 것처럼, 우리는 권리적 차원에서 논의를 끌고 가야 하고, 그런 가운데 초월론적(선험적)인 것과 경험적인 것에 대해 독단적 이미지가 행사하는 분배의 정당성에 질문을 던져야 한다. 왜냐하면 우리가 보기에는 오히려 오류와 관련된 어떤 사실들이 있는 것 같기 때문이다. 하지만 어떤 사실들인가? 테아이테토스가 지나갈 때 "안녕 테오도르."라고 말하고, 세 시 반일 때 "세시."라고 말하며, 또 7과 5의 합이 13이라고 말하는 자는 누구인가? 근시안, 방심하고 있는 사람, 학교의 어린아이. 바로 이런 것들이 오류들의 실제적인 사례들이지만, 이 사례들은 대부분의 '사실들'처럼 완전히 인위적이거나 유치한 어떤 상황들을 배경으로 하고 있고, 사유에 대해 어떤 기괴하고 우스꽝스러운 이미지를 제공하고 있다. 왜냐하면 독립적인 명제들로 대답할 수 있고 또 그렇게 대답해야만 하는 아주 간단한 질문들과 사유를 한데 묶어놓기 때문이다.[21] 오류가 어떤 의미를 지니는 것은 사유의 유희가 사변적이기를 그치고 일종의 라디오 퀴즈가 될 때뿐이다. 그러므로 모든 것을 뒤집어놓아야 한다. 즉 오류는 초월론적 차원으로 임의로 확대 적용되고 임의로 투사된 어떤 사실이다. 사유의 참된 초월론적 구조들과 이 구조들을 감싸는 '부정적인 것'에 대해 말하자면, 이것들은 아마 다른 곳에서, 오류의 형태들과는 다른 형태들 안에서 찾아야 할 것이다.

어리석음의 문제

어떻게 보면 철학자들은 줄기차게 이런 필요성에 대해 생생하게 의식하고 있었다. 오류의 개념을 어떤 다른 성격의 규정들을 통해 윤색해야 할 필요를 느끼지 않은 철학자는 별로 없다. (몇 가지 예를 인용해보

---

21 헤겔, 『정신현상학』(Aubier), I, 35쪽. "앎의 영역에서 독단적인 사유의 방식은, 참은 어떤 고정된 결과인 하나의 명제에 있거나 직접적으로 알 수 있는 어떤 명제에 있다는 의견과 다르지 않다. 가령 '카이사르는 언제 태어났는가?', '한 스타트의 거리는 몇 피트에 해당하는가?'와 같은 물음들에 대해 어떤 명쾌한 대답이 주어져야 한다.……하지만 이와 같은 진리의 본성은 철학적 진리들과는 다른 것이다."

사유의 이미지

면, 먼저 루크레티우스, 스피노자, 18세기 철학자들, 특히 퐁트넬 등이 발전시킨 미신 개념을 들 수 있다. 미신의 '부조리'는 분명 오류로 환원되지 않는다. 마찬가지로 플라톤에게서 무지나 망각은 상기 자체가 본유성과 구별되는 것과 똑같이 오류와 구별된다. 스토아학파의 우둔stultitia이라는 개념은 광기인 동시에 어리석음이다. 칸트가 말하는 내적 가상은 이성에 내재하는 가상으로서, 오류의 외재적 메커니즘과는 근본적으로 구별된다. 헤겔주의자들이 말하는 소외는 참-거짓의 관계에 대한 대대적인 수정에서 비롯된다. 쇼펜하우어가 말하는 천박함과 아둔함은 의지-지성의 관계에 대한 철저한 전복을 함축한다.) 하지만 훨씬 더 풍부해진 이런 규정들은 그 자체로 발전되지 못하고 있는데, 이는 어쨌든 독단적 이미지가 계속 고수되고 있고 이에 수반되는 공통감, 재인, 재현 등의 공준들이 계속 유지되고 있기 때문이다. 그래서 교정을 거쳐 나온 이런 완화제들은, 독단적 이미지의 암묵적 원리를 전복하기는커녕 단지 그 이미지를 잠시 복잡하게 만들거나 더럽히는 어떤 '수정 흔적'이나 덧칠 자국으로밖에 나타나지 못하는 것이다.

어리석음은 동물성이 아니다. 동물은 '바보'[22]가 되지 않는다. 이는 동물이 어떤 종(種)적 형상들에 의해 보호를 받기 때문이다. 종종 볼 수 있는 것처럼, 인간의 얼굴과 동물의 머리들 사이에, 다시 말해서 인간의 개인적 차이들과 동물의 종적 차이들 사이에는 어떤 형상적 대응 관계가 있다고 간주되어 왔다. 하지만 이런 설명에는 인간만이 고유하게 지니고 있는 짐승 같은 마음으로서의 어리석음이 빠져 있다. 욕설의 모든 단계들을 하나씩 밟아나갈 때 풍자시인은 단지 동물적 형상들에 머무는 것이 아니라 오히려 훨씬 심층적인 곳으로까지 거슬러 올라간다. 육식동물들에서 초식동물들로 거슬러 올라가고, 새나 파충류의 배설구

---

22 (옮긴이 주) 바보의 원어 bête는 원래 짐승이란 뜻의 단어이고, 어리석음의 원어 bêtise 와 어원적 친족관계에 있다.

에 이르며, 마침내 소화력과 꼬투리를 갖춘 어떤 보편적인 바탕에까지 이르는 것이다. 공격 행위나 걸신들린 듯한 운동 등과 같은 외면적인 몸짓보다 훨씬 더 깊은 곳에는 소화라는 내면적인 과정이 있으며, 소화 기관처럼 연동(蠕動)운동을 하는 어리석음이 있다. 그렇기 때문에 전제 군주의 머리는 황소 머리에 그치는 것이 아니라 또한 배의 머리, 배추 나 감자의 머리이기도 하다. 그 누구도 자신의 이익의 원천보다 우월하 거나 그 원천의 바깥에 서 있을 수 없는 법이다. 가령 전제군주는 어리 석음을 제도화하지만, 그 자신이 그 체제의 첫 번째 하인이자 그 제도 에 의해 구속되는 첫 번째 사람이고, 노예들을 부리는 자는 언제나 어 떤 노예이다. 또 여기서 다시 이렇게 물을 수 있다. 어떻게 오류 개념은 어리석음과 잔혹함, 우스꽝스러운 것과 무서운 것 사이에서 성립하는 통일성, 세계의 과정을 이중화하고 있는 통일성을 설명할 것인가? 비겁 함, 잔혹함, 비천함, 어리석음 등은 단순히 어떤 육체적 역량들이나 개 인적, 사회적 성격상의 사실들에 불과한 것이 아니라 본연의 사유 자체 속에 자리하고 있는 어떤 구조들이다. 초월론적 차원의 풍경은 살아 움 직인다. 이곳에는 군주, 노예, 바보 등의 자리가 마련되어야 한다 — 이 때 물론 이 자리는 거기에 자리하는 자와 유사하지 말아야 하고, 또 초 월론적인 것은 결코 자신이 가능하게 하는 경험적 형태들을 기초로 전 사(傳寫)되지 말아야 한다. 우리가 어리석음을 어떤 초월론적 문제로 승격시키지 못한다면, 그 이유는 언제나 우리가 사유Cogitatio의 공준 들을 믿고 있다는 데 있다. 즉 어리석음은 어떤 경험적 규정 이상의 것 이 될 수 없으며, 이 규정은 심리학이나 숨어 있는 일화(逸話) — 더 나 쁜 경우에는 논쟁과 욕설들 — 에 발 딛고 있고, 또 그토록 가증스러운 사이비 문학적 장르인 소화집(笑話集)들에 의존하고 있다. 하지만 누구 에게 잘못이 있는 것인가? 우선 철학에 있는 것이 아닌가? 철학은 오 류 개념 자체를 어떤 사실들에서 빌려오되 별로 중요하지 않고 매우 자의적인 사실들에서 빌려올 정도로 그 개념에 사로잡혀 있다. 가장 저열한 문학은 소화집들을 만들어낸다. 하지만 가장 탁월한 문학은 어리석음의 문제에 붙들려 있었으며, 우주적이고 백과사전적이고 인식형이상학적인 그 모든 차원을 부여하면서 어리석음의 문제를 철학의 문턱들로까지 끌고 갈 줄 알았다(플로베르, 보들레르, 블루아). 철학은 이 문제를 자신의 고유한 수단들을 통해, 그리고 반드시 겸손한 태도로 다시 취하는 것으로 족할 것이고, 이때는 이 어리석음이 결코 타인의 것이 아니라 오히려 고유하게 초월론적인 어떤 물음의 대상임을 염두에 두어야 할 것이다. 즉 (오류가 아니라) 어리석음은 어떻게 가능한가?

어리석음이 가능한 것은 사유와 개체화를 묶어주는 연계성 덕분이다. 이 연계성은 "나는 생각한다." 안에서 나타나는 연계성보다 훨씬 심층적이다. 이 연계성은 이미 사유하는 주체의 감성을 구성하고 있는 어떤 강도장(強度場) 속에서 생긴다. 사실 나 혹은 자아는 아마 종(種)을 가리키는 어떤 표지들에 불과할 것이기 때문이다. 즉 그것은 종과 유기체적 부분들로서의 인류를 나타내는 표지들이다. 아마 인간 안에서 종은 암묵적인 상태로 이행했을 것이다. 그리하여 형상으로서의 나는 재인과 재현에 대해 보편적 원리의 구실을 할 수 있는 반면, 명시적인 종적 형상들은 단지 나에 의해서만 재인될 수 있고, 종별화는 재현의 요소들 중 한 요소의 규칙에 불과하다. 그러므로 나는 어떤 종이 아니다. 하지만 이는 차라리 그것이 유(類)와 종들에 의해 명시적으로 개봉되는 것, 곧 형상의 재현된 생성을 암묵적으로 포함하고 있기 때문이다. 에우독소스와 에피스테몬, 이들의 운명은 같다. 반면 개체화는 종별화와는 아무런 관계가 없고, 종별화를 아무리 멀리 끌고 간다 해도 마찬가지다.[23] 개체화는 본성상 모든 종별화와 다를 뿐 아니라, 또 앞으로 보

---

23 (옮긴이 주) 이미 언급한 것처럼, 종별화spécification는 일반화généralisation의 역순이

게 될 것처럼 모든 종별화를 가능케 하고 모든 종별화에 선행한다. 개체화는 유동하는 강도적 요인들의 장(場)들 속에서 성립하고, 이 장들은 게다가 나나 자아의 형상에 아예 빚지지 않는다. 모든 형상들 밑에서 이루어지는 본연의 개체화는 어떤 순수한 바탕과 분리될 수 없고, 이 바탕은 개체화를 통해 위로 솟게 되며 개체화에 이끌려간다. 이 바탕을 서술하고 이 바탕이 야기하는 공포와 매력을 동시에 묘사한다는 것은 어려운 일이다. 바탕을 휘젓는다는 것은 지극히 위험한 작업이지만, 또한 어떤 우둔한 의지의 아연한 순간들에서는 지극히 매혹적인 작업이기도 하다. 왜냐하면 이 바탕은 개체와 더불어 표면으로 올라오면서도 형상이나 형태를 취하지 않기 때문이다. 바탕은 눈이 없지만 우리의 시선을 집중시킨다. 개체는 바탕에서 벗어나 어떤 구별되는 형태를 취하려 하지만, 바탕은 개체와 떨어지려고 하지 않는다. 자신과 이혼하는 것과 더불어 끊임없이 결혼하는 것이다. 대지(大地)와 신발의 관계에서 그런 것처럼,[24] 바탕은 규정되지 않은 것이지만 규정을 계속 끌어안는 한에서 미규정적이다. 그런데 어떻게 보면 동물들은 자신들의 명시적인 형상들 덕분에 이 바탕의 위험에서 벗어나 있다. 나와 자아의 경우는 사정이 다르다. 개체화의 장들이 괴롭히고 또 침식해 들어가는 나와 자아는 바탕의 상승 앞에 무력하다. 그렇게 상승하는 바탕은 나와 자아에게 형태를 왜곡하고 일그러뜨리는 거울을 들이밀고, 이런 바탕에서는 지금 사유되고 있는 모든 형상들이 용해되어버린다. 어리석음은 바탕도 개체도 아니지만, 그 둘을 묶는 어떤 관계이다. 바로 이 관계 속에서 바탕은 개체화를 통해 상승하게 되지만, 개체화는 바탕에 형상을 부여하지 못한다.(바탕은 사유 가능성의 가장 깊은 곳으로 침투하고, 모

고, 그래서 일반적인 것에서 특수한 것으로 나아가는 절차이다.

24 (옮긴이 주) 하이데거의 『예술작품의 근원』(1952)에 나오는 반 고흐의 그림과 그에 대한 하이데거의 해석을 염두에 둔 구절.

든 재인에도 불구하고 재인되지 않는 것을 구성하며, 그런 가운데 나와 자아를 가로질러 상승한다.) 모든 규정들은 잔혹하고 사악해진다. 오로지 자신을 응시하고 창조하는 사유에 의해서만 파악될 수 있는 이런 규정들은, 마치 허물이 벗겨지듯 자신들의 생생한 형상과 분리되고, 그런 상태로 이 우울한 바탕 위에 떠다니고 있다. 이 수동적인 바탕 위에서는 모든 것이 폭력이 된다. 소화력으로 꿈틀대는 이 바탕 위에서는 모든 것이 공격이 된다. 여기서는 어리석음과 짓궂음이 마녀들의 축제같이 야단법석을 일으킨다. 아마 이것이 가장 아름다운 인간적인 형태들을 짓누르는 우울의 근원일 것이다. 즉 그 근원은 인간의 얼굴에 고유한 어떤 추악함의 예감, 어떤 상승하는 어리석음의 예감, 병을 앓을 때 일어나는 어떤 일그러짐의 예감, 광기 안에서 일어나는 어떤 반사운동의 예감 등에 있다. 자연철학의 관점에서 볼 때 광기가 솟아오르는 곳은, 개체가 이 자유로운 바탕에 투영되는 지점, 그 결과 어리석음이 어리석음에, 잔혹성이 잔혹성에 잇달아 투영되고, 마침내 더 이상 견딜 수 없게 되는 지점이다. "그래서 그들의 정신 속에는 어떤 인식능력, 어리석음을 보고 더 이상 그것을 참으려 하지 않는 어떤 가련한 인식능력이 자라났다……."[25] 물론 지극히 가련한 이런 인식능력은 또한 위풍당당한 인식능력이 될 때가 있다. 그것은 이 인식능력이 철학에, 그것도 정신철학에 활력을 줄 때, 다시 말해서 여타의 모든 인식능력들을 어떤 초월적 실행으로 유도해가고, 이 실행을 통해 개체, 바탕, 사유의 삼자 사이에 어떤 폭력적인 화해가 가능해질 때이다. 그리하여 강도적인 개체화 요인들은 스스로 자기 자신을 대상으로 하여 초월적 감성의 최고 요

---

25 플로베르, 『부바르와 페퀴셰』. 악(어리석음과 짓궂음)에 대해, 마치 (개체화에 대한 본질적인 관계에서) 자율화된 바탕인 것 같은 이 악의 원천에 대해, 또 이로부터 이어지는 역사 전체에 대해 셸링은 눈부신 문장을 펼친 바 있다. F. W. J. Schelling, *Recherches philosophiques sur la nature de la liberté humaine*, trad. S. Jankélévitch, *Essais*(Aubier), 265~267쪽. "신은 이 바탕으로 하여금 전적인 독립성을 누리며 활동케 했다……."

소, 곧 감각되어야 할 것sentiendum을 구성하기에 이른다. 또 사유 안에서 바탕은 한 인식능력에서 다른 인식능력으로 자리를 옮기지만, 이때 바탕은 언제나 사유되지 않는 것이자 사유하지 않는 것으로 남아 있다. 하지만 사유되지 않는 바로 이것은 어떤 필연적인 경험적 형식이 되어버렸고, 균열된 나(부바르와 페퀴셰) 안에서 사유는 마침내 이 형식을 통해 사유되어야 할 것cogitandum, 다시 말해서 오로지 사유밖에 될 수 없는 초월적 요소("우리가 아직 사유하고 있지 않다는 사실" 혹은 "어리석음이란 무엇인가?"라는 물음)를 사유하게 된다.

5절
여섯 번째 공준: 지칭의 특권

교사들은 (명제들을 하나하나 번역해야 하거나 어떤 정해진 결과를 내놓아야 하는 연습들에서는 아니지만) '숙제'에서 어떤 오류들이나 틀린 것을 만나기 어렵다는 사실을 이미 잘 알고 있다. 오히려 가장 지독하고 가장 빈번하게 만날 수 있는 것은 어떤 무-의미들, 흥미도 중요성도 없는 언급들, 특이한 것으로 잘못 간주되고 있는 진부한 것들, 독특한 '점'과 평범한 점의 혼동들, 잘못 제기되었거나 그 의미가 왜곡된 문제들 따위 같은 것이다. 그렇지만 이런 것들은 위험을 초래할 수 있는 데다가 우리 모두의 운명이기까지 하다. 수학자들이 논쟁할 때, 그들이 결론이나 계산에서 실수를 범했다는 이유로 서로를 비난한다는 것은 믿기 어려운 일이다. 비난의 이유는 오히려 어떤 신통치 않은 정리(定理), 어떤 의미 없는 문제를 내놓았다는 데 있다. 이런 사실로부터 그 귀결들을 끌어내는 것은 철학의 몫이다. 의미의 요소는 철학이 이미 잘 알고 있는 것에 속하고, 우리들에게도 아주 친숙한 것이 되었다. 그렇지만 이

사유의 이미지

것으로는 아직 충분하다고 할 수 없을 것이다. 보통 의미는 참의 조건으로 정의된다. 하지만 조건은 조건화 대상보다 훨씬 넓은 외연을 지닌다고 가정되므로, 의미는 오류까지 가능케 하지 않고서는 결코 진리를 근거짓지 못한다. 그러므로 거짓 명제일지라도 의미를 지닌 명제이기는 마찬가지다. 무-의미에 대해 말하자면, 그것은 참도 거짓도 될 수 없는 것의 특성일 것이다. 보통 하나의 명제에는 서로 구별되는 두 차원이 있다고 간주된다. 먼저 표현의 차원이 있는데, 여기서는 명제가 어떤 이념적인 사태를 언표하고 표현한다. 다른 한편 지칭의 차원이 있고, 여기서는 명제가 언표되거나 표현된 것이 적용되는 대상을 지시하고 지칭한다. 전자는 의미의 차원일 것이고, 후자는 참과 거짓의 차원일 것이다. 하지만 여기서 의미는 자신이 근거짓는 것에 무관심하지 않고서는 명제의 진리를 근거짓지 못할 것이다. 참과 거짓은 지칭과 관련된 사안일 것이다.(러셀이 말하는 것처럼, "진리와 거짓의 물음은 명사와 언표들이 지시하는 것과 관련된 것이지, 그것들이 표현하는 것과 관련된 것이 아니다.") 그리하여 어떤 이상한 상황이 성립하게 된다. 즉 의미의 영역이 발견되지만, 그 영역과 결부되는 것은 단지 어떤 심리적 감식력이나 어떤 논리적 형식주의에 불과하다. 필요에 따라 참과 거짓이라는 고전적 가치들에 무-의미나 부조리라는 어떤 새로운 가치를 덧붙이는 경우도 있다. 하지만 참과 거짓은 여전히 계속 이전과 똑같은 상태에 머물러 있다고 가정된다. 다시 말해서 자신들에게 지정된 조건이나 자신들에게 덧붙여진 새로운 가치와는 독립해 있던 예전의 상태로 계속 현존한다고 가정된다. 참과 거짓에 대한 말은 너무 지나치거나 혹은 충분치 않다. 지나칠 수밖에 없는 것은, 어떤 근거에 대한 탐구는 우리에게 사유의 새로운 방식들에 대한 영감을 주어야 하는 어떤 '비판'의 핵심을 형성하기 때문이다. 반면 그것이 충분치 않은 것은, 근거가 자신에 의해 근거지어지는 것보다 훨씬 넓은 외연을 지니는 한에서, 이 비판은 단지 전통적인 사유 방식들을 정당화하는 데에만 도움이 되기 때문이다. 보통 가정되고 있는 바에 따르면, 참과 거짓은 참을 근거짓되 거짓을 가능케 하지 않는 조건에 의해서는 영향을 받지 않는다. 참과 거짓의 배후에 명제 안의 지칭 관계가 설정될 때, 어떤 여섯 번째 공준이 그 모습을 드러낸다. 이는 명제 자체 혹은 지칭의 공준인데, 이 공준은 선행하는 공준들을 불러 모으면서 또한 이 공준들과 연쇄를 이루며 계속 이어진다.(지칭 관계는 재인의 논리적 형식에 불과하다.)

의미와 명제

사실 조건은 실재적 경험의 조건이어야 하며, 가능한 경험의 조건으로 그치지 말아야 한다. 조건은 어떤 내생적 발생을 형성하는 것이지 어떤 외생적 조건화를 형성하는 것이 아니다. 그 모든 측면에서 볼 때 진리는 생산에 관련된 사안이지 정확한 일치에 관련된 사안이 아니다.[26] 생식성에 관련된 사안일 뿐 결코 본유성이나 상기와 관련된 사안이 아닌 것이다. 우리는 근거지어지는 것이 이전의 상태와 똑같은 것으로 남는다고 믿을 수 없고, 다시 말해서 근거지어지지 않았을 때, 근거의 시험을 통과하지 않았을 때와 똑같은 것으로 남는다고 믿을 수 없다. 만일 충족이유, 근거가 '휘어져' 있다면, 이는 그 근거가 자신이 근거짓는 것을 어떤 진정한 무-바탕과 관계짓기 때문이다. 이는 "그것을

---

[26] (옮긴이 주) affaire de production, non pas d'adéquation. 아리스토텔레스의 『분석론 후서』 이래 서양 철학은 진리를 말과 사실, 사유와 대상, 주관과 객관 사이의 일치adequatio로 정의해왔고, 따라서 진리의 실제 내용은 정확성으로 귀착되었다. 이런 전통적 진리 이해에 대한 현대적 비판과 대체의 역사는 니체에서 시작된 이후 현대 유럽철학의 가장 중요한 흐름을 이룬다. 니체의 계승자 들뢰즈는 정확한 일치 대신 생산의 역량에서 진리의 본성을 찾는다. 그가 규정을 발생의 과정 자체로 본다든지, 사유의 본성을 본유성이나 상기에서 찾는 대신 생식성génitalité에서 찾는 것도 이와 같은 문맥에서 읽어야 한다.

사유의 이미지

더 이상 알아볼 수 없게 되었다."라고 말할 만한 경우이다. 근거짓는다
는 것은 곧 변신케 한다는 것이다. 의미는 결코 어떤 지칭에 대해 무관
심한 채 남아 있으면서 그 지칭을 가능케 하는 것으로 만족하지 않으
며, 참과 거짓도 그와 같은 단순한 지칭과 관련되어 있지 않다. 명제와
그것이 지칭하는 대상의 관계는 의미 자체 안에서 확립되어야 한다. 이
념적 의미의 특성은 자기 자신을 넘어서서 바로 그 지시된 대상을 향해
나아가는 데 있다. 지칭 — 하나의 참된 명제의 경우에 이루어지는 지
칭 — 이 근거지어지기 위해서는, 그 자체가 무엇보다 먼저 의미를 구
성하는 발생적 계열이나 이념적 연관들의 한계로서 사유되어야 할 것
이다. 만일 의미가 자기 자신을 넘어서서 대상을 향해 나아간다면, 이
대상은 더 이상 의미의 외부에 해당하는 현실 속에 설정될 수 없으며
다만 그 의미 과정의 한계로서 설정될 수 있을 뿐이다. 또 명제와 그 명
제가 지칭하는 것의 관계는, 그것이 이미 이루어진 관계인 한에서는,
그 관계를 이루어내는 대상과 동시에 의미의 통일성 안에서 구성되어
있다. 지칭되는 대상이 자기 스스로 유효하고 또 의미에 대해 외부적
인 상태로 남는 경우는 단 하나뿐이다. 정확히 말해서 그것은 단칭명제
들의 경우인데, 이것들은 자의적으로 문맥으로부터 분리되어 사례들로
취해진 명제들이다.[27] 하지만 여기서도 여전히 이렇게 물을 수 있다. 유
치하고도 인위적인 교육용 사례들이 사유의 이미지를 정당화할 수 있
음을 어떻게 믿을 수 있겠는가? 살아 있는 사유의 문맥 속에 다시 놓이
게 될 때마다 명제는 어떤 진리나 어떤 거짓을 지니는 것처럼 보인다.
정확히 말해서 이 경우 명제는 자신의 의미에 따라 마땅히 받아야 할
진리를 지니게 되고 스스로 함축하는 무-의미들에 따라 자신에게 귀속

---

27 단칭명제들에 특권을 부여하는 러셀의 태도는 바로 여기서 비롯된다. B. Russell,
Signification et vérité(Flammarion), 360~367쪽에 나오는 러셀과 카르납 사이의 논쟁 참조.

되는 거짓을 지니게 된다. 참된 것에는 언제나 우리가 가질 몫이 있으며, 이 몫은 우리가 말하는 것의 의미에 따라 마땅히 받아야 할 몫으로 결정된다. 의미는 참된 것의 발생이나 산출이고, 진리는 의미의 경험적 결과에 불과하다. 독단적 이미지의 모든 공준들 안에서 우리는 똑같은 혼동을 거듭 발견하게 된다. 이 혼동은 경험적인 것이 지닌 어떤 단순한 형태를 초월론적(선험적)인 것으로 고양시키는 데 있고, 이런 혼동은 초월론적인 것의 참된 구조들을 경험적인 것으로 추락시키는 위험으로 이어진다.

의미는 명제에 의해 표현되는 것이다. 그러나 표현되는 것이란 무엇인가? 표현되는 것은 지칭되는 대상으로도, 표현하는 자의 체험 상태로도 환원되지 않는다. 우리는 다음과 같은 방식으로 의미sens와 의미작용-signification을 구별하기까지 해야 한다. 먼저 의미작용이 가리키는 것은 개념이자 이 개념이 재현의 장(場) 속에서 조건화되어 있는 어떤 대상들과 관계하는 방식이다. 반면 의미는 재현 이하의 규정들 안에서 개봉되는 이념과 같다. 의미가 무엇인지를 말하는 것보다는 무엇이 아닌지를 말하는 것이 훨씬 쉽다는 것은 그리 놀라운 일이 아니다. 사실 우리는 결코 하나의 명제와 그 명제의 의미를 동시에 정식화할 수 없으며, 우리는 결코 우리가 말하는 것의 의미를 말할 수 없다. 이런 관점에서 보면 의미는 진정 말해져야 할 것loquendum이고, 경험적 사용 안에서는 말해질 수 없는 것, 단지 초월적 사용 안에서만 말해질 수 있는 것이다. 모든 인식능력들을 주파하는 이념은 의미로 환원되지 않는다. 왜냐하면 이념은 또한 무-의미이기도 하기 때문이다. 또 이념은 그 자체로는 의미가 없는 어떤 구조적인 요소들에 의해 구성되지만, 이념 그 자체는 자신이 생산하는 모든 것의 의미를 구성하며(구조와 발생), 이런 이중적 측면을 화해시키는 것은 전혀 어려운 일이 아니다. 자기 자신과 자신의 의미가 동시에 말해지는 단어는 단 하나뿐이다. 그것은 바로 아브락사스, 스나크, 혹은 블리투리[28] 등과 같이 무의미한 단어이다. 또 만일 의미가 인식능력들의 경험적 사용에 대해서는 필연적으로 어떤 무-의미라면, 거꾸로 경험적 사용 안에서 그토록 빈번하게 나타나는 무-의미들은 양심적인 관찰자에 대해서는 의미의 비밀과도 같다. 이 런 관찰자는 자신의 모든 인식능력들을 어떤 초월적 한계를 향해 내밀 고 있다. 이미 많은 작가들(가령 플로베르나 루이스 캐럴)이 여러 가지 방 식으로 간파했던 것처럼, 무-의미의 메커니즘은 의미의 최고 목적이고, 이는 어리석음의 메커니즘이 사유의 최고 목적인 것과 같다. 만일 우리 가 말하는 것의 의미를 우리 스스로 말하지 못한다는 것이 사실이라면, 우리는 적어도 의미 —— 다시 말해서 한 명제에 의해 표현되는 것 —— 를 어떤 다른 명제에 의해 지칭되는 것으로 여길 수 있다. 하지만 이 두 번 째 명제도 역시 자신의 의미를 말하지 못하고, 이 명제의 의미는 또 다 른 명제에 의해 지칭되며, 이런 과정은 무한히 계속된다. 그리하여 의 식의 명제들 각각을 "이름"이라 부른다면, 의식은 명칭상의 어떤 무한 퇴행에 빠지게 된다. 이때 각각의 이름은 어떤 다른 이름에 의존하고, 이 다른 이름은 선행하는 이름의 의미를 지칭한다. 하지만 경험적 의식 의 무능력은 여기서 언어의 'n승'의 역량에 해당한다. 또 그것은 언어 의 초월적 반복과 같고, 단어들 자체를 말하거나 단어들에 대하여 말할 수 있는 무한한 능력과 같다. 어쨌든 사유는 독단적 이미지에 의해, 명 제들의 공준 안에서 왜곡된다. 이 공준에 따르면 철학은 의식의 첫 번 째 명제, 코기토에서 어떤 출발점을 찾을 수 있을 것이다. 하지만 코기 토는 아마 아무런 의미가 없는 이름일 것이고, 평범한 되풀이 역량에 해당하는 무한 퇴행 이외에는 다른 대상이 없는 이름일 것이다.(나는 내

---

28 (옮긴이 주) abraxas, snark, blituri. 아브락사스는 신비주의 전통의 마법적 주문에 나 오는 옹어이며, 스나크는 루이스 캐럴의 부조리 시 「스나크 사냥」에 나오는 말이다. 블리투 리는 섹스투스 엠피리쿠스가 언급하는 의성어로 하프 소리와 유사하다.

가 생각한다는 것을 생각한다는 것을 생각한다는 것을…… 생각한다.) 의식의 모든 명제는 어떤 무의식, 순수사유의 무의식을 함축하고, 이 무의식은 무한 퇴행이 일어나는 의미의 권역(圈域)을 구성한다.

의미의 역설들

그러므로 의미의 첫 번째 역설은 증식의 역설이다. 이 역설에 따르면 하나의 '이름'이 표현하는 것은 그 이름을 이중화(二重化)하는 다른 하나의 이름에 의해 지칭된다. 또 어쩌면 이런 역설에서 벗어나는 것이 가능할 수도 있겠지만, 아마 결국에는 다른 역설에 빠지게 될 것이다. 이번에는 그 명제를 보류 상태에 빠뜨리고 고정시켜서 이 명제의 이념적 내용이나 내재적 소여(所與)만을 간직한 어떤 분신을 끌어내기에 충분한 시간을 만들어놓는 것이다. 그래서 언어에 본질적인 역설적 반복은 더 이상 어떤 이중화에 있는 것이 아니라 오히려 어떤 이분화(二分化)에 있다. 그 반복은 더 이상 어떤 가속이나 서두름에 있는 것이 아니라 오히려 어떤 정지나 유보에 있다. 우리가 볼 때 이 명제의 분신은 명제 자체와 구별될 뿐 아니라 그 명제를 정식화하는 자와 구별되고, 또 그 명제가 취급하는 대상과도 구별된다. 이 분신이 주체는 물론이고 대상과도 구별되는 것은, 자신을 표현하는 명제의 바깥에서는 실존하지 않기 때문이다. 이 분신이 명제 자체와 구별되는 것은, 자신의 논리적 속성, 자신의 '언표 가능자'나 '표현 가능자'에 해당하는 대상과 관계하기 때문이다. 이것이 명제의 복합 테마이고, 또 이를 통해 인식의 첫 번째 항이 된다. 이 분신을 대상(가령 신, 하늘)과 구별하고 동시에 명제(신은 있다, 하늘은 푸르다)와 구별하기 위해서는, 그것을 어떤 부정사(不定詞) 형식이나 분사(分詞) 형식으로, 예컨대 신-존재하기 Dieu-être나 존재하는-신Dieu-étant, 하늘의 푸르게-있음l'étant-bleu du ciel 등으로 언표해야 할 것이다. 이 복합체는 어떤 이념적 사건이다. 이것은 어떤 객체적 사태이지만, 그렇다고 그 자체로 실존한다고는 말할 수 없다. 이 복합체는 끈덕지게 내속하고 존속하지만 어떤 유사-존재자, 어떤 열외(列外)-존재자에 불과하며 현실적이고 가능한 대상들, 심지어 불가능한 대상들 등에 공통되는 최소치의 존재에 불과하다. 하지만 우리는 여기서 한 무리를 이루고 있는 어떤 이차적 난점들의 소굴에 빠지게 된다. 사실 긍정과 부정은 단지 명제의 양태들이므로, 상호 모순되는 명제들이 똑같은 의미를 가지게 되는 상황을 어떻게 피할 수 있는가? 또 그 자체로 불가능하고 모순적인 어떤 대상(원의 사각형으로-있음)은 '의미작용'을 하지 않음에도 불구하고 어떤 의미를 갖게 되는 상황을 어떻게 피할 수 있는가? 게다가 한 대상의 일시성과 그 대상의 의미가 지니는 영원성을 어떻게 화해시킬 수 있는가? 마지막으로 하나의 명제는 자신의 표현 가능자가 참이므로 참이어야 하지만 그 표현 가능자는 오로지 그 명제 자체가 참일 때만 참일 수 있다는 거울 놀이를 피하기 위해서는 어떻게 해야 하는가? 이런 난점들은 모두 어떤 공통의 기원에서 비롯된다. 그 기원은 명제에서 분신을 이끌어낼 때 출현하게 되는 어떤 단순한 환영(幻影)에 있다. 이렇게 정의된 의미는 사물과 단어들의 경계에 드리운 어떤 안개에 불과하다. 여기서 의미는 논리학이 쏟아 붓곤 하는 최상의 노력 끝에야 비로소 등장하는 것임에도 불구하고, 발생의 능력을 빼앗겨 비신체적인 불모성을 겪고 있는 어떤 비-효력으로 나타난다.[29] 루이스 캐럴은 이런 모든 역설들

---

29 Hubert Elie, *Le complexe significabile*(Vrin, 1936) 참조. 의미 이론의 중요성과 역설들을 부각시키고 있는 이 탁월한 저서는 14세기 오컴학파(Grégoire de Rimini, Nicolas d'Autrecourt)에서 개진되고 이후 마이농이 재발견하게 될 의미 이론에 초점을 맞추고 있다. 이런 식으로 파악된 의미의 불모성과 비효율성은 훗설에게서도 여전히 엿볼 수 있다. 가령 그는 이렇게 쓰고 있다. "표현층은 생산적이지 않다. 또는 이 층의 생산성, 이 층의 노에마적 작용은 표현작용과 더불어 소진되고, 이런 표현 기능과 함께 도입되는 개념적인 것

을 눈부시게 설명했다. 가령 중성화하는 이분화의 역설은 "고양이 없는 미소"에서 그 형태를 찾게 되고, 증식하는 이중화의 역설은 노래의 이름에 언제나 어떤 새로운 이름을 부여하는 기사(騎士)에서 그 형태를 찾게 된다. 그리고 앨리스의 모험들을 형성하는 그 모든 파생적 역설들은 이 두 극단 사이에 있게 된다.

의미와 문제

부정사 형식이나 분사 형식보다는 차라리 어떤 질문의 형식을 통해 의미를 표현한다면 무언가를 얻을 수 있지 않을까?(가령 신-존재하기나 신의 존재함이 아니라 오히려 "신은 존재하는가?") 언뜻 보기에는 얻는 것이 별로 없다. 하지만 이는 질문이란 것이 언제나 어떤 주어질 법한 대답들, 있을 법하거나 가능할 법한 대답들을 기초로 전사되기 때문이다. 그러므로 질문 그 자체는 선재(先在)한다고 가정된 어떤 명제의 중성화된 분신이고, 이 명제는 대답의 구실을 할 수 있거나 해야만 한다. 연설자는 모든 재간을 동원하여 어떤 질문들을 구성해내려 하는데, 이 질문들은 그가 끌어내고자 하는 대답들, 다시 말해서 그가 우리에게 설득시키고자 하는 명제들에 알맞게 구성된다. 또 우리는 심지어 대답을 모를 때에도 늘 대답이 이미 주어져 있고 권리상 어떤 다른 의식 안에 선재한다고 가정하면서 질문을 던진다. 그렇기 때문에 질문은 그 어원적 의미대로[30] 언제나 어떤 공동체(상호성)의 틀 안에서 성립하는 것이다. 즉 질문한다는 것은 단지 어떤 공통감(상식)을 함축하는 것으로 그치

의 형식 속에서 소진된다고도 말할 수 있다."(E. Husserl, *Idées directrices pour une phénoménologie* (N.R.F.), 421쪽)

30 (옮긴이 주) 질문의 원어는 interrogation이다. 여기서 이 질문과 question의 번역어인 물음의 차이에 주목할 것.

사유의 이미지

는 것이 아니라 또한 어떤 양식(良識)을 함축한다. 이때 양식은 경험적 의식들에 대해 이 의식들의 상황, 관점, 기능, 권한들 등에 따라 지식과 정보를 분배하고, 그 결과 어떤 의식은 다른 의식이 모르고 있는 것을 이미 알고 있다고 간주된다.(몇 시죠? 당신은 손목시계를 갖고 있거나 괘종 시계 가까이에 있으니까요. 카이사르는 언제 태어났죠? 당신은 로마의 역사를 알고 있으니까요.) 이런 결함에도 불구하고 질문의 형식에 어떤 장점이 없는 것은 아니다. 질문의 형식은 우리로 하여금 해당 명제를 어떤 대답으로 간주하도록 유도하면서 동시에 우리에게 어떤 새로운 길을 열어놓는다. 대답으로 파악된 명제는 언제나 해(解)의 특수한 경우이다. 이 특수한 경우는 다른 경우들과 함께 자신을 어떤 본연의 문제와 관련 짓는 상위의 종합과 분리되어 그 자체만이 추상적으로 고려되고 있다. 그러므로 질문이란 것은 상이한 것으로 포착된 해의 경우들에 따라 하나의 문제가 경험 안에서, 그리고 의식에 대해 분해, 환전(換錢), 왜곡되는 방식을 표현한다. 그래서 질문은 어떤 불충분한 관념을 심어주는 것으로 그친다는 것은 틀림없지만, 그럼에도 불구하고 우리에게 자신이 분해하고 있는 것에 대한 예감을 불러일으킨다.

의미는 문제 자체 안에 있다. 이 의미는 복합 테마〔주제〕 안에서 구성되지만, 이 복합 테마는 문제와 물음들의 총체이고, 이 물음과 문제들의 총체에 대한 관계 안에서 명제들은 대답의 요소와 해의 경우들로 기능한다. 그렇지만 이런 정의는 사유의 독단적 이미지에 고유한 어떤 가상의 극복을 요구하고 있다. 이제는 대답들의 구실을 하거나 할 수 있는 해당 명제들을 기초로 문제와 물음들을 전사하는 일은 그만두어야 하는 것이다. 우리는 이런 가상의 작인(作因)이 무엇인지 알고 있다. 그것은 질문이다. 질문은 어떤 공동체의 틀 안에서 문제와 물음들을 분해하고 재구성하는데, 이런 재구성은 경험적 공통의식의 명제들, 다시 말해서 그럴듯하게 보이는 어떤 단순한 독사doxa에 따라 이루어진다. 이로써 어떤 문제 계산법이나 문제 조합법을 추구해온 논리학의 위대한 꿈이 위태롭게 된다. 보통 문제나 물음은 단지 해당 명제의 중성화에 불과하다고 여겨져왔다. 따라서 주제나 의미가 단지 어떤 무기력한 분신에 불과하다는 것, 다시 말해서 자신이 포섭하는 명제들의 유형을 기초로 전사된 분신이자 심지어 모든 명제에 공통된다고 추정되는 요소(표지적이거나 지표적인 테제)를 기초로 전사된 분신에 지나지 않는다는 것을 어떻게 믿지 않을 수 있겠는가? 사람들은 의미나 문제가 명제 외적이라는 사실을 보지 못하기 때문에, 또 의미나 문제가 본성상 모든 명제와 다르다는 것을 보지 못하는 까닭에 본질적인 것을 놓칠 뿐 아니라 사유 행위의 발생, 인식능력들의 사용에 대해 제대로 알지 못하게 되는 것이다. 변증론은 문제와 물음들의 기술이고 본연의 문제들을 다루는 계산법이자 조합법이다. 하지만 변증론이 어떤 명제들을 기초로 문제들을 전사하는 것에 만족할 때 자신의 고유한 힘을 상실하고, 이로써 변증론을 부정적인 것의 역량 아래 복속시키는 기나긴 변질의 역사가 시작된다. 아리스토텔레스는 이렇게 쓰고 있다. "가령 다음과 같이 말할 수 있다고 해보자. '두 발로 걸어 다니는 동물, 이것이 인간의 정의이다. 그렇지 않은가?' 혹은 '동물은 인간의 유(類)이다. 그렇지 않은가?' 여기서는 어떤 명제를 얻게 된다. 거꾸로 다음과 같이 말할 수 있다고 해보자. '두 발로 걸어 다니는 동물, 이것은 인간의 정의인가 아닌가?' 여기서 주어지는 것은 어떤 문제이다. 다른 기초개념들에 대해서도 이는 마찬가지다. 이로부터 아주 당연하게 문제와 명제는 수적으로 동등하다는 결론이 나온다. 왜냐하면 단순히 표현법만 바꾸면서 모든 명제를 문제로 만들 수 있기 때문이다."(이런 가상은 현대 논리학자들에 이르기까지 계속 이어져왔음을 거듭 발견할 수 있다. 문제 계산법은 수학 외적인 것으로 간주된다. 이는 옳다. 왜냐하면 이 계산법은 본질적으로 논리학적이고, 다시 말해서 변증법적이기 때문이다. 하지만 이 계산법은 어떤 단순한 명제 계산으로부터 추론되고,

사유의 이미지

언제나 명제들 자체를 기초로 복사, 전사되고 있다.)[31]

일곱 번째 공준: 해의 양상들

우리는 보통의 가르침에 따라 문제들이 기존의 것으로 있다가 주어지고, 또 동시에 대답들이나 해(解)와 더불어 사라지는 것이라고 믿기 십상이다. 하지만 이런 이중의 측면에서만 볼 때 이미 문제들은 어떤 환영들 이상의 것이 될 수 없다. 또한 우리는 사유의 활동, 게다가 이 활동과 관련된 참과 거짓도 역시 오로지 해들을 찾을 때만 시작될 수 있고, 오직 이 해들과만 관련된 것이라고 쉽게 믿곤 한다. 이런 믿음은 아마 독단적 이미지의 다른 공준들과 똑같은 기원에서 비롯될 것이고, 그 기원에는 언제나 문맥에서 분리되고 자의적으로 모델들로 승격된 어떤 유치한 예들이 있을 것이다. 이 믿음은 어떤 유아적인 선입견이다. 이 선입견에 따르면 선생은 문제를 내고 우리의 과제는 이 문제를 해결하는 데 있으며, 이런 과제의 결과는 어떤 강력한 권위에 의해 참이나 거짓으로 평가된다. 또한 이런 믿음은 우리를 어린아이로 묶

---

31 아리스토텔레스 『토피카』 I, 4, 101 *b*, 30~35 참조. 현대 논리학에서도 똑같은 가상이 이어지고 있다. 특히 콜모고로프Kolmogoroff의 정의에 따를 때, 문제 계산법은 여전히 그것과 '동형관계'에 있는 명제 계산법을 기초로 전사되고 있다.(Paulette Destouches-Février, *Rapports entre le calcul des problèmes et le calcul des propositions*, Académie des sciences, 1945년 4월 회의 서평란 참조) 앞으로 보게 되겠지만, 그리스C. F. C. Griss 같은 학자가 시도하는 "부정 없는 수학"에 어떤 한계가 있다면, 그것은 오로지 문제 범주에 대한 이런 잘못된 이해와 관련해서만 발견된다.
이와는 반대로 라이프니츠는 문제나 주제(테마), 그리고 명제 사이에 있는 가변적이지만 언제나 심층적인 간격을 예감한다. "심지어 하나의 관념과 하나의 명제 사이의 중간에 해당하는 어떤 주제들이 있다고까지 말할 수 있다. 이 주제들은 물음들이고, 이 물음들 중의 일부는 단지 예와 아니요만을 요구한다. 이런 것들은 명제들에 가장 근사한 물음들이다. 하지만 어떤 다른 일부는 '어떻게'와 상황들 등을 요구한다. 이런 물음들을 명제들로 만들기 위해서는 더 많은 것을 보충해야 한다."(G. W. Leibniz, *Nouveaux essais sur l'entendement humain*, IV, 1장 2절)

어두려는 의도가 명백한 사회적 선입견이다. 이 선입견은 언제나 우리에게 다른 곳에서 던져진 어떤 문제들을 해결하도록 권유하고, 또 만일 우리가 대답할 수 있다면 이긴 셈이라고 말하면서 우리를 위로하거나 부추긴다. 즉 문제는 어떤 장애물에 해당하고 응답자는 헤라클레스에 해당한다. 이와 같은 것이 어떤 우스꽝스러운 문화 이미지의 기원이고, 이 이미지는 또한 학력고사, 정부의 지시, 신문사의 경시 대회 등에서 거듭 발견된다.(여기서 사람들은 각자의 취향에 따라 선택하도록 권유받지만, 이 선택은 이 취향이 모든 사람들의 취향과 부합해야 한다는 조건에서 이루어져야 한다.) 당신 자신이 되어보십시오, 물론 이 자아는 다른 사람들의 자아여야 하지요. 말하자면 우리가 문제들 자체를 장악하지 못하고 이 문제들에 대한 어떤 참여, 권리, 관리 등에 대해 아무런 재량권을 가지고 있지 못하고 있는데도 어떤 노예가 아니라는 식이다. 사유의 독단적 이미지는 운명적으로, 심리학적으로는 유치하고 사회적으로는 반동적인 어떤 사례들에 의존하게 되어 있으며(재인의 경우, 오류의 경우, 단순 명제들의 경우, 대답들이나 해의 경우), 그렇게 의존하면서 사유 안에서 최고의 것이어야 할 것을 예단한다. 다시 말해서 사유 행위의 발생과 참과 거짓의 의미를 예단하는 것이다. 그러므로 다른 공준들에 덧붙여야 하는 일곱 번째 공준은 곧 대답과 해들의 공준이다. 이 공준에 따르면 참과 거짓은 오로지 해들이 있을 때만 시작하고, 오로지 대답들에만 해당 자격을 부여한다. 그렇지만 과학적 탐구에서 어떤 거짓 문제가 '주어지는' 일이 생길 때, 이 다행스러운 스캔들은 이미 그 식구들에게 여러 가지를 일깨우고 있다. 가령 문제들은 기성(旣成)의 것에 머무르는 것이 아니라 자신들에게 고유한 어떤 상징적 장(場)들 안에서 구성되고 공략되어야 함을 환기시키고, 선생의 책이 있기 위해서는 필연적으로 과오를 범할 수밖에 없는 어떤 선생이 반드시 있어야 함을 환기시켜준다. 어떤 교육학적 절차들은 학생들, 게다가 아주 어린 학생들까지도 문제들을 만들어내거나 구성하고, 문제들을 문제들로서 설정하는 데 참여시키는 시도를 보여주었다. 더구나 어떻게 보면 모든 사람들이 가장 중요한 것은 바로 문제임을 '인정'한다. 하지만 이런 사실상의 인정만으로는 충분치 않다. 이는 마치 문제라는 것이 앎이 이루어지는 과정 속에서 사라져버릴 예정의 어떤 잠정적이고 우발적인 운동에 불과하고, 이런 운동의 중요성은 단지 인식하는 주체가 종속되어 있는 부정적인 경험적 조건들에 의해서만 결정된다는 생각으로 그치는 것이다. 이와는 반대로 우리는 이런 발견을 초월론적 수준으로 끌고 가야 하고, 또 문제들을 어떤 '주어진 것들data'이 아니라 나름의 자족성을 지닌 어떤 이념적 '객체들' —— 그 문제들의 상징적 장들 안에서 구성하고 공략하는 어떤 활동들을 함축하는 객체들 —— 로 간주해야 한다. 참과 거짓은 해들과 관련되기는 고사하고 무엇보다 먼저 문제들에 영향을 미친다. 하나의 해가 진리를 지닌다면, 그것은 언제나 자신이 답하는 그 문제에 따라 마땅하게 주어지는 진리이다. 또 문제가 어떤 해를 갖는다면, 그것은 언제나 자신의 고유한 진리나 거짓에 따라, 다시 말해서 자신의 의미에 따라 마땅하게 주어지는 해이다. 바로 이것이 "참으로 위대한 문제들은 단지 해결되는 순간에만 정립된다."든지 "인간은 오로지 자신이 해결할 수 있는 문제들만을 제기할 뿐이다."와 같은 유명한 말들이 담고 있는 뜻이다. 이는 실천적이거나 사변적인 문제들이 선재(先在)하는 해들의 그림자에 불과하기 때문이 결코 아니라, 오히려 거꾸로 해는 문제가 문제로서 규정되는 완결된 조건들로부터 필연적으로 따라 나오고, 문제를 설정하기 위해 동원해야 하는 수단과 조건 항들로부터 필연적으로 따라 나오기 때문이다. 문제나 의미는 어떤 근원적 진리가 자리하는 지점인 동시에 어떤 파생적 진리의 발생이기도 하다. 무-의미, 거짓-의미, 반-의미 등과 같은 기초개념들은 문제들 자체와 관련지어 이해해야 한다.(미규정에 의해 거짓이 되는 문제들이 있는가 하면, 과잉규정에 의해 거짓이 되는 문제들이 있다. 또 어리석음은 마지막에 가서 거짓 문제들에 대한 인식능력이고, 그런 자격에서 어떤 본연의 문제를 구성, 포착, 규정하지 못하는 어떤 능력 부족을 표시한다.) 철학자와 학자들은 문제들 안에서 참과 거짓을 검증할 수 있기를 꿈꾼다. 이와 같은 것이 상위의 계산법이나 조합법에 해당하는 변증론[32]의 대상인 것이다. 하지만 여기서도 여전히 이 꿈은 단지 어떤 '수정 흔적'이나 덧칠 자국으로서만 제 구실을 할 뿐이다. 왜냐하면 그 초월론적 귀결들은 명시적으로 도출되지 않은 채이고, 사유의 독단적 이미지는 권리상 존속하고 있기 때문이다.

진리론과 해들의 가상

사실 자연적 가상(명제를 기초로 문제를 전사하는 데 있는 가상)은 어떤 철학적 가상으로 이어진다. 물론 비판적 요구가 인정되고, 문제들 안에서까지 참과 거짓을 검증하고자 하는 노력이 있는 것이 사실이다. 하지만 여전히 문제의 진리가 오직 어떤 해(解)를 받아들일 가능성에만 있다고 주장되기는 마찬가지다. 새로운 형태의 가상과 이것의 기술(技術)상의 특성은, 이번에는 명제들의 가능성 형식을 모델로 문제들의 형식이 결정된다는 점에서 온다. 이는 이미 아리스토텔레스에게서 확인할 수 있는 점이다. 아리스토텔레스가 변증론에 지정한 실질적 과제, 그것의 유일한 실제 과제는 문제와 물음들의 기술(技術)에 있다. 분석론이 이미 주어진 문제를 해결하거나 어떤 물음에 답하는 수단을 제공하는 반면, 변증론은 물음을 정당하게 제기할 수 있는 방법을 보여주어야 한

---

32 (옮긴이 주) 장구한 역사와 다의적 의미를 지니는 dialectique는 문맥에 따라 변증술(소크라테스와 플라톤의 경우), 변증론(아리스토텔레스, 데카르트, 칸트, 수학자나 논리학자 등의 경우), 변증법(헤겔과 마르크스의 경우) 등 서로 다르게 옮긴다. 들뢰즈에게서도 그 말이 잠재적 다양체에 내재하는 즉자적 과정을 지칭할 때는 변증법으로, 그 즉자적 사태에 대한 이론적 담론을 지칭할 때는 변증론으로 옮긴다.

다. 분석론은 삼단논법이 필연적인 결론을 끌어내는 과정을 연구하지만, 변증론은 삼단논법의 대상들(아리스토텔레스가 바로 문제들이라 부르는 것들)을 고안하고 하나의 대상과 관련된 삼단논법의 요소들(명제들)을 분만한다. 하지만 아리스토텔레스는 어떤 문제에 대해 판단하기 위해서는 "모든 사람들이나 대부분의 사람들, 혹은 지혜로운 자들이 받아들이고 있는 의견들"을 생각해보도록 권유한다. 이렇게 해서 그 의견들을 어떤 일반적인(술어화할 수 있는) 관점들과 관련짓고, 또 그래서 어떤 논의가 있을 경우 이 의견들을 확정하거나 반박할 수 있도록 해주는 어떤 장소들을 형성해내야 한다는 것이다. 그러므로 이 공통의 장소들은 공통감 자체의 검증이다. 여기서 해당 명제가 우유성(偶有性), 유(類), 고유성이나 정의 등과 관련된 어떤 논리적 결함을 포함하고 있다면, 이런 문제는 모두 거짓 문제로 간주될 것이다. 만일 아리스토텔레스에게서 변증론이 평가 절하되고 그럴듯하게 보이는 단순한 의견이나 독사 doxa들의 수준으로 환원되는 것처럼 보인다면, 이는 그가 변증론의 본질적인 과제를 잘못 이해했기 때문이 아니라, 오히려 거꾸로 그 과제를 실현하는 방식을 잘못 파악했기 때문이다. 그는 자연적 가상에 사로잡혀 공통감의 명제들을 기초로 문제들을 전사하고, 철학적 가상에 사로잡혀 문제들의 진리를 공통의 장소들, 다시 말해서 어떤 해를 받아들일 논리적 가능성에 의존하도록 만들고 있다.(여기서 명제들 자체는 가능한 해의 경우들을 지칭한다.)

철학사가 진행되어오면서 변한 것은 기껏해야 이 가능성의 형식뿐이다. 그래서 어떤 수학적 방법론의 추종자들은 변증론에 반대한다고 주장하지만, 이들 역시 변증론의 본질적인 측면, 다시 말해서 어떤 문제 조합법이나 문제 계산법의 이상(理想)을 고수하고 있다. 하지만 그들은 가능자의 논리적 형식에 호소하는 대신 가능성의 어떤 다른 형식, 고유한 의미의 ─ 기하학적이거나 대수학적인 ─ 수학적 형식을 끌어낸다. 그러므로 문제들은 여전히 해당 명제들을 기초로 전사되고, 여전히 어떤 해를 받아들일 가능성에 따라 평가되고 있다. 좀 더 정확히 말해서, 기하학적이고 종합적인 관점에서 문제들은 정리(定理)라 불리는 어떤 특수한 유형의 명제들로부터 추론된다. 그리스 기하학의 일반적 경향은, 먼저 정리들을 위해 문제들을 한정하고, 다른 한편 문제들을 정리들 자체에 종속시키는 데 있다. 이는 정리들이 단순 본질의 속성들을 표현하거나 개진하는 것처럼 보이는 반면, 문제들은 단지 본질이 상상 속에서 겪는 타락이나 투사를 증언하는 어떤 사건과 변용들에만 관련되기 때문이다. 하지만 여기서 발생의 관점은 어쩔 수 없이 어떤 열등한 지위로 떨어져나간다. 즉 증명해야 할 것은 이제 어떤 것이 존재한다는 사실과 그것이 존재하는 이유에 있는 것이 아니라 그것이 존재하지 않을 수 없다는 사실에 있다.(유클리드에게서 부정적 추리, 간접적 추리, 귀류법 추리 등이 빈번하게 나타나는 것은 이 때문이며, 이런 추리들을 통해 기하학은 지속적으로 동일성 원리의 지배력 아래 놓이면서 어떤 충족이유의 기하학에는 이르지 못한다.) 대수학적이고 해석학적인 관점에서도 이런 상황의 핵심은 변하지 않는다. 문제들은 이제 어떤 대수방정식들을 기초로 전사되고, 방정식의 계수들을 기초로 일련의 연산들 — 근(根)들을 제공하는 연산들 — 을 실행할 가능성에 따라 평가된다. 하지만 기하학에서 우리가 문제를 해결된 것으로 상상하는 것과 마찬가지로, 대수학에서 우리는 계산의 기초가 되는 어떤 미지(未知)의 양들을 마치 기지(旣知)의 양들인 것처럼 생각한다. 이로써 문제들을 환원하는 어떤 고된 작업이 계속 이어진다. 문제들을 해의 경우들로 기능할 수 있는 명제들의 형식으로 환원하는 작업이 뒤따르게 되는 것이다. 이는 데카르트에게서 쉽게 엿볼 수 있는 점이다. 데카르트의 방법(명석-판명한 것에 대한 탐구)은 주어진 것으로 가정된 문제들을 해결하기 위한 방법이지 결코 문제들 자체를 구성하고 물음들을 이해하는 데 적절한 어떤 발견의 방법이 아니다. 문제와 물음들에 관련된 규칙들은 명백히 이차적이고 종속적인 역할에 그친다. 데카르트는 아리스토텔레스의 변증론과 싸우고 있지만, 이 변증론과 더불어 어떤 공통점, 결정적인 공통점을 가지고 있다. 문제와 물음들의 계산이 선행하는 것으로 가정된 '단순명제들'의 계산으로부터 추론되고 만다는 점이 그것인데, 이 점에서 독단적 이미지의 공준은 여전히 계속 살아 있다.[33]

변화는 계속 이어지고 추구되지만 똑같은 관점을 벗어나지는 못하고 있다. 경험론자들은 개연성 혹은 어떤 해를 받아들일 물리학적 가능성이라는 새로운 형식의 가능성을 창안하는 일 말고 또 무엇을 하고 있는가? 또 칸트도 마찬가지 아닌가? 하지만 다른 어느 누구보다 칸트는 참과 거짓을 문제와 물음들 안에서 검증할 것을 요구했다. 그가 비판을 정의하는 것도 이런 요구 안에서 이루어진다. 그의 이념 이론은 문제제기 이론이자 문제론에 해당하는데, 이 심오한 이론을 통해 그는 변증론의 참된 원천을 재발견할 수 있었고, 또 실천이성을 기하학적으로 설명하는 경우에까지 문제들을 도입할 수 있었다. 그럼에도 불구하고 칸트의 비판은 독단적 이미지나 공통감의 지배 아래 머물러 있고, 그렇

---

33 데카르트는 '단순명제들'에 관련된 준칙들과 '물음들'에 관련된 준칙들을 구별한다(*Regulae* XII). 정확히 말해서 후자는 단지 규칙 XIII에서 시작되고 있을 뿐이고 전자로부터 귀결된다. 데카르트 자신도 자신의 방법과 아리스토텔레스의 변증론 사이에 유사한 점이 있음을 강조하고 있다. "우리는 이 점에서만은 변증론자들을 따른다. 변증론자들은 삼단논법의 형식들을 가르치기 위해 이 형식을 이루는 항들이나 그 내용을 이미 알려져 있는 것으로 가정한다. 우리도 역시 여기서 물음이 완전히 이해되고 있어야 함을 미리 요구한다."(*Regulae* XIII) 마찬가지로 말브랑슈에게서도 '물음들'은 종속적인 역할로 그친다.(Malebranche, *Recherche de la vérité*, IV, 2부 7장 참조) 또 스피노자가 기하학적 방법을 사용할 때도 도대체 '문제'라는 것은 찾아볼 수 없다.

그렇지만 『기하학』에서 데카르트는 단지 해(解)들의 관점만이 아니라 또한 문제 구성의 관점에서도 해석적 절차의 중요성을 강조했다.(오귀스트 콩트는 탁월한 문장들을 통해 이 점을 부각시키고, 또 어떻게 '독특성들'의 할당이 '문제의 조건들'을 규정하는지에 대해 언급한다. A. Comte, *Traité élémentaire de géométrie analytique*(1843) 참조.) 이런 의미에서 기하학자 데카르트는 철학자 데카르트보다 훨씬 멀리 나아가고 있다고 말할 수 있다.

기 때문에 칸트는 여전히 어떤 문제의 진리를 그것이 해를 받아들일 가능성을 통해 정의한다. 즉 이번에는 어떤 초월론적 가능성의 형식이 핵심에 놓이고, 이 가능성은 인식능력들에 대한 어떤 정당한 사용에 부합하여 성립하며, 이 정당한 사용은 각각의 경우마다 공통감이 어떻게 조직화되느냐에 따라 규정된다.(문제는 이 조직화에 상응한다.) 여기서도 우리는 여전히 가상의 두 가지 측면을 재차 발견하게 된다. 먼저 자연적 가상이 있고, 이것은 선재하는 것으로 가정된 어떤 명제들 — 논리학적 통념, 기하학적 공리, 대수방정식, 물리학적 가설, 초월론적 판단 등 — 을 기초로 문제들을 전사하는 데 있다. 다른 한편 철학적 가상이 있고, 이것은 '해결 가능성', 다시 말해서 가변적인 외생적 형식을 취하는 해의 가능성에 따라 문제들을 평가하는 데 있다. 이로써 근거 자체가 어떤 단순한 외면적 조건화에 불과하게 된다는 것은 치명적인 일이다. 기묘한 제자리 뛰기와 악순환을 통해 이 철학자는 진리를 해의 수준에서 문제의 수준으로까지 소급하여 검증한다고 주장하지만, 여전히 독단적 이미지에 사로잡혀 문제들의 진리가 해들의 가능성에 의존하도록 만들고 있다. 여기서 그가 놓치고 있는 것은 본연의 문제가 지니고 있는 내적인 성격이자 내면적인 명법(命法)적 요소인데, 무엇보다 먼저 바로 이 요소를 통해 문제의 진위가 결정되고 문제의 내생적 발생 능력이 측정되는 것이며, 또 이런 발생 능력이 변증론이나 문제 조합법의 대상 자체, 다시 말해서 '미분적인 것'이다. 문제들은 어떤 시험이자 선별들이다. 본질적으로 중요한 것은, 문제들의 한복판에서 진리가 발생하고 사유 안에서 참된 것이 생산되고 있다는 점이다. 문제라는 것은 사유 안의 미분적 요소이고 참된 것 안의 발생적 요소이다. 그러므로 우리는 단순한 조건화의 관점을 어떤 실질적 발생의 관점으로 대체할 수 있다. 참과 거짓은 조건에 대한 피조건화 항의 무관심한 관계 안에 머물러 있는 것이 아니다. 조건 역시 자신이 가능케 해주는 것에 대해 무관심하게 관계하는 것이 아니다. 참과 거짓은 문제에 의해, 그리고 의미의 정도에 따라 생산되는 것인데, 바로 여기에 "참된 문제와 거짓 문제"라는 표현을 진지하게 받아들일 수 있는 유일한 길이 있다. 이를 위해서는 어떤 가능한 명제들을 기초로 문제들을 복사한다든지, 문제들의 진리를 어떤 해를 받아들일 가능성을 통해 정의한다든지 하는 따위의 일을 그만두는 것으로 충분하다. 오히려 거꾸로 이 '해결 가능성'은 문제의 어떤 내적인 성격에 의존해야 한다. 즉 해결 가능성은 문제의 조건들에 의해 규정되어야 하며, 문제에 의해 문제 안에서 분만되는 실질적인 해들도 역시 그 문제의 조건들에 의해 규정되어야 한다. 만일 이런 전도가 일어나지 않는다면, 그 유명한 코페르니쿠스적 혁명이란 것도 유명무실하게 된다. 또 유클리드 기하학을 넘어서지 않고서는 혁명은 역시 기대할 수 없다. 어떤 충족이유의 기하학, 리만적 유형의 미분기하학으로까지 나아가야만 하는 것이고, 이 기하학은 연속체에서 출발하여 불연속체를 낳거나 해들의 근거를 문제의 조건들 속에서 찾는 경향을 보여준다.

문제 범주의 존재론적 의미와 인식론적 중요성

이념적인 것은 의미만이 아니다. 문제들은 이미 이념들 자체이다. 문제와 명제들 사이에는 언제나 어떤 본성상의 차이, 어떤 본질적인 간격이 있다. 하나의 명제 그 자체는 특수하고, 또 어떤 규정된 대답을 대신한다. 한 무리의 명제들은, 자신들이 대리하는 대답들이 어떤 일반적인 해의 경우들을 형성하게끔(가령 대수방정식의 값들을 위해) 분배될 수 있다. 하지만 정확히 말해서 명제들은 일반적인 것이든 특수한 것이든 오로지 자신들에게 영감을 주고 있는 배후의 문제 안에서만 그 의미를 찾을 수 있다. 보편적인 것은 단지 이념밖에 없고 문제밖에 없다. 문제가 해를 통해 일반성을 띠게 되는 것이 아니라 오히려 문제를 통해 해가 일반성을 띠게 되는 것이다. 문제를 해결할 때는 분석적 요소들의 역할을 맡는 어떤 일련의 단순한 경우들로부터 도움을 구하는 것으로는 결코 충분치 않다. 한 걸음 더 나아가 그 문제의 조건들을 규정해야만 하는 것이며, 이 조건들 안에서야 비로소 문제는 최대의 내포와 외연을 획득하고, 이로써 자신에게 고유한 이념적 연속성을 해의 경우들로 전달할 수 있는 것이다. 심지어 유일한 해의 경우만을 지니고 있을지 모르는 문제에서도, 이 경우를 지칭하는 명제는 오로지 상상적인 상황들을 포괄할 수 있을 뿐 아니라 연속성의 이상을 총괄해낼 수 있는 어떤 복합체 속에서만 자신의 의미를 얻을 수 있을 것이다. 해결한다는 것은 언제나, 이념으로 기능하는 어떤 연속성을 바탕으로 불연속성들을 분만한다는 것이다. 문제를 '망각'하자마자 우리는 단지 어떤 추상적인 일반적 해만을 목전에 두게 된다. 또 이런 일반성을 지탱해주는 것이라곤 아무것도 없는 만큼, 이런 해가 그 일반성의 경우들을 형성하는 특수한 명제들로 쪼개지지 못하도록 막아주는 것이라곤 아무것도 없다. 문제로부터 분리되면 명제들은 특수한 명제들의 상태로 전락하고, 이 특수한 명제들은 오로지 지칭적 가치만을 지니게 된다. 그래서 의식은 문제를 재구성하려고 노력하지만, 이런 재구성은 특수한 명제들의 중성화된 분신(질문, 의심, 추정, 가설들)에 따라 이루어지고, 또 일반적 명제들의 공허한 형식(방정식, 정리, 이론들……)에 따라 이루어질 뿐이다.[34] 이로써 어떤 이중의 혼동이 시작되고, 그래서 문제는 가언적

---

34 현대 인식론의 가장 독창적인 특징들 중의 하나는 '문제'의 이런 이중적 환원 불가능성을 인정한다는 데 있다.(이런 의미에서 우리가 볼 때 **문제적**problématique이라는 낱말을 명사나 실사로 사용하여 문제제기나 **문제틀**로 이해하는 것은 어떤 필수 불가결한 신조어법이다.) 이에 대해서는 조르주 불리강과 그에게서 엿볼 수 있는 "문제-요소"와 "총괄적 종합-요소"의 구분법 (특히 Georges Bouligand, *Le déclin des absolus mathématico-logiques*(Enseignement suprieur, 1949)), 그리고 조르주 캉길렘과 그에게서 엿볼 수 있는 문제와 이론의 구분법(특히

사유의 이미지

인 것들의 계열과 똑같은 것으로 간주되는가 하면 정언적인 것들의 계열에 종속된다. 보편적인 것의 본성은 상실되고, 이와 더불어 독특한 것의 본성 역시 상실된다. 왜냐하면 문제나 이념은 참된 보편성임에 못지않게 구체적 독특성이기 때문이다. 문제의 보편성을 구성하는 것은 어떤 비율적 관계들이고, 이 관계들에는 특이하고 독특한 점들의 할당이 상응하며, 이 점들은 문제의 조건들에 대한 규정을 구성한다. 프로클로스는 문제에 대한 정리(定理)의 우위를 주장하는데, 이때 그는 이 문제를 엄밀하게 어떤 사건과 변용들의 질서에 관련된 것으로 정의했다.[35] 또 라이프니츠도 명제들과 문제를 분리시켜놓는 것에 대해 분명히 언급했다. 모든 종류의 사건들, "어떻게와 상황들"이 그것이고, 명제는 바로 여기서 자신의 의미를 발견한다는 것이다. 하지만 이 사건들은 어떤 이념적 사건들로서, 해들의 질서 안에서 자신들이 규정하는 현실적 사건들과는 어떤 다른 본성을 지닐 뿐더러 훨씬 심층적이다. 소란스럽게 벌어지는 커다란 사건들 아래에는 소리 없이 일어나는 작은 사건들이 있다. 이는 자연의 빛 아래에 이념의 작은 미광들이 빛나고 있는 것과 같다. 보편적인 것은 일반적인 명제의 저편에 있고, 독특성은 그에 못지않게 특수한 명제들의 저편에 있다. 문제제기적 이념들은 어떤 단순본질들이 아니라 오히려 비율적 관계와 그에 상응하는 독특성들로 이루어진 어떤 복합체, 어떤 다양체들이다. 사유의 관점에서 보자면, 평범한 것과 독특한 것에 대한 문제론적 구별, 그리고 문제의 조건들 안에서 할당이 잘못 이루어짐에 따라 성립하는 무-의미는, 참과 거짓이 형성하는 가언적이거나 정언적인 이원성보다 훨씬 중요할 것이고, 또 해의 경우들 안에서 단지 이 참과 거짓을 혼동함에 따라 성립할 뿐인 '오

Georges Canguilhem, *Le normal et le pathologique*(P.U.F., 1966)) 등 참조.

35 Proclus, *Les commentaires sur le premier livre des Eléments d'Euclide*(Desclée de Brouwer), 65쪽 이하.

류들'보다 훨씬 중요할 것이다.

문제는 그 해들의 바깥에서는 존재하지 않는다. 하지만 문제는 자신을 뒤덮는 이 해들을 통해 사라지는 것이 아니라 오히려 이 해들 속에서 내속(內續)하고 존속하면서 끈덕지게 자신을 주장한다. 문제는 해결됨과 동시에 규정된다. 하지만 문제의 규정과 그 해는 구별되어야 한다. 이 두 요소는 본성상 다르고, 규정은 동반자의 지위에 있는 해의 발생에 해당한다. (바로 그렇기 때문에 독특성들의 할당은 전적으로 문제의 조건들에 속하는 반면, 그것들의 종별화는 이미 이 조건들을 통해 구축된 해들에 의존한다.) 자신의 해들에 대해 문제는 초재적〔초월적〕인 동시에 내재적인 관계에 있다. 그것이 초재적인 것은, 문제가 발생적 요소들 간의 이념적 연관이나 미분비(微分比)들의 체계로 이루어지기 때문이다. 그것이 내재적인 것은, 이 이념적 연관이나 미분비들이 〔현실적 차원의〕 어떤 결합관계들 안에 구현되기 때문인데, 그 미분비들을 닮지 않는 이 결합관계들은 해의 장(場)에 의해 정의된다.[36] 알베르 로트망이 그의 감동적인 저서에서 어느 누구보다 명쾌하게 보여준 것처럼, 문제들은 무엇보다 먼저 어떤 플라톤적인 이데아들이고 변증법적인 기초개념들 사이의 어떤 이념적 연관들이며, 이런 이데아나 연관들은 "실존하는 것의 돌발 가능한 상황들"과 관련되어 있다. 게다가 문제들은 어떤 결합관계 안에서 현실화되고, 이 결합관계는 어떤 수학적 혹은 물리학적 등등의 장에서 탐구되는 바로 그 해를 구성한다. 로트망에 따르면, 이런 의미에서 과학은 언제나 자신을 뛰어넘는 어떤 변증법에 참여하고, 다시 말해서 어떤 메타수학적이고 명제 외적인 역량에 참여한다. 비록 이 변증법이 오로지 실질적인 과학 이론의 명제들 속에서만 그 연관들을 구현

---

36 (옮긴이 주) 이념적 연관liason idéelle, 미분비rapport différentiel, 결합관계relation, 이 세 용어의 내용과 상호 관계에 대해서는 이 책 405쪽 주16 참조.

사유의 이미지

한다 해도 사정은 마찬가지다.[37] 문제들은 언제나 변증법적이다. 바로 이런 이유에서 변증론은 자신이 이념들로서의 문제들과 긴밀히 맺고 있는 관계를 '망각'하고 명제들을 기초로 문제들을 전사하는 것으로 만족할 때, 자신의 참된 역량을 상실하고 결국 부정적인 것의 영향력 아래 놓이게 된다. 또 필연적으로 문제제기적인 것의 이념적 객체성의 자리에 대립 명제들, 상반적이거나 모순적인 명제들 사이에서 성립하는 어떤 단순한 대결 상황을 설정하게 된다. 이것이 곧 변증론 자체와 더불어 시작되었고 헤겔주의에서 극단적 형식이 발견되는 그 오래된 변질과 타락의 역사이다. 하지만 원리상 변증법적인 것은 문제이고 원리상 과학적인 것이 해라는 것이 사실이라면, 우리는 좀 더 완결성을 띤 방식에 준하여 이렇게 구분해야 한다. 먼저 초월적 심급에 해당하는 문제가 있고, 그 다음에는 상징적 장(場)이 있으며, 이 장에서는 내재성의 운동에 놓인 문제의 조건들이 표현되고 있다. 마지막으로는 해결 가능성의 장이 있는데, 문제는 여기서 구현되는 것이고 방금 언급된 상징성도 이 장을 중심으로 정의된다. 이 요소들 사이의 관계를 정확히 지적할 수 있는 것은 오로지 문제와 그에 상응하는 이념적 종합에 대한 어떤 일반적인 이론밖에 없을 것이다.

---

37 Albert Lautman, *Essai sur les notions de structure et d'existence en mathématiques* (Hermann, 1938), 1권 13쪽, 2권 149쪽.("우리가 파악했던 유일한 선험적 요소는 해들을 발견하기에 앞서 문제의 이런 시급성을 경험할 때 주어진다…….") 또 이념-문제들이 지닌 초재적이고 내재적인 이중의 측면에 대해서는 *Nouvelles recherches sur la structure dialectique des mathématiques* (Hermann, 1939), 14~15쪽 참조.

6절
여덟 번째 공준: 결과로서의 앎

문제들과 이 문제들의 상징적 특성들은 어떤 기호들과 일정한 관계에 놓여 있다. '문제들을 만드는' 것은 바로 기호들이고, 이 기호들은 어떤 상징적 장 속에서 개봉된다. 그러므로 인식능력들의 역설적 사용, 게다가 무엇보다 먼저 기호 안에서 이루어지는 감성의 역설적 사용은 이념들에 의존하고, 이 이념들은 모든 인식능력들을 주파할 뿐 아니라 이 능력들을 번갈아가며 일깨운다. 거꾸로 이념은 인식능력들 각각의 역설적 사용에 의존하고, 또 그 자신이 언어에 의미를 제공한다. 이념을 탐험한다는 것과 인식능력들 각각을 초월적 실행으로 끌어올린다는 것은 결국 똑같은 일이다. 이것은 배움, 본질적인 학습의 두 측면이다. 왜냐하면 배우는 자는 실천적이거나 사변적인 어떤 본연의 문제들을 구성하고 공략하는 사람이기 때문이다. 그 첫 번째 측면에서 볼 때 배움은 문제(이념)의 객체성과 마주하여 일어나는 주관적 활동들에 부합하는 이름인 반면, 앎은 개념의 일반성을 지칭하거나 해(解)들의 규칙을 소유하고 있는 평온한 상태를 지칭한다. 심리학 분야의 어떤 유명한 실험에 따르면, 상이한 색깔의 여러 상자들 중에서 특정한 색깔의 상자 속에 담긴 먹이를 찾아내야 하는 원숭이는 어떤 역설적인 시기에 이른다. '오류들'의 횟수는 줄어들지만, 그렇다고 원숭이가 아직 각각의 경우에 대한 해의 '앎'이나 '진리'를 소유하는 것은 아닌 시기가 오는 것이다. 이 행복한 단계에서 이 원숭이-철학자는 진리에 열려 있고 그 자신이 참된 것을 산출하지만, 이는 어디까지나 그가 문제가 지닌 선명한 빛의 두께를 꿰뚫어 보기 시작할 때만 가능한 일이다. 이 점은 많은 것을 시사한다. 여기서는 가령 어떤 이념적 학습의 연속성을 바탕으로 대답들의 불연속성이 분만되는 방식을 엿볼 수 있다. 또 참과 거짓이 문

사유의 이미지

제에 대한 이해의 정도에 따라 분배되는 방식, 궁극적 진리 — 획득된 상태의 진리 — 가 전적으로 이해되고 규정된 문제의 한계로서 떠오르는 방식 등을 엿볼 수 있다. 궁극적 진리는 의미를 구성하는 발생적 계열들의 산물에 해당하거나 단지 원숭이의 머리 속에서만 일어나지 않는 어떤 발생의 결과에 해당한다. 배운다는 것은 이념을 구성하는 보편적 관계들과 이 관계들에 상응하는 독특성들 안으로 침투한다는 것이다. 가령 라이프니츠가 지적했던 것처럼 바다의 이념은 물방울들 사이의 어떤 연관이나 미분비(微分比)들과 이 비율적 관계들의 변이 등급에 상응하는 어떤 독특성들로 이루어진 체계이고, 이 체계 전체는 물결이나 파도들의 실제 운동들 속에서 구현된다. 수영을 배운다는 것은 곧 우리 신체의 어떤 특이점들을 객체적인 이념의 독특한 점들과 결합하여 어떤 문제제기의 장을 형성한다는 것이다. 이런 결합은 우리에게 어떤 의식의 문턱을 규정하고, 이 문턱의 수준에서 우리의 현실적 행위들은 대상의 현실적 결합관계들에 대한 지각에 맞추어 조정된다. 하지만 정확히 말해서 문제제기적 이념들은 자연의 마지막 요소들인 동시에 〔라이프니츠적 의미의〕 미세 지각들의 대상, 의식 이하 차원의 대상이다. 그런 까닭에 '배움'은 언제나 무의식의 단계를 거치고 언제나 무의식 속에서 일어나는 것이며, 그런 와중에 자연과 정신 사이에 어떤 깊은 공모 관계를 수립하고 있는 것이다.

배움의 의미

배움의 두 번째 측면에서 볼 때 배우는 자는 각각의 인식능력을 초월적 실행으로 끌어올린다. 감성 안에서 그는 오로지 감각밖에 될 수 없는 것을 파악하는 이 이차적 역량을 분만시키고자 노력한다. 이런 것이 감각들의 교육이다. 그리고 하나의 인식능력에서 다른 하나의 인식능력으로 폭력이 전달되지만, 이 폭력은 언제나 각각의 인식능력이 지닌 비교 불가능성 안에서 다름을 포괄한다. 사유는 도대체 감성상의 어떤 기호들로부터, 기억상의 어떤 보물들을 거쳐 일어나는 것인가? 사유를 일으키는 비틀림들은 도대체 어떤 이념상의 독특성들에 의해 규정되는 것인가? 어떤 사람이 어떻게 배우게 될 것인지를 미리 알 길은 없다. 가령 어떤 애착들 때문에 라틴어에 정통하게 되는지, 어떤 마주침을 통해 철학자가 되는지, 어떤 어휘들을 가지고 사유를 배우는지 등을 미리 알 수는 없는 노릇이다. 인식능력들이 지닌 한계들은 서로 맞물려 있고, 이런 맞물림이 이어지는 형식은 파손되어 있다. 그것은 차이를 담지하고 옮겨놓는 것의 형식, 깨어진 형식이다. 보물들을 찾기 위한 방법은 없고, 게다가 배우기 위해 따라야 할 방법은 더더욱 없다. 있는 것은 다만 개인 전체를 관통하는 어떤 과격한 훈련, 어떤 도야나 파이데이아[38]뿐이다.(색소결핍증 환자의 경우 느낌은 감성 속에서 태어나고, 실어증 환자의 경우 말은 언어 속에서 태어나며, 무두 기형체의 경우 생각은 사유 속에서 태어난다.) 방법은 모든 인식능력들의 협력을 조정하는 앎의 수단이다. 또한 방법은 어떤 공통감의 표출이거나 어떤 자연적 사유 Cogitatio natura의 실현으로서, 어떤 선한 의지를 전제하고 이 의지는 사유 주체가 '미리 숙고해서 내린 결정'에 해당한다. 하지만 교양은 배움의 운동, 비자발적인 것의 모험이다. 이 운동과 모험은 어떤 감성, 어떤 기억, 그리고 나중에는 어떤 사유 등을 여기에 필요한 모든 폭력들을 통해 차례로 엮어가고, 마침내 니체가 말한 것처럼 바로 "일군의 사

---

38 (옮긴이 주) une culture ou paideïa. 보통 교양이라 옮기는 culture는 독일어 Bildung과 마찬가지로 라틴어 cultra의 번역어이고, 원래 경작이나 개간을 의미하는 이 라틴어는 그리스어 paideïa를 옮긴 말이다. 파이데이아는 정신적 성숙을 위한 도야나 교육을 의미하는데, 하이데거는 『국가』 7권에 나오는 "동굴의 신화"를 해석하면서 플라톤 이래 서양 형이상학의 근본 의도가 파이데이아에 있음을 역설한 바 있다. 들뢰즈는 여기서 반-플라톤적 파이데이아론을 펼치고 있는 셈이다.

사유의 이미지

유자들의 훈련", "정신의 훈육"으로 귀결된다.

물론 배움의 중요성과 존엄성은 종종 인정되고 있는 것이 사실이다. 하지만 이는 앎의 경험적 조건들에 대해 표하는 어떤 경의와 같다. 즉 이 예비적인 운동 속에 고귀함이 있다고 인정은 되지만, 이 운동은 그 결과 안에서 사라져야 한다. 또 배움의 특수성이 강조되고 학습 안에 함축된 시간이 강조된다 해도, 이는 초월론적인 모든 것을 대표할 수 있는 천부적 권리를 놓고 감히 앎과 다투지 못하는 어떤 심리학적 의식의 가책과 망설임을 달래기 위한 것이다. 배움은 단지 앎과 무지 사이의 중간단계, 무지에서 앎으로 이르는 그 활력에 찬 이행에 불과하다. 배움이 어쨌든 어떤 무한한 과제라고들 하는 것도 사실이지만, 모두 소용없는 말이다. 그렇게 말한다 해도 여전히 이 무한한 과제는 앎의 주변 상황들과 그 획득의 차원으로 다시 밀려나기는 마찬가지고, 앎에 대해 가정된 그 단순한 본질 — 본유성, 선천적 요소나 심지어 규제적 이념 등으로서의 본질 — 의 바깥에 놓이기는 마찬가지다. 또 궁극적으로 학습은 미로 속에 빠진 쥐의 상황으로 전락하는 반면, 동굴 바깥의 철학자는 그 결과 — 앎 — 만을 취하여 초월론적 원리들을 이끌어낸다. 심지어 헤겔에게서조차 정신현상학에서 목도할 수 있는 그 엄청난 배움과 학습의 길은, 그 원리와 결과에서 똑같이 절대지(絕對知)로서의 앎의 이상에 종속되어 있다. 물론 여기서도 다시 한번 플라톤이 예외적 위치에 있다는 것은 사실이다. 사실 플라톤에게서 배운다는 것은 그야말로 영혼의 초월론적 운동이고, 이 운동은 앎으로도 무지로도 환원될 수 없다. 사유의 초월론적 조건들은 앎이 아니라 '배움'을 기초로 조성되어야 한다. 플라톤이 이 조건들을 본유성이 아니라 상기의 형식을 통해 규정하는 것은 바로 이런 이유 때문이다. 그리하여 사유 안으로 어떤 시간이 도입되고 있지만, 이 시간은 어떤 경험적 시간이 아니다. 사유 주체가 사실상의 조건들에 종속되어 있고 사유하기 위해서는 시간이 필요하기 때문에 지적해야 하는 그런 경험적 시간이 아닌 것이다. 그것은 오히려 순수사유의 시간 혹은 권리상의 조건에 해당하는 시간이다.(시간은 사유를 필요로 하고 맞아들인다.) 또 상기가 자신의 고유한 대상, 그 기억되어야 할 것méorandum을 발견하는 것은 학습의 특별한 내용 속에서이다. 다시 말해서 상기의 대상은 본연의 물음과 문제들 속에, 해들과는 무관하게 조성되는 문제들의 긴급성 속에, 곧 이념 속에 있다. 사유하기의 의미와 관련하여 제시된 그토록 많은 근본적 원리들은 어찌하여 이 상기 자체 앞에서 위태로워질 수밖에 없는가? 사실 앞에서 이미 보았던 것처럼, 플라톤에게서 시간이 사유 속으로 차이를 끌어들이고 학습이 이질성을 끌어들인다 해도, 이는 여전히 그 차이와 이질성을 유사성과 동일성의 신화적 형식에 종속시키고 따라서 앎 그 자체의 이미지에 종속시키기 위해 끌어들이는 것에 불과하기 때문이다. 그런 까닭에 플라톤의 학습 이론 전체는, 막 태어나고 있는 독단적 이미지에 의해 훼손된 어떤 수정 흔적이나 덧칠 자국으로 기능하는가 하면, 또 그 이론 자체로서는 감당하기 힘든 어떤 무-바탕을 자극하고 불러들이고 있다. 새로운 메논이라면 여기서 이렇게 말할 것이다. "앎은 어떤 경험적 형태에 불과하고 경험 속으로 거듭 떨어져 나오는 어떤 단순한 결과에 지나지 않지만, 배움은 어떤 초월론적 구조이다. 이 구조를 통해 차이와 차이, 비유사성과 비유사성이 서로 매개됨 없이 하나로 묶이고 시간은 사유 안으로 도입된다. 그러나 이 시간은 텅 빈 시간 일반의 순수 형식일 뿐, 이러저러한 신화적 과거나 이러저러한 사라진 신화적 현재가 아니다." 우리는 언제나 경험적인 것과 초월론적인 것 사이에 가정된 관계나 할당들을 전복해야 할 필연성에 재차 부딪히게 된다. 또 우리는 앎의 공준을 독단적 이미지 안의 여덟 번째 공준에 해당하는 것으로 고려해야 하지만, 이 공준이 하는 일이란 단순한 것으로 가정된 어떤 결과 안으로 다른 모든 공준들을 요약하고 집약하는 것밖에 없는 것이다.

공준들의 요약: 차이와 반복의 철학을 가로막는 장애물로서의 공준들

우리는 모두 여덟 가지의 공준을 검토했고, 각각의 공준은 언제
나 두 가지 형태를 지닌다. 1) 원리의 공준 혹은 보편적 본성의 사유
Cogitatio natura universalis(사유 주체의 선한 의지와 사유의 선한 본성)라
는 공준. 2) 이상(理想)의 공준 혹은 공통감(인식능력들의 조화로운 일치
concordia facultatum로서의 공통감과 이 일치를 보증하는 할당으로서의 양식)
의 공준. 3) 모델의 공준 혹은 재인(모든 인식능력들을 똑같다고 가정된 하
나의 대상에 대해 적용되도록 유도하는 재인, 그리고 할당의 수준에서 한 인식
능력이 자신의 대상들 중의 하나를 다른 인식능력의 어떤 다른 대상과 혼동할
때 일어나는 오류 가능성)의 공준. 4) 요소의 공준 혹은 재현(이때 차이는
같은 것과 유사한 것, 유비적인 것과 대립적인 것의 보충적인 차원들에 종속된
다.)의 공준. 5) 부정적인 것의 공준 혹은 오류의 공준.(여기서 오류는 사
유 안에서 일어날 수 있는 잘못된 모든 것을 동시에 표현하지만, 이 모든 것은
언제나 외적인 메커니즘들의 산물이다.) 6) 논리적 기능의 공준 혹은 명제
의 공준.(지칭은 진리의 장소로 간주되고, 의미는 단지 명제의 중성화된 분신
이나 무한정한 이분화에 불과하다.) 7) 양상의 공준 혹은 해들의 공준.(문
제는 내용상 명제들을 기초로 전사되거나 형식상 해결 가능성에 의해 정의된
다.) 8) 목적이나 결과의 공준, 앎의 공준(앎에 대한 배움의 종속성과 방법
에 대한 교양의 종속성). 만일 각각의 공준이 두 가지 형태를 지니고 있
다면, 이는 그것이 한번은 자연적인 공준이고 다른 한번은 철학적인 공
준이기 때문이며, 한번은 임의적인 사례들을 통해 등장하고 다른 한번
은 전제되고 있는 본질을 통해 등장하기 때문이다. 공준들이 군이 말해
질 필요는 없다. 공준들은 이 사례들이 선택될 때는 물론이고 그 본질

이 전제될 때 침묵을 지키고 있을수록 훨씬 더 효과적으로 힘을 발휘한다. 이 공준들은 모두 함께 사유의 독단적 이미지를 형성한다. 이 공준들은 재현 안의 같음과 유사성의 이미지를 통해 사유를 압살해버리지만, 이 이미지가 가장 심층적인 수준에서 훼손하는 것은 사유하기의 의미에 있다. 이 이미지는 차이와 반복, 철학적 시작과 재시작이라는 두 가지 역량을 소외시키면서 사유하기의 의미를 왜곡한다. 사유는 사유 안에서 태어난다. 사유하기의 활동은 본유성 안에 주어지는 것도, 상기 안에서 가정되는 것도 아니다. 그 활동은 다만 사유의 생식성 안에서 분만될 뿐이다. 이런 사유는 이미지 없는 사유이다. 하지만 이미지 없는 사유란 어떤 사유인가? 이와 같은 사유는 도대체 어떤 과정을 통해 세계 안에서 이루어지는 것인가?

4
차이의 이념적 종합

1절
이념: 문제제기의 심급

이념들은 본질적으로 '문제제기적'이다. 칸트는 이 점을 끊임없이 역설하고 있다. 거꾸로 문제들은 이념들 자체이다. 물론 칸트에 따르면 우리는 이념들에 의해 오도되어 거짓 문제들에 빠져 들기도 한다. 하지만 이는 이념들의 가장 심층적인 특성이 아니다. 가령 칸트에게서 특히 이성이 어떤 거짓 문제들을 제기하고 그래서 자신의 품속에 가상을 키우고 있다면, 이는 이성이 무엇보다 문제들 일반을 제기하는 인식능력이기 때문이다. 자연 상태에서 그와 같은 인식능력은 자신이 제기하는 문제 안에서 무엇이 참이거나 거짓인지, 또 무엇이 근거를 지니거나 지니지 않는지 구별할 수단을 갖지 않는다. 그러나 비판의 작업이 설정하는 목표는 정확히 바로 그런 구별 수단을 이성에 제공하는 데 있다. "비판은 이성의 대상들을 다루는 것이 아니라 다만 이성 자체를 다루거나 이성의 품에서 비롯되는 어떤 문제들을 다루어야 한다."[1] 이런 가르침에 따르면, 거짓 문제들은 이성의 올바르지 못한 사용과 연루되어 있다. 따라서 모든 문제가 전부 거짓은 아님을 알 수 있다. 즉 이념들은 제대로 이해되고 그 비판적 능력에 알맞게 사용될 수 있다. 이렇게 이성을 전적으로 정당하게 사용할 때, 그 사용은 '규제적'이라 불린다. 이 규제적 사용에 따를 때 이념들은 참된 문제들을 구성하거나 정당한 근거를 지닌 문제들을 제기한다. 바로 그렇기 때문에 규제적이라는 것은 문제제기적임을 뜻한다. 이념들은 그 자체로 문제를 제기하고 설정한다. 그리고 비록 어떤 텍스트들에서는 용어들이 혼용되고 있음에도 불구하고, 칸트는 '문제제기적'이라는 용어를 '가설적', '허구적', '일반적', 혹은 '추상적' 등의 용어와 구별하고, 그 둘 사이의 차이를 보여주려고 애쓰고 있다. 그렇다면 이념들의 능력에 해당하는 칸트의 이성은 어떤 의미에서 문제들을 제기하거나 구성하는 것일까? 이는 오직 이성만이 일련의 대상들과 관련된 지성의 행보들을 어떤 전체 안으로 통합할 수 있다는 의미에서이다.[2] 이때 지성 그 자체는 단편적인 행보들 속에 함몰해 있다. 그래서 지성은 이러저러한 대상에 관계하는 경험적이고 부분적인 물음이나 탐색들에 사로잡혀 있을 뿐, 결코 자신의 행보들 전체에 체계적 통일성을 부여할 수 있는 어떤 '문제'를 포착하는 데까지 나아가지 못할 것이다. 물론 지성이 홀로 여기저기서 결과나 대답들을 획득하지 못하는 것은 아니지만, 이런 결과나 대답들은 결코 어떤 '해(解)'를 구성하지는 못할 것이다. 왜냐하면 모든 해는 어떤 문제를 전제하기 때문이다. 다시 말해서 해가 있기 위해서는 먼저 탐색이나 질문들을 일정한 방향으로 인도하고 포섭하는 어떤 단일하고 체계적인 장(場)이 있어야 하고, 그 결과 이제는 대답들이 정확하게 어떤 해의 경우들

---

1 칸트, 『순수이성비판』, 2판 서문(Gibert, I, 24~25쪽). "순수 사변적 이성은 자신의 사유 대상들을 선택하는 상이한 방식들에 따라 자신의 고유한 역량을 정확하게 평가할 수 있고 또 평가해야 한다. 그리고 자신이 문제들을 제기하는 서로 다른 방식들 전체를 빠짐없이 열거할 수 있고 또 열거해야 한다……."
2 같은 책, 「초월론적 이념」, I, 306쪽.

을 형성하고 있어야 한다. 칸트가 종종 언급하는 바에 따르면, 이념들은 "해답 없는 문제들"이다. 이는 이념들이 필연적으로 어떤 거짓 문제들이고, 따라서 해결 불가능한 문제들임을 뜻하는 것은 아니다. 오히려 거꾸로 그것은 참된 문제들이야말로 이념들이고, 이런 이념들 '자체'는 해결된다고 해서 제거되는 것이 아님을 말한다. 왜 제거되지 않는 것일까? 이는 이념들이 해의 필수 불가결한 조건이고, 그래서 이 조건이 없다면 결코 어떠한 해도 존립할 수 없을 것이기 때문이다. 이념은 오로지 지성의 개념들에 관련해서만 정당하게 사용될 수 있다. 그러나 거꾸로 지성의 개념들은 오로지 문제를 제기하는 이념들에 관련되는 한에서만 충만한 실험적 사용(최대치)의 근거를 발견할 수 있다. 가령 지성의 개념들은 경험 바깥의 어떤 이상적인 초점으로 수렴하는 선(線)들 위에 조직화되거나, 자신들을 모두 끌어안는 어떤 상위 지평의 바탕 위에 반영되어야 한다.[3] 그와 같은 초점들, 그와 같은 지평들이 이념들이다. 다시 말해서 그것들은 내재적인 동시에 초월적인 본성을 띠고 있는 본연의 문제들인 것이다.

문제들은 객관적 가치를 지니고, 이념들은 어떤 점에서 대상을 지니고 있다. '문제제기적'이란 말이 가리키는 것은 단지 특별히 중요한 종류의 어떤 주관적 활동으로 그치는 것이 아니다. 그것은 또한 이런 활동들이 공략하고 있는 객관성 그 자체의 차원을 의미하기도 한다. 경험 바깥의 대상은 오로지 문제제기의 형식을 통해서만 재현될 수 있다. 이는 이념이 실재적 대상을 지니지 않는다는 것을 뜻하지 않는다. 그것은 다만 문제로서의 문제가 바로 이념의 실재적 대상임을 뜻한다. 칸트가 지적하는 것처럼 이념의 대상은 허구도, 가설도, 사변적 존재자도 아니다. 그것은 주어질 수도, 인식될 수도 없는 대상, 그러나 직접적으로 규

---

3 이 두 가지 이미지들은 「변증론 부록」에 나타난다(II, 151쪽, 160쪽).

차이의 이념적 종합

정될 수 없음에도 불구하고 재현되어야만 하는 어떤 대상이다. 칸트는 문제로서의 이념은 객관적인 가치와 미규정적인 가치를 동시에 갖는다고 즐겨 말한다. 이때 미규정성은 결코 단순한 인식상의 불완전성도, 대상 안의 어떤 결핍도 아니다. 그 미규정성은 전적으로 실증적인 어떤 객관적 구조를 이루고 있고, 지평이나 초점의 자격에서 이미 지각 속에서 활동하고 있다. 사실 규정되지 않은 대상, 그 이념 안의 대상에 힘입어 우리는 다른 대상들(경험의 대상들)을 재현한다. 이때 이념은 그 대상들에 어떤 최대치의 체계적 통일성을 제공한다. 만일 이념의 대상이 내용이나 질료의 측면에서 그와 유사한 통일성을 현상들에 제공하지 않는다면, 지성의 형식적 절차들도 이념을 통해 체계화되지 않을 것이다. 하지만 그 미규정성은 이념의 객관적 계기이되 첫 번째 계기에 불과하다. 왜냐하면 이념의 대상은 다른 한편 간접적으로 규정 가능해지기 때문이다. 이념의 대상은 자신이 통일성을 부여하는 경험적 대상들과의 유비를 통해 규정 가능하다. 하지만 이때 그 경험적 대상들은 자신들 사이에서 유지되는 관계들을 중심으로 이념에 어떤 '유비적인' 규정을 제시한다. 마지막으로 이념의 대상은 무한하고 완결성을 띠는 규정을 이상으로 한다. 왜냐하면 이념의 대상이 보장하는 것은 지성적 개념들의 종별화이고, 바로 이 종별화에 힘입어 지성적 개념들은 점점 더 많은 차이들을 포괄하는 가운데 그야말로 무한한 연속성의 장(場)을 거느리게 되기 때문이다.

차이: 미규정성, 규정 가능성, 규정성

따라서 이념은 세 가지 계기를 보여준다. 이념적 대상 안의 미규정성, 경험 대상들과 관련하여 성립하는 규정 가능성, 지성의 개념들과 관련하여 성립하는 무한한 규정성의 이상 등이 그것이다. 여기서 이념은 코기토의 세 측면을 고스란히 다시 취하고 있음이 분명하다. 규정되지 않은 실존인 나는 존재한다, 이 실존이 규정 가능하게 되는 형식인 시간, 규정에 해당하는 나는 생각한다가 다시 되풀이되고 있는 것이다. 정확히 말해서 이념들은 바로 코기토의 사유들, 사유의 미분들이다. 또 코기토 배후에는 어떤 균열된 '나'가 있고, 이 나는 자신을 가로지르는 시간의 형식에 의해 처음부터 마지막까지 쪼개져 있다. 그런 한에서 이렇게 말해야 한다. 이념들은 그 균열의 틈바구니에서 우글대고 있고, 그 균열의 가장자리로 계속 기어 나오고 있다. 이념들은 그 틈바구니의 안팎을 끊임없이 드나드는 가운데 수없이 상이한 방식들로 구성되고 있다. 여기서는 또한 처음부터 메울 수 없는 어떤 것을 앞에 놓고 어떻게 메울 수 있는지 물을 필요는 없다. 하지만 차이는 자신이 구별하는 것을 즉각적으로 결합하고 분절화시킨다. 그와 마찬가지로 균열은 자신이 쪼개놓는 것을 다시 붙들고, 이념들 역시 갈기갈기 찢어진 자신의 계기들을 품안에 보존한다. 이념의 중요한 역할은 균열은 물론이고, 그 균열의 틈바구니에 서식하는 개미들을 내면화하는 데 있다. 이념 안에서는 어떠한 동일화도, 어떠한 혼동도 성립하지 않는다. 거기서 성립하는 것이 있다면, 그것은 객관적이고 문제제기적인 어떤 내적 통일성이다. 이런 통일성은 미규정성, 규정 가능성, 규정성의 세 계기 사이에서 성립한다. 칸트에게서 충분하게 드러나지 않는 것은 아마 이 점일 것이다. 칸트에 따르면, 그 세 계기 중 둘은 외생적 특성들로 남아 있다.(그 자체로 규정되어 있지 않다면 이념은 오로지 경험 대상들과 관련해서만 규정 가능하고, 오로지 지성의 개념들과 관련해서만 이상적 규정을 내다볼 수 있다.) 게다가 칸트에게서 이 계기들은 서로 구별되는 이념들을 통해 구현된다. 가령 자아는 무엇보다 규정되지 않은 상태에 있고, 우주는 규정 가능하며, 신은 규정성의 이상이다. 칸트 이후의 철학자들이 비난하는 것처럼, 칸트가 발생의 관점에 도달하지 못한 채 단지 조건화나 정당화의 관점에 머물고 마는 진

차이의 이념적 종합

정한 이유들은 아마 여기에 있을 것이다. 그리고 독단주의의 오류가 분리하는 것을 언제나 메우는 데 있다면, 경험주의의 오류는 분리된 것을 외부에 방치하는 데 있다. 이런 시각에서 보면 칸트의 비판 철학에는 여전히 너무 많은 경험주의가 남아 있다.(또 칸트 이후의 철학에는 너무 많은 독단주의가 남아 있다.) 지평이나 초점은 차이가 통일의 기능을 수행하는 '비판적' 지점이고, 그 통일의 기능이야말로 차이의 고유한 기능이지만, 그 지점은 아직 지정되지 않았다.

2절
미분

차이의 상징Differenzphilosophie은 모순의 상징에 대립하고, 차이 그 자체는 부정성에 대립한다. 마찬가지로 우리는 dx를 비(非)-A에 대립시킨다. 사실 모순은 가장 큰 차이 쪽에서 이념을 찾는 반면, 미분은[4] 무한소(無限小)의 심연으로 떨어질 위험이 있다. 그러나 아직 문제가 제대로 설정되지 못한 실정이다. 즉 상징 dx의 가치를 무한소들의 실존과 관계짓는 것은 잘못이지만, 무한소들을 인정하지 않는다고 해서 상징 dx에 대해 모든 존재론적 가치나 인식론적 가치를 거부해야 한다고 보는 것도 역시 잘못이다. 이런 관점에서 보면 미분법에 대한 옛날의 해석들, 이른바 원시적이고 전-과학적인 해석들 속에는 어떤 보물이 들어 있다. 우리는 그 보물을 무한소의 갱으로부터 추출해내야 한다. 상징 dx를 진지하게 다룰 수 있기 위해서는 먼저 그야말로 철학적인 순진

---

4 (옮긴이 주) la différentielle. 미분 외에도 경우에 따라 미분량으로도 옮긴다. 또 le différentiel은 미분적인 것, 미분소, 미분적 차이, 변별적 차이(소) 등으로 옮긴다.

성이 지극해야 하고 열의도 대단해야 한다. 가령 서로 다른 이유에서이긴 하지만 칸트도, 심지어 라이프니츠조차 여기서 단념하고 말았다. 그러나 미분의 철학을 계승하는 비전적(秘傳的)인 역사에서는 세 이름이 찬란한 광채를 발하고 있다. 살로몬 마이몬, 외네 브롱스키, 보르다스드물랭이 그들이다. 마이몬은 미분법을 라이프니츠의 관점에서 재해석하고, 이를 통해 역설적으로 후기 칸트주의에 근거를 마련해준다(1790). 심오한 수학자 브롱스키는 실증주의적인 동시에 메시아주의적이자 신비주의적인 체계를 수립하는데, 이 체계는 칸트적인 미분법 해석을 함축하고 있다(1814). 보르다스드물랭은 데카르트에 대해 반성하다가 플라톤주의의 관점에서 미분법을 해석하게 된다(1843). 이들은 미분법의 역사에 등장하는 어떤 라이프니츠, 어떤 칸트, 어떤 플라톤에 해당한다. 이들을 통해 드러나는 풍요로운 철학적 함축을 근대적인 과학 기법의 이름으로 사장한다는 것은 안타까운 일이다. 미분의 철학 일반의 원리는 어떤 엄밀한 해명의 대상이 되어야 하며, 그 원리가 무한소에 의지하는 일은 결코 없다. 상징 dx는 세 가지 계기를 동시에 지닌다. 먼저 규정되지 않은 것으로, 다른 한편 규정 가능한 것으로, 마지막으로는 규정으로 나타나는 것이다. 이 세 측면 각각에는 다시 충족이유를 형성하는 세 가지 원리가 상응한다. 즉 그 자체로 규정되지 않은 것(dx, dy)에는 규정 가능성의 원리가, 실재적으로 규정 가능한 것(dy/dx)에는 상호적 규정의 원리가, 현실적으로 규정되어 있는 것(dy/dx의 값들)에는 완결된 규정의 원리가 상응한다. 요컨대 dx는 이념이다 — 플라톤적인 이데아, 라이프니츠적이거나 칸트적인 이념, 다시 말해서 '문제'이자 그 문제의 존재인 것이다.

차이의 이념적 종합

양화 가능성과 규정 가능성의 원리

불의 이념에 포섭된 불은 연속성을 띤 어떤 단일한 질량과 같고, 이 질량은 증가할 수 있다. 은의 이념에 포섭된 대상은 어떤 정련된 금속의 액체적 연속성과 같다. 연속체는 이렇게 이념과 결부되어야 하고, 또 이념의 문제제기적 사용과 결부되어야 한다. 하지만 이것이 사실이라 해도 여기에는 어떤 조건이 따른다. 그것은 연속체가 감각적 직관이나 심지어 기하학적 직관에서 빌린 특성들을 통해서는 결코 정의될 수 없다는 것이다. 가령 중간항들의 내삽(內揷)에 대해 말할 때, 무한삽입 수열이나 부분들에 대해 말할 때 그런 조건이 따른다. 이는 그 부분들이란 것이 가능한 생각할 수 있는 어떤 최소 부분이 아니기 때문이다. 연속성은 어떤 이념적 원인을 지니고, 오로지 그 원인이 규정되는 한에서만 연속체는 진정한 의미에서 이념에 속한다. 연속성은 자신의 원인과 함께 파악되어야 하는 것이며, 그럴 때만 양화 가능성의 순수 요소를 형성한다. 이 양화 가능성은 직관상의 고정된 양들quantum과 구별되어야 하고, 또 지성적 개념들에 해당하는 가변적인 양들quantitas과도 구별되어야 한다. 양화 가능성을 표현하는 상징 역시 전적으로 미규정 상태에 놓여 있다. 즉 dx는 x에 비해, 그리고 dy는 y에 비해 엄밀한 의미에서는 아무것도 아니다. 그러나 모든 문제는 이 영(零)들의 의미에 놓여 있다. 먼저 직관적 대상에 해당하는 양들은 항상 특수한 값들을 갖는다. 또 각각의 양은 분수(分數)적 비율 안에 통합되어 있지만, 그 비율적 관계와는 독립적인 값을 유지한다. 다른 한편 지성적 개념에 해당하는 양은 어떤 일반적인 값을 가진다. 여기서 일반성이 가리키는 것은 특수한 값들이 무한하게 많을 가능성이다 — 물론 이때 그 무한한 가능성은 변수에 의해 수용될 수 있어야 한다. 그러나 어떤 경우든 항상 어떤 특수한 값이 따로 있어서 다른 값들을 대신할 수 있고, 그 값들에 타당한 의미를 지닐 수 있어야 한다. 가령 $x^2 + y^2 - R^2 = 0$이라는 원의 대수방정식이 그러하다. 하지만 $xdx + ydy = 0$의 경우는 사정이 다르다. 이 미분방정식은 "원주나 그에 대응하는 함수의 보편자"를 의미한다. dx와 dy라는 영들을 통해 표현되는 것은 직관상의 양과 개념상의 양, 일반적인 값과 특수한 값이 모두 소거된다는 점이다. 이런 이중의 소거에 힘입어 "보편자와 보편자의 출현"이 가능해진다. 보르다스드물랭의 해석이 갖는 설득력은 바로 여기에 있다. 즉 dy/dx 나 $0/0$에서 소거되는 것은 미분들이 아니다. 그것은 단지 함수 안의 개체이자 그 개체의 비율적 관계들일 뿐이다.(보르다스에게서 '개체'는 특수자인 동시에 일반자로 이해된다.) 여기서 한 유(類)에서 다른 유로 어떤 이행이 일어난 것이고, 말하자면 거울 이면으로의 이행이 일어난 셈이다. 함수는 〔곧 대수방정식은〕 가변적인 부분을 잃어버렸거나 변이의 속성을 상실했다. 함수가 대표하는 것은 단지 연산(演算)을 통해 끌어낸 불변자일 뿐이다. "함수 안에서 변화하는 것은 소거되고, 또 소거되는 가운데 자신의 저편에서 변화하지 않는 것이 보일 수 있도록 해준다."[5] 요컨대 극한이나 경계는 함수의 극한이 아니라 어떤 진정한 절단coupure으로 파악되어야 한다. 극한은 함수 자체 안에서 변화하는 것과 변화하지 않는 것 사이의 어떤 경계로 파악되어야 한다. 따라서 뉴턴의 오류는 미분들을 〔곧 dx와 dy를〕 제로와 등치시킨다는 데 있다. 반면 라이프니츠의 오류는 미분들을 개체나 변이 가능성과 동일시한다는 데 있다. 이렇게 볼 때 보르다스는 이미 미분법에 대한 현대적 해석에 근접하고 있다. 즉 극한은 더 이상 연속적 변수나 무한한 근사치 등의 관념들을 전제하지 않는다. 그와

---

5 Jean Bordas-Demoulin, *Le Cartésianisme ou la véritable rénovation des sciences* (Paris, 1843), II, 133쪽 이하. 그리고 453쪽 이하. 르누비에Charles Renouvier는 보르다스의 명제들에 적의를 품고 있음에도 불구하고 사실상 그 명제들을 포괄적이고 심층적으로 분석한다. *La critique philosophique*, 제6년째 권(1877) 참조.

차이의 이념적 종합

는 달리 극한이라는 기초개념은 연속성에 대한 새로운 정의를 근거짓는다. 그 개념을 통해 연속성에 대한 정태적이고 순수하게 이념적인 정의가 가능해지는 것이다. 또 극한 개념 자체가 정의되어야 한다면, 정의상 그것이 함축하는 것은 오로지 수(數)이거나, 혹은 차라리 그 수 안의 보편자일뿐이다. 현대 수학자들은 이 보편자의 본성을 정확하게 한정하는 데 성공했다. 가령 그 본성은 (데데킨트적인 의미의) '절단'에 있다. 이런 의미에서 절단은 수의 근접 유(類)를 구성하고, 연속성의 이념적 원인이나 양화 가능성의 순수 요소를 구성한다.

질화 가능성과 상호적 규정의 원리

dx는 x에 대한 관계에서 볼 때, 그리고 dy는 y에 대한 관계에서 볼 때 전적으로 미규정 상태에 있다. 하지만 dx와 dy는 서로 관계할 수 있고, 그런 한에서 완전히 규정 가능하다. 그렇기 때문에 어떤 규정 가능성의 원리가 본연의 미규정자에 상응한다. 보편자는 어떤 무가 아니다. 왜냐하면 보르다스가 말하는 것처럼 "보편자의 비율적 관계들"이 존재하기 때문이다. dx와 dy는 일반자는 물론이고 특수한 개별자 안에서도 전적으로 미분화(未分化)되어 있다. 하지만 보편자 안에서, 그리고 보편자에 의해 전적으로 미분화(微分化)되어 있다. dy/dx의 관계는 어떤 분수 형태의 관계가 아니고, 그래서 직관상의 특수한 양들 간에 수립되는 관계도, 하물며 가변적인 크기들이나 대수적인 양들 사이에서 성립하는 어떤 일반적 관계도 또한 아니다. 각각의 항은 절대적으로 또 다른 항과의 관계 안에서만 존재한다. 여기서 어떤 독립변수를 지시한다는 것은 더 이상 필요하지도, 가능하지도 않다. 그렇기 때문에 이제는 정확히 어떤 상호적 규정의 원리가 관계의 규정 가능성에 상응하게 된다. 이념이 실질적으로 종합적인 자신의 기능이나 함수를 확립하고 또

전개하는 것은 바로 어떤 상호적 종합 안에서이다. 따라서 미분적 관계나 비율은 어떤 형식을 통해 규정 가능한가? 모든 물음은 바로 이렇게 집약된다. 그런 가능성은 우선 질적인 형식에서 오고, 또 이런 조건에서 미분비는 이른바 원시함수와 본성상 다른 어떤 함수를〔다시 말해서 도(導)함수를〕표현한다. 원시함수$[x^2+y^2-R^2=0]$가 곡선을 표현할 때,〔도함수〕$dy/dx=-x/y$는 이 곡선에서 나타나는 어떤 삼각법적인 탄젠트〔기울기〕, 즉 곡선에 접하는 선이 가로 좌표축과 함께 만들어내는 각도의 탄젠트를 표현한다. 종종 강조되어왔던 것처럼, 미분에 포함된 이런 질적 차이나 그 '함수의 전환'은 중요한 의미를 지닌다. 마찬가지로 절단은 유리수 계열의 항들과는 본성상 다른 어떤 무리수들을 지칭한다. 하지만 이는 첫 번째 측면에 불과하다. 왜냐하면 미분비(微分比)는〔원시함수와는〕다른 질을 표현하는 한에서는 여전히 이 질(예를 들어 탄젠트)에 상응하는 특수한 값이나 양적 변이들에 연계되어 있기 때문이다. 따라서 미분비는 이제 다시 미분화될 수 있고, 이때 이것이 증언하는 것은 단지 이념의 역량, 곧 이념의 이념을 낳는 이념의 거듭제곱 역량일 뿐이다. 따라서 어떤 질과 관계된 보편자를〔다시 말해서 미분비를〕, 그것이 어떤 다른 질과 관련하여 여전히 가지고 있는 어떤 특수한 값이나 양들과 혼동하지 말아야 한다. 보편 함수 안에서 보편자가 표현하는 것은 단순히 이런 다른 질만이 아니라 무엇보다 질화 가능성의 순수 요소이다. 바로 이런 의미에서 이념은 미분비를 대상으로 한다. 즉 이념은 변이나 편차를 통합, 적분한다. 하지만 이때 통합되는 변이는 더 이상 불변의 것으로 가정된 어떤 비율의 가변적 규정('변이 가능성')이 결코 아니다. 오히려 거꾸로 그것은 비율 그 자체의 변이 등급이나 정도('변이성')[6]이고, 이런 변이 정도에는 가령 곡선들의 질화(質化)된 계열이 상응한다. 만일 이념이 변이 가능성을 배제한다면, 이는 변이성이나 다양성이라 불러야 할 어떤 것을 위해서이다. 구체적 보

차이의 이념적 종합

편자인 이념은 지성의 개념에 대립하고, 그 외연이 넓을수록 그만큼 더 광대한 내포를 지닌다. 비율적 관계의 정도나 등급들의 상호 의존성, 그리고 극단적으로는 그 비율적 관계들의 상호 의존성, 바로 이것이 이념의 보편적 종합(이념의 이념 등등)을 정의한다.

살로몬 마이몬은 개념과 직관을 대립시키는 칸트의 이분법을 넘어서고자 하고, 그런 가운데 비판 철학을 근본적으로 재편하고자 한다. 그와 같은 이분법에 매달렸기 때문에 우리는 외생적 기준에 의존하여 구성 가능성을 생각했고, 규정 가능한 것(순수 소여로서의 칸트적 공간)과 규정(사유로서의 개념) 사이에는 어떤 외면적 관계만을 설정하게 되었다. 개념과 직관이 도식의 매개를 통해 상호 적응하게 된다는 생각은 어떤 역설을 심화시키고 있을 뿐이다. 그것은 곧 인식능력들에 관한 이론에서 나타나는 역설, 그 인식능력 사이에는 단지 외면적 조화만이 성립한다는 역설이다. 초월론적 심급이 단순한 조건화나 정당화의 문제로 환원되고, 모든 발생론적 요구가 포기되는 것은 그런 역설에서 비롯된다. 따라서 칸트에게서 차이는 외부적인 것으로 남게 되고, 그런 자격에서 그것은 불순하고 경험적인 차이, 구성의 외부에 매달려 있는 차이, 규정 가능한 직관과 규정하는 개념 사이에 걸려 있는 차이다. 마이몬의 천재성은 철학적 초월론에 대해 조건화의 관점이 얼마나 불충분한지를 보여주는 데 있다. 즉 차이의 두 항은 동등하게 사유되어야 한다 — 다시 말해서 규정 가능성은 그 자체가 상호적 규정의 원리를 향해 자기 자신을 초과해가는 것으로 사유되어야 한다. 물론 지성의 개념들에게 상호적 규정은 결코 낯선 것이 아니다. 지성은 가령 인과성이나 상호 작용의 범주를 통해 그 상호적 규정을 잘 알고 있다. 하지만 전적으로 형식적이

---

6 (옮긴이 주) variété. 변이variation나 변이 가능성variabilité이 한 차원에서 일어나는 변화라면, 변이성은 n차원 사이의 변화, 차원상의 변화를 의미하는 듯하다. 그것은 곧 변이의 단위를 바꾼다는 뜻일 것이다. 들뢰즈는 이런 의미의 변이성을 띤 연속체를 다양체라 부른다.

고 반성적인 방식으로만 알고 있을 뿐이다. 실재적 대상들이 산출되는 원천은 미분비들의 상호 종합에 있다. 바로 그런 상호 종합이 이념의 질료이고, 이 질료는 자신이 몸을 담그고 있는 질화 가능성이라는 사유의 요소 안에 있다. 이로부터 3중의 발생이 뒤따른다. 먼저 질(質)들의 발생이 비롯되는데, 이렇게 산출된 질들은 인식의 실재적 대상들 사이에 있는 차이들이다. 다른 한편 시간과 공간의 발생이 뒤따르는데, 이 둘은 차이들을 인식하기 위한 조건들이다. 마지막으로는 개념들의 발생이 뒤따르고, 이 개념들은 인식들 자체를 차이짓거나 구별하기 위한 조건들이다. 그래서 물리학적 판단은 수학적 판단에 대한 자신의 우위를 공고히 하려는 경향이 있고, 또 공간적 연장의 발생은 그 안에 서식하는 대상들의 발생과 분리될 수 없다. 이념은 이상적 연관들의 체계로 나타난다. 다시 말해서 상호적으로 규정 가능한 발생적 요소들 간의 미분비들의 체계로 드러나는 것이다. 코기토는 어떤 미분적 무의식의 역량 전체를 회복한다. 그렇게 회복되는 순수사유의 무의식은 규정 가능한 자아와 규정하는 나 사이의 차이를 내면화하고, 사유 그 자체 안에 아직 사유되지 않은 어떤 것을 끌어들인다. 아직 사유되지 않은 것, 그것이 없다면 아마 사유의 실행은 언제나 불가능하고 공허할 것이다.

마이몬은 이렇게 쓴다. "내가 가령 '붉은 것과 푸른 것 사이에는 차이가 있다.'라고 말할 때, 지성의 순수 개념에 해당하는 차이 개념은 감각적인 성질들의 관계로 간주되는 것이 아니다.(그렇지 않다면 '권리상의 문제'에 대한 칸트의 물음은 온전히 남아 있을 것이다.) 다만 그것은 다음과 같은 두 의미 중의 하나로 간주된다. 먼저 그것은 칸트의 이론에 따라 그 성질들의 공간적 관계로 간주될 수 있고, 이때 그 공간은 선험적 형식이다. 다른 한편 그것은 내 이론에 따라 그 성질들의 미분들 사이에서 성립하는 관계로 간주될 수 있고, 이때 그 미분들은 어떤 선험적 이념들이다. …… 대상 산출의 특수한 규칙이나 미분적 양태, 바로 이것

차이의 이념적 종합

이 사실상 특수한 대상을 낳는 배후이고, 서로 다른 대상들 간의 관계들은 이것들의 미분비들 사이에서 성립하는 관계들에서 비롯된다.[7] 마이몬이 내놓은 양자택일의 선택지를 보다 쉽게 이해하기 위해 "직선은 가장 짧은 거리"라는 유명한 예를 생각해보자. 가장 짧은 것은 두 가지 방식으로 해석될 수 있다. 먼저 그것은 조건화의 관점에서 해석될 수 있다. 이때 그것은 개념에 일치하여 공간을 규정하는 상상력의 도식에 해당한다.(자신의 그 어느 부분에서건 자기 자신과 포개질 수 있다고 정의된 직선.) 그리고 이 경우 차이는 외부적인 것으로 남고, 개념과 직관 '사이에서' 수립되는 어떤 구성 규칙을 통해 구현된다. 다른 한편 가장 짧은 것은 발생의 관점에서 해석될 수 있다. 이때 그것은 개념과 직관의 이원성을 극복하고 직선과 곡선의 차이 역시 내면화하는 어떤 이념에 해당한다. 그리고 이 이념은 최소 조건들을 따르는 어떤 적분 안에서 이런 내적 차이를 상호적 규정의 형식을 통해 표현한다. 가장 짧은 것은 더 이상 도식이 아니라 이념이다. 혹은 그것은 더 이상 한 개념의 도식이 아니라 이념적인 도식이다. 이런 관점을 공유하는 수학자 우엘의 언급에 따르면, "가장 짧은 거리"는 결코 유클리드적 개념이 아니라 오히려 아르키메데스적 개념이고, 수학적 개념이라기보다는 오히려 물리학적 개념이다. 그것은 거진법(去盡法)과 분리될 수 없고, 직선을 규정한다기보다는 오히려 직선을 이용하여 곡선의 길이를 규정하는 데 쓸모가 있다 ― "적분을 모르면서도 적분을 수행할 수 있다."[8]

---

7 Salomon Maïmon, *Versuch über Tranzendantalphilosophie*(Berlin, 1790), 33쪽. Martial Gueroult의 매우 중요한 책 *La philosophie transcendantale de Salomon Maïmon*(Alcan, 1929) 참조(특히 "규정 가능성"과 "상호적 규정"에 대해 언급하고 있는 53쪽 이하, 76쪽 이하 참조).

8 Jules Houël, *Essai critique sur les principes fondamentaux de la géométrie élémentaire*(Gauthier-Villars, 1867), 3쪽, 75쪽.

잠재력과 완결된 규정의 원리(계열 혹은 급수의 형식)

마지막으로 미분비가 드러내는 세 번째 요소는 순수 잠재력[9]이다. 거듭제곱(역량)은 상호적 규정의 형식이고, 이 형식에 따라 가변적인 크기들은 서로에 대한 함수로 파악된다. 또한 미분법이 다루는 크기들은 한정되어 있다. 오로지 하나가 적어도 어떤 다른 하나보다는 상위의 거듭제곱을 지니는 그런 크기들만이 고려되는 것이다. 미분법의 첫 번째 행위는 아마 방정식의 탈잠재화, 곧 '거듭제곱 제거'에 있을 것이다.(가령 $2ax-x^2=y^2$ 대신 $\dfrac{dy}{dx}=\dfrac{a-x}{y}$을 얻는다.) 하지만 위에서 언급한 두 형태 속에서 이와 유사한 것이 이미 발견되고 있었다. 거기서는 직관상의 양quantum과 개념상의 양quantitas의 소거가 양화 가능성의 요소가 출현하기 위한 조건이었고, 질의 박탈이 질화 가능성의 요소가 출현하기 위한 조건이었다. 라그랑주Lagrange의 설명에 따르면, 이번에는 잠재력 제거가 순수 잠재력(거듭제곱의 잠재력)의 조건이 된다. 이는 그것이 한 변수가 함수적으로 전개될 가능성을 열어놓기 때문이다.[10] 곧 그 함수는 i의 거듭제곱들과 이 거듭제곱들의 계수들에 의해 구성된 어떤 한 급수(級數) 안에서 전개되고, 그 결과 이 변수를 전개하는 함수가 다른 변수들의 함수들과 비교될 수 있기에 이른다. 잠재력의 순수 요소는

---

9 (옮긴이 주) potentialité pure. 우리가 역량으로 번역하는 puissance는 수학에서는 정확히 멱(冪) 혹은 거듭제곱을 의미한다. 들뢰즈는 역량을 언제나 이런 수학적 의미가 가미된 n승의 역량, n제곱의 역량, 곧 반복의 역량으로 새긴다. 하지만 여기서 이 형이상학적 역량은 잠재력potentialité으로 지칭되는 과학적 차원의 거듭제곱 역량과 구별되고, 그래서 순수 잠재력이라 불린다. 이 순수 잠재력은 수학적이거나 물리학적인 잠재력이 있기 위해서 먼저 있어야 하는 근원적이고 순수한 상태의 역량을 의미한다. 아래에 나오는 탈잠재화라는 말의 원어는 dépotentialisation이고 수학적 문맥에서는 정확히 거듭제곱 제거를 의미하는데, 들뢰즈는 미분법에서 가장 중요한 이 절차를 순수 잠재력에 해당하는 존재론적 역량이 나타나는 과정과 상응하는 것으로 풀이하고 있다.

10 (옮긴이 주) 이 함수적 전개는 다음과 같다: $f(x+i)=f(x)+f'(x)i+\dfrac{f'(x)}{2}i^2+\dfrac{f''(x)}{2\cdot3}i^3+\cdots\cdots$

차이의 이념적 종합

첫 번째 계수나 첫 번째 도함수에서 나타난다. 반면 여타의 도함수들, 그리고 따라서 그 급수의 모든 항들은 반복되는 똑같은 연산들의 결과이다. 그러나 정확히 문제는 전적으로, 그 자체가 i와는 독립적인 이 첫 번째 계수를 규정하는 데 있다. 브롱스키의 반론이 개입하는 것은 바로 이 지점에서이다. 이 반론은 카르노의 설명(오차들의 상쇄)은 물론이고 라그랑주의 설명(테일러의 급수)도 논박하고 있다. 카르노에 대한 브롱스키의 반론에 따르면, 이른바 보조 방정식들이 부정확한 이유는 dx와 dy를 함축하기 때문이 아니라 이것들과 동시에 감소하는 특정한 보충적인 양들을 무시하기 때문이고, 그래서 카르노의 설명은 미분법의 본성을 설명하기는커녕 오히려 전제한다. 라그랑주의 급수들도 마찬가지이다. 브롱스키에 따르면 "초월론 철학"을 특징짓는 것은 어떤 엄밀한 알고리듬이다. 이 알고리듬의 관점에서 보면, 라그랑주의 급수들에서 비연속적 계수들이 의미를 지니게 되는 것은 오로지 자신들을 구성하는 미분적 함수들을 통해서이다. 지성이 어떤 "비연속적 총합"을 제공한다는 것이 사실이라 하더라도, 이 총합은 양들의 생성 질료에 불과하다. 양들의 생성 형식은 오직 "점진(漸進)"이나 연속성을 통해서만 구성되는 것이고, 그렇게 구성된 형식은 이성의 이념들에 속한다. 그렇기 때문에 미분들(dx, dy)은 분명 이미 태어난 그 어떤 양에도 상응하지 않는다. 오히려 미분들은 양에 대한 인식이 발생하기 위해 필요한 어떤 무제약적 규칙이고, 또한 양의 질료를 구성하는 비연속성들의 생성이나 급수들의 구성을 위한 어떤 무제약적 규칙이다.[11] 브롱스키가 말하는 것처럼 미분은 "어떤 이념적인 차이"이고, 이 차이가 없다면 라그랑

---

11 Hoëne Wronski, *Philosophie de l'infini*(Didot, 1814), 그리고 *Philosophie de la technie algorithmique*(1817). 바로 이 마지막 책에서 브롱스키는 자신의 이론과 급수들의 공식들을 설명한다. 브롱스키의 수학적 저작들은 1925년 출판사 Hermann에서 재출판되었다. 프란시스 바랭Francis Warrain이 펴낸 *L'œuvre philosophique de Hoëne Wronski*(Vega, 1933)에서는 브롱스키의 철학과 셸링의 철학이 필연적으로 맞서게 되는 여러 전선들을 서술하고 있다.

주의 미규정 양도 예상되는 규정 작용을 행할 수 없을 것이다. 이런 의미에서 미분비가 잠재력의 순수 요소인 것처럼 미분은 순수한 거듭제곱, 곧 역량인 것이다.

잠재력의 요소에 상응하는 것은 어떤 완결된 규정의 원리이다. 완결된 규정과 상호적 규정은 서로 혼동되지 말아야 한다. 상호적 규정은 미분비들과 이 비율의 정도들, 그리고 이 비율이 이념 안에서 상이한 형식들에 대응하는 가운데 보여주는 변이성들과 관련된다. 반면 완결된 규정은 한 비율의 값들, 다시 말해서 어떤 형식의 구성이나 독특한 점들의 할당과 관련된다. 이 독특한 점들은 그렇게 구성되는 형식을 특징짓는데, 가령 미분비가 영(零)이나 무한, 또는 0/0이 될 때 그렇다. 여기서 중요한 것은 물론 대상의 부분들에 대한 완결된 규정이다. 가령 예전에는 '선형적'이라 정의되었던 비율을 나타내는 요소들은 이제 대상 안에서, 그래서 곡선 안에서 발견되어야 한다. 그리고 오직 그 안에서만 잠재력 안의 급수적 형식이 자신의 모든 의미를 취하게 된다. 게다가 어떤 관계나 비율인 것을 총합으로 제시하는 일도 필요하게 된다. 왜냐하면 정수적 계수들을 가진 거듭제곱들의 급수는 어떤 독특한 점을, 그것도 매번 하나의 독특한 점을 둘러싸기 때문이다. 급수적[계열적] 형식의 이점(利點)과 필연성은 어디에 있는 것일까? 그것은 그 형식을 통해 복수의 급수들이 포섭될 때 나타나고, 그 급수들이 독특한 점들에 의존할 때 나타난다. 그것은 대상의 한 부분 ─ 함수가 한 급수에 의해 대리되는 부분 ─ 에서 다른 한 부분 ─ 함수가 다른 한 급수를 통해 표현되는 부분 ─ 으로 이행하는 방식에서도 엿보인다. 이 경우 그 두 급수는 서로 수렴하거나 접속될 수 있고, 거꾸로 발산할 수도 있다. 위에서 본 바와 같이 규정 가능성은 자기 자신을 넘어서서 상호적 규정을 향해 나아가고 있었다. 전적으로 마찬가지로 상호적 규정은 자기 자신을 넘어서서 완결된 규정을 향해 나아간다. 즉 규정 가능성, 상호적 규정, 완결

차이의 이념적 종합

된 규정은 셋이 함께 충족이유의 형태를 형성하고, 그 형태는 양화 가능성, 질화 가능성, 잠재력이라는 3중의 요소 안에서 드러난다. 이념은 어떤 구체적인 보편자이고, 여기서는 외연과 내포가 짝을 이루면서 나아간다. 이는 이념이 자기 자신 안에 단지 변이성이나 다양성을 포괄하고 있기 때문만은 아니다. 이념은 또한 각각의 변이성 안에 독특성을 포괄하고 있다. 이념은 특이하거나 독특한 점들의 분배를 포섭하고 있다. 이념은 분명한 구별성을 띠고 있고, 다시 말해서 판명하다. 이념의 이런 특성은 정확히 할당과 접속에서 온다. 이념은 평범한 것과 특이한 것, 독특한 것과 규칙적인 것을 할당한다. 이념은 독특한 점을 규칙적인 점들에 접속하여 또 다른 독특성의 근방에까지 이르도록 한다. 개체의 저편, 일반자와 특수자 저편에 어떤 추상적인 보편자가 있는 것이 아니다. '전(前)-개체적인 것', 바로 그것이 독특성 자체이다.

3절
미분법과 무한소의 무용성

미분법의 해석을 둘러싼 물음은 아마 이런 형식을 통해 정식화될 수 있을 것이다. 무한소들은 실재적인가 아니면 허구적인가? 하지만 애초부터 또 다른 문제가 끼어들고 있었다. 즉 미분법의 운명은 과연 무한소에 묶여 있는 것일까? 그것이 아니라면 미분법은 유한한 재현의 관점에 준하여 어떤 엄격한 신분 규정을 받아들여야 하지 않을까? 현대 수학을 가늠하는 진정한 경계선은 미분법 자체 안에 있는 것이 아니라 집합론의 발견과 같은 다른 발견들 안에 있을 것이다. 집합론은 비록 그 자체가 어떤 무한의 공리를 필요로 하지만, 그럼에도 불구하고 집합론을 중시한다면 미분법은 엄격하게 유한한 관점에서 해석되지 않을 수 없다. 이미 알려져 있는 바와 같이 극한의 개념은 사실 운동학적 성격을 상실했고, 오로지 어떤 정태적 고찰들만을 담고 있다. 변이 가능성이 재현하는 것은 더 이상 한 구간의 모든 값들을 거쳐 가는 어떤 점진적 이행이 아니다. 이제 그것은 다만 이 구간 안의 한 값이 지닌 이접적 가정(假定) 사항만을 의미한다. 도함수와 적분은 양적 개념이라기보다는 오히려 어떤 서수적(序數的) 개념이 되었다. 마지막으로 미분 혹은 미분량은 오로지 어떤 크기만을 지칭하고, 이 크기는 어떤 지정된 수보다 더 작은 것으로 만들어야 할 필요가 있을 경우를 위해 미규정 상태로 남겨진다. 바로 이런 발견들과 더불어 미분법을 발생론적이거나 동역학적 관점에서 해석하려는 포부들은 모조리 사라지고, 그 대신 구조주의가 태어났다. 종종 미분법의 '형이상학'이 언급되지만, 이때 중요한 것은 정확히 무한한 재현과 유한한 재현 사이에서 성립하는 이런 양자택일적 선택지이다. 게다가 이런 선택지는, 따라서 형이상학은 미분법 자체의 기술(技術)과 대단히 긴밀한 관계에 있고, 말하자면 그 안에 내재해 있다. 그렇기 때문에 형이상학적 물음은 처음부터 이렇게 표명된다. 어째서 미분들은 기술상 무시될 수 있고, 그래서 결과 안에서는 사라져야 하는가? 여기서 무한소를 내세우고 오차(만일 '오차'가 존재한다면)의 무한히 작다는 특성을 내세울 수 있지만, 이는 분명 무의미할 뿐 아니라 무한한 재현에 대해 속단하는 것이다. 카르노는 유명한 저작 『미분법의 형이상학에 대한 반성』에서 엄밀한 답변을 제시한 바 있는데, 그것은 단지 유한한 해석의 관점에서 나온 답변에 불과하다. 이 답변에 따르면 미분방정식들은 문제의 조건들을 표현하는 단순한 "보조 방정식들"이고, 모색되고 있는 방정식[解]은 그 문제에 대한 대답이다. 하지만 이 보조 방정식들 사이에서 오차들은 엄격하게 상쇄되고, 이 상쇄로 인해 미분적 차이들은 결과 안에 존속할 수 없게 된다. 왜냐하면 이 결과는 오로지 고정되어 있거나 유한한 양들 사이에서만 성립할 수

차이의 이념적 종합

있기 때문이다.

그러나 이렇게 말하는 카르노는 형이상학에 대해 자신의 이론적인 틀을 넘어서는 어떤 길을 열어놓고 있다. 특히 그가 "문제"라는 개념과 "문제의 조건들"이라는 개념을 무척 중시할 때 그러하다. 이미 라이프니츠는 미분법이 어떤 문제 조합법의 도구임을 보여주었다. 다시 말해서 미분법은 예전에는 해결할 수 없었고 게다가 제기조차 할 수 없었던 문제들(초월적인 문제들)을 표현한다는 것이다. 여기서 무엇보다 규칙적인 점과 독특한 점들이 지닌 역할을 생각해보면 좋을 것이다. 이 점들은 일종의 곡선에 대한 완결된 규정에 개입한다. 독특한 점들(가령 안부점, 결절점, 과상점, 과심점 등)[12]을 종별화할 수 있다면, 그 종별화는 오로지 적분곡선들의 형식을 통해서만 이루어질 수 있고, 이 곡선들은 미분

---

12 (옮긴이 주) 푸앵카레Henri Poincaré의 용어들. 천체역학 등에서 나타나는 대부분의 미분방정식은 풀 수 없는 것인데, 푸앵카레는 그 방정식에 의해 정의되는 대략의 곡선 궤도나 형태를 구하고자 했다. 그 대략의 형태는 독특한 점과 그 특이점 근방의 해(解) 곡선(적분곡선)의 움직임을 알아야 구할 수 있다. 독특한 점은 일반성이 상실되거나 한계에 부딪히는 지점이고, 여기서는 미분방정식의 궤도가 하나의 점이 되어버린다. 푸앵카레는 이런 독특한 점들을 안부점(鞍部點), 결절점(結節點), 과상점(過狀點), 과심점(過心點) 등으로 나누었다. 이 네 가지 독특한 점 근방의 해 곡선은 다음과 같다.

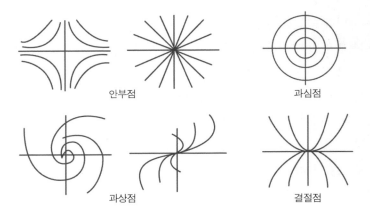

안부점

과심점

과상점

결절점

방정식의 해들에서 비롯된다. 여기서 이 점들의 실존이나 할당과 관련된 어떤 완결된 규정이 없다고는 할 수 없지만, 이 규정은 전적으로 다른 심급에 의존한다. 다시 말해서 그 미분방정식 자체에 의해 정의되는 벡터들의 장(場)에 의존하는 것이다. 하지만 거꾸로 그 두 측면이 지닌 본성상의 차이는 이 상보성 때문에 제거되는 것은 결코 아니다. 게다가 독특한 점들의 종별화를 통해 이미 문제가 필연적으로 해에 내재한다는 점이 드러나고 있다. 문제는 자기 자신의 존재와 할당을 가리고 있는 해 안에 참여한다. 이런 사실을 통해 증언되고 있는 것은 무엇보다 문제의 초월성, 그리고 문제가 해들 자체의 조직화에서 떠맡는 지도적 역할이다. 요컨대 한 문제의 완결된 규정은 규정적인 점들의 실존, 수, 할당 등과 서로 구별되지 않는다. 바로 이 점들이 정확히 완결된 규정의 조건들을 제공하는 것이다.(하나의 독특한 점은 두 조건 방정식을 낳는다.)[13] 그러나 여기서 오차나 오차들의 상쇄에 대해 말하는 것은 점점 더 어려워진다. 조건 방정식들은 단순한 보조 방정식들도, 카르노가 말한 바와 같은 불완전 방정식들도 아니다. 그 조건 방정식들은 문제를, 그리고 또 문제의 종합을 구성하는 일부분이다. 중요한 것은 문제제기적인 것의 객관적이고도 이념적인 본성을 제대로 파악하는 데 있다. 바로 그 본성을 잘못 이해하기 때문에 그 조건 방정식들이, 유용하되 여전히 오

---

13 독특한 점들의 실존이나 할당과 이 점들의 종별화 사이에 이런 본성상의 차이가 있다는 사실을 잘 지적한 로트망에 따르면, 전자는 문제의 요소에 의존하고 후자는 해의 요소에 의존한다. Albert Lautman, *Le problème du temps*(Hermann, 1946), 42쪽. 이때 그는 독특한 점들의 역할이 문제를 제기함으로써 그 해들을 발생시키는 데 있음을 강조한다. 즉 독특한 점들은 "1) 궤적 전체 위에 해석학적으로 접속되는─하지만 독특성들과 마주치지 않으면서 접속되는─해들의 근본 체계에 대한 규정을 가능하게 한다. 2) ……독특한 점들의 역할은 어떤 영역을 분해해서 재현을 보증하는 함수가 그 영역 위에서 정의될 수 있도록 하는 데 있다. 3) 독특한 점들은 미분방정식들의 국소적 적분에서 해석함수들의 전반적 성격 규정으로 이행하도록 해주는데, 이 해석함수들이 그 미분방정식들의 해들이다". Albert Lautman, *Essai sur les notions de structure et d'existence en mathématiques* (Hermann, 1936), II, 138쪽.

차이의 이념적 종합

차로 남는 것들로 환원되거나 근거를 지니되 여전히 허구에 불과한 것들로 환원되는 것이며, 결국은 불완전한 지식, 근사적이거나 잘못된 지식의 주관적 계기로 환원되고 마는 것이다. 문제와 그 문제의 조건들은 총체를 이룬다. 우리는 그것을 "문제틀"이라 부른다. 만일 미분적 차이들이 결과 안에서 사라진다면, 이는 문제의 심급과 해의 심급 사이에 본성상의 차이가 있기 때문이다. 그런 소멸은 해들에 의해 문제가 필연적으로 은폐되는 운동 속에서 일어난다. 이 소멸 현상은 문제의 조건들이 어떤 이념적 종합의 대상이라는 의미에서 새겨야 한다. 왜냐하면 이 이념적 종합은 해의 경우들을 구성하는 명제적 개념들의 분석 안에서는 표현되지 않기 때문이다. 따라서 첫 번째 물음, 곧 무한소가 실재적인가 허구적인가라는 양자택일적 물음은 효력을 상실한다. 미분적인 것은 실재적이지도 허구적이지도 않다. 그것은 문제제기적인 것 그 자체의 본성을 표현하며, 문제틀의 주관적 자율성은 물론이고 그것의 객관적 견고성을 표현한다.

아마 또 다른 물음, 곧 무한한 재현이냐 유한한 재현이냐 하는 양자택일적 물음도 깨져버릴 것이다. 이미 위에서 보았던 것처럼, 무한과 유한은 물론 재현의 특성들일 수 있다. 재현이 함축하는 개념이 가능한 자신의 내포 전체를 전개하거나 거꾸로 그 내포 전체를 봉쇄하는 한에서 재현은 무한하거나 유한한 특성을 지니게 된다. 그리고 어쨌든 차이의 재현 배후에는 원리에 해당하는 개념의 동일성이 자리하고 있다. 게다가 재현들은 의식의 명제들로 간주될 수 있다. 이 명제들은 일반적 관점에서 취한 개념과 관련하여 해의 경우들을 지칭한다. 하지만 문제틀이나 문제제기의 요소는 명제 외적인 특성을 지니고, 그런 한에서 그 요소는 재현으로 귀착되지 않는다. 그것은 특수한 것도 아니고 일반적인 것도 아니며, 유한한 것도 아니고 무한한 것도 아니다. 문제틀의 요소는 다만 보편자인 이념의 대상일 뿐이다. 이런 미분적 요소는 결코 재현에 의해 매개되거나 개념의 동일성에 종속되는 일이 없는 본연의 차이가 벌이는 유희이다. 유한과 무한 사이의 이율배반은 칸트에게서 성립한다. 우주론의 각별한 성격 때문에 세계의 이념에 상응하는 내용을 재현 안으로 몰아넣을 수 밖에 없다고 믿을 때 그 이율배반이 튀어나오는 것이다. 또 칸트에 따르면 이 이율배반은 두 단계로 해소된다. 먼저 여전히 재현 안에서 유한과 무한으로 다같이 환원될 수 없는 어떤 요소(배진régression)를 발견할 때, 다른 한편 이 요소에 재현과는 본성상 구별되는 어떤 다른 요소(본체)에 대한 순수사유를 결합할 때 그 이율배반이 해소된다. 하지만 이 순수사유는 미규정 상태로 남아 있고, 말하자면 미분적인 것으로 규정되지 않은 채 남아 있다. 그런 한에서 이율배반들의 내용과 세부 사항을 구성하는 의식의 명제들은 실질적으로 극복되지 않고, 하물며 재현 자체는 더욱 극복되지 못하고 있다. 그런데 이와는 다른 방식이긴 하지만 현대 수학도 역시 우리를 이율배반 속에 가두어놓고 있다. 현대 수학은 미분법을 엄밀하게 유한한 관점에서 해석한다. 이런 해석은 어느 경우 못지않게 집합론에서 빌려온 어떤 무한의 공리를 근거로 하고 있는 반면, 이 공리는 미분법을 통해 예증되거나 설명되지 못하고 있다. 언제나 우리의 손아귀를 빠져나가고 있는 것, 그것은 명제 외적이거나 재현 이하의 요소이다. 다시 말해서 이념 안에서 미분적인 것에 의해 표현되고 문제라는 정확한 양식으로 표현되는 재현 이하의 요소가 빠져나가고 있는 것이다.

이제 말해야 하는 것은 미분법의 형이상학이 아니라 미분법의 변증법이다. 변증법이라는 말을 통해 우리가 이해하는 것은 대립하는 재현들 사이에서 성립하는 이러저러한 순환 ― 이 대립하는 재현들을 어떤 개념의 동일성 안에서 일치시키는 순환 ― 이 아니다. 그것은 다만 문제의 요소를 의미할 뿐이고, 이때 이 요소는 해들에 관련된 그야말로 고유한 의미의 수학적인 요소와는 구별되어야 한다. 로트망의 일반적 테제들에 따르면, 문제는 세 가지 측면을 지닌다. 먼저 문제와 해들 사이에는 본성상의 차이가 있다. 다른 한편 해들에 대해 문제는 초월적이고, 그런 자격에서 문제는 자신의 고유한 규정적 조건들에서 출발하여 해들을 분만한다. 마지막으로 문제는 해들 안에 내재하고, 해들은 그런 문제를 은폐한다. 이때 문제 그 자체는 스스로 더 많이 규정되어 있을수록 그만큼 더 잘 해결된다. 따라서 문제제기적(변증법적) 이념을 구성하는 이상적 연관들은 여기서, 수학적 이론들에 의해 구성되고 문제의 해들로 제시된 실재적 결합관계들 안에서 구현된다. 우리는 위에서 이 모든 세 가지 측면이 어떻게 미분법을 통해 드러나고 있는지를 살펴보았다. 해들은 미분방정식들과 양립 가능한 비연속성들에 해당하고, 문제의 조건들에 의거하여 어떤 이념적 연속성 위에서 태어난다. 그러나 한 가지 중요한 점을 명확히 할 필요가 있다. 미분법은 명백히 수학에 속한다. 그것은 전적으로 어떤 수학적인 도구이자 수단이다. 따라서 이 미분법에서 수학보다 우월한 어떤 변증론의 증거를, 가령 플라톤적인 변증술의 증거를 찾기란 어려운 일일 것이다. 적어도 우리가 문제의 내재적인 측면을 통해 어떤 올바른 설명에 이르지 못한다면, 그것은 어려운 일이 될 것이다. 문제들은 언제나 변증법적이다. 이것 말고는 변증법이 지니는 다른 의미는 없고, 문제들 역시 그 이외의 다른 의미를 지니지 않는다. 수학에 속하는 것(물리학적이나 생물학적인 것, 또는 심리적이거나 사회학적인 것 등등)은 모두 해들이다. 그러나 여기서 두 가지 사실을 인정해야 한다. 먼저 해들의 본성 배후에는 문제들이 있지만, 이 문제들은 변증법 자체 안에서 어떤 서로 구별되는 질서나 수준들을 이루고 있다. 다른 한편 문제들은 해들에 대해 초월적인 동시에 그에 못지않게 본질적으로 내재적이고, 그렇기 때문에 그 자체가 스스로 그 해들 — 문제들을 통해 변증법적 순서에 따라 분만되는 해들 — 의 영역 안에서 자기 자신을 기술적으로 표현하고 있다. 직선과 원이 각기 자와 컴퍼스로 중복되는 것처럼, 각각의 변증법적 문제는 어떤 상징적인 장(場)과 더불어 중복되고, 그 장 속에서 자기 자신을 표현한다. 바로 그렇기 때문에 모든 문제가 본성상 변증법적이고 또 변증법적인 문제 이외의 그 어떤 다른 문제는 없음에도 불구하고 수학적인 문제, 물리학적인 문제, 생물학적인 문제, 심리적인 문제, 사회학적인 문제들이 있다고 말해야 하는 것이다. 따라서 수학이 포괄하는 것은 단지 문제들에 대한 해들만이 아니다. 수학은 또한 문제들의 표현을 담고 있는 것이며, 이 문제들은 자신들 스스로 정의하고 있는 해결 가능성의 장과 상관적 관계에 놓여 있고, 자신의 변증법적 순서 자체를 통해 그 해결 가능성의 장을 정의한다. 그렇기 때문에 미분법은 전적으로 수학에 속하는 것이고, 이는 미분법의 의미가 수학을 초과하는 어떤 변증론의 계시 안에서 발견되는 순간에조차 마찬가지다.

미분적인 것과 문제제기적인 것

하물며 본래의 문제들이 기술적인 측면에서 오로지 미분법을 통해서만 수학적으로 표현되는 것이라고 생각할 수도 없다. 매우 상이한 영역들 안에서 거진법은 그런 역할을 수행하고 있고, 해석기하학도 마찬가지다. 아주 최근에는 이런 역할을 보다 효과적으로 만족시키는 다른 기법들이 등장했다. 사실 여기서 기억해야 하는 것은 문제 이론이 빠져 드는 순환이다. 즉 문제는 '참된' 한에서만 해결될 수 있지만, 우리는 언제나 문제의 참됨을 그것의 해결 가능성을 통해 정의하려는 경향이 있다. 해결 가능성이라는 외생적 기준을 문제(이념)의 내부적 특성 안에서 근거짓는 대신 그 이념 내적 특성을 단순한 외부적 기준에 의존하도록 만드는 것이다. 그런데 만일 이와 같은 순환이 깨졌다면, 이는 무엇보다 수학자 아벨의 공로이다. 그가 공들여 완성한 방법에 따르

차이의 이념적 종합

면, 해결 가능성은 문제의 형식에서 비롯되어야 한다. 하나의 방정식이 일반적으로 해결 가능한지 무턱대고 찾아나서는 대신, 해결 가능성의 장들을 점진적으로 한정해 가는 문제들의 조건들을 규정해야 하고, 이런 규정 과정을 통해 '언표가 해의 싹을 포함'하는 수준에 이르러야 한다. 바로 여기서 문제-해 관계의 급진적 전복이 일어나고 있다. 이것은 코페르니쿠스적 혁명보다 훨씬 중요한 혁명이다. 말하자면 아벨은 새로운 『순수이성비판』의 길을 열어놓은 것이고, 정확히 칸트의 외생주의를 극복한 것이라 할 수 있다. 갈루아의 작업들에서도 이와 같은 판단을 끌어낼 수 있다. 즉 기초가 되는 어떤 '체(體)'(R)로부터 출발하여 체들(R′, R″, R‴……)을 연속적으로 부가하면 가능한 대입과 치환들이 점진적으로 제한되고, 이로써 한 방정식의 근들이 점점 더 정확하게 식별될 수 있다. 따라서 '부분 분해식들〔저차 방정식들〕'로 이르는 어떤 연속적 환원이나 '군(群)들'을 끼워넣을 가능성이 생기는데, 이런 환원과 끼워넣기에 힘입어 해는 문제의 조건들 자체로부터 따라나오게 된다. 가령 어떤 방정식이 대수적으로 해결될 수 없다면, 그 해결 불가능성은 결코 어떤 경험적 탐구나 시행착오 끝에서 발견되는 것이 아니다. 다만 그것은 문제의 종합과 그 조건들의 종합을 구성하는 군과 부분 분해식들의 특성들을 출발점으로 해서 발견되는 것이다.(방정식은 오로지 부분 분해식들이 이항방정식이고 군들의 지수들이 소수(素數)일 때만 대수적으로 풀릴 수 있다.) 문제 이론은 완전히 변형되고 마침내 근거를 얻게 된다. 왜냐하면 우리는 더 이상 교사와 학생 사이에서 성립하는 고전적인 상황에 머무르지 않기 때문이다 ─ 이 상황에서는 학생이 어떤 문제를 이해하고 따라가게 된다면, 이는 오로지 교사가 해답을 알고 있고 따라서 필요한 보조 수단을 첨가해줄 때만 가능한 일이다. 사실 조르주 베리스트가 언급하고 있는 것처럼, 방정식의 군은 주어진 특정한 순간에 근들에 대해 우리가 알고 있는 것을 특징짓는 것이 아니다. 그것은 오히려 우리가 알고 있지 못하는 것의 객관성을 특징짓는다.[14] 뒤집어서 말하면 이런 무지는 더 이상 어떤 부정적인 사태, 불충분한 사태가 아니다. 그것은 오히려 대상 안의 어떤 근본적인 차원과 이어지는 어떤 규칙, 어떤 배움이다. 새로운 메논. 왜냐하면 교육학적 관계 전체가 변형되고 있기 때문이다. 하지만 이런 변형은 다른 것들의 변형, 곧 인식과 충족이유의 변형과 함께 이루어진다. 갈루아의 "점진적 식별 가능성"은 상호적 규정의 절차와 완결된 규정의 절차를 하나의 연속적인 운동 속에 통합한다(근들의 쌍, 그리고 한 쌍 안의 근들 사이의 구별). 그것은 충족이유의 전체 형태를 구성하고, 그 안에 시간을 도입한다. 아벨과 갈루아, 이들과 더불어 문제 이론은 수학의 차원에서 그야말로 변증법적인 자신의 고유한 요구들을 모두 충족하기에 이르고, 또 그 이론을 옥죄던 순환이 비로소 깨지게 된 것이다.

문제 이론: 변증법과 과학

그러므로 보통 현대 수학의 출발점은 미분법보다는 군 이론이나 집합 이론에 있다고 간주된다. 하지만 아벨의 방법은 무엇보다 먼저 미분 공식들의 적분을 다루고 있는데, 이는 결코 우연이 아니다. 여기서 우리에게 중요한 것은 수학의 역사에서 볼 수 있는 이러저러한 단절(해석기하학, 미분법, 군 이론……)을 규정하는 데 있는 것이 아니다. 중요한 것

---

14 C. Georges Verriest, *Evariste Galois et la théorie des équations algébriques*(1961), *Œuvres mathématiques de Galois*(Gauthier-Villars), 41쪽. 문제-해에 대한 위대한 선언은 *Sur la résolution algébrique des équations, les Œuvres complètes de N. H. Abel* (Christiania, 1881), II에서 읽을 수 있다. 아벨과 갈루아에 대해서는 Jules Vuillemin, *La philosophie de l'algèbre*(P.U.F., 1962), I 참조. 뷔이멩은 아벨에게서 문제 이론과 새로운 이성 비판의 개념이 떠맡는 역할을, 갈루아에게서는 새로운 규정 원리의 역할을 분석한다. 특히 213~221쪽, 229~233쪽 참조.

차이의 이념적 종합

은 이 역사의 각 국면에서 변증법적 문제들이 성립하는 방식, 또 그 문제들이 수학적으로 표현되고 그와 동시에 해결 가능성의 장들이 발생하는 방식 등을 아는 데 있다. 이런 관점에서 볼 때, 수학의 생성 과정에서는 어떤 동질성은 물론이고 연속성을 이루는 어떤 목적론이 엿보인다. 다시 말해서 미분법과 여타의 수단들 사이에 있는 본성상의 차이들은 이차적인 것이 되는 것이다. 미분법은 그런 다른 수준〔서열〕에 속하는 미분들을 인정한다. 하지만 미분의 개념과 수준의 개념이 무엇보다 변증법과 합치한다면, 이는 전적으로 다른 방식을 통해서이다. 변증법적이고 문제제기적인 이념은 미분적 요소들 간의 연관들로 이루어진 어떤 체계, 발생적 요소들 간의 미분비들로부터 성립하는 체계이다. 이념들이 본성상 다른 수준들을 갖는다면, 이 수준들은 서로가 서로를 가정하고, 고려되고 있는 비율적 관계나 요소들의 이상적인 본성(이념의 이념 등)을 따른다. 이런 정의들은 아직 수학과는 전혀 무관하다. 수학은 해의 장들과 함께, 그리고 이런 장들과 상관적인 문제들의 표현과 더불어 출현한다. 이때 이 해의 장은 변증법적 이념들의 마지막 수준이 구현되는 장소이다. 이념 안의 다른 수준들은 다른 장들 속에서, 그리고 다른 과학들에 상응하는 다른 표현들 속에서 구현된다. 상이한 과학적 영역들은 바로 이렇게 변증법적 문제와 그 수준들로부터 발생하게 된다. 가장 정확한 의미에서 미분법은 하나의 수학적 도구이자 수단일 뿐이다. 이 수단은 자신이 구현하는 변증법적 이념들의 수준들에 비추어 보았을 때는 심지어 자신의 영역에서조차 필연적으로 가장 완성도 높은 문제들의 표현 형식이나 해들의 구성 형식을 대표하는 것이 아니다. 그럼에도 불구하고 미분법은 어떤 폭넓은 의미를 지니고 있다. 폭넓은 의미에서 새길 때 미분법은 변증법적 문제나 이념, 한 문제의 과학적 표현, 해의 장의 수립 등으로 이루어진 일련의 전체를 보편적으로 지칭해야 한다. 보다 일반적인 관점에서 말하자면, 다른 영역들에 대해 수학, 특히 미분법이나 군 이론을 응용할 수 있다는 주장에는 무리가 없다고 결론지어야 한다. 하지만 왜 그런가? 이는 오히려 이미 산출된 각각의 장에는 변증법적 이념들의 이러저러한 수준이나 국면이 구현되어 있고, 그래서 그 각각의 장은 자기 자신의 고유한 미분법을 지니고 있기 때문이다. 이념들은 언제나 어떤 양화 가능성, 질화 가능성, 잠재력의 요소를 갖는다. 이념들은 언제나 규정 가능성, 상호적 규정, 완결된 규정의 절차들을 지닌다. 이념들은 언제나 특이점과 평범한 점들을 분배하고 있고, 충족이유의 종합적 점진과 진행을 형성하는 어떤 부가체들을 지니고 있다. 여기에는 어떠한 은유도 없다. 있다면 단지 이념과 동체를 이루는 은유, 곧 변증법적 운송이나 '운반diaphora'의 은유뿐이다. 이념들의 모험은 바로 이 운반에 있다. 다른 영역들에 응용되는 것은 결코 수학이 아니라 변증법이다. 변증법은 자신의 문제들에 대해 직접적인 미분법을 수립한다. 그 문제들의 수준과 조건들에 따라, 고려되는 영역에 상응할 뿐 아니라 그 영역에 고유한 미분법을 수립하는 것이다. 이런 의미에서 변증법의 보편성에는 어떤 보편수학mathesis universalis이 응답하고 있다. 만일 이념이 사유의 미분이라면, 각각의 이념에 상응하는 어떤 미분법이 있는 것이며, 이때 그 이념은 사유한다는 것의 의미를 표현하는 알파벳에 해당한다. 미분법은 공리주의자의 단조로운 계산이 아니다. 사유를 다른 목적들은 물론이고 다른 사태에 종속시키는 투박한 산술법이 아닌 것이다. 미분법은 오히려 순수사유의 대수학, 문제들 자체의 고등 반어법이다 ── 그것은 "선악을 넘어서" 있는 유일한 계산법이다. 아직 더 기술할 것이 남아 있다면, 그것은 이념들이 지닌 바로 이런 모험에 찬 특성 전체이다.

차이의 이념적 종합

4절
이념과 다양체

이념들은 다양체들[15]이다. 각각의 이념은 어떤 다양체, 어떤 변이체이다. '다양체'는 리만에게서 온 말인데, 이 리만적 의미의 다양체(훗설이 받아들이고 또 베르그손이 다시 받아들이는 의미의 다양체)에서 가장 중요하게 취급해야 하는 것은 실사적(實辭的) 형식이다. 즉 다양체는 다자(多者)와 일자(一者) 사이의 어떤 조합이 아니라 오히려 거꾸로 본연의 다자 그 자체에 고유한 어떤 조직화를 지칭해야 한다. 이 조직화는 어떤 체계를 형성하지만, 이를 위해 결코 어떠한 통일성도 필요로 하지 않는다. 일자와 다자는 지성의 개념들이고, 이 개념들은 매우 느슨한 그물코, 가령 대립을 통해 앞으로 나아가는 어떤 변질된 변증법의 그물코들을 형성한다. 이런 느슨한 그물로는 대단히 큰 물고기조차 잡을 수 없다. 어떤 추상물의 불충분성을 그 대립물의 불충분성으로 상쇄한다고 해서 구체적인 것을 얻으리라 믿을 수 있는 것일까? 오래전부터 "일자는 다자고, 다자는 일자다."라는 말이 전해오고 있다 ─ 사람들은 가끔 사육장마저 아까워하지 않던 플라톤의 젊은이들처럼 말하곤 한다. 사람들은 상반적인 것들을 조합하고 모순을 만든다. 하지만 어느 순간에도 중요한 것은 말하지 못했다. 중요한 것은 '얼마만큼', '어떻게', '어떤 경우에'라는 물음에 있다. 그런데 이런 척도, 이런 방식, 이런 경우

---

15 (옮긴이 주) multiplicités. n차원 다양체를 말하고, 독일 수학자 리만(G. F. B. Riemann, 1826~1866)에 의해 처음 도입된 개념이다. 리만적 의미의 다양체는 몇 겹으로도 넓어질 수 있는 다차원량이다. 가령 선이 하나의 넓이를 갖는 일차원 다양체라면, 면은 두 개의 넓이를 지닌 이차원 다양체, 공간은 삼차원 다양체이다. 따라서 점, 선, 면이 연속적 관계에 있다면, 이 연속체는 차원을 달리하며 변하는 다양체이다. 또 단순한 소리는 세기와 음색으로 나누어 표현하면 이차원 다양체가 되고, 색깔도 망막상의 화학적 과정으로 놓고 보면 삼차원 다양체가 된다.

의 탐구에서 분리된다면 본질은 아무것도 아니고, 일반성은 속 빈 강정이 된다. 사람들은 술어들을 조합하지만 이념은 빠져나간다. 실사를 결여한 공허한 담론, 공허한 조합들로 그치는 것이다. 참된 실사, 실체 자체는 '다양체'이다. 이 다양체 앞에서 일자는 쓸모없게 되고, 마찬가지로 다자도 무용해진다. 가변적인 혹은 변이 가능한 다양체, 그것은 곧 얼마만큼의 척도, 어떻게의 방식, 각각의 경우이다. 각각의 사물은 이념을 구현하는 한에서 어떤 다양체이다. 심지어 다자조차 다양체이고, 일자도 다양체이기는 마찬가지다. 일자가 어떤 하나의 다양체라는 사실(베르그손과 훗설은 이 점도 지적했다.), 바로 이 사실만으로도 다자적-일자와 일자적-다자라는 두 유형의 형용사적 명제들이 별 차이가 없다는 것을 족히 알 수 있다. 도처에서 다양체들 간의 차이들과 다양체 속의 차이를 통해 도식적이고 조잡한 대립들이 대체되고 있다. 있는 것은 오로지 다양체의 변이성, 다시 말해서 차이뿐이고, 이 차이가 일자와 다자의 거대한 대립이 놓이던 자리를 대신 차지하고 있다. 모든 것은 다양체이고, 심지어 일자도, 심지어 다자도 다양체이다. 이렇게 말하는 것은 아마 반어일지 모른다. 하지만 반어 자체도 하나의 다양체이고, 오히려 차라리 다양체들의 기술이다. 반어는 사물들 속에서 이념들을 파악하고 그 사물들이 구현하는 문제들을 파악하는 기술, 사물들을 이념들의 구현들로 파악하고 이념들의 문제들에 대한 해의 경우들로 파악하는 기술인 것이다.

이념은 n차원을 띤, 정의되어 있고 연속적인 다양체이다. 색 또는 차라리 색의 이념은 삼차원의 다양체이다. 여기서 먼저 차원은 하나의 현상이 의존하고 있는 변항이나 좌표들을 의미한다. 다른 한편 연속성은 이 변항들의 변화들 사이에서 성립하고, 더 정확히 이 변화들 간의 비율적 관계들의 총체를 뜻한다. 예를 들면 좌표들의 미분 이차형식이 그것이다. 마지막으로 정의는 이 비율적 관계들에 의해 상호적으로 규

차이의 이념적 종합

정된 요소들을 가리킨다. 이 요소들은 다양체의 수준〔서열〕과 측정 단위가 바뀌지 않으면 변할 수 없다. 그러면 우리는 언제 그리고 어떤 조건들에서 다양체에 대해 말해야 하는 것일까? 이 조건들은 세 가지이고, 이념이 출현하는 계기는—다음과 같은—세 가지 조건을 통해 정의될 수 있다. 1) 다양체의 요소들은 감각 가능한 형식도 개념적인 의미작용도, 따라서 지정 가능한 함수도 지니지 않아야 한다. 이 요소들은 현실적으로 실존하는 것도 아니고, 다만 어떤 포텐셜이나 잠재성과 분리될 수 없을 뿐이다. 이런 의미에서 이 요소들은 그 어떤 선행의 동일성도 함축하지 않고, 하나이거나 같은 것이라고 말할 수 있을 위치의 그 어떤 것도 함축하지 않는다. 하지만 거꾸로 이 요소들의 미규정성 덕분에 차이는 모든 종속에서 해방되어 자유롭게 출현할 수 있게 된다. 2) 이 요소들은 물론 규정되어야 한다. 하지만 언제나 상호적으로, 어떤 상호적 관계나 비율들에 의해 규정되어야 한다. 이 상호적 관계 안에서는 그 어떤 것도 독립성을 띨 수 없다. 그와 같은 비율적 관계들은 정확히 어떤 이상적 연관들이다. 이 이상적 연관들은 다양체를 개괄적으로 특징짓고 또 근방(近傍)들의 병렬을 통해 진행되지만, 어떤 경우든 정위(定位) 불가능하다. 하지만 다양체는 언제나 내생적인 방식으로 정의된다. 다양체는 어떤 단일한 공간에 잠겨 있는 것도, 그런 공간에서 나오는 것도, 그래서 그런 획일적인 공간에 의존하는 것도 아니다. 아마 시공간적인 결합관계들은 다양체를 간직하고 있을지는 모르지만, 다양체의 내부성은 상실하고 있다. 지성의 개념들은 내부성을 유지하고 있을지 모르지만, 다양체는 상실하고 있다. 지성의 개념들은 다양체를 "나는 생각한다."의 동일성이나 사유된 어떤 것의 동일성으로 대체한다. 반면 내적인 다양체는 오로지 이념의 특성일 뿐이다. 3) 이상적인 다양체적 연관, 미분적 비율관계는 상이한 시공간적인 결합관계들 속에서 현실화되어야 하고[16], 동시에 그 미분적 관계의 요소들은 어떤 항들과 변이된 형식들 속에서 현실적으로 구현되어야 한다. 그래서 이념은 구조로 정의된다. 구조, 이념은 '복합성의 테마', 어떤 내적인 다양체이다. 다시 말해서 그것은 미분적 요소들 사이에서 성립하는 다양하되 정위 불가능한 연관 체계이고, 이 체계는 실재적인 결합관계들과 현실적인 항들 안에서 구현된다. 이런 시각에서 보면 발생과 구조를 화해시키는 것은 전혀 어려운 일이 아니다. 수학과 관련된 로트망과 뷔이멩의 작업들을 따라가 보면, '구조주의'야말로 발생론적인 방법이 자신의 야망들을 실현할 수 있는 유일한 수단인 것처럼 보일 지경이다. 하지만 여기서는 다음과 같은 사실을 이해하는 것만으로도 족하다. 즉 발생은 시간 속의 어떤 두 현실적인 항 사이에서 일어나는 것이 아니고, 이 항들이 아무리 작다 해도 사정은 마찬가지다. 발생은 다만 잠재적인 것이 현실화되는 과정이다. 다시 말해서 발생은 구조가 구현되어 몸을 얻는 과정, 문제의 조건들이 해의 경우들로 나아가는 과정, 미분적 요소들과 이 요소들의 이상적 연관들이 매 국면 시간의 현실성을 구성하는 현실적인 항들과 상이한 실재적 결합관계들로 변화되는 과정이다. 역동성 없는 발생, 왜냐하면 이것은 필연적으로 어떤 초-역사성의 요소 안에서 진화하고 있기 때문이다. 정적인 발생, 왜냐하면 이것은 수동적 종합 개념의 상관자로 이해되고 있으며, 그 자신이 다시 이 개념을 해명하고 있기 때문이다. 미분법을 둘러싼 현대적 해석의 과오는 바로 여기에 있는 것이 아닐까? 어떤 '구조'를 끌어낼 명분을 앞세우고 그 구조에 집착한 나머지, 미분법을 운동학적이고 동역학적인 관점에서 고찰

---

16 (옮긴이 주) 원문에서는 rapport와 relation이 구분되고 있다. 전자는 이념과 다양체 안에서 성립하는 비율적 관계나 미분비를, 후자는 현실적 차원이나 시공간적 차원에서 성립하는 결합관계를 가리킨다. 말하자면 전자는 초월론적이고 후자는 경험적이다. 하지만 이보다 더 중요한 점은 전자를 통해서는 관계항들이 본성상의 변화를 겪는 반면, 후자에서는 그렇지 않다는 데 있다. 그 밖에 바로 위에 나오는 '이상적 연관'의 원어는 liaison idéale이고, 주로 상호적 규정의 단계에 들어선 미분적 관계 혹은 미분비를 가리킨다.

차이의 이념적 종합

할 가능성을 보지 못했고, 그래서 미분법의 발생론적 야망을 금지한다는 데 있는 것이 아닐까? 수학적 실재와 결합관계들에 상응하는 이념들이 있는가 하면, 물리학적 사실과 법칙들에 상응하는 이념들이 있다. 그 밖에도 다른 이념들이 있고, 이 이념들 각각은 자신의 수준에 따라 유기체, 정신 현상, 언어, 사회들 등에 상응한다. 유사성과는 무관한 이 상응 관계들은 구조-발생적이다. 구조는 동일성의 원리에 대해 독립적인 위치에 있다. 마찬가지로 발생은 유사성의 규칙과는 독립적이다. 하지만 이념은 수많은 모험들을 통해 출현하는 것이며, 그래서 구조적이고 발생적인 특정한 조건들을 이미 충족했음에도 불구하고 다른 조건들을 충족시키지 못하고 있을 수도 있다. 또한 이런 기준들을 적용한다면, 그 적용은 서로 매우 다른 영역들을 통해, 그때그때 마주치는 거의 우연한 사례들을 통해 추구되어야 한다.

구조들: 구조들의 기준들, 이념들의 유형들

첫 번째 예, 물리학적 이념으로서의 원자론. 고대 원자론은 파르메니데스의 존재를 다양화했을 뿐 아니라 이념들을 원자들로 이루어진 다양체들로 파악했다. 여기서 원자는 사유의 객관적 요소이다. 이때 본질적으로 중요한 것은 원자가 다른 원자와 관계하되 감각 가능한 합성체들 속에서 현실화되는 어떤 구조의 품안에서 관계한다는 점에 있다. 이런 관점에서 보면, 클리나멘clinamen은 결코 원자의 운동 안에서 일어나는 어떤 방향의 변화가 아니다. 하물며 물리학적인 자유를 증언할 어떤 미규정 상태는 더욱 아니다. 그것은 운동의 방향을 결정하고 운동과 그 방향의 종합을 결정하는 원천적인 규정이다. 원자들은 이 종합을 통해 비로소 서로 관계를 맺을 수 있게 된다. "정해지지 않은 시간에Incerto tempore"는 규정되지 않은 상태가 아니라 지정 불가능하고 정위할 수 없는 상태를 의미한다. 헤로도토스에게 보내는 에피쿠로스의 편지에는 사유의 요소인 원자는 "사유 자체만큼 빠르게" 움직인다는 말이 나온다. 이 말이 옳다면, 클리나멘은 어떤 상호적 규정이고, 이규정은 "사유 가능한 최소한의 연속적인 시간보다 더 작은 시간 안에" 산출된다. 여기서 에피쿠로스가 거진법의 용어를 사용한다는 것은 그리 놀라운 일이 아니다. 즉 클리나멘 속에는 운동하는 원자들의 미분들 사이의 비율적 관계와 유사한 어떤 것이 있다. 그 속에는 또한 사유의 언어를 형성하는 어떤 편차나 편향이 있고, 사유의 한계를 증언하는 사유 안의 어떤 것이 있다. 하지만 사유는 이 한계로부터, 사유보다더 빠르게, "-보다 더 작은 시간 안에" 사유한다. 그럼에도 불구하고 에피쿠로스의 원자는 너무 지나칠 만큼 독립적이고, 너무 뚜렷한 형태와 현실성을 간직하고 있다. 여기서 상호적 규정은 아직도 현저하게 어떤 시공간적 결합관계의 면모를 지니고 있다. 반면 근대 원자론은 구조의 모든 조건들을 충족시키고 있는 것일까? 이 물음은 자연법칙들을 규정하는 미분방정식들에 준하여, 또 입자들 사이에 확립되는 '다양하고 정위할 수 없는 연관들'의 유형들에 의거하여 제기되어야 하며, 또 이 입자들에게 명시적으로 인정된 '잠재력'의 특성을 기준으로 제기되어야 한다.

두 번째 예, 생물학적 이념으로서의 유기체. 조프루아 생틸레르Geoffroy Saint-Hilaire는 형식이나 기능들과는 무관하게 독립적으로 취할 수 있는 요소들을 고려해야 한다고 주장했다. 이런 주장은 역사상 처음인 것 같은데, 그는 이 요소들을 추상적이라 부른다. 그렇기 때문에 그는 선배들뿐 아니라 퀴비에Cuvier 같은 동시대인들도 차이와 유사성들을 경험적으로 할당하는 데 그치고 있다고 비난한다. 가령 잔뼈들의 예에서 잘 드러나는 것처럼, 순수하게 해부학적이고 원자적인 이 요소들은 상호적 규정의 이상적 관계나 비율들에 의해 결합된다. 말하자면 이 요소들은

차이의 이념적 종합

'동물 그 자체'에 해당하는 어떤 '본질'을 구성하는 것이다. 상이한 동물적인 형태들, 상이한 기관과 그 기능들 속에서 구현되는 것은 순수 해부학적인 요소들 사이에서 성립하는 이 미분비(微分比)들이다. 원자적이고, 상호 비교적이며, 초월적이라는 것. 이것이 해부학의 3중적 특성이다. 조프루아는 『자연철학의 기초개념들』(1837)에서 자신의 꿈을 명확히 한정할 수 있었는데, 그에 따르면 이 꿈은 또한 청년 나폴레옹의 꿈이기도 했다. 그 꿈은 무한소의 뉴턴이 되는 것, '미시적 세계'를 발견하는 것이다. 또는 감각 가능하고 개념적인 차이나 유사성들이 벌이는 조잡한 유희 아래에서 '매우 짧은 거리'의 이상적 연결과 접속들을 발견하는 것이다. 유기체는 항과 실재적인 결합관계들(차원, 위치, 수)로 이루어진 총체이다. 이 총체는 이러저러한 발전 정도에 따라 미분적 요소들 사이의 비율적 관계들을 현실화하고 있다. 가령 고양이의 설골(舌骨)은 아홉 개의 작은 뼈로 이루어져 있다. 반면 사람의 설골은 단지 다섯 개의 뼈로만 이루어져 있고, 다른 네 개의 뼈는 두개골을 향해 있다. 직립적인 자세로 인해 그렇게 변화된 기관 밖으로 밀려난 것이다. 따라서 유기체의 발생이나 발전은 본질이 현실화되는 과정으로 파악되어야 한다. 이 현실화 과정은 환경에 의해 규정되는 속도나 여러 가지 이유들에 따라, 가속이나 정지들에 따라 이루어지지만, 현실적인 항들 사이에서 일어나는 모든 변형적 이행과는 독립적으로 이루어진다.

이것이 조프루아의 천재성이다. 하지만 여기서도 여전히 생물학적 구조주의의 물음은 (조프루아가 자주 사용하는 "구조"라는 말을 중시하자.) 궁극적으로 미분적 요소들과 이 요소들의 비율적 관계 유형들을 규정할 가능성에 달려 있다. 해부학적 요소들은 주로 잔뼈들로 이루어져 있는데, 이 요소들이 그런 역할을 감당할 수 있는 것일까? 마치 근육에서 오는 불가항력은 그 잔뼈들의 비율적 관계에 하등의 제한이나 한계가 되지 못하는 것처럼 생각할 수 있는 것일까? 게다가 마치 이 요소들 자체가 여전히 현실적으로 — 너무 지나칠 만큼 현실적으로 — 실존하지 않는 것처럼 생각할 수 있는 것일까? 말하자면 구조는 전적으로 다른 수준에서, 다른 수단들을 통해서, 미분적 요소와 이상적 연관들에 대한 전혀 새로운 규정과 더불어 다시 태어날 수 있다. 유전학의 경우가 이를 말해주고 있다. 유전학과 조프루아 사이에는 근대 원자론과 에피쿠로스 사이 못지않게 많은 차이가 있을 수 있다. 하지만 염색체들은 어떤 방역들loci로 나타난다. 다시 말해서 단순히 공간상의 어떤 장소들이 아니라 오히려 근방상의 비율적 관계들로 이루어진 어떤 복합체들로 나타난다. 유전자들은 어떤 미분적 요소들을 표현하고, 이 요소들을 통해 유기체의 전반적인 특성이 대략 결정된다. 또 이 요소들은 특이점들의 역할을 떠맡는 가운데 상호적 규정과 완결된 규정의 과정 양쪽에 모두 개입한다. 유전자는 복수의 특성들을 동시에 지배하고, 오로지 다른 유전자들과의 관계 안에서만 작용한다는 이중의 측면을 지닌다. 이 요소들이 이루는 총체는 어떤 잠재성, 어떤 잠재력을 구성한다. 또 이 구조는 현실적인 유기체들 안에서 구현되는데, 이 구현은 유기체의 종별화일 수도, 유기체의 부분들이 분화(分化)되는 과정일 수도 있다. 이런 과정은 정확히 "상호 변별적"이라 불리는 리듬들에 따라, 현실화의 운동을 측정하는 비교상의 빠름과 느림들에 따라 이루어진다.

　세 번째 예: 마르크스적인 의미의 사회적 이념들은 존재하는가? 마르크스가 "추상적 노동"이라 부르는 것이 있다. 여기서 추상되는 것은 노동 생산물들의 특정한 질들, 그리고 노동자들의 질이다. 하지만 생산성의 조건들, 사회의 노동력과 노동 수단들은 추상되지 않는다. 사회적 이념은 사회들의 양화 가능성, 질화 가능성, 잠재력의 요소이다. 이 이념을 통해 표현되는 것은 이념적인 다양체적 연관들의 체계, 또는 미분적 요소들 사이에서 성립하는 미분비들의 체계이다. 즉 사회적 이념은 생산관계와 소유관계들을 표현한다. 이 관계나 비율들은 구체적인 인간들

　　　　　　　　　　　　　　차이의 이념적 종합

사이에 성립하는 것이 아니라 노동력을 소유하는 원자들 사이에 또는 소유의 주체들 사이에 성립한다. 경제학은 그와 같은 사회적 다양체에 의해 구성되고, 다시 말해서 이 미분비들의 변이성들에 의해 구성된다. 그런 비율적 관계들의 변이성에는 특정한 특이점들이 상응한다. 이 변이성과 특이점들은 규정된 한 사회를 특징짓는 구체적이고 분화된 노동들 속에서 구현되고, 이 사회의 실재적 결합관계들(법률적, 정치적, 이데올로기적 관계들) 속에서 구현되며, 이 결합관계들의 현실적 항들(가령 자본가-임금 노동자) 속에서 구현된다. 따라서 알튀세와 그의 동료들은 『자본론』에 내재하는 어떤 참된 구조를 보여주고 마르크스 사상에 대한 역사주의적 해석들을 거부하고 있는데, 참으로 정확한 이야기라 하지 않을 수 없다. 왜냐하면 이 구조는 결코 타동적인 방식으로 움직이지 않고, 시간 속에서 매 순간 이어지는 연속적 순서에 따라 움직이지도 않기 때문이다. 구조는 자신의 변이성들을 상이한 사회들 안에서 구현하면서 움직이고, 또 매번 각 사회 안에서 그 현실성을 구성하는 모든 결합관계와 항들의 동시성을 고려하면서 움직인다. 바로 그렇기 때문에 고유한 의미의 '경제학적인 것'은 결코 주어져 있는 것이 아니다. 그것은 다만 해석을 요구하는 어떤 미분적 잠재성을 지칭하고, 이 잠재성은 언제나 자신의 현실화 형식들에 의해 은폐되어 있다. 그것은 언제나 해의 경우들에 의해 은폐되어 있는 어떤 테마, 어떤 '문제제기적인 것'이다.[17] 요컨대 경제학적인 것은 사회적 변증법 자체이다. 다시 말해서 경제학적인 것은 주어진 한 사회에 제기되는 일련의 문제들 전체, 이 사회의 종합적이고 문제제기적인 장이다. 가능한 엄밀하게 말하자면, 사회적 문제들은 모두 경제학적이다. 물론 그 문제들에 대한 해들은 때에 따라 법

---

17 Louis Althusser, Etienne Balibar, Roger Establet, *Lire le Capital*(Maspro, 1965), II, 특히 150쪽 이하와 204쪽 이하 참조.

률적, 정치적, 이데올로기적일 수 있다. 또 그 문제들이 이런 해결 가능성의 장들 속에서 표현된다는 것도 사실이다. 그럼에도 불구하고 모든 사회적 문제는 경제학적이다. 『정치경제학 비판』에는 "인간은 오직 자신이 해결할 수 있는 과제들만을 제기한다."라는 구절이 나온다. 이 유명한 구절이 말하고자 하는 것은 문제들이 단지 외양들에 불과하다는 것도, 이미 해결되었다는 것도 아니다. 그것은 거꾸로 한 사회의 실재적 결합관계들의 틀 안에서 문제를 해결하는 방식은 그 문제의 경제학적 조건들에 의해 규정되거나 산출된다는 것이다. 하지만 이때 관찰자는 최소한의 낙관주의도 끌어낼 수 없다. 왜냐하면 이 '해들'은 어리석음과 잔혹성, 전쟁의 공포나 '유대인 문제의 해결'로 치달을 수 있기 때문이다. 좀 더 정확하게 말하자면, 해는 언제나 한 사회가 마땅히 받을 수 있는 만큼만, 그 사회가 분만하는 만큼만 주어진다. 이런 자격과 능력은 그 사회가 자신의 실재적 결합관계들 안에서 그 문제들 — 그 사회가 구현하고 있는 미분비들 안에서 그 사회의 안팎으로 제기되는 문제들 — 을 얼마만큼 잘 제기할 줄 알았는가에 따라 결정된다.

어떻게 보면 이념들은 어떤 공존의 복합체들이고, 모든 이념들은 공존한다. 하지만 자연의 빛이 가져오는 균일한 형식과는 결코 무관한 점(點), 가장자리, 미광들 등을 통해 공존한다. 이념들 간의 분명한 구별에는 매번 어떤 음지(陰地), 애매성들이 상응한다. 이념들은 서로 구별된다. 하지만 이념들의 상호 구별 방식은 그것들이 구현되고 있는 형식과 항들의 상호 구별 방식과는 전혀 다르다. 이념들은 자신의 유동적인 종합을 규정하는 조건들에 따라 객관적으로 만들어지는가 하면 부숴진다. 이는 이념들을 통해 가장 큰 미분화se différentier 역량과 전혀 무력한 분화se différencier 역량이 맞물리기 때문이다. 이념들은 어떤 변이체들이고, 이 변이체들은 그 자체 안에 하위 변이체들을 담고 있다. 여기서 변이성의 세 차원을 구별해보자. 우선 서열적 변이성들이 있다. 이

차이의 이념적 종합

변이성들은 수직적 구도를 이루고 있고, 그 서열은 미분적 요소와 미분비들의 본성에 따라 결정된다. 가령 수학적 이념, 수리-물리학적 이념, 화학적 이념, 생물학적 이념, 심리적 이념, 사회학적 이념, 언어학적 이념 등등이 그것이다. 각각의 수준은 어떤 미분들을 함축하고, 이 미분들은 어떤 구별성을 띠는 하나의 변증법적 '서열'에 속한다. 하지만 한 서열(수준)의 요소들은 새로운 비율적 관계들을 취하면서 다른 서열의 요소들 안으로 이행할 수 있다. 이때 이 요소들은 보다 광대한 상위의 서열 속에서 분해되거나 하위의 서열 속에 반영될 수 있다. 다른 한편 특성적 변이성들이 있다. 수평적 구도를 이루는 이 변이성들은 같은 서열 안의 미분비의 등급(정도)들에 상응하고, 또 각각의 등급에서 성립하는 독특한 점들의 분배들에 상응한다(가령 '경우'에 따라 타원, 쌍곡선, 포물선, 직선 등을 가져오는 원뿔 방정식. 또는 합성 단위를 기준으로 바라볼 때 나타나는 동물의 서열화된 변이성들 자체. 또는 음운론적 체계의 관점에서 바라본 언어의 변이성들). 마지막으로 공리적 변이성들이 있다. 깊이의 차원을 드러내는 이 변이성들은 서로 다른 서열의 미분비들에 대해 어떤 공통의 공리를 규정한다. 하지만 이때 이 공리 자체는 제3의 서열에 속하는 미분비와 일치해야 한다는 조건이 따른다(예를 들어 실수들의 덧셈과 변환의 합성. 이와 전적으로 다른 영역에서 예를 찾자면, 도공Dogons de Griaule의 직물 짜기-말하기). 이념들, 이 이념들의 구별들은 이것들이 각기 취하는 변이성들의 유형들과 분리될 수 없고, 각각의 유형이 다른 유형들 속으로 침투하는 방식과도 분리될 수 없다. 우리는 이념이 보여주는 이런 구별과 공존의 사태를 지칭하기 위해 막-주름운동이라는[18] 이름을 제안한다. 이는 그에 상응하는 말인 '난처함'이나 당혹이 의심,

---

18 (옮긴이 주) 원어는 perplication. 다음 문장에 나오는 난처함, 당혹의 원어는 perplexité 이다.

망설임이나 놀라움의 요인을 가리키기 때문도, 이념 자체 안에 미처 완성되지 않은 채 남아 있을지 모르는 그 무엇인가를 가리키기 때문도 아닙니다. 여기서 중요한 것은 오히려 거꾸로 이념과 문제의 동일성이고, 철저하게 문제제기적인 이념의 특성이다. 다시 말해서 문제들이 자신의 조건들에 의해 객관적으로 규정되는 방식, 그래서 이념들의 종합이 끌어들이는 상황적 요구들에 따라 문제들이 서로가 서로에게 관여하고 참여하도록 결정되는 방식이 중요한 것이다.

이념은 결코 본질이 아니다. 문제는 이념의 대상이고, 그런 한에서 사건들 쪽에 자리한다. 이념은 정리적(定理的)인 본질 쪽에 있다기보다는 오히려 사건, 변용, 우연들 쪽에 있다. 이념은 보조 방정식들 안에서, 부가체들 안에서 전개되고, 이념의 종합 능력은 이 부가체들을 통해 측정된다. 그리하여 이념의 영역, 그것은 비본질적인 것이다. 이념은 비본질적인 것에 호소하고, 그 호소의 방식은 단호하고 대단히 완강하다. 이념은 적어도 합리주의가 본질을 소유하고 포착하려 할 때 못지않게 단호하고 완강하게 비본질적인 것을 내세운다. 합리주의는 이념의 운명을 추상적이고 죽어 있는 본질과 묶어놓으려 했다. 게다가 이념의 문제제기적인 형식이 알려지게 되자 합리주의는 이 형식을 본질에 대한 물음, 다시 말해서 "이것은 무엇인가?"와 묶어놓으려 했다. 하지만 이런 의지 속에는 얼마나 많은 오해들이 득시글거리고 있는가! 물론 플라톤은 본질과 겉모습을 대립시키기 위해, 또 사례들을 늘어놓는 데 그치는 사람들을 물리치기 위해 이 물음을 이용한다. 하지만 이때 그의 목적은 단지 경험적 수준의 대답들을 침묵에 빠뜨리고 그 대신 이념의 대상인 어떤 초월적 문제의 미규정 지평을 열어놓는 데 있을 뿐이다. 본연의 문제나 이념 그 자체를 규정해야 하는 순간, 변증법이 작동해야 하는 순간, 이것은 무엇인가?는 무력해지고, 따라서 보기 드물게 효과적이고 강력한 물음들, 그야말로 명령의 힘을 지닌 물음들에 자리를 내준다. 곧 "얼마만큼?", "어떻게?", "어떤 경우에?" 등의 물음들로 대체되는 것이다. "이것은 무엇인가?"라는 물음이 활력을 불어넣는 것은 이른바 아포리아라 일컬어지는 대화들에 불과하다. 다시 말해서 물음의 형식 자체를 통해 모순 속으로 빠져 들고 결국 허무주의에 이르게 되는 그런 대화들만이 여기서 살아남는 것이다. 이는 아마 그런 대화들이 단지 교육학적인 목표만을 겨냥하기 때문일 것이다. 즉 문제 일반의 영역을 열어놓되, 그 문제를 본연의 문제나 이념으로 규정하는 임무와 노력은 다른 절차들에 떠넘기는 데 그치는 것이다. 소크라테스의 반어가 진지하게 받아들여졌을 때, 변증술〔문답법〕 전체가 자신에 대한 교육학적 입문의 절차와 혼동되었을 때 지극히 유감스러운 귀결점들에 이르게 되었다. 왜냐하면 변증론이 이제 더 이상 문제들의 학문이 될 수 없었기 때문이고, 궁극적으로는 변증법이 단순히 부정성과 모순에 의한 운동으로 전락했기 때문이다. 철학자들이 가끔 사육장의 젊은이들처럼 말하기 시작한 것이다. 이런 관점에서 보면 헤겔은 어떤 오랜 전통의 종착점이다. 이 전통 안에서는 "이것은 무엇인가?"라는 물음이 중시되어 왔고, 그 물음을 이용해 이념을 본질로 규정했지만, 그러나 이 때문에 부정적인 것이 문제제기적인 것의 본성을 대체해버렸다. 이것이 변증법이 타락하여 도달한 마지막 출구이다. 그리고 이 역사 안에는 얼마나 많은 신학적인 편견들이 도사리고 있는가! 왜냐하면 "이것은 무엇인가?"는 언제나 신, 추상적 술어들이 조합되는 장소로서의 신이기 때문이다. 여기서 어떤 하나의 이념을 소유하기 위해 "이것은 무엇인가?"라는 물음에 의지했던 철학자는 극소수라는 사실에 주목할 필요가 있다. 아리스토텔레스, 누구보다도 아리스토텔레스는 그 물음을 신뢰하지 않았다……. 변증론이 헛되이 교육학적인 목적들에 봉사하는 대신 자신의 고유한 소재를 도모하기 시작하는 순간, 도처에 "얼마만큼?", "어떻게?", "어떤 경우에?" 그리고 "누가?"의 물음이 울려퍼지게 된다 — 우리는 나중에 이런 물음들의 역할과 의미를 확인하게 될 것이다.[19] 이 물음들은 우연, 사건, 다양체, 곧 차이에 대한 물음들이고, 이 점에서 본질의 물음, 일자, 상반성, 모순 등의 물음과 맞서 대항하고 있다. 어디에서나 히피아스가, 심지어 이미 플라톤 안에서마저 승승장구하고 있다. 본질을 거부했고, 하지만 사례들로는 만족하지 않았던 히피아스가 승리하고 있는 것이다.

문제는 사건의 질서에 속한다. 이는 단지 해(解)의 경우들이 어떤 실재적 사건들처럼 출현하기 때문만이 아니다. 그것은 또한 문제의 조건들 자체가 어떤 사건, 단면, 절제(切除), 부가체들 등을 함축하고 있기 때문이다. 이런 방향에서 정확성을 기하기 위해서는 사건들이 지닌 이중의 계열을 표상해야 한다. 이 이중의 계열은 두 평면 위에서 펼쳐지고, 그런 가운데 서로에 대해 유사성 없는 메아리가 된다. 이때 한쪽의 계열들은 실재적이고, 이 실재적 계열들은 산출된 해들의 수준에 속한다. 반면 다른 한쪽의 계열들은 이념적이거나 이상적이고, 이 이념적 계열들은 문제의 조건들 안에 있다. 이것들은 마치 우리의 역사를 중복하고 있을지 모르는 신들의 활동들, 혹은 차라리 신들의 꿈들과 같다. 실재적 계열과의 관계에서 볼 때 이념적 계열은 초재성과 내재성이라는 이중의 속성을 향유한다. 이미 위에서 보았던 것처럼 사실 독특한 점들의 실존과 할당은 전적으로 이념에 속하는 일이다. 비록 이 점들의 종별화는 그 점들 근방의 곡선-해들에 내재하고, 다시 말해서 이념들이 구현되고 있는 실재적 결합관계들에 내재한다 해도 사정은 마

---

19 가령 브룅슈빅이 제대로 설명한 바와 같이, τί τò ὄν과 τίς ἡ οὐσία 등과 같은 아리스토텔레스의 물음들은 결코 "존재란 무엇인가?", "본질은 무엇인가?"를 의미하는 것이 아니라 오히려 거꾸로 "존재는 무엇에 해당하는가(존재자에 해당하는 것은 무엇인가?)?", "실체는 무엇에 해당하는가(혹은 차라리 아리스토텔레스가 말하듯 실체들에 해당하는 것은 어떤 사물들인가?)"를 의미한다. 이에 대해서는 Jacques Brunschwig, "Dialectique et ontologie chez Aristote", *Revue philosophique*(1964) 참조.

차이의 이념적 종합

찬가지다. 페기는 두 가지 선(線)을 사용해서 사건을 기가 막히도록 멋지게 기술한 적이 있다. 하나는 수평선이고, 다른 하나는 수직선이다. 수평선에는 특이점들이 상응하고, 수직선은 깊이의 차원에서 그 특이점들을 다시 취한다. 이 수직선은 한 걸음 더 나아가 수평선 안에 구현되고 있는 그 특이점들을 영원히 앞지르고 그 구현 자체를 분만한다. 두 직선은 서로 교차하여 매듭을 만드는데, 그것이 "일시적으로 영원한 것"— 이념과 현실을 묶는 끈, 도화선 — 이다. 우리의 가장 큰 지배권, 우리의 가장 큰 역량, 곧 문제들 자체와 관련된 역량도 바로 그 교차의 지점에서 결정된다. "그리고 돌연 우리는 더 이상 예전과 같은 죄수들이 아님을 느낀다. 거기에는 아무것도 없었다. 그리고 그 끝이 보이지 않던 문제, 출구 없는 문제, 세상 전체가 부딪혔던 문제는 갑자기 더 이상 존재하지 않게 되었고, 사람들은 자신이 지껄여대던 것에 대해 자문하고 있다. 이는 어떤 평범한 해답, 통상 발견되는 해답을 받아들이기 때문이 아니라 그 대신 이 문제, 이 난점, 이 불가능성이 말하자면 물리학적 의미의 해소점을 막 통과했기 때문이다. 어떤 위기점을 통과한 것이다. 또 이는 동시에 세계 전체가 말하자면 물리학적 의미의 임계점을 통과했기 때문이다. 온도상의 임계점, 용해점이나 응결점이 있는 것처럼, 사건에도 임계점들이 있다. 비등점, 빙점, 응결점, 결정화 지점 등이 있는 것처럼 마찬가지로 사건 안에도 어떤 과용해 상태들이 있다. 이런 상태들은 오로지 미래 사건의 어떤 파편이 도입될 때만 침전, 결정화, 규정된다."[20]

20 Charles Péguy, *Clio*(N.R.F.), 269쪽.

부차모순의 절차: 독특한 것과 규칙적인 것, 특이한 것과 평범한 것

바로 그렇기 때문에 부차모순의 방법은 모순의 방법보다 더 중요하다. 모순의 방법은 본질을 규정하고 그 본질의 단순성을 보존한다고 주장한다. 반면 부차모순은 다양체와 주제〔테마〕들을 완주하고 서술하는데 적절하다. 본성상 가장 '중요한 것'은 본질이라는 주장이 있을 수 있지만, 중요한 것은 언제나 물음이다. 그리고 무엇보다 중요한 물음은 중요성이라는 기초개념 자체에 대한 물음이다. 과연 중요성이나 비-중요성의 개념은 정확히 사건, 우연과 관련된 개념이 아닐까? 그 개념은 우연 자체 안에서는 본질과 우연의 조야한 대립보다 훨씬 더 '중요한' 것이 아닐까? 사유의 문제는 본질보다는 오히려 평가나 할당과 연계되어 있다. 중요성을 지니는 것과 그렇지 못한 것의 평가와 연계되어 있고, 독특한 것과 규칙적인 것, 특이한 것과 평범한 것의 할당과 연계되어 있는 것이다. 이런 평가나 할당은 전적으로 비본질적인 것 안에서, 혹은 한 다양체의 서술 안에서, 하지만 '문제'의 조건들을 구성하는 이념적 사건들과의 관계 안에서 이루어진다. 한 이념을 갖는다는 것은 그밖의 다른 사태를 의미하지 않는다. 그리고 오류에 빠져 있는 정신, 어리석음 자체를 정의하는 것은 무엇보다 중요한 것과 중요하지 않은 것, 평범한 것과 독특한 것을 지속적으로 혼동한다는 데 있다. 부차모순은 보조 방정식이나 부가체들에서 출발하여 경우나 사례들을 낳는다. 이념 안에서 특이점들의 할당을 주관하는 것은 바로 그런 부차모순이다. 한 계열이 접속되고 확장되는 방식을 결정하는 것, 그래서 한 독특한 점이 규칙적인 점들을 지나 또 다른 독특한 점과 연결되고 이런 과정이 다시 되풀이되는 방식을 결정하는 것도 부차모순이다. 이념 안에서 획득된 계열들이 수렴하는지 아니면 발산하는지를 규정하는 것도 부차모순이다.(그러므로 계열들이 수렴함에 따라 독특성들 자체가 평범해지고, 계

차이의 이념적 종합

열들의 발산 이후에는 독특성들이 특이해진다.) 부차모순은 문제의 조건들을 규정하는 데 개입하면서 동시에 해의 경우들에 상관적인 발생에 개입한다. 이런 부차모순의 두 가지 절차는 한편으로는 부가체들의 명시에 있고, 다른 한편으로는 독특성들의 응축에 있다. 사실 한편으로 우리는 조건들을 점진적으로 규정할 때 문제 그 자체에 주어진 최초의 체(體)를 완결하는 부가체들을 발견해야 한다. 이 부가체들은 다양체가 모든 차원 안에서 보여주는 변이성들일 수 있고, 문제를 단번에 해결 가능하게 만드는 미래적이거나 과거적인 이념적 사건들의 파편들일 수 있다. 또 우리는 이 파편들이 최초의 체와 연쇄를 이루거나 끼워맞춰지는 방식을 고정시켜야 한다. 다른 한편 우리는 모든 독특성들을 응축시켜야 하고, 모든 상황, 용해점, 빙점, 응결점들을 어떤 숭고한 기회, 곧 카이로스Kairos 안으로 침전시켜야 한다. 해는 이 숭고한 기회를 통해 돌발적이고 맹렬하며 혁명적인 어떤 것처럼 작렬한다. 어떤 이념을 갖는다는 것은 여전히 이런 것이다. 말하자면 각각의 이념은 사랑과 분노의 두 얼굴을 지니고 있다. 파편들의 모색, 점진적 규정, 이상적 부가체들의 연쇄 안에서 볼 때 이념은 사랑이다. 반면 독특성들의 응축 안에서 볼 때 이념은 분노이다. 이 응축은 이상적 사건에 힘입어 '혁명적 상황'의 축적을 정의하고, 현실적인 것 안에서 이념이 터져나오게 만든다. 바로 이런 의미에서 레닌은 이념들을 지니고 있었다. (부가와 응축은 객관적이고, 조건들도 객관성을 띠고 있다. 이는 이념들이 문제들과 마찬가지로 단지 우리의 머릿속에만 있는 것이 아니라 현실적인 역사적 세계가 생산되는 여기저기에 있다는 것을 의미한다.) 그리고 "독특하고 특이한 점들", "부가체들", "독특성들의 응축" 등과 같은 표현들에서 우리는 어떤 수학적 은유들을 찾지 말아야 한다. "용해점, 응결점……" 등의 표현에서도 어떤 물리학적 은유들을 보려 하지 말아야 한다. "사랑과 분노"라는 표현에서 어떤 서정적이거나 신비적인 은유들을 보는 것도 금물이다. 이 표현들은 변증법적 이념의 범주들, 미분법(보편수학뿐 아니라 보편물리학, 보편심리학, 보편사회학)의 외연적 의미들이다. 이 범주와 의미들은 다양성을 띤 모든 영역들에서 이념에 응답하고 있다. 그것들이 바로 모든 이념들 안에 있는 혁명적인 어떤 것, 사랑을 가져오는 어떤 것이다. 이념들은 이 범주와 의미들 때문에 언제나 사랑과 분노가 불균등하게 뒤섞인 미광들이 되지만, 이 흐릿한 빛이 어떤 자연의 빛을 형성하는 일은 결코 없는 것이다.

(셸링 철학에서 가장 중요한 것은 역량들 혹은 거듭제곱들을 다루고 있다는 점에 있다. 이런 관점에서 보면 검은 소들에 대한 헤겔의 비판이 얼마만큼 부당한지 알 수 있다. 이 두 철학자 중에서 차이로 하여금 동일자의 밤에서 빠져나올 수 있게 했던 것은 셸링이다. 셸링에게서 차이는 모순의 섬광보다 더 섬세하고 더 가변적이며 더 무시무시한 섬광을 띠고 있다. 즉 점진성을 띠고 있는 것이다. 분노와 사랑은 이념의 역량, 거듭제곱들이고 이 누승적 역량들이 전개되는 출발점은 어떤 (비)-존재 μὴ ὄν이다. 다시 말해서 그것은 부정적인 것도, 비-존재 οὐκ ὄν도 아니다. 그 출발점은 다만 어떤 문제제기적인 존재자이거나 (비)-실존자이고, 근거의 저편에 실존하는 것들이 함축하고 있는 존재이다. 사랑의 신과 분노의 신은 이념의 소유와 무관한 사치가 아니다. A, A², A³은 탈잠재화〔거듭제곱 제거〕와 순수 잠재력〔거듭제곱의 잠재력〕의 유희를 형성하는 가운데 셸링의 철학에는 변증법에 적합한 어떤 미분법이 있음을 증언하고 있다. 셸링은 라이프니츠주의자였던 것이다. 그러나 그는 또한 신플라톤주의자였다. 『파이드로스』의 문제에 응답하던 신플라톤주의의 위대한 광기는 거진법과 거듭제곱들의 전개 방법에 따라 제우스들을 제우스¹, 제우스², 제우스³…… 등과 같이 층층으로 끼워넣고 있다. 바로 여기서 나눔의 방법은 자신의 모든 범위를 회복한다. 이제 나눔은 같은 유에서 종들이 분화되어 나오는 횡적 구도의 과정이 아니다. 그것은 도함수의 파생과 도출을 통해, 거듭제곱에 의한 잠재화를 통해 이루어지는 과정, 깊이를 향한 과정이며, 그래서 그것은 이미 일종의 미분

화 과정이다. 따라서 어떤 급수적인 변증법 안에서 어떤 본연의 차이의 역량들이 활력을 얻고 있는 것이며, 이런 역량을 갖춘 차이는 회집하고 결합하는 차이 ὁ συνοχιχος다. 이런 차이는 분노에 찬 거인, 사랑이 가득한 조물주가 되고 또 아폴론, 아레스, 아테나가 되기도 한다.[21]

5절
이념과 미분적 인식능력 이론

구조와 발생은 서로 대립하지 않는다. 마찬가지로 구조와 사건, 구조와 의미 사이에도 대립은 없다. 구조들은 이상적 사건들을 포함하고, 그런 만큼 비율적 관계의 변이성과 독특한 점들을 포함하며, 이때 이 이상적 사건들은 그 구조들이 규정하는 실재적 사건들과 교차한다. 보통 구조라 불리는 것, 그것은 미분비와 미분적 요소들로 이루어진 어떤 체계이다. 발생의 관점에서 본다면 이런 구조는 또한 의미이고, 이 의미는 구조가 구현되고 있는 현실적 결합관계와 항들에 준하여 성립한다. 진정한 대립은 다른 곳에, 즉 이념(구조-사건-의미)과 재현 사이에 있다. 재현 안에서 개념은 가능성에 해당한다. 하지만 재현의 주체는 또한 대상을 개념에 실재적으로 일치하는 것으로 규정한다. 대상을 본질로 규정하는 것이다. 그렇기 때문에 전반적으로 고려할 때 재현은 심사숙고나 재인(再認)과 분리할 수 없다. 재현은 사유된 대상에 대한 심사숙고, 사유하는 주체에 의한 대상의 재인에서 비롯되는 앎의 요소

---

21 Damascius, *Dubitationes solutiones de primis principiis*(éd. Ruelle)는 신플라톤주의의 가장 중요한 저서들 중의 하나로서, 차이의 변증법을 급수(계열)와 거듭제곱(잠재력)의 변증법으로 펼쳐가고 있다. 차이와 역량들에 대한 셸링의 이론에 대해서는 무엇보다 Schelling, *Conférences de Stuttgart*와 *Ages du monde*(Aubier)를 참조.

이다. 그러나 이념을 통해서는 전혀 다른 특성들이 살아나게 된다. 이념의 잠재성은 어떠한 가능성과도 무관하다. 다양체는 주체나 대상 안의 동일자에 의존하는 것을 결코 묵인하지 않는다. 이념의 사건과 독특성들 앞에서는 '사물의 무엇됨'에 해당하는 본질은 결코 들어설 자리도, 존속할 수도 없다. 물론 고집한다면야 본질이란 말을 계속 사용할 수 없는 것은 아닐 것이다. 하지만 여기에는 어떤 조건이 따라야 한다. 그것은 본질은 정확히 우연, 사건, 의미 등을 가리키는 말이어야 한다는 조건이다. 그래서 그 말은 습관적으로 본질이라고 불리는 것과 반대되는 것일 뿐 아니라 그 반대되는 것과 다시 반대되는 것이기도 하다. 즉 다양체는 본질이 아님과 마찬가지로 외양이나 겉모습이 아니고, 일자가 아님과 마찬가지로 다자도 아니다. 그러므로 부차모순의 절차들은 재현의 용어들을 가지고는 결코 표현할 수 없다. 그 재현이 무한한 재현이라 해도 사정은 마찬가지다. 이미 라이프니츠에게서 목격된 것처럼, 그 절차들은 여기서 발산이나 탈중심화를 긍정하는 자신의 주된 능력을 상실하고 만다. 참으로 이념은 앎의 요소가 아니다. 다만 어떤 무한한 '배움'의 요소일 뿐이며, 이 무한한 배움과 앎 사이에는 본성상의 차이가 있다. 왜냐하면 배움이 진화하는 과정은 전적으로 본연의 문제들에 대한 총괄적 이해, 독특성들의 포착과 응축, 신체와 이상적 사건들의 합성 등을 거쳐가기 때문이다. 수영을 배운다든가 외국어를 배운다는 것은 자신의 고유한 신체나 언어의 독특한 점들을 어떤 다른 형태나 다른 요소의 독특한 점들과 합성한다는 것을 의미한다. 이 다른 요소 때문에 우리는 사분오열의 상태에 빠지는 것이지만, 그럼에도 불구하고 이제까지는 알지도, 듣지도 못했던 문제들의 세계로 진입하게 된다. 게다가 신체와 언어마저 변형되기를 요구하는 이런 문제들이 아니라면, 도대체 우리는 무엇에 열중할 수 있단 말인가? 요컨대 재현과 앎이 따르는 모델은 전적으로 의식의 명제들에 있고, 이 명

차이의 이념적 종합

제들은 해의 경우들을 지칭한다. 하지만 이런 명제들이 해결하거나 풀어내고 있는 심급, 그 명제들을 어떤 경우들로 분만하고 있는 원래의 층위에 비추어 보면, 그 명제들 자체는 이 층위에 대해 몹시 부정확한 기초개념을 제공하고 있다. 반면 이념과 '배움'은 명제 외적이거나 재현 이하의 성격을 띠고 있는 이 문제제기적 심급을 표현한다. 이념과 배움은 의식의 재현이 아니라 무의식의 현시(現示)인 것이다. 구조주의가 이 사조를 끌고 가는 저자들에게서 볼 수 있는 것처럼 그토록 종종 어떤 새로운 연극에 호소하거나 연극에 대한 (아리스토텔레스적이지 않은) 새로운 해석을 내세운다는 것은 그리 놀라운 일이 아니다. 말하자면 그것은 다양체들의 연극이라 할 수 있다. 모든 점에서 재현의 연극에 대립하는 이 새로운 연극에서는 더 이상 재현된 사태의 동일성은 물론, 작가의 동일성도, 관객의 동일성도, 무대 위 등장인물의 동일성도 존속하지 못한다. 다양체들의 연극은 각본의 대단원을 거치면서 최종적인 재인의 대상을 만들거나 앎이 한자리에 모이게 할 수 있는 어떤 상연(上演)이 결코 아니다. 다만 그것은 문제들의 연극, 언제나 열려 있는 물음들의 연극이다. 이런 연극은 관객, 무대, 등장인물들을 실재적 운동 속으로 끌어들인다. 무의식 전체가 실리는 배움의 운동으로 끌어들이는 것이며, 이 무의식의 마지막 요소들은 여전히 문제들 자체이다.

이념들이 필연적으로 무의식적인 특성을 지니고 있다면, 이 점을 어떻게 받아들여야 하는 것일까? 이념이 어떤 배타적 성격의 특수한 인식능력의 대상이라고 이해해야 하는 것일까? 만일 그렇다면 이 능력은 경험적 실행의 관점에서 대상을 파악하지 못할수록 대상 속에서 자신의 한계 요소나 초월적 요소를 더 잘 발견하는 셈이 된다. 이런 가설은 이미 어떤 장점을 지니고 있다. 그 장점은 이념들의 능력임을 자임하는 이성이나 심지어 지성까지 배제할 수 있고, 보다 일반적으로는 공통감을 구성하는 모든 인식능력들을 배제할 수 있다는 데 있다. 이때 공통감은 똑같은 것으로 전제된 대상과 관련된 모든 다른 인식능력들의 경험적 실행을 포섭하는 능력이다. 가령 사유 안에는 사유 자체로서는 사유할 수 없는 어떤 것이 있다는 사실, 하지만 사유 불가능한 동시에 사유되어야만 하는 어떤 것이 있다는 사실, 사유 불가능하지만 오로지 사유밖에 될 수 없는 어떤 것이 있다는 사실 ─ 이런 사실은 공통감의 관점이나 경험적인 것을 기초로 전사(轉寫)된 인식능력 사용의 관점에서는 이해 불가능한 것일 수밖에 없다. 여기서 마이몬을 비판할 때 종종 나오곤 하던 반론을 생각해보자. 그 반론에 따르면, 이념들이 사유의 미분들로 생각되어야 한다면, 이 이념들은 그 자체 안에 사유 불가능한 어떤 최소한의 '소여'를 끌고 들어온다. 이념들은 어떤 이원론을 복구한다. 실존의 조건들과 인식의 조건들을 나누는 이원론은 물론, 무한한 지성과 유한한 지성을 나누는 이원론을 복구하는 것이지만, 칸트의 비판철학 전체는 바로 그런 이원론을 제거하려는 계획으로 세워진 것이었다. 그러나 이런 반론이 타당하다면, 이는 오로지 마이몬에게서 이념들에 대한 능력이 지성인 경우뿐이다. 칸트에게서 이념들에 대한 능력은 이성에, 다시 말해서 어떤 식으로든 공통감을 구성하는 능력에 있고, 이 공통감 자체는 어떤 한계를 지닌다. 그 한계는 조화롭게 결합된 인식능력들의 경험적 실행이 깨져버리는 어떤 중핵에서 온다. 공통감은 자신의 품속에 자리하는 그런 중핵을 견뎌낼 수 없다. 이런 조건들을 그대로 받아들일 때, 오로지 그럴 경우에만 사유 안의 사유 불가능자나 어떤 순수사유의 무의식은 앎의 이상(理想)에 해당하는 어떤 무한한 지성 속에서 실현되어야 한다. 미분들은 이 무한한 지성 안에서 충만하게 현실적인 어떤 실재성의 척도를 발견하지 못한다면 단순한 허구들로 전락할 수밖에 없다. 그러나 이는 여전히 다시 한번 잘못된 양자택일이다. 말하자면 문제제기적인 것의 고유한 성격과 유한한 사유에

차이의 이념적 종합

내재하는 무의식이 이해되지 못하고 있는 것이다. 하지만 이념들이 공통감에서 해방된 어떤 특수한 인식능력의 초월적 실행과 함께 고려된 다면, 사정은 완전히 달라진다.

그러나 우리는 이런 첫 번째 답변이 충분하다고는 믿지 않는다. 이념이나 구조들이 어떤 특수한 인식능력과 맞물려 있다고도 믿지 않는다. 왜냐하면 이념은 모든 인식능력들을 주파하고, 또 모든 인식능력들과 관련되기 때문이다. 이념은 자신의 서열이나 수준에 따라 여러 가지를 동시에 가능케 한다. 어떤 규정된 인식능력 자체의 실존뿐 아니라 이 능력의 변별적 대상이나 초월적 사용을 가능케 하는 것이다. 가령 언어학적 다양체는 '음소들'의 상호적 연관들이 이루어내는 어떤 잠재적 체계에 해당한다. 이 잠재적 체계는 상이한 언어들의 현실적 결합관계와 항들 안에서 구현된다. 즉 이와 같은 다양체를 통해 말하기의 능력이 가능해지고, 또 이 말하기의 초월적 대상이 가능하게 된다. 이 초월적 대상은 어떤 '메타언어'로서, 주어진 한 언어의 경험적 실행 안에서는 말해질 수 없다. 하지만 이 메타언어는 말해져야 하고, 오로지 잠재성과 범위를 같이 하는 말하기의 시적 실행 안에서만 말해질 수 있다. 다른 예를 든다면, 사회적 다양체는 능력으로서의 사회성이나 사교성을 규정하고, 이와 더불어 사회성의 초월적 대상을 규정한다. 이 초월적 대상은 다양체가 구현되어 몸을 얻는 현실적인 사회들 안에서는 체험될 수 없다. 하지만 그 대상은 체험되어야 하며, 오로지 사회들의 전복적 요소 안에서만 체험될 수 있다.(간단하게 말해서 그 대상은 자유이고, 이 자유는 언제나 구질서의 잔재들과 신질서의 단초들에 의해 은폐되어 있다.) 다른 이념이나 다양체들에 대해서도 똑같이 말할 수 있을 것이다. 가령 심리적 다양체들에 대해서는 상상력과 환상을, 생물학적 다양체들에 대해서는 생명력과 '괴물'을, 물리학적 다양체들에 대해서는 감성 능력과 기호를…… 그러나 이념들은 차례차례 모든 능력들에 상응하고, 그래서 결코 어떤 특수한 능력의 배타적 대상이 아니며, 심지어 사유의 전유물도 아니다. 그렇지만 본질적으로 중요한 것은 다른 데 있다. 그것은 우리가 공통감의 형식을 전혀 재도입하지 않고, 오히려 그에 반대되는 방향을 취한다는 데 있다. 위에서 본 바와 같이, 인식능력들의 부조화는 각각의 능력이 포착하는 초월적 대상의 배타성에 의해 정의된다. 하지만 그 부조화는 여전히 어떤 조화를 함축하고 있으며, 이 조화에 따라 각각의 능력은 어떤 도화선을 통해 자신의 폭력을 다른 능력에 전달한다. 그것은 말 그대로 '부조화의 조화'로서, 공통감이 지닌 동일성, 수렴, 협력 등의 형식을 배제한다. 본연의 차이가 그 자체로 분절화시키거나 재결합하는 차이라면, 우리가 보기에 그런 차이에 상응하는 것은 이런 '부조화의 조화'였다. 따라서 어떤 지점에 이르러서는 사유하기, 말하기, 상상하기, 느끼기 등은 어떤 단일하고 똑같은 사태가 된다. 하지만 이 사태를 통해 긍정되는 것은 단지 초월적 실행에 놓인 능력들의 발산일 뿐이다. 그러므로 중요한 것은 공통감이 아니라 오히려 역설감para-sens이다.(이 말은 역설이 또한 양식의 반대라는 의미에서 새겨야 한다.) 이런 역설감은 이념들을 요소로 하고 있다. 이는 정확히 이념들이 어떤 순수한 다양체들로서, 공통감 안의 어떠한 동일성 형식도 전제하지 않기 때문이다. 이 다양체들은 오히려 초월적 관점에서 인식능력들의 탈구(脫臼)적 실행을 살아 있게 만들고 또 기술하고 있다. 그래서 이념들은 미분적 미광(微光)들의 다양체들이고, 말하자면 마치 도깨비불이나 '잠재적 여운의 불'처럼 한 능력에서 다른 한 능력으로 옮겨 붙고 있지만, 결코 이 불은 공통감을 특징짓는 그 자연의 빛처럼 등질성을 지니지 않는다. 그렇기 때문에 배운다는 것은 상호 보충적인 — 하지만 앎 안의 재현에 똑같이 대립하는 — 두 가지 방식을 통해 정의될 수 있다. 먼저 배운다는 것은 이념 안으로, 그 이념의 변이성과 특이점들 안으로 침투해 들어간다는 것이다. 다른 한

차이의 이념적 종합

편 배운다는 것은 하나의 인식능력을 초월적이고 탈구적인 사용으로 까지 끌어올린다는 것이고, 그 능력을 다른 능력들과 소통하고 있는 마주침과 폭력으로까지 끌어올린다는 것이다. 그렇기 때문에 무의식도 역시 상호 보충적인 두 가지 규정을 지니게 되고, 이 두 규정을 통해 무의식은 재현으로부터 배제되지만 그 대신 어떤 순수한 현시(現示)에 걸맞는 자격과 역량을 얻는다. 즉 무의식을 정의하는 것은 역설감 안의 이념들이 지닌 명제 외적이고 비현실적인 특성일 수 있다. 하지만 무의식을 정의하는 것은 또한 능력들의 역설적 실행이 지닌 비경험적 특성일 수도 있다.

그럼에도 불구하고 이념들은 여전히 순수사유에 대해 대단히 특수한 관계를 유지하고 있다. 여기서 사유는 아마 모든 인식능력들의 동일성 형식이 아니라 하나의 특수한 능력으로 간주되어야 할 것이고, 그래서 다른 능력들과 똑같은 자격에서 자신의 변별적 대상과 탈구적 실행에 준하여 정의되어야 할 것이다. 그렇지만 어떤 질서에 따라 한 인식능력에서 다른 능력으로 소통되고 있는 폭력이나 역설감을 통해 사유는 어떤 특수한 장소에 고정된다. 즉 사유은 오로지 폭력의 도화선의 극단에서만 자신의 고유한 사유 대상cogitandum을 파악할 수 있다. 이 극단을 통해 어떤 운동에 빠져 들고 그래서 한 이념에서 다른 이념으로 전달되는 것은 무엇보다 먼저 감성과 그 감성의 고유한 대상sentiendum 등등이다. 이런 극단은 또한 이념들이 비롯되는 가장 급진적인 기원으로 간주될 수 있다. 하지만 '가장 급진적인 기원'이라는 말을 우리는 어떤 의미에서 이해해야 하는 것일까? 그것은 이념들이 사유의 '미분들'이고 순수사유의 '무의식'이라 할 때와 똑같은 의미에서 이해되어야 한다. 이는 사유가 그 어느 때보다 생생하게 공통감의 모든 형식들에 대립하는 순간에도 마찬가지다. 게다가 이념들이 관계하는 것은 결코 의식의 명제나 근거에 해당하는 코기토가 아니다. 그것은 오히려 어떤 분열된 코기토의 나, 그 균열된 나이다. 다시 말해서 이념들은, 초월적 실행에 놓인 능력으로서의 사유를 특징짓는 바로 그 보편적 근거와해와 관계한다. 이념들은 어떤 특수한 능력의 대상은 아니지만 동시에 어떤 특수한 능력과 관련되어 있고, 이 점에서 독특한 것이다. 그래서 이념들은 (모든 능력들의 역설감을 구성하기 위해서) 그 능력들 바깥으로 외출하고 있는 것이라 말할 수 있을 지경이다. 그렇지만 다시 여기서 외출한다는 것은 무엇이고 또 기원을 발견한다는 것은 무엇을 의미하는가? 이념들은 어디로부터 오고 있는가? 문제들은, 그 문제들의 요소와 이상적 관계들은 어디로부터 오는 것인가?

문제와 물음

드디어 우리가 지금까지 모호하게 방치해두었던 두 심급, 문제와 물음의 차이를 규정해야 할 순간이 왔다. 여기서 먼저 상기해두어야 할 것은 이 물음-문제의 복합체가 전적으로 현대적 사유의 성취에 속하고, 또 이런 성취의 기저에는 존재론의 부활이 자리하고 있다는 점이다. 사실 이 복합체는 더 이상 예전처럼 앎의 재현 안에서 거론되는 어떤 잠정적이고 주관적인 상태의 표현으로 간주되지 않는다. 그것은 이제 존재로 향한 탁월한 지향성, 혹은 존재가 고유한 의미에서 응답하고 있는 유일한 심급이 되었다. 하지만 이때 물음은 제거되는 것도, 극복되는 것도 아니다. 왜냐하면 그와는 반대로 오로지 물음만이 자신에게 응답해야 하는 자와 똑같은 범위의 개방성을 지니기 때문이다. 게다가 그 물음에 응답하는 자는 그 물음을 유지하고 되새기고 반복하고 있으며, 오로지 그런 와중에서만 그 물음에 응답할 수 있다. 물음 안에 담긴 이런 존재론적 함량에 주목할 때 철학적 사유는 물론이고 예술작품도 그에 못지않게 활력을 얻는다. 작품은 자신이 결코 메우지 못하는 어떤 균열로부터 비롯되며, 그 균열 주위에서 전개된다. 소설, 특히 조이스 이후의 소설이 발견한 전혀 새로운 언어는 '문장 부호'[22]의 양식을 뒤바꿔버렸다. 현대 소설이 그려내는 사건과 등장인물들은 본질적으로 문제제기적이다. 당연하게도 이런 점들이 의미하는 것은 확실한 것이라고는 아무것도 없다는 사실도, 회의의 방법이 일반화된다는 사실도 아니다. 그것들이 가리키고 있는 것은 결코 현대적인 회의주의의 조짐이 아니라 오히려 문제틀과 물음의 발견이다. 여기서 이 문제틀과 물음은 어떤 초월론적 지평에 해당한다. 다시 말해서 '본질적인' 방식으로 존재자, 사물, 사건들 등에 속하는 초월론적 초점인 것이다. 이것은 이념의 소설적 발견, 혹은 이념의 연극적 발견, 혹은 이념의 음악적 발견, 혹은 이념의 철학적 발견 등등이다. 이것은 동시에 감성, 이미지 산출적 기억, 언어, 사유 등에 대한 초월적 사용의 발견이다. 이런 발견을 통해 이 능력들 각각은 자신의 충만한 부조화 안에서 다른 능력들과 소통하게 되고, 자신의 고유한 차이를 대상으로 ── 다시 말해서 물음으로 ── 취하는 가운데 존재의 차이를 향해 개방된다. 그래서 이제 글쓰기는 "글쓰기란 무엇인가?"라는 물음 이외의 아무것도 아니다. 또는 감성은 "느낀다는 것은 무엇인가?"라는 물음 이외의 아무것도 아니고, 사유는 "사유한다는 것은 무엇인가?"라는 물음 이외의 아무것도 아니다. 이념의 정령이 출현하지 않을 때, 이런 능력들에서 비롯되는 것은 한없는 단조로움과 취약성에 빠져 있는 어떤 새로운 공통감이다. 하지만 이념이 돌출하고 폭력을 행사할 때, 이런 능력들에서 비롯되는 것은 역설감을 동반하는 지극히 강력한 '반복들'이자 지극히 놀라운 창조적 발견들이다. 여기서는 다만 이런 물음의 존재론이 의존하는 원리들만을 상기해보자. 1) 물음은 결코

---

22 (옮긴이 주) 여기에 관해서는 다음의 두 소설을 참조하라. E. V. Salomon, *Der Fragebogen* (1951); R. Pinget, *L'inquisitoire*(1962).

대답들 안에서 사라질 예정에 있는 어떤 경험적 상태의 지식을 의미하지 않는다. 대답이 주어진다면, 물음은 오히려 자신을 제거한다고 주장하는 모든 경험적 대답들을 침묵에 빠뜨리고, 반면 오로지 자신을 유지하고 또 언제나 자신을 다시 취하는 대답만을 '강화한다.' 가령 욥은 신의 직접적인 응답을 고집하는데, 이 응답은 물음 자체와 구별되지 않는다(부조리라는 첫 번째 역량). 2) 물음의 역량은 바로 여기서 비롯된다. 물음의 역량은 물음이 향하는 대상은 물론이고 그에 못지않게 묻고 있는 자를 위험에 빠뜨리고, 또 자기 자신을 물음의 대상의 위치에 놓는다. 가령 오이디푸스는 결코 스핑크스와의 관계를 끊지 않는다(수수께끼라는 두 번째 역량). 3) 바로 여기서 계시되는 것은 물음에 상응하는 존재이다. 이 존재는 물음을 듣는 대상으로도, 묻는 주체로도 환원되지 않는다. 존재는 오히려 분절화를 가져오는 자신의 고유한 본연의 차이 안에서 그 둘을 하나로 묶는다. 이 분절화하는 차이는 비-존재나 부정적인 것의 존재가 아니다. 그것은 오히려 물음의 (비)-존재자 또는 물음의 존재인 메온 μὴ ὄν이다.(가령 율리시즈와 "아무도 아닌 자"의 대답, 그것은 철학적 오디세이의 역량인 세 번째 역량이다.)

그럼에도 불구하고 이런 현대 존재론은 여전히 어떤 불충분성을 겪고 있다. 현대 존재론이 종종 끌어들이고 이용하는 미규정자는 물음의 객관적 역량을 표현한다. 하지만 여기서 물음이 띠고 있는 어떤 주관적인 모호성은 존재의 책임으로 돌아가고, 반복의 힘은 빈곤하게 되풀이되는 말이나 상투성에 빠져 있는 새로운 공통감으로 대체되어버린다. 다른 한편 현대 존재론은 심지어 물음-문제의 복합체를 분리하고, 문제들을 외부적 장애물들 쪽으로 되돌려놓는 가운데 물음들에 대한 관심과 배려를 아름다운 영혼의 종교적 태도에 내맡겨두기에 이른다: 그러나 만일 어떤 문제제기적인 장들 안에서 전개되지 않는다면, 도대체 그런 물음도 물음이라 할 수 있을까? 오로지 그 문제제기적인 장들

차이의 이념적 종합

이야말로 그 물음을 어떤 특유의 "학(學)" 안에서 규정할 수 있기 때문이다. 아름다운 영혼은 끊임없이 자신의 고유한 물음, 약혼들의 물음을 제기한다. 하지만 물음이 자신의 올바른 문제를 발견하자마자 얼마만큼 많은 약혼자들이 사라졌거나 홀로 남게 되었는가? 그 올바른 문제를 통해 그 물음이 충격을 받고 교정되고 사유의 모든 차이를 싣고 자리를 옮기기 시작할 때, 약혼자들은 떠나버리는 것이다.(가령 "내가 알베르틴과 결혼하게 될까?"라고 묻는 프루스트의 주인공은 이 물음을 창조해야 할 예술작품의 문제 안에서 전개하고, 이 문제 안에서 원래의 물음 자체는 어떤 급진적인 변신의 단계를 통과한다.) 우리가 모색해야 하는 것은 물음들이 이념 안의 문제들로 개봉되는 절차이고, 이 문제들이 사유 안의 물음들로 봉인되는 과정이다. 물론 여기서도 고전적인 사유의 이미지와 또 다른 사유의 이미지를 서로 대면시키는 일이 필요하다. 또 다른 사유의 이미지, 그것은 곧 오늘날 다시 태어나고 있는 존재론이 암시하는 사유의 이미지이다.

사실 플라톤에서 후기 칸트주의자들에게 이르기까지 철학은, 사유의 운동을 가설적인 것에서 필증적인 것으로 향하는 어떤 특정한 이행으로 정의했다. 심지어 회의에서 확실성으로 나아가는 데카르트의 작업마저도 이런 이행의 한 변이형이다. 또 다른 변이형은 가설적 필연성에서 형이상학적 필연성으로, 근원적 기원 안의 필연성으로 향하는 이행에 있다. 하지만 이미 플라톤에게서 나타나는 정의에 따르면, 변증술〔문답법〕의 본성은 가설들로부터 출발하는 데 있다. 가설들을 마치 도약판들처럼 이용해서, 다시 말해서 '문제들'처럼 이용하여 비-가설적 원리로까지 상승하는 것이 변증술의 특성이고, 이때 이 비-가설적 원리는 가설들의 진리는 물론이고 문제들의 해를 규정해야 한다. 『파르메니데스』의 구조 전체는 여기서 비롯된다. 그 구조의 조건들을 중시한다면, 이 대화편에서 어떤 놀이, 어떤 예비학, 어떤 훈련, 어떤 형식적 연습을 보는 것은 — 보통 경솔하게 그렇게 보아왔지만 — 더 이상 가능하지 않다. 칸트는 『순수이성비판』에서 『실천이성비판』으로 이행할 때 그 자신이 생각했던 것보다는 훨씬 더 플라톤적이다. 앞의 작품은 가능한 경험의 가설적 형식에 전적으로 종속되어 있지만, 뒤의 작품에서 그는 문제들의 도움에 힘입어 어떤 정언적 원리의 순수한 필연성을 발견한다. 하물며 후기 칸트주의자들은 더욱 더 플라톤적이다. '비판'이 서 있는 장소에서 그 비판 자체를 변화시키지도 않으면서 가언적(가설적) 판단을 정립적 판단으로 변형시키고자 하기 때문이다.[23] 그러므로 플라톤에서 데카르트를 거쳐 피히테나 헤겔에까지 이르는 철학의 운동을 이처럼 요약한다고 해도 그렇게 부당한 일은 아니다. 출발점의 가설들과 도달점의 필증성들이 아무리 천차만별이라 해도, 철학의 운동은 늘 똑같은 궤적을 그리고 있다. 거기에는 어떤 최소한의 공통점이 있는 것이다. 즉 언제나 출발점과 도달점이 있고, 출발점은 어떤 '가설' 안에서, 다시 말해서 불확실성을 띤 어떤 계수에 의해 촉발된 의식의 명제(이는 데카르트의 회의일 수 있다.) 안에서 발견되는 반면, 도달점은 어떤 필증

---

23 플라톤에 대해서는 『국가』, VI, 511 *b* 참조. "……이성은 가설들을 원리로서가 아니라 문자 그대로 '밑에hypo 놓은 것thesis'(基盤: hypothesis)들로서 대하네. 즉 '무가설(無假說)의 것to anypotheton'에 이르기까지 '모든 것의 원인(근원)'으로 나아가기 위한 발판이나 출발점들처럼 말일세. 이성 자체가 이를 포착하게 되면, 이번에는 이 원리에 의존하고 있는 것들을 고수하면서, 이런 식으로 다시 결론(종결) 쪽으로 내려가되……" 프로클로스는 이 텍스트에 심층적인 주석을 붙인다. 그는 이 텍스트를 『파르메니데스』의 방법의 표현으로 간주하고, 또 이 텍스트를 이용해 이미 동시대에 유행하던 형식적이거나 회의주의적인 해석을 비난한다. 즉 『파르메니데스』의 가설들 안에 분배된 일자는, 변증론자들이 가설들을 차례로 거쳐가면서 도달한 무가설적인 일자, 곧 각각의 가설의 진리를 측정하는 일자와는 같지 않음이 분명하다는 것이다. Proclus, *Commentaire du Parmnide*(Leroux) 참조.

마이몬과 피히테의 철학에서 가언적 판단이 정언적 판단으로 변형되는 과정에 대해서는 Martial Gueroult, *L'évolution et la structure de la Doctrine de la Science chez Fichte* (Les Belles-Lettres, 1930), I, 127쪽 이하 참조.

헤겔과 유비적 형태변화에 관해서는, 『정신현상학』 중 즉자와 대자의 관계를 다루는 부분, 헤겔의 현상학 자체와 논리학의 관계, 헤겔의 "학" 개념, 그리고 경험적 명제에서 사변적 명제로 넘어가는 이행 등 참조.

차이의 이념적 종합

성이나 현저하게 도덕적인 차원의 어떤 명법(플라톤의 일자-선, 데카르트적 코기토의 속이지 않는 신, 라이프니츠의 최선의 원리, 칸트의 정언적 명법, 피히테의 자아, 헤겔의 "학") 안에서 발견된다. 그런데 이런 행보는 가장 멀리 나아간다 해도 사유의 진정한 운동을 겨우 스치고 지나갈 뿐이다. 하지만 이런 행보는 또한 사유의 진정한 운동에서 가장 멀리 벗어나게 되고, 그 진정한 운동을 최대한 변질시키는 결과를 가져온다. 여기서 성립하는 것은 가설주의와 도덕주의이고, 이 둘은 서로 결부되어 있다. 이런 과학주의적 가설주의와 합리주의적 도덕주의를 통해 오인될 수밖에 없는 것이 있다면, 그것은 무엇보다 그것들이 접근하고 있는 사태 자체이다.

명법들과 놀이

운동은 가설적인 것에서 필증적인 것을 향해 나아가는 것이 아니라 오히려 문제제기적인 것에서 물음으로 나아간다고 말할 때, 일견 두 주장의 차이는 매우 근소한 것처럼 보인다. 만일 필증적인 것이 어떤 도덕적 명법과 분리될 수 없다면, 물음도 비록 다른 종류의 명법이라 해도 역시 어떤 명법과 분리될 수 없고, 따라서 그 차이는 더욱 근소해 보인다. 그러나 이 두 정식 사이에는 어떤 심연이 자리한다. 문제를 가설과 유사한 어떤 것으로 보는 경향이 있지만, 그런 동일시는 이미 문제나 이념에 대한 배반이고, 문제와 이념을 의식의 명제들과 앎의 재현들로 환원하는 부당한 절차이다. 즉 문제제기적인 것과 가설적인 것 사이에는 본성상의 차이가 있다. 주제 정립적인 것thématique과 명제 정립적인 것thétique은 결코 혼동되지 말아야 한다. 그리고 이런 차이에 의해 도박에 걸리는 것은 하나의 교설 일반이 설명해야 하는 인식능력들의 할당 전체, 규정 전체, 용도 전체, 사용 전체이다. 또한 필

증적인 심급에 대해 말한다는 것과 물음의 심급에 대해 말한다는 것
사이에도 매우 커다란 차이가 있다. 왜냐하면 여기서 중요한 것은 두
가지 형식의 명법이고, 이 두 명법은 모든 측면에서 비교 불가능하기
때문이다. 물음들은 명법들이고, 혹은 차라리 문제들과 그 문제들이 유래
하는 명법들 사이의 관계를 표현한다. 물음들의 명법적 본성을 드러내기
위해 경찰관의 예를 들어야만 하는가? "묻는 사람은 바로 나야." 그러
나 진실로 말하고 있는 것은 물음을 당하는 쪽의 분열된 자아이다. 그
자아가 고문하는 자를 통해 말하고 있는 것이다. 문제나 이념들은 모
험의 명법에서 유래하거나 물음들로서 현시하는 사건들로부터 발현한
다. 그렇기 때문에 문제들은 어떤 자유로운 결정 능력, 어떤 결단 *fiat*[24]
과 분리될 수 없다. 이 결단을 통과해 갈 때 우리는 반신적(半神的)인
존재자가 된다. 수학자들은 이미 자신들이 신들의 종족에 속한다고 말
하지 않는가? 이런 자유로운 결정 능력은 해결해야 할 문제들의 본성
안에 근거를 두고 있고, 이 능력의 사용은 체(體)들의 부가와 응축이라
는 두 가지 근본적인 절차 안에서 최고 수준에 이른다. 왜냐하면 한 방
정식이 풀릴 가능성의 여부는 언제나 수학자가 덧붙이는 어떤 이상적
인 체와의 관계에서 결정되기 때문이다. 이는 곧 어떤 임의적인 양(量)
을 덧붙이는 무한한 역량을 의미한다. 즉 여기서 중요한 것은 더 이상
라이프니츠 방식의 놀이가 아니다. 이 놀이에서는 미리 규정된 규칙들
의 도덕적 명법이 어떤 주어진 공간의 조건과 조합되고, 이 공간은 가
설을 통해 ex hypothesi 메워져야 한다. 여기서 중요한 것은 오히려 주
사위 놀이고, 열린 공간으로서의 하늘 전체이며, 유일한 규칙으로서의
던지기이다. 이때 독특한 점들은 주사위 위에 있고, 물음들은 주사위들

---

24 (옮긴이 주) 『심리학의 원리』로 유명한 미국 철학자 윌리엄 제임스William James가 즐
겨 사용하던 용어. 원래는 성서 창세기 1장에 나오는 "빛이 있어라."라는 문장 가운데 '있어
라'의 라틴어 역어이다.

차이의 이념적 종합

자체이며, 명법은 던지기이다. 이념들은 던지기〔놀이〕들의 결과로 따라나오는 문제제기적인 조합들이다. 이는 주사위 놀이가 조금도 우연(하늘-우연)을 폐기하고자 하지 않기 때문이다. 우연을 폐기한다는 것, 그것은 확률의 규칙들에 따라 우연을 조각낸다는 것, 다수의 던지기들 위로 조각낸다는 것이다. 이런 절차를 지나면서 문제는 이미 가설들, 승패의 가설들로 쪼개진다. 또 명법은 승부를 규정하는 최선의 선택의 원리 안에서 도덕성을 띠게 된다. 반면 주사위 놀이는 단번에 우연을 긍정한다. 각각의 던지기는 매번 모든 우연들을 긍정한다. 던지기들의 반복은 계속 유지되고 있는 어떤 똑같은 가설에도, 동일성을 띤 어떤 불변의 규칙에도 더 이상 종속되어 있지 않다. 우연을 어떤 긍정의 대상으로 만든다는 것, 그것은 무척 어려운 일이다. 하지만 이것이야말로 명법의 의미이고, 그 명법이 던지는 물음들의 의미이다. 이념들은 바로 여기서 유래한다. 이는 마치 독특성들이 매번 모든 우연들을 단번에 응축하는 그런 우발점point aléatoire에서 유래하는 것과 같다. 이념들의 명법적 기원을 이 우발점에 둘 때, 우리가 끌어들이고 호소하고 있는 것은 겨우 자의성, 아이의 놀이가 보여주는 단순한 자의성, 아이-신에 불과하다는 지적이 있을 수 있다. 하지만 이는 '긍정한다'는 것의 의미를 잘못 이해하기 때문에 나오는 지적일 것이다. 우연 속에 자의적인 것이 있다면, 그것은 단지 우연이 긍정되지 않고, 그것도 충분히 긍정되지 않기 때문이며, 단지 우연을 추방할 목적으로 있는 규칙들을 통해 그 우연을 어떤 공간과 수(數)안에서 할당하기 때문이다. 우연이 충분히 긍정된다면, 놀이 참여자는 결코 패할 수 없다. 왜냐하면 모든 조합, 그리고 그 조합을 산출하는 각각의 던지기〔놀이〕는 우발점의 움직이는 장소와 명령에 정확하게 일치하는 본성을 지니고 있기 때문이다. 따라서 매번 모든 우연들을 단번에 긍정한다는 것은 무엇을 의미하는가? 이런 긍정은 불균등한 것들의 공명에 의해 측정되며, 이 불균등한 것들은 어떤 한 번의 던지기에서 나오고 또 이 공명의 조건에서 어떤 문제를 형성한다. 그래서 각각의 던지기는 비록 부분적인 것일지언정, 거기에는 모든 우연들이 함께하고 있다. 또 산출된 조합이 비록 어떤 점진적 규정의 대상일지언정, 그 각각의 던지기 안에는 역시 모든 우연들이 단번에 함께하고 있다. 주사위 놀이를 통해 펼쳐지는 것은 문제 계산법이다. 거기서는 어떤 구조를 구성하는 미분적 요소들의 규정이나 독특한 점들의 분배가 이루어지고 있다. 이렇게 해서 명법들과 그 명법들에서 비롯되는 문제들 사이에 순환적 관계가 형성된다. 공명은 하나의 문제가 문제로서 지니게 될 진리를 구성하고, 명법은 비록 그 스스로 문제 자체를 낳는다 해도 그 문제의 진리 안에서 검증된다. 우연이 긍정되면, 모든 자의성들은 매번 폐기된다. 우연이 긍정되면, 발산 그 자체는 한 문제 안에서 긍정의 대상이 된다. 만일 출발에 있는 기초체가 부가체에 의해 표현 가능한 모든 크기들을 통합하면서 공명하지 않는다면, 문제를 규정하는 이상적 부가체들은 자의성에 빠지게 될 것이다. 작품 일반은 그 자체로 언제나 어떤 이상적인 체, 이상적인 부가체이다. 작품은 명법이 낳은 어떤 문제이다. 작품은 이 문제가 문제로서 점진적으로 잘 규정될수록 그만큼 더 단숨에 완전하고 총체적인 것이 된다. 그러므로 작품의 저자는 이념의 조작자라는 이름을 얻을 만하다. 레이몽 루셀은 자신의 "사실들의 방정식들"을 어떤 해결해야 할 문제들로 제기한다. 그것은 언어적 명법의 신호 아래 공명하기 시작하는 어떤 이상적 사실이나 사건들, 그 자체로 결단*fiat*인 사실들이다. 많은 현대 소설가들은 작품이 전개되기 시작하는 이 우발점, 이 '맹점' 안에 위치하고 있다. 작품은 명령하고 물음을 던지는 이 맹점에서부터 어떤 문제인 것처럼 전개되고, 그런 가운데 자신의 발산하는 계열들을 공명하게 만든다. 이때 이들은 어떤 응용수학을 만들고 있는 것도, 결코 수학적이거나 물리학적인 은유를 만드는 것도 아니다. 그들

차이의 이념적 종합

은 오히려 각각의 영역에서 직접적인 보편수학*mathesis*에 해당하는 "학"
을 확립하고 있다. 그들은 작품을 가지고 어떤 배움이나 실험을 행하
고 동시에 매번 총체적인 어떤 것을 행한다. 여기서는 모든 우연들이
매번 새로워질 수 있는 각각의 경우마다 긍정되지만, 아마 어떠한 자
의성도 결코 존속하지 못할 것이다.[25]

문제들의 심장부에는 어떤 자유로운 결정 능력이 있고, 우리를 신
들의 종족으로 만들어주는 창조, 던지기가 있다. 그렇지만 이런 것들은
우리의 능력이 아니다. 신들 자체도 아낭케Ananké, 다시 말해서 하늘-
우연에 종속되어 있다. 우리를 관통하는 명법이나 물음들은 '나'로부터
유래하는 것이 아니다. 심지어 그 나는 이 명법이나 물음들을 듣는 것
조차 마다하고 있다. 명법들은 존재에서 온다. 모든 물음들은 존재론
적이고, 문제들 안에서 '존재자'를 분배한다. 존재론, 그것은 주사위 놀
이 — 코스모스가 발생하는 카오스모스 — 다. 만일 존재의 명법들이
'나'와 어떤 관계를 맺는다면, 그것은 균열된 나와 맺는 관계이고, 이
균열된 나의 틈바구니는 그 존재의 명법들을 통해 매번 시간의 순서에
따라 자리를 바꾸고 재구성된다. 따라서 명법들은 순수사유의 사유 대
상들cogitanda을 형성한다. 이것들은 사유의 미분들로서, 사유될 수 없
는 동시에 사유되어야 하고, 또 오로지 초월적 실행의 관점에서만 사
유될 수 있다. 또 물음들은 이런 사유 대상들에 대한 순수사유들이다.

---

25 가령 필리프 솔레르Philippe Sollers의 소설 『드라마*Drame*』(Seuil, 1965)를 인용해보
자. 이 소설에서는 라이프니츠의 공식이 좌우명이 되고 있다. "예를 들어 어떤 사람이 종이
위에 전혀 임의적으로 일정한 양의 점들을 찍었다고 가정한다면…… 이때 내가 말하고자 하
는 것은 여기서 어떤 기하학적인 선을 발견할 수 있다는 것이다. 어떤 특정한 규칙을 따르기
때문에 그 선의 개념이 항상 같고 균일하여, 이 선이 모든 점들을 통과……" 이 책의 모든 시
작 부분은 **문제**……"와 **결핍**……"이라는 두 가지 표현에 의해 구축된다. 계열들은 화자의
신체, "지각된다기보다는 사유되는" 이상적 신체의 독특한 점들과의 관계 안에서 그려진다.
작품이 기원하는 지점으로서의 "맹목의 얼룩"에 대해서는 소설에 대한 토론에 개입하는 솔레
르와 장피에르 페이Jean-Pierre Faye의 언급들(*Tel Quel*, no. 17(1964)) 참조.

그러므로 물음의 형식을 띤 명법들은 나의 가장 큰 무능력을 의미하지만, 그러나 또한 모리스 블랑쇼가 끊임없이 말하고 있는 어떤 지점, 원천적이고 맹목적이며 무두적(無頭的)이고 실어증적인 바로 그 우발점을 의미한다. 이 우발점이 지칭하는 것은 '사유가 무엇인지 사유할 수 없는 불가능 상태'이다. 문제로서의 작품 안에서 전개되는 이런 우발점에서 '무능'은 역량으로 전환된다. 명법들은 의식의 명제에 해당하는 코기토에 의존하기는커녕, 균열된 나에게 말을 걸고 있다. 이때 이 균열된 나는 사유의 무의식에 해당한다. 사실 나는 어떤 무의식을 소유할 권리가 있고, 이 무의식이 없다면 나는 사유할 수 없을 뿐 아니라 무엇보다 순수한 사유 대상을 사유할 수 없을 것이다. 의식의 평범한 명제가 언표하는 것과는 거꾸로, 사유는 오로지 어떤 무의식을 출발점으로 할 때만 사유할 수 있고, 또 사유는 이 무의식을 초월적 실행 안에서 사유한다. 마찬가지로 명법들에서 유래하는 이념들은 결코 어떤 사유하는 실체의 성질이나 속성이 아니다. 이념들은 균열된 나의 그 틈바구니를 통해 들어오고 나가는 일 이외의 다른 것을 행할 줄 모른다. 이런 균열은 언제나 어떤 타자로 하여금 그 자체로 사유되어야 하는 자아 안에서 사유하게 만든다. 사유 안에서 첫 번째에 오는 것은 도둑질이다. 물론 무능력은 무능력으로 그칠 수 있다. 하지만 또한 오직 무능력만이 최고의 역량으로까지 고양될 수 있다. 니체가 "힘의 의지"를 통해 이해하고자 했던 것은 정확히 이 점에 있다. 그것은 바로 무능력 자체를 대상으로 하는 이런 명법적 변화에 있는 것이다.(-과 같은 경우라면 무기력해져라, 나태해져라, 복종해도 좋다!) 이는 모든 우연들을 긍정할 수 있는 주사위 놀이고, 혹서(酷暑)나 혹한(酷寒)의 시간에 우리를 거쳐가는 물음들이며, 자신이 던지는 문제들에 우리를 내맡기는 명법들이다. 사실 "정신의 밑바닥에는 어떤 환원 불가능한 사태가 있다. 운명Fatum이라는 커다란 돌덩어리가 있는 것이다. 그것은 모든 문제들

차이의 이념적 종합

에 대해 이미 내려진 어떤 결정(決定), 그 문제들 자체의 척도와 그 문제들이 우리와 맺고 있는 관계 안에서 이미 내려진 결정의 돌덩어리이다. 뿐만 아니라 거기에는 동시에 특정한 문제들에 접근할 수 있는 우리의 권리, 마치 벌겋게 달궈진 쇠가 우리의 이름들 위에 찍어놓은 낙인과도 같은 권리가 있다."[26]

6절
이념과 반복

그러나 이런 답변은 무척 실망스러워 보인다. 이념들의 기원은 어디에 있는가? 문제들은 어디로부터 오고 있는가? 우리는 이렇게 물었다. 그리고 우리가 내놓은 것은 어떤 주사위 놀이들, 필증적 원리를 대신하는 어떤 명법들과 우연의 물음들, 견고한 근거를 대신하고 모든 것이 근거와해를 겪는 어떤 우발점 등이다. 우리는 이 우연을 자의적인 것에 대립시킨다. 이는 우연이 긍정되기 때문이고, 게다가 명법적으로, 또 매우 특수한 양태의 물음을 통해 긍정되기 때문이다. 하지만 우리는 이 긍정 자체를 어떤 공명에 준하여 측정하고, 이 공명은 주사위 놀이에서 비롯되는 문제제기적인 요소들 사이에서 성립한다. 과연 우리는 도대체 어떤 원환 속에 빠져 있기에 기원에 대해 달리 말할 수 없는 것인가? 우리는 네 가지 심급을 구별했다. 명법적이고 존재론적인 물음들, 변증법적인 문제들이나 그로부터 비롯되는 주제(테마)들, 이 문제들이 자신의 조건들에 의거하여 '학적으로' 표현되고 있는 상징적인 해결 가능성의 장들, 문제들이 현실적인 경우들 안에서 구현되는 가운데 이 장

---

26 F. Nietzsche(*Musarion-Ausgabe*), XVI, 35쪽.

들 안에서 받아들이는 해들 등이 그것이다. 하지만 그 기원에서 볼 때, 불같이 타오르는 이 명법들은 무엇인가? 세계가 시작되는 출발점들인 이 물음들은 또 무엇인가? 실상 각각의 사물은 어떤 하나의 물음 안에서 시작되지만, 그렇다고 그 물음 자체에 시작이 있다고는 말할 수 없다. 물음은 자신이 표현하는 명법과 마찬가지로 반복 이외의 다른 곳에 기원을 두고 있지 않는 것일까? 우리 시대의 위대한 저자들(하이데거, 블랑쇼)은 물음과 반복 사이에서 성립하는 가장 심층적인 관계를 활용하는 데 성공했다. 그러나 만족스럽지 못한 점이 있다. 똑같은 물음을 반복하고, 그래서 마지막에 이르러서도 그 문제가 원래의 모습 그대로 다시 등장하는 것이다. 설사 그것이 "존재란 무엇인가?"라는 물음이라 해도 사정은 마찬가지다. 이는 나쁜 주사위 놀이들, 패배로 귀착되는 주사위 놀이들이다. (의식의 명제나 공통감의 억견들을 대리하는) 똑같은 가설들 안에서 기입되고, 다소간 (승부의 규정을 대리하는) 똑같은 필증적 원리로 접근해가는 주사위 놀이들인 것이다. 그들은 나쁜 노름꾼들인데, 왜냐하면 우연을 오로지 다수의 놀이〔던지기〕들로 조각냄에 힘입어 겨우 반복하기 때문이다. 반면 좋은 주사위 놀이는 단번에 모든 우연들을 긍정한다. 물음이라 불리는 것의 본질은 바로 여기에 있다. 그렇지만 다수의 주사위 놀이가 있는 것이며, 주사위 놀이는 반복된다. 하지만 각각의 놀이는 단번에 우연을 취한다. 그리고 원래 같은 것의 결과로 차이나는 것, 차이나는 조합들을 소유하는 대신, 원래 차이나는 것의 결과로 같은 것이나 반복을 소유한다. 바로 이런 의미에서 물음과 하나의 실체를 이루는 반복은 이념들이 놓이는 '막-주름운동'의 원천에 있다. 이념의 미분적 차이 그 자체는 이미 주사위 놀이를 정의하는 반복의 절차와 분리될 수 없다. 미분법 안에는 어떤 되풀이 기법이 있고, 문제들 안에는 어떤 반복이 있다. 이 문제들 안의 반복 자체는 그 문제들을 낳는 물음이나 명법들의 반복을 재산출한다. 물론 여기서 그

차이의 이념적 종합

것이 단지 평범한 반복에 그치는 것은 아니다. 평범한 반복은 접속, 연속이고, 지속에서 늘어져 나온 시간의 길이, 곧 헐벗은 반복이다.(이 반복은 불연속적일 수도 있지만 근본적으로는 같은 것의 반복으로 남는다.) 그런데 누가 이처럼 접속되고 이어지는 것일까? 그것은 어떤 독특성이다. 한 독특성이 다른 한 독특성의 근방에까지 접속되고 이어지는 것이다. 반면 반복의 비범한 역량을 정의하는 것은 독특성들 상호 간의 재취합과 응축이다. 독특성들은 같은 문제나 같은 이념 안에서는 물론, 한 문제에서 다른 문제로 이어지면서, 또는 한 이념에서 다른 이념으로 이어지면서 서로를 재취합하고 응축한다. 또 그런 가운데 반복의 비상한 역량을, 헐벗은 반복보다 훨씬 심층적인 옷 입은 반복을 정의한다. 반복, 그것은 독특성들을 던지는 것, 언제나 독특성들을 어떤 메아리, 공명 속으로 던지는 것이다. 각각의 독특성은 이 공명을 통해 다른 독특성의 분신이 되고, 각각의 별자리는 다른 별자리의 재분배가 된다. 그리고 문제들의 수준에서 말하자면 이는 옷 입은 반복이 훨씬 심층적인 반복이라는 것과 같고, 문제들을 낳는 물음들의 수준에서 말하자면, 반복은 차이나는 것의 결과라는 것과 같다.

반복, 특이한 것, 평범한 것

하이데거는 물음의 반복이 전개되는 방식을 잘 보여주고 있다. 물음의 반복은 그 자체가 문제와 반복이 서로 연계되는 가운데 전개된다는 것이다. "우리가 이해하는 어떤 근본적인 문제의 반복이란, 그 문제에 의해 은폐되는 가능성들이 노출되는 사태이다. 이 가능성들이 전개될 때 해당 문제는 변형되기에 이르고, 또 이를 통해 그 문제의 본래적인 내용을 자신 안에 보존하는 결과를 기대할 수 있다. 어떤 문제를 보존한다는 것, 그것은 해방하고 구제한다는 것을 의미한다. 여기서 해방되고 구제되는 것은, 문제의 본질의 원천에 있고 또 그 문제를 비로소 문제로서 가능하게 해주는 내부적인 힘이다. 따라서 한 문제의 가능성들이 반복된다는 것은 단순히 이 문제에 대해 통상 인정되고 있는 어떤 것이 되풀이된다는 것이 아니다. …… 그렇게 이해된 가능자는 모든 진정한 반복을 가로막을 것이고, 또 이를 통해 역사에 대한 모든 관계 방식을 가로막을 것이다. …… (반면 참다운 해석이 내려야 하는 결정은) 모든 반복을 지배하는 가능자에 대한 이해가 충분할 만큼 이루어졌는지의 여부에 있고, 또 그 이해는 진정으로 반복되기에 마땅한 것의 높이에까지 도달했는지의 여부에 있다.[27] 이때 문제의 한복판에 숨어 있는 그 가능자란 무엇인가? 이 가능자는 의식의 가능성이나 명제들에 대립하고, 가설들을 형성하는 상식적인 의견들에 대립한다. 이런 가능자는 이념의 잠재력〔거듭제곱 형태의 역량〕, 이념의 규정 가능한 잠재성 이외의 아무것도 아니다. 이 점에서 하이데거는 니체주의자이다. 힘의 의지가 아니라면 도대체 영원회귀 안의 반복은 무엇을 통해 언명될 수 있단 말인가? 그 반복은 힘의 의지의 세계를 통해 언명된다. 그 힘의 의지의 명법들을 통해, 그 의지의 주사위 놀이를 통해, 던지기에서 비롯되는 문제들을 통해 언명되는 것이다. 영원회귀 안의 반복이 의미하는 것은 결코 연속도, 영속도, 접속도 아니고 하물며 어떤 것 — 적어도 어떤 부분적인 원환 안에서 계속 이어질 수 있는 어떤 동일성, 어떤 나, 어떤 자아 — 의 불연속적인 회귀는 더욱 아니다. 영원회귀 안의 반복이 의미하는 것은 다만 전(前)-개체적인 독특성들의 재취합이고, 이 재취합이 반복으로 파악되기 위해서는 먼저 모든 선행의 동일성들이 해소되어 있어야 한다. 모든 기원은 어떤 독특성이고, 모든 독특성은 수평선, 평범한 점들의 선 위에서 일어나는 어떤 시작이다. 이 선 위에서 독특성

---

27 M. Heidegger, *Kant et le problème de la métaphysique*(N.R.F.), 261쪽.

차이의 이념적 종합

은 헐벗은 반복의 계기를 형성하는 재생이나 모사들처럼 이어져간다. 그러나 수직선 위에서 독특성은 어떤 새로운 시작이다. 이 수직선은 독특성들을 응축하고, 여기서 또 다른 반복이 직물처럼 짜여간다. 우연을 긍정하는 선이 짜여가는 것이다. 만일 '존재자'가 우선 차이이자 시작이라면, 존재 그 자체는 반복이자 존재자의 새로운 시작이다. 반복, 그것은 어떤 조건의 '수임자(受任者)', 곧 존재의 명법들에 대한 인증 조건을 책임지는 수임자이다. 기원의 개념이 지닌 모호성은 언제나 여기에 있고, 위에서 언급된 우리의 실망도 여기서 비롯되고 있다. 즉 기원은 오로지 모사는 물론이고 최초의 원본도 부인되는 세계 안에서만 설정될 수 있다. 기원은 오로지 이미 보편적인 근거와해 안으로 빠져 든 세계 안에서만 어떤 근거를 설정할 수 있다.

부정적인 것이라는 가상

이상의 논의에서 이제 마지막 귀결이 따라나온다. 그것은 부정의 지위와 관련된 귀결이다. 비-존재는 있다. 그렇지만 부정적인 것이나 부정은 없다. 어떤 비-존재가 있다면, 그것은 결코 부정적인 것의 존재가 아니라 문제제기적인 것의 존재이다. 이 (비)-존재, 이 ?-존재를 나타내는 상징은 0/0이다. 여기서 영(零)이 지칭하는 것은 단지 차이와 그 차이의 반복일 뿐이다. 문법학자들은 허사 NE를 해석하는 데 많은 어려움을 겪고 있지만, 어떤 문제제기적인 장의 형식에 상응하는 그 (비)-존재가 이 허사 안에서 재발견되고 있다. 비록 명제의 양상들이 그 허사를 어떤 부정적인 비-존재와 같은 것으로 만드는 경향을 갖고 있음에도 불구하고 사정은 마찬가지다. 즉 명제 안에서 나타나는 허사 NE는 어떤 명제 외적인 문법적 심급을 증언하고 있고, 이런 증언은 언제나 문제들 안에서 개봉되는 어떤 물음들과 밀접한 관계를 맺고 있다. 부정적인 것은 어떤 가상이다. 단지 문제들의 그림자에 불과한 것이다. 위에서 이미 보았던 것처럼, 문제는 해의 경우들에 상응하는 가능한 명제들에 의해 필연적으로 다시 뒤덮여버린다. 그래서 문제는 문제로서 파악되는 대신, 오로지 어떤 가설이나 일련의 가설들로만 나타나게 된다. 의식의 명제에 해당하는 이 가설들 각각에는 어떤 부정적인 분신(分身)이 따라다닌다. 가령 만일 일자(一者)가 존재한다면, 만일 일자가 존재하지 않는다면……. 만일 날씨가 맑다면, 만일 날씨가 맑지 않다면……. 부정적인 것은 어떤 가상이다. 왜냐하면 부정의 형식이 언제나 어떤 명제들과 더불어 출현한다면, 이 명제들은 자신이 의존하는 문제를 표현하되 언제나 그 문제를 변질시키고 또 그 문제의 진정한 구조를 감추는 가운데 표현하기 때문이다. 문제가 가설로 번역되는 순간, 각각의 가설적 긍정은 어떤 부정과 겹쳐 있게 되고, 이제 이 부정이 대리하는 것은 자기 자신의 그림자에게 배반당한 그 문제의 상태이다. 자연은 문제를 통해 진행되지만, 그럼에도 불구하고 자연 안에는 가설이 없다. 하물며 부정적인 것의 이념이란 있을 수 없다. 그렇기 때문에 부정적인 것이 논리적 제한으로 이해되어야 하는지 아니면 실재적 대립으로 이해되어야 하는지의 여부는 별로 중요하지 않다. 가령 일자와의 관계에 놓인 다자, 질서와의 관계에 놓인 무질서, 존재와의 관계에 놓인 무(無) 등과 같이 큰 규모의 부정적인 기초개념들을 생각해보자. 이 개념들을 어떤 변질이나 타락의 극한으로 해석하든, 아니면 어떤 테제의 반테제로 해석하든 아무런 차이가 없다. 기껏해야 이 절차는 때로는 신의 분석적 실체에 근거를 두거나 때로는 자아의 종합적 형식에 근거를 두고 있을 뿐이다. 그러나 신이든 자아든 이 둘은 똑같은 사태이다. 이 두 경우 사람들은 여전히 단순 개념의 가설적 요소 안에 머물러 있고, 이 개념을 통해 때로는 동일한 재현의 무한한 등급들 전체를 포섭하거나 때로는 상반되는 두 재현의 무한한 대립을 포섭

차이의 이념적 종합

한다. 따라서 부정적인 것에 대한 비판들은 어떤 일차적 개념(일자, 질서, 존재)이 지닌 권리들에 호소하는 한에서는 결코 결정적인 효력을 지니지 못한다. 하물며 대립을 제한으로 번역하는 데 그친다면 더욱 무력해진다. 부정적인 것에 대한 비판이 효력을 얻으려면 반드시 대립과 제한의 무차별성을 폭로할 수 있어야 하고, 이를 통해 가설적인 개념적 요소까지 드러낼 수 있어야 한다. 왜냐하면 바로 그 요소를 통해 대립과 제한 가운데 하나가 필연적으로 보존되고, 심지어 하나가 다른 하나 속에 보존되는 일도 일어나기 때문이다. 요컨대 부정적인 것에 대한 비판이 앞으로 나아가기 위해서는 먼저 그 출발점을 이념에 두어야 한다. 이념적이고 미분적이며 문제제기적인 그 요소가 그 비판의 출발점이 되어야 하는 것이다. 다양체라는 기초개념은 일자와 다자, 다자에 의한 일자의 제한, 그리고 일자와 다자의 대립 등의 한계를 동시에 모두 드러낸다. 변이성은 질서와 무질서의 한계를 동시에 드러낸다. (비)-존재, ?-존재는 존재와 비-존재를 동시에 고발한다. 도처에서 부정적인 것과 가설적인 것이 맺고 있는 공모의 매듭을 모두 풀어내야 하고, 보다 심층적인 곳에서 차이와 문제제기적인 것을 묶고 있는 끈을 드러내야 한다. 사실 이념은 미분적 요소들 간의 상호적 관계들로 이루어져 있고, 이 요소들은 이 관계들 안에서 완결된 형태로 규정되어 있지만, 이 비율적 관계들은 결코 어떠한 부정적인 항도, 결코 어떠한 부정성의 결합관계도 포함하고 있지 않다. 이념을 특징짓는 섬세한 미분적 메커니즘들 — 그 가벼움 — 에 비할 때, 개념 안의 대립, 갈등, 모순들 등은 얼마나 조잡해 보이는가. 그 무게는 너무 무겁고 그 치수는 근사의 크기이되 너무 힘겹고 우둔하게 보인다. 우리는 실증성이라는 이름을 오직 다양성을 띤 이 이념의 지위를 지칭하거나 그 문제제기적인 것의 견고성을 지칭하기 위해서만 따로 사용해야 한다. 전적으로 실증적인 이 (비)-존재는 어떤 부정적인 비-존재로 기울고 또 자기 자신의 그림자와 혼동되는 경향에 놓이며, 게다가 의식의 가상을 틈타 극심한 변질을 겪게 된다. 우리는 매 순간 이런 타락의 과정을 감시해야 한다.

차이, 부정, 대립

오늘날 그토록 자주 원용되는 언어학적 이념의 예를 들어보자. 음운론의 정의에 따르면, 언어학적 이념은 확실히 하나의 구조가 지닐 수 있는 모든 특성들을 지니고 있다. 첫째, 연속적인 음성의 흐름으로부터 절취된 것이 있는데, 이것은 음소라 불리는 미분적 요소들이다. 둘째, 이런 요소들을 상호적으로 또 완결된 수준에서 규정하는 미분비들(변별적 특징들)이 있다. 셋째, 이런 규정 안에서 음소들이 떠맡는 가치, 독특한 점들(관여적인 특수성들)의 가치가 있다. 넷째, 이처럼 구성된 언어 체계는 다양체의 특성을 띠고 있고, 이 문제제기적인 특성은 언어가 스스로 설정하고 의미작용을 형성하면서 해결하는 일련의 문제들을 객관적으로 나타낸다. 다섯째, 체계를 구성하는 요소와 비율적 관계들은 현실적이지 않고 잠재적이며, 다시 말해서 무의식적인 성격을 지닌다. 또 이 요소와 관계들은 현실적으로 분절화된 음성들에 대해 초재적이면서 내재적인 이중의 상태에 있다. 여섯째, 상이한 언어들 안에서, 그리고 하나의 같은 언어 안의 상이한 의미작용 부분들 안에서 미분적 요소들은 이중으로 현실화되고 또 그와 동시에 미분적 관계들도 이중으로 구현된다(분화). 이때 각각의 언어는 비율적 관계의 특정한 변이성들과 특정한 독특점들을 구현한다. 일곱째, 이런 현실화를 통해 드러나는 것은 수동적 발생이고, 마찬가지로 구조와 의미, 구조와 발생은 상호 보충적인 것으로 드러난다. 그런데 전적으로 실증적인 다양체를 정의하는 이런 모든 측면들에도 불구하고, 언어학자들은 끊임없이 부정적인

차이의 이념적 종합

용어들에 의지해서 말을 하고 있고, 그런 가운데 음소들 사이의 미분적 관계들을 대립의 관계들과 등치시킨다. 물론 여기서 단지 관습적인 용어 사용법의 문제밖에 없는 것이라 할 수 있을지도 모른다. 또 '대립'이 상관관계를 의미한다고 말할 수 있는지 모른다. 과연 음운론자들에게서 대립의 개념은 유별나게 복수화, 상대화되어 있는 것처럼 보이는 것도 사실이다. 왜냐하면 각각의 음소가 다른 음소들과 맺는 관계들은 관점이 달라짐에 따라 여러 가지로 나타나는 대립들, 그래서 서로 구별되는 복수의 대립들이기 때문이다. 가령 트루베츠코이의 분류법에서 대립은 공존하는 비율적 관계들의 변이성들 안에서 분해되고 분배된다. 그 결과 그것은 더 이상 대립으로 남아 있지 못하고 오히려 복잡하거나 마구 주름 잡히는 변별화의 메커니즘으로 현존하게 된다. 헤겔주의자는 여기서 자신의 아이, 다시 말해서 균일한 형태의 거대한 모순을 발견하지 못할 것이다. 그렇지만 우리는 어떤 본질적인 지점에 도착하고 있다. 즉 다른 영역이나 이념들과 마찬가지로 음운론에서도 중요한 것은, 과연 대립을 복수화하거나 모순을 중층적으로 규정하는 것으로 만족할 수 있는지의 여부이다. 또 그 대립과 모순을 어쨌든 여전히 부정적인 것의 형식을 보존하는 상이한 형태들 안에서 분배하는 것으로 만족할 수 있는지의 여부이다. 우리가 보기에 다원주의는 훨씬 더 위험스럽고 훨씬 더 유혹적인 사상이다. 즉 세분은 언제나 전복을 동반한다. 모든 영역에서 공존하고 있는 복수의 대립들이 발견되고 있다면, 이런 발견은 훨씬 심층적인 발견, 차이의 발견과 분리될 수 없다. 이런 차이의 발견을 통해 부정적인 것은 물론이고 대립마저도 어떤 실증적 다양체의 문제제기적인 장과 관련된 어떤 외양이자 겉모습들임이 폭로되고 있다.[28] 대립을 복수화하면 반드시 그 대립의 영역을 떠나 차이의 동굴

---

28 모든 영역에서 유효한 다양체적 성격의 대립들을 분류하는 데 있어서 그 누구도 가브리

들로 들어가게 된다. 이 차이의 동굴들은 순수한 실증성을 공명하게 만들고, 대립을 마치 바깥 쪽에서만 보이는 어떤 그림자의 구멍인 양 몰아내버린다.

그러므로 언어학적 이념으로 다시 돌아가 보자. 소쉬르는 "언어 안에는 오로지 차이들밖에 없다."는 사실을 발견하지만, 도대체 어떤 이유에서 바로 그 순간 이런 차이들이 "적극적인 항들이 없는 차이들", "영원히 부정적인 차이들"이라고 덧붙이는 것일까? 왜 트루베츠코이는 언어를 구성하는 "차이의 관념"이 "대립의 관념"을 전제한다고 보고, 이를 어떤 신성한 원리인 양 고집하는 것일까? 모든 것은 반대임이 드러나고 있다. 언어학적 무의식의 이념은 어떤 초월적 탐구의 대상이고, 다시 말해서 언어의 영도(零度)와 관계하는 언행(言行)은 최고 수준의 실행을 요구한다. 하지만 그들은 현실적인 의식과 재현의 관점을 재도입하는 것으로 그치는 것이 아닐까? 차이들을 부정적인 차이들로 해석하고 대립의 범주에 의존하여 해석할 때, 우리는 이미 말을 하고 의미를 부여하는 사람의 편을 떠나 있고 그 대신 듣는 사람, 심지어 잘못 알아듣는 사람의 편에 서 있는 것이 아닐까? 현실적으로 가능한 복

엘 타르드만큼 멀리 나아가지 못했다. 즉 **형식적으로는** 정태적 대립(대칭들)이나 동역학적 대립들, 계속 이어지는 동역학적 대립이나 동시적인 동역학적 대립들, 선형적인 동시적 대립(분극들)이나 방사상의 동시적 대립들 등이 있다. **내용적으로는** 계열의 질적 대립이나 양적 대립들, 정도의 양적 대립이나 힘의 양적 대립들 등이 있다. Gabriel Tarde, *L'opposition universelle*(Alcan, 1897) 참조.

우리가 볼 때 타르드는 이와 같은 분류의 귀결을 끌어낸 유일한 저자이다. 즉 대립은 자율적이지도 않고, 최대치의 차이도 아니다. 대립은 오히려 차이 자체에 비한다면 최소치의 반복이다. 이로부터 차이는 잠재적이고 다양체의 성격을 지닌 어떤 장의 실재성으로 설정된다. 또 모든 영역에서 규정은 미시적 과정으로 설정된다. 이때 대립들은 단지 종합된 결과들이거나 단순화되고 확대된 과정들에 불과하다. 이런 관점이 언어에 적용되는 사례와 미시 언어학의 원리에 대해서는 Gabriel Tarde, *Les lois sociales*(Alcan, 1898), 150쪽 이하 참조. 조르주 귀르비치는 많은 점에서 타르드의 것에 근접한 영감을 재발견하는 것처럼 보인다. Georges Gurvitch, *Dialectique et Sociologie*(Flammarion, 1962) 참조.

차이의 이념적 종합

수의 번역들 사이에서 주저하는 사람, 대립 관계들을 설정해가면서 언어의 소소한 측면을 '식별'하려 애쓰는 사람의 편에 서 있는 것이 아닐까? 우리는 이미 언어의 유희적 본성을 배반한 셈이 아닐까? 다시 말해서 언어학적 주사위들이 만들어내는 그 조합의 의미, 그 주사위들이 동반하는 명법들의 의미, 그 언어학적 주사위 놀이 자체의 의미를 배반한 것이 아닐까? 아르토가 외치고 있는 것처럼, 그 의미는 오로지 초월적 실행 안에서 말을 하는 사람만이 포착할 수 있는 것이 아닐까? 요컨대 우리가 볼 때 차이를 대립으로 번역한다는 것은 결코 단순히 용어 사용법이나 관습과 관련된 물음이 아니라 오히려 언어의 본질이나 언어학적 이념의 본질과 관련된 물음이다. 차이가 대립으로 읽힐 때, 이미 차이는 자신의 고유한 두께를 빼앗긴 셈이고, 그래서 자신의 실증성을 스스로 긍정하는 장소를 박탈당한 셈이다. 현대 음운론은 어떤 차원을 결여하고 있고, 이 때문에 단 하나의 평면 위에서 어떤 그림자들과 더불어 마냥 어울리고 있다. 어떻게 보면 언어학자 귀스타브 기욤이 오늘날 그 중요성을 인정받기 시작한 자신의 모든 저서들을 통해 끊임없이 말하고자 했던 것은 바로 이 점이다. 왜냐하면 대립에 의존하는 한 우리는 결코 서로 대립한다고 간주되는 것들의 본성을 알 수 없기 때문이다. 이러저러한 언어 안에서 어떤 관여적인 가치를 갖게 되는 음소들을 선별할 때, 이 선별은 문법적 구성들의 요소들에 해당하는 형태소들과 분리될 수 없다. 그런데 언어의 잠재적 층위 전반을 끌고 들어오는 이 형태소들은 '변별화의 문턱들seuils différentiels'을 통해 진행되고, 발생이나 현실화를 측정할 수 있는 어떤 순수히 논리적인 시간을 함축하고 있다. 그런 한에서 이 형태소들은 어떤 점진적 규정의 대상이다. 이 점진적 규정은 음성적 소재에 미치는 잠재적 체계의 작용을 표현하고, 음소들의 형식적인 상호적 규정은 이런 점진적 규정에 의존한다. 그리고 이 상호적 규정의 과정에서 음소들의 관계가 어떤 한 문턱 주위의 변별적 위치들을 메우는 대신 공허한 대립이라는 부정적인 형식을 취하게 된다면, 이는 오로지 음소들이 추상적으로 고려되기 때문이고, 다시 말해서 잠재적인 것이 어떤 단순한 가능자로 환원되기 때문이다. 기욤의 작업이 일궈낸 근본적 기여는 상호 구별적 대립의 원리를 변별적 위치의 원리로 대체한다는 데 있다.[29] 이런 대체가 이루어질 수 있는 것은, 형태론이 단순히 음운론을 확장하는 것으로 그치지 않고 한 걸음 더 나아가 의미작용과 관련된 음소들의 선별을 규정하는 어떤 고유한 문제제기적인 가치들을 도입하기 때문이다. 우리는 이런 언어학적 관점에서 비-존재의 두 가지 의미, 필연적으로 나뉘는 두 가지 의미를 확증할 수 있다. 먼저 비-존재는 NE 안에서 이해되어야 한다. 이때 이 NE는 '부조화를 가져오는 것', 불균등하거나 미분적인 것이라 부를 수 있지만 결코 부정적인 것이라 할 수는 없는 것이다. 그것은 곧 (비)-존재나 ?-존재로 표기되어야 하는 문제제기적인 NE이다. 다른 한편 비-존재는 '배제적인' PAS 안에서 이해되어야 한다. 비-존재로 표기되어야 하는 이 PAS는 이미 태어난 명제 안에서 단지 앞의 과정이 내놓은 결과만을 표시한다. 정녕 허사 NE는 거의 설명 불가능한 어떤 특수한 경우의 부정을 제시하는 것이 아니다. 오히려 거꾸로 허사 NE는 원천적 의미를 담고 있고, 부정 PAS는 그 원천적 의미로부터 파생되는 결과이다. 하지만 이 결과는 그 원천적 의미에서 따라나오는 어떤 필연적 귀결임과 동시에 어떤 피할 수 없는 가상이다. 'Ne⋯⋯ pas'는 문제제기적인 NE와 부정적인 PAS로 나뉘고, 이 둘은 본성상 차이나는 두 심급과 같

---

29 특히 Gustave Guillaume, *Conférences de l'Institut de Linguistique de Paris*(1939). 기욤의 저서에 대한 설명과 해석에 대해서는 Edmond Ortigues, *Le discours et le symbole* (Aubier, 1962). 마찬가지로, 허사 NE와 부정에 관해서는 오르티그의 책 102~109쪽과 그가 인용하고 있는 Jacques Damourette et Edouard Pichon, *Essai de grammaire de la langue française*(Artrey, 1911~1952), Ⅵ, 4장과 5장을 참조하라. '부조화를 가져오는 것 discordantiel'과 '배제적인 것forclusif'의 구별은 이 두 저자에게 빌린 것이다.

차이의 이념적 종합

다. 그리고 후자가 전자를 끌어당길 때는 언제나 그것을 왜곡한다.

부정적인 것의 발생

부정적인 것은 다음과 같이 발생한다. 존재의 긍정들은 명법적 물음의 형식을 취하는 어떤 발생적 요소들이다. 이 긍정들은 문제들의 실증성 안에서 개봉된다. 의식의 명제들은 어떤 분만된 긍정들로서, 해(解)의 경우들을 지칭한다. 그러나 정확히 각각의 명제는 어떤 부정적인 분신을 지니고, 이 분신은 해들의 영역 안에서 문제의 그림자를 표현한다. 다시 말해서 문제가 재현이 제공하는 자신의 왜곡된 이미지를 통해 존속하는 방식을 표현하는 것이다. '사실은 그렇지 않다Ce n'est pas le cas.'라는 표현이 의미하는 것은, 하나의 가설은 현실적으로 충족된 어떤 문제의 조건들을 나타내지 않는 한에서 부정적인 것에 속하게 되는 반면, 이 조건들에는 다른 어떤 명제가 상응한다는 사실이다. 따라서 부정적인 것은 문제제기적인 것의 그림자이다. 이 그림자는 문제제기적인 것 자체가 해의 경우들로 포섭하는 명제들의 총체 위에 드리워지고 그 위에서 맴돈다. 일반적 규칙상, 부정적인 것에 대한 비판은 전적으로 명제 안에서만 성립하는 긍정의 형식을 취하는 한에서는 효력을 지닐 수 없다. 부정적인 것에 대한 비판이 발본적이고 또 제대로 된 근거를 얻기 위해서는 반드시 어떤 이중의 계보학을 실천해야 한다. 한편으로는 긍정의 발생 과정을 그려냄과 동시에 부정의 외양이 발생하는 과정을 그려내야 하는 것이다. 왜냐하면 여기서 중요한 것은 긍정이 어떻게 그 자체로 다양할 수 있는지를 아는 것, 혹은 차이로서의 차이가 어떻게 순수한 긍정의 대상이 될 수 있는지를 아는 것이기 때문이다. 이것이 가능하다면, 이는 오로지 명제의 양태에 해당하는 긍정이 명제 외적인 발생 요소들(명법적 물음이나 원천적인 존재론적 긍정들)로부터 산출되고, 나아가 문제들을 통해 '제대로 인도되며', 또 문제들(문제제기적 이념이나 다양체들, 이념적 실증성들)에 의해 규정될 때만 가능한 일이다. 사실 이런 조건들 아래에서라면 명제 안의 부정적인 것은 긍정 쪽에 자리한다고 말해야 한다. 하지만 그것은 단지 명제가 대답한다고 간주되는 문제의 그림자로서만 그쪽에 자리할 뿐이고, 다시 말해서 긍정 자체를 생산하는 발생적 심급의 그림자로서만 자리할 뿐이다.

이념들은 미분비들이 변화하는 모든 변이성들을 끌어안고 있고, 독특한 점들이 분배되는 모든 방식들을 포함하고 있다. 이 독특한 점들은 상이할 뿐 아니라 서로가 서로의 안으로 '막-주름들'을 이루고 있는 질서들 안에서 공존하고 있다. 이념의 잠재적 내용이 현실화될 때, 다양하게 변이하는 비율적 관계들은 서로 다른 종(種)들 안에서 구현된다. 그리고 이와 상관적으로, 한 변이성의 값들에 상응하는 독특한 점들은 이러저러한 종의 특징들을 이루는 서로 다른 부분들 안에서 구현된다. 가령 색의 이념에 해당하는 하얀 빛은 자기 자신 안에서 모든 색들의 발생적 요소와 비율적 관계들을 막-주름운동 속으로 끌어들인다. 하지만 이 하얀 빛은 상이한 색들과 그 색들 각각의 공간 안에서 현실화된다. 또는 소리의 이념에 해당하는 하얀 잡음을 예로 들 수 있다. 마찬가지로 어떤 백색의 사회, 백색의 언어가 있다.(이 언어는 자신의 잠재성 안에 모든 음소와 비율적 관계들을 포함하고 있는데, 이 음소와 관계들은 상이한 언어들 안에서 현실화되도록 예정되어 있고, 하나의 같은 언어가 지닌 특이한 부분들 안에서 현실화되도록 예정되어 있다.) 따라서 현실화를 통해 어떤 새로운 유형의 구별, 다시 말해서 종들을 나누고 부분들을 나누는 구별이 등장하여 유동적인 이념적 구별들의 자리를 대신 차지하게 된다. 우리는 이념의 잠재적 내용이 규정되는 과정을 미분화라 부른다. 우리는 이 잠재성이 서로 구별되는 종이나 부분들 안에서 현실화되는 과정을 분화라 부른다. 종이나 부분들은 언제나 어떤 미분화된 문제와 관계하

차이의 이념적 종합

면서, 언제나 문제들의 어떤 미분화된 조건들과 관계하면서 분화되고, 마치 문제에 대한 해의 경우들에 상응하는 것처럼 현실화된다. 분화를 조건짓는 것은 언제나 어떤 문제제기적인 장이고, 분화는 언제나 이 장이 구현되는 환경의 내부에 일어난다. 그러므로 우리가 말하고자 하는 모든 것은, 부정적인 것은 미분화의 절차에서도, 분화의 절차에서도 나타나지 않는다는 점이다. 이념은 부정을 알지 못한다. 첫 번째 과정은 어떤 순수한 실증성의 서술과 일체를 이루고, 이런 서술은 문제의 양태를 띠면서 진행된다. 여기서는 어떤 비율적 관계와 점들, 어떤 장소와 기능들, 어떤 위치와 변별화의 문턱들이 지정되는데, 이런 것들은 모든 부정적 규정을 배제한다. 또 이런 것들의 원천은 발생적이거나 산출적인 어떤 긍정의 요소들 안에 있다. 반면 두 번째 과정은 이미 분만된 유한한 긍정들의 생산과 일체를 이루며, 이 생산은 이런 장소와 위치들을 점유하는 현실적 항들을 대상으로 하고, 또 이런 비율적 관계와 기능들을 구현하는 실재적 결합관계들을 대상으로 한다. 부정적인 것의 형식들이 드디어 나타나는 것은 이 현실적 항과 실재적 결합관계들 안에서이다. 하지만 이때는 이미 그 항과 결합관계들은 자신들이 현실화하고 있는 잠재성으로부터 단절되어 있고, 또 그런 현실화의 운동으로부터 단절되어 있다. 이 단계에서, 그리고 오직 이런 단계에만 국한해서 볼 때, 유한한 긍정들은 그 자체로 제한되어 있고 서로 대립하고 있는 것으로 나타날 뿐 아니라 그것들 자체의 대자적 관계에서 어떤 결여나 결핍을 겪고 있는 것으로 나타난다. 요컨대 부정적인 것은 언제나 파생된 것이고 재현된 것이지, 결코 원천적인 것도, 현전적인 것도 아니다. 차이와 분화의 과정은 언제나 부정적인 것과 대립의 과정에 비해 일차적이다. 마르크스와 헤겔의 근본적인 차이를 주장하는 주석가들이 충분한 근거를 가지고 강조하는 것처럼, 『자본론』 안에서 사회적 다양체의 중심부에 있는 분화의 범주(노동 분업)는 대립, 모순, 소외 등과 같은 헤겔의 개념들을 대체하고 있다 —— 이 개념들이 형성하는 것은 단지 어떤 외양의 운동에 불과하고, 이 개념들의 가치는 오로지 추상적인 효과들에 대해 타당하지만, 이 효과들은 이미 자신을 생산하는 원리나 진정한 운동과는 분리되어 있다.[30] 분명 여기서 차이의 철학은 아름다운 영혼의 담론으로 빠져 들 위험성을 걱정해야 한다. 그 담론에 따르면, 어떤 차이들이 있고 또 오직 차이들밖에 없지만 사회적 장소와 기능들의 이념 안에서 평화롭게 공존하고 있다.…… 하지만 이런 위험에서 차이의 철학을 지켜내기에는 마르크스의 이름만으로도 족하다.

한 사회의 문제들은 하부구조 안에서 이른바 '추상적' 노동의 형식을 통해 규정되고, 그런 한에서 이 문제들은 현실화나 분화의 과정(구체적인 노동 분업)을 거쳐 어떤 해결 지점에 이른다. 그러나 해를 형성하고 있는 분화된 경우들의 총체 위에 그 문제의 그림자가 존속하게 되고, 이와 동시에 그 경우들은 그 문제 자체를 왜곡하는 어떤 날조된 이미지를 반조하게 된다. 심지어 이 날조는 나중에 오는 것이라 말할 수조차 없다. 그 날조는 현실화를 동반하고 또 이중화한다. 문제는 언제나 해결되는 순간 동시에 거짓 문제들 안에 반조되고, 그 결과 일반적으로 해는 어떤 분리 불가능한 허위성에 의해 왜곡된다. 예를 들어 마르크스적 의미의 물신숭배는 사회적 의식을 동반하는 어떤 '부조리', 어떤 가상이지만, 이 가상은 의식에서 태어나는 주관적 가상이 아니라 어

---

30 Louis Althusser, Jacques Rancière, Pierre Macherey, Etienne Balibar, Roger Establet, *Lire le Capital*(대립, 모순, 소외 등의 개념의 본성과 역할에 대해서는 Rancière, I, 141쪽 이하, Macherey, I, 233쪽 이하, Balibar, II, 298쪽 이하 참조). 역사의 범주로서의 '분화-문제'라는 도식에 대해서는 토인비를 참조할 수 있다. 물론 그를 마르크스주의자로 보기는 어렵다. "사회는 그 실존 과정에서 일련의 계속되는 문제들에 직면하게 되고, 각각의 구성원들은 스스로 나서서 최선을 다해 그 문제들을 해결해야만 한다. 이런 문제들 각각에 대한 진술은 마치 어떤 시험과도 같이 겪어내야만 하는 도전의 형식을 취한다. 이런 일련의 시험들을 거쳐 가면서 사회 구성원들은 점진적으로 서로 분화되어 간다."(Arnold Toynbee, *L'Histoire, un essai d'interprétation*(N.R.F.), 10쪽.)

차이의 이념적 종합

떤 객관적 가상을 뜻한다. 그것은 현실화의 흐름에 따라 사회적 의식의 조건들에서 태어난 어떤 초월론적 가상인 것이다. 어떤 사람들에 대해 분화된 사회적 실존 전체는 자신들이 살아내고 있는 거짓 문제들과 연계되어 있다. 그리고 다른 어떤 사람들에 대해 사회적 실존은 전적으로 자신들이 겪고 있는 이런 거짓 문제들 안에서 유지되고 있으며, 그들은 이 거짓 문제들의 위조된 위치들을 차지하고 있다. 거짓 문제의 객관적 신체 안에서 모든 형태의 무-의미들, 다시 말해서 긍정의 위조물들, 요소와 비율적 관계들의 기형들, 평범한 것과 특이한 것의 혼동들이 나타나고 있는 것이다. 그렇기 때문에 역사는 의미의 사건임에 못지않게 무-의미와 어리석음의 장소이기도 하다. 문제들은 본성상 의식을 벗어나기 마련이고, 어떤 허위 의식으로 전락한다는 것은 의식의 고유한 특성이다. 물신은 가치에 대한 상식적 공통감이나 재인과 마찬가지로 사회적 의식의 자연적 대상이다. 사회적 문제들은 오로지 어떤 '교정'을 통해서만 파악될 수 있다. 오로지 사회성의 능력이 초월적 실행의 수준에까지 도달하고 물신숭배에 빠진 공통감의 통일성을 깨뜨릴 때만 파악될 수 있는 것이다. 사회성 능력의 초월적 대상, 그것은 혁명에 있다. 이런 의미에서 혁명은 차이의 사회적 역량, 사회의 역설, 사회적 이념의 고유한 분노이다. 혁명은 결코 부정적인 것을 거쳐가지 않는다. 부정적인 것에 대한 첫 번째 규정, 곧 문제로서의 문제가 드리우는 그림자라는 규정을 고정시켜놓기 전에 우리는 이미 어떤 두 번째 규정 속으로 떠밀려 가야 했다. 즉 부정적인 것은 거짓 문제의 객관적 신체이고, 그 자신이 이미 스스로 물신이다. 문제의 그림자, 그 부정적인 것은 또한 탁월하고 모범적인 거짓 문제이다. 실천적 투쟁은 부정적인 것을 경유하는 것이 아니라 오히려 차이를, 그 차이의 긍정하는 역량을 경유한다. 그리고 의인(義人)들의 전쟁은 지고한 능력의 쟁취, 어떤 문제들을 결정하는 능력의 쟁취이다. 의인들은 문제들을 그 진실된 모습에서 복원하면서, 또 의식의 재현과 부정적인 것의 형식들 저편에 있는 이 진실을 평가하면서, 또 마침내 그 문제들이 의존하고 있는 명법들에 다가서면서 그런 능력을 쟁취한다.

7절
이념과 잠재성

우리는 끊임없이 잠재적인 것에 호소했다. 이는 차이의 규정들보다는 미규정성에 훨씬 가까운 어떤 모호한 개념으로 다시 빠져 드는 것은 아닌가? 하지만 이것이야말로 정확히 우리가 잠재적인 것에 대해 말할 때 모면하고 싶어했던 점이다. 우리는 잠재적인 것과 실재적인 것을 서로 대립시켰다. 아직까지 정확하다고는 할 수 없었던 이런 용어 사용법을 이제 교정해야 한다. 잠재적인 것은 실재적인 것에 대립하지 않는다. 다만 현실적인 것에 대립할 뿐이다. 잠재적인 것은 잠재적인 한에서 어떤 충만한 실재성을 소유한다. 프루스트는 "실재적이면서도 현실적이지 않은, 이상적이면서도 추상적이지 않은" 공명의 상태들, 그리고 상징적이면서도 허구적이지 않은 공명의 상태들에 대해 언급한 적이 있다. 정확히 잠재적인 것에 대해서도 똑같이 말해야 한다. 잠재적인 것은 심지어 실재적 대상을 구성하는 어떤 엄정한 부분으로 정의되어야 한다 — 마치 실재적 대상이 자신의 부분들 중의 하나를 잠재성 안에 갖고 있는 것처럼, 그리고 어떤 객관적 차원에 해당하는 그 잠재성 안에 잠겨 있는 것처럼 정의되어야 한다. 미분법을 설명할 때 미분은 종종 '일정 분량의 차이'와 동일시된다. 혹은 라그랑주의 방법을 따라 이렇게 묻기도 한다. 수학적 대상에서는 도대체 어떤 부분이 도함수로 간주되어야 하고 또 풀어야 할 비율적 관계를 제시하는가? 잠재적인 것

차이의 이념적 종합

의 실재성은 미분적 요소와 비율적 관계들 안에, 또 이것들에 상응하는 독특한 점들 안에 있다. 구조는 잠재적인 것의 실재성이다. 구조를 형성하는 요소와 비율적 관계들에 대해 우리는 두 가지 점을 조심해야 한다. 먼저 그것들이 갖고 있지 않은 현실성을 부여하지 말아야 하고, 다른 한편 그것들이 갖고 있는 실재성을 박탈하지 말아야 한다. 앞에서 본 바와 같이 이런 실재성은 상호적 규정과 완결된 규정이라는 이중의 절차를 통해 정의된다. 즉 잠재적인 것은 미규정적이기는커녕 완결적으로 규정되어 있다. 예술작품은 어떤 잠재성 안에 잠겨 있는데, 그런 잠재성을 내세울 때 예술작품은 결코 어떤 혼잡한 규정을 끌어들이고 있는 것이 아니다. 오히려 예술작품은 자신의 발생적인 미분적 요소들, '잠재화된' 요소들, '배아적' 요소들을 통해 형성되는 어떤 구조, 완결적으로 규정된 구조를 끌어들이고 있을 뿐이다. 작품 안이나 대상 안에, 작품이나 대상의 잠재적 부분 안에는 미분적 요소들, 비율적 관계의 변이성들, 독특한 점들이 공존하고 있다. 여기서는 다른 관점들보다 특권적인 어떤 한 관점을 지정할 수 없고, 다른 중심들을 통일하는 어떤 하나의 중심을 지정할 수도 없다. 그러나 어떻게 완결된 규정에 대해 말하면서 동시에 오로지 대상의 한 부분에 대해서만 말할 수 있는가? 규정은 대상에 대한 어떤 완결된 규정이어야 함에도 불구하고 단지 그 대상의 한 부분만을 형성한다. 『아르노에 대한 답변들』에 나오는 데카르트의 지침들을 따르자면, 이는 완결된 대상과 전체적 대상을 세심하게 구별해야 하기 때문이다. 완결된 것은 대상의 이념적 부분에 불과하다. 이 부분은 대상들의 다른 부분들(다른 비율적 관계들, 다른 독특한 점들)과 함께 이념 안에 참여하지만, 결코 어떤 제대로 된 질적 통합성을 구성하지는 않는다. 완결된 규정에 부족한 것이 있다면, 그것은 현실적 실존에 고유한 규정들 전체이다. 하나의 대상은 전체적으로 규정되거나 현실적으로 실존하지 않으면서도 어떤 실재일 수 있고, 혹은 차라리 어떤 (비)-실재, 모든 양상에서 규정된 (비)-실재(non)-ens omni modo determinatum일 수 있다.

잠재적인 것의 실재성: ens omni modo……

그러므로 대상에는 현실화에 의해 규정되는 다른 한 부분이 있다. 수학자는 이른바 원시함수를 통해 대변되는 이 부분이 무엇인지 묻는다. 이런 의미에서 적분은 결코 미분화의 역이 아니다. 그것은 오히려 분화라는 어떤 원초적 절차를 형성한다. 미분화가 문제로서의 이념이 지닌 잠재적 내용을 규정하는 반면, 분화는 이 잠재적 내용의 현실화를 표현하고, 또 (국소적 적분들을 통한) 해(解)들의 구성을 표현한다. 분화는 차이의 두 번째 부분에 해당하고, 대상의 질적 통합성이나 양적 통합성을 지칭하기 위해서는 미/분화différent/ciation라는 복합적인 개념을 만들어내야 한다. 여기서 t와 c는 차이가 직접 자기 자신을 드러내는 변별적 특징이거나 음운론적 비율이다. 모든 대상은 이중적이다. 하지만 대상의 두 반쪽은 서로 닮지 않았다. 한쪽은 잠재적 이미지이고, 다른 한쪽은 현실적 이미지이기 때문이다. 그 둘은 짝이 맞지 않는 불균등한 반쪽들인 것이다. 미분화 자체는 그 나름대로 두 측면을 지닌다. 이 중 한 측면은 비율적 관계들의 변이성들에 상응하고, 다른 한 측면은 각 변이성의 값들에 의존하는 독특한 점들에 상응한다. 그러나 이번에는 다시 분화가 두 측면을 지닌다. 이 중 한 측면은 변이성들을 현실화하는 상이한 질(質)이나 종(種)들과 관련되어 있고, 다른 한 측면은 독특한 점들을 현실화하는 수(數)나 서로 구별되는 부분들과 관련되어 있다. 가령 미분비들의 체계에 해당하는 유전자는 어떤 한 종 안에서 구현되는 동시에 그 종을 구성하는 유기적 부분들 안에서 구현된다. 질 일반의 배후에는 언제나 독특성들에 의해 정의되는 어떤 공간이 있

457

고, 이 독특성들은 그 질 안에서 구현된 미분비들과 맞물려 있다. 예를 들어 라벨L. Lavelle과 노게J. Nogué의 연구들을 통해 잘 드러나고 있는 것처럼, 질들에는 고유한 공간들이 있는 것이고, 이 공간들은 특정한 방식으로 독특성들의 근방에서 구성된다. 따라서 질적 차이의 뒤에는 언제나 공간적 차이나 운반diaphora이 있다. 게다가 화가들의 성찰을 통해 우리는 각 색채의 공간에 대해, 그리고 작품 안에서 이런 공간들이 서로 연결되는 방식에 대해 모두 배울 수 있다. 종들은 서로 다르게 분화된다. 하지만 이는 각각의 종이 그 자체로 분화되어 있는 부분들을 지니는 한에서만 가능한 일이다. 분화는 언제나 동시간적으로 진행되는 종과 부분들의 분화, 질과 연장(延長)들의 분화이다. 즉 질화나 종별화의 과정인 동시에 또한 부분화나 유기적 조직화의 과정인 것이다. 그렇다면 분화의 이 두 측면은 어떻게 위에서 언급된 미분화의 두 측면과 함께 엮이는 것일까? 대상의 서로 닮지 않은 두 반쪽은 어떻게 서로 맞물리는 것일까? 질과 종들은 어떤 현실적 양상을 통해 비율적 관계의 변이성들을 구현한다. 또 유기적으로 조직화된 부분들은 그에 상응하는 독특성들을 구현한다. 그러나 이 맞물림은 상호 보충적인 두 관점을 통해 볼 때 훨씬 더 정확하게 드러난다.

미분화와 분화: 대상의 두 반쪽

먼저 완결된 규정을 통해 독특성들의 미분화가 이루어진다. 하지만 완결된 규정이 관여하는 것은 오로지 독특성들의 실존과 분배일 뿐이다. 독특한 점들의 본성은 오로지 그것들 근방에서 형성되는 적분곡선들의 형태를 통해서만, 다시 말해서 현실적이거나 분화된 종과 공간들에 의거해서만 종별화된다. 다른 한편 충족이유의 본질적 측면들, 곧 규정 가능성, 상호적 규정, 완결된 규정 등은 점진적 규정 안에서 자신들의 체계적 통일성을 발견한다. 사실 규정의 상호성이 의미하는 것은 어떤 퇴행도, 답보도 아니다. 그것은 오히려 어떤 진정한 점진(漸進)을 의미한다. 이 점진 안에서 상호적인 항들은 점차적으로 확보되어야 하고, 비율적 관계들 자체는 그 항들 사이에서 수립되어야 한다. 규정의 완결성도 이에 못지않게 점진적으로 덧붙여지는 부가체들을 함축한다. A에서 B로 가고 다시 B에서 A로 돌아올 때 우리는 헐벗은 반복에서처럼 원래의 출발점에 다시 도착하는 것이 아니다. A와 B, B와 A 사이의 반복은 오히려 문제제기의 장 전체의 주파이거나 점진적 기술(記述)이다. 이는 비트락의 시를 통해서도 엿볼 수 있는 사실이다.[31] 비트락에게서 서로 다른 행보들 각각은 하나의 시(쓰기, 꿈꾸기, 망각하기, 반대 짝 찾기, 유머로 말하기, 마지막으로는 분석 중에 되찾기)를 형성하는 가운데 문제나 다양체에 해당하는 총체적인 시를 점진적으로 규정해간다. 바로 이런 의미에서 모든 구조는 그 점진성에 힘입어 순수하게 논리적인 시간, 이념적이거나 변증법적인 시간을 소유한다. 하지만 이 잠재적 시간 그 자체는 분화의 시간을 규정하고, 또는 차라리 현실화의 상이한 리듬들, 상이한 시간들을 규정한다. 이때 이 현실화의 시간들은 구조를 형성하는 비율적 관계와 독특성들에 상응하고, 또 자기 나름으로 잠재적인 것이 현실적인 것으로 이행하는 과정을 측정한다. 이런 측면에서 보면 현실화, 분화, 적분, 해결 등의 네 용어는 동의어가 된다. 잠재적인 것에 대해 현실화된다는 것은 그것의 본성상 분화된다는 것이다. 각각의 분화는 어떤 국소적 적분, 어떤 국소적 해결이다. 이 국소적 해결은 총체적 해결이나 총괄적 적분 안에서 다른 국소적 해결들과 함께 합성된다. 그렇기 때문에 생명체 안에서 현실화의 절차는 부분들의 국소적 분화로 드러나는 동시에 내부적 환경의 전반적 형성으로 나타나고, 또 유기

---

31 (옮긴이 주) Roger Vitracs, *Démarches d'un poème*(1931) 참조.

차이의 이념적 종합

체가 구성되는 장 안에서 제기된 어떤 문제의 해결로 나타난다.[32] 유기
체는 어떤 문제의 해결이 아니라면 아무것도 아닐 것이다. 유기체의 분
화된 기관들 각각도 마찬가지다. 가령 눈은 빛이 제기하는 어떤 '문제'
를 해결하고 있다. 하지만 유기체 안의 그 어떤 것, 그 어떤 기관도 내
부적 환경이 없다면 분화될 수 없다. 규제 혹은 조절을 가져오는 어떤
일반적 효력이나 통합 능력을 갖춘 내부적 환경이 있고서야 비로소 분
화될 수 있는 것이다. (해결하라는 문제의 명법은 물론이고 구성하라는 유기
체의 명법에 비한다면 생명 안의 대립이나 모순, 그리고 장애와 욕구 등과 같
은 부정적 형식은 여기서도 여전히 이차적이거나 파생적이다.)

반쪽들 각각의 두 측면

이 모든 것에서 피해야 할 유일한 위험은 잠재적인 것과 가능한 것
을 혼동하는 데 있다. 왜냐하면 가능한 것은 실재적인 것에 대립하기
때문이다. 따라서 가능한 것의 절차는 '실재화'이다. 반면 잠재적인 것
과 실재적인 것은 서로 대립하지 않는다. 잠재적인 것은 그 자체로 어
떤 충만한 실재성을 소유한다. 잠재적인 것의 절차는 현실화이다. 만일
여기서 겨우 단어상의 논쟁만을 본다면 잘못일 것이다. 즉 여기서 중요
한 것은 실존 자체이다. 가능한 것과 실재적인 것을 중심으로 문제를
설정할 때마다 우리는 어쩔 수 없이 실존을 어떤 급작스러운 출현으로

---

32 내부적 환경과 분화의 상관관계에 대해서는 François Meyer, *Problématique de l'évolution*
(P.U.F., 1951), 112쪽 이하 참조. 생명이 '문제들'―기계론적, 동역학적, 혹은 생물학 고유의
문제들―의 설정과 해결임을 가장 심층적으로 파헤친 사람들 중에서 오스본을 꼽을 수 있다. H.
F. Osborn, *L'origine et l'évolution de la vie*(Masson, 1917) 참조. 가령 서로 다른 유형의 눈들
에 대한 연구는 오직 어떤 일반적인 물리-생물학적 문제, 그리고 동물 유형들 안에서 변화되
는 그 문제의 조건들에 의거할 때만 가능하다. 해들의 규칙은 각각의 해가 적어도 하나의 장점과
하나의 난점을 포함한다는 데 있다.

파악할 수밖에 없다. 다시 말해서 실존을 '전부 아니면 무(無)'라는 법칙의 지배 아래 있는 것으로 파악하고, 또 실존을 언제나 우리의 등 뒤에서 일어나는 어떤 순수한 활동, 도약으로 이해하게 되는 것이다. 만일 실존하지 않는 것이 이미 가능하고 개념 속에 자리한다면, 또 개념이 가능성으로서 부여한 모든 특성들을 지니고 있다면, 실존하는 것과 실존하지 않는 것 사이에는 어떤 차이가 있을 수 있단 말인가? 실존은 개념과 똑같은 것이지만 그 개념의 바깥에서 성립한다. 그러므로 실존은 시간과 공간 속에서 설정되긴 하지만 이 시간과 공간은 무관심하거나 무차별한 환경에 해당한다. 여기서 실존은 아직 어떤 특성을 띤 시간과 공간 속에서 산출되지 않고 있다. 차이는 개념을 통해 규정된 부정성 이상의 어떤 것이 될 수 없다. 즉 차이는 가능한 것들이 실재화되기 위해 서로에 대해 초래하는 제한이 되거나 실재적인 것의 실재성과 가능한 것 사이의 대립이 된다. 반면 잠재적인 것은 이념의 특성이다. 실존은 잠재적인 것의 실재성으로부터 산출되고, 이 산출은 이념에 내재하는 어떤 시간과 공간에 따라 이루어진다.

잠재적인 것과 가능한 것의 구별

가능한 것과 잠재적인 것이 서로 구별되는 두 번째 이유가 있다. 즉 가능한 것은 개념 안의 동일성 형식에 의존하는 반면, 잠재적인 것은 이념 안의 어떤 순수한 다양성을 지칭한다. 이념은 선행 조건으로 행세하는 동일자를 근본적으로 배제한다. 끝으로 가능한 것은 스스로 '실재화'를 자청하는 한에서 그 자체가 실재하는 것의 이미지로 파악되고, 실재하는 것은 가능한 것과 유사한 어떤 것으로 파악된다. 바로 그렇기 때문에 실존이 유사한 것을 통해 유사한 것을 이중화하면서 개념에 덧붙이는 것이 무엇인지 거의 이해되지 못하고 있다. 가능한 것의 결함

차이의 이념적 종합

은 바로 여기에 있다. 이 결함을 통해 볼 때 가능한 것은 사후적으로 생산된 것, 그 자체가 자신과 유사한 것의 이미지에 따라 소급적으로 조작된 것이다. 반면 잠재적인 것은 언제나 차이, 발산 또는 분화를 통해 현실화된다. 현실화는 원리로서의 동일성뿐 아니라 절차로서의 유사성과도 관계를 끊는다. 현실적 항들은 자신들이 현실화하는 잠재성과 결코 유사하지 않다. 즉 질과 종들은 자신들이 구현하는 미분비들을 닮지 않는다. 부분들은 자신들이 구현하는 독특성들을 닮지 않는다. 이런 의미에서 현실화, 분화는 언제나 진정한 창조이다. 현실화는 어떤 선재하는 가능성의 제한을 통해 이루어지는 것이 아니다. 몇몇 생물학자들은 잠재력이나 "포텐셜"에 대해 말하고 있지만, 이와 동시에 분화를 단순히 어떤 능력 전반에 대한 제한으로 정의하는 것은 모순이다. 이때는 그 잠재력이 마치 어떤 논리적 가능성과 혼동되는 것 같이 보인다. 잠재력을 띤 어떤 것 또는 잠재적인 것에 대하여 현실화된다는 것은 언제나 발산하는 선(線)들을 창조한다는 것이다. 이 발산하는 선들은 잠재적 다양성에 상응하지만, 양자 사이에는 아무런 유사성이 없다. 잠재적인 것이 지닌 실재성은 성취해야 할 어떤 과제의 실재성이고, 이는 마치 해결해야 할 어떤 문제의 실재성과 같다. 문제는 해들을 일정한 방향으로 인도하고 조건짓고 분만한다. 하지만 이 해들은 문제의 조건들과 유사하지 않다. 베르그손 역시 이 점을 제대로 지적하고 있다. 분화의 관점에서 보면 심지어 발산하는 진화의 선들 위에 출현하는 유사성들(가령 '상사(相似)' 기관인 눈)조차 일단 생산 메커니즘 안의 다질성과 관련지어 생각해야 한다는 것이다. 또한 동일성에 대한 차이의 종속 관계, 유사성에 대한 차이의 종속 관계도 이와 똑같은 운동 안에서만 역전될 수 있다. 그러나 이런 유사성 없는 상응 혹은 창조적 분화란 무엇인가?『창조적 진화』와『물질과 기억』을 하나로 묶는 베르그손의 도식은 어떤 거대한 기억을 설명하면서 시작한다. 그 기억은 "원뿔"의 모든 절단면들이 잠재적으로 공존하면서 형성하는 어떤 다양체이다.[33] 이 원뿔에서 각각의 절단면은 다른 모든 절단면들의 반복에 해당하고, 또 오로지 비율적 관계들의 질서와 특이점들의 분배에 의해서만 다른 모든 절단면들과 구별된다. 그래서 이 잠재적 기억의 현실화는 발산하는 선들의 창조로 나타난다. 이때 각각의 발산하는 선은 어떤 한 잠재적 절단면에 상응하고 또 문제를 해결하는 한 가지 방식을 대변한다. 하지만 이는 그 선이 해당 절단면에 고유한 비율적 관계들의 질서와 독특성들의 분배를 어떤 분화된 종과 부분들 안에서 구현하기 때문이다.[34] 잠재적인 것 안의 차이와 반복은 현실화의 운동, 창조로서의 분화의 운동을 근거짓고 마침내 가능한 것의 동일성과 유사성을 대체한다. 오로지 사이비 운동, 추상적 제한이라는 실재화의 거짓 운동만을 불러일으킬 뿐인 그 동일성과 유사성을 배제하는 것이다.

미분적 무의식: 판명-애매

잠재적인 것과 가능한 것 사이의 망설임, 이념의 질서와 개념의 질서 사이의 모든 망설임은 파멸을 초래한다. 왜냐하면 잠재적인 것의 실재성을 파괴하기 때문이다. 그런 동요의 흔적은 라이프니츠의 철학에서 찾아볼 수 있다. 사실 이념들에 대해 말할 때마다 라이프니츠는 그것들을 미분비와 독특한 점들로 이루어진 어떤 잠재적 다양체들로 제시한

---

33 (옮긴이 주) 베르그손의 원뿔 도식에 대해서는 이 책 2장 197쪽 주17 참조.

34 베르그손은 가능자에 대한 비판을 가장 멀리까지 밀고 나갈 뿐 아니라 그 누구보다 잠재적인 것의 개념에 끊임없이 호소하는 저자이다. 『의식에 직접 주어진 것들에 관한 시론』에서 지속은 어떤 현실화되지 않은 다양체로 정의된다(*Œuvres*, 57쪽). 『물질과 기억』에서 순수 기억의 원뿔은 절단면들을 지니고, 각각의 절단면 위에는 "빛나는 점들"이 있다(310쪽). 이 원뿔은 완결된 실재성을 띠지만 단지 잠재적일 뿐이다. 『창조적 진화』에서 분화, 곧 발산하는 선들의 창조는 현실화로 파악되며, 현실화의 선들 각각은 원뿔의 한 절단면에 상응하는 것처럼 보인다(637쪽 참조).

차이의 이념적 종합

다. 이때 사유는 이 잠재적 다양체들을 잠, 현기증, 기절, 죽음, 불면, 중얼거림, 혹은 도취…… 등에 근접한 상태에서 포착한다.[35] 하지만 여기서 이념들이 현실화되는 곳은 오히려 어떤 가능한 것, 실재성을 띠게 된 어떤 가능자로 파악된다. 가능한 것과 잠재적인 것 사이의 이런 망설임을 통해 볼 때, 그 누구도 충족이유의 탐구를 라이프니츠만큼 멀리 끌고 나아가지 못했음을 알 수 있다. 하지만 그것은 또한 이 충족이유가 동일자에 종속되어 있다는 가상에 굳게 사로잡혀 있던 사람이 그 누구보다 라이프니츠였음을 설명해준다. 라이프니츠는 이념 속에서 일어나는 부차모순의 운동에 누구보다도 가까이 접근했다. 하지만 재현을 무한한 것으로 만들면서까지 재현이 자칭하는 권리를 확실히 보존했던 사람은 라이프니츠 말고는 없다. 사유가 차이의 요소 안으로 잠수하고, 어떤 미분적 무의식을 지니고 있으며, 또 작은 미광과 독특성들로 둘러싸여 있다는 점을 라이프니츠만큼 정확히 간파했던 사람도 없다. 하지만 이 모든 것은 데카르트 류의 어떤 "자연의 빛"이 지닌 동질성을 구제하고 재조성하기 위해서였다. 사실 재현의 최고 원리가 양식이나 공통감으로 나타나는 것은 데카르트에게서이다. 우리는 이 원리를 '명석과 판명'의 원리 혹은 명석과 판명의 비례 원리라 부를 수 있다. 즉 관념은 명석할수록 그만큼 더욱 판명하다. 모든 인식능력들의 공통적 사용 안에서 사유를 가능하게 해주는 그 빛은 이 명석-판명에 의해 구성된다. 그런데 이런 원리와 대면했을 경우 라이프니츠가 관념들과 관련된 자신의 논리를 펼칠 때면 항상 언급하는 말의 중요성은 아무리 과장해도 지나침이 없을 것이다. 즉 명석한 관념은 그 자체로 혼잡하다. 명석한 관념은 명석한 한에서 혼잡하다. 어쩌면 이런 언급은 데카르트의 논리와 부합할 수 있을지 모른다. 또 그것이 의미하는 것은, 명석한 관념은 자

---

35 Leibniz, *Nouveaux essais sur l'entendement humain*, II, 1장.

신의 모든 부분들 안에서 아직 충분히 명석하지 못하기 때문에 혼잡하다는 것에 불과한지도 모른다. 그리고 궁극적으로는 라이프니츠 자신도 그런 식으로 해석하는 경향이 있지 않은가? 그러나 또한 다른 종류의 해석, 보다 급진적인 해석의 여지가 있는 것은 아닐까? 즉 명석과 판명 사이에는 정도상의 차이가 아니라 어떤 본성상의 차이가 있어서, 명석은 그 자체로 혼잡하고 마찬가지로 판명도 그 자체로 애매한 것은 아닐까? 명석-혼잡에 대응하는 이 애매-판명이란 무엇인가? 이쯤에서 부서지는 파도 소리를 사례로 끌어들이는 라이프니츠의 그 유명한 문헌으로 돌아가보자. 여기서도 여전히 두 가지 해석이 가능하다. 먼저 우리는 파도 소리 전체의 통각이 명석하되 혼잡하다(판명하지 않다.)고 말한다. 왜냐하면 이 통각을 구성하는 미세 지각들은 그 자체로 명석하지 않고 애매하기 때문이다. 다른 한편 우리는 미세 지각들이 그 자체로 판명하고 애매하다(명석하지 않다.)고 말한다. 즉 미분비와 독특성들을 파악하기 때문에 판명하고, 아직 '구별되지' 않았고 아직 분화되지 않았기 때문에 애매하다. 그리고 스스로 응축되고 있는 이 독특성들은 우리의 신체와 어떤 비율적 관계에 놓이면서 어떤 의식의 문턱을 규정하고, 그것이 분화의 문턱에 해당한다. 미세 지각들은 이 의식의 문턱을 출발점으로, 하지만 어떤 통각 안에서 현실화된다. 이때 이 통각은 다만 명석한 동시에 혼잡할 뿐이다. 그 통각은 구별 혹은 분화되어 있기 때문에 명석하고, 명석하기 때문에 혼잡하다. 그래서 문제는 더 이상 부분들과 전체의 관계를 중심으로(어떤 논리적 가능성의 관점에서) 제기되는 것이 아니라 오히려 잠재적인 것과 현실적인 것의 관계(미분비들의 현실화, 특이점들의 구현)를 중심으로 제기된다. 바로 여기서 공통감 안의 재현이 지닌 가치는 역설감para-sens 안에서 환원 불가능한 두 가치로 쪼개진다. 먼저 하나는 애매할 수밖에 없는 판명인데, 이는 판명할수록 애매해지는 가치이다. 다른 한편 혼잡할 수밖에 없는 명석-혼잡이 있다. 판명

차이의 이념적 종합

하면서 애매하다는 것은 이념의 본성에 속한다. 정확하게 말하자면 이념은 현실적이지 않지만 실재적이고, 분화되어 있지 않지만 미분화되어 있으며, 전체적이지 않지만 완결되어 있다. 판명-애매는 고유한 의미의 철학적 도취, 현기증, 혹은 디오니소스적 이념이다. 그러므로 라이프니츠는 바닷가나 물레방아 근처에서 아주 간발의 차이로 디오니소스를 놓친 것이다. 그리고 디오니소스의 이념들을 사유하기 위해서는 아마 명석-혼잡의 사유자, 아폴론이 필요할 것이다. 그러나 이 둘이 하나가 되어 어떤 자연의 빛을 재구성해내는 일은 결코 없다. 그들이 같이 조성해내는 것은 오히려 철학적 언어 안의 두 암호문이고, 이는 인식능력들의 발산적 사용을 기다리고 있다. 문체상의 불균등을 기다리고 있는 것이다.

8절
분화: 이념의 현실화 과정

사물들 자체 안에서 현실화는 어떻게 이루어지는가? 왜 분화는 서로 상관적 관계에 있는 질화이자 〔부분들의〕 합성이고, 종별화이자 유기적 조직화인가? 왜 분화는 이런 상보적인 두 길을 통해 이루어지는가? 현실적 질과 연장들, 현실적 종과 부분들보다 훨씬 더 깊은 곳에는 시공간적 역동성들이 존재한다. 바로 이 역동성들이 현실화의 작인(作因), 분화의 작인들이다. 이것들은 보통 이미 구성되어 있는 연장과 질들로 덮여 있어 보이지 않지만, 모든 영역에서 명확히 드러내어 정리할 필요가 있다. 발생학자들이 분명하게 보여주고 있는 것처럼, 매우 각별한 의미를 지닌 어떤 형태발생적 운동들 —— 여유 표면들의 증가, 세포층들의 얇아짐, 주름 생성에 의한 함입, 군(群)들의 국소적 자리 이동 등과 같은 운동들 —— 에 비하면 알이 부분들로 나뉘는 과정은 이차적이다. 여기서 드러나고 있는 것은 알의 운동학, 어떤 동역학을 함축하는 운동학 전체이다. 이 동역학은 여전히 이념적인 무엇인가를 표현하고 있다. 운반은 디오니소스적이고 신적이며, 국소적 전이(轉移)이기에 앞서 착란이다. 따라서 알들이 유형별로 구별되는 것은, 한 구조의 최초의 현실화 요인들에 해당하는 정향들, 전개 축들, 변별적인 속도와 리듬들에 의해 결정되고, 이런 요인들은 현실화되는 것에 고유한 어떤 시간과 공간을 창조한다. 이로부터 폰 바에르von Baër가 끌어낸 결론은 두 가지이다. 먼저 분화는 가장 높은 일반성에서 출발하여 가장 낮은 일반성으로 나아간다. 왜냐하면 커다란 유형이나 문(門)들이 지닌 동역학적이고 구조적인 특성들은 종, 유, 혹은 심지어 강(鋼)의 단순한 형식적 특성들보다 먼저 나타나기 때문이다. 다른 한편 이 유형들 사이의 간극들이나 역동성들 간의 환원 불가능성들은 진화의 가능성들을 독특한 방식으로 제한했고, 이념들을 현실적으로 구별하도록 강제해왔다. 그렇지만 이 두 가지 사항은 어떤 중요한 문제들을 야기한다. 먼저 바에르가 말하는 최고의 일반성들은 단지 외부에서 바라보는 어떤 성숙한 관찰자에 대한 일반성에 불과하기 때문이다. 그 자체로만 놓고 본다면, 그 일반성들은 개체화의 장 안에 있는 개체-배(胚)를 통해 체험된다. 게다가 바에르의 제자 비알르통이 주목했던 것처럼, 일반성들은 단지 개체-배를 통해서만 체험되고, 또 개체- 배를 통해서만 체험 가능하다. 오로지 배만이 행할 수 있는 어떤 '사태들'이 있고, 오로지 배만이 꾀할 수 있거나 차라리 버텨낼 수 있는 어떤 운동들이 있다.(가령 거북의 경우 앞다리는 180도의 상대적 자리 이동을 겪거나 목은 가변적인 숫자의 최초 척추골들이 앞쪽으로 미끄러져 나가야 생긴다.)[36] 배의 쾌거(快擧)

---

36 Louis Vialleton, *Membres et ceintures des vertébrés tétrapodes*(Doin, 1924), 600쪽
이하.

차이의 이념적 종합

들과 운명, 그것은 그야말로 살아낼 수 없는 것을 살아내는 데 있고, 또 골격을 모두 부러뜨리거나 인대들을 파열시킬지도 모르는 대규모의 강요된 운동들을 살아내는 데 있다. 분화가 점진적이고 누진(累進)적으로 일어난다는 것은 과연 사실이다. 즉 종별화의 질서 안에 놓인 유와 종의 특성들에 앞서 커다란 유형들의 특성들이 먼저 나타난다. 또 유기적 조직화의 순서를 보면, 먼저 나타나는 발아체는 가령 오른발이나 왼발이 되기 이전의 발이다. 그러나 이런 운동이 가리키는 것은 어떤 일반성의 차이가 아니라 오히려 어떤 본성상의 차이다. 가장 낮은 단계의 일반성 아래에서 가장 높은 단계의 일반성이 발견되는 것이 아니다. 오히려 형태론적, 조직학적, 해부학적, 생리학적 등등의 특성들 — 이미 구성된 질과 부분들에 관련된 특성들 — 아래에서 어떤 순수한 시공간적 역동성들(배의 체험 대상)이 발견된다. 이행은 최고 위치의 일반적인 것에서 최저 위치의 일반적인 것으로 나아가는 것이 아니다. 오히려 잠재적인 것에서 현실적인 것으로 나아가고, 이런 이행은 점진적 규정에 의거해서, 또 현실화의 첫 번째 요인들에 따라 이루어진다. 여기서 '일반성'의 개념은 어떤 혼동을 불러일으킬 위험이 있다. 창조에 의해 현실화되는 잠재적인 것과 제한에 의해 실재화되는 가능한 것이 서로 혼동될 수 있는 것이다. 그리고 질과 부분들의 일반적 지지대에 해당하는 배가 있다면, 그 이전에 개체적 주체에 해당하고 또 시공간적 역동성들을 겪어내는 배가 먼저 있다. 애벌레-주체가 먼저 있는 것이다.

이제 다른 측면, 곧 어떤 진화 가능성에 대해 생각해보자. 이 경우 우리는 진화론 이전에 있었던 논쟁들을 참조해야 한다. 퀴비에와 조프루아 생틸레르 사이에 벌어진 위대한 논쟁에서 핵심이 되는 것은 합성의 단일성에 있다. 즉 동물의 보편적 이념에 해당하는 동물, 어떤 본래의 동물 그 자체가 있는 것일까? 혹은 커다란 문(門)이나 갈래들은 각각의 동물 유형들 사이에 어떤 건널 수 없는 간극들을 끌어들이는 것일까? 이 토론은 접기에서 영감을 얻어 시적인 방법과 시적인 사실 검증에 이른다. 즉 접기를 통해 척추동물에서 두족류로 이행할 수 있을까? 척추동물을 잘 접어서 척골의 두 부분이 서로 가까워지고, 머리는 발쪽으로 골반은 목덜미 쪽으로 가도록 하며, 내장은 두족류와 같은 방식으로 배치할 수 있을까? 퀴비에는 접기를 통해 그런 배치가 이루어질 수 있다는 것을 부인한다. 그리고 도대체 어떤 동물이 순전한 뼈대의 상태로 되돌아가도록 강제되어 그 시험을 견뎌낼 수 있단 말인가? 사실 조프루아가 접기를 통해 그런 이행이 실질적으로 일어난다고 주장하는 것은 아니다. 그의 논변은 훨씬 더 심층적이다. 즉 어떤 발달의 시간들에서는 이러저러한 동물은 이러저러한 합성 단계에 멈추어야 할 것이다.("만일 기관 B가 생산되지 않았다면, 만일 발달의 정지가 너무 일찍 일어나서 기관 B의 생산보다 앞서게 됐다면, 기관 A는 기관 C와 기묘한 결합관계에 놓이게 될 것이다.")[37] 여기서 본질적인 것은 시간적 요인의 도입이다. 물론 조프루아는 이 요인을 정지의 형식, 다시 말해서 점진적인 단계들의 형식을 통해 파악했다. 이 단계들은 모든 동물들에 공통적인 어떤 가능태의 실재화 안에서 서열화된다. 진화를 조건짓는 원리를 발견하기 위해서는 시간에 창조적 현실화라는 그 진정한 의미를 부여하는 것으로 충분하다. 왜냐하면 현실화의 관점에서 만일 공간적인 방향들의 역동성이 어떤 유형들의 분화를 규정한다면, 이 역동성들에 내재하는 다소간 서로 다른 빠르기의 시간들이 그 역동성들 사이의 이행이나 분화된 유형들 사이의 이행을 근거짓기 때문이다 — 이때 이 이행은 감속이나 가속을 통해 이루어진다. 다른 공간들은 어떤 수축되거나 이완된 시간들을 통해, 가속화나 지연의 이유들에 따라 창조된다. 유형(幼

---

37 Etienne Geoffroy Saint-Hilaire, *Principes de philosophie zoologique*(Paris, 1830), 70쪽. 퀴비에와의 논쟁을 담은 텍스트들은 이 책에 모여 있다.

차이의 이념적 종합

形) 성숙에서는 심지어 정지조차 어떤 창조적 현실화의 측면을 지닌다. 원리상 역동성들의 변형을 가능하게 해주는 것은 시간적 요인에 있다. 비록 역동성들은 비대칭적이고 공간적으로 환원 불가능하며 전적으로 분화되었거나 차라리 분화 중이라 해도 사정은 마찬가지다. 바로 이런 시각에서 페리에는 동물계가 갈라지는 처음의 분기점에서 "가속적 반복"(급속 발생)이라는 현상을 보았고, 또 유형들의 조숙한 출현 속에서는 진화 자체를 실증하는 어떤 탁월한 증거를 발견했다.[38]

역동성 혹은 드라마들

세계 전체는 하나의 알이다. 종과 부분들의 이중적 분화는 언제나 어떤 시공간적 역동성들을 전제한다. 유사한 성격들을 부여받은 24개의 세포 요소들이 나뉘는 과정을 생각해보자. 아직 아무것도 이런 분할이 어떤 동역학적 과정을 통해 일어나는지를 우리에게 말해주지 않고 있다. 2×12인가, 혹은 $(2 \times 2) + (2 \times 10)$인가, 혹은 $(2 \times 4) + (2 \times 8)$…… 인가? 만일 운동과 정향들, 공간 안의 궤적들이 어떤 규칙을 가져다주지 않는다면, 심지어 플라톤적인 나눔의 방법이라 할지라도 그 두 측면을 구별하기 위해 필요한 어떠한 규칙도 내놓을 수 없을 것이다. 그래서 낚시질의 경우에는 물고기를 가두어놓거나 후려치기, 위에서 아래로 후려치거나 아래에서 위로 후려치기 등을 생각할 수 있다. 바로 이것이 이념의 현실화를 규정하는 동역학적 절차들이다. 하지만 이 절차들은 이념의 현실화와 어떤 관계에 있는가? 동역학적 절차들은 정확히 어떤 드라마들이다. 이 절차들은 이념을 극화(劇化)한다. 드라마로 연

---

38 Edmond Perrier, *Les colonies animales et la formation des organismes*(Masson, 1881), 701쪽 이하.

출하는 것이다. 먼저 동역학적 절차들은 현실화되어야 할 미분비와 독특성들에 상응하는 공간을 창조하고 그려낸다. 레이몽 뤼에르가 보여주는 것처럼, 세포가 이동할 때 상황을 규정하는 것은 현실화될 "테마"에 준하는 "역할"의 요구이지 그 역이 아니다.[39] 세계는 어떤 알이지만, 알은 그 자체가 어떤 연극이다. 장면화되는 이 연극에서는 배우들보다는 배역들이 우세하고, 배역들보다는 공간들이, 공간들보다는 이념들이 우세하다. 게다가 이념은 복합적인데다가 한 이념과 다른 이념들의 관계들까지 복합적인 까닭에 공간적인 극화는 여러 수준에서 이루어진다. 하나의 내부적 공간의 구성 안에서는 물론, 이 공간이 외적 연장으로 확장되고 거기서 어떤 지역을 차지하는 방식 안에서도 드라마가 연출되는 것이다. 가령 어떤 색깔의 내부적 공간이 있다면 이 색깔이 다른 색깔들과 어울리게 되는 어떤 연장을 점유하는 방식도 있는 것인데, 이 두 절차는 아무리 친화적이라 해도 혼동되지 말아야 할 것이다. 생명체는 단지 그것의 내부적 환경을 규정하는 역동성들에 의해 발생학적으로만 정의되는 것이 아니다. 생명체는 또한 연장 안에서 그 역동성들의 분배를 주관하는 외적 운동들에 의해 생태학적으로도 정의된다. 일정한 지역에 서식하는 동식물 군(群)의 운동학은 그와 유사성을 지니지 않는 알의 운동학과 결합되어 있다. 지리학적 고립의 과정은 내적인 발생학적 변화들 못지않게 종들을 형성하고, 종종 그 변화들에 앞서기도 한다.[40] 만일 내적 공간 그 자체가 국소적으로 통합되고 연결되어야

---

39 Raymond Ruyer, *La genèse des formes vivantes*(Flammarion, 1958), 91쪽 이하. "분화를 균등한 분할들에 의해 생산된 상황적 차이들의 효과로 만든다고 해서 그 분화의 신비가 일소될 수 있는 것은 아니다……." 베르그손 못지않게 뤼에르도 잠재적인 것의 개념과 현실화의 개념을 심도 있게 분석했다. 그의 생물철학 전체는 그런 개념들과 "주제 정립적인 것thématique"의 관념에 발 딛고 있다. Raymond Ruyer, *Eléments de psycho-biologie* (P.U.F., 1946), 4장을 볼 것.

40 Lucien Cuénot, *L'espèce*(Doin, 1936), 241쪽.

차이의 이념적 종합

하는 다양한 공간들로 이루어진 것임을 감안한다면 모든 것은 훨씬 더 복잡해진다. 게다가 수많은 방식들로 이루어질 수 있는 이 연결을 통해 사물이나 생명체는 자신의 고유한 한계들에 부딪히고 또 그 한계들의 바깥과 접촉한다. 게다가 이 바깥과의 관계, 그리고 다른 사물과 생명체들과의 관계는 다시 어떤 전체적인 결합이나 통합들을 함축하고, 이 통합들은 그 이전의 과정들과는 다른 본성을 지닌다. 어느 곳에서든 장면화는 여러 수준에서 연출되는 것이다.

다른 한편 역동성들은 공간적인가 하면 그에 못지않게 시간적이다. 역동성들은 현실화의 공간들을 그려내지만, 또 그에 못지않게 현실화나 분화의 시간들을 구성해낸다. 공간들은 상호적이고 완결되게 규정된 구조의 요소들 사이에서 성립하는 미분비들을 구현하기 시작하지만 이것으로 그치는 것이 아니다. 그와 동시에 분화의 시간들이 구조의 시간, 점진적 규정의 시간을 구현한다. 이런 시간들은 이념의 현실화 안에서 스스로 떠맡는 역할에 준하여 변별적 리듬들이라 불릴 수 있다. 그리고 궁극적으로는 종과 부분들 아래에서 발견되는 것은 오로지 이 시간들뿐이다. 성장 비율들, 발달의 진행 속도들, 감속이나 가속들, 잉태 기간들만이 발견되는 것이다. 단지 시간만이 어떤 물음에 대답을 가져오고, 단지 공간만이 어떤 문제에 해결을 가져올 수 있다 해도 틀린 말은 아니다. 가령 (암컷 성게나 수컷 환형동물에게서 볼 수 있는) 불임이나 다산성을 예로 들어보자. 여기서 문제는 "특정한 부계 염색체들은 새로운 핵들 속으로 합체될 것인가, 아니면 원형질 안으로 흩어질 것인가?"이다. 물음은 "특정한 부계 염색체들은 충분히 빠르게 도착할 것인가?"가 된다. 하지만 구분은 어쩔 수 없이 상대적이다. 분명 역동성(여기서는 분할 방추체(紡錘體)의 형성, 염색체의 이분화, 그리고 염색체들을 방추체의 극들로 실어 나르는 운동 등)은 시간적인 동시에 공간적이고, 시공간적이다. 이원성은 현실화 과정 자체 안에는 현존하지 않는다. 다만 현실화 과정의 막바지에, 현실적 항들에 해당하는 종과 부분들에만 현존한다. 여기서 중요한 것은 아직 어떤 실재적 구별이 아니고 오히려 어떤 엄격한 상보성이다. 왜냐하면 부분들이 종의 수를 가리키는 것처럼, 종들은 부분들의 질을 가리키기 때문이다. 부분들이 질의 공간을 작게 나누어놓는 반면, 종은 정확하게 질(사자됨, 개구리됨) 안에서 역동성의 시간을 맞아들인다. 질은 언제나 어떤 공간 안에서 번득이고, 이 공간의 시간 전체에 걸쳐 지속한다. 요컨대 드라마를 연출하는 극화(劇化)는 분화의 분화, 질적인 동시에 양적인 분화이다. 그러나 여기서 동시에는 분화 그 자체가 종과 부분들, 종별화와 부분화라는 상관적인 두 길을 통해 이루어진다는 것을 의미한다. 차이나는 것을 그러모으는 차이의 차이가 있는 것처럼, 분화되는 것을 통합하고 접합하는 분화의 분화가 있다. 이는 드라마를 연출하는 극화의 필연적인 결과이다. 왜냐하면 극화는 이념의 두 특징인 미분비들과 그에 상응하는 독특한 점들을 서로 분리할 수 없는 상태에서 한번에 구현하기 때문이고, 이 과정을 통해 미분비들은 종들 안에서, 독특한 점들은 부분들 안에서 현실화되기 때문이다.

이런 시공간적 역동성을 띤 규정들은 이미 칸트가 도식들이라 불렀던 것은 아닐까? 그렇지만 이 둘 사이에는 커다란 차이가 있다. 도식은 분명 시간 규정의 규칙이자 공간 구성의 규칙이다. 하지만 도식은 논리적 가능성에 해당하는 개념과의 관계에서 사유되고 또 운용된다. 이런 참조 관계는 도식의 본성 그 자체에 현존하는 것이지만, 도식은 기껏해야 논리적 가능성을 초월론적 가능성으로 전환시키는 데 그친다. 도식을 통해 시공간적 결합관계들이 개념의 논리적 결합관계들에 상응하게 되는 것이다. 그렇지만 도식은 개념에 외부적이므로 어떻게 그것이 지성과 감성의 조화를 보장할 수 있는지는 도대체 알 수 없는 노릇이다. 왜냐하면 도식 그 자체는 자기 자신과 지성적 개념의 조화를 보장해줄

차이의 이념적 종합

그 무엇을 결여하고 있고, 다만 어떤 기적에 호소할 수밖에 없는 처지이기 때문이다. 도식의 위력은 대단하다. 바로 이 도식을 통해 개념은 비로소 어떤 유형학에 따라 나뉘고 종별화될 수 있다. 개념은 그 자신에 의해서는 결코 종별화되거나 분할될 수 없다. 개념 밑에서 어떤 숨겨진 기술처럼, 분화의 작인(作因)처럼 활동하는 것은 바로 시공간적 역동성들이다. 만일 이 역동성들이 없다면, 아리스토텔레스가 플라톤의 나눔의 방법에 반대하여 제기했던 물음들을 넘어선다는 것은 언제나 요원한 일이 될 것이다. 게다가 반쪽들은 어디에서 오는 것인가? 도식이 계산에서 빼놓고 있는 것은 딱 하나인데, 그것은 역량이다. 도식은 그 역량과 더불어 활동하지만, 바로 그 역량을 셈하지 않고 있다. 역동성들이 설정될 때, 그것도 개념들의 도식들이 아니라 이념들의 드라마들로서 제기될 때는 모든 것이 바뀌게 된다. 사실 역동성은 개념에 외부적이고 그런 자격에서는 도식이지만, 이념에는 내부적이고 그런 자격에서는 드라마 혹은 꿈이기 때문이다. 종은 계통들로 나뉘고, 린네의 풀은 조르당의 풀로, 개념은 유형들로 나뉜다. 하지만 이런 분할은 분할되는 것과 동일한 기준을 가지고 있지 않고, 분할되는 것과 동질적이지 않으며, 개념에 외부적이지만 분할 그 자체를 주재하는 이념들에는 내부적인 어떤 영역 안에서 확립된다. 그래서 역동성은 공간과 시간을 규정하는 자신의 고유의 역량을 포괄하고 있다. 왜냐하면 미분비들, 독특성들, 그리고 이념에 내재하는 점진성들을 직접적으로 구현하기 때문이다.[41] 가장 짧다는 것은 단순히 직선 개념의 도식으로 그치는 것이 아니다. 그것은 직선과 곡선의 분화를 표현하는 한에서 또한

---

41 게다가 칸트의 도식론은 두 방향에서 자기 자신을 넘어선다. 먼저 이 자기극복은 변증론적 이념으로 향해 간다. 변증론적 이념은 스스로 자기 자신의 고유한 도식이고, 또 개념의 종별화를 보장한다(『순수이성비판』, 「변증론의 최종 목적에 대하여」). 다른 한편 그 자기극복은 감성적 이념으로 향해 간다. 감성적 이념은 도식으로 하여금 상징주의가 노정하는 훨씬 더 복잡하고 훨씬 더 포괄적인 절차에 봉사하게 한다(『판단력비판』, 49, 59절).

선(線)의 이념의 꿈, 드라마이거나 그 이념의 극화이다. 우리는 이념, 개념, 드라마를 서로 구별한다. 즉 드라마의 역할은 이념의 미분비와 독특성들을 구현하면서 개념을 종별화하거나 특수화하는 데 있다.

극화의 보편성

극화는 몽상가의 머리 속에서 이루어지지만 또한 학자의 비판적인 눈 밑에서 이루어지기도 한다. 극화는 개념의 이편에서, 그리고 개념이 포섭하는 재현들의 이편에서 일어난다. 사물을 현실적으로 구성하는 동역학적 공간과 시간이 발견될 때, 개념 안에서 가지고 있던 자기동일성을 잃어버리지 않는 사물은 없고, 재현 안에서 가지고 있던 유사성을 잃어버리지 않는 사물은 없다. '구릉 유형'은 마구 흘러가는 어떤 평행선들에 불과하고, '해안 유형'은 수면으로 나타나는 어떤 단단한 지층들에 불과하며, 이 지층들을 따라 바위들은 구릉들의 방향에 수직으로 꼿꼿이 파고 들어간다. 그러나 이번에는 가장 단단한 바위들도 수천 년에 걸쳐 진행된 현실화의 시간에 비추어 보면 다시 어떤 유동적인 액체 물질이 되고, 이 물질들은 자신의 독특성들 위로 행사되는 어떤 미약한 강제력들 아래에 놓여 있다. 모든 유형학은 드라마와 같이 극적이고, 모든 역동성은 어떤 파국이다. 어떤 카오스모스인 이 세계의 탄생 안에는, 주체 없는 운동들과 배우 없는 배역들의 세계들 안에는 필연적으로 잔혹한 무엇인가가 있기 마련이다. 잔혹극에 대해 말할 때 아르토는 그것을 단지 어떤 극단적 "결정론"으로 정의했을 뿐이다. 그것은 자연이나 정신의 이념을 구현하는 시공간적 규정의 결정론이고, 그렇게 구현될 때 이념은 어떤 "동요하는 공간"이 된다. 이념은 회전하고 상처를 유발하는 중력 운동, 유기체에 직접 영향을 미칠 수 있는 중력 운동이 되고 저자도, 배우들도, 주체들도 없는 순수한 장면화가 된다. 공간들이

차이의 이념적 종합

움푹움푹 패이고 시간들이 가속화되거나 감속화된다면, 이는 몸 전체를 운동에 빠뜨리고 위태롭게 하는 어떤 비틀림과 전치들을 대가로 해서만 일어날 수 있는 일이다. 빛나는 점들은 우리를 관통하고, 독특성들은 우리를 곤두세운다. 도처에 있는 것이 거북의 모가지이고 최초 척추골들의 현기증 나는 미끄러짐이다. 심지어 하늘조차 '배우-태양들'처럼 자신의 살갗에 어떤 이념을 새겨 넣는 방위기점과 성좌들 때문에 고통을 겪는다. 따라서 어떤 배우와 주체들은 확실히 있지만, 그것은 애벌레들이다. 왜냐하면 오로지 애벌레들만이 운동의 궤적, 미끄러짐, 회전들을 견뎌낼 수 있기 때문이다. 그 이후에는 이미 너무 늦어버리게 된다. 또한 모든 이념을 통해 자아의 유사성은 물론 나의 동일성도 깨져버리고, 그런 와중에서 우리는 애벌레들이 된다는 것도 진정 사실이다. 이 점은 퇴행, 고착, 혹은 발달 정지 등이 언급될 때 제대로 표현되지 못하고 있다. 왜냐하면 우리는 어떤 상태나 순간에 고착되는 것이 아니라 언제나 어떤 시선의 섬광에 의한 것인 양 이념에 의해 고착되고, 언제나 진행 중에 있는 어떤 운동 속에서 고착되기 때문이다. 만일 빌리에 드 릴라당Villiers de L'Isle-Adam이 말하는 바의 고착적이고 잔혹한 이념이 아니라면 그런 이념도 이념이라 할 수 있을까? 이념과 관계하는 한에서는 그 누구도 수동적 위치의 인내자일 수밖에 없다. 하지만 이것은 보통의 인내나 고착이 아니다. 고착된 것은 전적으로 이루어진 것도, 이미 이루어진 것도 아니다. 우리가 배아들로 남아 있거나 다시 배아들이 될 때, 모든 퇴행과 근본적으로 구별되는 것은 차라리 반복의 순수한 운동이다. 우리가 개념의 재현들에 머물러 있을 때, 애벌레들은 자신의 살갗 속에 이념들을 품고 있다. 애벌레들은 잠재적인 것에 전적으로 이웃해 있고 자신의 선택을 통해 그 잠재적인 것을 최초로 현실화시키지만, 가능한 것의 영역에 대해서는 도대체 아무것도 알지 못한다. 바로 여기에 거머리와 '우월한 인간'의 내적 친밀성이 있다. 그들은 꿈인 동시에 과학이고, 꿈의 대상인 동시에 과학의 대상이며, 물어뜯기인 동시에 인식이고, 입인 동시에 뇌이다. (페리에는 척추동물과 환상무늬 벌레 사이의 갈등, 입과 뇌의 갈등에 대해 말한 바 있다.)

이념은 여러 수준에서 드라마로 극화된다. 하지만 또한 서로 다른 질서의 극화들은 서로 공명하고 그 수준들을 가로질러 간다. 가령 섬의 이념을 생각해보자. 여기서도 지리학적 드라마 연출을 통해 그 이념이 분화되거나 그렇지 않으면 그 이념의 개념이 두 가지 유형에 따라 분할된다. 하나는 시원에 있는 대양적(大洋的) 유형으로, 물 바깥으로 일어나는 어떤 분출과 융기를 표시한다. 반면 다른 하나는 파생적인 대륙적 유형으로, 그 배후에는 어떤 탈구, 단구(斷口)가 있다. 하지만 섬의 몽상가는 이런 이중적 역동성을 재발견한다. 왜냐하면 기나긴 표류 끝에 자신이 무한히 분리되는 상황을 꿈꾸고, 또한 어떤 과격한 정초 안에서 절대적으로 다시 시작하기를 꿈꾸기 때문이다. 종종 주목되어 온 것처럼, 남자와 여자의 성적 행위 전반은 신체 기관들의 운동을 재생산하려는 경향이 있고, 이 운동은 다시 세포 요소들의 역동성을 재생산하려는 경향이 있다. 즉 심리적 드라마 연출, 유기체적 드라마 연출, 화학적 드라마 연출 등 세 가지 상이한 질서의 극화들이 서로 반향(反響)하고 있다. 만일 잠재적인 것을 탐구해서 그것의 반복들의 바탕에까지 내려가는 것이 사유가 할 일이라면, 그런 재취합이나 반향들의 관점에서 현실화의 과정들을 파악하는 것은 상상력의 일이다. 영역, 질서, 수준들을 가로질러 가는 것은 바로 상상력이다. 상상력은 세계와 외연이 똑같은 장벽들을 무너뜨리면서, 우리의 몸을 인도하고 우리의 영혼을 고취하면서, 또 자연과 정신의 통일성을 포착하면서 그렇게 가로질러 간다. 이때 애벌레-의식은 끊임없이 과학에서 꿈으로, 그리고 다시 꿈에서 과학으로 오고 가게 된다.

차이의 이념적 종합

복합 개념 미/분화

현실화는 세 계열에 따라 이루어진다. 공간 안에서, 시간 안에서, 그러나 또한 어떤 의식 안에서 진행된다. 모든 시공간적 역동성은 어떤 초보적 의식의 출현이다. 이 의식은 그 자체로 어떤 방향들의 궤적을 그려주고, 운동과 이동들을 중복하며, 자신이 의식하는 몸이나 대상과 관계하면서 어떤 응축된 독특성들의 문턱에서 태어난다. 의식은 언제나 어떤 사물에 대한 의식이라고 말하는 것으로는 아직 충분하지 않다. 의식은 이 사물의 분신이고 각각의 사물은 의식이다. 사물은 어떤 분신을 소유하기 때문이고, 그 분신이 너무 멀리 떨어져 있거나 너무 낯선 것이라 해도 사정은 마찬가지다. 반복은 도처에 있다. 현실화 안에서는 물론이고 현실화되는 것 안에서도 반복이 일어난다. 우선 반복은 이념 안에 있고, 비율적 관계들의 변이성들과 독특한 점들의 분배를 따라 오간다. 또한 반복은 의식의 재취합들은 물론이고 공간과 시간의 재생산들을 규정한다. 하지만 이 모든 경우들에서 반복은 차이의 역량이자 분화의 역량이다. 즉 독특성들을 응축하든 시간들의 가속이나 감속을 가져오든, 또 공간들의 변이를 가져오든 반복은 언제나 차이와 분화의 역량이다. 반복은 결코 개념 안의 동일성 형식에 의해서도, 재현 안의 유사한 것에 의해서도 설명되지 않는다. 물론 개념의 봉쇄를 통해 어떤 헐벗은 반복이 출현할 수 있고, 실질적으로 이 반복은 같은 것의 반복으로 표상된다. 하지만 이념이 아니라면 무엇이 개념을 봉쇄하겠는가? 이미 앞에서 본 바와 같이[42] 봉쇄는 또한 공간, 시간, 의식이라는 세 가지 형태에 따라 이루어진다. 개념의 결핍을 설명하는 것은 바로 이념의 과잉이다. 그리고 마찬가지로 일상적이고 헐벗은 반복, 개념

---

42 (옮긴이 주) 이 책 서론 3절 참조.

에 의존하고 단지 마지막 옷의 역할만을 떠맡는 헐벗은 반복을 설명해 주는 것도 옷 입은 반복, 이념에 의존하는 특별하고 독특한 반복이다. 이념과 그것의 현실화 안에서 우리는 개념적 봉쇄의 자연적 이유는 물론이고 봉쇄된 개념이 포섭하는 반복보다 우월한 어떤 반복의 초자연적 이유를 동시에 발견한다. 그 심층을 들여다보면 개념에 대해 외부적인 것으로 머물러 있는 것의 배후에는 이념에 대해 내부적인 것이 있다. 이념 전체는 미/분화différent/ciation의 수리-생물학적 체계 속에 붙들려 있다. 하지만 여기서 개입하는 수학과 생물학은 단지 차이의 두 반쪽 — 변증론적 반쪽과 감성론적 반쪽, 잠재적인 것의 해명과 현실화의 과정 — 을 탐구하기 위한 어떤 기술적 모델들에 불과하다. 변증법적 이념은 미분비들의 변이성들 안에서, 그리고 이와 상관적인 독특성들의 분배 안에서 이중적으로 규정된다(미분화). 감성론적 현실화는 질들의 종별화와 부분들의 합성 안에서 이중적으로 규정된다(분화). 종별화는 비율적 관계들을, 합성은 독특성들을 구현한다. 현실적인 질과 부분들, 종과 수들은 이념 안의 질화 가능성 요소는 물론이고 양화 가능성 요소와 교감하고 있다. 그러나 무엇에 의해 충족이유의 세 번째 측면, 다시 말해서 이념의 잠재력 요소가 실행되는 것일까? 아마 그것은 양과 질 이전의 극화(劇化), 드라마를 연출하는 극화일 것이다. 사실 바로 이 극화를 통해 현실적인 것의 분화는 비로소 규정되거나 개시되고, 또 이 분화가 이념의 미분화와 교감하는 가운데 다시 분화되는 것이다. 하지만 이런 드라마를 연출하는 능력, 극화의 능력은 어디에서 오는 것일까? 그것은 종과 부분들, 질과 수들 아래에서 일어나는 지극히 강렬하거나 지극히 개체적인 활동이 아닐까? 드라마를 연출하는 극화는 현실적인 것에 대해 일어나는 동시에 이념 안에서 이루어지지만, 우리는 이런 극화를 충족이유의 세 번째 요소의 전개로서 근거짓는 것이 무엇인지 아직 말하지 않았다.

차이의 이념적 종합

5
감성적인 것의 비대칭적 종합

1절
차이와 잡다

차이는 잡다(雜多)[1]가 아니다. 잡다는 주어진 소여이다. 하지만 그 소여는 차이를 통해 비로소 주어진다. 차이는 그것을 통해 소여가 잡다로서 주어지는 그 무엇이다. 차이는 현상이 아니다. 하지만 차이는 현상의 본체[누메나]에 가장 가까이 있다. 그래서 신이 계산을 하면서 세계를 만든다는 것은 사실이지만, 그 계산들은 결코 정확하게 맞아떨어지지 않는다. 세계의 조건을 형성하는 것은 바로 결과 속의 이 불공정, 이 환원 불가능한 비동등이다. 세계는 신이 계산을 하는 동안 '이루어진다.' 만일 이 계산이 잘 맞아떨어진다면 세계는 존재하지 않을 것이다. 세계는 언제나 어떤 '잔여'와 같고, 세계 안의 실재는 오로지 가분수나 심지어 무리수들을 통해서만 사유될 수 있다. 모든 현상의 배후

---

1 (옮긴이 주) le divers. 이제까지는 '상이한 것', '상이성' 등으로 옮겼다. 상이하다는 것은 공통성뿐 아니라 내적 종합의 가능성도 없는 상태를 가리킨다. 여기서는 칸트의 용어법을 존중하여 '잡다'로 옮긴다. 칸트에게서 감성적 직관을 통해 주어진 내용은 잡다하다고 지칭된다.

에는 그것을 조건짓는 어떤 비동등이 자리한다. 모든 잡다성, 모든 변화의 배후에는 그 충족이유로서 어떤 차이가 자리한다. 일어나는 모든 것, 나타나는 모든 것은 어떤 차이들의 질서들, 가령 고도차, 온도차, 압력차, 장력차, 전위(電位)차, 강도차 등의 상관항이다. 카르노의 원리와 퀴리의 원리는 서로 다른 방식으로 이 점을 말하고 있다.[2] 도처에 있는 것이 수문(水門)이다. 모든 현상은 어떤 신호-기호 체계 안에서 불꽃처럼 번쩍인다. 우리가 신호라 부르는 것은 어떤 체계이다. 적어도 두 개이상이고 서로 소통할 수 있는 다질적인 계열들, 불균등한 질서들에 의해 구성되거나 경계를 이루는 체계가 신호이다. 현상은 어떤 기호이고, 다시 말해서 불균등한 것들의 소통에 힘입어 이 체계 안에서 섬광을 발한다. "에메랄드의 결정면들 안쪽에는 빛나는 눈을 가진 물의 요정이 숨어 있다⋯⋯." 모든 현상은 '빛나는 눈을 가진 물의 요정'과 같은 유형이고, 이것을 가능하게 만드는 것은 에메랄드이다. 모든 현상은 합성된 것이다. 왜냐하면 그 현상의 경계를 이루는 두 계열이 이질적일 뿐아니라 각각의 계열 그 자체가 다질적인 항들로 이루어져 있기 때문이고, 그런 만큼 현상 이하의 것들을 형성하는 어떤 수많은 다질적 계열들에 의해 지탱되고 있기 때문이다.

차이와 강도

"강도의 차이"라는 표현은 동어반복이다. 강도는 감성적인 것의 이유에 해당하는 차이의 형식이다. 모든 강도는 변별적이며 차이 그 자체이다. 모든 강도는 $E-E'$이고, 이때 E 자체의 배후에는 $e-e'$가 있고 e

---

2 '충족이유'로서의 비대칭에 대해서는 Louis Rougier, *En marge de Curie, de Carnot et d'Einstein*(Chiron, 1922) 참조.

의 배후에는 다시 ε-ε′가 있으며, 이런 과정은 계속 이어진다. 즉 각각의 강도는 이미 어떤 짝짓기이고(여기서 이 짝의 요소들 각각의 배후에는 다시 또 다른 질서의 요소들로 이루어진 짝들이 있다.), 그래서 양의 고유한 질적 내용을 드러낸다.[3] 우리는 무한히 이분화되고 무한에 이르기까지 공명하는 이런 차이의 상태를 불균등성이라 부른다. 불균등성, 다시 말해서 차이 혹은 강도(강도의 차이)는 현상의 충족이유이고 나타나는 것의 조건이다. 노발리스의 전기석은 칸트의 공간과 시간보다 감성적인 것의 조건들에 훨씬 더 가까이 있다. 감성적인 것의 이유, 나타나는 것의 조건은 공간과 시간이 아니다. 그것은 오히려 즉자적 비동등 그 자체이다. 강도의 차이 안에, 차이로서의 강도 안에 감싸여 있고 그 안에서 규정되는 불균등화[4]가 감성적인 것의 이유이자 나타나는 것의 조건이다.

---

3 J.-H. Rosny, *Les sciences et le pluralisme*(Alcan, 1922), 18쪽. "에너지 이론에 따르면, 모든 작용은 온도차, 전위차, 고도차 등에서 유래한다. 이는 또한 모든 가속이 속도차들을 전제하는 것과 같다. 즉 모든 계산 가능한 에너지는 필시 E-E′ 형식의 요인들을 함축하고 있을 것이며, 이 요인들 중 E와 E′은 다시 그 자체로 e-e′ 형식의 요인들을 감추고 있다……. 강도는 이미 차이를 표현하고 있지만, 이 말이 의미하는 바가 무엇인지를 좀 더 정확히 정의해야 할 필요가 있을 것이며, 특히 주지시켜야 할 점은 강도가 동질적인 두 항으로 구성될 수 있는 것이 아니라 오히려 다질적인 항들로 이루어진 적어도 두 개 이상의 계열들로 구성된다는 점일 것이다." 강도량들을 다루는 이 훌륭한 책에서 로스니는 두 가지 테제를 펼치고 있다. 1) 유사성은 차이를 전제하고, 서로 닮은 것은 바로 차이들이다. 2) "오로지 차이를 통해서만 존재를 파악할 수 있다." 로스니는 퀴리의 친구였다. 공상적인 작품을 통해 그는 일종의 자연주의적 강도 이론을 창안하고, 이 이론은 이후 강도적 등급의 두 극단에서 선사시대의 동굴들과 공상과학소설의 미래적 공간으로 그 범위를 열어간다.

4 (옮긴이 주) disparation. 앞에 나오는 불균등한 것le disparate, 불균등성disparité 등과 같은 계열의 용어. 그 밖에 들뢰즈의 신조어 dispars는 '계속되는 불일치'로 옮긴다. 이에 대해서는 이 책 1장 주37 참조.

감성적인 것의 비대칭적 종합

2절
차이의 소멸

카르노의 원리나 퀴리의 원리를 어떤 초월론적 원리의 국소적 표출들로 간주하려는 시도가 있다. 하지만 여기에는 커다란 난관들이 기다리고 있다. 우리가 알 수 있는 것은 단지 이미 연장 안에서 국지화되고 할당된 어떤 에너지 형식들뿐이고, 이미 그 에너지 형식들에 의해 질화(質化)된 어떤 연장들뿐이다. 에너지 이론은 강도적 요인과 외연적 요인[5]의 조합을 통해 에너지를 정의한다.(가령 선형적 에너지는 힘과 길이로, 표면 에너지는 표면장력과 표면으로, 부피 에너지는 압력과 부피로, 중력 에너지는 높이와 질량으로, 열역학적 에너지는 온도와 엔트로피로······ 정의된다.) 경험에 비추어 볼 때 강도intensio는 외연extensio과 분리될 수 없고, 이 외연을 통해 연장extensum과 관계하는 듯하다. 그리고 이런 조건들 아래에서 강도 그 자체는 연장을 채우고 있는 질들(일차적 질서의 물리학적 질 혹은 qualitas, 이차적 질서의 감성적 질 혹은 quale)에 종속되어 있는 것처럼 보인다. 요컨대 우리가 알 수 있는 강도는 이미 어떤 연장 안에 개봉되어 있고 이미 어떤 질들에 의해 뒤덮여 있다. 강도량(量)을 어떤 경험적인 개념, 심지어 잘못 정초된 개념으로 간주하거나 감성적 질과 연장, 심지어 물리학적 질과 외연량을 혼합해서 나온 불순한 개념으로 간주하려는 경향이 있는데, 이런 경향은 바로 그런 제약 때문에 생기는 것이다.

---

5 (옮긴이 주) deux facteurs, *intensif et extensif*. 이 대목에서 중요한 것은 extensio와 extensum의 구별이다. 우리는 이 두 말을 각각 '외연'과 '연장'으로 옮긴다. 여기서 외연을 내포의 반대말인 논리학적 용어로 새기지 말아야 한다. 그것은 논리학적 용어가 아니라 자연과학적 용어이다. 외연은 지성적(이론적) 차원의 공간성을, 연장은 경험적 차원의 공간성을 가리킨다. 칸트적 구분법에 의존한다면 외연은 도식에, 연장은 경험적 공간에 대응한다. 이 구별은 이론적 차원의 질qualitas과 경험적 차원의 질quale의 구별에 상응한다. 하지만 이보다 더 중요한 것은 외연량에 해당하는 공간(외연과 연장)과 강도량에 해당하는 공간 spatium의 구별이다.

이런 경향은 어디에도 이르지 못할 것이다. 이는 강도 그 자체가 자신을 개봉하는 연장 안에서, 자신을 뒤덮어버리는 질 아래에서 그에 상응하는 경향을 보여주지 않음을 확인할 때 분명해진다. 강도는 차이다. 하지만 이 차이는 연장 안에서, 그리고 질 아래에서 스스로 부정되고 소멸하는 경향이 있다. 사실 질들은 어떤 기호들이고, 어떤 차이의 간격 안에서 섬광을 발한다. 그러나 정확히 말해서 질들은 어떤 동등화의 시간을 조정하고 있으며, 다시 말해서 차이가 자신이 분배된 연장 안에서 소멸하기까지 걸리는 시간을 조정하고 있다. 바로 이런 것이 카르노, 퀴리, 르 샤틀리에 등의 원리들이 담고 있는 가장 일반적인 내용이다. 즉 차이가 변화의 충족이유일 수 있는 것은 오로지 그 변화가 그 차이를 부정하는 경향을 지닐 때뿐이다. 게다가 인과율이 신호화 과정 속에서 아주 엄격한 물리학적 규정을 획득하는 것도 바로 이런 방식을 통해서이다. 즉 일련의 비가역적 상태들에 대해 강도는 그 객관적 방향을 정의한다. 어떤 '시간의 화살'로 정의하는 것인데, 이 화살을 따라가면 가장 높은 분화의 단계에서 가장 낮은 분화의 단계로 나아가고, 어떤 생산적인 차이에서 어떤 감소된 차이로, 궁극적으로는 어떤 소멸된 차이로 나아간다. 잘 알려져 있는 바와 같이 이런 차이의 감소, 잡다의 균일화, 비동등한 것의 동등화 등의 주제들은 19세기 말에 과학, 양식(良識), 철학이 서로 연대할 수 있는 마지막 기회를 가져왔지만, 그것은 대단히 이상한 동맹이었다. 열역학은 이런 동맹 관계를 화학적 결합으로 바꾸어놓는 강력한 용광로였다. 기저를 이루는 정의들의 체계가 확립되었고, 특정한 칸트주의를 포함한 모든 쪽에서 만족을 얻었다. 즉 소여는 잡다로 정의되었고, 이성은 동일성으로 기우는 경향, 동일화와 동등화의 절차 등으로 정의되었다. 반면 부조리와 불합리는 이 동일화하는 이성에 맞서는 잡다의 저항으로 정의되었다. "현실적인 것은 이성적이다."라는 말은 여기서 새로운 의미를 얻게 되었다. 왜냐하면 잡다성

감성적인 것의 비대칭적 종합

은 이성 안에서는 물론 자연 안에서도 감소하는 경향을 띠었기 때문이다. 그 결과 차이는 어떤 자연의 법칙도, 어떤 정신의 범주도 형성하지 못했다. 차이는 다만 잡다의 기원=x를 형성하고 있었다. 즉 차이는 소여이지 (어떤 규제적이거나 보상적인 가치 이외의) '가치'는 아니었다.[6] 진실로 강도량의 개념을 의심하는 우리의 인식론적 경향은, 만일 이 기초 개념이 다른 경향을 띠게 된다면, 그 어떤 것도 증명해내지 못할 것이다. 게다가 그 개념은 질화된 연장들의 체계 속에서 스스로 소멸되는 강도적 차이들의 경향과 짝을 이루고 있다. 우리가 강도를 의심하는 것은 단지 그것이 스스로 목숨을 끊는 것처럼 보이기 때문이다.

양식과 공통감

따라서 과학과 철학은 여기서 양식(良識)을 만족시킬 수 있는 마지막 기회를 얻었다. 왜냐하면 물음의 대상은 카르노의 원리를 확장하는 데 무관심한 과학도, 어떻게 보면 카르노의 원리 그 자체에 무관심한 철학도 아니기 때문이다. 과학, 철학, 양식이 서로 마주칠 때마다 양식은 불가피하게 몸소 어떤 과학으로, 또 철학으로 행세한다.(바로 그렇기 때문에 이런 만남들은 아주 세심한 주의를 기울여서 피하도록 해야 한다.) 따라서 여기서 중요한 것은 양식의 본질이다. 『피히테와 셸링 체계의 차이』에서 헤겔은 이 본질을 간결하게 지적했다. 양식은 절대자의 감정과 결합되어 있는 한에서 부분적 진리라는 것이다. 여기서 이성의 형

---

6 André Lalande, "Valeur de la différence", *Revue philosophique*(1955) 참조. 여기서 앙드레 랄랑드는 자신의 주요 테제들을 집약한다. 에밀 메이에르송Emile Meyerson은 카르노 원리의 역할과 의미를 전혀 다르게 평가하지만 대단히 흡사한 입장에 서 있다. 그러나 그는 똑같은 정의 체계를 받아들인다. 이와 마찬가지로 알베르 카뮈도 『시지프스의 신화』에서 니체, 키에르케고르 그리고 체스토프를 인용하지만 메이에르송과 랄랑드의 전통에 매우 근접해 있다.

태를 취하는 진리는 부분적 상태에 있으며 절대자는 감정의 형태로 존재한다. 그러나 절대자의 감정은 어떻게 부분적 진리와 결합되는 것인가? 양식은 본질적으로 분배자, 할당의 주체이다. 한편 그리고 다른 한편은 양식의 진부함이나 거짓된 깊이를 보여주는 표현법들이다. 양식은 사물들의 부분을 고려하고 그 몫을 나눈다.[7] 그렇지만 분명 모든 분배가 양식에 따르는 것은 아니다. 광기의 분배들, 미친 할당들이 있는 것이다. 하기야 광기를 가정하는 것, 또 어떤 선행의 분배 안에 있는 광적인 부분을 교정하기 위해 이차적으로 개입하는 것이 양식의 본분인지 모른다. 분배되는 것 안에서 차이를 몰아내고자 그 스스로 나설 때 분배는 양식에 합치한다. 오로지 부분들 간의 비동등성이 시간과 더불어 사라지고 환경이나 매체 속에서 소멸된다고 가정되는 경우에만 할당은 실질적으로 양식에 합치하거나 이른바 선(善)이라 일컬어지는 방향을 따른다. 양식은 본성상 종말론적이며 어떤 최종적인 상쇄와 균일화를 알리는 예언자이다. 만일 양식이 이차적으로 개입한다면, 이는 그것이 광적인 분배 — 유목적이고 순간적인 분배, 왕관을 쓴 무정부주의, 차이 등 — 를 가정하기 때문이다. 그러나 정착적이고 인내력이 큰 양식, 시간을 자기 편에 두고 있는 양식은 차이를 교정한다. 양식은 차이들의 소멸이나 부분들 간의 상쇄를 초래할 어떤 중간으로 차이를 끌어들인다. 양식은 그 자체가 '중간'이다. 극단들 사이에서 생각하면서 양식은 그 극단들을 추방하고 그 간격을 메워버린다. 양식은 차이를 부정하는 것이 아니라 오히려 그 반대이다. 양식은 차이들이 연장의 조건들과 시간의 질서 안에서 자신들끼리 서로 부정하게끔 만들어놓는다. 양식은 중간항들을 계속 만들어 나가면서 플라톤의 데미우르고스처럼,

---

7 (옮긴이 주) Il fait la part des choses. 이중적 의미의 표현. 고려한다, 참작한다는 뜻과 몫을 나누어준다는 뜻을 동시에 담고 있다. 이 문장 아래 쪽에 나오는 '부분'은 몫의 의미도 함축한다.

감성적인 것의 비대칭적 종합

동등하지 않은 것을 쉬지 않고 끈덕지게 분할 가능한 것 안으로 몰아낸다. 양식은 추상적 생산물인 동등성 속에서 자기 자신의 모습을 재발견하는 중간계급들의 이데올로기이다. 양식은 행동하기를 꿈꾼다기보다 자연적 중용의 구성을 꿈꾼다. 가장 높은 분화의 단계에서 가장 낮은 분화의 단계로 나아가는 어떤 행동의 요소를 구성하고자 하는 것이다. 예컨대 18세기 정치경제학의 양식은 상인계급 안에서 극단들의 자연적 상쇄를 보고, 상업적 번영 안에서는 부분들이 동등화되는 기계적 절차를 본다. 그래서 양식은 행동하기를 꿈꾼다기보다 예견하기를 꿈꾸고, 게다가 예측 불가능한 것에서 예측 가능한 것으로(차이들의 생산에서 차이들의 감소로) 나아가는 행동의 전환을 꿈꾼다. 양식은 관조하지도, 행동하지도 않는다. 다만 예견할 뿐이다. 요컨대 양식은 사물들의 부분에서 불의 부분으로,[8] 생산된 차이들에서 감소된 차이들로 이행한다. 이는 열역학적이다. 양식이 절대자의 감정을 부분적 진리와 결합한다는 것은 이런 의미에서이다. 양식은 낙관적이지도, 비관적이지도 않다. 양식이 낙관적이거나 비관적인 색조를 띤다면, 이는 불의 부분이 나타나는 방식에 따라 좌우된다. 모든 것을 취하고 모든 부분들을 균일화시키는 불의 부분은 양식에게는 어떤 피할 수 없는 죽음과 무에 의해 각인되어 있는 것으로 나타나거나(우리는 죽음 앞에서 모두 동등하다.), 이와 반대로 존재의 행복한 충만성을 띠는 것으로 나타난다.(우리는 생명 앞에서 어떤 동등한 기회들을 갖는다.) 양식은 차이를 부정하지 않는다. 오히려 거꾸로 차이를 인정한다. 하지만 충분한 연장과 시간 속에서 차이가 스스로 부정된다는 점을 긍정하기 위해 꼭 필요한 만큼만 인정할 뿐이다. 미친 차이와 소멸된 차이 사이, 분할 가능자 안의 비동등성과 동등

---

8 (옮긴이 주) il va de la part des choses à la part du feu. 번역하기 힘든 구절. faire la part du feu는 불길을 막기 위해 필요 없는 것을 걷어치운다는 뜻의 관용어이다. 여기서 feu는 혼돈과 재앙을 나타내는가 하면, 계몽으로 번역되는 lumières와 은유적으로 연계되어 있다.

해진 분할 가능자 사이, 비동등한 것의 분배와 분배된 동등성 사이에서 양식은 어쩔 수 없이 어떤 보편적 배당의 규칙으로, 따라서 보편적으로 배당된 것으로 살아갈 수밖에 없는 처지이다.

양식은 어떤 시간의 종합에 정초하고 있고, 정확히 말해서 우리가 첫 번째 종합으로 규정했던 습관의 종합에 그 정초를 두고 있다. 양식[9]이 선하고 좋은 것이라면, 이는 단지 그것이 이 종합에 따르는 시간의 방향을 그대로 받아들이기 때문일 따름이다. 양식은 살아 있는 현재(그리고 이 현재의 피곤)를 증언하고, 그런 가운데 과거에서 미래로, 특수한 것에서 일반적인 것으로 나아간다. 그러나 양식은 이 과거를 개연성이 없거나 아주 미미한 개연성만을 지닌 것으로 정의한다. 사실 모든 부분적 체계가 자신의 영역을 개체화시키는 어떤 차이에 기원을 두고 있는 것이라면, 그 체계 안에 위치한 관찰자가 어찌 그 차이를 과거의 것으로, 그리고 — 그 차이가 관찰자의 배후에 있으므로 — 거의 '개연성이 없는' 것으로 파악하지 않을 수 있단 말인가? 거꾸로 이 체계의 중심부에서 시간의 화살은, 다시 말해서 〔좋은 방향이라는 의미의〕 양식은 미래, 개연적인 것, 차이의 소멸 등을 동일시한다. 이런 조건은 예견 그 자체의 근거가 된다.(종종 주목되었던 것처럼, 만일 처음에는 식별할 수 없었던 어떤 온도들이 점점 분화되어 간다면, 이 중 어떤 온도가 증가하거나 감소할 것인지는 예견할 수 없을 것이다. 또 만일 점착성이 가속적으로 촉진되어 간다면, 그 점착성을 통해 유동체들은 정지 상태에서 벗어나겠지만 그 방향은 예견할 수 없을 것이다.) 볼츠만은 그의 유명한 구절들을 통해 양식을 뒷받침하는 이런 과학적이고 열역학적인 보증에 주석을 붙이고 있다. 그 주석에 따르면, 부분적 체계 안에서는 두 종류의 동일화가 일어난다. 먼저 과거, 비-개연성, 차이 등이 동일화되고 다른 한편 미래, 개연성, 균일성 등이 동일

---

9 (옮긴이 주) 이 대목 전후에서 양식의 원어인 bon sens는 '좋은 방향'이라고 읽어야 한다.

감성적인 것의 비대칭적 종합

화된다.[10] 이런 균일화, 이런 동등화는 단지 각각의 부분적 체계 안에서만 이루어지는 것이 아니다. 그것은 또한 진정으로 보편적인 양식 안에서, 다시 말해서 달과 대지를 결합하고 절대자의 감정과 부분적 진리들의 상태를 결합하는 양식 안에서, 한 체계에서 다른 체계로 이어지기를 꿈꾼다. 그러나 이런 시간의 종합이 충분치 않은 것처럼, 하물며 (볼츠만이 보여주듯이) 이런 결합은 더욱 정당하지 않다.

우리는 적어도 양식과 공통감의 관계만은 정확하게 한정할 수 있다. 공통감은 주관적으로는 모든 인식능력들의 통일성이자 근거에 해당하는 어떤 자아에 대해 가정된 자기동일성으로 정의되었고, 객관적으로는 모든 인식능력들이 관계한다고 간주되는 이러저러한 대상의 자기동일성으로 정의되었다. 하지만 이런 이중의 동일성은 여전히 정태적이다. 우리는 결코 보편적 자아가 아니며, 하물며 이러저러한 보편적 대상 앞에 있는 것은 더욱 아니다. 대상들은 개체화의 장에 의해, 그 장 안에서 절단되는 것이고, 자아들 또한 그렇다. 따라서 공통감은 스스로 자신을 넘어서서 또 다른 심급으로 나아가야 한다. 역동적이고 어떤 대상이든 이러저러하게 규정할 수 있으며 또 그런 대상들의 집합 안에 위치한 자아를 개체화시킬 수 있는 심급으로 넘어가야 한다. 이 또 다른 심급은 양식이고, 이 양식은 개체화의 기원에 있는 어떤 차이에서 출발한다. 그러나 정확히 이번에는 양식이 다시 스스로 자기 자신을 넘어서서 공통감으로 나아간다. 양식은 차이가 대상 안에서 스스로 소멸되는 경향에 빠지도록 만들고, 그런 방식으로 할당을 보증한다. 양식은 어떤 규칙을 부여한다. 이 규칙을 따라가면 서로 다른 대상들은 자기들끼리 동등화의 길로 들어서고 서로 다른 자아들은 균일화의 길로 들어선다. 바로 이런 이유들 때문에 양식은 다시 공통감을 향해 나아가고, 공

---

10 Ludwig Boltzmann, *Leçons sur la théorie des gaz*(Gauthier-Villars), II, 251쪽 이하.

통감은 양식에 보편적 자아의 형식은 물론이고 그 어떤 대상이든 지녀야 할 보편적 형식을 제공한다. 따라서 양식이 객관적이고 주관적인 두 가지 정의를 지니고 있다면, 이 두 정의는 "보편적 배당의 규칙이자 보편적으로 배당된 규칙"이라는 공통감의 두 정의에 상응한다. 양식과 공통감은 각기 서로에게 의존하고, 서로 반영하며, 각기 정통교리의 반쪽을 구성한다. 이런 상호성 안에서, 이런 이중의 반영 안에서 우리는 공통감을 재인(再認)의 과정으로, 또 양식을 예견의 과정으로 정의할 수 있다. 공통감은 잡다의 질적 종합이자 질적 잡다성의 정태적 종합이다. 이 종합은 똑같은 한 주체의 모든 인식능력들에 대해 언제나 똑같은 것으로 가정되는 어떤 임의의 대상에 관계한다. 반면 양식은 차이의 양적 종합이자 양적 차이의 역동적 종합이다. 이 종합은 차이가 객관적으로는 물론이고 주관적으로도 소멸되는 어떤 체계에 관계한다.

차이와 역설

그럼에도 불구하고 차이는 여전히 주어져 있는 소여 자체가 아니다. 차이는 다만 그것을 통해 소여가 주어지는 어떤 것이다. 과연 사유는 여기까지 나아가는 일을 외면할 수 있는가? 어찌 사유가 자기 자신과 극도로 대립하는 이런 사태에 대한 사유를 회피할 수 있단 말인가? 이는 동일자와 더불어서는 전력을 다해 사유한다 해도 결국 최소의 사유에도 도달할 수 없기 때문이다. 반면 차이나는 것 안에서는 가장 높은 사유에 이르지만, 이는 사유될 수는 없는 사유가 아닐까? 차이나는 것이 보여주는 이런 항의는 들끓는 의미를 지니고 있다. 설령 차이가 잡다 안으로 할당되는 경향을 지녀서 결국 사라지고 또 자신이 창조한 이 잡다를 균일화시키는 것이라 해도, 일단 이 차이는 느껴져야 하고, 게다가 감각해야 할 잡다를 부여하는 것으로 느껴져야 한다. 또 차이는

감성적인 것의 비대칭적 종합

잡다를 창조하는 것으로 사유되어야 한다. (이는 우리가 이때 인식능력들의 공통적인 사용으로 되돌아가기 때문이 아니다. 그것은 다만 분리된 인식능력들이 정확히 어떤 폭력의 관계 안으로 진입하고, 이 관계 안에서 한 능력이 자신이 겪는 강제를 다른 능력에 넘겨주기 때문이다.) 양식의 밑바닥에 있는 것은 착란이다. 바로 그렇기 때문에 양식은 언제나 이차적이다. 사유가 사유해야 하는 것은 차이, 사유와 절대적으로 차이나는 이 차이다. 하지만 바로 이런 차이를 통해 사유의 행위가 태어나고 그 행위에 사유가 주어지는 것이다. 매우 빼어난 문장들을 통해 랄랑드는 실재는 차이인 반면, 사유의 원리에 해당하는 실재의 법칙은 동일화임을 말하고 있다. "따라서 실재는 실재의 법칙과 대립하고 현실적 상태는 이 상태의 생성과 대립한다. 어떻게 이와 같은 상태의 사태들이 생길 수 있는 것일까? 어떻게 물리적 세계는 자신의 고유한 법칙을 통해 끊임없이 약화되는 어떤 근본적인 속성에 의해 구성되는 것일까?"[11] 말하자면 실재적인 것은 자신 위에 군림하는 법칙들의 결과가 아니다. 어떤 사투르누스적인 신은 자신이 한쪽 끄트머리에서 만들었던 것을 다른 쪽 끄트머리에서 먹어치우지 않던가? 그 신은 자신의 입법에 반하여 창조하기 때문에 자신의 창조에 반하여 입법하는 것이 아닐까? 우리는 바로 여기서 차이를 느끼고 사유하도록 강요받는다. 우리는 자연의 법칙들에 반하는 어떤 것을 느끼고, 사유의 원리들에 반하는 어떤 것을 사유한다. 또 설령 차이의 생산이 정의상 "그 주름을 펼쳐낼 수 없는 것"이라 해도, 어떻게 사유 자체의 중심부에서 그 불가능자가 안-주름잡혀 있지 않을 수 있겠는가? 어떻게 사유의 심장부에 사유 불가능자가 없지 않을 수 있겠는가? 또 양식의 한가운데에 어떻게 착란이 있지 않을 수 있겠

---

11 André Lalande, *Les illusions évolutionnistes*(Alcan, 1930), 347~348쪽. 그리고 378쪽. "차이의 **생산**은 사유의 일반적 법칙들에 반하는 사태로, 엄격히 말하자면 설명할 **수 없는** 것이다."

는가? 도대체 비-개연성을 과거의 지고한 역량이나 기억 안의 아득한 태고로 파악하지 않고 그냥 어떤 부분적 진화의 시초로 몰아내는 것으로 만족할 수 있다는 것인가? (바로 이런 의미에서 현재의 부분적 종합은 이미 우리를 시간의 또 다른 종합, 태고로 이어지는 기억의 종합 안으로 던져 놓는다. 물론 이때 우리는 이 기억의 종합보다 훨씬 먼 곳으로 떠밀려 가는 것이지만……)

철학은 양식을 통해서가 아니라 역설을 통해 드러난다. 역설은 철학의 파토스, 또는 정념이다. 게다가 역설은 여러 종류이고, 각기 정통 교리의 상보적인 형식들, 양식과 공통감에 대립한다. 주관적으로 역설은 인식능력들의 공통적인 사용을 깨뜨리고, 또 그런 역설을 통해 각각의 능력은 자신의 고유한 한계, 자신의 비교 불가능자에 직면하게 된다. 사유는 오로지 자신만이 사유할 수 있으면서도 결국 사유할 수 없는 어떤 것에 직면한다. 기억은 자신의 태고이기도 한 망각에 직면하고, 감성은 자신의 강도와 구별되지 않는 감각 불가능자에 직면하게 된다.……그러나 이와 동시에 역설은 이 깨진 인식능력들을 향해 양식에는 속하지 않는 관계를 전달한다. 이때 인식능력들은 화산같이 폭발하는 선(線) 위에 놓여서 한 능력의 불똥에서 또 다른 능력이 불길을 내뿜게 되고, 한 능력의 한계에서 또 다른 능력의 한계로 이어지는 어떤 도약이 일어난다. 다른 한편 역설을 통해 객관적으로 부각되는 것은 공통성을 띤 어떤 전체 속으로 총체화되지 않는 요소이고, 또 어떤 양식의 방향 안에서 동등화되거나 소멸되지 않는 차이다. 역설들에 대한 유일한 논박은 양식과 공통감 자체 안에 있다는 말이 있지만, 이는 오로지 어떤 조건에서만 지당한 말이다. 그것은 양식과 공통감이 이미 소송 당사자의 역할과 더불어 재판관의 역할을, 게다가 부분적 진리와 더불어 절대자를 모두 떠맡고 있다는 조건에서만 옳다.

감성적인 것의 비대칭적 종합

3절
강도, 질, 외연: 소멸의 가상

차이가 문자 그대로 "그 주름을 펼쳐낼 수 없는 것"[12]이라 해도 놀랄
이유는 없다. 차이는 스스로 자신의 주름을 펼치지만, 정확히 그런 밖-
주름운동이 일어나는 체계 안에서 스스로 소멸되는 경향이 있다. 이는
단지 차이가 본질적으로 함축된다는 것을, 차이의 존재는 안-주름운동
이라는 것을 의미할 따름이다. 차이에 대해 바깥으로 주름을 펼친다는
것, 자신을 설명한다는 것은 스스로 소멸된다는 것이고, 자신을 구성하
는 비동등성을 추방한다는 것이다. "설명한다는 것은 동일화하는 것"이
라는 표현은 동어반복이다. 이로부터 차이가 소멸된다는 결론, 적어도
차이 그 자체가 스스로 소멸된다는 결론을 끌어낼 수는 없다. 차이는
자기 자신의 바깥에 놓이는 한에서, 연장 안에 그리고 이 연장을 채우
는 질 안에 놓이는 한에서 소멸된다. 그러나 이 연장은 물론이고 이 질
도 차이에 의해 창조된다. 강도는 어떤 외연extensio 안에서 자신의 주
름을 펼치고 자기 자신을 개봉한다. 강도는 바로 이 외연을 통해 연장
extensum에 관계하며, 이 연장 안에서 자기 자신의 바깥으로 나타나고
또 질에 의해 뒤덮인다. 강도의 차이는 이 체계 안에서 스스로 소멸되
거나 소멸되는 경향을 띤다. 그러나 이 체계를 창조하는 것은 바로 이
강도의 차이다. 강도의 차이는 스스로 자신의 주름을 펼치면서 그 체계
를 창조한다. 이로부터 기호로서의 질이 갖는 이중의 측면이 뒤따른다.
즉 질의 배후에는 어떤 구성하는 차이들의 질서가 함축되어 있는가 하
면, 질은 차이들이 주름을 펼치고 있는 연장적 질서 안에서 그 차이들

---

12 (옮긴이 주) inexplicable. 이미 지적한 것처럼 설명explication과 함축implication은 들
뢰즈의 표현 이론에서 각기 밖-주름운동과 안-주름운동을 의미한다. 이 대목 이하의 번역에
서는 이런 이중의 의미를 문맥에 따라 적절하게 배치했다.

을 소멸시키는 경향을 지닌다. 바로 그렇기 때문에 인과성도 역시 신호화 안에서 어떤 기원과 어떤 정향(定向), 어떤 목적지, 어떻게 보면 자신의 기원에 반하는 목적지 등을 동시에 발견한다. 또 인과적 방향에서 결과의 고유한 특성은 지각의 방향에서 '효과'를 낳는다는 것이고, 어떤 고유명사를 통해 명명될 수 있다는 것이다(제베크 효과, 켈빈 효과).[13] 왜냐하면 그것은 고유한 의미에서 변별적이고 이름을 통해 상징화할 수 있는 어떤 개체화의 장 안에서 출현하기 때문이다. 정확히 말해서 차이의 소실은 우리가 그 희생자인 어떤 '효과'와 분리될 수 없다. 강도로서의 차이는 연장 안에서 밖-주름운동을 펼치면서 소멸되지만, 그때에도 여전히 자기 자신 안으로 안-주름운동을 일으키고 있다. 그러므로 열량상의 죽음에서 우주를 구하거나 영원회귀의 기회들을 보존하기 위해 차이를 복원할 수 있다고 간주되는 ─ 하지만 거의 '개연성이 없는' ─ 어떤 외연적 메커니즘들을 상상할 필요는 없다. 왜냐하면 차이는 자신의 주름을 바깥으로 펼칠 때조차 끊임없이 그 자체 안에서 존재하고 그 자체 안으로 함축되기 때문이다. 그러므로 감각적 차원의 가상만 있는 것이 아니라 초월론적 차원의 물리학적 가상도 있다. 이 점에 관한 한 우리는 레옹 셀므가 어떤 심오한 발견을 이루어냈다고 믿는다.[14] 카르노를 클라우지우스에게 대립시킬 때, 그는 엔트로피의 증가가 가상적임을 보여주고자 했다. 또 그는 이 가상을 가져오는 경험적이거나 우연한 특정 요인들을 지적했다. 열기관들 내부에서 성립하는 온

---

13 (옮긴이 주) 제베크 효과는 독일 물리학자 제베크(T. J. Seebeck, 1770~1831)가 발견한 것으로, 2종의 금속선의 양끝을 접합하고 그 양끝을 상이한 온도로 유지시킬 때 전위차(電位差)가 생겨 회로에 전류가 흐르는 현상이다. 또 영국 물리학자 켈빈(W. T. Kelvin, 1824~1907)은 온도 기울기가 있는 매체에서는 전기 기울기가 생기는 현상을 발견했다. 켈빈은 카르노, 클라우지우스 등과 함께 열역학 제2법칙의 발견에 공헌한 인물로 꼽힌다. 하지만 들뢰즈는 이들 중 엔트로피의 증가로 인한 우주의 열적 사망을 예고한 클라우지우스에 대해 비판적이다.

14 Lon Selme, *Principe de Carnot contre formule empirique de Clausius*(Givors, 1917).

감성적인 것의 비대칭적 종합

도차들의 상대적인 미세성, "열역학적 파성추(破成錘)"의 제작을 가로막았던 것으로 보이는 막대한 감폭(減幅)들 등이 그것이다. 그러나 그는 무엇보다 어떤 초월론적 형식의 가상을 끌어냈다. 즉 모든 외연들 중에서 엔트로피만이 유일하게 직접 측정할 수 없고, 심지어 에너지 이론과 무관한 어떤 절차를 통해 간접적으로도 측정할 수 없다. 만일 부피나 전기량의 경우에도 사정이 같다면, 우리는 필연적으로 이것들이 비가역적인 변형들 안에서 증가한다는 인상을 받을 것이다. 엔트로피의 역설은 다음과 같다. 엔트로피는 외연적 요인이지만, 다른 모든 외연적 요인들과는 달리 강도 안에서 그 자체로 함축되는 어떤 외연이자 안으로 접히는 '밖-주름'이며, 단지 함축된 채로만 실존하고 함축이나 안-주름운동의 바깥에서는 실존하지 않는 외연이다. 그리고 이는 모두 그 엔트로피의 기능 때문이다. 엔트로피의 기능은 안으로 함축된 것이 바깥으로 펼쳐지거나 확장되도록 하는 일반적인 운동을 가능하게 만드는 데 있다. 따라서 물리학적 질로서의 열과 외연으로서의 엔트로피에 본질적으로 연계된 어떤 초월론적 가상이 있는 것이다.

여기서 주목할 만한 점은, 연장이 자신 안에서 성립하는 개체화를 알아차리지 못한다는 사실이다. 아마 고(高)와 저(底), 좌(左)와 우(右), 형상과 바탕은 어떤 개체화 요인들일 것이고, 이 요인들을 통해 연장 안에서 하강과 상승들, 횡적 흐름과 침강(沈降)들의 궤적이 드러날 것이다. 하지만 이 요인들의 가치는 단지 상대적일 뿐이다. 왜냐하면 이미 개봉되고 펼쳐진 어떤 연장 안에서 작용하기 때문이다. 게다가 이 요인들은 어떤 훨씬 '깊은' 심급에서 유래한다. 그 심급은 깊이 자체로서, 어떤 외연이 아니라 순수한 안-주름[15]이다. 아마 모든 깊이는 어떤 가능한 길이, 어떤 가능한 넓이일 것이다. 하지만 이런 가능성은 오로

---

15 (옮긴이 주) implexe. 폴 발레리로부터 빌린 용어이다.

지 관찰자가 장소를 바꾸고 또 어떤 추상적인 개념 속에서 자기 자신에 대한 길이와 타인에 대한 길이를 다시 통합하는 한에서만 실현된다. 사실 사라진 깊이가 길이가 되거나 길이 안에서 주름을 펼치는 것은 언제나 새로운 깊이로부터 시작된다. 단순한 평면을 고려하든 세 번째 차원이 다른 두 차원과 동질적인 어떤 삼차원의 연장을 고려하든 분명 사정은 언제나 마찬가지다. 일단 외연량으로 파악되고 나면 깊이는 이미 발생한 연장의 일부가 되고, 외연량이나 연장과는 다른 자신의 고유한 다질성을 더 이상 자기 자신 안에 담고 있지 못하게 된다. 그래서 우리는 깊이가 연장의 궁극적 차원임을 확인하지만, 그 이유는 이해하지 못한 채 다만 그것을 어떤 하나의 사실로만 확인할 뿐이다. 왜냐하면 과연 그 깊이가 원천적인 것인지 더 이상 알지 못하기 때문이다. 그래서 또 우리는 개체화 요인들이 연장 안에 현전한다는 사실을 확인하지만, 이 요인들의 능력이 어디서 비롯되는지는 이해하지 못한다. 왜냐하면 이 요인들이 과연 원천적인 깊이를 표현하는 것인지 알지 못하기 때문이다. 주름을 펼치는 것은 깊이다. 깊이는 일차원에서는 좌우로 주름을 펼치고, 이차원에서는 고저로, 동질화된 삼차원에서는 형상과 바탕으로 주름을 펼친다. 연장은 자신의 고유한 기원의 비대칭적 징표들에 해당하는 어떤 좌우, 고저, 상하를 현시하지 않고서는 나타나지도, 전개되지도 않는다. 그리고 이런 규정들의 상대성은 여전히 그것들이 유래하는 절대적인 무엇을 증언하고 있다. 모든 연장 전체는 깊이들에서 나온다. (궁극적이고 원천적인) 다질적 차원으로서의 깊이는 연장의 모태이며, 다른 두 차원과 동질적인 것으로 간주되는 삼차원의 모태 또한 다르지 않다.

특히 어떤 동질적인 연장 안에서 나타나는 바탕은 '깊은 것'의 투사이다. 사실 깊은 것만이 탈-근거Ungrund나 무-바탕이라 일컬어질 수 있다. 대상은 그 자체로서 자신의 고유한 깊이와 관계를 맺고 또 유지하고 있다. 일단 그런 관계가 성립하지 않는다면, 형상과 바탕의 법칙은 중립적 바탕이나 다른 대상들의 바탕 위로 떨어져 나오는 어떤 대상에 대해 결코 효력을 지니지 못할 것이다. 형상과 바탕은 단지 어떤 평면적이고 외재적인 결합관계relation만을 맺고 있다. 이런 결합관계는 표면들과 그 표면들이 봉인하는 깊이 사이에서 성립하는 어떤 내적이고 입체적인 비율적 관계rapport를 가정한다. 깊이의 종합은 대상에 깊이의 그림자를 부여하지만, 또 그 그림자에서 대상이 솟아오르게 만들어준다. 이런 깊이의 종합은 현재와 과거의 공존은 물론이고 가장 먼 과거를 증언하고 있다. 여기서 순수하게 공간적인 종합들이 이미 규정된 시간적 종합들을 다시 취한다는 것은 하등 놀랄 필요가 없는 사실이다. 즉 연장의 밖-주름운동은 첫 번째 종합, 습관의 종합이나 현재의 종합에 의존하지만, 깊이의 안-주름운동은 두 번째 종합, 기억의 종합과 과거의 종합에 의존한다. 게다가 또한 깊이 안에서는 보편적 '근거와해'를 예고하는 세 번째 종합이 임박하여 들끓고 있음을 예감해야 한다. 깊이는 북동쪽에서 남서쪽으로 이어지는 그 유명한 지질학적 선(線)과 같다. 이 선은 사물들의 심장부로부터 비스듬히 나와서 화산들을 할당하고, 결국 "자신의 분화구에서 터져 나오는" 사유에 어떤 끓어오르는 감성을 다시 통합한다. 셸링은 이를 다음과 같이 표현할 수 있었다. 깊이는 바깥으로부터 길이와 넓이에 덧붙여지는 것이 아니다. 깊이는 다만 그 길이와 넓이를 창조하는 분쟁의 숭고한 원리로 깊이 은거하고 있을 뿐이다.

깊이 혹은 공-간

연장이 깊이들에서 나온다는 것, 이 점은 오로지 깊이가 연장과는 독립적으로 정의될 수 있는 경우에만 가능하다. 우리가 그 발생을 규명하려고 애쓰고 있는 연장은 외연적 크기이다. 그것은 연장된 것 extensum이거나 혹은 모든 외연적 확장extensio의 준거 항이다. 반면 원천적인 깊이는 확실히 공간 전체이지만, 그것은 강도량에 해당하는 공간, 즉 순수한 공-간spatium이다. 우리는 감각이나 지각이 어떤 존재론적 측면을 지니고 있음을 알고 있다. 정확히 자신들에게 고유한 종합들 안에서 오로지 감각밖에 될 수 없거나 지각밖에 될 수 없는 것에 직면할 때 그런 존재론적 측면이 드러난다. 그런데 깊이는 본질적으로 연장의 지각 안에 함축되어 있는 것처럼 나타난다. 즉 깊이에 대한 판단, 또 거리들에 대한 판단은 대상들이 겉으로 드러내는 크기에 따라 이루어지는 것이 아니다. 오히려 거꾸로 깊이는 자기 자신 안에 거리들을 봉인하고 있으며, 이 거리들은 다시 겉으로 드러난 크기들 안에서 자신의 주름을 펼치고 연장 안에서 자신을 개봉해간다. 게다가 또한 이런 함축의 상태에서 깊이와 거리들은 근본적으로 감각의 강도와 연계되어 있는 것처럼 나타난다. 즉 깊이의 지각을 가져오는 것(혹은 차라리 지각에 깊이를 제공하는 것)은 느껴진 강도가 지닌 점진적 감소의 역량이다. 지각된 질은 강도를 가정한다. 왜냐하면 그 질은 단지 어떤 '분리 가능한 강도들의 파편'에 대해 어떤 유사성의 특성만을 표현하기 때문이다. 어떤 항구적인 대상 — 가변적인 거리들을 가로질러 자기동일성을 언명하는 질화된 대상 — 은 이 파편의 한계들 안에서 구성된다.[16] 거리들을

---

16 A) 연장의 지각에서 일어나는 깊이의 봉인이나 '함축'에 대해서는 그토록 중요하면서도 너무나 잘못 이해되고 있는 자크 팔리아르의 저작 일반을 참조할 것. (팔리아르는 **함축**의 형식들을 분석하고 그가 함축적이라 부르는 사유와 명시적 사유 사이의 본성상의 차이를 보여준다. 특히 Jacques Paliard, *Pensée implicite et perception visuelle*(P.U.F., 1949), 6쪽 참조. "함축적인 것은 봉인된 것만 있는 것이 아니라 또한 봉인하는 것도 있다." 그리고 46쪽 참조. "이런 함축적인 앎은…… 우리에게 깊이나 어떤 가시적인 우주의 종합적 긍정 등과 같이 어떤 봉인하는 앎으로 나타나는가 하면, 동시에 세부들이 협력하게 만드는 다양한 암시들, 깊이 그 자체의 심장부에 있는 다양한 거리 관계들 등과 같이 어떤 봉인된 앎으로 나타난다…….")
    B) 깊이의 지각이 지닌 강도적 특성과 여기서 비롯되는 질의 지위에 대해서는 Maurice

감성적인 것의 비대칭적 종합

봉인하고 있는 강도는 연장 속에서 자신의 주름을 펼치고, 연장은 이 거리들 자체를 개봉하고 외면화하며 혹은 동질화한다. 이와 동시에 이 연장은 어떤 질에 의해 점유된다. 이때 그 질은 어떤 방향성을 띤 환경이나 매체를 정의하는 물리학적 질qualitas이거나 이 방향에 의거하여 그런 대상을 특징짓는 감각적 질quale일 수 있다. 강도는 감각 불가능한 것인 동시에 오로지 감각밖에 될 수 없는 것이다. 강도는 어떻게 자신을 뒤덮고 있는 질들과 자신이 할당되는 연장과 무관하게 그 자체로 감각될 수 있을 것인가? 그렇지만 감각을 낳고 감성의 고유한 한계를 정의하는 것이 바로 강도인데, 어떻게 강도가 '감각되는' 사태 이외의 다른 사태일 수 있을 것인가? 깊이는 지각 불가능한 것인 동시에 오로지 지각밖에 될 수 없는 것이다.(이런 관점에서 팔리아르는 깊이가 조건화하는 것인 동시에 조건화되는 것이라 말하고, 이념적 실존인 거리와 시각적 실존인 거리 사이에 어떤 상보적인 반비례 관계가 있음을 지적한다.) 강도에서 깊이로. 이미 거기에는 지극히 이상한 동맹이 이루어지고 있다. 그것은 존재가 차이 안에서 자기 자신과 맺는 동맹이다. 이때 차이는 각각의 인식능력을 그 자신의 고유한 한계로까지 끌고 가고, 각기 겪는 고독의 극치에서만 이 인식능력들이 서로 소통할 수 있도록 만들어놓는다. 존재 안에서 깊이와 강도는 같은 것이다. 하지만 그것은 차이를 통해 언명되는 같음이다. 깊이는 존재의 강도이고, 거꾸로 강도는 존재의 깊이다. 그리고 이 강도적 깊이에서, 바로 이 공-간에서 외연과 연장, 물리학적 질과 감각적 질이 모두 동시에 나온다. 벡터들, 연장을 가로지르는 벡터 크기들뿐 아니라 잠재-벡터들의 특수한 경우들에 해당하는 스

Pradines, *Traité de Psychologie générale*(P.U.F., 1943), I, 405~431쪽과 554~569쪽 참조.

　　C) 그리고 능동성의 관점에서 강도적 공간과 강도적 성격의 공간 작용들을 다루는 사례로 Jean Piaget, *Introduction à l'épistémologie génétique*(P.U.F., 1949), I, 75쪽 이하, 210쪽 이하 참조.

칼라 크기들 역시 강도적 근원을 영원히 증언하고 있다. 가령 고도(高度)들이 그렇다. 고도들은 아무 방향에서나 합산되는 것이 아니다. 게다가 고도들은 어떤 연속적 계기(繼起)의 질서와 본질적인 관계를 맺고 있다. 우리는 이런 사실을 통해 깊이 안에서 실행되는 시간의 종합에 이르게 된다.

칸트는 모든 직관들을 외연량들로 정의한다. 이런 정의에 따르면 부분들의 표상은 전체의 표상을 가능하게 해주고, 또 전체의 표상에 앞선다. 그러나 공간과 시간은 표상되거나 재현될 때와 똑같이 현전하는 것이 아니다. 오히려 거꾸로 전체의 현전화가 부분들의 가능성을 근거짓는다. 이때 부분들은 잠재적인 것들에 불과하고, 단지 경험적 직관의 규정된 가치들 안에서만 현실화된다. 외연적인 것, 그것은 경험적 직관이다. 칸트는 시간은 물론 공간에 대해서도 어떤 논리적 외연을 거부하지만, 이 순간마저 오류를 범하고 있다. 그 오류는 공간에 대해 어떤 기하학적 외연을 유지하고, 또 강도량[17]을 이러저러한 정도에서 연장을 채우고 있는 어떤 질료에 대해서만 인정한다는 데 있다. 칸트는 좌우 대칭적인 물체들 안에서 정확히 어떤 내적 차이를 식별했다. 하지만 칸트에 따르면, 이 내적 차이는 개념적 차이가 아니므로 단지 외연적 크기로서의 연장 전체와의 어떤 외부적 결합관계에만 관계할 수 있을 뿐이다. 사실 좌우, 고저, 형상과 바탕에 관련된 모든 것이 그런 것처럼, 대칭적 대상들의 역설은 어떤 강도적 원천에서 비롯된다. 순수 직관에 해당하는 공간, 곧 공-간은 강도량이다. 또 초월론적 원리에 해당하는 강도는 단순히 지각의 예상으로 그치는 것이 아니다. 그것은 오히려 어떤

---

17 (옮긴이 주) quantité intensive. 칸트의 원래 용어는 intensive Größe. 최재희 옮김, 『순수이성비판』(서울: 박영사, 개정 중판 1992), 183쪽(B 207)에서는 '내포량'으로 번역되어 있고, 경우에 따라 칸트 연구자들은 '밀도적 크기'로 옮기기도 한다. 칸트는 이 밀도적 크기를 지각에 필수 불가결한 예상 혹은 '예취의 원칙'으로 설정하는데, 이하의 논의에서 들뢰즈는 이 점도 비판하고 있다.

감성적인 것의 비대칭적 종합

4중의 발생 원천이다. 다시 말해서 강도는 도식에 해당하는 외연의 원천, 외연적 크기에 해당하는 연장의 원천, 연장을 차지하는 질료인 물리학적 질의 원천, 대상의 지칭에 해당하는 감각적 질의 원천이다. 헤르만 코헨은 칸트주의를 재해석하면서 강도량들의 원리에 풍부한 가치를 부여했다는 점에서 역시 옳은 길을 걷고 있다.[18] 공간이 개념으로 환원될 수 없다는 것이 사실임에도 불구하고, 공간과 이념의 친근성은 부인될 수 없다. 다시 말해서 연장 안에서 (이념들 안에 들어 있는 미분비들에 해당하는) 이상적 연관들의 현실화를 규정하는 (강도적 공-간으로서의) 공간의 능력은 부인될 수 없는 것이다. 그리고 만일 가능한 경험의 조건들이 외연과 관계한다는 것이 사실이라면, 그에 못지않게 실재적 경험의 조건들이 있다. 다만 이 조건들은 표면 아래 숨어 있고 강도로서의 강도 그 자체와 뒤섞여 구별할 수 없을 뿐이다.

4절
강도의 첫 번째 특성: 즉자적 비동등

강도에는 세 가지 특성이 있다. 첫 번째 특성에 따르면, 강도량은 즉자적으로 비동등한 것을 포괄한다. 강도량은 양(量) 안의 차이를 나타낸다. 다시 말해서 양적 차이 안에 있는 말소 불가능한 것, 양 자체 안에 있는 동등화 불가능한 것을 나타낸다. 따라서 강도량은 양에 고유한 질(質)이다. 강도량은 양이라는 유(類)에 속하는 어떤 종(種)이 아니다. 그것은 오히려 모든 양에 현전하는 어떤 근본적이거나 원천적인 계기

18 Hermann Cohen, *Kants Theorie der Erfahrung*(2판, Dümmler, 1885), 428절 이하. 코헨의 칸트주의 해석에서 강도량들이 떠맡는 역할에 대해서는 Jules Vuillemin, *L'héritage kantien et la révolution copernicienne*(P.U.F., 1954), 183~202쪽 참조.

의 형태로 드러난다. 이는 다른 한편 외연량이 (어떤 부분적인 수적 체계 안에서) 양적인 목적지나 목표를 표시하는 또 다른 계기의 형태임을 의미한다. 수(數)의 역사를 통해 분명히 알 수 있는 것처럼, 각각의 체계적 유형은 어떤 본질적인 비동등성 위에 구축되고, 하위 유형과 견주어 볼 때 이런 비동등성을 계속 간직하고 있다. 가령 분수가 〔분모와 분자에 해당하는〕 두 크기의 비율을 동등하게 하여 어떤 정수를 만든다는 것은 불가능하다. 무리수에서는 분자와 분모의 공약수를 결정한다는 것은 불가능하고, 그래서 그 둘의 비율은 심지어 어떤 분수로조차 표현될 수 없다.

사실 어떤 유형의 수가 자신의 본질 안에 어떤 비동등성을 간직하기 위해서는 반드시 자신이 열어놓은 새로운 질서 안에서 그 비동등성을 추방하거나 소멸시켜야 한다. 가령 분수는 자신을 특징짓는 비동등성을 공약수의 동등성을 통해 상쇄한다. 무리수에서는 비동등성이 순수하게 기하학적인 비율적 동등성에 종속되고, 나아가 산술적으로는 어떤 수렴하는 유리수 계열에 의해 표시되는 어떤 극한의 동등성에 종속된다. 그러나 우리가 여기서 거듭 발견하는 것은 단지 밖-주름운동과 안으로 접힌 주름, 연장과 강도적인 것의 이원성에 지나지 않는다. 왜냐하면 만일 수가 자신의 차이를 폐기한다면, 오로지 자신이 열어놓은 외연 안에서 그 차이의 주름을 펼치면서 폐기하는 것이기 때문이다. 하지만 수는 그 차이를 자기 자신 안에 보존한다. 자기 자신을 근거짓는 질서, 자신 안으로 함축된 질서 안에서 그 차이를 보존하는 것이다. 모든 수는 본질적으로 말소 불가능한 어떤 양적 차이를 함축하고, 그런 한에서 원천적으로 강도적이고 벡터적이다. 하지만 또한 모든 수는 자신이 창조하고 그 안에서 자신의 주름을 펼치는 또 다른 평면 위에서는 이 차이를 소멸시키고, 그런 한에서는 외연적이고 스칼라적이다. 심지어 가장 단순한 유형의 수를 통해서도 이런 이원성을 확인할 수 있다.

감성적인 것의 비대칭적 종합

가령 자연수는 원래 서수적이고, 다시 말해서 원천적으로 강도적이다. 기수(基數)는 이런 자연수의 결과이고, 서수(序數)가 펼친 밖-주름으로 현전한다. 종종 제기되는 반론에 따르면, 서수화는 이미 수집의 성격을 띠는 어떤 기수적 연산들을 함축하고, 따라서 수의 기원에 놓일 수 없다. 하지만 이는 "기수적인 것이 서수적인 것의 결과"라는 말을 잘못 이해해서 나오는 반론이다. 서수화는 결코 어떤 똑같은 단위 ── 그 다음에 이어지는 서수에 이를 때마다 스스로 '기수화'될 단위 ── 의 반복을 가정하지 않는다. 서수적 구성은 똑같은 것으로 가정된 어떤 단위를 함축하는 것이 아니라, 앞으로 보게 될 것처럼, 다만 어떤 환원 불가능한 거리 개념을 함축하고 있을 뿐이다. 여기에 함축된 것은 강도적 공-간의 깊이 안에 함축된 거리들(서열화된 차이들)이다. 서수화는 동일성을 띤 단위를 가정하지 않는다. 오히려 거꾸로 그 동일한 단위는 기수에 속하고, 기수 안에서 어떤 외연적 동등성을, 외면화된 항들의 어떤 상대적 등가성을 가정한다. 그러므로 기수가 분석적으로 서수에서 따라나오는 결과라거나 어떤 서수적인 유한수열의 각 끝항에서 따라나오는 결과라는 믿음을 경계해야 한다.(위에서 제기된 반박은 이 점에 근거하고 있을 것이다.) 사실 서수적인 것은 오로지 외연을 통해서만 기수적인 것이 된다. 다시 말해서 공-간 안에 봉인된 거리들이 자연수가 열어놓은 어떤 연장 안에서 주름을 펼치거나 자신을 개봉해가고, 그런 가운데 서로 동등해지는 한에서만 서수적인 것은 기수적인 것으로 바뀐다. 말하자면 수의 개념은 처음부터 종합적인 것이다.

수에서 비동등한 것이 떠맡는 역할

강도는 양적 차이 안에 있는 말소 불가능한 것이지만, 이런 양적 차이는 외연 안에서 소멸된다. 이때 외연은 어떤 과정이다. 외연은 정확히 강도적 차이가 자기 자신의 바깥에 놓이고 자신이 창조한 연장 안에서 추방, 상쇄, 동등화, 제거되는 등의 방식으로 할당되는 과정이다. 그러나 이런 과정에는 얼마만큼이나 많은 연산이 필요하고 또 개입해야 하는가! 『티마이오스』의 위대한 구절들을 보면, 분할 가능한 것과 분할 불가능한 것이 서로 대치하고 있다.[19] 여기서 중요한 것은 분할 가능한 것은 자기 자신 안에 비동등한 것을 포함하는 것으로 정의되는 반면, 분할 불가능한 것(같은 것 또는 일자)은 비동등한 것에 동등성을 부여하여 그것을 길들이려고 애쓴다는 점이다. 그런데 신은 두 요소를 혼합하기 시작한다. 하지만 분할 가능한 B는 이 혼합에서 벗어나 자신의 비동등성과 부등성을 과시한다. 정확히 그런 이유 때문에 신은 오직 $A+B/2=C$ 만을 얻는다. 따라서 신은 두 번째의 혼합을 시작해야 하고, 여기서 $A+B/2+C$, 다시 말해서 $A+B/2+(A+B/2)$를 얻는다. 하지만 이 혼합은 또 다시 반항적이고, 신은 그 반항을 가라앉혀야 한다. 그래서 그 혼합은 두 가지 등비수열에 따라 부분들로 나뉘게 된다. 요소 A를 가리키는 공비 2인 한 수열(1, 2, 4, 8), 그리고 요소 C를 가리키고 요소 B의 부등성을 인정하는 공비 3의 다른 한 수열(1, 3, 9, 27)이 그것이다. 이제야 신은 메워야 할 어떤 간격들 앞에, 어떤 거리들 앞에 서게 된다. 즉 신은 두 가지 중간항을 통해 그 거리들을 메우는데, 그 중 하나는 (A에 대응하는) 산술평균이고 다른 하나는 (C에 대응하는) 조화평균이다. 이로부터는 어떤 비율(분수)들이 파생되고, 이 비율들 사이에서 또 다시 어떤 비율들이 파생된다. 이 비율들은 모든 혼합을 가로질러 분할 가능한 것 안의 비동등성을 추적하는 과제와 계속 씨름하고 있다. 게다가 신은 전체를 둘로 잘라서 서로 교차시켜야 하고, 그 둘을 다시 구부려서 두 개의 원을 만들어야 한다. 이 중 바깥쪽 원은 같음의 운동에 해당하는 동등한

---

19 플라톤, 『티마이오스』, 35~37.

감성적인 것의 비대칭적 종합

것을 끌어들이고, 비스듬하게 기울어진 안쪽 원은 어떤 이차적인 원들 안으로 분할 가능자를 할당하면서 그 가능자 안에서 비동등성을 고집하는 것을 보존한다. 그러나 끝내 신은 비동등성 그 자체를 정복하지 못했다. 신은 단지 비동등성 그 자체에게서 분할 가능한 것을 빼앗았을 뿐이고, 비동등성 그 자체를 어떤 외부적인 원 κύκλος ἔξωθεν으로 둘러 쌌을 뿐이다. 신은 외연 안에서 분할 가능한 것을 동등화시켰다. 하지만 이 외연은 세계 영혼의 외연이다. 이런 외연 아래에는, 다시 말해서 분할 가능한 것의 가장 깊은 심층에서는 여전히 비동등한 것이 우렁차게 포효하고 있다. 하지만 신은 조금도 개의치 않는다. 왜냐하면 신은 영혼의 모든 외연을 물체들의 연장과 질들로 채우기 때문이다. 신은 모든 것을 뒤덮는다. 하지만 신은 어떤 화산 위에서 춤을 추고 있다. 어떤 강도적 공-간의 깊이들로부터 어떤 차분하고 유순한 연장을 끌어내기 위해서, 또 비록 자신의 바깥에서는 소멸된다 해도 그 자체 안에서 존속하는 어떤 본연의 차이를 쫓아내기 위해서, 지극히 상이하고 지극히 광적인 연산들이 그토록 수없이 이루어진 적은 일찍이 없었다. 『파르메니데스』의 세 번째 가설, 변별적 차이의 심급이나 강도적 심급을 설정하는 그 가설은 언제나 신이 하는 일을 위험에 빠뜨리고 있다.

강도의 두 번째 특성: 차이를 긍정하기

강도의 두 번째 특성은 첫 번째 특성에서 비롯된다. 즉 즉자적 비동등을 포괄하고 이미 즉자적 차이 자체인 강도는 차이를 긍정한다. 강도는 차이를 어떤 긍정의 대상으로 만든다. 퀴리가 지적한 것처럼, 비-회복성을 띤 조작들의 무한성을 지칭할 수 있는 적극적인 단어들을 창조하지 않은 채, 대칭의 부재와 같은 어떤 부정적인 용어들을 통해 비대칭에 대해 말한다는 것은 간편할지는 몰라도 유쾌한 일은 아니다. 비동등성의 경우에도 마찬가지다. 무리수를 긍정하는 정식(정수 p, q에 대해 $(p-q\sqrt{2})^2$은 항상 어떤 특정한 값을 초과한다.)이 발견된 것은 어떤 비동등성들을 통해서이다. 어떤 급수의 수렴(함수의 상계)이 실증적으로 증명된 것도 역시 비동등성들을 통해서이다. 어떤 부정 없는 수학이 의도하는 그토록 중요한 기획은 분명 동일률에 정초하고 있지 않다. 동일률은 오히려 배중률과 모순율 안에서 부정적인 것을 규정한다. 공리(公理)적 관점에서 볼 때 이 기획은 두 자연수에 대해 비동등성($\neq$)을 긍정적으로 정의한다는 것에 의존하고, 다른 경우들에서는 무한히 진행하는 일련의 긍정적 결합관계들 안에서 세 항을 활용하여 거리($\neq\neq$)를 실증적으로 정의한다는 것에 의존한다. 실증적 차이의 순수한 요소 안에서 거리들을 긍정한다는 것은 어떤 논리적 역량이다. 그런 역량을 미리 예감하기 위해서는 다음과 같은 두 가지 명제 사이의 형식적 차이를 생각해 보는 것으로 충분하다. "만일 $a \neq b$가 불가능하다면 $a=b$가 된다"와 "만일 a가 b와 거리를 두고 있는 모든 수 c와 거리를 두고 있다면 $a=b$가 된다."[20] 그러나 앞으로 보게 되겠지만, 이렇게 이해된 거리는 결코 어떤 외연적 크기가 아니며, 그것의 강도적 기원과 관련지어

---

20 그리스는 브라우어의 직관주의의 틀 안에서 어떤 부정 없는 수학의 이념을 정초하고 발전시켰다. G. F. C. Griss, *Logique des mathématiques intuitionnistes sans négation*(C. R. Ac. des Sc., 8 nov. 1948); *Sur la négation*(Synthèse, Bussum, Amsterdam, 1948~1949) 등 참조.

그리스가 말하는 간격, 거리, 또는 실증적 차이의 개념에 대해서는 A. Heyting, *Les fondements mathématiques, Intuitionnisme, Théorie de la démonstration*(Gauthier-Villars); Paulette Février, *Manifestations et sens de la notion de complémentarité* (Dialectica, 1948); 특히 Nicole Dequoy, *Axiomatique intuitionniste sans négation de la géométrie projective*(Gauthier-Villars, 1955) 참조. 이 마지막 저서에서 저자는 부정들을 포함하는 증명들에 맞서서 그리스가 제시하는 증명들을 뒷받침하는 수많은 사례들을 제공하고 있다.

페브리에가 지적하고 있는 이런 수학의 한계는 차이나 거리의 개념 자체에서 비롯된다기보다는 단지 그리스가 그 개념에 덧붙인 문제들의 이론에서 비롯되는 것처럼 보인다. Paulette Février, 앞의 책, 3장 참조.

감성적인 것의 비대칭적 종합

보아야 한다. 강도는 이미 차이기 때문에 그 배후에는 일련의 다른 차이들이 있고, 강도는 자기 자신을 긍정하면서 그 다른 차이들을 긍정한다. 일반적으로 주목되고 있는 바와 같이, 진동수가 0인 비율들은 없다. 실제적으로 0인 포텐셜, 그리고 절대적으로 0인 압력은 없다. 로그 log의 도수법에서 그런 것처럼, 0은 무한히 점점 작아져가는 분수들의 극한에 있다. 이제 강도량들의 '윤리학'으로 떨어질 각오를 하면서까지 좀 더 멀리 나아가야 한다. 강도는 적어도 우월하고 열등한 두 계열 위에 구축되고, 각 계열의 배후에는 다시 어떤 다른 계열들이 함축되어 있다. 그런 한에서 강도는 심지어 가장 낮은 것까지 긍정하고, 가장 낮은 것을 어떤 긍정의 대상으로 만든다. 여기까지 나아가기 위해, 심지어 점진적 감소 상태에서도 어떤 긍정을 만들어내기 위해서는 폭포의 역량이나 깊은 전락(轉落)의 역량이 필요하다. 모든 것은 독수리의 비상이고 모든 것은 돌출, 불안정한 중지, 그리고 하강이다. 모든 것은 높은 곳에서 낮은 곳으로 가고, 이런 운동을 통해 가장 낮은 것을 긍정한다. 이것이 바로 비대칭적 종합이다. 게다가 높고 낮음은 단지 말하는 방식들에 불과하다. 중요한 것은 깊이고, 그 깊이에 본질적으로 속하는 밑바탕[21]이다. 어떤 밑바탕의 '굴착기'가 아닌 깊이는 깊이가 아니다. 바로 거기서 거리가 형성되는 것이기 때문이다. 하지만 그 거리는 자신이 거리낸 것을 긍정하는 거리, 낮은 것을 숭고한 것으로 만드는 차이다.

---

21 (옮긴이 주) bas-fond. 이 밑바탕은 바탕fond과 어떻게 구분되는 것일까? 밑바탕이 강도적 깊이에 속한다면, 바탕은 강도적 공-간(개체화하는 차이)들이 구성하는 개체화의 장에 속한 것이 아닐까? 이 점과 관련하여 이 책 1장 84쪽 주2 참조.

부정적인 것의 가상성

부정적인 것은 언제 출현하는가? 부정은 차이의 전도된 이미지이고, 다시 말해서 밑으로부터 바라본 강도의 이미지이다. 실상 모든 것은 전도된다. 위로부터 바라볼 때 차이의 긍정인 것은 밑으로부터는 차이나는 것의 부정이 된다. 따라서 여기서도 여전히 부정적인 것은 연장과 질을 띠지 않고는 나타나지 않는다. 앞에서 보았던 것처럼, 연장의 첫 번째 차원은 제한의 역량이고 두 번째 차원은 대립의 역량이다. 또 부정적인 것의 이런 두 가지 형태는 외연들의 '보수적' 특성에 기초하고 있다.(한 체계 안에서 어떤 외연이 증가하기 위해서는 반드시 그와 결합관계에 놓인 체계에서 똑같은 본성의 외연이 감소해야 한다.) 질도 마찬가지로 대립과 불가분의 관계에 있는 것처럼 보인다. 이 대립은 플라톤이 보여준 것처럼 각각의 질이 자신이 고립시키는 강도들 안에 "더한 것"과 "덜한 것"의 동일성을 제기하는 한에서는 모순의 대립이고, 질들 자체가 짝을 이루며 분배될 때는 상반성의 대립이 된다. 또 냄새들과 같이 상반성이 결여되어 있는 경우가 있다면, 이는 증가하거나 감소하는 유사성들의 계열에서 성립하는 어떤 제한의 유희에 자리를 내주기 위함이다. 게다가 동등성이 연장의 법칙인 것처럼(또는 불변성이 외연의 법칙인 것처럼) 유사성은 아마 질의 법칙일 것이다. 따라서 연장과 질은 일반성의 두 형식이다. 그러나 정확히 그런 이유에서 연장과 질은 충분히 재현의 요소들이 될 수 있다. 이 요소들이 없다면 재현 자체는 차이를 동일자에 관계짓는다는 자신의 가장 내면적인 임무를 완수할 수 없을 것이다. 그러므로 이제 우리는 앞에서 부정적인 것이라는 가상을 설명하기 위해 규정했던 두 가지 이유에 세 번째 이유를 덧붙일 수 있다.

차이는 부정이 아니다. 오히려 거꾸로 부정적인 것은 아래쪽에서 바

감성적인 것의 비대칭적 종합

라 본 전도된 차이다. 그것은 언제나 소의 눈에 비친 촛불이다. 먼저 차이는 동일성에 차이를 종속시키는 재현의 요구들에 의해 전도된다. 그 다음으로는 부정적인 것이라는 가상을 불러일으키는, '문제들'의 그림자에 의해 전도된다. 그리고 마지막으로 차이는 강도를 덮어버리거나 강도의 주름을 바깥으로 펼치는 연장과 질에 의해 전도된다. 강도가 물구나무서서 나타나고, 강도를 특징짓는 차이가 부정적인 것의 형태(제한이나 대립의 형태)를 띠는 것은 질 아래에서, 연장 안에서이다. 차이가 부정적인 것과 운명을 함께하는 것은 오로지 연장 안에서, 그리고 질 아래에서 뿐이고, 이 연장과 질은 정확히 그 차이를 소멸시키는 경향을 지닌다. 우리는 종종 질화된 대립들 앞에 서고, 또 그 대립들이 할당되는 어떤 연장 속에 놓인다. 하지만 그 대립들을 해소하고자 한다면, 그것들을 뛰어넘을 어떤 외연적 종합에 기대지 말아야 한다. 오히려 거꾸로 강도적 깊이 안으로 들어가야 한다. 이 안에는 구성적 불균등성들이 살고 있고 봉인된 거리들이 살고 있으며 바로 이것들이야말로, 부정적인 것이라는 가상의 원천이자 또한 이 가상에 대한 고발의 원리이다. 오직 깊이만이 그 대립들을 해소할 수 있다. 왜냐하면 오직 차이만이 문제를 만들기 때문이다. 차이나는 것들의 종합을 통해 우리는 연장안에서 그 차이소들의 화해(사이비 긍정)에 이르는 것이 아니다. 오히려 거꾸로 그 차이소들 사이에서 성립하는 차이의 분화가 있고, 이를 통해 그 차이소들은 강도 안에서 긍정된다. 대립들은 언제나 평면적이다. 대립들은 다만 어떤 평면 위에서 어떤 원천적인 깊이의 타락한 효과만를 표현한다. 이는 종종 입체경의 이미지들을 통해 지적되곤 했다. 또 보다 일반적으로는 모든 힘들의 장(場)은 어떤 잠재 에너지에 의존하고, 모든 대립은 훨씬 심층적인 어떤 '불균등화'에 의존한다. 대립은 시간과 연장 속에서 해소된다. 하지만 이런 해소가 일어나기 위해서는 먼저 불균등한 것들이 질화된 연장 위쪽의 세계에서는 식별해내기 어려운 어떤 강도적 여정들의 윤곽을 드러내야 하고, 그런 가운데 깊이 안에서 자신들의 소통 질서를 창안하고 자신들이 스스로 봉인되는 바로 그 차원을 재발견해야 한다.[22]

감성적인 것의 존재

감성적인 것의 존재는 무엇인가? 이런 물음의 조건들에 따를 때, 그 답변은 어떤 역설적 사태를 가리켜야 한다. 그것은 (인식능력의 경험적 실행의 관점에서는) 감각될 수 없지만 동시에 (초월적 실행의 관점에서는) 오로지 감각밖에 될 수 없는 '어떤 것'이다. 『국가』 7권에서 플라톤이 지적했던 것처럼, 그와 같은 사태는 기억을 뒤흔들고 사유를 강제하면서 그런 강요의 체험을 다른 인식능력들로 전달하고 그 능력들을 무기력한 마비 상태에서 깨어나게 한다. 그러나 플라톤은 이런 사태를 "동시적인 감성적 상반자"로 규정했다. 『필레보스』에서 명쾌하게 드러나고 있는 것처럼, 플라톤이 말하고자 하는 바는 어떤 감성적 질이나 비율은 그 자체가 어떤 상반성과 불가분의 관계에 있고, 심지어 그것들이 술어로서 귀속되는 주어〔기체〕 안의 어떤 모순과도 불가분의 관계에 있다는 점이다. 모든 질은 어떤 생성이므로, 이전보다 더욱 "단단하게"(또는 더욱 크게) 되기 위해서는 반드시 그와 동시에 — 또한 그 단단하게 되기 자체를 통해 — 생성 중의 상태보다 더욱 "무르게"(또는 더욱 크게 되는 지금보다 더욱 작게) 되어야 한다. 우리는 시간들을 구별한다 해도 이런 상황에서 빠져나오지 못한다. 왜냐하면 시간들의 구별은 생

---

22 깊이, 입체경의 이미지들, '이율배반들의 해소' 등에 대해서는 Raymond Ruyer, "Le relief axiologique et le sentiment de la profondeur", *Revue de métaphysique et de morale*(1956) 참조. 또 대립에 대한 '불균등화'의 우위에 대해서는 르윈Lewin의 '호도론적 공간espace hodologique'에 대한 비판서, Gilbert Simondon, *L'individu et sa genèse physico-biologique* (P.U.F., 1964), 232~234쪽 참조.

감성적인 것의 비대칭적 종합

성에 사후적이기 때문이다. 생성은 하나의 시간을 다른 시간 속에 가져다 놓고, 새로운 현재가 구성되는 운동과 사라진 현재가 과거로 구성되는 운동을 동시에 가져온다. 질 안에서 더한 것과 덜한 것이 공존한다는 것은 서로 상반되는 것들이 동일성을 띤다는 것과 같지만, 그런 동일성을 함축하는 어떤 미친 생성, 어떤 제한 없는 생성에서 벗어날 길은 없는 것처럼 보인다. 그러나 이런 플라톤적인 답변은 심각한 문제점들을 안고 있다. 사실 그 답변은 이미 강도량들에 의존하고 있지만, 이 강도량들을 단지 개봉되고 있는 질들 안에서만 식별하고 있을 뿐이다. 또 바로 이런 이유에서 그 답변은 감성적인 것의 존재를 질 안의 상반성으로 지정하는 것이다. 그러나 감성적 상반자나 질 안의 상반성은 탁월한 감성적 존재자를 구성할 수 있을지는 몰라도 감성적인 것의 존재를 구성할 수는 없다. 감성적인 것'의' 존재를 구성하는 것은 강도 안의 차이지, 결코 질 안의 상반성이 아니다. 질적인 상반성은 강도적인 것의 반영에 불과하고, 이 반영은 연장 안에서 그 강도적인 것의 주름을 밖으로 펼쳐내는가 하면, 그 강도적인 것 자체를 왜곡한다. 감성의 고유한 한계를 구성하는 것은 바로 강도이자 강도 안의 차이다. 게다가 강도는 또한 이 한계의 역설적인 특성을 지닌다. 즉 강도는 감각 불가능한 것, 감각될 수 없는 것이다. 왜냐하면 그것은 언제나 자신을 소외시키거나 자신과 '상반하는' 어떤 질에 의해 뒤덮이고, 자신을 전복하고 말소하는 어떤 연장 안에서 분배되기 때문이다. 그러나 다른 관점에서 보면 강도는 오로지 감각밖에 될 수 없는 것, 감성의 초월적 실행을 정의하는 것에 해당한다. 왜냐하면 강도는 감각을 낳고, 이를 통해 기억을 일깨우며, 또 사유를 강요하기 때문이다. 강도를 연장과는 독립적으로 파악한다는 것, 혹은 강도를 그것이 개봉되는 질에 앞서 파악한다는 것, 바로 이런 것이 감각들을 비트는 목적이다. '감각들의 교육학'은 이런 목표를 지향하고, '초월론'의 일부를 이룬다. 약학(藥學)적 동역학의 경험들, 또는 현기증과 같은 신체적 경험들은 이에 근접하고 있다. 이런 경험들을 통해 드러나는 것은 즉자적 차이 그 자체, 즉자적 깊이 그 자체, 즉자적 강도 그 자체 —— 더 이상 질화되지도, 연장화되지도 않는 원천적 국면의 즉자적 강도 —— 이다. 따라서 강도는 그 정도나 등급이 아무리 낮은 경우라 해도 분열을 가져오는 특성을 통해 자신의 진정한 의미를 복원하게 된다. 그 의미는 지각의 예상에 있는 것이 아니라 어떤 초월적 실행의 관점에서 드러나는 감성의 고유한 한계에 있다.

강도의 세 번째 특성: 함축 혹은 안-주름운동

강도의 세 번째 특성은 앞의 두 가지 특성을 집약한다. 이 새로운 특성에 따르면, 강도는 어떤 함축되고 봉인된 양(量), '배아를 품고 있는' 양이다. 하지만 이것은 질(質) 속에 함축된 양이 아니다. 강도는 단지 이차적으로만 질 속으로 함축된다. 일차적으로 강도는 그 자체 안에 함축된다. 즉 함축하면서 또 함축되는 것이다. 우리는 이런 함축이나 안-주름운동을 완전하게 규정된 어떤 존재 형식으로 생각해야 한다. 우리가 강도 안에서 차이라 부르는 것은 실재적으로 함축하고 봉인하는 것에 해당하고, 거리라 부르는 것은 실재적으로 함축되거나 봉인되는 것에 해당한다. 바로 그렇기 때문에 강도는 외연량과 같이 분할 가능한 것도, 질처럼 분할 불가능한 것도 아니다. 외연량들의 분할 가능성은 세 단계로 정의된다. 먼저 외연량들은 어떤 단위의 상대적 규정을 통해 정의된다.(이때 이 단위는 그 자체로는 분할 불가능한 것은 아니고 다만 그 분할이 멈추어야 할 수준을 표시하고 있을 따름이다.) 다른 한편 외연량들은 단위에 의해 규정된 부분들의 등가성을 통해 정의된다. 마지막으로 외연량들은 이 부분들과 분할되는 전체의 동(同)-실체성을 통해 정의된다. 그러므로 분할이 이루어지고 계속된다 해도 분할되는 것의 본성에는 아무런 변화가 일어나지 않는다. 반면 어떤 온도가 다수의 온도들로 구성되는 것이 아니고 어떤 속도가 다수의 속도들로 구성되는 것이 아니라는 사실에 주목할 때, 각각의 온도는 이미 차이고, 차이들은 어떤 똑같은 질서의 차이들로 구성되는 것이 아니라 오히려 다질적인 항들로 이루어진 어떤 계열들을 함축하고 있음을 알게 된다. 로스니가 지적한 바와 같이, 어떤 동질적 양이라는 허구는 강도 안에서는 사라진다. 강도량은 분할되지만, 본성을 바꾸지 않고서는 분할되지 않는다. 그러므로 어떤 의미에서 강도량은 분할 불가능하지만, 이는 어떠한 부분도 분할에 선재(先在)하지 않고, 또 분할되면서 똑같은 본성을 유지하지 않기 때문이다. 그렇지만 정확히 임의의 부분의 본성이 임의의 본성상의 변화를 가정하거나 그런 변화에 의해 가정됨에 따라, '보다 작은 부분'과 '보다 큰 부분'에 대해 말해야만 한다. 그래서 어떤 운동의 가속이나 감속은 그 운동 안에서 '보다 크다'든가 '보다 작다'고 말해야 하는 어떤 강도적인 부분들을 정의한다. 하지만 그런 와중에서도 그 부분들은 본성상 변하고, 또 이런 변화들(서열화된 차이들)의 질서에 따라 변한다. 깊이 안의 차이가 거리들로 이루어져 있다는 것은 이런 의미에서이다. 하지만 이때 '거리'는 결코 어떤 외연량이 아니다. 그것은 다만 분할 불가능하고 비대칭적인 어떤 결합관계로, 서수적이고 강도적인 특성을 지닌다. 이 결합관계는 다질적인 항들로 이루어진 계열들 사이에서 조성되고, 본성상의 변화 없이는 결코 분할되지 않는 것의 본성을 매번 표현해준다.[23] 따라서 외연량들과는 거꾸로 강도량

---

23 마이농(Alois Meinong, "Über die Bedeutung des Weberschen Gesetzes", *Zschr. f. Psych. u. Phys. d. Sinnesorg., XI*(1896))과 러셀(Betrand Russell, *The Principles of Mathematics*(1903), 31장)은 길이나 외연과 차이나 거리들 사이의 구별에 온전히 주의를 기울였다. 전자는 동등한 부분들로 분할 가능한 어떤 외연량이고, 후자는 상대적으로 분할 불가능한, 다시 말해서 본성상의 변화 없이는 분할되지 않는 어떤 강도적 기원의 양들이

들은 봉인하는 차이 — 봉인된 거리들 — 에 의해, 그리고 즉자적 비동
등 — 본성적 변화의 질료에 해당하는 어떤 자연적 '잔여'를 증언하는
비동등 — 에 의해 정의된다. 거리와 길이들이 각기 서로 다른 다양체
들을 가리키는 것처럼, 우리는 이제 두 가지 유형의 다양체들을 구별
해야 한다. 즉 함축적인(안-주름진) 다양체들과 명시적인(밖-주름진)
다양체들을 구별해야 하고, 분할이 진행됨에 따라 측정 단위가 변하는
다양체들과 측정 단위의 불변 원칙을 동반하는 다양체들을 구별해야
한다. 차이, 거리, 비동등성 등과 같은 것들은 강도적 공-간에 해당하
는 깊이의 실증적 특성들이다. 그리고 밖-주름운동을 통해 차이는 스
스로 소멸되는 경향을 띠게 되지만, 또한 이 운동을 통해 거리들은 길
이들로 확장, 개봉되는 경향을 띠게 되고, 분할 가능한 것은 동등화의
경향을 띠게 된다. (여기서 다시 한번 분할 가능한 것은 오직 비동등한 것을
포괄할 때만 어떤 즉자적 본성을 형성할 수 있다는 사실을 간파했던 플라톤의
위대함이 드러난다.)

본성상의 차이와 정도상의 차이

우리가 모든 본성상의 차이들을 강도에 귀속시켰다는 비난, 그래
서 정상적으로는 질에 귀속되어야 할 모든 것을 강도가 끌어안게 되
었다는 비난이 있을 수 있다. 게다가 정상적으로는 외연량들에 속해
야 하는 것을 거리에 갖다 놓았다는 비난이 있을 수 있다. 우리가 볼
때 이런 비난들은 근거가 없는 것처럼 보인다. 물론 차이는 외연적으
로 개봉되면서 단순한 정도상의 차이가 되고, 이로써 자신의 이유를

다. 거리들을 공-간spatium에 연관시키고 또 외연extensio의 크기들에 대립시키면서 거리
이론을 최초로 정초한 사람은 라이프니츠이다. 이에 대해서는 Martial Gueroult, "Espace,
point et vide chez Leibniz", *Revue de métaphysique et de morale*(1946) 참조.

감성적인 것의 비대칭적 종합

더 이상 자기 자신 안에 갖지 않게 된다는 것은 사실이다. 그래서 질이 그 소외된 이유 덕분에 스스로 본성상의 차이들을 떠맡는다는 것도 분명 인정해야 한다. 하지만 그 둘의 구별은 기계론과 '질-중심주의 qualitativisme'의 구별처럼 어떤 요술에 의존한다. 즉 하나는 다른 하나 안에서 사라진 것을 이용하지만, 참된 차이는 둘 가운데 어느 것에도 속하지 않는다. 차이는 오로지 자신이 외연 안에서 스스로 소멸되는 과정 안에서만 질적인 것이 된다. 그 본성 자체 안에서 보면, 차이는 외연적인 것도, 질적인 것도 아니다. 우선 질들은 종종 언급되는 것보다는 훨씬 더 많은 안정성, 부동성, 일반성 등을 지닌다는 점에 주목하자. 이것들은 어떤 유사성의 질서들이다. 질들이 서로 다르고 본성상의 차이를 지닌다는 것, 이는 확실한 사실이지만 언제나 어떤 가정된 유사성의 질서 안에서 성립하는 사실에 불과하다. 또 유사성 안에서 일어나는 질적 변이들의 배후에는 정확히 전적으로 다른 종류의 변이들이 자리하고 있다. 물론 어떤 질적 차이가 어떤 강도의 차이를 재생하거나 표현하지 않는다는 것은 확실하다. 하지만 한 질에서 다른 한 질로 향하는 이행 안에는, 심지어 그것이 최대의 유사성이나 연속성 아래에서 이루어지는 이행이라 해도, 어떤 어긋남과 계층화의 현상들이 있고, 어떤 차이에 따른 충격들, 어떤 거리들, 어떤 연접과 이접의 활발한 유희, 어떤 온전한 깊이 ─ 고유하게 질적인 어떤 지속보다는 오히려 어떤 단계적인 등급을 형성하는 깊이 ─ 등이 있다. 그리고 보통 질에 부여되고 있는 지속이란 것도, 강도가 그것을 팽팽하게 만들고 떠받치고 다시 취하지 않는다면, 무덤으로 향하는 어떤 줄달음질 이외에 또 무엇일 수 있겠는가? 그 지속은 해당 연장 안에서 차이가 무화되기까지 필요한 시간, 질들 사이의 균일화에 필요한 시간 이외에 또 어떤 시간을 취할 수 있단 말인가? 요컨대 양적 차이나 정도상의 차이들이 있고 마찬가지로 질적 차이나 본성상의 차이들이 있다면, 이를 위해서는 먼저 그것들을 구성할 수 있는 강도가 있어야 한다. 그런 구성 과정에서 강도는 그 두 종류의 차이들 안에서 꺼져가는 것처럼 보일지라도, 질 안에서는 질적 차이들을, 연장 안에서는 양적 차이들을 구성할 수 있는 강도가 없다면 질적 차이들이든 양적 차이들이든 있을 수 없는 것이다.

바로 그렇기 때문에 강도에 대한 베르그손의 비판은 거의 설득력이 없는 것처럼 보인다. 이 비판은 전적으로 생산된 질들과 이미 구성된 연장들에서 출발한다. 이 비판에서 차이는 질 안의 본성적 차이들과 연장 안의 정도적 차이들로 할당된다. 이런 관점에서 보면 강도는 어쩔 수 없이 어떤 불순한 혼합물로 나타날 수밖에 없고, 더 이상 감각하거나 지각할 수 없는 것이 된다. 하지만 베르그손은 그래서 강도량들에 귀속되는 모든 것을 이미 질 안에 가져다 놓았다. 그는 질을 상반성이나 모순에 묶어두는 표면적 운동에서 질을 해방하고자 했다.(그가 지속을 생성에 대립시켰던 이유는 여기에 있다.) 하지만 이를 위해 그는 질에 어떤 깊이를 부여해야 했는데, 정확히 그것은 강도량의 깊이일 뿐이다. 부정적인 것에 반대하는 동시에 강도에 반대할 수는 없는 노릇이다. 베르그손은 놀랍게도 질적인 지속을 결코 분할 불가능한 것으로 정의하지 않는다. 그의 정의에 따르면, 질적인 지속은 오히려 분할되면서 본성을 바꾸는 것, 본성을 바꾸면서 끊임없이 분할되는 어떤 것이다. 이 것이 그가 말하는 잠재적 다양체이고, 이 잠재적 다양체는 단지 정도상의 차이들만을 지니는 수와 연장의 현실적 다양체에 대립한다. 그런데 베르그손주의 전체가 대변하는 이 차이의 철학에서는 베르그손이 질과 연장의 이중적 발생에 대해 질문하는 순간이 출현한다. 또 이런 근본적인 분화(질-연장)는 오로지 기억의 거대한 종합 안에서만 자신의 이유를 발견할 수 있다. 이 기억의 종합을 통해 이완과 수축의 정도들에 해당하는 차이의 모든 등급들이 서로 공존하게 되고, 오로지 외부적이

감성적인 것의 비대칭적 종합

고 잠정적으로만 지목되던 그 강도의 함축적 질서가 지속의 한복판에서 재발견된다.[24] 사실 정도상의 차이들과 그 차이들을 기계적으로 재현하는 연장은 자기 자신 안에 자신들의 이유를 갖고 있지 않기 때문이다. 하지만 본성상의 차이들과 그 차이들을 질적으로 재현하는 지속도 자신들의 이유를 여전히 갖고 있지 않다. 기계론의 영혼에 따르면, 모든 것은 정도상의 차이. 질의 영혼이 던지는 대답에 따르면, 도처에는 어떤 본성상의 차이들이 있다. 그러나 이들은 어떤 거짓된 영혼들이자 공범 관계에 있는 치졸한 영혼들이다. 정도상의 차이들과 본성상의 차이들 사이에는 본성상의 차이가 있는가, 아니면 정도상의 차이가 있는가? 이 유명한 물음을 신중하게 받아들이자. 하지만 거기에는 이것도 저것도 없다. 차이는 오로지 자신이 밖-주름운동에 놓이는 연장 안에서만 정도상의 차이다. 차이는 오로지 이런 연장 안에서 자신을 뒤덮는 질 아래에서만 본성상의 차이다. 차이의 모든 등급이나 정도들은 이 둘 사이에 있고, 그 둘 아래에는 차이의 본성 전체가 있으며, 그 본성은 강도적인 것이라는 데 있다. 정도상의 차이들은 다만 가장 낮은 정도의 차이에 불과하고, 본성상의 차이는 다만 가장 높은 본성의 차이일 뿐이다. 본성상의 차이와 정도상의 차이가 서로 갈라놓거나 분화시키는 것, 그것은 차이의 정도나 본성에 대해서는 똑같은 사태이지만, 그 같음은 차이나는 것을 통해 언명되는 같음이다. 또 앞에서 보았던 것처럼 베르

---

24 베르그손은 처음부터 지속을 어떤 '다양체', 어떤 분할 가능성 등으로 정의한다. 하지만 이것은 본성상의 변화 없이는 결코 분할되지 않는 분할 가능성이다. 『의식에 직접 주어진 것에 관한 시론』(*Œuvres*, 57쪽 이하.) 그리고 특히 『물질과 기억』, 341~342쪽 등 참조. 따라서 지속과 연장 사이에는 단지 어떤 본성상의 차이만 있는 것이 아니다. **본성상의 차이들**이 그 자체로 **정도상의 차이들**과 구별되는 것처럼(두 유형의 '다양체'), 지속은 또한 연장과 구별된다. 그렇지만 다른 관점에서 보면 지속은 **차이의 본성**과 구별되지 않고, 또 그런 자격에서 **차이의 정도들**을 모두 포괄한다. 이로부터 내부적 강도들은 지속 안으로 재도입되고, 지속 안에는 이완과 수축의 모든 등급들이 공존한다는 생각이 뒤따른다.(이것이 『물질과 기억』과 『사유와 운동』의 본질적인 테제이다.)

그손이 도달한 극단적 결론에 따르면, 차이의 본성과 정도들은 서로 동일한 사태이고, 여기서 성립하는 이 '같음'이야말로 아마 반복(존재론적 반복)일 것이다……

강도량들과 연관된 어떤 가상이 있다. 하지만 그 가상은 강도 자체가 아니다. 그것은 오히려 강도의 차이가 소멸되는 운동이다. 강도의 차이는 결코 외관상으로만 소멸되는 것이 아니다. 강도의 차이는 실재적으로, 하지만 자기 자신의 바깥에서, 연장 안에서, 질 아래에서 소멸된다. 따라서 우리는 두 가지 함축의 질서나 점진적 감소의 질서를 구별해야 한다. 먼저 이차적 함축이 지칭하는 것은 어떤 강도들이 자신들을 설명하는 질들과 연장 안으로 봉인되는 상태이다. 다른 한편 일차적 함축은 강도가 스스로 봉인함과 동시에 봉인되면서 자기 자신 안에 함축되는 상태를 지칭한다. 이차적인 점진적 감소에서는 강도의 차이가 소멸되고, 그런 가운데 가장 높은 것이 가장 낮은 것과 다시 만난다. 반면 일차적인 점진적 감소의 역량을 통해서는 가장 높은 것이 가장 낮은 것을 긍정한다. 가상은 정확히 외생적이고 내생적인 이 두 심급, 이 두 상태를 혼동하는 데에 있다. 또한 감성의 경험적 실행에 안주하는 한에서 이런 가상을 어찌 모면할 수 있겠는가? 왜냐하면 경험적 실행의 관점에서는 오로지 질과 연장의 질서 안에서만 강도를 파악할 수 있기 때문이다. 오직 초월론적 연구만이 강도를 온전히 발견해낼 수 있다. 그렇게 발견된 차이는 자기 자신 안에 함축된 채로 남아 계속 차이를 봉인하고, 그런 함축과 봉인의 순간에 자신이 창조하는 연장과 질 안에 반영된다. 그리고 그 연장과 질은 다시 강도를 함축하지만 단지 이차적으로만, 그 강도를 '설명하기' 위해 꼭 필요한 만큼만 함축한다. 연장, 질, 제한, 대립 등은 물론 어떤 실재들을 지칭한다. 하지만 여기서 차이가 취하는 형태는 가상적이다. 차이는 표면에 반영된 자신의 이미지가 혼란에 빠질 때 지하의 삶을 추구한다. 또 혼란에 빠진다는 것은 이 이

감성적인 것의 비대칭적 종합

미지에 속하는 일이고, 게다가 오로지 이 이미지에만 속하는 일이다. 이는 차이를 소멸시킨다는 것이 표면에 속하는 일이고, 게다가 오로지 표면에서만 일어나는 일이라는 것과 같다.

에너지와 영원회귀

어떻게 카르노나 퀴리의 경험적 원리로부터 어떤 초월론적 원리를 끌어낼 수 있는가? 이것이 우리의 물음이었다. 우리가 에너지 일반을 정의하려고 노력할 때 두 가지 경우를 생각할 수 있다. 먼저 연장의 외연적이고 질화된 요인들을 고려할 수 있다. 이 경우 우리는 "변함없이 남아 있는 어떤 것이 있다."라는 말로 돌아가게 되지만, 이는 동일자의 동어반복, 위대하지만 밋밋한 동어반복을 정식화하는 것에 불과하다. 다른 한편 우리는 어떠한 질도 개봉되지 않고 어떠한 연장도 펼쳐지지 않는 그 깊은 지대 안에 함축된 순수한 강도를 고려할 수 있다. 이 경우 에너지는 이런 순수한 강도 안에 잠복해 있는 차이를 통해 정의되고, "강도의 차이"라는 말은 동어반복적이지만, 여기서는 차이 나는 것의 동어반복, 아름답고 심오한 동어반복이 된다. 따라서 에너지 일반은 모든 변형을 불가능하게 할 어떤 정지 상태의 균일한 에너지와 혼동되지 말아야 한다. 정지 상태에 놓일 수 있는 것은 오직 어떤 특수하고 경험적인 에너지 형식, 연장 안에서 질화된 에너지 형식뿐이다. 여기서 강도의 차이는 이미 소멸되어 있는데, 왜냐하면 자신의 바깥에 놓이고 체계의 요소들 안으로 할당되기 때문이다. 그러나 에너지 일반이나 강도량은 강도적 공-간이고, 모든 변신이 일어나는 극장이며, 차이의 각 등급이나 정도를 생산할 때 그 모든 정도들을 봉인하는 즉자적 차이다. 이런 의미에서 에너지, 강도량은 어떤 과학적 개념이 아니라 어떤 초월론적 원리이다. 경험적 원리와 초월론적 원리의 할당에 따라, 한 영역을 지배하는 심급은 경험적 원리라 불린다. 모든 영역은 연장적이고 질화되어 있는 어떤 부분적 체계이다. 이 체계를 창조하는 것은 강도의 차이지만, 이 차이는 그 체계 안에서 소멸되는 경향을 띠고, 이런 경향은 그 체계가 지배되는 방식에서 비롯된다(자연법칙). 하지만 영역들은 분배적이고, 서로 합산되지 않는다. 연장 안에 에너지 일반이 없는 것처럼, 하물며 연장 일반이란 것도 없다. 반면 아무런 질화(質化) 없이 성립하는 어떤 강도적 공간이 있고, 그 공간 안에는 어떤 순수한 에너지가 있다. 초월론적 원리는 어떠한 영역도 지배하지 않지만, 경험적 원리에 지배할 영역을 제공한다. 경험적 원리에 대한 어떤 영역의 복종을 설명해주는 것이 초월론적 원리이다. 강도의 차이는 영역을 창조하고, 그 영역을 경험적 원리에 제공하며, 또 이 원리에 따라 (그 영역 안에서) 소멸된다. 초월론적 원리인 이 강도의 차이는 경험적 원리의 범위 바깥에서 자기 자신 안에 보존된다. 그리고 자연법칙들이 세계의 표면을 지배할 때, 그와 동시에 영원회귀는 이 또 다른 차원, 초월론적 차원이자 화산 같은 공-간의 차원에서 끊임없이 으르렁거리고 있다.

영원회귀 안의 반복은 질적이거나 외연적이지 않고 다만 강도적이다

영원회귀는 같음의 회귀, 유사성이나 동등성의 회귀가 아니라고 할 때 우리가 말하고자 하는 것은 그것이 어떠한 동일성도 전제하지 않는다는 점이다. 오히려 거꾸로 영원회귀는 동일성 없는 어떤 세계, 동등성이 없는 것처럼 유사성도 없는 세계에 대해 언명된다. 영원회귀가 언명되는 세계는 차이를 그 근거 자체로 삼는다. 이런 세계에서는 모든 것이 어떤 불균등성들에 의존하고, 무한하게 반향을 일으키는 어떤 차이들의 차이들에 의존하고 있다(강도의 세계). 영원회귀 그 자체는 동일한

감성적인 것의 비대칭적 종합

것, 유사한 것, 동등한 것이다. 하지만 영원회귀는 정확히 그것이 언명되는 것 안에서는 전혀 그런 자기 자신의 모습을 전제하지 않는다. 영원회귀는 동일성도, 유사성도, 동등성도 갖지 않는 것에 대해 언명된다. 영원회귀는 차이나는 것에 대해 언명되는 동일한 것, 순수하게 불균등한 것에 대해 언명되는 유사성, 오로지 비동등한 것에 대해 언명되는 동등한 것, 모든 거리들에 대해 언명되는 가까움이다. 영원회귀의 먹이가 되고 영원회귀 안에 있는 동일성의 먹이가 되기 위해서 사물들은 차이 안에서 갈기갈기 찢겨야 하고, 사물들의 동일성은 분해되어야 한다. 현대적 믿음이자 미래의 믿음이라고까지 할 수 있는 영원회귀가 있는가 하면, 고대적 믿음이거나 고대적인 것으로 가정되는 믿음에 해당하는 영원회귀가 있으며, 이제 우리는 이 둘을 갈라놓는 심연을 가늠할 수 있다. 사실 우리의 역사철학이 가져온 어떤 대수롭지 않은 성과들 중의 하나는, 우리의 시간이라 할 역사적 시간을 고대인들의 시간이었을 순환적 시간에 대립시키는 데 있다. 통설에 따르면, 고대인들에게서 모든 것은 회전하고, 현대인들에게서는 직진한다. 하지만 이렇게 순환적 시간과 선형적 시간을 대립시키는 것은 형편없는 생각에 불과하다. 검증대에 오를 때마다 그런 도식은 여러 가지 이유에서 난관에 처한다. 먼저 고대인들에게 귀속되는 영원회귀는 그것에 의해 복귀한다고 간주되는 것의 동일성 일반을 전제한다. 그런데 이 동일자의 회귀는 사실상 자신과 모순되는 특정한 조건들에 종속되어 있다. 왜냐하면 그 회귀는 어떤 질적 요소들이 순환적으로 다른 질적 요소들로 변형된다는 사실에 정초하거나(물리학적 영원회귀), 썩지 않는 천체들의 순환 운동에 정초하기 때문이다(천문학적 영원회귀). 이 두 경우에서 회귀는 '자연법칙'으로 제시된다. 한 경우에 회귀는 질의 관점에서, 다른 한 경우에는 연장의 관점에서 해석된다. 하지만 천문학적이든 물리학적이든, 외연적이든 질적이든, 영원회귀에 대한 이런 해석은 이미 자신이 가정하는 동일성을 매우 일반적인 어떤 단순한 유사성으로 환원시켰다. 왜냐하면 '똑같은' 질적 과정이나 별들의 '똑같은' 상호 간의 위치가 규정하는 것은 고작 자신들이 지배하는 현상들 안의 어떤 조잡한 유사성들에 불과하기 때문이다. 게다가 영원회귀는 잘못 이해된 나머지 자기 자신과 밀접하게 연계된 것과 대립하게 된다. 즉 한편으로 영원회귀는 '출생의 수레바퀴' 바깥으로 향한 어떤 출구의 이상(理想)과 함께 변신과 윤회 안에서 어떤 첫 번째 질적 한계를 발견하고, 다른 한편으로 무리수 안에서 또 천체 주기들의 환원 불가능한 비동등성 안에서 어떤 두 번째 양적 한계를 발견한다. 질적 변신과 양적 비동등성은 가장 심층적으로 영원회귀에 연계된 두 가지 주제이다. 하지만 이 두 주제는 영원회귀와 맺을 수 있는 모든 인지 가능한 관계를 잃어버리게 되었고, 마침내 영원회귀에 반하여 돌아서게 된다. 우리는 '고대인들이 믿었던 그대로의' 영원회귀가 잘못된 것이거나 근거가 없는 것이라고 말하려는 것이 아니다. 고대인들은 단지 근접적이고 부분적으로만 영원회귀를 믿었다. 그것은 영원회귀라기보다는 어떤 부분적인 순환 주기, 유사성의 순환 주기들이었다. 그것은 어떤 일반성이었고, 요컨대 어떤 자연법칙이었다. (심지어 헤라클레이토스가 말하는 커다란 한 해(年)[25]란 것도 생명체를 구성하는 불의 부분이 흙으로 변형되었다가 다시 불이 되기 위해 필요한 시간일 뿐이다.)[26] 이와 달리 영원회귀에 대한 어떤 참된 지식이 그리스나 그 밖의 다른 곳에 있다면, 그것은 어떤 잔혹한 비전적(秘傳的) 지식이다. 이런 비전적 지식은 천문학적이거나 질적인 순환 주기들, 이 주기들의 일반성 등과는 전혀 다른 대단히 신비롭고 대단히 독특한 차원에서 찾아

---

25 (옮긴이 주) 헤라클레이토스는 불에 의해 세계가 멸망하고 재생하는 주기를 생각했고, 그 주기를 '커다란 한 해'라 불렀다. 커다란 한 해는 10800년이라는 설이 있다.

26 그리스인들이 영원회귀에 관해 별로 언급하지 않고 있다는 점에 대해서는 가령 Charles Mugler, *Deux thèmes de la cosmologie grecque, devenir cyclique et pluralité des mondes*(Klincksieck, 1953) 참조.

감성적인 것의 비대칭적 종합

야 한다.

　그리스인들을 그토록 잘 알았던 니체는 영원회귀가 어째서 그의 발명이자 반시대적 믿음이거나 미래의 믿음임을 아는 것일까? 왜냐하면 '그의' 영원회귀는 어떤 같은 것의 회귀, 어떤 유사하거나 동등한 것의 회귀와는 거리가 멀기 때문이다. 니체가 잘 말해주고 있는 것처럼, 동일성이 있다면, 또 세계에 분화되지 않은 어떤 질적 상태가 있거나 천체들에 어떤 평형의 위치가 있다면, 이는 결코 어떤 순환 주기 안으로 들어갈 이유가 되는 것이 아니라 오히려 그 주기에서 빠져나오지 않을 이유가 될 것이다. 그래서 니체는 영원회귀를 전적인 변신이나 환원 불가능한 비동등과 같이 그것에 대립하거나 바깥으로부터 그것을 한정하는 것처럼 보이는 것과 연관짓는다. 깊이, 거리, 밑바탕들, 구불구불한 것들, 동굴들, 즉자적으로 비동등한 것 등은 영원회귀의 유일한 풍경을 조성한다. 차라투스트라는 이 점을 어릿광대에게 상기시키고, 독수리와 뱀에게도 상기시킨다. 즉 영원회귀는 어떤 천문학적 '상투어'도, 또한 물리학적 원형(圓形)도 아니다. …… 그것은 어떤 자연법칙이 아니다. 영원회귀는 어떤 바탕 안에서, 어떤 무-바탕 안에서 성립한다. 원천적인 자연이 자신의 카오스에 거주하고, 단지 제2의 자연만을 구성할 따름인 지배와 법칙들을 넘어 거주하고 있는 그런 무-바탕 속에서 성립하는 것이다. 니체는 '그의' 가설을 순환적 가설에 대립시키고, '그의' 깊이를 고정된 것들의 권역 안에 있는 깊이의 부재에 대립시킨다. 영원회귀는 질적이지도, 외연적이지도 않다. 그것은 강도적이고, 게다가 순수하게 강도적이다. 다시 말해서 영원회귀는 차이에 대해, 차이를 통해 언명된다. 영원회귀와 힘의 의지를 근본적으로 묶는 끈은 바로 여기에 있다. 하나는 오로지 다른 하나를 통해서만 언명될 수 있다. 힘의 의지는 변신들, 소통하는 강도들, 차이들의 차이들, 들숨과 날숨의 숨결들로 반짝이는 세계이다. 강도적 지향성들의 세계, 시뮬라크르(허상)나 '미스터리들'[27]의 세계인 것이다. 영원회귀는 이런 세계의 존재이자 이런 세계를 통해 언명되는 유일한 같음의 사태이며, 이 세계에서 모든 선행의 동일성을 배제한다. 니체가 당시의 에너지론에 관심을 두었던 것은 사실이다. 하지만 이런 관심은 한 철학자의 과학에 대한 향수는 아니었으며, 그가 강도량들의 과학에서 찾으려 했던 것이 무엇인지는 아직 제대로 파악되지 않았다. 아마 그것은 그가 파스칼의 예언이라 불렀던 것을 실현할 수단, 즉 카오스를 어떤 긍정의 대상으로 만들기 위한 수단일 것이다. 힘의 의지 안의 차이는 자연법칙들에 반하여 느껴지는 차이고, 그런 한에서 지고한 감성의 대상, 드높은 기분hohe Stimmung의 대상이다.(여기서 힘의 의지가 무엇보다 먼저 느낌으로, 거리의 느낌으로 제시되었음을 상기해야 할 것이다.) 영원회귀 안의 반복은 사유의 법칙에 반하는 사유이고, 그런 한에서 지고한 사유, 위대한 사유gross Gedanke이다. 차이는 첫 번째 긍정이고, 영원회귀는 두 번째 긍정, '존재의 영원한 긍정', 또는 첫 번째 긍정을 통해 언명되는 n승의 역량이다. 사유는 언제나 어떤 신호로부터, 다시 말해서 어떤 첫 번째 강도로부터 출발하여 자기 자신을 드러낸다. 우리는 깨져버린 사슬이나 뒤틀린 고리를 거쳐 감각들의 한계에서 사유의 한계로, 오로지 감각밖에 될 수 없는 것에서 오로지 사유밖에 될 수 없는 것으로 난폭하게 이끌려간다.

모든 것이 되돌아오는 것은 그 어떤 것도 동등하지 않기 때문이고, 모든 것은 자신의 차이 속에, 자신의 비유사성과 비동등성 속에 잠겨 있기 때문이며, 심지어 자기 자신과의 비동등성 속에 잠겨 있기 때문이다. 또는 오히려 모든 것은 되돌아오지 않는다. 되돌아오지 않는 것, 그

---

27 피에르 클로소브스키는 영원회귀와 '기호들'로 기능하는 어떤 순수한 강도들 사이의 연계성을 보여 주었다. Pierre Klossowski, "Oublie et anamnèse dans l'expérience vécue de l'éternel retour du Même", *Nietzsche, Cahiers de Royaumont*(Minuit, 1967) 참조. 서사 작품 *Le Baphomet*(Mercure, 1965)에서 클로소브스키는 영원회귀의 고유한 질료를 구성하는 어떤 강도적 "숨결들"의 세계를 아주 상세하게 기술하고 있다.

감성적인 것의 비대칭적 종합

것은 영원회귀를 부인하는 것, 영원회귀의 시험을 견뎌내지 못하는 것이다. 되돌아오지 않는 것, 그것은 바로 질이고 연장이다. 왜냐하면 여기서는 영원회귀의 조건에 해당하는 차이가 소멸되기 때문이다. 되돌아오지 않는 것, 그것은 부정적인 것이다. 왜냐하면 여기서 차이는 거꾸로 뒤집히고 마침내 소멸되기 때문이다. 되돌아오지 않는 것, 그것은 동일자, 유사자, 동등자이다. 왜냐하면 그것들은 무차별성[무관심]의 형식들을 구성하기 때문이다. 되돌아오지 않는 것, 그것은 신이고, 동일성의 형식이자 보증자에 해당하는 자아이다. 되돌아오지 않는 것, 그것은 오로지 '결정적인 어떤 한 순간 모두une fois pour toutes'의 법칙 아래에서만 나타나는 모든 것이다. 반복도 어떤 똑같은 질, 똑같은 연장적 물체, 똑같은 자아 (따라서 부활)⋯⋯ 등의 동일성 조건에 종속될 때 그런 모든 것에 포함된다. 이는 과연 질도 연장도 되돌아오지 않는다는 것을 뜻하는 것일까? 그것이 아니라면 우리는 두 가지 상태의 질을 구별해야 하는 것처럼 두 가지 상태의 외연을 구별해야 하는 지점에 이른 것이 아닐까? 첫 번째 상태에서 질은 어떤 강도의 차이가 만드는 거리나 간격 안에서 섬광을 발하는 어떤 기호이다. 두 번째 상태에서 질은 어떤 효과이고, 이미 자신의 원인에 반작용을 미치고 있으며 차이를 소멸시키는 경향을 지닌다. 첫 번째 상태에서 외연은 여전히 차이들의 봉인하는 질서 안에 함축된 채 남아 있고, 두 번째 상태에서 연장은 질화된 체계 안에서 차이의 주름을 펼치고 소멸시킨다. 이런 구별은 경험의 차원에서는 결코 실행될 수 없고, 다만 영원회귀를 사유하는 관점에서야 비로소 가능해진다. 설명이나 밖-주름운동의 혹독한 법칙은, 스스로 설명되는 것은 결정적인 어떤 한 순간 모두 설명되고, 밖으로 자신의 주름을 펼치는 것은 결정적인 어떤 한 순간 모두 주름을 펼친다는 데 있다. 강도량들의 윤리학은 단지 두 가지 원리만을 지닌다. 가장 낮은 것까지 긍정하기, 자기 자신을 (너무) 설명하지 않기, 다시 말해서 자신의 주름을 (너무) 바깥으로 펼치지 않기가 그것이다. 우리는 자신이 알고 있는 더러운 상말을 모두 뱉어버린 아이를 꾸짖는 아버지같이 되어야 한다. 그렇게 꾸짖는 것은 단지 그것이 나쁜 짓이기 때문만은 아니다. 그것은 또한 아이가 모든 것을 한 번에 뱉어버려 아무 말도 남겨두지 않았기 때문이고, 영원회귀에 함축된 미묘한 질료를 위해 아무런 잔여도 남기지 않았기 때문이다. 또 만일 영원회귀가 심지어 우리들의 일관성을 희생시키고 어떤 월등한 일관성을 이용하면서 질들을 순수한 기호들의 상태로 끌어올리고, 연장들 중에서는 오로지 원천적인 깊이와 조합되는 것만을 보존한다면, 이때는 어떤 훨씬 아름다운 질들, 훨씬 눈부신 색깔들, 훨씬 값진 보석들, 훨씬 진동적인 외연들이 나타나게 될 것이다. 왜냐하면 이것들은 자신의 씨앗에 해당하는 이유들로 돌아가고 부정적인 것과의 모든 관계를 끊어버린 상태에서, 실증적 차이들로 이루어진 강도적 공간 안에 영원히 붙들려 있을 것이기 때문이다. 그리하여 여기서 다시 『파이돈』의 마지막 예언이 실현될 것이다. 플라톤은 경험적 사용에서 벗어난 감성에 대해 그때까지 결코 본 적이 없는 어떤 사원들, 천체들, 신들을 약속했고 어떤 전대미문의 긍정들을 약속했다. 그 예언이 실현된다면, 그것은 플라톤주의 자체의 전복을 통해서만 참으로 실현될 수 있다.

5절
강도와 미분

강도량과 미분량들 사이의 친근성은 종종 부정되어 왔다. 그러나 그 비판이 향하고 있는 것은 단지 어떤 거짓된 친근성의 관념일 뿐이다. 친근성을 정초할 초석은 결코 어떤 계열, 계열의 항들, 연속하는 항들

감성적인 것의 비대칭적 종합

사이의 차이들 등에 대한 고려에서 찾지 말아야 한다. 그 초석은 오히려 두 유형의 관계 사이에서 성립하는 대치 상태에서 찾아야 한다. 다시 말해서 이념의 상호적 종합 안의 미분적 관계[미분비]들과 감성적인 것의 비대칭적 종합 안의 강도적 관계들 사이의 대치 상태에서 찾아야 한다. 상호적 종합 dy/dx는 y를 x와 연계시키는 비대칭적 종합 안으로 계속 이어진다. 강도적 요인은 어떤 편도함수이거나 혹은 어떤 합성함수의 미분이다. 강도와 이념 사이에는 그에 상응하는 차이의 두 형태 사이처럼 어떤 활발한 교환의 흐름이 성립한다. 이념들은 미분적 요소들 사이의 비율적 관계들로 이루어진 어떤 잠재적 다양체들, 문제제기적이거나 '막-주름진perplexes' 다양체들이다. 강도는 비대칭적 요소들 사이의 비율적 관계들로 이루어진 어떤 함축된 다양체들, 어떤 '안-주름진implexes' 다양체들로서, 이념이 현실화되는 흐름을 인도하고 문제들에 대한 해(解)의 경우들을 규정한다. 또한 강도들의 감성론은 이념들의 변증론과 교감하고, 그런 가운데 자신의 계기들 각각을 전개한다. 즉 강도(깊이)의 역량은 이념의 잠재력 안에 근거를 두고 있다. 감성론의 수준에서 마주친 가상은 이미 변증론의 가상을 되풀이하고 있다. 또 부정적인 것의 형식은 강도적 차이들의 전도된 이미지이기에 앞서 문제들과 그 문제들의 요소들이 투사된 그림자이다. 문제제기적 이념들이 스스로 사라지고 소거된다면, 그에 못지않게 강도량들도 스스로 소멸되는 것처럼 보인다. 강도량들에 해당하는 미세 지각들의 무의식 배후에는 이념들의 무의식이 자리하고 있다. 그리고 감성론의 기술(技術)과 변증론의 기술 사이에는 어떤 반향이 일어난다. 변증론의 기술은 반어[아이러니]이다. 이 반어는 미분비들의 조작 안에서, 또 평범한 것과 독특한 것의 분배 안에서 표현되는 문제와 물음들의 기술에 해당한다. 반면 감성론의 기술은 익살[유머]이다. 이 익살은 신호와 기호들의 물리학적 기술로서, 부분적 해결이나 해의 경우들을 규정한다. 요컨대 그것은 강도량들에 함축된 기술이다.

그렇지만 대단히 일반적인 이런 상응 관계들을 통해서는 아직 그 친화성이 정확히 어떻게 발휘되고, 또 강도량과 미분량들 사이의 결합이 어떻게 이루어지는지 알 수 없다. 어떤 현실화의 과정과 분리할 수 없는 이념의 운동을 다시 생각해보자. 가령 색채의 이념과 같은 어떤 이념 혹은 다양체는 특정한 질서의 발생적 요소나 미분적 요소들 간의 비율적 관계들이 잠재적으로 공존함에 따라 구성된다. 바로 이런 비율적 관계들은 질적으로 판명한 어떤 색채들 안에서 현실화되고, 이와 동시에 이 관계의 특이점들은 이 질들에 상응하는 어떤 구별된 연장들 안에서 구현된다. 따라서 질들은 분화되고 연장들 또한 분화되지만, 이런 분화는 이 질과 연장들이 어떤 발산하는 선(線)들을 재현하는 한에서만 이루어진다. 오로지 이념 안에서만 공존하는 미분비들은 바로 그 선들을 따라 현실화되기 때문이다. 앞에서 보았던 것처럼, 모든 현실화 과정은 질적이고 외연적인 어떤 이중의 분화이다. 그리고 분화의 범주들은 아마 이념을 구성하는 미분적인 것들의 질서에 따라 변할 것이다. 즉 질화(質化)와 부분화는 어떤 물리학적 현실화의 두 측면이고, 마찬가지로 종별화와 유기적 조직화는 어떤 생물학적 현실화의 두 측면이다. 하지만 질들은 자신들이 각기 현실화하는 비율적 관계들에 의거해서 분화되고, 연장들은 자신들이 구현하는 특이점들에 의거해서 분화된다는 요구는 언제나 변함없이 남아 있다. 그렇기 때문에 우리는 미/분화différent/ciation라는 개념을 형성하기에 이르렀다. 이는 이념 안의 미분비들의 상태나 잠재적 다양체를 가리키는 동시에 질적이고 외연적인 계열들의 상태 — 미분비들이 분화되면서 현실화되는 상태 — 를 가리키기 위함이었다. 그러나 아직 전혀 규정되지 않은 채 남게 된 것이 있는데, 그것은 바로 그런 현실화의 조건이다. 이념은 어떻게 어떤 분화된 질과 연장들 안에서 구현되도록 규정되는가? 이념 안에서 공존하는 관계들로 하여금 어떤 질과 연장들 안에서 분화되도록 규정하는 것은 무엇인가? 이런 물음에 답하는 것은 정확히 강도량들이다. 강도는 현실화 과정에서 결정적인 역할을 떠맡는 규정자이다. 어떤 드라마로 극화하는 것, 그것이 강도이다. 강도는 기저의 시공간적 역동성 안에서 직접적으로 표현되고, 이념 안에서 '무분별한' 채 남아 있는 어떤 미분비를 어떤 판명한 질과 어떤 구별된 연장 안에서 구현되도록 규정한다. 따라서 어떤 관점에서 보면(하지만 앞으로 보게 될 것처럼 단지 어떤 한 가지 특정한 관점에서만) 분화의 운동과 범주들은 밖-주름의 운동과 범주들 자체와는 서로 구별되지 않는다. 우리는 분화에 대해 말하되 현실화되고 있는 이념에 비추어 말하고 있다. 또 밖-주름운동에 대해 말하되 '개봉'되고 있고 정확히 현실화의 운동을 규정하는 강도에 비추어 말하고 있다. 만일 강도가 질과 연장들을 창조하고 또 그 질과 연장들 안에서 자신의 주름을 펼친다는 것이 문자 그대로 참이라면, 이는 질과 연장들이 자신들 안에서 현실화되는 이념적 관계들과는 닮지 않았고 게다가 조금도 닮지 않았기 때문이다. 즉 분화는 어떤 선들의 창조를 함축하고, 바로 그 선들을 따라 이루어지는 것이다.

이념의 현실화에서 개체화가 떠맡는 역할

강도는 이런 규정적 역할을 어떻게 수행하는 것인가? 강도 그 자체는 자신에게서 비롯되는 설명이나 밖-주름운동에 대해서는 물론이고 분화에 대해서도 독립적이어야 한다. 강도는 밖-주름운동에 대해 독립적이므로 다시 분화에 대해서도 독립적이다. 이는 강도를 정의하는 안-주름운동의 질서에서 보면 당연한 것이다. 강도는 자신에게 속하는 본질적 과정 때문에 분화에 대해 독립적이다. 강도량들의 본질적 과정은 개체화에 있다. 강도는 개체화하고 강도량들은 어떤 개체화 요인들이다. 개체들은 어떤 신호-기호 체계들이다. 모든 개체성은 강도적이다. 따라서 개체성은 폭포처럼 떨어지고, 수문처럼 수위(水位)를 조절하며, 서로 소통하고, 그런 가운데 자신을 구성하는 강도들 안에서 차이를 포괄할 뿐 아니라 또 그 자체로 긍정한다. 최근에 질베르 시몽동이 언급했던 것처럼, 개체화는 무엇보다 먼저 어떤 준안정적인 상태, 다시 말해서 어떤 '불균등화'의 현존을 가정한다. 이는 적어도 두 개 이상이고 서로 다질적인 크기상의 질서나 실재상의 위계들 ── 그 사이에서 어떤 포텐셜들이 할당되고 있는 어떤 질서나 위계들 ── 이 있어야 한다는 것과 같다. 하지만 이 전(前)-개체적 상태는 독특성들을 결여하고 있지 않다. 즉 특이하거나 독특한 점들은 포텐셜들의 실존과 할당에 의해 정의된다. 이렇게 해서 나타나는 것이 어떤 객관적인 '문제제기적' 장(場)이고, 이 장은 다질적인 질서들 사이의 거리에 의해 규정된다. 개체화는 그와 같은 문제에 대한 해결의 활동으로 출현하거나, 결국 마찬가지이긴 하지만, 포텐셜의 현실화와 불균등한 것들 사이의 소통 활동으로 출현한다. 개체화의 활동은 문제를 제거하는 데 있는 것이 아니라 오히려 불균등화의 요소들을 어떤 짝짓기의 상태로 통합하는 데 있고, 이 짝짓기의 상태를 통해 이 요소들 사이의 내적 공명이 보장된다. 따라서 개체는 어떤 전-개체적인 반쪽에 묶여 있게 되지만, 이 반쪽은 개체 안에 있는 비인격적인 것이 아니라 오히려 차라리 개체의 독특성들을 간직하는 저장소이다.[28] 이 모든 측면들을 고려할 때, 우리는 개체화가 본질적으로 강도적이고 전-개체적인 장은 이념-잠재적이거나 미분비들로 이루어져 있다고 믿는다. 이념이 얼마만큼?과 어떻게?의 물음들에 응답했다면, 그와 마찬가지로 개체화는 누가?의 물음에 대해 응답한다. 누구냐고? 그것은 언제나 어떤 강도이다……. 개체화는 강도의 활동이

---

28 Gilbert Simondon, *L'individu et sa genèse physico-biologique*(P.U.F., 1964) 참조.

감성적인 것의 비대칭적 종합

다. 이 활동을 통해 미분비들은 현실화되도록 규정되고, 게다가 강도에 의해 창조된 질과 연장 안에서 어떤 분화의 선들을 따라 현실화되도록 규정된다. 어떤 전체적인 기초개념을 만들어보자면 그것은 결국 개체-미/분-화indi-différent/ciation 또는 개체-극-미/분-화indi-drama-différent/ciation가 된다. 미분적 이념들의 기술(技術)에 해당하는 반어는 결코 독특성을 모르는 것이 아니다. 오히려 거꾸로 반어는 평범하고 특이한 점들을 자유롭고 활발하게 분배한다. 하지만 여기서 중요한 것은 언제나 이념 안에 할당된 전-개체적 독특성들이다. 반어는 아직 개체를 모른다. 개체와 더불어 유희하고 개체화 요인들과 더불어 유희하는 것은 바로 강도량들의 기술에 해당하는 익살이다. 반어는 문제들을 계산하거나 그 문제들의 조건들을 규정하는 데 필요한 미분화들을 수행하는 반면, 익살은 개체가 규정하는 분화들과 관련하여 해의 경우들에 해당하는 그 개체의 유희들을 증언한다.

개체화와 분화

개체는 어떤 질도 아니고 어떤 외연도 아니다. 개체화는 어떤 질화(質化)도 아니고 어떤 부분화도 아니다. 개체화는 또 어떤 종별화도 아니고 어떤 유기적 조직화도 아니다. 개체는 어떤 부분들의 합성체가 아니고, 하물며 어떤 최하위 종species infima은 더욱 아니다. 개체화에 대한 질적 해석이나 외연적 해석은 어떤 질이 일반적이기를 그친다거나 어떤 연장의 종합이 이러저러한 지점에서 시작하고 끝난다는 점을 설명할 어떤 이유를 확정하지 못한다. 질화와 종별화는 이미 질화해야 할 어떤 개체들을 가정한다. 또 외연적인 부분들은 한 개체에 상관적이지만, 그 반대는 아니다. 그러나 정확히 말하자면 개체화와 분화 일반 사이에 어떤 본성상의 차이가 있음을 지적하는 것으로는 충분치 않다. 이런 본성상의 차이는 우리가 그것의 필연적 귀결을 받아들이지 않는 한에서는 알 수 없는 것으로 남게 된다. 그 필연적 귀결은 개체화가 권리상 분화에 선행하고, 모든 분화는 그에 앞서는 어떤 강렬한 개체화의 장을 가정한다는 데 있다. 그런 개체화의 장이 활동하고 나서야 비로소 이러저러한 미분비와 특이점들(전-개체적인 장)이 실현되는 것이고, 다시 말해서 어떤 분화된 선들 — 다른 선들과 일정한 관계를 맺고 있는 선들 — 에 따라 직관 안에서 조직화되는 것이다. 바로 이런 조건 아래에서 미분비와 특이점들은 한 개체의 질과 수를, 또 그 종(種)과 부분들을 형성하고, 요컨대 한 개체의 일반성을 형성한다. 개체화는 종별화와는 다른 본성을 지니고 다른 수단들을 차용한다. 그럼에도 불구하고 종류가 서로 다른 개체들이 있고 서로 같은 개체들도 있기 때문에, 보통 개체화가 종별화에서 계속 이어져 나온다고 믿는 경향이 생긴다. 하지만 참으로 이 두 과정을 혼동하는 것, 개체화를 분화의 한 극단이나 어떤 복잡화된 분화로 환원하는 것은 어떤 경우라 해도 항상 차이의 철학 전체를 위험에 빠뜨리게 마련이다. 이는 잠재적인 것과 가능한 것을 혼동하면서 범했던 것과 비슷한 오류를 이번에는 현실적인 것 안에서 범하는 셈이다. 개체화는 결코 분화를 가정하는 것이 아니라 오히려 분화를 유발한다. 질과 연장들, 형상과 질료들, 종과 부분들은 일차적인 것들이 아니다. 이것들은 마치 어떤 수정(水晶)들 안에 갇혀 있는 듯이 개체들 안에 붙들려 있다. 그리고 개체화하는 차이나 강도적 차이들의 움직이는 깊이 안에서 읽을 수 있는 것은, 마치 어떤 수정 구슬 안에 놓여 있는 듯한 세계 전체이다.

개체화는 강도적이다

모든 차이들은 개체를 통해 담지되지만, 그렇다고 해서 그 모든 차

감성적인 것의 비대칭적 종합

이들이 개체적인 것은 아니다. 어떤 조건에서 차이는 개체적인 것으로 사유되는 것인가? 우리가 보기에 분명 분류의 문제는 언제나 차이들을 서열화하는 데 있었다. 하지만 식물이나 동물의 분류들이 보여주는 것처럼, 차이는 오로지 어떤 연속적인 유사성의 다중적 그물망이 주어진다는 조건에서만 서열화된다. 생명체들 사이에 어떤 연속성이 있다는 생각은 분류의 이념과 전혀 구별되지 않을 뿐 아니라 그렇게 대립하는 것도 아니었다. 게다가 그것은 분류의 요구들을 제한하거나 미묘하게 표현하는 역할을 떠맡는 이념도 아니었다. 오히려 거꾸로 그것은 모든 가능한 분류의 요건이다. 가령 여러 차이들 가운데 어떤 것이 진정한 '특성'을 형성하는 차이인지, 다시 말해서 어떤 것이 최대한 많은 점에서 서로 유사한 존재자들을 하나의 반성적 동일성 안에서 묶도록 하는 차이인지 물을 수 있다. 이런 의미에서 유(類)는 반성의 개념이지만, 동시에 (그것이 '잘라내는' 동일성을 이웃하는 어떤 종들이 취합하는 한에서) 어떤 자연적 개념일 수 있다. 가령 A, B, C라는 세 가지 식물이 있고, 그중 A와 B는 목질(木質)인데 C는 아니고, B와 C는 푸른데 A는 붉은 경우를 생각해보자. 이때 특성을 형성하는 것은 '목질'에 있다. 왜냐하면 그것이 증감하는 유사성들의 질서에 가장 많은 차이들이 종속되는 것을 보장하기 때문이다. 또 유사성들의 질서가 조잡한 지각에 속한다는 비난도 있을 수 있을 것이다. 하지만 이는 반성의 단위들을 어떤 커다란 구성단위들(가령 퀴비에의 기능적 대단위들이나 조프루아의 커다란 합성 단위들)로 대체한다는 조건에서만 성립할 수 있는 비난이다. 그런 커다란 구성단위들에 비추어볼 때 차이는 여전히 어떤 유비 판단들 안에서 사유되거나 혹은 어떤 보편적 개념 안에서 변이 가능한 것으로 사유된다. 어떤 경우든 지각 안의 유사성, 반성 안의 동일성, 판단 안의 유비나 개념 안의 대립 등을 기준들로 하고 또 그 기준들에 종속되는 한에서 차이는 개체적 차이로 사유되지 않는다. 비록 차이가 개체를 통해 담지되는 것이라 해도, 그 차이는 단지 일반적 차이로 그치는 것이다.

다윈의 위대한 참신성은 아마 개체적 차이를 처음 사유했다는 데 있을 것이다. 『종의 기원』을 끌고 가는 주제, 그것은 개체적 차이가 무엇을 할 수 있는지 알 수 없다는 것이다! 자연도태와 결합될 경우, 도대체 개체적 차이가 어디까지 이를 수 있는지는 알 수 없는 노릇이다. 다윈의 문제는 프로이트가 어떤 다른 문맥에서 사용했던 것과 충분히 유사한 용어들을 통해 제기된다. 여기서 중요한 것은 자유롭고 유동하거나 묶이지 않은 작은 차이들이 어떤 조건하에서 평가 가능한 차이, 묶이고 고정된 차이들로 바뀌는지 아는 것이다. 그런데 그 조건은 바로 자연도태〔자연선택〕에 있다. 자연도태는 어떤 현실원칙과 심지어 성공원칙의 역할까지 떠맡으면서 어떻게 차이들이 한 방향 안에서 서로 묶이고 축적되는지를 보여줄 뿐 아니라 또한 어떻게 차이들이 상이하거나 심지어 대립되는 방향들로까지 점차 분기(分岐)하는 경향에 놓이는지를 보여준다. 자연도태의 한 가지 본질적 역할은 차이를 분화(分化)시키는 데 있다.(가장 멀리까지 분기된 것들만이 생존할 수 있다.) 도태가 이루어지지 않거나 더 이상 이루어질 필요가 없을 때 차이들은 유동적인 것으로 머물거나 다시 유동적인 상태로 돌아간다. 도태가 이루어질 때 차이들은 고정되고 분기〔발산〕하게 된다. 속(屬), 과(科), 목(目), 강(綱)들 등과 같은 커다란 분류 단위들은 차이를 어떤 유사성과 동일성, 어떤 유비와 규정된 대립들 등과 같은 조건들에 관계짓기 때문에 차이를 사유하는 데는 더 이상 도움이 되지 않는다. 이런 분류 단위들은 오히려 거꾸로 차이로부터 사유되고, 또 자연도태의 근본적 메커니즘에 해당하는 차이의 분화로부터 사유된다. 다윈에게서 개체적 차이는 그 자체로는 도태나 분화의 일차적 질료로 사유되고 있지만, 아직은 어떤 명확한 지위를 지니지 못하고 있는 듯하다. 즉 자유롭고 유동적이

감성적인 것의 비대칭적 종합

고 묶여 있지 않은 이 개체적 차이는 어떤 규정되지 않은 변이 가능성
과 혼동되고 있다. 그렇기 때문에 바이스만A. Weissmann은 개체적 차
이를 낳는 어떤 자연적 원인이 유성생식(有性生殖)에 있음을 보여줌으
로써 다윈주의에 매우 중요한 공헌을 가져오게 된다. 이때 유성생식은
'변이된 개체적 차이들의 끊임없는 생산'의 원리에 해당한다. 성적 분
화 자체가 유성생식에서 비롯되는 결과인 한에서, 우리는 종들의 분화,
유기체적 부분들의 분화, 성(性)들의 분화 등 세 가지 커다란 생물학적
분화가 개체적 차이를 중심으로 이루어지는 것이지, 결코 그 반대가 아
님을 알게 된다. 이것이 다윈주의가 일으킨 코페르니쿠스적 혁명의 세
가지 형태이다. 첫 번째 형태는 개체적 차이들의 분화와 관련되고, 이
분화는 특성들의 분기와 군(群)들의 규정에 해당한다. 두 번째 형태는
차이들의 묶기와 관련되고, 이는 어떤 같은 군 안에서 이루어지는 특성
들의 상호 조정에 해당한다. 세 번째 형태는 차이들의 생산과 관련되
고, 이 생산은 분화와 묶기의 연속적 질료에 해당한다.

유성생식은 외관상 —— 물론 나름의 근거가 있는 어떤 외관상 —— 종
의 기준들에 종속되어 있고 유기체적 부분들의 요구들에 종속되어 있
다. 사실 수정란은 자신이 속한 유기체의 모든 부분들을 재생산하게 될
것이다. 또 유성생식이 종의 한계들 안에서 일어난다는 것도 역시 대체
적으로 사실이다. 하지만 이미 종종 주목되어온 바와 같이 생식의 모든
양태들은 어떤 유기체적 '탈분화dédifférenciation' 현상들을 함축한다.
수정란은 오로지 유기체의 부분들에 의존하지 않는 어떤 장(場) 속에서
발달한다는 조건에서만 그 부분들을 재구성할 수 있다. 또 수정란은 오
로지 어떤 종(種)적 탈분화 현상들을 드러낸다는 조건에서만 종의 한계
들 안에서 발달할 수 있다. 오로지 같은 종에 속하는 존재자들만이 실
질적으로 종을 뛰어넘을 수 있고, 나아가 잠정적으로 종을 초과하는 특
성들로 복귀한 존재자, 그래서 어떤 원기(原基)들로 기능하는 존재자들

을 생산할 수 있다. 바로 이것이 폰 바에르의 발견이다. 그의 지적에 따르면, 배아(胚芽)는 다른 종들에 속하는 어떤 조상 격 성체(成體)의 형상들을 재생산하는 것이 아니다. 배아가 체험하고 감내하는 상태들, 배아가 시도하는 운동들은 어떤 특정 종의 수준에서는 살아낼 수 없는 것들이다. 그것들은 종, 속, 과, 목의 한계들을 넘어서고, 또 오로지 배아만이 배아적 삶의 조건들 안에서 견뎌낼 수 있다. 이로부터 바에르는 후성설(後成說)이 가장 높은 단계의 일반성에서 가장 낮은 단계의 일반성으로 나아가고, 다시 말해서 일반적인 유형들에서 속과 종의 규정들로 나아간다는 결론을 끌어냈다. 하지만 여기서 가장 높은 일반성이란 것은 추상적 분류 개념과는 아무런 상관이 없다. 왜냐하면 그 일반성은 배아에 의해 있는 그대로 체험되기 때문이다. 그 일반성의 배후에는 먼저 종들의 현실화에 선재하는 잠재성이 있고, 무엇보다 그 잠재성을 구성하는 미분비들이 있다. 다른 한편 그 일반성의 배후에는 이런 현실화의 일차적 운동들이 있고, 또 무엇보다 이 현실화의 조건이 있다. 다시 말해서 수정란 안에서 자신의 구성의 장을 발견하는 개체화가 있는 것이다. 그래서 생명의 가장 높은 일반성들은 종과 속들을 넘어서지만, 어떤 추상적인 비인격성을 향해서가 아니라 어디까지나 개체와 전(前)-개체적 독특성들을 향해 넘어서는 것이다. 만일 바에르와 함께 배아의 유형뿐 아니라 심지어 그 배아의 종적 형상까지도 배발생 초기에 매우 일찍 나타난다는 사실에 주목한다 해도, 이로부터 반드시 유형이나 문(門)들의 환원 불가능성이 귀결되는 것은 아니다. 거기서 끌어내야 할 결론은 오히려 개체화가 현실화나 종별화에 대해 행사하는 활동과 상관적인 어떤 속도와 가속이다.[29] 개체는 종의 핵심적 특성과 관련

---

29 종적 형상의 유형이 출현하는 속도에 대해서는 Edmond Perrier, *Les colonies animales et la formation des organismes*(Masson), 701쪽 이하 참조. 페리에는 종의 개념이 유성 생식에 의존하고 있음을 강조한다. 이 점에 대해서는 같은 책, 707쪽 참조. "새로운 각 세대

감성적인 것의 비대칭적 종합

된 어떤 가상이 아니다. 가상은 오히려 종이고, 이는 개체와 개체화 사이에서 성립하는 유희들과 관련된 진정 불가피한 가상, 나름의 확고한 근거를 지닌 가상이다. 여기서 문제는 개체가 사실상 자신의 종과 부분들로부터 분리될 수 있는지의 여부를 아는 데 있지 않다. 개체는 그 종과 부분들로부터 분리될 수 없다. 하지만 이런 '분리 불가능성'조차, 그리고 그 종과 부분들의 출현 속도도 역시 개체화가 권리상 분화보다 우위에 있다는 사실을 증언하는 것은 아닐까? 종보다 상위에 있는 것, 권리상 종에 선행하는 것, 그것은 개체이다. 또 배아야말로 개체들 중의 개체이고, 자신의 개체화의 장 안에서 직접 만날 수 있는 개체이다. 유성생식은 이 개체화의 장까지도 정의한다. 비록 유성생식의 생산물 안에서 종적 형상이 그토록 일찍 출현한다 해도, 이는 종의 개념 자체가 무엇보다 먼저 유성생식에 의존하기 때문이고, 유성생식을 통해 개체화에 의한 현실화의 시동(始動)이 가속화되기 때문이다.(수정란 자체는 이미 일차적 운동들이 자리하는 본거지이다.) 배아는 일종의 환상, 어미 아비들의 환상이다. 모든 배아는 어떤 공상의 괴물, 원기(原基)로 기능할 수 있는 괴물, 종별화된 그 어떤 성체도 살아낼 수 없는 것을 견뎌낼 수 있는 괴물이다. 배아는 어떤 강요된 운동들을 끌어안고, 어떤 내적 공명들을 구성하며, 생명의 원초적 관계들을 어떤 드라마로 극화한다. 동물의 성욕과 인간의 성욕을 비교하는 문제는 어떻게 성욕이 생식기능이기를 멈추고 생식과의 모든 연고를 깨뜨리게 되는지를 아는 데 있다. 이는 인간의 성욕이 환상의 생산 조건들을 내면화하기 때문이다. 그 몽상들은 우리의 알들, 우리의 애벌레들, 혹은 우리의 고유한 심리적 개

마다 공통의 특성들은 어떤 점증하는 고정성을 띤다. …… 최근의 모든 연구들은, 생식이 선행의 수정(受精) 없이 이루어지는 동물계의 집단들 안에서는 종이 현존하지 않는다는 사실을 증명한다는 점에서 일치하고 있다. 그래서 종의 출현은 성별화된 세대의 출현과 긴밀하게 연계되어 있다."

체들이다. 그럼에도 불구하고 살아 있는 알은 이미 개체화의 장이고, 배아 자체는 여전히 순수한 개체이다. 또 그 알 속의 배아는 개체화가 현실화에 우선하고, 다시 말해서 종별화는 물론이고 유기적 조직화에도 우선한다는 사실을 증언하고 있다.

개체적 차이와 개체화하는 차이

개체화하는 차이는 우선 개체화의 장(場) 안에서 사유되어야 한다. 하지만 이때 이 개체화의 장은 나중에 오는 것이 아니라 이를테면 어떤 알 속에 있다. 차일드Child와 바이스P. A. Weiss의 연구 이래 하나의 수정란 안에는 어떤 대칭축이나 대칭면들이 있다는 것이 인정되고 있다. 하지만 여기서도 실증적인 것은 여전히 주어진 대칭적 요소들 안에 있다기보다 거기에 부재하고 거기에 주어져 있지 않은 것 안에 있다. 축들을 따라, 또 한 극에서 다른 한 극으로 향해 가면서 강도는 자신의 차이를 할당하고, 그런 가운데 원형질을 가로질러 확장되는 어떤 변이의 파동을 형성한다. 최대의 활동성을 띤 부위가 가장 먼저 움직이기 시작하고, 또 어떤 하위의 비율에 상응하는 부분들의 발달에 지배적인 영향력을 행사한다. 즉 알 속의 개체는 가장 높은 것에서 가장 낮은 것으로 향하는 어떤 진정한 전락(轉落)이다. 개체는 자신을 포괄하고 있는 강도의 차이들을 긍정하고, 그런 가운데 그 차이들 속으로 낙하해 들어간다. 양서류의 초기 낭배(囊胚) 안에서 강도는 '원구상순부(原口上脣部)'의 중심점에서 최대였다가 모든 방향으로 향해 가면서 줄어드는데, 동물극으로 갈 때는 훨씬 느리게 줄어든다. 척추동물의 초기 신경배의 중배엽(中胚葉) 안에서 강도는 각각의 횡단면마다 등 쪽 정중선(正中線)에서 배 쪽 정중선으로 가면서 줄어든다. 수정란의 강도적 공-간spatium, 다시 말해서 그 강도적 깊이들을 측정하기 위해서는 방향과 거리들, 역동성이나 드라마들, 포텐셜과 잠재력들 등을 다중화해야 한다. 세계는 어떤 알이다. 또 사실 그 알은 우리에게 미분화-개체화-극화-분화(종적 분화와 유기체적 분화)로 이어지는 '이유들의 질서'의 모델을 제공한다. 우리가 볼 때 알 속에 함축되어 있는 강도의 차이는 무엇보다 먼저, 현실화해야 할 잠재적 질료에 해당하는 어떤 미분비들을 표현한다. 개체화가 일어나는 이 강도적인 장은 자신이 표현하는 이 비율적 관계들이 어떤 시공간적 역동성들(드라마로 연출하는 극화) 안에서, 그 관계들에 상응하는 어떤 종들(종적 분화) 안에서, 그리고 그 관계들의 특이점들에 상응하는 어떤 조직화된 부분들(유기체적 분화) 안에서 구현되도록 규정한다. 현실화를 명령하는 것은 언제나 개체화이다. 즉 유기체의 부분들은 단지 그 강도적 근방의 어떤 구배(勾配, 기울기)들에 따라 유도될 뿐이다. 유형들은 단지 개체화하는 강도에 의거해서 종별화될 따름이다. 모든 곳에서 강도는 종적 질과 유기체적 외연들에 견주어 일차적이다. 이런 복잡한 양상 전체는 본질적으로 강도적 비율들과 관련된 어떤 기초개념들, 가령 "형태 발생적 포텐셜", "장(場)-구배-문턱" 등과 같은 달크의 개념들을 통해 설명되고 있다. 그렇기 때문에 알에서는 물론이고 세계 안에서 핵과 세포질의 역할을 비교하는 문제는 쉽게 해결되지 않는다. 핵과 유전자들이 가리키는 것은 단지 미분화(微分化)된 질료이고, 다시 말해서 현실화되어야 할 전-개체적 장을 구성하는 미분비들이다. 하지만 이 미분비들의 현실화는 오로지 구배들과 개체화의 장들을 갖춘 세포질에 의해서만 규정된다.

종은 자신 안에서 현실화되는 미분비들과 유사하지 않다. 유기체의 부분들은 이 비율적 관계들에 상응하는 특이점들과 유사하지 않다. 종과 부분들은 자신들을 규정하는 강도들과 유사하지 않다. 달크가 말하는 것처럼, 어떤 꼬리형 부속 기관은 자신의 강도적 근방에 의해 유도될 때 "선험적으로 꼬리인 것은 아무것도 없는" 어떤 체계에 의존하고,

특정 수준의 형태 발생적 포텐셜에 반응한다.[30] 알은 상사성(相似性)의 모델을 파괴한다. 또 유사성의 요구들이 사라짐에 따라 두 가지 논쟁은 많은 부분 그 의미를 상실하는 것처럼 보인다. 한편으로 전성설(前成說)과 후성설(後成說)은, 봉인된 전성들은 강도적이고 개봉된 형성들은 질적이자 외연적임이 인정되고 또 전성과 형성들이 서로 닮지 않았다는 점이 인정될 때 더 이상 대립하지 않게 된다. 다른 한편으로 생물불변설과 진화설은 결국 화해 쪽으로 기울게 된다. 왜냐하면 운동은 한 현실적 항에서 다른 한 현실적 항으로 이동하는 것이 아니고, 하물며 일반적인 것에서 특수한 것으로 향하는 것은 더욱 아니기 때문이다. 운동은 다만 잠재적인 것에서 그것의 현실화로 향하고, 이런 운동은 그 중간 단계로 어떤 규정적 지위에 있는 개체화를 지난다.

막-주름운동, 밖-주름운동, 안-주름운동

그렇지만 우리는 아직 주요 난점으로까지 육박해 들어가지 못했다. 우리는 종별화와 유기적 조직화의 조건으로 개체화의 장과 개체화하는 차이를 내세운다. 하지만 이 개체화의 장은 단지 일반적이고 형식적으로만 설정되어 있다. 개체화의 장은 어떤 주어진 종(種)에 대해 '같은 것'인 듯하고, 한 종에서 다른 한 종으로 경우가 바뀔 때마다 강도상의 변이를 겪는 것처럼 보인다. 따라서 개체화의 장은 종과 종별화에 의존하는 것처럼 보이고, 그 배후에는 개체적 차이들이 아니라 개체가 담지하는 어떤 차이들이 있는 것처럼 보인다. 이런 난점이 사라지기 위해서는 개체화하는 차이가 단지 개체화의 장 일반 안에서만 사유될 것이 아

---

30 Albert Dalcq, *L'œuf et son dynamisme organisateur*(Albin Michel, 1941), 194쪽 이하 참조

감성적인 것의 비대칭적 종합

니라 그 자체가 개체적 차이로 생각되어야 할 것이다. 그 장의 형식은 그 자체로, 그리고 필연적으로 어떤 개체적 차이들로 채워져야 하고, 게다가 나중이 아니라 가능한 조기에, 알 속에서 즉각적으로 채워져야 할 것이다. 그 결과 식별 불가능자의 원리는 루크레티우스가 부여한 공식으로 표현되어야 마땅할 것이다. 즉 완전히 동일한 두 개의 알이나 두 개의 밑알은 없다. 그런데 우리가 볼 때 이런 조건들은 강도들의 함축 질서 안에서 전적으로 충족되고 있다. 강도들이 표현하고 가정하는 것은 미분비들 말고는 없다. 개체들이 가정하는 것은 이념들 말고는 없다. 그런데 이념 안의 미분비들은 결코 아직 어떤 종들(혹은 어떤 속이나 과들 등등)이 아니며, 마찬가지로 그 특이점들 역시 아직 어떤 부분들이 아니다. 미분비와 특이점들은 결코 아직 어떤 질들도, 어떤 외연들도 구성하지 않고 있다. 오히려 거꾸로 모든 이념들은 다함께 공존하고, 비록 고려되는 요소들에 따라 질서나 수준상의 변화가 있다 해도, 모든 비율적 관계들, 그 관계들의 변이들, 점들 등은 다함께 공존한다. 즉 이념들은 전혀 분화되지 않았음에도 불구하고 전적으로 규정되어 있거나 미분화되어 있다. 우리에게 그와 같은 '판명한 구별'의 양상은 이념의 막-주름운동[31]에 상응하고, 다시 말해서 이념의 문제제기적 특성과 그 이념이 대변하는 잠재적인 것의 실재성에 상응하는 것처럼 보였다. 그렇기 때문에 이념의 논리적 특성은 동시적으로 판명하면서 애매하다는 데 있었다. 이념은 판명한omni modo determinata 한에서 애매하다.(분화되지 않았고 다른 이념들과 공존하며 다른 이념들과 더불어 '막-주름져' 있다.) 여기서 중요한 것은 이념들이 강도나 개체들에 의해 표현될 때 안-주름운동이라는 이 새로운 차원에서 무슨 일이 일어나는지를

---

31 (옮긴이 주) perplication. 이미 언급했지만, 이 부분에서 논의되는 안-주름운동과 밖-주름운동의 원어는 각각 implication과 explication이다. 그 밖에 complication과 réplication은 각각 온-주름운동과 겹-주름운동으로 옮긴다.

아는 데 있다.

바로 여기서 강도, 바로 차이 그 자체는 어떤 미분비들과 그에 상응하는 특이점들을 표현한다. 강도는 이 비율적 관계들 안에, 그리고 이념들 사이에 새로운 유형의 구별을 끌어들인다. 어떻게 보면 이제 이념들, 비율적 관계들, 이 관계들의 변이들, 특이점들 등은 분리된다. 이것들은 함께 공존하는 대신 어떤 동시성의 상태나 매 순간 계속 이어지는 상태들로 들어선다. 그렇지만 모든 강도들은 서로가 서로의 안으로 함축되고, 각각의 강도는 저마다 봉인하는가 하면 또 봉인된다. 그런 까닭에 각각의 강도는 끊임없이 이념들의 변화하는 총체, 미분비들의 가변적 전체를 표현한다. 하지만 강도가 명석하게 표현하는 것들은 오로지 특정한 미분비들이나 이 비율들의 특정한 변이 등급들뿐이다. 강도가 명석하게 표현하는 것들은 정확히 그것이 봉인하는 기능 안에서 직접 겨냥하는 것들이다. 강도는 여전히 모든 비율적 관계, 모든 변이의 등급, 모든 점들을 표현하지만 단지 혼잡하게만 표현할 뿐이고, 자신의 봉인되는 기능 안에서 표현할 뿐이다. 이 두 가지 기능은 상호적으로 주고받는 관계에 있고 강도는 무엇보다 먼저 자기 자신에 의해 봉인된다. 그러므로 판명과 애매가 이념 자체 안에서 분리될 수 없는 것과 마찬가지로, 이념을 표현하는 강도 안에서, 다시 말해서 이념을 사유하는 개체 안에서는 명석과 혼잡도 역시 더 이상 분리될 수 없는 논리적 특성이라 해야 한다. 이념의 통일성에 해당하는 판명-애매에는 개체화하는 강도적 통일성에 해당하는 명석-혼잡이 상응한다. 명석-혼잡의 특질이나 자격을 갖는 것은 이념이 아니라 오히려 이념을 사유하거나 표현하는 사유자이다. 사실 그 사유자는 개체 자신이기 때문이다. 판명한 것은 애매한 것에 다름 아니었고, 판명한 한에서 애매했다. 하지만 지금은 명석한 것은 혼잡한 것에 다름 아니고, 명석한 한에서 혼잡하다. 앞에서 확인했던 것처럼, 인식의 논리의 관점에서 재현 이론의 결점은 명

감성적인 것의 비대칭적 종합

석과 판명 사이에 어떤 정비례 관계를 설정한 나머지 이 두 가지 논리적 가치를 묶어주는 반비례 관계를 무시했다는 데 있다. 모든 사유의 이미지는 이 점에서 훼손을 입었다. 오로지 라이프니츠만이 어떤 논리적 사유의 조건들에 근접했고, 이는 정확히 그의 개체화 이론과 표현이론에서 영감을 얻은 덕분이다. 사실 라이프니츠의 문헌들은 불명료하고 복잡함에도 불구하고, 표현되는 것(미분비들의 연속체나 잠재적이고 무의식적인 이념)이 그 자체로 판명하고 애매하다는 것은 종종 확실한 듯하다. 가령 바닷물의 모든 물방울들은 미분비들, 그 비율적 관계들의 변이들, 이 관계들이 포괄하는 특이점들 등을 지닌 어떤 발생적 요소들에 해당한다. 또 표현하는 것(지각하고 상상하거나 사유하는 개체)은 본성상 명석하고 혼잡하다는 것도 확실한 것처럼 보인다. 가령 파도 소리에 대한 우리의 지각은 혼잡하게 전체를 포괄하지만, 그것이 명석하게 표현하는 것은 오로지 우리의 신체와 이 신체가 규정하는 어떤 의식의 문턱에 의존하는 특정한 비율적 관계들, 특정한 점들뿐이다.

함축이나 안-주름운동의 질서는 봉인되는 것 못지않게 봉인하는 것을 포괄하고, 다시 말해서 깊이와 거리를 동시에 포괄한다. 어떤 봉인하는 강도가 이러저러한 미분비와 특이점들을 명석하게 표현할 때, 그 강도를 통해서는 또한 다른 모든 비율적 관계들, 이 관계들의 모든 변이와 점들이 혼잡하게 표현된다. 이때 그 강도는 이것들을 자신이 봉인하는 강도들 안에서, 봉인되는 강도들 안에서 표현한다. 하지만 이 봉인되는 강도들은 그 봉인하는 강도에 내부적이다. 봉인하는 강도들(깊이)은 개체화의 장, 개체화하는 차이들을 구성한다. 봉인되는 강도들(거리들)은 개체적 차이들을 구성한다. 따라서 봉인되는 강도들은 필연적으로 봉인하는 강도들을 채우고 있다. 어째서 봉인하는 강도는 이미 개체화의 장인가? 이는 그것이 겨냥하는 미분비가 아직 어떤 종(種)이 아니고, 또 그것의 특이점들이 아직 어떤 부분들이 아니기 때문이다. 그것들은 단지 현실화의 과정을 통해서만 어떤 종이나 부분들이 되는 것이고, 이런 현실화는 그 봉인하는 강도가 구성하는 이 개체화의 장의 활동 아래에서 이루어진다. 그렇다면 적어도, 똑같은 종에 속하는 모든 개체들은 애초부터 똑같은 비율적 관계를 겨냥하기 때문에 똑같은 개체화의 장을 가진다고 해야 하는가? 물론 아니다. 왜냐하면 개체화하는 두 강도는 그들의 명석한 표현에 의해 오로지 추상적으로만 같을 수 있기 때문이다. 그 두 강도는 자신들이 봉인하는 강도들의 질서나 자신들이 혼잡하게 표현하는 비율적 관계들의 질서에 의해서는 결코 같은 것들이 아니다. 어떤 변이 가능한 질서가 있는 것이고, 그 질서에 따라 비율적 관계들 전체는 이 이차적 강도들 안에 상이하게 함축된다. 그렇지만 개체가 단지 자신의 혼잡한 권역(圈域)을 통해서만 어떤 개체적 차이를 지니게 된다고는 말하지 말아야 할 것이다. 이는 다시 명석한 것과 혼잡한 것의 분리 불가능성을 무시하는 꼴이 될 것이다. 또 명석한 것은 명석한 한에서 그 자체로 혼잡하다는 사실을 망각하는 꼴이 될 것이다. 사실 이차적 강도들은 일차적 강도들의 근본적 속성을 나타내고, 다시 말해서 본성상 변하면서 분할되는 역량을 나타낸다. 두 강도는 단지 추상적으로만 동일할 뿐, 그 본성에서는 다른 것이다. 비록 이것이 그 두 강도가 자신들이 포괄하는 강도들 안에서 분할되는 방식에 의한 것이라 해도 사정은 마찬가지다. 끝으로 어떤 똑같은 종에 속하는 개체들이 어떤 다른 종들에 참여함에 따라 서로 구별되는 것이라고도 말하지 말아야 할 것이다. 이는 마치 각각의 인간 안에 어떤 당나귀와 사자, 늑대나 양 등이 있다고 말하는 것과 같다. 물론 그런 것들은 모두 있고, 또 윤회는 그 모든 상징적 진리를 간직하고 있다. 하지만 당나귀와 늑대는 오로지 그것들을 명석하게 표현하는 개체화의 장과 관련해서만 어떤 종들로 간주될 수 있다. 혼잡한 것 안에서, 그리고 봉인되는 것 안에서 당나귀와 늑대는 단지 어떤 가변적인 것들의 역할, 어떤 합성

감성적인 것의 비대칭적 종합

하는 영혼이나 개체적 차이들의 역할만을 담당할 뿐이다. 그렇기 때문에 라이프니츠가 윤회의 개념을 "윤도(輪圖, métaschématisme)"의 개념으로 대체한 것은 옳은 일이었다. 이를 통해 그가 말하고자 했던 것은, 영혼은 몸을 바꾸는 것이 아니라 오히려 그 몸이 재-봉인되고 재-함축되었다가 필요에 따라 다른 개체화의 장들 안으로 들어간다는 점이고, 그런 가운데 "좀 더 미묘한 연극"[32]으로 되돌아간다는 점이다. 모든 신체와 모든 사물은 사유한다. 하지만 자신의 강도적 이유들로 복귀하여 자신이 그 현실화를 규정하는 어떤 이념을 표현하는 한에서 사유하고, 또 그런 한에서만 자신이 어떤 하나의 사유이다. 하지만 사유자 그 자신은 모든 사물들을 자신의 개체적 차이들로 만든다. 바로 이런 의미에서 사유자는 어떤 돌과 다이아몬드들, 어떤 식물과 '심지어 동물들'로 가득 차 있다. 사유자, 어쩌면 영원회귀의 사유자는 개체, 보편적인 개체이다. 바로 이런 사유자는 명석한 것과 혼잡한 것, 명석-혼잡한 것의 모든 역량을 이용하여 이념을 사유하되, 그 이념이 판명-애매한 것으로서 지니는 모든 역량 안에서 사유한다. 또한 여기서 계속 상기해야 하는 것은 개체성이 지닌 다양체적이고 변동적이며 소통적인 특성, 즉 함축되는 특성이다. 개체의 개체성은 단지 본성상의 변화 없이는 분할되지 않는다는 강도량들의 속성에서 유래한다. 우리는 이 모든 깊이와 거리들로 이루어져 있고, 개봉되고 재-봉인되는 이 강도적 영혼들로 이루어져 있다. 우리가 개체화 요인들이라 부르는 것은 봉인하고 봉인되는 이 강도들 전체, 개체화하고 개체적인 이 차이들 전체이다. 이 차이들은 끊임없이 개체화의 장들을 가로질러 서로가 서로의 안으로 침투해 들어간다. 개체성은 통일된 자아의 특징이 아니라 오히려 거꾸로 분열된 자아의 체계를 형성하고 또 양육한다.

---

32 Leibniz, *Principes de la Nature et de la Grâce*(1714), 6절 참조.

6절
체계의 진화

우리는 밖-주름운동과 분화(分化)의 관계를 명확히 한정해야 한다. 강도는 연장과 질(質)들을 창조하고, 이것들 안에서 자신의 주름을 펼친다. 이때 연장들은 물론이고 질들도 분화되어 있다. 한 연장은 다른 한 연장과 형상적으로 구별되고, 자기 자신 안에 특이점들에 상응하는 어떤 구별된 부분들을 포괄한다. 한 질은 다른 한 질과 질료적으로 구별되고, 자기 자신 안에 비율적 관계의 변이들에 상응하는 어떤 구별들을 포괄한다. 창조한다는 것은 언제나 어떤 분화의 선들, 어떤 분화의 형태들을 생산한다는 것이다. 하지만 강도는 물론 자신이 창조하는 이 분화된 체계 안에서 스스로 소멸되지 않고는 결코 자신의 주름을 밖으로 펼칠 수 없다. 또 잘 알려져 있는 바와 같이, 한 체계의 분화는 '탈분화'하는 어떤 보다 일반적인 체계와 짝을 이루면서 이루어진다. 심지어 생명체들조차 점진적 감소라는 경험적 원리와 모순을 일으키지 않는다는 것은 바로 이런 의미에서이다. 또 이런 의미에서 어떤 전체의 균일화는 국소적 분화들을 상쇄하게 된다. 이는 정확히 최종적 소멸이 근원적 창조를 상쇄하게 되는 것과 같다. 그렇지만 영역들에 따라 매우 중요한 어떤 변이들이 나타나는 것을 볼 수 있다. 물리학적 체계와 생물학적 체계는 먼저 자신들이 구현하거나 현실화하는 이념들의 질서에 의해, 다시 말해서 이러저러한 수준의 미분들에 의해 구별된다. 그 다음 이 두 체계는 이런 현실화를 규정하는 개체화 과정에 의해 서로 구별된다. 이 개체화 과정은 물리학적 체계 안에서는 단번에, 그리고 오직 가장자리에서만 이루어지는 반면, 생물학적 체계는 독특성들의 계속되는 기여들을 수용하고 자신의 내적 환경 전체로 하여금 외적 한계들에서 산출되는 작용들에 참여하도록 만든다. 마지막으로 이 두 체계는 현실화 자체를 대변

감성적인 것의 비대칭적 종합

하는 분화의 형태들에 의해 서로 구별된다. 즉 생물학적 종별화와 유기적 조직화는 단순하게 이루어지는 물리학적 질화와 부분화에 비해 차이를 보여준다. 하지만 고려되고 있는 영역이 무엇이든 상관없이, 생산적 차이가 소멸되고 생산된 분화가 말소된다는 것은 여전히 밖-주름운동의 법칙으로 남는다. 이런 법칙은 생물학적 죽음뿐 아니라 물리학적 평준화를 통해서도 잘 드러나고 있다. 여기서도 여전히 점진적 감소의 원리는 결코 부인되거나 모순에 빠지지 않는다. 그렇지만 이 원리는 모든 것을 '설명'할 수 있을지는 몰라도 그것에 의해 해명되는 것은 아무것도 없다. 설령 모든 것이 그 점진적 감소의 원리 안으로 들어간다 해도, 거기에서 빠져나올 수 있는 것이라곤 아무것도 없는 셈이다. 설령이 원리가 그 어떤 것에 의해서도 모순에 빠지지 않는다 해도, 설령 이 원리에는 반대 질서도 없고 예외도 없다 해도, 거꾸로 거기에는 어떤 다른 질서에 속하는 사태들이 있다. 엔트로피의 국소적 상승은 설령 훨씬 일반적인 어떤 점진적 감소에 의해 상쇄된다 해도, 결코 그 감소에 의해 포용되거나 산출되지 않는다. 경험적 원리들의 운명은 자신의 고유한 정초 요소들을 자신의 바깥에 맡겨버려야 한다는 데 있다. 점진적 감소의 원리는 분명 지극히 단순한 체계의 창조도, 체계들의 진화(생물학적 체계와 물리학적 체계 사이에서 성립하는 3중의 차이)도 해명하지 못한다. 또한 생명체도 역시 어떤 다른 질서, 어떤 이질적 질서, 어떤 다른 차원을 증언하고 있다. 이는 마치 개체화 요인들, 또는 그 상호 소통의 역량과 유동적 불안정성의 역량 안에서 개별적으로 파악된 원자들이, 그런 다른 차원에서 어떤 우월한 등급의 표현을 향유하고 있는 것과 같다.[33]

---

33 Franois Meyer, *Problématique de l'évolution*(P.U.F., 1954), 193쪽. "따라서 생물학적 체계의 작동방식은 열역학과 상반되지 않는다. 그것은 단지 열역학의 적용 영역에 외부적일 따름이다……." 이런 방향에서 메이에르는 조르당의 물음을 상기시킨다. F. Meyer, "Un Mammifère est-il un être microscopique?", 같은 책, 228쪽.

봉인의 중심들

이런 '진화'의 공식은 무엇인가? 체계가 복잡하면 할수록 거기에는
안- 주름운동의 고유한 가치들이 더 많이 나타난다. 바로 이런 가치들의
현전을 통해 한 체계의 복잡성이나 온-주름운동을 판단할 수 있게 되
고, 앞에서 언급된 생물학적 체계의 특성들이 규정될 수 있다. 안-주름
운동의 가치들은 어떤 봉인의 중심들이다. 이 중심들은 개체화하는 강
도적 요인들 자체는 아니다. 하지만 이것들은 밖-주름운동 중에 있는
어떤 복잡한 전체 안에서 강도적 요인들을 대변한다. 이 봉인의 중심들
은 체계의 중심부에서 작은 집단들과 엔트로피의 국소적 상승을 구성
하고, 이때 이 체계 전체는 점진적 감소에 부합한다. 가령 개별적으로
취해진 원자들은 그것들을 함축하고 있는 체계의 밖-주름화 질서 안
에서 집단적으로 고려되는 즉시 엔트로피 증가의 법칙을 여전히 재확
인해준다. 하나의 유기체, 가령 포유류는 일정하게 정향(定向)된 분자
들 사이의 개별적 활동들을 증언하는 한에서 어떤 미시적 존재자와 같
은 것으로 간주될 수 있다. 이 중심들의 기능은 여러 가지 방식으로 정
의된다. 우선 개체화 요인들이 현상에 대해 일종의 본체를 형성하는 만
큼, 우리는 그 본체가 복잡한 체계들 안에서 본연의 모습 그대로 나타
나는 경향이 있고, 또 봉인의 중심들 안에서 자신의 고유한 현상을 발
견한다고 주장한다. 그 다음으로 의미는 구현 중의 이념들과 연계되어
있고 또 이 구현을 규정하는 개체화와 연계되어 있는 만큼, 우리는 이
중심들이 표현적이거나 의미를 드러낸다고 주장한다. 마지막으로 모
든 현상은 —— 자신이 그 가운데에서 섬광을 발하고 있는 어떤 경계들처
럼 —— 자신을 둘러싸고 있는 어떤 강도의 차이 안에 자신의 이유를 두
고 있는 만큼, 우리는 복잡한 체계들이 자신을 구성하는 차이들을 점
점 내면화하는 경향이 있다고 주장한다. 즉 봉인의 중심들은 이런 개체

감성적인 것의 비대칭적 종합

화 요인들의 내면화를 수행한다. 또 체계가 의존하는 차이가 현상 안으로 내재화되고 반복이 그 자체로 내부적일수록, 그 반복이 '똑같은' 차이들의 재생산을 보증해줄 어떤 외부적 조건들에 의존하는 정도는 점차 줄어들게 된다. 생명의 운동이 증언하고 있는 것처럼, 차이와 반복은 동시에 함께 기호-신호 체계 안으로 내면화되는 경향이 있다. 유전의 문제를 제기할 때 생물학자들은 충분한 근거를 가지고 변이와 생식에 해당할 두 가지 구별되는 기능을 유전에 부여하는 것으로 만족하지 않는다. 오히려 한 걸음 더 나아가 이 두 기능의 심층적 통일성이나 상호적 조건화 관계를 보여주고자 한다. 바로 이 지점에서 유전 이론들은 필연적으로 어떤 자연철학으로 들어서게 된다. 말하자면 반복은 결코 '같은 것'의 반복이 아니라 언제나 본래적으로 '차이나는 것'의 반복이고, 또 차이 그 자체는 (차이의 차이라는 의미에서) 반복을 대상으로 한다. 변별적이고 강도적이거나 개체화하는 요인들은 어떤 체계 안에서 (결정적인 어떤 한 순간 모두) 자신의 주름을 펼치자마자 안-주름운동 속으로 이어지는 자신의 끈질긴 항존(恒存)을 증언하며, 또 이런 안-주름운동의 진리에 해당하는 영원회귀를 증언한다. 무언(無言) 중에 점진적 감소와 죽음을 증언하고 있는 봉인의 중심들 역시 영원회귀의 어두운 전조들이다. 하지만 여기서도 여전히 이 무언의 증인들, 이 어두운 전조들이 모든 것을 이루어내고 있고, 적어도 모든 것은 이 어두운 전조들 안에서 이루어진다.

개체화 요인들, 나, 자아

진화에 대해 언급했으므로 이제 심리적 체계들을 다루어 볼 필요가 있다. 체계의 각 유형에 대해 우리는 무엇이 이념들에 속하고, 무엇이 개체화-안주름운동과 분화-밖주름운동에 각기 속하는 것인지 물어야 한다. 만일 이 문제가 심리적 체계들의 경우 어떤 각별한 위급성을 띠게 된다면, 이는 나Je와 자아Moi가 개체화의 영역에 속하는지가 전혀 확실하지 않기 때문이다. 이것들은 오히려 분화의 형태들이다. 나는 고유하게 심리적인 종별화를 형성하고, 자아는 고유하게 심리적인 유기적 조직화를 형성한다. 나는 인간이 종(種)으로서 갖는 질(質)이다. 심리적 종별화는 생물학적 종별화와 똑같은 유형이 아니다. 왜냐하면 여기서 규정은 규정 가능한 것과 동등하거나 똑같은 역량을 지니기 때문이다. 그렇기 때문에 데카르트는 인간을 어떤 종류의 동물, 가령 "이성적 동물"로 정의하는 것을 거부했고, 유(類)와 종차(種差)를 통해 이루어지는 일체의 인간 정의를 거부했다. 하지만 정확히 말해서 데카르트는 나는 생각한다를 인간의 종적 특수성과 그 실체의 질을 명시할 수 있는 어떤 또 다른 방법의 정의로 제시한다. 나와 상관관계에 있는 자아는 어떤 외연으로 이해되어야 한다. 즉 자아는 고유하게 심리적인 유기체를 지칭하고, 이 유기체가 지니는 특이점들은 나의 내포에 귀속하는 상이한 인식능력들을 통해 대변된다. 그래서 근본적인 심리적 상관관계는 "나는 자아를 생각한다."라는 정식을 통해 표현된다. 이는 생물학적 상관관계가 종과 부분들, 질과 연장의 상보성 안에서 표현되는 것과 같다. 그렇기 때문에 나와 자아는 각기 그 나름의 차이들을 통해 시작되지만, 처음부터 이 차이들은 양식과 공통감의 요구들에 합치하여 결국 소멸되고 마는 방식으로 분배되어 있다. 따라서 또한 나는 마지막에 이르러 어떠한 차이들도 지니지 않는 심리적 삶의 보편적 형상으로 나타나고, 또 자아는 이런 형상의 보편적 질료로 나타난다. 나와 자아는 서로를 설명하고, 또 이런 상호 설명은 코기토의 역사 전체를 통해 끊임없이 계속되고 있다.

그러므로 개체화 요인들, 개체화에 함축된 요인들에는 나의 형상도 없고 자아의 질료도 없다. 이는 나라는 것이 어떤 동일성의 형상과 분

감성적인 것의 비대칭적 종합

리될 수 없고 자아는 어떤 연속적인 유사성들에 의해 구성된 질료와 분리될 수 없기 때문이다. 나와 자아가 포괄하는 차이들은 아마 개체에 의해 담지되고 있을 것이다. 그럼에도 불구하고 이 차이들은 내 안의 이 동일성과 자아 안의 이 유사성을 기준으로 사유되는 한에서는 개체적이거나 개체화하는 차이들이 아니다. 반면 모든 개체화 요인은 이미 차이고 또 차이의 차이다. 모든 개체화 요인은 어떤 근본적인 불균등성 위에서 구축되고, 이 본래의 불균등성 자체의 가장자리들 위에서 기능한다. 그렇기 때문에 이 요인들은 개체화의 장들을 가로질러 끊임없이 서로 소통하고, 그런 가운데 나의 형상은 물론 자아의 질료까지 전복하는 어떤 불안정성 안에서 서로가 서로를 봉인한다. 개체화는 변동적이고 기묘할 정도로 유연하고 우발적이며 언저리와 여백들을 향유한다. 왜냐하면 개체화를 촉진하는 강도들은 어떤 다른 강도들을 봉인하고 어떤 다른 강도들에 의해 봉인되며, 그런 가운데 모든 강도들과 소통하기 때문이다. 개체는 결코 분할할 수 없는 어떤 것이 아니다. 개체는 오히려 끊임없이 본성을 바꾸면서 분할된다. 개체는 자신이 표현하는 것 안에 있는 어떤 자아가 아니다. 왜냐하면 개체가 표현하는 것은 내적 다양체들에 해당하는 어떤 이념들이고, 이 이념들은 어떤 미분비와 특이점들, 어떤 전-개체적 독특성들로 이루어져 있기 때문이다. 게다가 개체는 표현에 해당하는 어떤 나는 더욱 아니다. 왜냐하면 여기서도 개체는 여전히 현실화의 다양체를 형성하고, 이 다양체는 어떤 특이점들의 응축, 어떤 강도들의 열린 집합과 같기 때문이다. 개체가 향유하는 미규정성의 언저리는 종종 언급되어왔고, 개체성의 상대적이고 유동적이며 부유하는 특성도 이미 지적되어왔다.(가령 두 개의 물리학적 입자는 그들의 현존 영역과 개체화의 장이 서로 침범할 때는 더 이상 그 개체성을 추적할 수 없다. 또는 한 기관과 한 유기체 사이의 생물학적 구별은 강도들의 상황에 의존하고, 이 상황은 그 강도들이 훨씬 광범위한 어떤 개체화의 장 안에 봉인되는지의 여부에 따라 결정된다.) 그러나 이런 상대성이나 미규정성이, 개체성 안에 어떤 완결되지 않은 사태가 있고 개체화 안에 어떤 중단된 사태가 있음을 의미한다고 믿는 것은 잘못이다. 오히려 거꾸로 이것들은 본연의 개체가 지닌 충만한 실증적 역량을 표현하고, 또 개체가 어떤 나쁜 아니라 어떤 자아와 본성상 구별되는 방식을 표현한다. 개체가 나는 물론이고 자아와도 구별되는 것은, 안-주름운동들의 강도적 질서가 밖-주름운동의 외연적이고 질적인 질서와 구별되는 것과 같다. 미규정적이라는 것, 유동적이고 부유한다는 것, 소통하고 봉인하는 동시에 봉인된다는 것 등은 모두 한 개체가 긍정하는 실증적 특성들이다. 또 자아들을 다중적으로 중첩하거나 나를 '약화'시킨다고 해서 개체화의 참된 지위를 발견할 수 있는 것이 아니다. 물론 앞에서 보았던 것처럼 수동적인 유기체적 종합들의 조건으로, 이미 무언의 증인 역할을 하고 있는 어떤 자아들을 가정해야 한다. 하지만 그 자아들 안에서 이루어지는 시간의 종합 배후에는 정확히 어떤 다른 종합들은 물론이고 어떤 다른 증인들이 자리하고 있다. 어떤 또 다른 본성을 지닌 이 영역들 안에는 더 이상 자아도 나도 없다. 거기에는 오히려 거꾸로 개체화의 혼돈에 찬 지배가 시작되고 있다. 이는 각각의 자아가 자신의 질료 속에 여전히 어떤 유사성을 간직하고 있기 때문이고, 각각의 나는 자신의 형상 속에 비록 약화된 것일망정 여전히 어떤 동일성을 간직하고 있기 때문이다. 하지만 어떤 비유사성을 바탕으로 삼고 있는 것, 혹은 어떤 차이의 차이를 무-바탕으로 삼고 있는 것, 그것은 나와 자아의 범주들 안으로는 들어오지 않는다.

니체의 철학이 힘의 의지나 디오니소스적 세계의 기치 아래 이룩해낸 발견, 니체와 쇼펜하우어의 단절을 표시하는 그 위대한 발견에 따른다면, 아마 자아와 나는 분화되지 않은 어떤 심연을 향해 극복되어야 할 것이다. 하지만 이 심연은 어떤 비인격적인 것도 아니고, 개체화

감성적인 것의 비대칭적 종합

의 저편에 있는 어떤 추상적 보편자도 아니다. 추상적 보편자는 오히려 거꾸로 자아이고 나이다. 자아와 나는 극복되어야 하되 개체화에 의해, 또 개체화 안에서 극복되어야 하고, 이것들을 소진시킬 뿐 아니라 또 유동적인 디오니소스적 세계를 구성하는 개체화 요인들을 향해 극복되어야 한다. 극복 불가능한 것, 그것은 개체화 자체이다. 나와 자아의 저편에 있는 것은 비인격적인 것이 아니라 오히려 개체와 그것의 요인들, 개체화와 그것의 장(場)들, 개체성과 그것의 전-개체적 독특성들이다. 사실 전-개체적인 것은 여전히 독특하고, 이는 자아-선행자, 나-선행자가 여전히 개체적인 것과 마찬가지다. 게다가 '여전히' 그런 것으로 그치는 것이 아니라 또한 '마침내' 그런 것이라고까지 말해야 할 것이다. 그렇기 때문에 강도 안의 개체가 자신의 심리적 이미지를 찾는 곳은 자아의 유기적 조직화도 아니고 나의 종별화도 아니다. 그 장소는 오히려 거꾸로 균열된 나와 분열된 자아이고, 또 균열된 나와 분열된 자아의 상관관계이다. 우리가 볼 때 이런 상관관계는 사유자와 사유의 상관관계로, 어떤 판명-애매한 이념들에 대한 명석-혼잡한 사유자(디오니소스적 사유자)의 상관관계로 선명하게 나타난다. 우리를 균열된 나에서 분열된 자아로 인도하는 것은 이념들이다. 이미 앞에서 보았던 것처럼, 균열된 틈바구니에서 우글거리고 있는 것은 모두 어떤 문제들에 해당하는 이념들이고, 다시 말해서 미분비들과 이 비율적 관계들의 변이들, 특이점들과 이 점들의 변형들 등으로 이루어진 어떤 다양체들로서의 이념들이다. 하지만 이 이념들은 개체화 요인들 안에서, 강도량들에 함축된 세계 안에서 표현되고, 이때 강도량들은 사유자의 구체적이고 보편적인 개체성과 분열된 자아의 체계를 구성하고 있다.

죽음은 나와 자아 속에 아로새겨져 있다. 이때 그 죽음은 어떤 밖-주름운동의 체계 안에서 이루어지는 차이의 소멸에 해당하거나 분화(分化)의 과정들을 상쇄하게 될 점진적 감소에 해당한다. 이런 관점에서 보면 죽음은 피하려 해도 아무 소용이 없고, 그럼에도 불구하고 모든 죽음은 우연하고 난폭하며 또 언제나 밖으로부터 온다. 그러나 이와 동시에 어떤 전혀 다른 형태의 죽음이 있고, 이 형태는 자아를 분열에 빠뜨리는 개체화 요인들 안에 있다. 이제 새로운 형태의 죽음은 어떤 '죽음본능'에 해당하고, 나의 형상이나 자아의 질료로부터 이것들이 감금하고 있는 개체화 요인들을 해방하는 내적 역량에 해당한다. 죽음의 두 가지 얼굴을 혼동하고, 그래서 마치 죽음본능이 엔트로피의 증가로 기우는 어떤 경향이나 생명 없는 물질 상태로 돌아가는 어떤 회귀로 환원되는 것처럼 생각하는 것은 잘못된 믿음일 것이다. 모든 죽음은 이중적이다. 먼저 죽음은 커다란 차이의 말소에 의해 일어나고, 이런 말소는 외적인 죽음을 통해 외연의 차원에서 표상된다. 하지만 죽음은 다른 한편 작은 차이들의 우글거림과 해방에 의해 일어나고, 이 해방은 내적인 죽음을 통해 강도 안에 함축된다. 프로이트가 제시한 가설에 따르면 유기체는 죽기를 원하고, 게다가 자신의 방식대로 죽기를 원한다. 그런 까닭에 현실적으로 닥치는 죽음은 내적인 죽음의 의지와 어긋나는 어떤 축약들, 어떤 외부적이고 우연하고 폭력적인 특성을 늘 보여주기 마련이다. 경험적 사건에 해당하는 죽음과 '본능'에 해당하는 죽음, 초월론적 심급에 해당하는 죽음 사이에는 어떤 필연적인 불일치가 있다. 프로이트와 스피노자는 둘 다 모두 옳다. 프로이트는 본능에 대해 옳고, 스피노자는 사건에 대해 옳다. 죽음은 안으로부터 의지되지만, 언제나 바깥으로부터 오고, 수동적이고 우연한 어떤 다른 형태를 통해 온다. 자살은 모습을 감추고 있는 그 두 얼굴을 일치, 합치시키려는 어떤 시도이다. 하지만 두 가장자리는 맞물리지 않고, 각각의 죽음은 계속해서 이중적이다. 한편 죽음은 '탈분화'이고, 이 탈분화를 통해 나와 자아의 분화는 이 둘을 균일화하는 어떤 전체적인 체계 안에서 상쇄된다. 다른 한편 죽음은 개체화이자 개체의 항변이다. 다만 이것은 나와 자아

감성적인 것의 비대칭적 종합

의 한계들, 심지어 보편적인 나와 자아의 한계들 안에서는 결코 인정될 수 없을 따름이다.

심리적 체계들 안에서 타인이 지닌 본성과 기능

밖-주름운동 중에 있는 심리적 체계들 안에는 여전히 어떤 안-주름운동의 가치들이 있어야 한다. 다시 말해서 거기에는 개체화 요인들을 위해 증언하는 어떤 봉인의 중심들이 있어야 한다. 이 중심들은 분명 나에 의해서도, 자아에 의해서도 구성되지 않는다. 이 중심들은 오히려 나-자아 체계에 속하는 어떤 전적으로 다른 구조에 의해 구성된다. 이 구조는 타인autrui이라는 이름으로서 지칭되어야 한다. 이 구조는 그 누구를 가리키는 것이 아니라 오직 다른 나에 대한 자아를, 자아에 대한 다른 나를 가리킬 따름이다. 기존 이론들의 오류는 정확히 타인이 대상의 신분으로 환원되는 한 극단과 타인이 주체의 신분으로 상승하는 다른 한 극단 사이에서 끊임없이 동요한다는 데 있다. 심지어 사르트르조차 이런 동요를 본연의 타인 안에 기입하는 데 만족한 나머지, 타인은 내가 주체일 때는 대상이 되고 또 내가 다시 대상이 되지 않고서는 주체가 되지 못한다는 것을 보여주고자 했다. 그래서 타인의 구조는 오인을 면치 못했고, 타인이 심리적 체계들 안에서 떠맡는 기능역시 오인의 상태에 머물렀다. 타인은 그 어떤 사람이 아니라 —— 두 체계 안에서 성립하는 —— 타자에 대한 자아이자 자아에 대한 타자이다. 이런 타인은 어떤 선험적 타인이고, 이런 선험적 타인은 각 체계 안에서 자신의 표현적 가치, 다시 말해서 함축적이고 봉인하는 가치를 통해 정의된다. 가령 어떤 겁에 질린 얼굴을 (내가 이 공포의 원인을 알지도, 느끼지도 못한다는 어떤 경험의 조건들 안에서) 생각해보자. 이 얼굴은 어떤 가능한 세계 —— 겁을 주는 무서운 세계 —— 를 표현한다. 표현이란 말을 통해 우리가 이해하는 것은 언제나 표현하는 것과 표현되는 것 사이에서 성립하는 어떤 결합관계이다. 그것은 본질적으로 어떤 왜곡을 포함하는 관계이고, 그래서 여기서는 표현하는 것이 마치 전적으로 다른 어떤 것과 관계하는 양 표현되는 것과 관계함에도 불구하고, 표현되는 것은 표현하는 것의 바깥에서는 실존하지 않는다. 따라서 가능하다는 말을 통해 우리가 이해하는 것은 결코 어떤 유사성이 아니다. 그것은 오히려 함축되는 것의 신분, 봉인되는 것의 신분, 게다가 심지어 자신을 봉인하고 있는 것과도 이질적인 상황에서 봉인되는 것이 지니는 신분이다. 즉 겁에 질린 얼굴은 자신을 공포에 빠뜨리는 것과는 유사하지 않지만, 그것을 무서운 세계의 상태에서 봉인한다. 각각의 심리적 체계마다 실재의 주위에는 어떤 가능성들이 우글거리고 있다. 하지만 우리의 가능자들은 언제나 다른 것들, 타자들이다. 타인은 자신을 구성하는 표현성과 분리될 수 없다. 심지어 타인의 신체를 어떤 대상으로, 그의 귀와 눈들을 어떤 해부학적 대상으로 주시할 때조차 우리는 거기서 모든 표현성을 완전히 제거할 수 없다. 우리가 이것들이 표현하는 세계를 극단적으로 단순화시킨다 해도 사정은 마찬가지다. 즉 눈은 어떤 함축된 빛이다. 눈은 어떤 가능한 빛의 표현이고, 귀는 어떤 가능한 소리의 표현이다.[34] 그러나 구체적으로 이것들은 그 실존양태가 무엇보다 먼저 타인에 의해 봉인되는 이른바 제3의 성질들[35]이다. 반면 나와 자아를 특징 짓는 것은 어떤 개봉〔전개〕이나 밖-주름운동〔설명〕의 기능들이다. 즉

---

34 타인이 어떤 '가능한' 세계의 표현, 함축, 봉인에 해당한다는 점에 대해서는 Michel Tournier, *Vendredi ou les limbes du Pacifique*(N.R.F., 1967) 참조.

35 (옮긴이 주) 데카르트와 로크는 크기, 형태 등과 같은 양적 성질들을 사물 자체에 내재하는 객관적 성질들로 간주하고 이것들을 제1성질들이라 불렀다. 반면 맛, 색깔 등과 같은 질적 성질들은 의식에만 나타나는 주관적 성질들로 간주하고, 이것들을 제2성질들이라 했다. 화이트헤드는 근대 인식론의 초석이 되는 이런 구분을 근대 철학의 빈곤성을 초래한 가장 중요한 원인으로 간주하여 강력하게 비판한 바 있다.

감성적인 것의 비대칭적 종합

나와 자아는 질들 일반을 이미 자신들 체계의 연장 안에서 개봉된 것으로 체험할 뿐 아니라 타인에 의해 표현된 세계를 ── 그 세계에 참여하기 위해서든 그 세계를 부인하기 위해서든 ── 설명하고 전개하는 경향이 있다.(나는 겁먹은 타인의 얼굴을 펼쳐내고, 그 얼굴을 어떤 위협적인 세계 ── 그 실재성이 나를 장악하거나 그 비실재성을 내가 비난하는 세계 ── 안에서 개봉한다.) 개봉 운동상의 이런 결합관계는 우리의 공동체뿐 아니라 우리와 타인의 분쟁까지도 형성하는 것이지만, 결국 타인의 구조를 깨뜨리고, 그래서 한 경우에는 타인을 대상의 신분으로 환원하는가 하면 다른 한 경우에는 타인을 주체의 신분으로 끌어올린다. 그렇기 때문에 타인을 있는 그대로 파악하기 위해서 우리는 비록 인위적일지언정 어떤 특별한 경험 조건들을 요구할 권리가 있었다. 즉 표현되는 것이 그것을 표현하는 것의 바깥에서는 아직 (우리에 대해) 실존하지 않을 때, 타인은 어떤 가능한 세계의 표현에 해당한다.

따라서 어떤 나-자아의 심리적 체계 안에서 타인은 감싸기, 봉인, 안-주름운동의 중심으로 기능한다. 타인은 바로 개체화 요인들의 대리자이다. 그리고 하나의 유기체가 어떤 미시적 존재자로 간주될 수 있음이 사실이라면, 심리적 체계들 안의 타인은 더 말할 나위 없다. 심리적 체계들 안에서 타인은 엔트로피의 국소적 상승들을 형성하는 반면, 자아에 의한 타인의 설명은 법칙에 합치하는 어떤 점진적 감소를 나타낸다. 앞에서 언급된 "자신을 지나치게 설명하지 말라."는 규칙이 의미하는 것은 무엇보다 타인과 더불어 자신을 지나치게 설명하지 말라는 것, 타인을 지나치게 설명하지 말라는 것, 자신의 함축적 가치들을 유지하라는 것, 표현들 바깥에서는 실존하지 않는 이 표현되는 것들이 모두 우리의 세계에 서식하도록 만들면서 이 세계를 증식시키라는 것 등을 의미한다. 왜냐하면 어떤 다른 나에 해당하는 것은 타인이 아니라 오히려 나, 어떤 타자, 어떤 균열된 나이기 때문이다. 사랑은 언제나 어떤 본연의 가능한 세계, 자신을 표현하는 타인 속에 감싸여 있는 그런 가능한 세계를 현시하면서 시작된다. 알베르틴의 얼굴은 해변과 파도들의 혼합물을 표현하고 있었다. "그녀는 도대체 어떤 미지의 세계로부터 나를 구별하는 것일까?" 이 모범적인 사랑의 역사 전체는 알베르틴에 의해 표현되는 그 가능한 세계들을 펼쳐 내는 길고 긴 설명이고, 이 설명이라는 밖-주름운동을 통해 그녀는 때로는 매혹적인 주체로, 때로는 환멸의 대상으로 변형된다. 물론 타인은 자신이 표현하는 가능자들에게 어떤 실재성을 부여할 수 있는 수단을 가지고 있고, 이 점에 관한 한 타인은 우리가 그 가능자들로 하여금 겪어나가도록 만드는 개봉의 과정과는 독립적이다. 그 수단은 곧 언어이다. 타인에 의해 선택된 단어들은 있는 그대로의 가능자에 어떤 실재성의 지위를 부여한다. 따라서 거짓말을 정초하는 초석은 언어 자체 안에 기입되어 있다. 내적으로 공명하는 체계들 안에서 언어가 자신의 능력들을 발휘할 수 있는 것은 바로 안-주름운동의 가치들이나 봉인의 중심들의 가치들에 의거하여 언어가 떠맡는 이런 역할에서 비롯된다. 타인의 구조와 그에 상응하는 언어의 기능이 실제적으로 재현하는 것은 본체의 발현(發顯), 표현적 가치들의 상승, 그리고 궁극적으로는 차이의 이런 내면화 경향이다.

감성적인 것의 비대칭적 종합

차이와 반복

1절
재현에 대한 비판

재현의 요구들에 종속되는 한에서 차이는 그 자체로 사유되지 않고, 또 사유될 수도 없다. 차이는 '언제나' 이런 요구들에 종속되어 있었던 것인가? 또 어떤 이유들 때문에 종속되었단 말인가? 이런 물음은 상세히 검토되어야 한다. 하지만 순수하게 불균등한 것들은 우리의 재현적 사유로서는 접근할 수 없는 어떤 신적인 지성의 천상 같은 저편을 형성하거나, 우리로서는 그 깊이를 알 수 없는 어떤 비유사성의 바다, 그 지옥 같은 이편을 형성하는 것처럼 보인다. 어쨌든 차이 그 자체는 자신을 사유할 수 있게 해주는 어떤 관계, 차이나는 것이 차이나는 것과 맺는 모든 관계를 배척하는 것처럼 보인다. 차이가 사유 가능하게 된다면 그것은 오로지 길들여지는 한에서, 다시 말해서 재현의 4중의 굴레에 종속되는 한에서만 그런 것처럼 보인다. 그 4중의 굴레는 개념 안의 동일성, 술어 안의 대립, 판단 안의 유비, 지각 안의 유사성이다. 푸코가 제대로 지적했던 것같이, 만일 어떤 고전주의적 재현의 세계가 있다면, 이 세계는 자신을 측량하고 조율하는 이런 네 가지 차원에 의해 정의된다. 이것은 충족이유율의 네 가지 뿌리와 같다. 어떤 인식이유ratio cognoscendi 안에 반영되는 개념의 동일성, 어떤 생산이유ratio fiendi 안에서 전개되는 술어들의 대립, 어떤 존재이유ratio essendi 안에서 분배되는 판단의 유비, 어떤 행위이유ratio agendi를 규정하는 지각의 유사성 등이 바로 그것이다.[1] 그 밖의 다른 모든 차이, 이처럼 뿌리내리지 못하는 모든 차이는 과도한 차이, 무질서한 차이, 비유기적 차이가 될 것이다. 즉 너무 크거나 너무 작아서 단지 사유될 수 없을 뿐 아니라 존재할 수도 없는 차이가 된다. 차이는 더 이상 사유되지 않는 가운데 비-존재 안으로 흩어져버린다. 이로부터 즉자적 차이는 저주에 빠져 있고 속죄해야 한다는 결론이 나온다. 혹은 차이는 자신을 연명(延命)할 수 있게 해주고 어떤 사유 가능한 대상이자 유기적 재현의 대상으로 만들어주는 이성에 기대어 자신의 죗값을 치러야 한다는 결론이 나온다.

철학은 아마 재현을 무한한(망아적인) 것으로 만드는 데 가장 커다란 노력을 쏟아 붓고 있을 것이다. 여기서 중요한 것은 재현의 범위를 지나치게 커다란 차이와 지나치게 작은 차이로까지 확장하는 것이다. 문제는 재현에 어떤 예상 밖의 관점을 제공하는 데 있고, 다시 말해서 재현이 즉자적 차이의 깊이를 통합할 수 있는 어떤 신학적, 과학적, 미학적 기술들을 고안하는 데 있다. 여기서 중요한 것은 재현이 애매한 것을 정복할 수 있는 길을 여는 것이며, 재현 안에서 지나치게 작은 차이는 지워버리고 지나치게 커다란 차이는 토막 내는 것이다. 문제는 재현을 통해 차이가 지닌 마비, 도취, 잔혹성 등의 역량, 심지어 죽음의 역량까지 장악하는 데 있다. 요컨대 아폴론의 유기체적 혈관 속에

---

1 (옮긴이 주) 이 네 가지 충족이유에 대해서는 쇼펜하우어A. Schopenhauer의 『충족이유의 네 가지 뿌리에 관하여』(1813) 참조.

디오니소스의 피 몇 방울이 흐를 수 있도록 만드는 데 모든 문제의 핵심이 있다. 이런 노력은 어느 시대에나 재현의 세계에 스며들어 있었다. 망아경(忘我境)에 빠진다는 것은 유기체적인 것의 지고한 소원이고, 이는 즉자 존재를 정복한다는 것과 같다. 하지만 이런 노력은 라이프니츠와 헤겔을 통해 절정의 두 단계에 도달했다. 첫 번째 경우 재현이 무한을 정복한다면, 이는 어떤 무한소의 기술(技術)을 통해 지극히 작은 차이와 그것의 소멸을 감당하기 때문이다. 두 번째 경우 재현이 무한을 정복한다면, 이는 어떤 무한대의 기술을 통해 지극히 커다란 차이와 그것의 사지절단을 감당하기 때문이다. 이 두 경우는 일치점을 보여주기도 한다. 왜냐하면 헤겔의 문제는 또한 소멸의 문제이고, 라이프니츠의 문제는 또한 사지절단의 문제이기 때문이다. 헤겔의 기술은 모순의 운동 안에 놓여 있다.(차이는 모순으로까지 나아가야 하고, 모순으로까지 확장되어야 한다.) 그 기술은 본질 안에 비본질적인 것을 기입하는 데 있고, 또 어떤 유한한 종합적 동일성의 무기들을 앞세워 무한자를 정복하는 데 있다. 라이프니츠의 기술은 부차모순이라 불러야 할 운동 안에 놓여 있다. 이 기술은 비본질적인 것에서 출발하여 본질을 구성하는 데 있고, 또 어떤 무한한 분석적 동일성을 통해 유한한 것을 정복하는 데 있다.(차이는 부차모순으로까지 심화되어야 한다.) 그러나 재현을 무한하게 만들어봐야 무슨 소용이란 말인가? 재현은 여전히 자신의 모든 요구들을 보존하고 있다. 발견된 것이라곤 단지 차이의 과잉과 결핍을 동일한 것, 유사한 것, 유비적인 것, 대립적인 것 등에 관계짓는 어떤 근거밖에 없다. 즉 이유는 근거가 되었고, 다시 말해서 그 어떤 것도 벗어날 수 없는 충족이유가 되었다. 하지만 변한 것은 아무것도 없고, 차이는 여전히 저주에 빠져 있다. 발견된 것은 차이를 속죄케 만들거나 재현의 범주들 아래 종속시켜서 죗값을 치르도록 만드는 더욱 미묘하고 숭고한 어떤 수단들밖에 없다.

유한-무한 양자택일의 무용성

그래서 헤겔의 모순은 차이를 마지막까지 끌고 나가는 듯한 인상을 준다. 하지만 이는 출구 없는 길이다. 이 길을 통해 차이는 다시 동일성으로 돌아가고, 또 동일성은 족히 차이를 존재케 하고 사유 가능케 할 수 있다. 오로지 동일자에 대한 관계 안에서, 오로지 동일자를 중심에 둘 때만 모순은 가장 커다란 차이다. 도취와 마비들은 흉내에 불과하다. 애매한 것은 이미 처음부터 훤히 밝혀져 있다. 헤겔적 변증법 안의 원환들이 무미건조하게 단일 중심화될 때만큼 이 점이 잘 드러나는 경우는 없다. 그리고 어떤 다른 시각에서 라이프니츠의 세계에 있는 수렴의 조건에 대해서도 아마 똑같이 말해야 할 것이다. 가령 라이프니츠에게서 엿볼 수 있는 비-공가능성incompossibilité 같은 개념을 생각해 보자. 모두 인정하는 바와 같이 공-가능하지 않은 것은 모순적인 것으로 환원될 수 없고, 공-가능한 것은 동일자로 환원될 수 없다. 바로 이런 의미에서 공-가능한 것과 공-가능하지 않은 것은 가능한 세계들 전체뿐 아니라 선택해야 할 각각의 세계 안에서도 어떤 특별한 충족이유를 증언하고, 또 어떤 무한자의 현전을 증언한다. 이런 새로운 개념들이 담고 있는 내용을 말한다는 것은 더욱 어려운 일이다. 그런데 우리가 볼 때 공-가능성을 구성하는 것은 하나뿐이다. 어떤 최대의 차이를 가져오는 어떤 최대의 연속성이 있기 위한 조건, 다시 말해서 연속체의 특이성들 주위에 조성된 계열들이 수렴하기 위한 조건이 그것이다. 거꾸로 세계들의 비-공가능성은, 서로 발산하는 어떤 계열들에 입김을 불어넣을 특이점들의 근방에서 결정된다. 요컨대 아무리 무한하게 된다고 해도 재현은 발산과 탈중심화를 긍정할 능력을 결코 획득하지 못한다. 재현에는 어떤 수렴하는 세계, 어떤 단일 중심의 세계가 있어야 한다. 하지만 이 세계는 그저 외양으로만 도취하는 세계, 이성이 술주

정뱅이가 되고 디오니소스의 노래를 부르지만 여전히 '순수한' 이성인 세계에 불과하다. 이는 충족이유 또는 근거가 어떤 수단에 지나지 않기 때문이다. 바로 이 수단을 통해 동일자는 무한자 자체 위에 군림하게 되고, 무한자 안으로 유사성의 연속성, 유비의 관계, 술어들의 대립 등이 침투하게 된다. 충족이유의 독창성을 요약하자면, 그것은 차이를 4중의 멍에에 더욱 확실하게 예속시키는 데 있다. 그러므로 파멸을 초래하는 것은 단지 유한한 재현 —— 차이에 대해, 과잉과 결핍 사이에서 너무 크지도 너무 작지도 않은 어떤 행복한 국면을 고정시키는 유한한 재현 —— 의 요구만이 아니다. 무한하게 큰 차이와 무한하게 작은 차이, 과잉과 결핍 자체를 통합한다고 주장하는 무한한 재현의 일견 반대되는 요구도 위험하기는 마찬가지다. 유한과 무한을 선택지로 하는 그 어떤 양자택일도 차이에는 전혀 들어맞지 않는다. 왜냐하면 이 양자택일이 구성하는 것은 단지 재현의 이율배반에 불과하기 때문이다. 우리는 앞에서 미분법을 통해 이 점을 확인했다. 즉 근대의 유한주의적 해석들은 고대의 무한주의적 해석들 못지않게 미분적 차이의 본성에 반한다. 왜냐하면 이 두 가지 해석은 모두 명제 외적이거나 재현 이하의 원천, 다시 말해서 미분법이 자신의 능력을 끌어내고 있는 '문제'를 놓치고 있기 때문이다. 게다가 작음과 큼을 선택지로 하는 양자택일 일반도 차이와는 결코 어울리지 않는다. 이는 이 둘을 모두 배제하는 유한한 재현 안에서든, 혹은 이 둘을 모두 붙들면서 어느 하나를 통해 다른 하나를 포괄하고자 하는 무한한 재현 안에서든 언제나 마찬가지다. 왜냐하면 이 양자택일이 표현하는 것은, 언제나 지배적인 어떤 동일성과의 관계에서 노출되는 재현의 동요들에 지나지 않기 때문이다. 또는 차라리 그것은 항상 반항적인 어떤 질료와의 관계에서 동일자가 노출하는 동요들이다. 동일자는 그런 질료의 과잉과 결핍을 때로는 거부하고 때로는 통합하지만 결국 동요를 겪게 된다. 마지막으로 재현을 무한자로 끌고 가려

차이와 반복

는 공통의 노력을 보여주고 있는 라이프니츠와 헤겔로 다시 돌아가 보자. 우리가 볼 때 〔헤겔에 비해〕라이프니츠가 '가장 멀리까지' 나아가지 못했다고 (그리고 둘 중 신학자의 면모도 강하다고) 믿을 이유는 없다. 가령 이념을 미분비(微分比)와 독특한 점들의 집합으로 간주한 그의 발상법, 비본질적인 것에서 출발하고 또 본질을 특이점들 주변의 어떤 봉인의 중심들로 구성하는 그의 방식, 발산들에 대한 그의 예감, 그의 부차모순 기법, 판명한 것과 명석한 것의 반비례 관계에 대한 그의 접근 등을 생각해보라. 이 모든 것은 라이프니츠에게서 왜 바탕은 힘찬 역량으로 출렁거리고 있는지, 왜 도취와 마비가 흉내에서 훨씬 벗어나 있는지, 왜 애매성이 훨씬 잘 파악되고 있으며 또 훨씬 더 실질적으로 디오니소스의 해안에 근접해 있는지 등을 잘 보여주고 있다.

　도대체 어떤 동기에서 차이는 유한하거나 무한한 재현의 요구들에 종속되었는가? 플라톤주의를 통해 형이상학을 정의하는 것은 정확한 이야기이지만, 본질과 외양의 구별을 통해 플라톤주의를 정의하는 것으로는 충분치 않다. 플라톤이 엄밀하게 확립한 첫 번째 구별은 원형과 모상의 구분이다. 그런데 모상은 결코 어떤 단순한 외양이 아니다. 왜냐하면 모상은 원형에 해당하는 이데아와 더불어 맺고 있는 어떤 정신적인 내면적 관계, 정신론적이고 존재론적인 관계를 보여주기 때문이다. 이보다 훨씬 심층적인 두 번째 구별은 모상 그 자체와 환상 phantasme의 구분이다. 플라톤이 원형과 모상을 구분하고 심지어 대립시키기까지 하는 것은 오로지 모상과 허상들simulacres 사이의 어떤 선별적 기준을 얻기 위해서일 뿐이라는 점은 분명하다. 이때 모상들은 원형과의 관계에서 근거를 얻고, 환상들은 모상의 시험도 원형의 요구도 견뎌내지 못하므로 실격당한다. 따라서 만일 외양이란 것이 있다면, 두 가지 외양을 구분하는 것이 중요하다. 문제는 제대로 근거지어진 눈부신 아폴론적 외양들, 그리고 근거지어지기는커녕 근거를 존중하지조차 않는 해롭고 불길하고 간사한 어떤 다른 외양들을 구분하는 데 있다. 차이의 예속을 초래하는 것은 바로 허상을 몰아내려는 이런 플라톤적 의지이다. 사실 원형은 오로지 같음의 본질에 해당하는 어떤 자기동일성 αὐτὸ καθ᾿ αὐτο을 설정할 때만 정의될 수 있다. 또 모상은 오로지 닮음의 질(質)에 해당하는 어떤 내적 유사성의 성향에 의해서만 정의될 수 있다. 또 유사성은 내면적이기 때문에, 모상은 그 자체로 존재뿐 아니라 진리 — 원형의 진리와 유비적 관계에 있는 진리 — 와 어떤 내면적 관계를 맺는다. 끝으로 모상은 대립하는 두 술어 중에서 원형과 어울리는 것을 자신에게 귀속시키는 어떤 방법을 통해 구축되어야 한다. 이런 모든 측면에서 볼 때 모상은 오로지 차이를 같은 것, 유사한 것, 유비적인 것, 대립적인 것 등의 심급들에 종속시킬 때만 허상과 구별될 수 있다. 그리고 아마 플라톤에게서 이런 심급들은 아직 (아리스토텔레스에서 출발하는) 발달된 재현의 세계 안에서처럼 분배되지는 않고 있을 것이다. 플라톤이 어떤 창시와 출범의 지점에 서 있다면, 이는 이후 재현의 전개를 가능케 할 이데아론 안에서 어떤 진전을 가져오기 때문이다. 하지만 정확히 말해서 플라톤에게서 선언되고 있는 것은 지극히 순정한 어떤 도덕적 동기이다. 즉 허상이나 환상들을 추방하려는 그 의지 배후에는 도덕적 동기 말고는 아무런 다른 동기가 없다. 허상 안에서 비난받고 있는 것은 바다같이 자유로운 차이들, 유목적 분배들, 왕관을 쓴 무정부주의들의 상태이고, 원형의 개념뿐 아니라 모상의 개념에도 항거하는 이 모든 짓궂음이다. 시간이 지난 이후 재현의 세계는 자신의 도덕적 기원, 자신의 도덕적 전제들을 다소 잊을 수 있게 될 것이다. 하지만 이 전제들은 여전히 근원적인 것과 파생적인 것, 원천적인 것과 후속(後續)적인 것, 근거와 근거지어지는 것 등의 구별을 통해 계속 살아 있게 될 것이고, 이런 구별은 원형과 모상의 상보성을 계속 이어가면서 어떤 재현적 신학의 위계질서들에 활력을 불어넣을 것이다.

동일성, 유사성, 대립, 유비는 어떻게 차이를 왜곡하는가: 4중의 가상

　재현은 초월론적 가상의 장소이다. 이 가상은 여러 가지 형식을 지니고 특히 사유, 감성적인 것, 이념, 존재 등에 상응하는 어떤 상호 침투적인 4중의 형식을 지닌다. 사실 사유는 어떤 '이미지'로 뒤덮여 있고, 이 이미지는 사유의 활동과 발생을 변질시키는 어떤 공준(公準)들로 이루어져 있다. 이 공준들은 동일성을 띤 어떤 사유하는 주체가 개념 일반에 대한 동일성의 원리로 설정될 때 절정에 이른다. 플라톤의 세계는 재현의 세계로 미끄러져 들어갔다.(그렇기 때문에 여기서도 여전히 우리는 플라톤을 어떤 결정의 기원, 분기점으로 내세울 수 있었다.) 플라톤의 이데아는 선(善)에 의해 보증되는 원형에 해당하지만, 이런 이데아의 '같음'은 사유하는 주체에 근거를 두고 있는 근원적 개념의 동일성에 자리를 내주었다. 사유하는 주체는 개념에 기억, 재인, 자기의식 등과 같은 자신의 주관적 동반자들을 제공한다. 하지만 도덕적 세계관은 이런 식으로 계속 이어져 가고, 또 공통감*Cogitatio natura universalis*으로 언명되는 이 주관적 동일성 안에서 재현된다. 사유하는 주체에 의해 차이가 개념의 동일성에 종속되어 있을 때 (이런 동일성이 종합적인 것이라 해도) 자취를 감추는 것은 바로 사유 안의 차이다. 사유하기와 사유되는 것 사이의 차이, 사유하기의 그 생식성이 사라지는 것이고, 내 안에 있는 그 심층적 균열 — 나로 하여금 오로지 자신의 고유한 정념과 심지어 시간의 순수하고 텅 빈 형식 안에서 자신의 고유한 죽음을 사유할 때만 진정 사유하도록 인도하는 바로 그 균열 — 이 사라지는 것이다. 사유 안에 차이를 복원한다는 것은, 차이를 개념과 사유하는 주체의 동일성 아래에서 재현하는 바로 이 첫 번째 매듭을 푼다는 것과 같다.

　두 번째 가상은 차라리 유사성에 대한 차이의 종속과 관련되어 있다. 재현 안에서 분배되는 한에서 유사성은 더 이상 정확히 원형에 대한 모상의 유사성일 필요는 없다. 유사성은 이제 (잡다한) 감성적 내용이 자기 자신에 대해 갖는 유사성으로 규정된다. 그 결과 개념의 동일성은 이 감성적 유사성에 적용될 수 있게 되고, 또 거꾸로 이 유사성으로부터 어떤 종별화(種別化)의 가능성을 얻게 된다. 가상이 취하는 형식은 다음과 같다. 즉 차이는 자신을 뒤덮는 질(質) 속에서 필연적으로 소멸되는 경향이 있고, 이와 동시에 비동등성은 자신이 할당되는 외연 속에서 동등화되는 경향이 있다. 양적 동등성이나 동등화의 주제는 질적 유사성과 동질화라는 주제와 겹치게 된다. 이미 살펴보았던 것처럼, 이런 가상은 '양식(良識)'의 가상이고, 이 양식의 가상은 앞에서 언급된 첫 번째 가상과 그것의 '공통감'을 보충하고 있다. 이 가상은 초월론적 가상이다. 왜냐하면 차이가 질적으로 소멸되고 또 외연 안에서 소멸된다는 것은 전적으로 참이기 때문이다. 그렇지만 이것은 어떤 하나의 가상에 불과하다. 왜냐하면 차이의 본성은 차이를 뒤덮고 있는 질 안에 있는 것도, 차이가 자신의 주름을 펼치는 연장 안에 있는 것도 아니기 때문이다. 차이는 강도적이다. 차이는 비-외연적이고 아직 질화(質化)되지 않은 공-간spatium에 해당하는 깊이, 동등하지 않은 것과 차이나는 것의 모태에 해당하는 그 깊이와 구별되지 않는다. 하지만 강도는 감각될 수 없고, 그래서 감성적이지 않다. 강도는 감성적인 것의 존재이고, 이런 강도에서는 차이나는 것이 차이나는 것과 관계한다. 차이를 강도 안에서 복원하고 감성적인 것의 존재로 복원한다는 것은, 차이를 지각 안의 유사성에 종속시키고 오로지 동일한 개념의 소재로 주어진 잡다(雜多)를 동질화시킨다는 조건에서만 느낄 수 있게 만드는 이 두 번째 매듭을 푼다는 것과 같다.

세 번째 가상은 부정적인 것과 관련되고, 차이가 대립과 제한의 형식을 통해 이 부정적인 것에 종속되는 방식과 관련된다. 우리는 이미 두 번째 가상을 통해 어떤 부정적인 것의 신비화를 발견할 수 있는 길목에 이르렀다. 즉 질과 연장 안에서 강도는 전도되어 물구나무선 채로 나타나고, 또 차이를 긍정하는 강도의 능력은 질적이고 양적인 제한과 대립의 형태들에 의해 왜곡된다. 제한과 대립들은 일차원과 이차원 안에서 일어나는 어떤 표면적 유희들인 반면, 살아 있는 깊이, 대각선에는 어떤 부정 없는 차이들이 서식하고 있다. 부정적인 것은 밋밋하지만, 그 아래에는 '불균등화'의 세계가 있다. 정확히 말해서, 차이를 부정적인 것의 거짓된 역량에 예속시키는 그 가상의 기원은 감성적 세계 그 자체 안에서 찾을 것이 아니라 깊이 속에서 활동하고 감성적 세계 속에서 구현되는 것 안에서 찾아야 한다. 우리는 이념들이 어떤 미분적 요소와 관계들로 형성되고 '문제제기적'이라는 특별한 양태를 갖춘 어떤 진정한 객관적 사태들임을 보았다. 이렇게 정의된 문제는 사유하는 주체 안의 어떤 무지(無知)를 지칭하는 것이 결코 아니다. 하물며 어떤 갈등을 표현하는 것은 더욱 아니다. 그것은 오히려 본연의 이념적 본성을 객관적으로 특징짓고 있을 따름이다. 따라서 분명 어떤 메온 μὴ ὄν이 있는 것이지만, 이것은 우크온 οὐχ ὄν과 혼동되지 말아야 한다.[2] 또 이 메온은 문제제기적인 것의 존재를 의미하는 것이지 결코 부정적인 것의 존재를 의미하는 것이 아니다. 즉 그것은 어떤 부정의 '비(非)'가 아니라 어떤 허사(虛辭)NE를 가리킨다. 이 메온은 모든 긍정에 선행하기 때문에 그렇게 불린다. 하지만 메온은 거꾸로 충만하게 실증적이다. 이념-문제들은 어떤 실증적 다양체들, 충만하고 미분화(微分化)된 어떤 실증적 사태들이다. 이 실증적 사태들은 문제를 그 문제의 조건들과 관계짓는 상호적이고 완결된 규정의 절차에 의해 서술된다. 문제의 실증

---

2 (옮긴이 주) 메온 μὴ ὄν과 우크온 οὐχ ὄν은 모두 비-존재를 의미하고 보통 구별되지 않고 사용되지만, 들뢰즈는 그 둘을 구별하여 각각 실증적 (비)-존재와 소극적 비-존재를 가리키는 용어로 삼는다. 이런 구분은 셸링의 「철학적 경험론 개요」(1836년 뮌헨 강연)에서 개진된 바 있다.

성을 구성하는 것은 바로 '정립되어' 있다는 사실(또 따라서 문제의 조건들과 관계하고 충만하게 규정된다는 사실)이다.[3] 이런 관점에서 볼 때 문제가 자신의 대답들이나 해(解)의 사례들에 해당하는 명제들을 낳는다는 것은 사실이다. 이 명제들은 다시 미분적 장(場)의 비율적 관계와 독특성들에 상응하는 어떤 차이들을 자신의 대상들로 하고, 그런 가운데 어떤 긍정들을 재현한다. 이런 시각에서 우리는 실증적인 것과 긍정적인 것을 구별할 수 있고, 다시 말해서 미분적 정립에 해당하는 이념의 실증성과 이 실증성에 의해 분만될 뿐 아니라 이 실증성을 구현하고 해결하는 긍정들을 구별할 수 있다. 이때 긍정들은 서로 차이나는 긍정들이라 말하는 것으로 그칠 것이 아니라 또한 각각의 이념에 고유한 다양체에 의존하여 성립하는 어떤 차이들의 긍정들이라 말해야 한다. 긍정은 차이의 긍정이고, 그런 한에서 그것을 생산하는 것은 미분적 정립에 해당하는 문제의 실증성이다. 다양한 긍정을 분만하는 것은 문제제기적인 다양체이다. 긍정의 본질은 그 자체로 다양하다는 데 있고, 또 차이를 긍정한다는 데 있다. 반면 부정적인 것은 생산된 긍정들 위로 드리운 문제의 그림자에 지나지 않는다. 긍정의 옆쪽에는 어떤 무력한 분신(分身)처럼 부정이 자리하고 있다. 하지만 이 분신은 어떤 또 다른 역량을 위해, 효력을 미치면서 끈질기게 항존하는 문제의 역량을 위해 증언하고 있다.

그런데 만일 의식 안에서 이런 긍정들을 재현하는 명제들이 출발점이 된다면, 모든 것은 뒤바뀌게 된다. 왜냐하면 이념-문제는 본성상 무의식적이기 때문이다. 즉 이념-문제는 명제 외적이고, 재현 이하의 것이며, 또 자신이 낳는 명제들 ─ 긍정들을 재현하는 명제들 ─ 과 유사

---

3 (옮긴이 주) 여기서 '실증성'의 원어positivité와 '정립되다'의 원어 être posé 사이의 유사성에 주목할 것.

하지 않다. 만일 문제가 의식의 명제들을 본(本)으로 삼고 또 그 명제들과 유사하게 재구성된다면, 가상은 즉시 몸을 얻고, 그림자는 살아 움직이게 되며, 또 마치 어떤 자율적인 삶을 누리게 되는 것처럼 보인다. 말하자면 각각의 긍정은 자신을 부정하는 것에 의존하고, 오로지 자신의 부정을 통해서만 어떤 '의미'를 얻으며, 이와 동시에 어떤 일반화된 부정, 어떤 우크온 οὐχ ὄν이 문제와 그 메온 μὴ ὄν을 대신하게 된다. 변증법이 겪어온 어떤 긴 변질의 역사는 여기서 시작된다. 헤겔에게서 마지막 국면에 이르는 이 변질의 역사는 차이와 미분적인 것 등의 유희를 부정적인 것의 노동으로 대체하는 과정이다. 변증법적 심급은 문제와 물음들의 존재에 해당하는 어떤 (비)-존재에 의해 정의되는 대신, 이제 부정적인 것의 존재에 해당하는 어떤 비-존재에 의해 정의된다. 실증적인 것과 긍정적인 것의 상보성, 미분적 정립과 차이의 긍정의 상보성이 있던 자리에 부정적인 것에 의해 생산되고 부정의 부정으로 생산되는 거짓된 긍정이 발생하게 된다. 그리고 사실 그 진상을 보면, 이와 같은 변질의 실천적 함축과 도덕적 전제들이 없다면 이 모든 것은 무의미한 것이 될 것이다. 우리는 이미 부정적인 것에 대한 이런 과대평가, 이와 같은 기획의 보수적 정신, 그런 식으로 분만될 수 있다고 주장되는 긍정들의 진부성, 그래서 우리가 지고한 과제 — 문제들을 규정하고 이 문제들 안으로 우리의 자유로운 결정과 창조의 역량을 실어 나른다는 과제 — 에서 벗어나게 되는 방식 등이 전적으로 무엇을 의미하는지 살펴보았다. 그렇기 때문에 무의식은 문제와 차이들 속에서 살고 있는 반면 갈등, 대립, 모순들은 우리에게 어떤 표면 효과들, 의식의 어떤 부대현상들처럼 나타난다. 역사는 부정을 통해, 부정의 부정을 통해 앞으로 나아가는 것이 아니라 문제들의 규정을 통해, 차이들의 긍정을 통해 앞으로 나아간다. 그렇지만 이 때문에 역사는 그 어떤 경우 못지않게 피비린내 나고 잔혹하다. 부정을 통해 연명하는 것은 단지 역사의 그림자들뿐이다. 하지만 의인(義人)들은 어떤 정립된 미분의 역량, 어떤 긍정된 차이의 역량 전체와 더불어 역사에 개입한다. 이들은 그림자는 그림자에게 되돌려주고, 오로지 일차적인 어떤 실증성과 긍정의 귀결에 해당하는 것만을 부정한다. 니체가 말하는 것처럼, 의인들에게서는 긍정이 일차적이고, 이 긍정은 차이를 긍정한다. 또 부정적인 것은 단지 어떤 귀결에 불과하고 긍정이 이중화되는 어떤 반사물에 불과하다.[4] 그렇기 때문에 참된 혁명들은 또한 축제의 분위기를 띤다. 모순은 프롤레타리아의 무기라기보다는 차라리 부르주아가 자신을 방어하고 보존하는 방식이고, 그 뒤에 숨어 어떤 문제들을 결정하려는 자신의 요망을 지탱하는 그림자이다. 모순들은 '해소'되지 않고, 문제 — 단지 자신의 그림자를 그 모순들 안에 투영하고 있을 뿐인 그 문제 — 가 독점되는 상황에서 분산되고 있다. 모든 곳에서 부정적인 것은 의식의 반동이고 진정한 행위자, 진정한 연기자의 변질이자 타락이다. 물론 철학도 역시 재현의 한계들 안에 머무르는 한에서는 의식의 이율배반들에 해당하는 어떤 이론적 이율배반들의 희생물이 된다. 차이는 양적 제한이나 질적 대립으로 파악되어야 하는가? 이런 양자택일적 물음은 작음과 큼의 양자택일 못지않게 의미를 결여하고 있다. 왜냐하면 제한이나 대립일 경우 차이는 부당하게 어떤 부정적인 비-존재와 똑같은 것으로 변질되기 때문이다. 이로부터 다시 어떤 가상적인 양자택일이 비롯된다. 먼저 존재는 충만한 실증성, 순수한 긍정성일 수 있다. 하지만 이 경우 차이는 없고 존재는 분화(分化)되지 않은 무차별의 상태에 있다. 다른 한편 존재는 어떤 차이들을 내포하고, 이때 그것은 본연의 차이일 수 있다. 하지만 이 경우에는 비-존재가 있고 어떤 부정적인 것의 존재가 있다. 이 모든 이율배반들은 서로 연계되어 있고 어떤 똑같은 가상에 의존한다.

---

4 니체, 『도덕의 계보』, I, 10절 참조.

차이와 반복

우리는 존재가 충만한 실증성이고 순수한 긍정성이라 말해야 하는 동시에, 또한 결코 부정적인 것의 존재가 아니라 문제제기적인 것의 존재이자 문제와 물음들의 존재에 해당하는 (비)-존재가 있다고 말해야 한다. 그 진상을 보건대 이 이율배반들의 기원은 이런 것이다. 즉 문제제기적인 것의 본성이 오인되고 이념을 정의하는 다양체가 오인되면, 또이념이 같음의 사태나 개념의 동일성으로 환원된다면, 그 즉시 부정적인 것이 날개를 펴기 시작한다. 이념 안에서 성립하는 규정의 실증적절차를 대신해서 상반되는 술어들 사이의 어떤 대립이나 최초의 술어들에 대한 어떤 제한의 절차가 출현하게 된다. 이념 안의 미분적 차이를 복원하고 이로부터 유래하는 긍정 안의 차이를 복원한다는 것은 차이를 부정적인 것에 종속시키는 이 부당한 끈을 끊어낸다는 것과 같다.

마지막으로 네 번째 가상은 차이가 판단의 유비에 종속된다는 점과 관련된다. 사실 우리는 개념의 동일성만으로는 아직 어떤 구체적인규정규칙을 기대할 수 없다. 그 규칙은 단지 규정되지 않은 개념의 동일성, 곧 존재 혹은 "나는 있다."(칸트가 모든 규정과는 독립적으로 성립하는 어떤 실존의 지각이나 느낌이라고 말한 "나는 있다.")의 동일성으로 제시될 뿐이다. 따라서 어떤 궁극의 개념들이나 어떤 일차적이고 근원적인술어들은 규정 가능한 것들로 설정되어야 한다. 이는 그것들 각각이 존재와 더불어 어떤 내면적 관계를 유지한다는 점을 통해 인정될 수 있다. 이런 의미에서 이 개념들은 어떤 유비적인 것들이다. 혹은 이런 의미에서 존재는 이 개념들과의 관계에서 유비적이며, 어떤 분배적인 공통감의 동일성과 어떤 서열적인 양식(良識)의 동일성을 동시에 획득한다.(앞에서 보았던 것처럼 유비에는 두 가지 형식이 있고, 이런 형식들은 판단 비율의 동등성에 의존하는 것이 아니라 그 비율의 내면성에 의존한다.) 따라서 재현이 어떤 규정되지 않은 개념의 동일성 위에 정초되는 것만으로는 충분치 않다. 동일성 그 자체가 특정한 수의 어떤 규정 가능한 개넘들 안에서 매번 재현되어야 하는 것이다. 존재가 분배되고 서열화되기 위해 준거해야 하는 이 근원적 개념들은 존재 유(類)나 범주들이라 불린다. 그런데 이런 개념들의 조건 아래에서도 종(種) 차원의 어떤 파생적 개념들은 다시 어떤 나눔의 방법을 통해 규정될 수 있고, 다시 말해서 각각의 유 안에 있는 어떤 상반되는 술어들의 유희를 통해 규정될 수 있다. 그래서 차이에는 두 가지 한계가 있게 되고, 이 한계들은 차이가 재현에 속한다는 점을 아주 정확하게 표시하는 두 가지 형태, 서로 환원될 수 없지만 상보적인 두 가지 형태(큼과 작음)에 따라 지정된다. 가령 선험적a priori 개념들에 해당하는 범주들과 경험적 개념들, 규정 가능한 근원적 개념들과 규정된 파생적 개념들, 유비적 개념들과 대립적 개념들, 커다란 유들과 종들 등이 그것이다. 전적으로 재현의 요구들에 상관적인 이런 차이의 분배는 본질적으로 유비적인 세계관에 속한다. 하지만 범주들의 주문에 따르는 이런 분배의 형식은 우리에게 존재(집합적이고 기본적인 개념에 해당하는 존재)의 본성을 배반하고, 분배들(정착적이거나 고정된 분배들이 아니라 유목적 분배들) 그 자체의 본성을 배반하며, 또 차이(개체화하는 차이에 해당하는 차이)의 본성을 배반하는 것으로 드러났다. 왜냐하면 〔이런 분배의 형식을 따를 때〕 개체는 오로지 어떤 차이들 일반을 담지하는 것으로밖에는 존재하지도 더 이상 사유되지도 않기 때문이며, 이와 동시에 존재 그 자체는 이런 차이들의 고정된 형식 안에서 할당되고 또 존재자에 대해 유비적으로 언명되기 때문이다.

하지만 동일성, 유사성, 대립, 유비는 또한 어떻게 반복을 왜곡하는가

그러나 여기서 확인해야 할 것은 재현의 그 네 가지 가상이 차이를 변질시키는 것 못지않게 반복을 일그러뜨린다는 사실이다. 이는 몇몇

차이와 반복

특정한 측면에서 비교 가능한 어떤 이유들 때문이다. 먼저 재현은 일반성, 유사성이나 등가성 등의 질서로부터 반복을 구별하기 위한 직접적이고 실증적인 기준을 전혀 구사하지 못한다. 그렇기 때문에 반복은 어떤 완전한 유사성이나 어떤 극단적 동등성으로 재현된다. 사실 ── 그리고 이것이 두 번째 문제점인데 ── 재현은 차이를 이해[포괄]하기 위해서는 물론이고 반복을 설명하기 위해서도 여전히 개념의 동일성을 끌어들인다. 차이는 동일성을 띤 개념 안에서 재현되고, 따라서 단순히 어떤 개념적인 차이로 환원된다. 반면 반복은 개념 바깥에서 어떤 개념 없는 차이로 재현되지만, 언제나 어떤 동일성을 띤 개념의 전제 아래에서 재현된다. 가령 어떤 사태들이 똑같은 개념에 속하면서 공간과 시간 안에서 수(數)적으로 구별된다면, 거기에는 반복이 있는 셈이다. 따라서 바로 이와 똑같은 운동을 통해 재현 안의 개념적 동일성은 차이를 포괄하고 반복으로까지 확장된다. 세 번째 측면은 여기서 비롯된다. 즉 반복은 단지 부정적인 설명밖에 받아들일 수 없음이 분명해진다. 사실 여기서 중요한 것은 어떤 개념 없는 차이들의 가능성을 설명하는 데 있다. [이 문제와 관련해서는 두 가지 경우를 생각할 수 있는데] 먼저 개념의 계기들 각각에 대한 어떤 논리적 제한, 다시 말해서 어떤 상대적 '봉쇄'를 통해 개념 없는 차이를 설명하는 경우가 있을 것이다. 사실 개념의 내포를 아무리 멀리까지 확장한다 해도, 그 개념에 상응할 수 있는 사태는 언제나 무한히 많다. 왜냐하면 모든 차이를 어떤 개념적 차이로 만들 수 있는 그 무한대의 내포에 도달한다는 것은 실제로 불가능하기 때문이다. 하지만 바로 여기서 반복은 오로지 우리의 개념적 재현에 대한 어떤 상대적 제한에 의존해서만 설명된다. 또 정확히 이런 관점에 설 때 우리는 단순한 유사성으로부터 반복을 구별해 낼 수 있는 모든 방법을 빼앗기게 된다. 반면 두 번째 경우로 개념에 대해 어떤 절대적인 자연적 봉쇄를 강요할 수 있는 실재적 대립을 통해 개념 없는 차이를 설명할 수 있을 것이다. 이런 강요는 권리상 필연적으로 유한한 어떤 내포를 개념에 지정할 때 이루어지고, 또 심지어 무한정하기까지한 개념의 내포에 외부적인 어떤 질서를 정의할 때도 이루어지며, 무한한 개념의 주관적 동반자들(기억, 재인, 자기의식)에 대립하는 어떤 힘들을 개입시킬 때도 이루어진다. 앞에서 보았던 바와 같이, 이 세 경우는 각각 명목적 개념들, 자연의 개념들, 자유의 개념들 — 단어들, 자연, 무의식 — 안에서 해당 사례들을 찾을 수 있는 것처럼 보인다. 또 절대적인 자연적 봉쇄와 인위적이거나 논리적인 봉쇄의 구별에 힘입어 아마이 모든 경우에서 반복과 단순한 유사성을 구별할 수 있는 방법이 발견될 수 있을 것이다. 왜냐하면 사물들은 절대적으로 똑같은 어떤 개념 아래에서 차이가 날 때 반복한다고 여겨지기 때문이다. 그렇지만 여기서는 이런 구별뿐 아니라 반복 또한 전적으로 부정적인 방식으로 설명된다. 아무개(언어)는 반복한다. 왜냐하면 아무개(단어들)는 실재적이지 않기 때문이고, 명목적 정의 이외의 어떤 다른 정의를 갖고 있지 않기 때문이다. 아무개(자연)는 반복한다. 왜냐하면 아무개(물질)는 내면성을 지니지 않기 때문이고, 부분 밖의 부분partes extra partes이기 때문이다. 아무개(무의식)는 반복한다. 왜냐하면 아무개(자아)는 억압하기 때문이고, 아무개(이드)는 재기억도, 재인도, 자기의식도 없기 때문이며, 극단적으로는 본능을 지니지 않기 때문이다 — 이때 본능은 개념에 해당하는 종(種)의 주관적 동반자이다. 요컨대 어떤 것이 반복한다면, 이는 언제나 자신이 아닌 것에 의존하는 반복이고, 또 자신이 갖지 못한 것에 의존하는 반복이다. 어떤 것이 반복한다면, 이는 그것이 포괄[이해]하지 못하기 때문에 일어나는 반복이다. 키에르케고르가 말했던 것처럼, 이는 귀머거리의 반복이거나 차라리 귀머거리를 위한 반복이고, 단어들의 청각 장애, 자연의 청각 장애, 무의식의 청각 장애에서 비롯되는 반복이다. 반복을 보장하는 힘들, 다시 말해서 절대적으로 똑같은 하나의 개념에 대해 사태들의 다수성을 보장하는 힘들은 재현 안에서는 오로지 부정적으로만 규정될 수 있을 따름이다.

네 번째로, 이는 반복이 단지 어떤 한 개념의 절대적 동일성에 대한 관계를 통해 정의되는 것으로 그치지 않고, 동일성을 띤 그 개념을 그 자신이 어떤 특정한 방식으로 재현해야 하기 때문이다. 이때 여기서 판단의 유비에 상응하는 어떤 현상이 산출된다. 반복은 똑같은 개념 아래에서 본보기들을 다수화하는 것으로 만족하지 않는다. 반복을 통해 개념은 자기 자신의 바깥에 놓이고, 또 가능한 지금 여기의 많은 본보기들 안에서 실존하게 된다. 데모크리토스가 파르메니데스의 일자−존재를 원자들로 파편화했고 다수화했던 것처럼, 반복은 동일성 자체를 파편화한다. 또는 차라리 절대적으로 동일한 하나의 개념 아래에서 사물들이 다수화될 때, 이런 다수화의 귀결은 개념이 절대적으로 동일한 사물들로 나뉜다는 데 있다. 자기 자신의 바깥에 놓인 개념이나 무한하게 반복되는 요소의 이런 위상은 바로 물질을 통해 실현된다. 그렇기 때문에 반복의 모델은 순수한 물질과 혼동되고, 이때 이 순수한 물질은 동일자의 파편화나 어떤 최소치의 반복에 해당한다. 따라서 재현의 관점에서 반복이 얻게 되는 어떤 일차적 의미는 어떤 물질적이고 헐벗은 반복, 같은 것의 반복이라는 데(또 더 이상 단지 똑같은 개념 아래의 반복만이 아니라는 데) 있다. 그 밖의 다른 모든 의미들은 이 외생적 모델에서 파생될 것이다. 말하자면 어떤 이형(異形), 어떤 차이, 어떤 위장, 어떤 전치(轉置) 등과 마주칠 때마다 우리는 여기서 일어나고 있는 것은 반복이지만 단지 어떤 파생적인 방식과 '유비'에 의한 반복이라고 말할 것이다. (심지어 심리적 삶 안의 반복을 비범한 관점에서 파악하고 있는 프로이트에게서조차 반복의 개념은 억압 이론 안의 어떤 대립의 도식뿐 아니라 죽음 본능 이론 안의 어떤 물질적 모델에 의해 지배되고 있다.) 그렇지만 이 외생적인 물질적 모델은 이미 전적으로 이루어진 반복을 수용함과 동시에 이런 반복을 외부로부터 응시하는 어떤 관객에게 제시한다. 이 모델은 심지어 물질과 죽음 안에서조차 반복이 조성되고 이루어지기 위해 먼저 있어야 하는 그 두께를 제거해버린다. 이로부터 오히려 거꾸로 위장과 전치를 반복의 구성 요소들로 재현하려는 시도가 비롯된다. 하지만 여기서는 반복을 유비 자체와 혼동한다는 조건이 따른다. 동일성은 이제 더 이상 요소의 동일성이 아니다. 그것은 오히려 구별되는 요소들 사이에서 성립하는 어떤 비율적 관계의 동일성이거나 비율적 관계들 사이에서 성립하는 어떤 비율적 관계의 동일성이며, 이는 전통적 의미와 합치하는 동일성이다. 방금 전에 지적한 바와 같이 반복의 일차적 의미는 물리학적 질료인 물질에 의해 주어지고, 그 밖의 다른 모든 의미들(생물학적, 심리적, 형이상학적…… 의미들)은 유비를 통해 언명된다. 이제 유비는 그 자체로 반복의 논리학적 질료이고, 또 반복에 어떤 분배적 의미를 가져다준다.[5] 하지만 이는 언제나 어떤 사유된 동일성, 어떤 재현된 동등성에 대한 관계를 전제하고, 그런 까닭에 반복은 계속 어떤 반성의 개념으로 머물러 있게 된다. 반성의 개념인 한에서 반복은 항들의 분배와 전치, 요소의 운반 등을 보장하지만, 여전히 외부에서 바라보는 어떤 관객을 위한 재현 안에서만 보장할 뿐이다.

---

5 이런 방향에서 이루어진 가장 정교한 시도는 J.-P. Faye, *Analogues*(Seuil, 1964)에서 엿볼 수 있다. 어떤 임의의 계열 안에서 성립하는 전치와 위장에 대해서는 같은 책 14~15쪽 참조. 이 대목에서는 또 반복이 어떤 유비로서 간주되나 결국 외부적인 것으로 머무는 눈의 관점에서 본 유비로 다루어지고 있다. 또 이 책 전체를 통해 죽음본능의 역할은 유비적인 방식으로 해석되고 있다.

2절
이유로서의 근거: 근거의 세 가지 의미

근거짓는다는 것은 규정한다는 것이다. 하지만 규정은 어떻게 이루어지고, 또 무엇에 대해 이루어지는가? 근거는 로고스나 충족이유의 활동이다. 그런 활동인 한에서 근거는 세 가지 의미를 지닌다. 첫 번째 의미에서 근거는 자기 자신과 같거나 동일하다. 근거는 최상의 동일성, 이데아에 속한다고 가정되는 자기동일성 αὐτὸ καθ᾽ αὐτὸ을 향유한다. 근거가 어떤 무엇이고 어떤 무엇을 가진다면, 그 자신이 일등으로 어떤 무엇이고 일등으로 어떤 무엇을 가진다. 용기 자체가 아니라면 또 그 누가 용감할 것이고, 탁월함이 아니라면 또 그 누가 탁월할 것인가? 따라서 근거가 근거지어야 할 것은 이후에 오는 자들의 지망, 기껏해야 이등의 자리밖에 오르지 못할 모든 자들의 경쟁적 지망일 뿐이다. 근거를 요청하는 것, 근거에 호소하는 것은 언제나 어떤 지망이고, 다시 말해서 어떤 '이미지'이다. 가령 그것은 용기와 탁월함에 대한 사람들의 경쟁적 지망이고, 요컨대 참여와 분유(分有)에 대한 지망이다.(μετέχειν은 "이후에 가진다."라는 뜻이다.) 그래서 여기서 세 가지 것이 구별된다. 이데아같이 본질에 해당하는 근거, 지망자나 지망에 해당하는 근거지어지는 것, 그리고 경쟁적 지망이 향하고 있는 것, 다시 말해서 자질 등이 그것이다. 근거는 이 자질을 일등으로 소유하고 있고, 지망자는 제대로 근거지어질 경우 이등으로 소유하게 될 것이다. 이 자질, 그 지망의 대상이 바로 차이 — 약혼녀, 아리아드네 — 이다. 근거에 해당하는 본질은 자신의 대상의 차이를 원천적으로 포괄하는 한에서 자기 자신과 동일하다. 근거짓는 활동은 지망자를 근거와 닮게 만들고, 지망자에게 내면으로부터 유사성을 부여하며, 나아가 이런 조건 아래에서 지망자에게 그가 지망하는 대상인 그 자질을 분유할 기회를 준다. 스스로 자기 자신과 같은, 그런 사태를 닮았을 때 지망자는 유사하다고 말해진다. 하지만 이 유사성은 대상에 대한 어떤 외면적 유사성이 아니라 근거 자체에 대한 어떤 내면적 유사성이다. 남의 딸을 차지하기 위해서는 그 아버지와 유사해야 하는 것이다. 여기서 차이는 같음의 원리와 유사성의 조건 아래에서 사유되고 있다. 또 이 내면적 유사성의 위계질서 안에서 근거를 얻고 있는 어떤 이미지들이 있는 것처럼, 그만큼의 셋째, 넷째, 다섯째 등의 지망자들이 있게 될 것이다. 그렇기 때문에 근거는 지망자들 자체 사이에서 차이를 선별하고 또 만들어낸다. 제대로 근거지어진 각각의 이미지나 경쟁적 지망은 재-현(모상icône)이라 불린다. 왜냐하면 지망의 질서에서 일등은 즉자적으로 근거에 대한 관계에서 볼 때는 여전히 이등이기 때문이다. 이데아가 재현의 세계를 창시하거나 근거짓는 것은 바로 이런 의미에서이다. 반면 반항적이고 유사성 없는 이미지(허상, 시뮬라크르)들은 근거가 없는 거짓 지망자들이라는 이유로 제거되고 거부되며 고발당한다.

두 번째 의미에서 보면, 일단 재현의 세계가 열리고 난 이후 근거는 더 이상 동일자에 의해 정의되지 않는다. 자기 자신과 동일하다는 것은 재현 자체의 내적인 특성이 되었고, 마찬가지로 유사성은 재현이 사물과 맺는 외면적 관계가 되었다. 이제는 동일자 자신이 근거지어져야 하는 어떤 경쟁적 지망을 표현한다. 이는 지망의 대상이 더 이상 어떤 자질에 해당하는 차이가 아니기 때문이고, 오히려 차이 안에 있는 지나치게 큰 것과 지나치게 작은 것, 과잉과 결핍, 다시 말해서 무한한 것이기 때문이다. 근거지어져야 하는 것은 이제 무한한 것을 정복하려는 재현의 경쟁적 지망이다. 재현은 자기 자신 이외의 그 누구에게도 딸을 빚지지 않고 또 차이의 심장을 독차지하기 위해 무한한 것을 정복하고자 한다. 더 이상 이미지는 원천적으로 동일자 안에 포괄된 것처럼 보였던 그런 차이를 정복하려고 노력하지 않는다. 오히려 거꾸로 동일성이 차이 중에서 자신이 포괄하지 못했던 것을 정복하려고 노력한다. 근거짓는다는 것은 더 이상 재현을 창시하고 가능하게 만든다는 것을 의미하는 것이 아니라 오히려 재현을 무한하게 만든다는 것을 의미한다. 이제 근거는 재현의 경계들을 무한히 커다란 것으로는 물론 무한히 작은 것으로까지 확장해야 하고, 이를 위해 재현의 한복판에서 활동해야 한다. 이런 활동을 끌고 가는 방법은 두 가지를 보장한다. 그것은 먼저 유한한 재현의 모든 가능한 중심들을 단일 중심화할 수 있음을 보장하고, 다른 한편 재현의 모든 유한한 관점들을 수렴시킬 수 있음을 보장한다. 이런 활동은 충족이유를 표현하고 있다. 이제 충족이유는 동일성이 아니다. 그것은 다만 첫 번째 의미의 차이 중 동일자와 재현에서 벗어났던 것들을 다시 동일자에 종속시키고 재현의 여타 요구들에 종속시키는 수단일 따름이다.

그런데 근거가 지닌 이상의 두 가지 의미는 세 번째 의미 안에서 다시 하나가 된다. 사실 근거짓는다는 것은 언제나 휘게 한다는 것, 구부린다는 것, 재차 구부린다는 것 — 계절, 해〔年〕, 날〔日〕들의 질서를 조직한다는 것 — 이다. 지망의 대상(자질, 차이)은 원환(圓環) 속에 놓이게 된다. 몇몇 원호(圓弧)들은 두드러지게 되고, 이는 질적인 생성 안에서 근거가 지극히 더한 것과 지극히 덜한 것의 두 극단 사이에 포괄된 어떤 정지, 순간, 중단들을 조성하기 때문이다. 서로 경쟁하는 지망자들은 그 움직이는 원환의 주위에서 분배되고, 각각의 지망자는 자신의 삶의 공적에 상응하는 몫을 배당받는다. 즉 여기서 하나의 삶은 어떤 엄밀한 현재와 같은 것이 된다. 사실 그 삶은 이 현재를 통해 원환의 일정 부분에 대한 권리를 주장하고, 이 일정 부분은 그 현재에 의해 '수축'되며, 또 이 현재는 이 부분으로부터 어떤 손실이나 이익 — 이미지들의 위계질서 안에서 현재의 고유한 전진이나 후퇴에 따라 결정되는 더함과 덜함의 질서상의 어떤 손실이나 이익 — 을 끌어낸다.(어떤 다른 현재, 다른 삶은 어떤 다른 부분을 수축한다.) 플라톤주의에서 원환적 순환과 몫들의 분배, 순환 주기와 윤회가 어떻게 근거의 시험이나 제비뽑기를 형성하고 있는지는 익히 알려져 있다. 하지만 헤겔에게서도 여전히 가능한 모든 시작, 모든 현재들은 어떤 원리가 이루어내는 유일하고 부단한 원환 안에서 할당되고 있으며, 이 원리는 근거짓는 역할을 떠맡을 뿐 아니라 그 시작과 현재들을 자신의 원주(圓周) 위에 분배하고, 그런 가운데 그것들을 모두 자신의 중심 안에서 포괄한다. 또 라이프니츠에게서 공-가능성 자체는 어떤 수렴의 원환이고 모든 관점들, 세계를 구성하는 모든 현재들은 이 원환에서 분배되고 있다. 이런 세 번째 의미에서, 근거짓는다는 것은 현재를 재현한다는 것이며, 다시 말해서 현재가 (유한하거나 무한한) 재현 안에서 도래하고 지나가게 만든다는 것이다. 그래서 근거는 아득한 태고의 기억이나 순수 과거로 나타난다. 이런 과거는 결코 현재였던 적이 없는 과거, 따라서 현재를 지나가게 하는 과거이고, 모든 현재들은 이런 과거에 대한 관계 안에서 원환을 이루는 가운데 공존하게 된다.

근거에서 무-바탕으로

근거짓는다는 것은 언제나 재현을 근거짓는다는 것이다. 하지만 어떻게 근거에 본질적인 애매성을 설명할 수 있을 것인가? 근거는 자신이 (앞에서 말한 세 가지 의미에서) 근거짓는 재현에 의해 유인되는 반면, 또 이와 동시에 어떤 저편에 의해 갈망의 상태에 빠진다고 할 수 있다. 말하자면 근거지어지는 것 안으로 추락하기도 하고 어떤 무-바탕 안으로 빠져 들기도 하면서 그 사이에서 동요하는 것이다. 앞에서 우리는 이 점을 근거-기억을 통해 살펴본 바 있다. 즉 근거-기억은 스스로 자기 자신을 어떤 사라진 현재로 재현되도록 만드는 경향이 있고, 또 자

차이와 반복

신이 원리의 자격에서 조직하는 원환 안으로 스스로 어떤 요소처럼 들어가려는 경향이 있다. 그리고 근거의 가장 일반적인 특성은 그것이 스스로 조직하는 원환이 또한 철학적 '증명'의 악순환이 된다는 데 있는 것이 아닐까? 이 악순환 속에서 재현은 자신을 증명해주는 것을 증명해야 하고, 그래서 가령 칸트에게서 경험의 가능성은 자신의 고유한 증명에 대한 증명의 구실을 하고 있다. 반면 초월론적 기억은 자신의 현기증을 지배하고 순수 과거가 재현 안에서 지나가는 모든 현재로 환원 불가능하다는 사실을 보존해주지만, 결국은 이 순수 과거가 어떤 다른 측면에서 붕괴되는 것을 목격하게 되고, 또 차이와 반복이 재현을 통해 지나치게 단순하게 분배되고 있는 원환이 해체되는 것을 목격하기에 이른다. 그런 까닭에 시간의 두 번째 종합, 에로스와 므네모시네(기억내용을 찾아나서는 에로스와 순수 과거의 보물에 해당하는 므네모시네)를 통일하는 종합은, 자기 자신을 넘어서서 어떤 세 번째 종합 안으로 이행하거나 그 안에서 전도된다. 이때 이 세 번째 종합을 통해서는 어떤 탈성화(脫性化)된 죽음본능과 본질적으로 기억상실증에 빠져 있는 어떤 나르키소스적 자아가 시간의 텅 빈 형식을 통해 현전하게 된다. 그런데 이와 다른 의미에서 새긴다 해도 근거는 과연 발산과 탈중심화의 역량, 허상 자체의 역량에서 오는 도전을 피할 수 있는 것일까? 이런 역량들을 통해 거짓된 원환과 거짓된 제비뽑기는 물론이고 거짓된 분배와 거짓된 할당이 전복되는 것은 아닐까? 근거의 세계는 자신이 배제하려고 기도하는 것에 의해, 자신을 열망하고 분산시키는 허상에 의해 잠식된다. 또 첫 번째 의미의 근거가 이데아나 이념을 내세울 때도 어떤 조건이 따라붙는다. 즉 이념이 그 자체로 소유하지 못하는 어떤 동일성, 단지 이념이 증명해주겠다고 주장하는 상대편의 요구들로부터 오고 있을 뿐인 동일성을 이념에 빌려주어야 하는 것이다. 이념의 현실화 과정은 유사성에 의해 설명되지 않는 것이고, 하물며 이념이 어떤 동일성을 함축한다는 것은 더욱 말이 되지 않는다. 이념의 '같음' 아래에는 어떤 다양성 전체가 으르렁거리고 있다. 또 이념을 어떤 실사적(實辭的) 다양체로, 같음의 사태나 일자로 환원 불가능한 다양체로 기술하는 과정에서 우리는 충족이유가 재현의 요구들과는 무관하게 분만될 수 있음을 제대로 엿보았다고 할 수 있을 것이다. 즉 충족이유는 본연의 다양체를 주파하고 이념에 상응하는 요소, 비율적 관계, 독특성들 등을 규정하는 가운데 스스로 분만된다. 이런 과정은 규정 가능성, 상호적 규정, 완결된 규정 등의 3중의 형태를 띠는 어떤 원리 아래에서 이루어진다. 하지만 이 다양체적 충족이유는 도대체 어떤 바탕 위에서 태어나고 또 어떤 유희에 빠져 드는가? 그 충족이유는 어떤 광기 속으로 뛰어들고 있는가? 이 충족이유는 방금 언급된 모든 것으로는 환원 불가능한 자신의 독특성과 분배들을 도대체 어떤 유희로부터, 도대체 어떤 새로운 유형의 제비뽑기로부터 얻어내고 있는 것인가? 요컨대 충족이유, 근거는 기묘하게 휘어져 있다. 한쪽에서 근거는 자신이 근거짓는 것을 향해, 재현의 형식들을 향해 기울어져 있다. 하지만 다른 한쪽에서 근거는 모든 형식들에 저항하고 재현을 허락하지 않는 어떤 무-바탕, 근거 저편의 무-바탕 안으로 비스듬히 빠져 들고 있다. 만일 차이가 약혼녀, 아드리아드네라면, 이 차이는 테세우스에서 디오니소스로, 근거짓는 원리에서 보편적인 '근거와해'로 이동하고 있다.

그렇기 때문에 근거짓는다는 것은 규정되지 않은 것을 규정한다는 것이다. 하지만 이 규정의 활동은 단순하지 않다. 실행 중에 있는 '본래적' 규정은 어떤 형상을 부여하는 데 만족하지 않는다. 범주의 조건들에 따라 어떤 질료들에 형상을 부여하는 것으로 그치지 않는 것이다. 이때는 바탕에 있던 어떤 것이 표면으로 다시 올라오되 어떠한 형상도 취하지 않으면서 올라오고, 차라리 형상들 사이로 비집고 들어온다. 그것은 얼굴 없는 어떤 자율적 실존, 비형식적 기저(基底)이다. 이제 표면에 있는 한에서 이 바탕은 깊이, 무-바탕이라 불린다. 거꾸로 형상들은 이 무-바탕 안에 반영될 때 분해된다. 어떤 모델을 기초로 모형화된 모든 것은 파괴되고, 모든 얼굴들은 죽어버린다. 여기서는 어떤 추상적인 선(線)만이 유일하게 존속한다. 그 추상적인 선은 미규정자에 절대적으로 일치하는 적합한 규정에 해당하고 밤과 동등한 광명, 염기와 동등한 산(酸), 애매성 전체에 적합한 판명한 구별, 곧 괴물에 해당한다.(미규정자에 대립하지 않고 또 그것을 제한하지 않는 어떤 규정.) 그렇기 때문에 질료-형상의 짝은 규정의 메커니즘을 기술하기에는 너무 불충분하다. 질료는 이미 형상화되어 있고, 형상은 상(相, species)이나 꼴morphé에 따라 모형화되는 것과 분리될 수 없으며, 이 둘이 이루는 전체는 범주들의 혜택을 받고 있다. 사실상 형상과 질료라는 이 짝은 재현에 전적으로 내면적이고, 또 아리스토텔레스가 고정해놓은 최초 상태의 재현을 정의한다. 힘과 바탕의 상보성을 형상과 질료의 충족이유이자 이 둘의 결합의 충족이유로 내세운다는 것은 이미 어떤 진보에 해당한다. 하지만 질료들을 용해시켜버리고 모형화된 것들을 해체하는 추상적인 선과 무-바탕의 짝은 훨씬 더 심층적이고 위협적이다. 순수한 규정, 추상적인 선으로서의 사유는 미규정자인 이 무-바탕과 대결해야 한다. 이 미규정성, 이 무-바탕은 또한 사유에만 고유한 동물성, 사유의 생식성이기도 하다. 즉 그것은 이러저러한 동물적 형상이 아니라 다만 어리석음일 뿐이다. 왜냐하면 만일 사유가 강제와 강요의 상태에서만 사유하는 것이라면, 만일 그 어떤 것도 사유하도록 강요하지 않는 한에서는 사유가 멍청한 상태로 남아 있는 것이라면, 사유에게 사유하도록 강요하는 것은 또한 어리석음의 현존이 아닐까? 다시 말해서 사유는 그 어떤 것에 의해서도 강요되지 않는 한에서는 사유하지 않는 것이 아닐까? 하이데거의 말을 인용하자면, "우리에게 가장 많은 사유를 불러일으키는 것은 우리가 아직 사유하고 있지 않다는 사실이다." 사유는 최고의 규정이고, 마치 자신에 적합한 미규정자와 대면하고 있는 것인 양 어리석음과 대면하고 있다. (오류가 아니라) 어리석음은 사유의 가장 큰 무능력을 구성하지만, 또한 사유에게 사유하도록 강요하는 것 안에서 사유의 가장 높은 능력의 원천을 구성하기도 한다. 부봐르와 페퀴세의 경이로운 모험, 혹은 무-의미와 의미의 유희가 이 점을 말해주고 있다.[6] 그리하여 미규정자와 규정은 서로 앞지르지 않고 다만 동등하며, 하나는 언제나 다른 하나에 적합하게 일치한다. 어떤 이상한 반복을 통해 미규정자와 규정은 물레바퀴가 되고, 또는 차라리 똑같은 이중의 악보대(樂譜臺)가 된다. 체스토프는 도스토예프스키에게서 『순수이성비판』의 출구, 다시 말해서 그 완성과 퇴장을 보았다.[7] 우리가 부봐르와 페퀴세에게서 어느 순간 『방법서설』의 출구를 본다 해도 무리는 아닐 것이다. 코기토는 어리석은 자일까? 코기토 명제는 자기 자신과 자신의 의미를 언명한다고 주장하고, 그런 한에서 이것은 필연적으로 어떤 무-의미이다. 하지만 그것은 또한 어떤 반-의미이다. 왜냐하면 (칸트가 지적했던 것처럼) 규정 나는 생각한다는, 미규정자가 규정 가능한 것이 되는 형식을 지정하지 않은 채, 규정되지 않은 실존 나는 존재한다에 직접 효력을 미친다고 주장하고 있기 때문이다. 데카르트적 코기토의 주체는 사유하지 않는다. 그는 단지 사유할 가능성만을 지니고 있고, 또 이 가능성의 한복판에서 멍청한 상태에 빠져 있다. 그에게 결여된 것은 규정 가능성의 형식이다. 즉 어떤 종적 특수성, 질료를 꼴 짓는 어떤 종적 형상, 현재

---

6 부봐르와 페퀴세가 원래 백치인지의 여부를 따져볼 필요는 없다. 이는 논점을 완전히 벗어나는 문제이다. 플로베르의 기획은 심리학적이라기보다는 오히려 백과사전적이고 '비판적'이다. 어리석음(백치성)의 문제는 철학적인 시각에서 설정되고, 게다가 사유와 어리석음의 관계라는 초월론적 문제로 제기되고 있다. 여기서 중요한 것은 똑같으면서도 분할된—더 정확히 말하자면 반복되는—사유하는 존재자이고, 그 사유하는 존재자 안에 있는 두 능력, 곧 어떤 **인식능력**에 해당하는 어리석음과 어리석음을 감당하지 못하는 인식능력이다. 여기서 플로베르는 쇼펜하우어를 자신의 스승으로 받아들이고 있다.

7 (옮긴이 주) 이 책 3장 295쪽 주3 참조.

차이와 반복

를 형상화하는 어떤 기억 등이 결여된 것이 아니라 다만 시간의 순수하고 텅 빈 형식이 결여되어 있다. 이 시간의 텅 빈 형식은 사유 안에 본연의 차이를 도입하고 구성한다. 사유는 이 본연의 차이로부터 사유하기 시작하고, 게다가 그 자신이 미규정자와 규정의 차이로서 사유하기 시작한다. 이 시간의 텅 빈 형식은, 추상적인 선에 의해 균열된 어떤 나 Je와 나에 의해 응시되는 무-바탕에서 비롯된 어떤 수동적 자아moi를 자기 자신의 이편과 저편으로 할당한다. 사유 안에서 사유를 낳는 것은 이 시간의 텅 빈 형식이다. 왜냐하면 사유는 오로지 차이와 함께 할 때만 사유하고, 근거와해가 일어나는 이 지점의 주위에서만 사유하기 때문이다. 사유, 다시 말해서 미규정자와 규정으로 이루어진 기계 전체가 기능할 수 있게 만들어주는 것은 차이, 또는 규정 가능한 것의 형식이다. 사유 이론은 마치 회화와 같다. 사유 이론에는 회화가 재현에서 추상미술로 이행하도록 만드는 바로 그 혁명이 있어야 한다. 어떤 이미지 없는 사유 이론이 설정하는 목표는 여기에 있다.

비인격적 개체화와 전-개체적 독특성

재현은 특히 무한한 것으로까지 고양되었을 때 어떤 무-바탕의 예감에 휩싸인다. 하지만 재현은 차이를 떠맡기 위해 스스로 무한해진 까닭에 무-바탕을 전적으로 미분화(未分化)된 어떤 심연, 어떤 차이 없는 보편자, 어떤 무차별하고 무관심한 검은 무(無)로 재현한다. 이는 재현이 개체화를 나의 형상과 자아의 질료에 연계시키면서 시작되었기 때문이다. 사실 재현에 대해 나는 우월한 개체화〔개인화〕의 형식일 뿐 아니라 또한 사물들에 미치는 모든 개체성 판단에 대한 재인과 동일화〔정체성 확인〕의 원리이기도 하다. "그것은 똑같은 밀랍이다……." 재현에 대해 모든 개체성은 인격적이고(나) 모든 독특성은 개체적이어야 한다

(자아). 따라서 '나'라고 말하기를 멈추어야 하는 곳에서는 개체화도 멈추고, 개체화가 멈추는 곳에서는 가능한 모든 독특성도 멈추어버린다. 이때부터 무-바탕은 개체성도, 독특성도 없는 것으로 재현되고, 따라서 당연히 모든 차이가 빠져나간 것으로 재현될 수밖에 없다. 이 점은 셸링과 쇼펜하우어에게서도 여전히 엿볼 수 있고, 또는 심지어 『비극의 탄생』에 나오는 초기의 디오니소스에게서조차 엿볼 수 있다. 즉 이들의 무-바탕은 차이를 감내하지 못한다. 그렇지만 수동적 자아에 해당하는 자아는 선행하는 개체화의 장(場) 안에서 일어나는 어떤 사건에 불과하다. 즉 자아는 그와 같은 장의 개체화 요인들을 수축하고 응시하며, 또 이 장의 계열들이 공명하는 지점에서 구성된다. 이와 마찬가지로 균열된 나에 해당하는 나는 독특성들에 의해 정의되는 이념들, 개체화의 장에 선행하는 모든 이념들을 지나가도록 허락한다.

개체화하는 차이는 물론이고 개체화는 어떤 나-선행자, 어떤 자아-선행자이고, 미분적 규정과 독특성은 그에 못지않게 전(前)-개체적이다. 어떤 비인격적 개체화의 세계와 어떤 전-개체적 독특성의 세계, 그것이 곧 익명인 아무개ON의 세계, 또는 '그들'의 세계이다. 이 세계는 일상의 진부함으로 귀착되는 세계가 아니라 오히려 거꾸로 마주침과 공명이 조성되는 세계, 디오니소스의 마지막 얼굴이 나타나는 세계, 재현을 넘어서고 허상들을 불러들이는 깊이와 무-바탕의 진정한 본성이 드러나는 세계이다.(헤겔은 셸링이 모든 소들이 검게 보이는 어떤 무차별한 밤에 머물러 있다고 비난한다. 하지만 우리가 이미지 없는 사유의 권태와 고뇌 속에서 "아, 소같이 고약한 놈들.", "그들이 좀 심했군."이라며 중얼거릴 때, 우리의 등 뒤에는 얼마나 많은 차이들의 예감이 들끓고 있는가. 그때 검은 색은 동일화도 개체화도 되지 않았거나 겨우 되었다 한들 얼마나 많이 분화(分化)되어 있고 또 얼마나 많은 분화를 가져오고 있는가. 얼마나 많은 차이와 독특성들이 그토록 많은 침략들처럼 분배되고 있는가. 이제 백야(白夜)가 된 이 밤

589   차이와 반복

에 얼마나 많은 허상들이 깨어나 '아무개'와 '그들'의 세계를 이루어 내고 있는가.)[8] 무-바탕이 차이로 들끓고 있음에도 불구하고 거기에 차이가 없는 것처럼 보인다면, 이는 재현의 극단에서 오는 가상, 재현의 모든 내적 가상 끝에서 비롯되는 외부적 가상이다. 그리고 이념들, 자신을 구성하는 다양성과 더불어 있는 이념들은 균열된 나의 틈바구니를 들락날락 하는 이 들끓는 개미들이 아니라면 또 무엇이란 말인가?

3절
허상들

허상[시뮬라크르]은 어떤 체계이고, 이 체계에서는 차이소[차이나는 것]가 차이 자체를 통해 차이소와 관계한다. 이와 같은 체계들은 강도적이다. 이 체계들은 그 심층에서 강도량들의 본성에 의존하고, 이 강도량들은 정확히 자신들 간의 차이들을 통해 서로 소통하게 된다. 이런 소통에는 어떤 조건들(작은 차이, 근접성 등등)이 따를지 모르지만, 그렇다고 어떤 선행의 유사성 조건이 있다고 믿는 것은 금물이고, 다만 강도량들의 특수한 속성들만을 믿어야 한다. 이 강도량들의 속성은, 자신에게 고유한 질서에 따라 나뉘되 본성을 바꾸지 않고는 절대 나뉘지 않는다는 데 있다. 반면 유사성은 우리가 볼 때 체계의 작동방식에서 비롯되는 결과였고, 원인이나 조건으로 오인되는 어떤 '효과'에 해당한다. 요컨대 허상의 체계는 처음부터 재현의 범주들과는 매우 다르게 보이는 [다음과 같은] 기초개념들의 도움을 받아 기술되어야 한다. 1) 강

---

8 Arthur Adamov, *La grande et la petite manœuvre*, Théâtre I(N.R.F., 1950)은 이런 주제를 다루고 있는 매우 세련된 작품이다.

도들이 조직되고 있는 깊이, 공-간spatium. 2) 강도들이 형성하는 불균등한 계열들, 이 계열들이 그려내는 개체화의 장들(개체화 요인들). 3) 계열들을 서로 소통케 하는 '어두운 전조.' 4) 그 뒤를 잇는 짝짓기, 내적 공명, 강요된 운동들. 5) 체계 안에 서식하게 될 수동적 자아와 애벌레-주체들의 구성, 그리고 순수한 시공간적 역동성들의 형성. 6) 체계의 이중적 분화를 형성하고 개체화 요인들을 뒤덮게 될 질과 외연들, 종(種)과 부분들. 7) 개봉된 질과 연장들의 세계 안에서 이 개체화 요인들이 여전히 끈질기게 항존한다는 사실을 증언하는 봉인의 중심들. 허상의 체계는 발산과 탈중심화를 긍정한다. 모든 계열들의 유일한 통일, 유일한 수렴은 그 계열들을 모두 포괄하는 비형식의 카오스이다. 여기서는 그 어떤 계열도 다른 계열과의 관계에서 어떤 특권을 누리지 않고, 그 어떤 계열도 어떤 원형(原型)의 동일성을 소유하지 않으며, 그 어떤 계열도 어떤 모상(模像)의 유사성을 소유하지 않는다. 그 어떤 계열도 다른 어떤 계열과 대립하거나 유비적이지 않다. 각각의 계열은 어떤 차이들로 구성되고, 또 어떤 차이들의 차이들을 통해 다른 계열들과 소통한다. 재현의 위계질서들을 대신해서 왕관을 쓴 무정부(無政府)들이, 재현의 정착적 분배들을 대신해서 유목적 분배들이 등장한다.

우리는 이 체계들이 어떻게 이념들이 현실화되는 장소인지 살펴보았다. 이런 의미에서 이념은 일자(一者)도 다자(多者)도 아니다. 이념은 미분적 요소들, 이 요소들 간의 미분적 관계들, 그리고 이 관계들에 상응하는 독특성들로 구성된 어떤 다양체이다. 요소, 비율적 관계, 독특성 등의 이 세 차원은 다양체적 충족이유가 지닌 세 측면을 구성한다. 즉 규정 가능성 혹은 양화 가능성의 원리, 상호적 규정 혹은 질화 가능성의 원리, 완결된 규정 혹은 잠재력의 원리 등이 그것이다. 이 세 측면은 모두 점진적 규정이라는 어떤 이상적인 시간적 차원 안에 투사된다. 그러므로 어떤 이념의 경험론이 있는 것이다. 우리는 지극히 상이한 경우들 안에서 과연 우리가 어떤 이상적인 요소들 앞에 있는 것인지, 다시 말해서 형태도 기능도 없지만 어떤 미분적 관계들(정위할 수 없는 이념적 연관들)의 그물망 안에서 상호적으로 규정 가능한 요소들 앞에 있는 것인지 물어야 한다. 가령 물리학적 입자들은 이런 경우에 해당하는가, 그리고 어떤 입자들이 해당하는가? 생물학적 유전자들은 이런 경우에 해당하는가? 음소(音素)들은 이런 경우에 해당하는가? 우리는 또 마찬가지로 독특성들의 어떠한 분배, 독특한 점과 규칙적인 점들, 특이한 점과 평범한 점들의 어떠한 할당이 그 비율적 관계들의 값들에 상응하는지 물어야 한다. 하나의 독특성은 한 계열의 출발점이고, 이 계열은 체계의 모든 평범한 점들과 접속되어 있어서 어떤 또 다른 독특성의 근방에까지 이른다. 이 새로운 독특성은 어떤 또 다른 계열을 낳고, 이 새로운 계열은 먼저 있던 계열과 때로는 서로 수렴하고 때로는 서로 발산한다. 이념은 발산을 긍정할 수 있는 역량을 지녔고, 서로 발산하는 계열들 사이에 일종의 공명을 조성한다. 철학 자체에 대해 독특한 것과 규칙적인 것, 특이한 것과 평범한 것 등의 개념은 재현과 상관적인 참과 거짓의 개념보다 훨씬 커다란 존재론적 중요성과 인식론적 중요성을 지닐 공산이 크다. 왜냐하면 보통 의미라 불리는 것은 이념의 구조 안에서 빛을 발하고 있는 이 점들의 구별과 분배에 의존하기 때문이다. 따라서 이념을 그 자체 안에서 점진적으로 규정 가능하도록 만들어주는 것은, 비율적 관계들의 관점에서 이루어지는 상호적 규정의 유희와 독특성들의 관점에서 이루어지는 완결된 규정의 유희이다. 이런 이념 안의 유희는 미분적 차이의 유희이다. 이 유희는 다양체에 해당하는 이념을 주파하고, 또 부차모순의 절차를 구성한다.(비록 라이프니츠는 부차모순을 어떤 부당한 수렴의 조건들에 종속시켰고, 이 조건들은 여전히 재현의 요구들의 압력을 드러내고 있지만, 그래도 부차모순을 다루는 그의 솜씨는 그야말로 천재적이다.)

이념 이론과 문제 이론

이렇게 정의된 이념에는 어떠한 현실성도 없다. 이념은 순수한 잠재성이다. 상호적 규정에 힘입는 모든 미분적 관계들, 완결된 규정에 힘입는 모든 독특성들의 할당은 자신에 고유한 어떤 질서에 따라 이념들이라는 잠재적 다양체들 안에서 공존한다. 하지만 첫째, 이념들은 개체화의 장들 안에서 구현된다. 즉 개체화 요인들의 강도적 계열들은 그 자체로 전-개체적인 어떤 이념적 독특성들을 봉인한다. 계열들 간의 공명들은 이상적 관계들에게 유희를 유발한다. 여기서 라이프니츠는 다시 한 번 개체적 본질들이 이 비율적 관계와 독특성들의 바탕 위에서 구성된다는 점을 얼마나 멋지게 보여주었는가. 둘째, 이념들은 이개체화의 장들을 뒤덮고 또 개봉하는 종(種)과 부분들, 질(質)과 연장들 안에서 현실화된다. 하나의 종은 유전자들 간의 어떤 미분비(微分比)들로 만들어지고, 마찬가지로 유기체의 부분들과 물체의 연장은 현실화된 어떤 전-개체적 독특성들로 만들어진다. 그렇지만 여기서 강조되어야 하는 것은 절대적 비-유사성의 조건이다. 즉 종이나 질은 자신이 현실화하는 미분비들과 유사하지 않고, 이와 마찬가지로 유기체의 부분들은 독특성들과 유사하지 않다. 서로 유사한 것은 가능한 것과 실재적인 것이지, 결코 잠재적인 것과 현실적인 것이 아니다. 하물며 이념이 동일자로 귀착하거나 그 어떤 동일성을 구사하는 것은 더욱 아니며, 게다가 이념의 구현과 현실화가 유사성에 의해 진행되고 어떤 상사성(相似性)에 기대는 것은 더욱 아니다.

종과 부분들, 질과 연장들, 또는 차라리 종별화와 부분화, 질화(質化)와 외연화가 분화의 두 측면을 구성한다는 것이 사실이라면, 이념은 분화에 의해 현실화된다고 말할 수 있을 것이다. 이념에 대해 현실화된다는 것은 곧 분화된다는 것이다. 따라서 이념은 그 자체로만, 그 잠재성 안에서만 볼 때는 전적으로 미분화(未分化)되어 있다. 그렇지만 이념은 결코 미규정적 상태에 있는 것이 아니다. 오히려 이념은 거꾸로 완결된 수준에서 미분화(微分化)되어 있다. (이런 의미에서 잠재적인 것은 결코 어떤 모호한 기초개념이 아니다. 그것은 어떤 충만한 객관적 실재성을 소유한다. 잠재적인 것은 실재성을 결여하고 있는 가능자와 전혀 혼동될 필요가 없다. 또한 가능자는 재현 안의 개념적 동일성의 양태인 반면, 잠재적인 것은 이념의 한복판에 있는 미분적인 것의 양상이다.) 여기서 가장 중요시되어야 하는 것은 본연의 차이, 곧 미분화différentier와 분화différencier의 상징에 해당하는 '변별적 특질' t/c이다. 이념, 이념의 구현, 이념의 현실화 등을 유희의 관계로 유도하는 체계 전체는 '(개체)-미/분화(indi)-différent/ciation'라는 복잡한 기초개념을 통해 표현되어야 한다. 모든 사태는 두 '반쪽'에 해당하는 것들을 지닌다. 하지만 이 두 반쪽은 서로 짝이 맞지 않고 비대칭적이며 서로 닮지 않았다. 말하자면 그것은 본연의 상징을 이루는 두 반쪽이고, 그 각각의 반쪽은 그 자체로 다시 둘로 나뉜다. 그래서 모든 사태는 이념적인 반쪽과 현실적인 반쪽으로 나뉜다. 이때 이념적인 반쪽은 잠재적인 것 안에 잠겨 있고, 한편으로는 미분비들에 의해, 다른 한편으로는 그에 상응하는 독특성들로 구성된다. 반면 현실적인 반쪽은 한편으로는 이 미분비들을 현실화하는 질들에 의해, 다른 한편으로는 이 독특성들을 현실화하는 부분들에 의해 구성된다. 전혀 닮지 않은 커다란 두 반쪽은 어떻게 서로 맞물리는 것일까? 그 둘의 끼워 맞춤을 보장하는 것은 개체화이다. 그래서 전적으로 규정된 실재ens omni modo determinatum의 물음은 이렇게 설정되어야 한다. 즉 이념 안의 사태는 완결된 수준에서 규정될 수 있지만(미분화), 그럼에도 불구하고 현실적 실존을 구성하는 규정들은 결여하고 있다.(이념 안의 사태는 분화되지 않은 무차별의 상태에 놓여 있고, 또 심지어 개체화되지도 않았다.) 만일 완결된 수준에서 미분화된 이념의 상태를 '판명'하다고 칭하는 반면, 양적이고 질적인 분화의 형식들을 '명석'하다고 칭한다면, 우리는 명석과 판명의 비례 규칙에 작별을 고해야 한다. 즉 있는 그대로 존재하는 이념은 판명-애매하다. 또 바로 이런 방식을 통해 이념은 아폴론적 재현의 명석-판명에 반하여 디오니소스적인 것이 된다. 그런 한에서 이념은 자신이 보존하고 유지하는 그 애매성의 지대에 머물고, 그럼에도 불구하고 완전하게 미분화(微分化)되어 있는 그 미분화(未分化) 상태에 머물며, 그럼에도 불구하고 독특한 그 전-개체적인 것 안에 머물게 된다. 이런 이념의 도취 상태는 결코 안정되지 않을 것이고, 이런 판명-애매는 철학자가 어떤 미분적 무의식의 모든 힘을 기울여 세계를 그려내는 이중의 색깔과 같다.

문제들 안에서 우리의 인식이 사실상의 제한 때문에 통과해야 하는 어떤 잠정적이고 주관적인 상태를 보는 것은 잘못된 일이다. 부정을 해방하고 변증법을 변질시킨 것, 그런 가운데 문제의 (비)-존재가 있어야 할 자리에 부정적인 것의 비-존재가 등장할 수 있도록 해준 것은 바로 이런 오류이다. '문제틀'은 세계의 한 상태, 체계의 한 차원이고, 심지어 그 체계의 지평이자 초점이기도 하다. 즉 그것이 지칭하는 것은 정확히 이념의 객관성, 잠재적인 것의 실재성이다. 문제로서의 문제는 완결적으로 규정되어 있으며, 전적으로 실증적인 자신의 조건들과 관계되는 한에서 미분화(微分化)된다는 것은 문제의 본성에 속한다. 비록 문제가 아직 '해결'되지 않았고, 따라서 미분화(未分化) 상태에 머물러 있다 해도 사정은 마찬가지다. 또는 차라리 그 문제는 제기되고 규정되자마자 해결되지만, 그럼에도 불구하고 여전히 자신이 낳는 해(解)들 안에서 객관적으로 항존하고, 또 그 해들과는 본성상의 차이를 보여준다. 그렇기 때문에 미분법의 형이상학이 자신의 진정한 의미를 발견하는 것은, 재현 안에서 성립하는 유한과 무한의 이율배반에서 벗어나 문제 이론의 첫 번째 원리에 해당하는 이념 안에서 그 모습을 드러낼 때이다. 우리는 이런 이념-문제들의 상태를 막-주름운동*perplication*이라 불렀다. 여기서는 공존하는 다양체와 변이성들, 요소들의 규정들, 변동적인 독특성들의 분배들, 그리고 이 독특성들 주위에서 이루어지는 이념적 계열들의 형성들 등이 어우러져 있다. 또 '막-주름운동'이라는 말은 여기서 〔가령 당혹이나 당황 같은〕 어떤 의식의 상태와는 전혀 다른 사태를 지칭한다. 우리는 현실적인 모든 강도적 계열들을 장악하고 포괄하는 카오스의 상태를 온-주름운동*complication*이라 부른다. 이때 현실적인 이 강도적 계열들은 이념적 계열들에 상응하고, 이 계열들을 구현하며, 그런 가운데 이 계열들의 발산을 긍정한다. 이 카오스는 또한 자기 자신 안에 문제들의 존재를 수용하고, 또 자기 자신 안에서 형성되는 모든 체계와 모든 장(場)들에 문제제기적인 것의 항존하는 가치를 부여한다. 우리는 강도적 계열들의 상태를 안-주름운동*implication*이라 부른다. 왜냐하면 이 계열들은 자신들 간의 차이들을 통해 소통하고 공명하는 가운데 어떤 개체화의 장들을 형성하기 때문이다. 각각의 계열은 다른 계열들에 의해 '안-주름져' 있고, 다시 이 다른 계열들을 안-주름 잡는다. 다른 계열들에 의해 함축되면서 다른 계열들을 함축하는 것이다. 이 강도적 계열들은 체계 안에서 '봉인하는 것들'과 '봉인되는 것들', '해결하는 것들'과 '해결되는 것들'을 구성한다. 우리는 끝으로 기저(基底)의 계열들 사이에서 체계를 뒤덮고 개봉하게 되는 질과 연장들의 상태를 밖-주름운동*explication*이라 부른다. 여기서는 분화들이 구체화되고, 최종적인 해의 집합을 정의하는 적분(積分)들이 그 모습을 드러낸다. 그러나 봉인의 중심들은 여전히 문제들의 끈덕진 항존을 증언하거나 이 문제들의 밖-주름운동과 해결운동 안에서 안-주름운동의 가치들이 여전히 항존하고 있음을 증언한다(겹-주름운동*réplication*).

타인

우리는 앞에서 이 점을 심리적 체계들 안의 타인과 관련하여 살펴
보았다. 타인은 체계 안에 함축된 개체화 요인들과 혼동되는 것이 아
니라 어떤 측면에서는 이 요인들을 '대리'하고, 이 요인들에 대해 타당
한 의미를 지닌다. 사실 지각의 세계 안에서 개봉된 질과 연장들 중에
서 타인은, 표현 바깥에서는 실존하지 않는 어떤 가능한 세계들을 봉인
하고 또 표현한다. 이를 통해 타인은 안-주름운동의 항존 가치들을 증
언하고, 이 가치들은 지각적으로 재현된 세계 안에서 타인에게 어떤 본
질적인 기능을 부여한다. 왜냐하면 만일 타인이 이미 개체화 장들의 조
직화를 가정한다면, 거꾸로 타인은 우리가 이 장들 안에서 서로 구별
되는 어떤 대상과 주체들을 지각할 수 있는 조건이고, 게다가 이것들을
상이한 자격들에서 재인 가능하고 동일화 가능한 어떤 개체들을 형성
하는 것으로 지각할 수 있는 조건이기 때문이다. 고유한 의미의 타인은
그 어떤 누가 아니고 그래서 당신도 나도 아니다. 이런 사실이 의미하
는 것은 그 타인이 어떤 구조라는 것이고, 게다가 오로지 서로 다른 지
각의 세계들 안의 어떤 가변항들 — 가령 당신의 지각의 세계 안에서
당신에 대한 나, 나의 지각의 세계 안에서 나에 대한 당신 — 에 의해서
만 효력을 미치는 구조라는 것이다. 타인에게서 지각적 세계 일반의 특
수한 구조나 종별화된 구조를 보는 것도 여전히 불충분하다. 사실 타인
은 이 지각적 세계 전체의 작동방식을 근거짓고 보장하는 어떤 구조이
다. 만일 타인이 있지 않다면 이 세계를 기술(記述)하는 데 필요한 기초
개념들 — 형상과 바탕, 윤곽과 대상의 통일성, 깊이와 길이, 지평과 초
점 등등 — 은 공허하고 적용 불가능한 것으로 그치게 된다. 타인은 어
떤 가능한 세계들을 표현하면서 있고, 그렇게 표현되는 세계에서는 (우
리에 대해) 바탕 안에 놓여 있는 것은 동시에 어떤 가능한 형상으로, 깊

이인 것은 동시에 어떤 가능한 길이로…… 사전-지각되거나 지각 이하의 수준에서 지각된다. 대상들의 재단(裁斷), 대상들의 이동과 결렬, 한 대상에서 다른 한 대상으로 향하는 이행, 또 심지어 한 세계가 다른 한 세계를 위해 지나간다는 사실, 언제나 함축된 그 무엇인가가 있어서 여전히 설명되고 전개되기를 기다리고 있다는 사실 등의 이 모든 것은 오로지 타인-구조와 이 구조가 지각 안에서 지닌 표현 능력에 의해서만 가능하게 된다. 요컨대 지각적 세계의 개체화[개인화]를 보장하는 것은 바로 타인-구조이다. 그것은 결코 나도, 자아도 아니다. 오히려 거꾸로 나와 자아는 어떤 개체성[개인]들로 지각될 수 있기 위해 이 구조를 필요로 하는 형편이다. 모든 것은 마치 타인이 대상과 주체들의 한계들 안에서 개체화 요인과 전-개체적 독특성들을 통합하는 것처럼 진행되고, 이때 이 주체와 대상들은 재현에 대해 지각하는 것이나 지각되는 것들로 주어진다. 그런 까닭에 강도적 계열들 안에 있는 그대로의 개체화 요인들을 재발견하고 이념 안에 있는 그대로의 전-개체적 독특성들을 재발견하기 위해서는 이 길을 거꾸로 따라가야 한다. 또 타인-구조의 위치에서 행동하는 주체들로부터 출발하여 그 구조 자체에까지 거슬러 올라가야 하고, 따라서 타인을 '그 누구도 아닌 자'로 받아들여야 한다. 그런 연후 충족이유의 팔꿈치를 따라 더욱 멀리 나아가 마침내 타인-구조가 자신이 스스로 조건짓는 주체와 대상들에서 멀리 떨어져 더 이상 기능하지 않는 바로 그 지역들에까지 이르러야 한다. 이 모든 것은 결국 독특성들이 순수한 이념 안에서 펼쳐지고 분배되도록 하기 위해서이고, 또 개체화 요인들이 순수한 강도 안에서 할당되도록 하기 위해서이다. 이런 의미에서 사유하는 자는 확실히 필연적으로 고독하고 유아(唯我)적일 수밖에 없다.

두 유형의 놀이와 그 특성들

사실 이념들은 어디서 유래하는가? 이념 안에서 비율적 관계들이 변이하고 독특성들이 분배되는 것은 무엇 때문인가? 여기서도 우리는 여전히 팔꿈치처럼 휘어 있는 길, '이유'가 어떤 저편 안으로 잠겨 있는 길을 따르고 있다. 과격한 기원은 언제나 어떤 고독하고 신적인 놀이와 같은 것으로 간주되었다. 그렇지만 놀이의 방식에는 여러 가지가 있으며, 인간적이고 집단적인 놀이들은 이 고독한 신적인 놀이와 유사하지 않다. 우리는 여러 가지 특성들에 따라 두 종류의 놀이, 인간적인 놀이와 이상적인 놀이를 서로 대립시킬 수 있다. 먼저 인간적인 놀이는 어떤 선재(先在)하는 정언적 규칙들을 가정한다. 그 다음 이 규칙들의 효과는 확률들, 다시 말해서 손실의 '가설'과 이득의 가설들을 규정하는 데 있다. 세 번째로 이 놀이들은 결코 모든 우연을 긍정하지 않는다. 오히려 거꾸로 모든 우연을 조각내며, 또 각 경우에 대해 던지기의 귀결을 우연에서 면제하고 제외시킨다. 왜냐하면 이 놀이들은 이러저러한 손실이나 이득을 가설에 필연적으로 연계되어 있는 것으로 지정하기 때문이다. 마지막으로, 그렇기 때문에 인간적인 놀이는 정착적 분배들을 통해 이루어진다. 사실 선행의 정언적 규칙은 여기서 변함없이 같음의 역할을 떠맡고, 어떤 형이상학적 필연성이나 도덕적 필연성을 향유한다. 이런 자격에서 그 정언적 규칙은 서로 대립하는 어떤 가설들을 포섭하고, 그 규칙을 통해 이 가설들은 수적으로 구별되는 ― 또 그 가설들의 분배를 책임진 ― 어떤 일련의 놀이, 던지기, 투척들에 상응하게 된다. 또 놀이들의 결과들, 다시 떨어진 주사위들은 어떤 가설적 필연성에 의존하는 귀결들에 따라, 다시 말해서 실행된 가설에 따라 할당된다. 이런 정착적 분배에서 분배되는 것은 규칙에 의해 정해진 어떤 비율에 따라 고정적으로 배당된다. 이 인간적인 놀이 방식, 이 거짓된

차이와 반복

놀이 방식은 자신의 전제들을 감추지 않는다. 즉 그것은 어떤 도덕적 전제들이고, 여기서 가설은 선과 악에 관련되어 있으며, 놀이는 어떤 도덕성의 학습이다. 이 나쁜 놀이의 모델은 바로 파스칼의 도박이다. 여기서 핵심은 우연을 조각내는 방식, 우연의 단편들을 분배하여 인간의 실존 양식들을 할당하는 방식에 있지만, 이런 분배와 할당의 배후에는 결코 의문시되지 않는 어떤 신의 실존이 있고 그런 신의 항구적 규칙이 있다. 하지만 플라톤의 제비뽑기에서부터 「근본적 기원」[9]에 나오는 라이프니츠의 체스 놀이에 이르기까지 이런 똑같은 놀이 개념이 계속 이어져오고 있고, 이런 놀이 개념 전체는 필연적인 것, 가설적인 것, 가설적 필연성(정언적이거나 필증적인 원리, 가설, 귀결) 등이 만드는 그물망 안에 기입되어 있다. 이런 놀이는 이미 재현의 실행과 구별되지 않으며, 그 재현의 모든 요소들 — 가령 원리의 월등한 동일성, 가설들의 대립, 수적으로 구별되는 던지기들 간의 유사성, 귀결과 가설의 관계 안에 있는 비례성 등 — 을 드러낸다.

반면 신적인 놀이는 전혀 다르다. 헤라클레이토스가 언급하고 있는 듯하고 말라르메가 그토록 절실한 종교적 경외와 뉘우침 속에서 호소하고 있는 신적인 놀이, 니체가 그토록 단호한 결단 속에서 끌어들이고 있는 그 신적인 놀이는 우리가 이해하기 지극히 어렵고 재현의 세계 안에서는 다루기 불가능하다.[10] 우선 여기서는 선재하는 규칙이 없으며, 놀이의 대상은 자신의 고유한 규칙에 있다. 그런 까닭에 모든 우연은 필연적으로 승리하는 던지기 안에서 매번 긍정된다. 여기서는 놀이에서 제외되는 것은 아무것도 없다. 즉 귀결은 어떤 가설적 필연성

---

9 (옮긴이 주) 라이프니츠가 1697년에 작성한 논문.

10 Eugen Fink, *Le jeu comme symbole du monde*(Minuit, 1960)와 Kostas Axelos, *Vers la pensée planétaire*(Minuit, 1964) 참조. 이 저자들은 우리가 여기서 제시하고자 하는 관점과는 매우 다른 시각에서 신적인 놀이와 인간적인 놀이를 구별하고, 이런 구별을 통해 하이데거가 말하는 이른바 "존재론적 차이"라는 정식에 도달한다.

의 끈에 의해 어떤 규정된 단편과 하나로 묶이는 것도 아니고, 그 끈에 의해 우연에서 제외되는 것도 결코 아니다. 오히려 거꾸로 귀결은, 모든 가능한 귀결들을 보존하고 여러 갈래로 분기(分岐)시키는 우연 전체와 적합한 일치 관계에 있다. 이제는 더 이상 서로 다른 던지기들이 수적으로 구별된다고 말할 수 없다. 즉 필연적으로 승리하는 각각의 던지기들은 어떤 또 다른 규칙의 던지기를 되풀이하도록 유도하고, 이 새로운 규칙은 자신의 모든 귀결들을 선행 규칙의 귀결들 안에서 다시 재단(裁斷)한다. 서로 다른 던지기들은 매번 수적으로 구별되는 것이 아니라 형상적으로 구별되며, 서로 다른 규칙들은 모든 순번들을 가로질러 존재론적으로 하나인 던지기, 어떤 유일하고 똑같은 던지기의 형상들이다. 그리고 다시 떨어진 서로 다른 주사위들은 더 이상 자신들이 실행하는 가설들의 분배에 따라 할당되는 것이 아니라 오히려 유일하고 배당되지 않은 던지기의 열린 공간 안에서 그 자체로 분배된다. 이런 분배는 정착적 분배가 아니라 유목적 분배이다. 놀이의 순수한 이념은 여기에 있다. 이것은 다시 말해서 인간의 노동에 의해 조각나고 제한되고 군데군데 잘려나가는 놀이가 아니라 놀이 이외에는 그 어떤 것도 될 수 없는 어떤 놀이의 이념이다. (이 고독한 신적인 놀이에 가장 근접한 인간의 놀이는 무엇인가? 랭보가 말하는 것처럼 H를, 예술작품을 찾아보시라.) 그런데 이념 안에 있는 그대로의 비율적 관계들의 변이, 이념 안에 있는 그대로의 독특성들의 분배는 어디에 기원을 두고 있는가? 그 기원은, 존재론적으로 하나인 이 던지기 안에서 형상적으로 구별되는 이 규칙들에 있을 뿐, 다른 어떤 것에 있지 않다. 이 지점에서 근본적 기원은 (언제나 전치되어 있는 영원회귀의 원환 안에서) 기원의 부재로 전도된다. 하나의 우발점(偶發點)은 모든 순번을 결정하는 한 순번처럼 주사위들 위의 모든 점들을 거쳐가며 자리를 옮긴다. 자신의 고유한 규칙들을 창안하는 이 던지기들, 다양체적인 형상들을 지녔고 영원회귀 안에 있는 유일한 놀이〔던지기〕를 구성하는 이 서로 다른 던지기들은 모두 어떤 명법적 물음들과 같고, 이 물음들은 자신들을 열린 상태에 둔 채 결코 채우지는 않는 어떤 단일하고 똑같은 응답에 의해 뒷받침되고 있다. 이 던지기들은 이상적인 문제들에 생기를 불어넣고, 이 문제들 안의 비율적 관계와 독특성들을 규정한다. 또 이 문제들의 중개에 힘입어 이 던지기들은 떨어진 주사위들에 영감을 불어넣고, 다시 말해서 이 관계와 독특성들을 구현하는 분화된 해(解)들에 영감을 불어넣는다. '의지' 의 세계. 이것은 우연의 긍정들(명법적이고 자유로운 결단을 요구하는 물음)과 분만된 귀결의 긍정들(결정적인 해의 경우나 해결들) 사이에서 이념들의 모든 실증성이 개봉되는 세계이다. 여기서는 문제제기적인 것과 명법적인 것의 놀이가 가언적인 것과 정언적인 것의 놀이를 대체했다. 차이와 반복의 놀이는 같음과 재현의 놀이를 대체했다. 주사위들은 하늘을 향해, 우발점의 전치(轉置)하는 힘 전체를 통해 던져지고, 마치 섬광같이 빛나는 그 주사위들의 명법적인 점들과 더불어 던져지며, 그런 가운데 하늘에 어떤 이상적인 문제-성좌들을 형성한다. 이 주사위들은 승리하는 해들의 모든 힘을 통해 대지(大地) 위로 튀어 오르고, 이 해들을 통해서 던지기가 다시 시작된다. 이는 두 탁자 위에서 벌어지는 놀이다. 그러니 그 두 탁자의 경계나 경첩에 어찌 균열이 없을 수 있겠는가? 또 첫 번째 탁자에서는 자기 자신과 동일한 어떤 실체적인 나를 식별하고, 두 번째 탁자에서는 자기 자신과 유사한 어떤 연속적인 자아를 식별한다는 일이 어찌 가능하겠는가? 놀이 참여자의 동일성은 사라져버렸고, 마찬가지로 귀결들에서 손해를 보거나 이득을 얻는 자의 유사성 또한 사라져버렸다. 균열, 경첩은 주사위들이 통과하는 텅 빈 시간의 형식, 아이온Aiôn이다. 한편에서 보면 이 텅 빈 형식에 의해 균열된 어떤 나밖에는 아무것도 없다. 다른 한편에서 보면 수동적이고 언제나 이 텅 빈 형식 안에서 분열되어 있는 어떤 자아밖에는 아무것도 없다. 쪼개진 하늘에 응답하는 것은 갈라진 대지이다. "오, 머리 위의 하늘, 순수하고 드높은 하늘이여! 지금 나에게는 이런 너의 순수함이……과연 사실이구나. 네가 신적인 우연들을 위한 무도장(舞蹈場)이라는 사실! 신적인 주사위와 놀이하는 자들을 위한 신적인 탁자라는 사실!"[11] 이에 대한 응답은 다른 탁자에서 온다. "일찍이 내가 대지라는 신적인 탁자 위에서 신들과 더불어 주사위 놀이를 했다면, 그리하여 대지가 진동하고 갈라지고 불길들을 내뿜었다면 — 왜냐하면 대지는 신적인 탁자이고, 어떤 창조적인 새로운 말들과 신적인 주사위들의 소음으로 인해 전율하고 있기 때문이다……." 그렇지만 이렇게 서로 함께 하는 쪼개진 하늘과 갈라진 대지는 모두 부정적인 것을 참지 못하는 까닭에 자신들의 균열이나 갈라진 틈으로 그 부정적인 것을 토해 내고, 부정의 모든 형식들, 정확히 말해서 거짓된 놀이를 재현하는 모든 형식들을 쫓아낸다. "그대들은 주사위를 잘못 던진 것이다. 하지만 주사위를 가지고 노는 그대들이여, 그게 무슨 상관이란 말인가! 그대들은…… 놀이하는 법을 제대로 배우지 않았을 뿐이다."

범주들에 대한 비판

우리는 지금까지 끊임없이 어떤 기술(記述)적인 기초개념들을 제안했다. 가령 현실적 계열들을 기술하는 개념들, 또는 잠재적 이념들, 또는 모든 것이 생겨 나오는 무-바탕 등을 기술하는 개념들이 그것이다. 하지만 그 밖에도 강도-짝짓기-공명-강요된 운동, 미분적인 것과 독특성, 온주름운동-안주름운동-밖주름운동, 미분화-개체화-분화, 물

---

11 이 구절과 다음 두 구절은 니체의 『차라투스트라』, 3부 「해 뜨기 전에」와 「일곱 개의 봉인」 3절, 그리고 4부 「차원 높은 인간에 대하여」 14절 등에서 빌려온 것이다.

음-문제-해 등과 같은 기초개념들이 있다. 그러나 이 모든 것은 결코 어떤 범주 목록을 형성하지 않는다. 범주 목록이 원리상 개방적일 수 있다고 주장한들 소용없는 일이다. 범주 목록은 사실상 개방적일 수는 있어도 원리상 개방적일 수는 없다. 왜냐하면 범주들은 재현의 세계에 속하기 때문이고, 이 재현의 세계에서 그 범주들은 존재자들 사이에서 존재가 어떤 정착적 비율 규칙에 따라 할당되는 어떤 분배의 형식들을 구성하기 때문이다. 그렇기 때문에 철학은 종종 범주들에 대립시키기 위해 그와는 전혀 다른 본성의 개념들, 실재로 개방적이면서 어떤 경험론적이고 다원론적인 의미의 이념을 증언하는 기초개념들을 제시하려는 시도를 보여주었다. 가령 '본질적인 것'에 맞서는 '실존적인 것', 개념들에 맞서는 감지(感知)들[12]이 그것이다. 그 밖에 화이트헤드에게서 엿볼 수 있고 그의 『과정과 실재』가 현대의 가장 위대한 철학책들 중 하나로 평가받는 이유인, 그 경험-이념적인 기초개념들의 목록을 들 수 있다. 이와 같은 기초개념들은 환영이나 허상들에 적용되는 한에서 '환상적'이라 불러야 하지만, 그 밖의 여러 관점에서도 재현의 범주들과 구별된다. 우선 이 기초개념들은 실재적 경험의 조건이지, 결코 가능한 경험의 조건으로 그치는 것이 아니다. 바로 이런 의미에서 이 개념들은 조건화되는 사태보다 더 크지 않을 뿐 아니라 또한 이제까지 애석하게 분리되어 있는 감성론의 두 부분 —— 경험의 형식들에 대한 이론과 실험으로서의 예술작품에 대한 이론 —— 을 통합한다. 하지만 이런 측면에도 불구하고 두 유형의 기초개념들 사이에 있는 어떤 본성상의 차이를 규정하기에는 아직 미흡하다. 두 번째로, 이는 이 유형들 각각이 주재하는 분배가 서로 전적으로 구별되고 환원 불가능하

---

12 (옮긴이 주) percepts contre concepts. 베르그손적인 표현법으로, 보다 정확히 풀이한다면 개념적 표상과 경험적 직관의 대립을 가리킨다.

며 비교 불가능하기 때문이다. 즉 범주들에 의한 정착적 분배와 환상적 기초개념들에 의한 유목적 분배가 서로 대립하고 있다. 사실 이 개념들은 범주들처럼 어떤 보편자들이 아니고, 재현 안에서 범주들이 적용되는 잡다(雜多)처럼 어떤 지금 여기들도 아니다. 이 개념들은 어떤 시공간적 복합체들이고, 아마 그 어디로도 운반 가능할 것이다. 하지만 여기에는 어떤 조건이 따른다. 즉 이 기초개념들은 압도적인 수준에서 자신의 고유한 풍경을 펼쳐 낼 수 있어야 하고, 자신이 잠시 동안 머무는 바로 그곳에서 자신의 천막을 쳐야 한다. 또한 이 개념들은 어떤 본질적인 마주침의 대상이지, 결코 어떤 재인(再認)의 대상이 아니다. 이 개념들을 지칭하는 가장 좋은 말은 아마 새뮤얼 버틀러가 고안한 에레혼이란 말일 것이다.[13] 이 기초개념들은 어떤 에레혼들이다. 칸트는 이와 같은 개념들을 날카롭게 예감했다. 지금 여기의 특수성으로 환원되지 않을 뿐더러 개념의 보편성으로도 환원되지 않는 어떤 환상적 상상력에 참여하는 기초개념들을 예감했던 것이다. 왜냐하면 만일 종합이 지금 여기의 잡다에 대해 이루어지고, 또 종합이나 범주들의 통일성이 모든 가능한 경험을 조건짓는 어떤 연속적 보편자들이라면, 도식은 어떤 선험적인 시공간적 규정들이기 때문이고, 이 규정들은 장소와 계기들의 실재적 복합체들을 모든 장소와 모든 시간으로, 하지만 불연속적인 방식으로 운반하기 때문이다. 칸트의 도식은, 만일 자신을 부당하게 재현적 세계 안의 단순한 매개자의 신분으로 환원하는 그 범주들에 종속되지 않았다면, 자유롭게 날개를 펴고 자기 자신을 넘어서서 어떤 미분적 이념의 착상에까지 이르렀을 것이다. 그리고 한 걸음 더 나아가 재현의 저편에서도 우리는 여전히 어떤 존재의 문제가 성립한다

---

13 우리가 볼 때 버틀러의 Erewhon은 위장된 no-where로 그치는 것이 아니라 또한 재배치된 now-here이기도 하다. (이 책 「머리말」 19쪽 주4 참조―옮긴이.)

차이와 반복

고 가정하고, 이 문제는 범주들과 환상적이거나 유목적인 기초개념들 사이의 이 차이들에 의해 비로소 제기되는 것이라고 가정한다. 존재가 존재자들에게 분배되는 방식은 그 마지막 심급에서 볼 때 유비인가 아니면 일의성(一義性)인가?

4절
반복, 동일자, 부정적인 것

반복을 재현의 대상으로 간주할 때 우리는 그 반복을 동일성을 통해 이해하고, 게다가 또한 부정적인 방식으로 설명하는 셈이다. 사실 어떤 부정적인 힘(제한이나 대립의 힘)의 방해에 부딪혀 어떤 개념이 자신이 포섭하는 다양성에 따라 종별화되거나 분화되지 못할 때만 그 개념의 동일성은 비로소 어떤 반복으로 이어질 수 있다. 이미 앞에서 보았던 것처럼, 물질은 이런 두 가지 특성을 겸비하고 있다. 한편으로 물질은 절대적으로 자기 자신과 동일한 어떤 개념을 '회(回)'나 '경우들'과는 무관하게 모든 사례들 안에서 실존하도록 만든다. 다른 한편으로 물질은 이 개념이 계속 종별화되어 나아가는 것을 방해한다. 이런 방해는 그 개념의 자연적 빈곤성에 기인하거나 무의식과 소외 같은 그 개념의 자연적 상태로 인해 빚어지는 일이다. 따라서 물질은 정신의 동일성이고, 다시 말해서 개념의 동일성이지만, 이때 이 개념은 자기의식이 없고 자기 자신의 바깥에 놓인 어떤 소외된 개념에 해당한다. 재현은 본질적으로 어떤 물질적이고 헐벗은 반복을 모델로 하며, 이 모델을 같음의 사태를 통해 이해하고 부정적인 것을 통해 설명한다. 하지만 이 것은 재현이 빠져 드는 또 하나의 이율배반이 아닌가? 왜냐하면 재현은 오로지 이런 관점에서만 반복을 표상할 수 있지만, 또 모순에 빠지지 않고는 반복을 그런 식으로 표상할 수 없기 때문이다. 사실 이 물질적이고 헐벗은 모델은 그 고유한 의미에 충실할 때는 도저히 생각할 수 없는 어떤 것이다. (어떻게 의식이 어떤 현전만을 지닐 뿐인 무의식을 재현하거나 표상할 수 있겠는가?) 자기 자신과 동일한 요소들은 오로지 '경우들'이 서로 독립적이고 '회들'이 불연속적이라는 조건 아래에서만 반복될 수 있다. 이 불연속성의 조건 아래에서는 한 번의 기회는 다른 한 번의 기회가 사라지지 않는다면 결코 나타날 수 없다. 즉 재현 안에서 반복은 성립과 동시에 궤멸되어야 할 운명이다. 또는 차라리 재현 안에서 반복은 도무지 성립하지 않는다고 할 수 있다. 이런 조건들이라면 반복은 그 자체로 이루어질 수 없다. 그렇기 때문에 반복을 재현하기 위해서는 여기저기에 어떤 응시하는 영혼들, 어떤 수동적 자아들, 어떤 재현 이하의 종합들, 어떤 습관들habitus을 끌어들여야 하고, 이 습관들은 경우나 요소들을 서로의 안으로 수축할 수 있을 뿐 아니라 그렇게 수축된 경우나 요소들을 이후 재현 자체에 고유한 어떤 보존의 공간이나 시간 안에서 복원할 수 있어야 한다. 그런데 이로부터 귀결되는 것들은 매우 중요한 의미를 지닌다. 즉 이 수축은 어떤 차이고, 다시 말해서 응시하는 영혼이 겪는 어떤 양태변화, 심지어 이 영혼이 겪는 본연의 양태변화이기까지 하며, 그 영혼을 죽음으로 인도하는 유일한 양태변화이다. 그래서 지극히 물질적인 반복은 오로지 그 반복으로부터 수축을 통해 훔쳐낸 어떤 차이를 통해서만 (또 그 차이 안에서만) 이루어지고, 오로지 그 반복에서 차이를 훔쳐내는 어떤 영혼에 의해서만 (또 그 영혼 안에서만) 이루어진다. 따라서 반복은 재현되지만, 어떤 전혀 다른 본성의 영혼, 응시하고 수축하는 영혼, 하지만 재현하지도 재현되지도 않는 어떤 영혼이 있어야 한다는 조건에서만 재현된다. 사실 물질은 그와 같은 영혼들이 서식하는 곳이며, 그와 같은 영혼들로 뒤덮여 있다. 이 영혼들은 물질에 어떤 두께를 부여하고, 이런 두께가 없다면 물질은 표면에서 결코 헐벗은 반복을 보여주지 못할 것이다. 또 이때 수축이 자신이 수축하는 대상에 대해 외면적이라거나 그 차이가 반복에 대해 외면적이라고 믿지는 말자. 즉 차이는 반복의 통합적 일부이자 구성적 일부이다. 차이는 어떤 깊이고, 그 깊이가 없다면 표면에서는 아무것도 반복할 수 없다.

　그래서 모든 것이 변하게 된다. 만일 어떤 차이가 필연적으로 표면적 반복으로부터 자기 자신을 스스로 훔쳐내고 그 표면적 반복의 (깊이에서) 일부를 이룬다면, 여기서 중요한 것은 이 차이가 무엇인지 아는 데 있다. 이 차이는 수축이다. 하지만 이 수축은 무엇인가? 이 수축은 그 자체가 어떤 과거의 가장 수축된 정도가 아닌가? 이완의 모든 수준과 모든 정도들에서 자기 자신과 공존하는 어떤 과거의 가장 긴장된 수준이 아닌가? 각각의 순간은 과거 전체, 하지만 어떤 상이한 정도와 수준들의 과거 전체에 해당하고, 현재는 그중 가장 수축되어 있는 정도나 수준이다. 바로 이런 것이 베르그손의 눈부신 가설이다. 그래서 현재의 차이는 더 이상 방금 전처럼 한 순간에서 다른 한 순간으로 이어지는 어떤 표면적 반복에서 훔쳐낸 차이가 아니다. 이 차이는 오히려 어떤 깊이의 윤곽을 드러내고 있으며, 이 깊이가 없다면 표면적 반복도 실존하지 못할 것이다. 이제 이 깊이 자체가 자기 자신을 스스로 개봉해간다. 반복은 더 이상 매 순간 계속 이어지는 어떤 외면적인 요소나 부분들의 반복이 아니라 서로 다른 수준이나 정도들에서 공존하는 어떤 총체성들의 반복이다. 차이는 더 이상 어떤 요소적 반복에서 훔쳐낸 것이 아니다. 차이는 매번 총체적이고 총체화하는 어떤 반복의 정도나 수준들 사이에 있다. 반복은 한 수준에서 다른 한 수준으로 자리를 바꾸고 위장하며, 이때 각각의 수준은 자기 자신에게 고유한 어떤 특권적인 점들에 해당하는 자신의 독특성들을 포괄한다. 또 순간에서 순간으로 이어지는 요소적 반복은, 그 자체가 이 총체적 반복의 가장 이완된 수준이라고밖에 말할 수 없는 것이 아닐까? 반면 요소적 반복에서 훔쳐낸 차이는 이 총체적 반복의 가장 수축된 정도라고밖에 말할 수 없는 것이 아닐까? 바로 여기서 차이 자체는 두 반복 사이에 있다. 이때 하나의 반복은 표면적 반복이고, 이 표면적 반복은 자신이 수축하는 동일하고 순간적인 외면적 요소들 사이에서 일어난다. 반면 다른 하나의 반복은 심층적 반복인데, 이 심층적 반복은 언제나 가변적인 어떤 과거의 내적 총체성들 사이에서 일어나고, 이 가변적인 과거의 가장 수축된 수준이 바로 심층적 반복이다. 그러므로 차이는 두 얼굴을 갖는다. 혹은 시간의 종합에는 이미 두 가지 측면이 있다. 그중 하나는 하비투스이고, 이 하비투스는 자신이 가능하게 만드는 첫 번째 반복을 향해 기울어져 있다. 다른 하나는 므네모시네이고, 이 므네모시네는 자신을 결과로 낳는 두 번째 반복에 내맡겨져 있다.

두 가지 반복

따라서 물질적 반복은 아무것도 행하지 않지만 그 안에서 모든 것이 행해지는 어떤 수동적이고 비밀스러운 주체를 지니고 있다고 말하는 것은, 두 가지 반복이 있고 그중 물질적 반복이 가장 표면적인 반복이라고 말하는 것과 마찬가지다. 어쩌면 두 번째 반복의 모든 특성들을 기억에 귀속시키는 것은 그다지 정확하지 못한 일일 수 있다. 비록 기억이 어떤 순수한 과거의 초월론적 능력이고, 그런 만큼 능동적으로 기억하는 인식능력 못지않게 창의적인 능력이라 해도 사정은 마찬가지다. 그럼에도 불구하고 기억은 두 가지 반복의 대립적인 특성들이 나타나는 첫 번째 형태이다. 이 반복들 중 하나는 자기 자신과 같은 어떤 것의 반복이고, 또 오로지 갈취되었거나 훔쳐낸 차이만을 지닌다. 다른 하나는 본래적으로 차이나는 어떤 것의 반복이고, 또 차이를 포괄한다. 하나는 어떤 고정된 항과 장소들을 지니지만, 다른 하나는 본질적으로 전치와 위장을 포괄한다. 하나는 부정적이고 결핍에 의한 반복이지만, 다른 하나는 실증적이고 과잉에 의한 반복이다. 하나는 요소들, 경우와 회들, 외생적 부분들의 반복인 반면, 다른 하나는 어떤 내적인 가변적 총체성들의 반복, 어떤 정도와 수준들의 반복이다. 하나는 매 순간 계속 이어지는 사실상의 반복이고, 다른 하나는 공존하고 있는 권리상의 반복이다. 하나는 정태적 반복이고, 다른 하나는 역동적 반복이다. 하나가 외연 안에서 일어나는 반복이라면, 다른 하나는 강도적인 반복이다. 하나는 평범한 반복인 반면, 다른 하나는 특이한 반복이자 독특성들의 반복이다. 하나는 수평적 반복이고, 다른 하나는 수직적 반복이다. 하나는 개봉되어 있는 반복이자 설명되어야 하는 반복이라면, 다른 하나는 봉인되어 있는 반복이자 해석되어야 하는 반복이다. 하나는 효과 안에서 성립하는 어떤 동등성과 대칭의 반복인 반면, 다른 하나는 원인 안에서 성립하는 어떤 비동등성과 비대칭의 반복이다. 하나는 정확성과 기계론적 특성을 띠는 반복이고, 다른 하나는 선별성과 자유의 특성을 띠는 반복이다. 하나는 어떤 헐벗은 반복이어서 이차적이고 사후적으로만 가면을 쓸 수 있지만, 다른 하나는 옷 입은 반복이고 가면, 전치, 위장들은 이 반복의 처음이자 마지막의 요소들, 게다가 유일한 요소들이다.

이런 특성상의 대립에서 우리는 두 가지 귀결을 끌어내야 한다. 먼저 자기 자신과 같은 것을 통해 반복을 이해할 수 있다는 것과 반복을 부정적인 방식으로 설명할 수 있다는 것은 똑같은 관점에서 나온 주장이자 동시에 성립하는 주장이다. 차이의 철학을 위험에 빠뜨리는 어떤 오해가 있다면, 그런 오해는 정확히 바로 여기에 있다. 사실 차이의 개념은 이 차이가 개념 일반 안으로 기입되는 계기나 방식에 의해 정의되곤 했다. 따라서 차이의 개념은 단지 개념적일 뿐인 어떤 차이와 혼동되곤 했다. 그래서 차이는 동일성 안에서 이해되어 왔고, 개념 일반은 재현 안에서 펼쳐지는 이 동일성의 원리와 다름없었다. 반면 반복은 이와 상관적으로 어떤 개념 없는 차이 이상으로는 정의될 수 없었다. 이런 정의는 분명 스스로 반복하는 어떤 것에 대해 개념의 동일성을 계속 전제해왔지만, 차이를 개념 안으로 기입하는 대신 오히려 수적인 차이처럼 개념 밖에 위치시키고, 또 개념 자체를 자기 자신의 바깥에 위치시킨다. 이때 개념은 마치 수적으로 구별되는 경우나 회들이 있을 수 있는 만큼 많은 사례들 안에서 존재하는 것처럼 보인다. 그래서 이정의는 차이를 동일성을 띤 개념의 바깥에 위치시킬 수 있고 그 개념을 ─ 동일성을 띤 이 개념의 종별화를 봉쇄하면서 ─ 자기 자신의 바깥에 위치시킬 수 있는 어떤 외부적인 힘, 어떤 외면성의 형식을 내세워왔다. 이는 방금 전에 차이를 개념 안에 위치시킬 수 있고 어떤 연속적인 종별화를 통해 개념을 자기 자신 안에 위치시킬 수 있는 어떤 내부적인 힘이나 내면성의 형식을 내세웠던 것과 같다. 따라서 개념에 대해 가정된 동일성이 차이를 어떤 개념적 차이로 통합해왔다는 것은, 거꾸로 그 동일성이 반복을 어떤 상관적인 차이로 투사하되 부정적인 방식이나 결핍에 의해 설명되는 어떤 개념 없는 차이로 투사해왔다는 것과 동시적인 사태이자 똑같은 관점에서 성립하는 사태이다. 그런데 만일 모든 것이 이 오해의 연쇄 속에 연계되어 있다면, 모든 것은 또한 차이와 반복의 복구를 통해 연계되어야 한다. 이념은 개념이 아니다. 이념은 언제나 실증적인 미분적 다양체로서, 이 다양체의 다양성은 개념의 동일성과 구별된다. 이념은 차이를 동일성을 띤 개념에, 나아가 지각의 유사성, 술어들의 대립, 판단의 유비 등에 종속시킨다거나 그런 가운데 그 차이를 재현하지 않는다. 오히려 거꾸로 이념을 통해 차이는 해방되고, 어떤 실증적 체계들 안에서 진화하게 된다. 이 체계들 안에서 차이나는 것들은 서로 관계하는 가운데 탈중심화, 불균등성, 발산 등을 모두 개념적 재현의 틀을 깨는 어떤 긍정의 대상들로 만들고 있다. 그런데 차이가 발산과 탈중심화를 역량으로 하고 있다면, 반복은 전치와 위장을 역량으로 한다. 반복은 차이 못지않게 이념에 속한다. 이는 이념에는 안은 물론 바깥도 없기 때문이다.(이념은 어떤 에레혼이다.) 차이와 반복은 이념에 의해 하나의 똑같은 문제가 된다. 이념에는 어떤 고유한 과잉, 어떤 과장이 있고, 이 과장을 통해 차이와 반복은 이념의 통일된 대상, '동시적 대상'이 된다. 개념은 부당하게 바로 이런 이념의 과잉을 이용하되, 왜곡하고 변질시키면서 이용한다. 사실 개념은 이념적 과잉을 두 부분으로 할당한다. 개념적 차이와 개념 없는 차이로 할당하는 것이다. 그래서 한편으로 개념적 차이는 개념에 고유한 동일성과 동등하게 되거나 유사하게 되고, 다른 한편으로 개념 없는 차이는 결핍에 의한 조건, 다시 말해서 그와 똑같지만 이제는 봉쇄된 개념적 동일성을 계속 전제하는 그런 결핍에 의한 조건이 된다. 그렇지만 그 개념을 봉쇄하는 것이 무엇인지 자문한다면, 우리는 그것이 어떤 결여나 결핍, 어떤 대립의 상황이 아님을 곧 알게 된다. 개념을 봉쇄하는 것은 개념에 대한 어떤 명목적 제한이 아니고, 시간과 공간이 지닌 어떤 자연적 무차별성이나 무관심도 아니며, 하물며 무의식에서 가정되는 어떤 정신적 대립은 더욱 아니다. 개념을 정지 상태에 빠뜨리거나 재현의 요구들을 전복하는 것, 그런 가운데 월등한 실증성을 구성하는 것은 언제나 이념의 과잉이다. 또 차이가 단지 개념적일 뿐인 어떤 차이로 환원되지 않게 된다는 것은, 반복이 차이와 가장 심층에서 연계되어 있고 자기 자신뿐 아니라 이 연계성에 대해서도 어떤 실증적인 원리를 발견한다는 것과 동시적인 사태이자 동일한 관점에서 성립하는 사태이다. (기억의 저편에는 죽음본능이 명백하게 보여주는 역설이 있었고, 이 본능은 그 이름에도 불구하고 우리에게 처음부터 어떤 이중의 기능을 감당하고 있었다. 차이나는 것의 모든 힘을 반복 안에 포괄하는 동시에 반복을 가장 실증적이고 가장 과도한 방식으로 설명하는 것이 그것이다.)

두 번째 귀결은 두 가지 반복을 대립시키는 것으로는 아직 충분치 않다는 데 있다. 하나의 반복은 물질적이고 헐벗은 반복이며, 개념의 동일성과 결핍에 따라 일어나는 반복이다. 다른 하나의 반복은 심리적이고 형이상학적인 반복, 옷 입은 반복이며, 언제나 실증적인 이념의 차이와 과잉에 따라 일어나는 반복이다. 이 두 번째 반복에서 첫 번째 반복의 '이유'를 찾아야 했다. 차이를 포괄하고 있는 생생하고 옷 입은 반복, 그 수직적 반복은 수평적이자 물질적이고 헐벗은 반복(이로부터는 차이를 훔쳐내는 것으로 만족하게 된다.)이 유래하는 유일한 원인이어야 했다. 우리는 자유의 개념, 자연의 개념, 명목적 개념 등 세 가지 경우를 통해 이 점을 거듭 살펴보았다. 즉 물질적 반복은 언제나 보다 심층적인 반복의 결과이다. 이 심층적 반복은 어떤 두께 안에서 조성되고, 자신의 결과로 그 물질적 반복을 산출한다. 이때 이 물질적 반복은 어떤 외면적 봉투와 같고 어떤 벗겨낼 수 있는 껍질과 같은 것이지만, 자신의 원인이나 다른 반복으로부터 더 이상 활력을 얻지 못하게 되자마자 모든 의미를 잃어버리고 또 자기 자신을 재생산할 수 있는 모든 능력을 상실하게 된다. 그래서 헐벗은 것 아래에 있는 것은 옷 입은 것이다. 그 옷 입은 것이 자신의 분비작용의 효과로 헐벗은 것을 생산하고 배설한다. 기계적이고 헐벗은 반복에 둘러싸여 있는 것은 비밀스러운 반복이다. 비밀스러운 반복은 자신이 어떤 변동적인 체계 속에서 소통하게 만드는 차이들의 맨 가장자리를 여기저기 표시하는 마지막 방벽에 둘러싸여 있는 듯 어떤 기계적이고 헐벗은 반복에 둘러싸여 있다. 또 반복이 차이를 포괄한다는 것(어떤 우연하고 외면적인 변이형에 해당하는 차이가 아니라 반복의 심장에 해당하고 반복을 형성하는 어떤 본질적인 변이형에 해당하는 차이를 포괄한다는 것, 발산적이고 전치된 어떤 차이를 위해 반복을 구성하는 전치와 위장을 포괄한다는 것)은, 반복이 물질적이고 무차별한 반복을 결과로 낳는 어떤 실증적 원리를 수용해야 한다는 것과 언제나 하나의 똑같은 운동 안에서 성립하는 사태이다(뱀의 허물, 속이 빈 봉투, 오로지 자신이 담는 영혼이나 내용에 의해서만 살거나 죽을 수 있는 거죽). 자연의 개념들에 대해서 이는 이미 참이다. 만일 자연이 물질의 표면으로 환원된다면, 또 이 물질 자체가 어떤 깊이를 자유롭게 이용하지 못한다면, 자연은 결코 반복하지 않을 것이며, 자연의 반복은 항상 실험자와 과학자의 선한 의지에 내맡겨진 가설적 반복으로 그칠 것이다. 물질은 자연의 태내(胎內)에 해당하는 어떤 깊이를 자유롭게 이용하고 있으며, 이 깊이 안에서는 생생하되 언젠가 죽음을 맞이해야 할 반복이 조성되고 있고, 이 반복은 급기야는 명법적이고 실증적인 반복이 된다. 하지만 여기에는 어떤 조건이 따른다. 그 조건은 반복을 어떤 본연의 진화로 만들어주는 차이, 항상 현전하는 그런 차이를 전치시키고 위장해야 한다는 것이다. 한 사람의 과학자, 혹은 여러 사람의 과학자 때문에 봄이 오게 되는 것도, 계절이 바뀌는 것도 아니다. 만일 어떤 순환 주기들 속에서 자리를 바꾸고 같음의 사태 안에서 자신을 위장하는 차이가 없다면, 결코 그 같음의 사태는 자기 자신의 바깥으로 나와서 그 주기적 교체들 안에서 복수의 '비슷한 것들'로 분배될 수 없을 것이다. 그렇게 순환 주기들 속에서 자리를 바꾸고 같음의 사태 안에서 자기 자신을 위장하는 이 차이를 통해 반복은 명법적 성격을 띠게 된다. 하지만 여기서 외적 관찰자의 눈에는 오로지 헐벗은 것만이 보일 뿐이다. 이 관찰자는 그 변이형들이 본질적인 것이 아니며, 그 변이형들 자체가 안으로부터 자기들 스스로 구성하고 있는 것에 대해 별다른 영향을 미치지 못한다고 믿는 것이다.

병리학과 예술, 상동증과 후렴: 모든 반복들이 공존하는 예술

이는 자유의 개념과 명목적 개념에 대해서는 더욱 참이다. 인간의 말과 행위들은 물질적이거나 헐벗은 반복들을 낳지만, 이것들은 훨씬 더 심층적이고 본성이 다른 반복들의 효과에 해당한다.(그것은 인과적 효과, 광학적 효과, 옷 입기의 효과라는 3중의 의미의 '효과'이다.) 반복은 파토스이고, 반복의 철학은 병리학이다. 하지만 병리학과 반복은 수없이 많고, 게다가 서로 뒤얽혀 있다. 강박증 환자가 한 차례, 두 차례 어떤 의례를 반복할 때, 가령 하나, 둘, 셋 하면서 수를 셀 때를 생각해보자. 그는 지금 외연적 요소들의 반복을 수행하고 있다. 하지만 이 반복은 어떤 다른 반복, 수직적이고 강도적인 반복을 추방하고 번역하고 있다. 여기서 번역되고 있는 이 반복은, 매번 혹은 매 숫자마다 자리를 바꾸고 수와 회(回)들의 전체 안에서 자기 자신을 위장하는 어떤 과거의 반복이다. 이것은 병리학에서 찾을 수 있는 어떤 우주론적 증명의 등가물이다. 즉 세계 안에서 일어나는 원인과 효과들의 수평적 연쇄는, 총체적인 구속력이 있고 초세간적인 어떤 제1원인을 요구하고, 이 제1원인은 원인과 효과들 전체의 수직적 원인에 해당한다. 반복은 동시적으로 두 번 일어나지만, 그 둘은 결코 똑같은 반복이 아니다. 즉 반복은 한 번은 넓이의 차원에서 기계적이고 물질적으로 일어나고, 다른 한 번은 깊이 안에서 상징적으로, 허상에 의해 일어난다. 한 번의 반복은 어떤 부분들의 반복이고, 다른 한 번의 반복은 부분들이 의존하고 있는 전체의 반복이다. 이 두 가지 반복은 똑같은 차원에서 성립하지 않지만, 서로 공존한다. 하나는 순간들의 반복이고, 다른 하나는 과거의 반복이다. 하나는 요소적 반복이고 다른 하나는 총체화하는 반복이다. 또 가장 심층적이고 가장 '생산적인' 반복이라 해서 눈에 가장 잘 드러나거나 가장 두드러지는 '효과'를 가져오는 것은 결코 아니다. 이 두 가지 반복 일반은 다종다양한 방식으로 관계를 맺는다. 그런 까닭에 이들의 가능한 조합들에 상응하는 경우들을 구별해볼 필요가 있다. 이를 위해서는 대단히 체계적인 임상적 연구가 있어야 할 것이지만, 우리는 이런 연구가 아직 제대로 이루어지지 못했다고 믿는다. 가령 몸짓이나 언어상의 반복들, 발광이나 정신분열증 유형의 되풀이 증세와 상동증(常同症)들을 생각해보자. 이 반복들은 의례의 테두리 안에서 심리적 에너지를 하나의 대상에 집중할 수 있는 어떤 의지를 증언하는 것처럼 보이지 않는다. 오히려 이 반복들은 집중의 일반적 파탄을 나타내는 어떤 반사작용들로 기능한다.(따라서 검사를 받고 있는 환자가 자신의 의지로 반복한다는 것은 불가능한 일이다). 그럼에도 불구하고 그 '비의지적' 반복은 어떤 부정적 설명이 암시하는 바와 같이 실어증이나 기억상실증과 관련된 장애에 의존하는 것이 아니라 오히려 하피 층의 손상과 '심리적 기질'의 장애에 의존한다. 이는 마치 환자가 정신박약에 걸려 어떤 통합되지 않은 원초적 순환 회로들 속으로 퇴화한다는 것과 같고, 그래서 반복을 여전히 부정적으로 설명하고 있는 셈이 아닌가? 사실 되풀이 증세와 심지어 상동증들에서조차 어떤 수축들이 꾸준히 나타나고 있다는 사실에 주목해야 한다. 최소한 이 수축들은 쓸데없이 끼어드는 어떤 모음이나 자음들을 통해 드러난다. 그런데 이 수축은 계속해서 두 가지 측면을 보여준다. 한편에서 수축은 자신이 그 양태를 변화시키고 있는 어떤 물리적 반복의 요소를 대상으로 한다. 하지만 다른 한편에서 수축은 서로 다른 등급들에서 반복 가능한 어떤 심리적 총체성과 관련되어 있다. 각각의 상동증 안에서, 심지어 정신분열증 환자가 어금니를 가는 증상 안에서조차 어떤 지향성이 존속하고 있음이 인정되는 것은 이런 의미에서이다. 대상을 결여하는 이 지향성은 몸짓이나 단어 같은 어떤 단편에 심리적 삶 전체를 집중하고, 이런 단편은 그 자체가 다시 다른 반복의 요소가 된다. 가령 자신의 등 뒤에서 갑자기 나타날 수 있는 어떤 미지의 사람을 쫓아버리기 위해 한쪽 다리를 옆으로 뻗고 다른 한쪽 다리를 축으로 삼아 점점 더 빨리 도는 환자가 좋은 예인데, 그는 여성들에 대한 자신의 혐오와 여성들이 그를 놀라게 하지나 않을까 하는 두려움을 이런 몸짓으로 표현하고 있는 것이다.[14] 이는 고유한 의미에서 병리학적이고, 그 이유는 두 가지이다. 먼저 수축은 더 이상 둘이나 복수의 수준들 ── 동시적이고 분화된 방식으로 '유희 가능한' 수준들 ── 사이에서 어떤 공명을 보장하지 않고, 오히려 그 수준들을 모두 부숴버린 다음 상동증의 단편 안으로 압축해버린다. 다른 한편 수축은 더 이상 요소에서 어떤 차이나 양태변화를 훔쳐내지 않는다. 물론 의지에 따라 조직된 공간과 시간 속에서 반복이 가능하려면 그런 차이나 양태변화가 있어야 한다. 수축은 오히려 거꾸로 그 양태변화 자체를 반복해야 할 요소로 만든다. 수축은 정확히 헐벗은 요소적 반복을 불가능하게 만드는 어떤 가속(加速) 안에서 스스로 자기 자신을 대상으로 삼는다. 그러므로 되풀이 증세와 상동증들 안에서는 순수하게 기계적인 반복이

---

14 Xavier Abély, *Les stéréotypies*(Dirion, 1916)는 이런 성격 이상의 온갖 사례들을 담고 있다. Paul Guiraud, *Psychiatrie clinique*(Le François, 1956, 106쪽 이하)는 상동증과 되풀이 증세에 대한 최고의 임상 연구들 가운데 하나로 남아 있다(그 외 "Analyse du symptôme stéréotypie", *L'Encéphale*, nov. 1936 참조). 폴 기로는 끈질긴 지속과 반복(예측 불허의 되풀이 증세 혹은 간격을 둔 상동증)을 제대로 구별했다. 왜냐하면 끈질긴 지속이 어떤 정신적 결함이나 공허에 의해 부정적으로 설명될 수 있는 현상인 반면, 반복은 어떤 압축과 수축들을 보여줄 뿐 아니라 어떤 일차적이고 실증적인 설명 원리를 필요로 한다는 이중의 속성을 지닌 현상이기 때문이다. 이 점과 관련하여 잭슨주의는 반복을 '실증적' 증상들의 범주와 관련짓지만, 그럼에도 불구하고 전적으로 부정적인 설명 원리를 고수하고 있음에 주목할 필요가 있다. 왜냐하면 잭슨주의가 내세우는 실증성은 어떤 기계적이고 헐벗은 반복의 실증성이고, 저열하거나 아주 오래된 것으로 가정된 어떤 균형 수준을 표현하기 때문이다. 실상 되풀이 증세나 상동증의 외양적 측면을 구성하는 기계적 반복은 어떤 수준의 전체를 표현하는 것이 아니라 모나코프Monakow나 모르그Morgue가 말한 바와 같이 본질적으로 어떤 **단편**이나 "벽돌들"과 관련되어 있다. 따라서 단편적 수축과 압축들이 중요하다. 하지만 이런 관점에서 보면, 진정한 실증성은 단편 속에 심리적 삶의 전체를 집중하는 실증성이고, 다시 말해서 기계적 반복 속에 그와는 완전히 다른 본성의 반복을 집중하는 실증성이다. 이 두 번째 반복은 항상 전치 가능하고 위장되어 있는 '본능'의 영역(심리적 기질)에 속한다. 상동증에서는 기의가 아니라 오로지 기표만이 오래되었다는 지적도 찾아볼 수 있다. "증상의 단편화 아래에는 언제나 제법 풍부한 의미를 지닌 어떤 연속적인 기의가 있다."(A. Beley, J.-J. Lefrançois, "Aperçu séméiologique dramatique de quelques stéréotypies motrices chez l'enfant", *Annales méd. ps.*, avril 1962)

어떤 독립성을 드러내는 일은 없을 것이다. 거기서 드러나게 될 것은 오히려 차라리 두 반복 간의 관계에서 생기는 어떤 특수한 장애, 그리고 하나의 반복이 다른 하나의 반복의 원인이 되거나 원인으로 남게 되는 과정에서 생기는 어떤 특수한 장애일 뿐이다.

반복은 언어의 역량이다. 또 반복은 부정적으로, 명목적 개념들의 어떤 결핍에 의해 설명되기는커녕, 언제나 과도한 어떤 시의 이념을 함축하고 있다. 어떤 심리적 총체성 안에서 공존하는 수준들은, 이것들을 특징짓는 독특성들과 관련해 이해될 경우 어떤 분화된 계열들 안에서 현실화되는 것으로 간주될 수 있다. 이 계열들은 어떤 '어두운 전조'의 활동 아래 공명하는 경향이 있다. 이 어두운 전조는 모든 수준들이 공존하고 있는 이 총체성에 대해 타당한 의미를 지니는 어떤 단편이다. 따라서 어두운 전조가 한 수준에서 다른 수준으로 자리를 바꾸고 모든 계열들 안에서 자기 자신을 위장함에 따라, 각각의 계열은 이와 동시에 다른 계열 안에서 반복된다. 하지만 어두운 전조 그 자체는 어떠한 수준이나 등급에도 속하지 않는다. 구두(口頭)적 계열의 경우에 우리는 선행하는 단어의 의미를 지칭 대상으로 하는 단어를 "상위 등급의 단어"라 부른다. 하지만 언어학적 전조, 탁월하게 비의(秘意)적이거나 시적인 단어(대상=x)는, 자기 자신에 대해 말하고 자신의 의미를 말하려고 나서는 한에서, 또 언제나 전치되고 위장되어 있는 어떤 무-의미로 나타나는 한에서(가령 스나크Snark나 블리투리Blituri[15] 등과 같은 말은 의미를 지니지 않는 비밀스러운 단어이다.), 모든 등급들을 초월한다. 또한 모든 구두적 계열들은 이 전조에 대해 어떤 '이음동의어들'을 형성하고, 이 전조 자체는 모든 계열들에 대해 어떤 '동음이의어'의 역할을 한다. 따라서 언어는 가장 실증적이고 가장 이념적인 자신의 역량

15　(옮긴이 주) 이 책 3장 346쪽 주28 참조.

에 의존하여 자신의 체계 전체를 어떤 옷 입은 반복으로 조직한다. 물론 이때 실제의 시들이 이 시의 이념과 합치해야 할 필요는 당연히 없다. 실제의 시가 탄생하기 위해서는 어두운 전조의 '정체성'을 파악하고 그 전조에 적어도 명목적인 어떤 동일성을 부여하는 것으로 족하며, 요컨대 공명에 어떤 몸을 제공하는 것으로 충분하다. 그래서 노래에서 엿볼 수 있는 것처럼, 분화된 계열들은 절(節)이나 구(句)들로 조직되는 반면, 전조는 어떤 되풀이되는 말이나 후렴 속에서 구현된다. 절들은 후렴의 주위를 맴돈다. 또 그 어떤 것이 노래보다 훌륭하게 명목적 개념과 자유의 개념들을 다시 통일할 수 있겠는가? 헐벗은 반복은 바로 이런 조건들 속에서 산출된다. 즉 대상=x를 재현하는 후렴의 복귀 안에서, 그리고 동시에 계열들의 상호 침투를 대변하는 분화된 절들의 특정한 측면들(운율, 각운, 또는 심지어 후렴과 함께 스스로 운을 맞추는 시구 등) 안에서 산출되는 것이다. 페기와 레이몽 루셀에게서 볼 수 있는 것처럼, 때로는 거의 헐벗은 반복들이 이음동의어와 동음이의어의 자리를 대신 차지하는 경우도 있다. 또 시의 천재가 스스로 자기 자신을 이 김빠진 반복들과 동일시하는 경우까지 있을 지경이다. 하지만 이 천재성은 무엇보다 먼저 이념에 속하고, 또 자신이 어떤 훨씬 비밀스러운 반복에서 출발하여 그 김빠진 반복들을 생산하는 방식에 속한다.

세 번째 반복, 존재론적 반복을 향하여

그럼에도 불구하고 두 가지 반복의 구별로는 여전히 미흡하다. 이것은 두 번째 반복이 기억과 근거가 지닌 온갖 모호함들을 나누어 갖고 있기 때문이다. 두 번째 반복은 차이를 포괄하지만 오로지 수준이나 등급(정도)들 사이에서 포괄한다. 앞에서 살펴보았던 것처럼, 두 번째 반

차이와 반복

복은 먼저 즉자적으로 공존하고 있는 과거의 원환들의 형태로 나타나고, 그 다음에는 과거와 현재가 공존하면서 만드는 어떤 원환의 형태로 나타나며, 마지막으로 대상=x를 중심으로 공존하고 지나가는 모든 현재들이 만드는 어떤 원환의 형태로 나타난다. 요컨대 형이상학은 자연(퓌지스, physis)과 물리학을 어떤 원환 안에 가두어놓는다. 그런데 심층적 반복이 어떻게 자신이 입김을 불어넣고 있는 헐벗은 반복으로 뒤덮이지 않을 수 있겠는가? 또 그 자신이 어떻게 김빠진 반복이 우위에 있다는 착각이나 가상에 사로잡히지 않을 수 있겠는가? 근거가 자신이 근거짓는 것의 재현 안으로 빠져 듦과 동시에 원환들은 같음의 행보에 맞추어 회전하기 시작한다. 그렇기 때문에 우리가 볼 때 원환들은 언제나 세 번째 종합 안에서 파괴되는 것으로 드러났다. 이 세 번째 종합에서 근거는 어떤 무-바탕 속에서 폐기되고, 이념들은 기억의 형식들에서 벗어나며, 반복의 전치와 위장은 차이의 역량들에 해당하는 발산과 탈중심을 맞아들여 교미한다. 순환 주기들의 저편에는 무엇보다 먼저 시간의 텅 빈 형식이 만드는 직선이 있다. 기억의 저편에는 죽음본능이, 공명의 저편에는 강요된 운동이 있다. 헐벗은 반복과 옷 입은 반복의 저편, 차이가 훔치기의 대상이 되는 반복의 저편과 차이를 포괄하고 있는 반복의 저편에는 차이를 '만드는' 반복이 있다. 근거지어진 반복과 근거짓는 반복의 저편에는 근거와해를 가져오는 반복이 있고, 반복 안에서 묶는 것과 푸는 것, 죽는 것과 사는 것은 모두 동시에 이 근거와해를 가져오는 반복에 의존한다. 물리학적 반복과 심리적이거나 형이상학적인 반복의 저편에는 어떤 존재론적 반복이 있는 것이 아닐까? 이 존재론적 반복의 기능은 다른 두 가지 반복을 제거하는 데 있지 않을 것이다. 그 기능은 오히려 한편으로는 그 두 가지 반복에 차이(훔쳐내거나 포괄된 차이)를 분배하고, 다른 한편으로는 이 반복들에게 영향을 미치는 가상을 스스로 산출하면서 이 반복들로 하여금 자신들이 빠져 드는 인접의 오류를 전개하지 못하도록 막는 데 있을 것이다. 이 궁극의 반복, 궁극의 연극은 어떻게 보면 모든 것을 받아들이지만, 달리 보면 모든 것을 파괴하고 있고, 또 어떻게 보면 모든 것을 선별하고 있다.

아마 예술의 최고의 목적은, 이 모든 반복들이 — 본성상의 차이와 리듬상의 차이, 각각의 전치와 위장, 발산과 탈중심화 등을 동반하면서 — 동시적으로 유희하도록 만들고, 이 반복들을 서로의 안으로는 물론 하나에서 다른 하나로 맞아 들어가도록 끼워 넣는 데 있을 것이며, 각각의 경우마다 그 '효과'가 변하는 어떤 가상들 안에서 이 모든 반복들을 봉인하는 데 있을 것이다. 예술은 모방하지 않는다. 하지만 이는 무엇보다 먼저 예술이 반복하기 때문이고, 게다가 어떤 내면적 역량을 통해 모든 반복들을 반복하기 때문이다.(모방은 어떤 모사이다. 하지만 예술은 허상이고, 모상들을 허상들로 뒤바꾼다.) 예술작품에는 심지어 지극히 기계적인 반복, 지극히 일상적이고 지극히 습관적이며 지극히 천편일률적인 반복까지도 등장하곤 하지만, 이때 이 반복은 다른 반복들과의 관계에서 언제나 전치되어 있고, 또 그 반복으로부터는 이 다른 반복들을 위해 반드시 어떤 차이가 추출될 수 있어야 한다. 사실 미학의 모든 문제는 예술을 일상적 삶으로 끌어들이는 데 있다. 우리의 일상적 삶이 표준화되고 천편일률화되면 될수록, 또 점점 더 소비 대상들의 가속적 재생산에 굴복하고 있는 것처럼 보일수록, 그만큼 예술은 더욱더 일상적 삶에 집착해야 한다. 그리하여 더욱더 이 일상적 삶에서 어떤 작은 차이를 끌어내어 반복의 다른 수준들 사이에서 동시적으로 유희하게 만들어주어야 하고, 심지어 소비의 습관적 계열들의 두 극단을 파괴와 죽음의 본능적 계열들과 더불어 공명하도록 만드는 데까지 나아가야 한다. 그리고 이로써 잔혹성의 장면을 어리석음의 장면과 결합하고, 소비 아래에서 정신분열증 환자가 어금니를 가는 소리를 발견해야 하는 것은 물론, 전쟁이 가져오는 지극히 비열한 파괴들 아래에서도 여전히 어떤 소비의 과정들이 진행되고 있음을 발견해야만 하며, 이 문명의 실질적인 본질을 이루고 있는 그 가상과 신비화들을 미학적으로 재생산해야 한다. 이 모든 것은 결국 본연의 차이가 가장 기이한 선별을 끌어들일 수 있는 어떤 힘, 그 자체가 어떤 반복적인 분노에 찬 힘과 함께 표현될 수 있도록 만들기 위함이다. 물론 이때 이 선별은 여기저기에서 일어나는 어떤 수축에 지나지 않을 수 있고, 다시 말해서 어떤 세계의 종말을 위한 자유에 불과하더라도 예술은 이런 노력을 기울여야 한다. 각각의 예술은 서로 엇물리는 반복들의 기술(技術)들을 지니고 있다. 이 기술들의 비판적이고 혁명적인 능력이 최고의 지점에 도달할 때, 우리는 습관의 우울한 반복들로부터 기억의 심층적 반복들로 나아갈 수 있고, 게다가 우리의 자유가 노니는 죽음의 궁극적 반복들로까지 나아갈 수 있다. 우리는 매우 상이하고 불균등할지언정 다음과 같은 세 가지 사례를 지적하는 것으로 만족할 것이다. 먼저 현대음악에서 모든 반복들이 공존하는 방식을 보라.(가령 베르크A. Berg의 「보체크Wozzeck」에서 라이트모티프가 심화되는 방식이 그 예이다.) 그 다음 회화 부분에서 팝아트가 모사, 모사의 모사 등등을 밀고 나가 결국 모상이 전복되고 허상으로 변하게 되는 그 극단의 지점에까지 이르는 방식을 보라.(가령 워홀의 그토록 멋진 '계열발생적' 시리즈들에서는 습관, 기억, 죽음 등의 모든 반복들이 서로 결합되어 있다.) 마지막으로 습관의 김빠지고 기계적인 반복들로부터 어떤 자그마한 양태변화들이 분리되어 나오는 소설 기법을 보라. 이 양태변화들은 다시 어떤 기억의 반복들에 활력을 불어넣고, 급기야 삶과 죽음이 노니는 어떤 훨씬 궁극적인 반복을 되살려놓는다. 물론 이런 결과는 어떤 새로운 선별을 끌어들이고, 그런 가운데 서로 공존하지만 서로와의 관계에서 각기 전치되고 있는 이 모든 반복들 전체에 영향을 미칠 수 있다.(가령 뷔토르의 『변모』나 「지난해 마리엔바트에서」[16]는 영화가 구사하거나 창안하는 특수한 반복의 기술들을 증언하고 있다.)

5절
시간의 형식과 세 가지 반복

　모든 반복들은 시간의 순수한 형식 안에서 질서를 이루고 있는 어떤 것이 아닐까? 사실 이 순수한 형식, 그 직선을 정의하는 것은 어떤 순서, 집합, 계열이다 이때 순서는 이전, 사이, 이후를 분배하고, 집합은 이 셋을 자신의 선험적 종합의 동시성 안에서 모두 수용한다. 그리고 계열은 그 셋 각각에 한 가지 유형의 반복이 상응하도록 만든다. 이런 관점에서 우리는 순수한 형식과 경험적인 내용들을 본질적으로 구별해야 한다. 왜냐하면 경험적 내용들은 변동적이고 매 순간 계속 이어지기 때문이다. 반면 시간의 선험적 규정들은 고정되어 있고, 마치 사진이나 정지 화면에서처럼 멈추어 있으며, 그런 가운데 어떤 끔찍한 행위 이미지와의 관계에 따라 그 규정들을 구별지은 그 정태적 종합 안에서 공존하고 있다. 이 행위는 이러저러한 경험적 행위가 될 수 있고, 적어도 그 어떤 경험적 상황이든 상관없이 자신의 기회를 찾을 수 있다(행위=x). 이 상황들을 통해 그 행위의 '고립'이 가능하게 되면 족한 것이며, 그 행위가 순간 속으로 충분히 파고 들어가서 그 행위의 이미지가 시간 전체의 범위로까지 확대됨에 따라 순수한 형식에 대한 선험적 상징이 되는 것으로 족한 것이다. 다른 한편 시간의 경험적 내용들에 대해 우리

---

16 (옮긴이 주) 1961년 로브그리예A. Robbe-Grillet가 각본을 쓰고 알랭 레네A. Resnais 감독이 만든 영화.

　　　　　　　　　　　　　　　　　　　　　　　　차이와 반복

는 이 내용들이 무한정하게 매 순간 계속 이어질 때 엿볼 수 있는 첫 번째 것, 두 번째 것, 세 번째 것…… 등을 구별한다. 즉 그 어떤 것도 반복하지 않을 수 있고, 그래서 반복이 불가능할 수도 있다. 반면 그 내용들의 계속은 어떤 순환 주기 안에서 정의될 수 있고, 그래서 반복이 일어날 수도 있다. 하지만 이 경우 반복은 주기 내적 형식 아래 2가 1을 반복하고 3이 2를 반복하는 식으로 일어나거나, 혹은 간(間)-주기적 형식 아래 1_2가 1을 반복하고 2_2가 2를, 3_2가 3을 반복하는 식으로 일어날 수도 있다. (비록 순환 주기들이 무한정하게 계속된다고 생각하더라도, 첫 번째 시간은 그 주기들의 기원이나 두 주기 사이에 있는 같음의 사태 혹은 분화되지 않은 사태로 정의될 것이다.) 하지만 어쨌든 반복은 첫 번째 것으로 설정되어야 하는, 반복되는 어떤 것에 외부적인 것으로 남아 있다. 경계는 어떤 첫 번과 반복 자체 사이에서 성립한다. 첫 번이 반복에서 벗어나는지의 여부를 묻는 물음(가령 이 첫 번은 모든 순간에 대해 '결정적인 어떤 한 순간une fois pour toutes'이라 칭해진다.), 혹은 거꾸로 이 첫 번이 하나의 순환 주기 안에서 반복되는지 아니면 한 주기에서 다른 한 주기로 반복되는지의 여부를 묻는 물음은, 오로지 임의의 관찰자의 반성에 의존한다. 첫 번이 같음의 사태로 설정될 때, 이렇게 물을 수 있다. 두 번째 것은 그 같음의 사태와 동일화될 만큼 충분히 그 첫 번과 유사한가? 이런 물음은 오로지 경험적 상황들의 변화를 고려하여 판단 안에서 어떤 유비적 관계들을 확립할 때만 해소될 수 있다.(가령 루터는 유비적으로 바울로에 대응하고, 프랑스 혁명은 유비적으로 로마 공화정에 대응하는가?) 그러나 시간의 순수한 형식이나 직선의 관점에서 보면 사정은 완전히 달라진다. 왜냐하면 시간의 순수한 형식 아래에서, 또 행위의 이미지와의 관계에서 이제 각각의 규정(첫 번째 것, 두 번째 것, 세 번째 것 그리고 이전, 사이, 이후)은 이미 그 자체가 반복이기 때문이다. 이전, 첫 번은 둘째 번이나 셋째 번 못지않게 반복이다. 매번은 그 자체로 반복이므로,

문제는 더 이상 어떤 가정된 관찰자와의 관계에서 성립하는 반성의 유비들을 통해 정당화될 수 없고, 다만 무시무시한 이미지와의 관계에서 성립하는 행위의 내적 조건들의 문제로 체험되어야 한다. 반복은 더 이상, 자기 자신에서 벗어날 수 있고 어쨌든 자기 자신에 외면적인 것으로 남아 있는 어떤 첫 번에 (가설적으로) 의존하는 것이 아니다. 반복은 절대적으로 어떤 반복들에 의존하고 반복의 어떤 양태나 유형들에 의존한다. 따라서 경계, 그 '차이'는 독특한 방식으로 전치되어 있다. 즉 그것은 더 이상 첫 번과 그 다음 번들 사이에서, 반복되는 것과 반복 사이에서 성립하는 것이 아니라 다만 이 반복의 유형들 사이에서 성립한다. 반복되고 있는 것, 그것은 곧 반복 그 자체이다. 게다가 전체에 대해 '결정적인 어떤 한 순간'은 반복에서 벗어나는 어떤 첫 번에 부여된 자격이 아니라, 오히려 거꾸로 무한한 횟수로 일어나는 유형의 반복에 대립하는 어떤 다른 유형의 반복에 부여된 자격이다. (가령 기독교적인 반복과 무신론적인 반복이 대립하고, 키에르케고르적인 반복과 니체적인 반복이 대립한다. 왜냐하면 키에르케고르에게서 반복은 그 자체가 결정적인 어떤 한 순간에 일어나는 반면, 니체에게서는 매 순간, 매번 일어나기 때문이다. 또 이것은 어떤 수적인 차이가 아니라 두 유형의 반복이 가져오는 어떤 근본적인 차이이다.)

　　반복이 반복들에 의존할 때, 반복이 반복들을 모두 회집하고 이 반복들 사이에 차이를 도입할 때, 반복은 그와 동시에 어떤 가공할 선별의 능력을 획득한다는 사실을 어떻게 설명할 수 있을 것인가? 모든 것은 반복들을 시간의 형식, 순서, 집합, 계열 등에 따라 분배하는 데 달려 있다. 이 분배는 매우 복잡하다. 일차적 수준에서 보면, 이전의 반복은 부정적인 방식으로 정의되고 어떤 결핍에 의한 것으로 정의된다. 즉 익명인 아무개가 반복한다면, 이는 그가 무엇인가를 알지 못하기 때문이고 회상하지 못하기 때문이며…… 행위할 수 없기 때문이다.(이때 이 행위는 경험적으로 이미 이루어졌을 수도, 앞으로 이루어져야 할 것일 수도 있다.) 따라서 여기서 '아무개'는 반복의 일차적 역량에 해당하는 이드의 무의식을 의미한다. 〔이전과 이후〕 사이의 반복은 어떤 유사하게-되기나 동등하게-되기에 의해 정의된다. 즉 아무개는 행위를 할 수 있게 되고, 행위의 이미지와 동등하게 된다. 이때 '아무개'는 자아의 무의식, 자아의 변신을 의미하고, 자아가 반복의 이차적 역량에 해당하는 나 혹은 이상적 자아 안으로 투사된다는 것을 의미한다. 하지만 유사하거나 동등하게 된다는 것은 언제나 즉자적으로 자기 자신과 동일하다고 가정되는 어떤 것, 근원적인 동일성의 특권을 누리고 있다고 가정되는 어떤 것과 유사하거나 동등하게 된다는 것이다. 그런 까닭에 여기서 유사하거나 동등하게 되기의 기준인 행위의 이미지는 여전히 일반적 개념의 동일성이나 나의 동일성에 대해서만 타당할 따름이다. 따라서 이 수준에서 처음의 두 가지 반복은 부정적인 것과 동일자의 특징들 — 앞에서 보았던 것처럼 재현의 한계들을 구성하는 특징들 — 을 수용하고 일정 부분 나누어 갖고 있다. 그러나 어떤 다른 수준에서 보면 주인공은 첫 번째 반복, 이전의 반복을 반복하고, 이런 반복은 마치 꿈속에서처럼, 희극을 구성하는 어떤 헐벗고 기계적이고 천편일률적인 양태를 통해 이루어진다. 그렇지만 이런 반복은 이미 그 자체의 배후에 무엇인가를 감추고 있지 않다면 아무것도 아닐 것이다. 이 반복은 자신의 고유한 계열 안에 무엇인가를 위장해놓은 채이고, 이 위장된 것을 통해 자신의 계열들 안으로 어떤 수축들을 끌어들일 수 있으며, 이 수축들은 다른 반복이 무르익어가고 있는 어떤 우유부단한 하비투스에 해당한다. 사이에서 일어나는 두 번째 반복에서 주인공은 위장 자체를 독점하고 변신을 꿈꾼다. 이때 자기 자신의 고유한 동일성 안에서 이 주인공은 변신을 통해 어떤 비극적인 양태로 자신의 기억은 물론이고 세상의 모든 기억의 심층을 회복하며, 이제 행위할 수 있게 되었을 뿐 아니라 시간 전체와 대등하게 되었음을 주장한다. 따라서 바로 이 이차적 수준에서 두 가지 반복은, 시간의 두 가지 종합과 이 종합을 특징짓는 헐벗고 옷 입은 두 가지 형식을 자신들의 고유한 방식에 따라 재취합하고 할당한다.

세 번째 반복의 선별력: 영원회귀와 니체(허상들)

두 가지 반복은 확실히 어떤 하나의 순환 주기 속으로 들어가고, 그 주기 속에서 유비적인 두 부분을 형성하고 있다고 생각해볼 수 있다. 또 그 두 가지 반복은 그 순환 주기의 출구에서 다시 시작되고, 그런 가운데 그 자체가 첫 번째 주행과 유비적인 어떤 새로운 주행을 시작한다고 생각해볼 수 있다. 또 마지막으로 주기 내적 가설과 간(間)-주기적 가설은 서로 배타적인 것이 아니라 오히려 서로를 강화하고, 반복들을 서로 다른 수준들에서 반복한다고 생각해볼 수 있다. 그러나 아무리 그렇다고 해도 모든 것은 세 번째 시간의 본성에 의존한다. 즉 유비는 어떤 세 번째 시간을 부여해달라고 요구한다. 이는 『파이돈』의 원환에서 두 원호(圓弧)가 자신들의 고유한 복귀와 관련해 모든 것을 결정하는 세 번째 원호를 통해 완결되기를 요구하는 것과 같다. 예를 들어 결핍에 의한 반복에 해당하는 구약성서와 변신에 의한 반복에 해당하는 신약성서를 구별했던 경우가 있다(조아키노).[17] 또는 이와는 달리 인간들의 무의식에 내재하는 결핍에 의해 성립하는 신들의 시대와 인간들의 자아 안의 변신에 의해 성립하는 영웅들의 시대를 구별했던 경우도 있다(비코). 여기서 이중의 물음이 야기된다. 1) 두 가지 시간은 똑같은 순환 주기의 내부에서 유비적인 박자에 따라 서로를 반복하는 것인가? 2)

---

17 (옮긴이 주) 이하의 논의는 이 책 2장 3절 후반부의 긴 원주 "세 가지 반복에 대한 주석"(특히 216쪽 이하)의 반복이자 보완이다.

차이와 반복

이 두 가지 시간은 그 자체가 새로운 유비적인 순환 주기 안에서 반복되는 것인가? 이 이중의 물음에 대한 대답은 현저하고도 유일하게 세 번째 시간의 본성에 의존한다(조아키노의 미래의 성서, 비코의 인간들의 시대, 발랑슈의 이름 없는 인간). 사실 세 번째 시간, 그 미래가 모든 것이 결정되는 고유한 장소라면, 이 미래의 시간은 자신의 본성 자체 때문에 주기 내적 가설과 간-주기적 가설을 모두 배제할 수밖에 없을 것이다. 또 그 세 번째 시간은 어쩔 수 없이 그 가설들을 모두 파괴하고, 시간을 어떤 직선 안에 위치시키며, 시간을 다시 바로 세우는 가운데 그 시간의 순수한 형식을 끄집어내고, 다시 말해서 시간의 빗장을 풀어 '경첩들'에서 벗어나게 만들 수밖에 없을 것이다. 또 이때 세 번째 반복은 그 나름대로 다른 두 반복의 반복을 불가능하게 만들 수밖에 없을 것이다. 세 번째 시간은 순환 주기와 유비를 보장하기는커녕 오히려 제거하는 것이다. 그래서 반복들 사이의 차이는 새로운 경계에 따라 다음과 같은 것이 된다. 즉 이전과 사이는 어떤 반복들이고 또 어떤 반복들로 남지만, 이것들은 단지 결정적인 어떤 한 순간에만 일어나는 반복들이다. 세 번째 반복은 이전과 사이를 시간의 직선에 따라 분배하는 동시에 배제하고, 또 그것들이 오직 결정적인 어떤 한 순간에만 일어나도록 규정하며, 그런 가운데 세 번째 시간만이 '매번' 혹은 매 순간 일어날 수 있도록 만든다. 이런 의미에서 조아키노는 본질적인 것을 보았다. 즉 하나의 단일한 기의에 대해 두 가지 의미작용이 있는 것이다. 본질적인 것은 세 번째 성서이다. 반복되고 있는 유일한 사태에 대해 두 개의 반복이 있다. 하지만 오로지 기의, 그 반복되는 사태만이 자신의 조건들에 해당하는 의미작용들을 폐기하면서 자기 자신을 스스로 반복한다. 경계는 더 이상 어떤 첫 번과 이 첫 번에 의해 가설적으로 가능해지는 반복 사이에 놓이는 것이 아니다. 경계는 이제 조건적 반복들과 세 번째 반복, 다른 두 가지 반복의 회귀를 불가능하게 만드는 영원회귀 안의 반복 사이에 놓인다. 오로지 세 번째 성서만이 자기 자신 위에서 맴돈다. 영원회귀는 오직 세 번째 시간 속에만 있다. 여기서 정지 화면은 새롭게 살아 움직인다. 또는 자신의 고유한 길이에 의해 끌려 들어온 듯한 시간의 직선은 여기서 다시 어떤 이상한 고리를 형성하게 된다. 이 고리는 선행하는 순환 주기와 조금도 유사하지 않다. 그것은 다만 비형식에 이르게 되며, 오로지 세 번째 시간과 이 시간에 속한 것에 대해서만 타당한 의미를 지닌다. 앞에서 보았던 것처럼, 결핍에 의한 행위의 조건은 되돌아오지 않으며, 변신에 의한 행위자의 조건 또한 되돌아오지 않는다. 다시 돌아오는 것은 오로지 영원회귀에 해당하는, 생산물 안의 무제약자뿐이다. 영원회귀의 배제력과 선별력, 영원회귀의 그 원심력은 반복을 의사(擬似)-순환주기의 세 가지 시간 안으로 분배하는데 있지만, 또한 바로 그 원심력을 통해 처음의 두 반복은 되돌아오지 않게 되고 결정적인 어떤 한 순간의 것이 되며, 자기 자신 위에서 맴도는 세 번째 반복만이 매번이나 매 순간을 위해, 영원회귀를 위해 다시 돌아오게 된다. 부정적인 것, 유사한 것, 유비적인 것은 어떤 반복들이지만, 언제나 영원회귀의 수레바퀴에 의해 쫓기는 신세이므로 다시 돌아오지 못한다.

다시 돌아오지 않는 것

니체는 영원회귀를 상세하게 설명하지 않았다. 우리는 여러 가지 이유들을 통해 이 점을 수긍할 수 있다. 텍스트들에 대한 가장 단순한 '객관적 비평'과 가장 온건한 시적, 극적(劇的) 이해가 함께 이 이유들을 떠받치고 있다. 『차라투스트라』의 텍스트 상태를 검토해보면 우리는 영원회귀가 두 번에 걸쳐 물음의 대상이 된다는 것을, 하지만 두 번 모두 아직 도달하지 못했고 표현되지 않은 어떤 진리로서 물음의 대상이 된다는 것을 알게 된다. 한 번은 난쟁이, 광대가 말할 때이고(3부 「환영과 수수께끼에 대하여」), 다른 한 번은 동물들이 말할 때이다(3부 「치유되고 있는 자」). 첫째 번에 차라투스트라는 충분히 앓고, 무서운 악몽에 시달리며, 바다 여행을 결심한다. 둘째 번에는 어떤 새로운 발작을 겪은 후 회복기에 든 차라투스트라는 아주 너그럽게, 하지만 자신의 운명이 단지 아직 말해지지 않은 어떤 셋째 번에 있으리라는 것(결말 부분이 말하는 "조짐이 보인다.")을 알면서 자신의 동물들에게 미소 짓는다. 니체의 사후 원고들을 이용할 때 우리는 반드시 그 자신이 출판했던 작품들을 통해 확증할 수 있는 방향들을 따라야 한다. 왜냐하면 그 원고들은 유보된 재료와도 같고, 장래의 작업을 위해 별도로 보관해 둔 것이기 때문이다. 우리가 알 수 있는 것은 오직 『차라투스트라』가 완성되지 않았다는 사실이고, 차라투스트라의 죽음을 함축하는 어떤 속편이 있어야 했다는 사실이다. 그 속편은 어떤 세 번째 시간, 어떤 셋째 번에 해당한다. 하지만 현재 상태 그대로의 『차라투스트라』가 보여주는 극적인 진행 덕분에 이미 어떤 일련의 물음과 답변들을 설정할 수 있다.

1) 난쟁이가 "모든 진리는 휘어져 있고, 시간 그 자체는 어떤 원환이다."라고 말할 때, 왜 차라투스트라는 처음에 화를 내고 이어서 또 그렇게 끔찍한 악몽을 겪게 되는가? 그는 차후에 자신의 악몽을 해석하면서 이 점을 설명한다. 그는 영원회귀가 전체, 같은 것, 유사한 것 — 그리고 여기에 포함되는 난쟁이와 가장 작은 인간 — 의 회귀를 의미하지는 않을까 두려워한다(3부 「치유되고 있는 자」 참조). 그는 특히 반복이 부정적이고 결핍에 의한 것이 아닐까 두려워한다. 즉 귀머거리에 난쟁이며 다리를 절고 타인의 어깨 위에 앉아 있는 덕택에 반복하는 것은 아닐까 두려워한다. 설령 행위(신의 죽음)가 이루어졌다 해도, 행위할 수 없는 덕택에 반복하는 것은 아닐까 두려워한다. 또 그는 원환

적 반복이 불가피하게 이런 유형의 것이 되리라는 점을 알고 있다. 그렇기 때문에 차라투스트라는 시간이 이미 원환이라는 점을 부정하고, 난쟁이에게 이렇게 대답한다. "무거움의 정령아, 사태를 너무 단순하게 보지 마라!" 반면 그는 시간이 어떤 직선이어서 상반되는 두 방향으로 뻗어 있기를 원한다. 그리고 만일 여기서 기묘하게 탈중심화된 어떤 원환이 형성된다면, 이는 단지 그 직선의 '끝에서'일 것이다……

　2) 왜 차라투스트라는 어떤 새로운 발작을 겪고 다시 회복기로 접어드는가? 차라투스트라는 마치 햄릿처럼 바다 여행을 통해 무엇인가를 할 수 있게 되었고, 영웅적인 변신이 보여주는 닮게-됨, 동등하게-됨을 알게 되었다. 그렇지만 또 그는 아직 때가 오지 않았음을 느낀다 (3부 「원하지 않은 행복에 대하여」 참조). 이는 그가 벌써 부정적인 것의 그림자를 쫓아냈기 때문이다. 즉 그는 반복이 난쟁이의 반복이 아님을 알고 있다. 하지만 변신을 통한 동등하게-됨, 할 수 있게-됨에 의해 그는 단지 어떤 가정된 근원적 동일성에 가까이 다가섰을 뿐이다. 즉 그는 동일자가 지닌 외관상의 실증성을 아직 쫓아내지 못했다. 새로운 발작, 그리고 회복이 필요한 것이다. 그래서 동물들은 다시 돌아오는 것은 바로 같은 것과 유사한 것이라고 말하고, 영원회귀를 어떤 실증적인 자연적 확실성으로 풀이할 수 있었다. 차라투스트라는 이런 말을 더 이상 듣지 않고 잠을 자는 척한다. 그는 영원회귀가 여전히 다른 사태이고, 같은 것이나 유사한 것을 되돌아오게 하지 않는다는 것을 알고 있다.

　3) 그렇지만 왜 차라투스트라는 아직 아무 말도 하지 않는 것인가? 왜 아직 '성숙하지' 못한 것인가? 어째서 그는 오로지 아직 말해지지 않은 어떤 셋째 번에서만 성숙하는 것인가? 모든 것이 다시 돌아오는 것은 아니고 같은 것이 되돌아오는 것 또한 아니라는 사실은 같은 것과 모든 것의 회귀에 대한 믿음만큼이나 커다란 불안을 함축한다. 비록 이

것이 그 믿음이 초래하는 불안과는 다른 불안이라 해도 사정은 마찬가지다. 영원회귀를 선별적 사유로 생각하고 영원회귀 안의 반복을 선별적 존재로 생각한다는 것은 지고한 시험이다. 이제 생각하고 살아내야 하는 것은 빗장이 풀린 시간, 직선 위에 놓인 시간이다. 이런 시간은, 시간에 끼어들고 그래서 전경(前景) 안으로 등장하는 것들, 하지만 오로지 결정적인 어떤 한 순간에만 반복하는 것들을 가차 없이 배제한다. 선별은 반복들 사이에서 이루어진다. 즉 부정적으로 반복하는 것들, 동일성을 띠면서 반복하는 것들은 배제될 것이다. 이런 것들은 한 번밖에 반복하지 않는다. 영원회귀는 오로지 세 번째 시간을 위해 있을 뿐이다. 즉 희극이 있고 난 후, 비극이 있고 난 후 오는 드라마의 시간을 위해 있다.(드라마는 비극이 유쾌한 것이 되고, 희극이 초인적인 것의 희극이 될 때 정의된다.) 영원회귀는 오로지 세 번째 반복을 위해 있을 뿐이고 세 번째 반복 안에 있을 뿐이다. 원환은 직선의 끝에 있다. 난쟁이나 주인공도, 병든 차라투스트라나 회복기의 차라투스트라도 모두 되돌아오지 않는다. 영원회귀는 단지 모든 것을 다시 돌아오지 못하게 하는 데 그치는 것이 아니라 또한 시험을 견뎌내지 못하는 것들을 사라지게 만든다. (또 니체는 시험을 통과하지 못하는 두 가지 유형의 인간을 심혈을 기울여 구별한다. 수동적인 작은 인간이나 최후의 인간, 그리고 "사라지기를 원하게" 되는 능동적이고 영웅적인 위대한 인간이 그것이다).[18] 부정적인 것은 다시 돌아오지 않는다. 동일자는 다시 돌아오지 않는다. 같은 것과 유사한 것, 유비적인 것과 대립적인 것은 되돌아오지 않는다. 다시 돌아오는 것은 오직 긍정뿐이고, 다시 말해서 차이나는 것, 유사성에서 벗어나는 것뿐이다. 이와 같이 선별적인 어떤 긍정에서 기쁨을 끌어내기에 앞서

---

18 니체, 『차라투스트라』, 「머리말」 4절, 5절 참조. 또 영웅들에 대한 비판에 대해서는 2부 「고매한 자들에 대하여」 참조.

얼마나 커다란 불안이 따를 것인가. 영원회귀를 부정하는 것에서는 아무것도 되돌아오지 않는다. 결핍도 동등한 것도 되돌아오지 않고, 오직 과잉의 것만이 되돌아온다. 오직 세 번째 반복만이 다시 돌아온다. 하지만 그 대가로 차라투스트라는 자신의 유사성과 동일성을 지불해야 한다. 차라투스트라는 유사성과 동일성을 잃어버려야 하고, 자아의 유사성과 나의 동일성은 사라져야 한다. 차라투스트라는 죽어야 한다. 차라투스트라-주인공은 어떤 것에 필적할 만큼 동등해졌지만, 그 동등화의 대상은 바로 비동등이고, 급기야는 주인공의 가식적 동일성을 상실하기에 이른다. 왜냐하면 익명인 '아무개'는 영원히 반복하지만, 이 '아무개'는 이제 비인격적 개체성과 전-개체적 독특성들의 세계를 지칭하기 때문이다. 영원회귀는 유사하게 된 어떤 세계에 동일자가 낳는 효과가 아니고, 세계의 혼돈에 부과된 어떤 외부적 질서가 아니다. 오히려 거꾸로 영원회귀는 세계와 카오스의 내적 동일성, 카오스모스Chaosmos이다. 또 어떻게 독자는 니체가 영원회귀 안에서 전체, 같은 것, 동일자, 유사한 것, 동등한 것 등과 나와 자아 등을 예상케 한다고 믿을 수 있는가? 니체야말로 이런 범주들에 대한 가장 위대한 비판자이기 때문이다. 어떻게 니체가 영원회귀를 어떤 순환으로 생각했다고 믿을 수 있는가? 니체 자신이 '자신의' 가설을 모든 순환적 가설에 대립시키고 있기 때문이다.[19] 어떻게 니체가 무미건조하고 거짓된 생각에 빠져서 원환적 시간과 선형적 시간, 고대적 시간과 현대적 시간 사이에 어떤 대립을 설정하고 있다고 믿을 수 있는가?

그러나 이 세 번째 시간의 내용은 무엇인가? 시간의 형식 끝에 오는 이 비형식의 내용, 직선의 끝에서 자리를 바꾸고 있는 이 탈중심화된 원환의 내용은 무엇인가? 영원회귀에 의해 변용되고 '양태변화'를 겪는

---

19 F. Nietzsche, *Werke*(Kröner), XII, 1, 106절.

차이와 반복

이 내용은 무엇인가? 우리가 입증하고자 했던 바와 같이, 여기서 중요한 것은 허상, 오로지 허상들뿐이다. 허상들이 어떤 똑같은 역량을 통해 본질적으로 함축하는 것은 무의식 안의 대상=x, 언어 안의 단어=x, 역사 안의 행위=x 등이다. 허상들은 차이나는 것이 차이 그 자체를 통해 차이나는 것과 관계 맺는 그 체계들이다. 본질적인 것은 우리가 이 체계들 안에서는 어떠한 선행의 동일성도, 어떠한 내면적 유사성도 발견하지 못한다는 점이다. 계열들 안의 차이, 계열들의 소통 안의 차이의 차이가 거기에 있는 모든 것이다. 계열들 안에서 스스로 전치(轉置)하고 위장하는 것은 그 정체성을 확인할 수 없고 확인하지도 말아야 하며, 다만 차이의 분화소로서 실존하고 활동하고 있을 따름이다. 그런데 여기서 반복은 차이의 유희에서 필연적으로, 게다가 두 가지 방식으로 유래한다. 먼저 각각의 계열은 오로지 다른 계열들을 함축할 때만 설명되고 개봉된다. 그렇기 때문에 각각의 계열은 다른 계열들을 반복하는가 하면, 자신을 함축하는 다른 계열들 안에서 반복된다. 하지만 각각의 계열이 다른 계열들 안에 함축된다면, 반드시 먼저 그 다른 계열들을 함축한다는 조건에서 함축되는 것이고, 그런 까닭에 한 계열은 어떤 다른 계열 안으로 되돌아오는 횟수만큼 자기 자신의 안으로 되돌아온다. 자신으로의 복귀는 헐벗은 반복들의 바탕이고, 마찬가지로 다른 것으로의 복귀는 옷 입은 반복들의 바탕이다. 다른 한편 허상들의 분배를 주재하는 유희는 수적으로 구별되는 각각의 조합의 반복을 보장한다. 왜냐하면 서로 다른 '주사위 던지기들'은 수적으로 구별되는 것이 아니라 다만 '형상적으로' 구별되기 때문이다. 그래서 모든 결과들은 방금 전 환기된 함축되는 것과 함축하는 것의 관계에 따라 각각의 던지기에서 나온 숫자 안에 포괄된다. 이때 각각의 던지기는 던지기들 간의 형상적 구별에 부합하는 가운데 다른 던지기들 안으로 되돌아오지만, 또한 차이의 유희의 통일성에 부합하는 가운데 언제나 자기 자신 안으로 되돌아온다. 이런 모든 측면들에서 볼 때 영원회귀 안의 반복은 차이의 고유한 역량으로 나타난다. 또 반복되는 것의 전치와 위장이 하는 일은 운반diaphora에 해당하는 차이 운동, 그 유일한 운동 안에서 차이나는 것의 발산과 탈중심화를 재생산하는 것밖에 없다. 영원회귀는 차이를 긍정한다. 영원회귀는 비유사성과 계속되는 불일치dispars를 긍정하고 우연한 것, 다양한 것, 생성 등을 긍정한다. 차라투스트라, 그는 영원회귀의 어두운 전조이다. 영원회귀가 배제하는 것, 그것은 정확히 차이의 목을 조르고, 차이를 재현의 4중의 굴레에 종속시키면서 차이의 운반을 멈추는 모든 심급들이다. 차이는 오직 자신의 역량의 끝에서만, 다시 말해서 영원회귀 안의 반복을 통해서만 자기 자신을 되찾고 자유를 얻을 수 있다. 차이의 운반을 불가능하게 만든다는 것은 영원회귀를 불가능하게 만든다는 것이고, 영원회귀는 그렇게 자기 자신을 불가능하게 만드는 것을 배제한다. 영원회귀가 배제하는 것은 바로 재현의 전제들에 해당하는 같은 것과 유사한 것, 유비적인 것과 부정적인 것이다. 왜냐하면 재-현과 이것의 전제들은 다시 돌아오지만 단지 한 번만 되돌아올 뿐, 결정적인 어떤 한 순간, 한 번 돌아온 후에는 매번, 영원히 배제되기 때문이다.

같음의 세 가지 의미: 존재론, 가상, 오류

그렇지만 우리는 차이의 유희가 지닌 단일성에 대해 말한다. 또 어떤 계열이 자기 자신으로 되돌아올 때는 그것을 "똑같은 계열"이라 말하고, 한 계열이 다른 계열 안으로 되돌아올 때는 그것들을 "유사한 계열들"이라 말한다. 하지만 언어상의 어떤 미미한 전치들은 개념상의 어떤 전복과 전도들을 표현한다. 앞에서 보았던 것처럼, "유사한 것들은 차이가 있다."와 "차이나는 것들은 유사하다."는 두 가지 정식은 전적으로 이방적인 세계들에 속한다. 이는 여기서도 마찬가지다. 영원회귀는 물론 유사한 것이고 영원회귀 안의 반복은 물론 동일자이지만 바로 이 유사성과 동일성은 다시 돌아오는 것의 회귀에 선재하지 않는다. 이 유사성과 동일성은 일단 되돌아오는 것의 특성과는 무관하고, 다만 이 되돌아오는 것의 회귀와는 서로 절대적으로 구별되지 않는다. 되돌아오는 것은 같은 것이 아니고 되돌아오는 것은 유사한 것이 아니다. 하지만 같은 것은 되돌아오는 것의 복귀이고, 다시 말해서 차이나는 것의 복귀이다. 유사한 것은 되돌아오는 것의 복귀이고, 다시 말해서 유사성을 벗어나는 것의 복귀이다. 영원회귀 안의 반복은 같은 것이지만, 오로지 차이를 통해 언명되고 차이나는 것을 통해 언명되는 한에서만 자기 자신과 같은 사태이다. 여기서 재현의 세계는 전적으로 전도되고, 이 세계 안에서 '동일한'과 '유사한'이 지니던 의미는 완전히 뒤집어진다. 이런 전도는 단지 사변적인 데 그치는 것이 아니라 또한 탁월하게 실천적이기까지 하다. 왜냐하면 이 전도는 동일한과 유사한이라는 단어를 배타적으로 허상들과만 연계하면서 이 단어의 정당한 사용 조건들을 정의하기 때문이고, 재현의 관점에서 이루어지는 이 단어의 일상적 용어 사용법이 부당한 것임을 고발하기 때문이다. 그렇기 때문에 우리가 볼 때 자기 자신과 동등한 동일자의 밋밋함과, 차이나는 것을 수용한다고 간주되는 같은 것의 깊이를 용어 사용법의 차원에서 대립시키는 것으로 만족하는 한[20] 차이의 철학은 제대로 확립되지 못한 것이다. 사실 차이를 포괄하는 같은 것과 차이를 자기 자신의 바깥에 방치하는 동일자는 허다한 방식으로 서로 대립할 수 있지만, 그럼에도 불구하고 이 둘 모두 여전히 어떤 재현의 원리들이기는 마찬가지다. 기껏해야 이 둘은 무한한 재현과 유한한 재현 사이의 논쟁을 자극할 수 있을 뿐이다. 참된 구별은 동

20 M. Heidegger, "L'homme habite en poète……", *Essais et conférences*(N.R.F.), 231쪽 참조.

일자와 같은 것 사이에서 성립하는 것이 아니다. 다만 그것은 상이한 자격에서 첫 번째 것들로 설정되자마자 별다른 중요성을 지니지 못하는 동일자, 같은 것이나 유사한 것 등과 두 번째 역량으로 제시되는 동일자, 같은 것이나 유사한 것 등 사이에서 성립한다. 두 번째 역량으로 드러나는 한에서 이것들은 차이의 주위를 맴돌고 있고, 차이 그 자체에 대해 언명되고 있으며, 그런 만큼 한층 위력을 더한다. 그래서 이제 모든 것은 실제로 변하게 된다. 같은 것은 언제나 탈중심화되기에 이르고, 이를 위해 실제로 차이의 둘레를 돌지만, 이때는 언제나 그 자신이 존재 전체의 역할을 떠맡는 가운데 '존재자' 전체의 역할을 떠맡는 허상들에만 적용되고 있을 뿐이다.

오랜 오류의 역사, 그것은 곧 재현의 역사, 모상들의 역사이다. 사실 같은 것, 동일자는 어떤 존재론적 의미를 지니고 있다. 차이나는 것의 영원회귀 안의 반복(함축하는 각 계열의 반복)이 그것이다. 유사한 것은 어떤 존재론적 의미를 지니고 있다. 비슷함에서 벗어나는 것의 영원회귀(함축되는 계열들의 반복)가 그것이다. 하지만 바로 여기서 영원회귀는 그 회귀 가운데 스스로 어떤 특정한 가상을 불러일으키고, 그 가상 안에서 자신의 모습을 비추어 본다. 또 영원회귀는 그 가상을 향유하고, 그 가상을 이용하여 차이나는 것에 대한 자신의 긍정을 이중화한다. 즉 영원회귀는 이제 마치 차이나는 것의 목적인 양 어떤 동일성의 이미지를 생산한다. 영원회귀는 '계속되는 불일치'의 외면적 효과에 해당하는 어떤 유사성의 이미지를 생산한다. 영원회귀는 자신이 긍정하는 것의 귀결, 자신의 고유한 긍정의 귀결에 해당하는 어떤 부정적인 것의 이미지를 생산한다. 영원회귀는 스스로 이런 동일성, 이런 유사성, 이런 부정적인 것 등으로 둘러싸이고, 또 자기 자신은 다시 허상을 둘러싼다. 하지만 정확히 말해서 이것들은 어떤 흉내뿐인 동일성이자 유사성, 흉내로만 부정적인 어떤 것이다. 영원회귀가 이것들과 더불어 유희를 벌인다면, 이 유희에서 이것들은 항시 제자리에 없는 어떤 목적, 항시 왜곡된 형태의 어떤 효과, 항시 빗나간 어떤 귀결 등에 불과하다. 즉 이것들은 허상의 작동방식에서 비롯되는 산물들이다. 영원회귀가 이것들을 이용한다면, 이는 매번 동일자를 탈중심화에 빠뜨리고 유사한 것을 일그러뜨리며 귀결이 엇나가게 만들기 위해서이다. 왜냐하면 사실 엇나가는 것들 이외의 다른 귀결들은 없고, 일그러진 것들 이외의 다른 유사성들은 없으며, 탈중심화된 것들 이외의 다른 동일자는 없는 데다가, 또 제자리에 없는 것 이외의 다른 목적이 없기 때문이다. 영원회귀는 자신이 생산하는 것 안에서 기쁨을 누리는 가운데 목적, 동일성, 유사성, 부정성 등에 대한 다른 모든 사용을 고발한다. 영원회귀는 심지어 부정성까지, 아니 무엇보다 먼저 부정성을 가장 철저한 방식으로 이용하여 허상에 봉사한다. 그리고 결국 차이나고 다양성을 띠는 긍정을 부정하는 모든 것을 부정하고 거기서 자신의 고유한 긍정을 비추어 보기에 이르며, 거기서 자신이 긍정하는 것을 이중화하기에 이른다. 동일자를 흉내 내고 유사한 것, 부정적인 것을 흉내 내는 것은 본질적으로 허상의 작동방식에 속하는 일이다.

존재론적 의미에서 흉내뿐인 의미로 이어지는 어떤 필연적인 연쇄가 있다. 흉내뿐인 의미는 존재론적 의미로부터 파생된다. 다시 말해서 그것은 자율성도 자발성도 없이 표류하고 있고, 그것을 마치 폭풍우인 양 즐기고 있는 존재론적 원인의 단순한 효과에 불과하다. 하지만 어떻게 재현이 이런 기회를 놓치겠는가? 어떻게 재현이 가상을 이용하여 파고(波高)들 사이에서 태어날 틈새를 엿보지 않겠는가? 어떻게 재현이 그 가상을 통해 어떤 '오류'를 저지르지 않겠는가? 바로 여기서 허상의 동일성, 흉내뿐인 동일성은 내적 차이에 투사되거나 역투사된다. 흉내뿐인 외면적 유사성은 체계 안에 내면화되어 있다. 부정적인 것은 원리가 되고 작인(作因)이 된다. 허상의 작동방식이 낳는 각각의 산물은 어떤 자율성을 획득한다. 그래서 보통 차이는 오로지 선재하는 어떤 같음의 사태 안에서만 타당한 가치를 지니며, 그 안에서만 있을 수 있고 사유될 수 있다고 가정된다. 이때 같음의 사태는 차이를 개념적 차이로 포괄하고 술어들의 대립을 통해 그 차이를 규정한다. 보통 반복은 오로지 어떤 동일자 아래에서만 타당한 가치를 지니며, 그 아래에서만 있을 수 있고 생각될 수 있다고 가정된다. 이때 이 동일자는 반복을 개념 없는 차이로 설정하고 또 그것을 부정적으로 설명한다. 헐벗은 반복은 옷 입은 반복의 산물로, 옷 입은 반복은 차이의 역량으로 파악되어야 함에도 불구하고, 보통 차이는 개념 안의 같은 것이 낳는 부산물로, 옷 입은 반복은 헐벗은 반복의 파생물로 간주되며, 헐벗은 반복은 개념 바깥에서 동일자가 낳는 부산물로 간주된다. 어떤 똑같은 환경, 바로 재현의 환경 안에서 차이는 개념적 차이로 설정되는가 하면, 반복은 개념 없는 차이로 설정되는 것이다. 또 같은 것이 분배되는 규정 가능한 궁극의 개념들 사이에는 더 이상 개념적 차이가 있는 것이 아니므로, 재현의 세계는 어떤 유비들의 그물망 안에 사로잡혀 있고, 이 유비들의 그물망을 통해 차이와 반복은 단순한 반성의 개념으로 전락한다. 같은 것과 동일한 것은 여러 가지 방식으로 해석될 수 있다. 그것들은 가령 끈질긴 항존(A는 A이다.), 동등성(A=A)이나 유사성(A≠B), 대립(A≠non-A), 유비(이를 암시하는 것은 배제된 제삼자인데, 이 제삼자가 규정하는 조건에 따르면 제3의 항은 오로지 다른 두 항 사이의 비율적 관계와 동일한 관계 $\frac{A}{non-A(B)} = \frac{C}{non-C(D)}$ 안에서만 규정 가능하다.) 등의 의미에서 해석될 수 있다. 하지만 이 모든 해석의 방식들은 재현의 방식들이다. 유비는 마지막 요소로서 이 재현에 어떤 최종의 손질을 가하고 어떤 특유의 끝맺음을 가져온다. 이 해석의 방식들은, 차이의 본성과 반복의 본성을 동시에 배반하는 방향 잃은 의미의 전개 과정이다. 기나긴 오류는 바로 여기서 시작되고, 이 오류는 전체에 대해 결정적인 어떤 한 순간 생산되므로 그만큼 더 길어지는 것이다.

존재의 유비와 재현, 존재의 일의성과 반복

우리는 어떻게 유비가 본질적으로 재현의 세계에 속하는지 살펴보았다. 차이가 개념 일반 안으로 기입될 수 있는 한계들을 고정하는 것이 문제가 될 때, 최상위 경계는 규정 가능한 어떤 궁극의 개념들(존재유(類)들 혹은 범주들)에 의해 재현되는 반면, 최하위 경계는 규정된 최소 개념들(종(種)들)에 의해 재현된다. 유한한 재현 안에서 유적 차이와 종적 차이는 그 본성과 방법에서 모두 다르지만, 엄격하게 말하자면 그 둘은 상호 보완적이다. 즉 하나의 다의성과 다른 하나의 일의성은 상관 관계에 놓여 있다. 사실 일의적인 것은 자신의 종들과 관계하는 한에서의 유이지만, 다의적인 것은 유들 자체나 범주들과 관계하는 한에서의 존재이다. 존재의 유비는 이런 두 측면을 동시에 함축한다. 즉 한 측면에서 존재는 어떤 규정 가능한 형식들 안에서 분배되고, 이 형식들을 통해서는 존재의 의미가 필연적으로 구별되고 변이된다. 하지만 다른 한 측면에서, 이렇게 분배된 존재는 제대로 규정되어 있고 각기 단일한 의미를 띠고 있는 어떤 존재자들에게 필연적으로 할당된다. 이 두 극단이 결여하고 있는 것은 존재의 집합적 의미이자 존재자 안에서 개체화하는 차이의 유희이다. 모든 것은 유적인 차이와 종적인 차이 사이에서 일어난다. 참된 보편자는 여기에 없고, 하물며 참으로 독특한 것은 더욱 있을 수 없다. 즉 존재가 공통의 의미를 지닌다면 오로지 분배적 의미밖에 지니지 못하고, 개체가 차이를 지닌다면 오로지 일반적 차이밖에 지니지 못하는 것이다. 범주 목록을 '열린 상태'로 두거나 심지어 재현을 무한하게 만들어놓는다 해도 소용없는 일이다. 존재는 여전히 범주들에 따라 복수의 의미로 언명되고, 존재를 언명하는 존재자는 언제나 어떤 차이들 '일반'에 의해서만 규정될 수 있다. 이는 재현의 세계가 특정한 유형의 정착적 분배를 가정하기 때문이고, 이 정착적 분배가 분배된 것을 분할하거나 배당하는 것은 '각자'에게 어떤 고정된 몫을 부여하기 위해서이다.(가령 나쁜 놀이, 나쁜 유희 방식에서는 선재하는 규칙들이 어떤 분배적 가설들을 정의하고, 주사위 던지기들의 결과들은 이 가설들에 따라 할당된다.) 그래서 반복이 어떻게 재현에 대립하는지 훨씬 쉽게 이해할 수 있게 되었다. 재현은 본질적으로 존재의 유비를 함축한다. 하지만 반복은 이제까지 실현된 유일한 존재론이고, 다시 말해서 존재의 일의성이다. 둔스 스코투스에서 스피노자에 이르기까지 일의성의 옹호는 언제나 두 개의 근본적 테제에 기초하고 있다. 한 테제에 따르면, 존재의 형식은 복수적이지만 이 형식들은 범주들과는 달리 존재를 분할하지 않고, 그래서 존재 안으로 복수의 존재론적 의미를 끌어들이지 않는다. 다른 한 테제에 따르면, 존재를 언명하는 존재자는 본질적으로 변동적인 어떤 개체화하는 차이들에 따라 할당되고, 이 개체화하는 차이들은 필연적으로 '각자'에게 어떤 복수의 양태적 의미작용을 부여한다. 이런 프로그램은『에티카』의 초두부터 멋지게 개진, 증명되고 있다. 먼저 여기서 속성들은 어떤 유나 범주들로 환원되지 않는다. 왜냐하면 이속성들은 형상적으로 구별되지만 모두 동등하고 존재론적으로 단일한 하나이기 때문이며, 또 그 속성들은 자신들을 통해 하나의 똑같은 의미에서 표현되거나 언명되는 실체 안에 어떠한 분할도 끌어들이지 않기 때문이다.(다시 말해서 속성들 사이의 실재적 구별은 어떤 형상적 구별이지 결코 어떤 수적 구별이 아니다.) 다른 한편 여기서 양태들은 어떤 종들로 환원 불가능하다. 왜냐하면 이 양태들은 어떤 개체화하는 차이들에 따라 속성들로 할당되며, 이 개체적 차이들은 역량의 정도나 등급에 해당하는 강도 안에서 효력을 미치는 가운데 속성들을 직접적으로 일의적 존재와 관계짓기 때문이다.(다시 말해서 '존재자들' 사이의 수적 구별은 어떤 양태적 구별이지 결코 어떤 실재적 구별이 아니다.) 참된 주사위놀이는 바로 이와 같이 이루어지는 것이 아닐까? 던지기들은 형상적으로 구별되지만 한 판의 놀이에 대해서는 존재론적으로 하나이고, 떨어진 주사위들은 일의성의 단일하고 열린 공간을 통해 자신들의 조합들을 서로의 안으로 함축하고 전치, 귀착시키는 것이 아닐까? 일의적인 것이 순수한 긍정의 대상이 되는 수준으로까지 나아가기 위해 스피노자주의는 한 걸음만 더 내디디면 된다. 그것은 실체로 하여금 양태들 주위를 돌게 만드는 것이고, 다시 말해서 영원회귀 안의 반복에 해당하는 일의성을 실현하는 것이다. 사실 유비는 두 가지 측면을 지니고 있어서, 한 측면에서는 존재가 복수의 의미에서 언명되지만 다른 한 측면에서는 어떤 고정되고 제대로 규정된 존재자를 통해 언명된다는 것이 참이라면, 반면 일의성은 그와는 전적으로 대립되는 두 가지 측면을 지니고 있다. 그래서 존재는 '어떤 방식으로든' 하나의 똑같은 의미에서 언명되지만 이 과정은 차이나는 것을 통해, 변동적일 뿐 아니라 존재 안에서 항상 전치되고 있는 차이 자체를 통해 그렇게 언명되는 것이다. 존재의 일의성과 개체화하는 차이는 서로 연계되어 있고, 게다가 재현의 바깥에 놓인 어떤 끈을 통해 연계되어 있다. 이 끈은 유비적 관점의 재현 안에서 유적 차이와 종적 차이를 묶는 끈만큼이나 심오하다. 일의성이 의미하는 것은, 일의적인 것은 존재 자체이고 이런 일의적 존재가 다의적인 존재자를 통해 언명된다는 사실이다. 이 점에서 일의성은 유비와 전적으로 상반된다. 존재는 어떤 형식들에 따라 언명되지만, 이 형식들은 존재의 의미가 지닌 단일성을 깨뜨리지 않는다. 존재는 자신의 모든 형식들을 통해 언명되지만, 하나의 똑같은 의미에서 언명된다. 이런 이유에서 우리는 범주들에 그와는 다른 본성의 어떤 기초개념들을 대립시켰다. 하지만 존재가 어떤 존재자를 통해 언명된다면, 존재를 언명하는 그 존재자는 차이를 만든다. 존재를 언명하는 것은 차이 자체이다. 어떤 범주들 안에서 분배되고 존재자들에게 어떤 고정된 몫을 할당하는 것은 유비적 존재가 아니다. 오히려 존재자들은 모든 형식들에 의해 열려 있는 일의적 존재의 공간 안에서 할당된다. 개방성은 일의성에 본질적으로 속한다. 유비의 정착적 분배들에는 유목적 분배들이 대립한다. 또는 일의적인 것 안의, 왕관을 쓴 무정부주의들이 대립한다. "모든 것은 평등하다!"와 "모든 것은 되돌아온다!"가 메아리치고 있는 것은 오로지 여기뿐이다. 하지만 모든 것은 평등하다와 모든 것은 되돌아온다는 차이의 극단에 도달했을 때만 언명될 수 있는 말이다. 천 갈래로 길이 나 있는 모든 다양체들에 대해 단 하나의 똑같은 목소리가 있다. 모든 물방울들에 대해 단 하나의 똑같은 바다가 있고, 모든 존재자들에 대해 존재의 단일한 아우성이 있다. 하지만 이를 위해 먼저 각각의 존재자와 각각의 물방울은 각각의 길에서 과잉의 상태에 도달했어야 했고, 다시 말해서 자신의 변동하는 정점 위를 맴돌면서 자신을 전치, 위장, 복귀시키는 바로 그 차이에 도달했어야 했다.

참고 문헌

    이 문헌 목록은 분명 참조한 모든 책을 망라하지는 않으며 또 그럴 수도 없다. (가령 무의식 차원에서 일어나는 '반복강박' 같은 주제는 정신분석 관련 참고 문헌의 전부 혹은 거의 전부를 동원하고 있다.) 여기서는 어떤 세부 사항이나 단순한 참고 사항만을 따온 데 불과할지라도 텍스트의 흐름상 우리가 끌어들일 필요가 있었던 저자와 저작들을 밝혀두는 것으로 만족한다.

    핵심적인 저자와 저작들이라 해도 어쩌다 보니 넌지시, 막연하게, 일반적인 방식으로밖에 소개하지 못했다. 가령 차이의 철학의 경우에는 다마스키오스, 셸링, 하이데거 등이 그렇고, 반복의 경우에는 비코, 페기 등이 그렇다. 이는 이 저자들의 경우 차이나 반복에 대해 그들이 품고 있는 생각을 그 자체로 상세히 설명할 기회가 없었기 때문이다. 이와는 달리 그러한 설명의 기회를 얻은 경우도 있었다. 가령 플라톤, 아리스토텔레스, 라이프니츠, 헤겔 혹은 니체의 경우가 그렇다. 하지만 이런 설명 역시 철학사의 관점에서 보면 여전히 매우 불충분하기는 마찬가지다. 사실 그런 설명의 기회 역시 본 연구의 맥락이 닿는 한에서만 주어졌기 때문이다. 따라서 매우 중요한 많은 저자들에게서 나타나는 바 그대로의 차이 이론에 대한 분석은 이 책에서 전혀 읽을 수 없으며, 게다가 그런 분석이 어느 정도 윤곽을 드러내는 경우에도 이 역시 여전히 부분적이고 단지 단편으로서의 역할밖에 하지 못한다는 점을 염두에 두기 바란다.

몇몇 저자들(플라톤, 아리스토텔레스, 라이프니츠, 헤겔, 프로이트, 니체 등)의 문헌들은 일일이 책 제목을 열거하는 대신 일괄적으로 "여러 곳 *passim*"이라고만 해두었다. 이는 차이의 주제나 반복의 주제가 실상 이들의 저작 전체에 걸쳐 나타나기 때문이다. 물론 여타의 저작들보다 훨씬 더 직접적으로 이 주제들을 다루는 저작들이 있을 것이다. 하지만 이런 저작들은 본문에서 이미 밝혀두었다. 이와는 달리 다른 종류의 저작들, 특히 대단히 문학적인 성격의 저작들의 경우에는 저자의 작품 세계 전체가 차이와 반복의 주위를 맴돌고 있다 해도, 단지 '본보기들'이라 할 수 있는 특정 작품들만을 밝혀두었다.

※ 책 제목 아래의 ( ) 안에는 해당 저작이 어떤 측면에서 우리 주제와 관련되는지를 언급해두었다. 또한 두드러지게 과학적이거나 문학적인 성격의 저작들은 제목 앞에 꽃무늬표(*)로 표시했다.

Abel (N. H.) * *Œuvres complètes*, Christiana, 1881.
　　(문제 이론, 미분, 규정)

Abely (X.) *Les stéréotypies*, Dirion, 1916.
　　(정신의학에서 말하는 반복증들)

Adamov (A.) * *La grande et la petite manœuvre*, 1950, Théâtre I, N.R.F.
　　(비인격적 차이들)

Allemann (B.) *Hölderlin et Heidegger*, 1954, tr. fr., P.U.F.
　　(하이데거의 존재론적 차이)

Alqui (F.) *Le désir d'éternité*, P.U.F., 1943.
　　(무의식에서 일어나는 반복)

Althusser (L.) *Pour Marx*, Maspéro, 1965.

Althusser (L.) Balibar (E.), Establet (R.), Macherey (P.), Rancière (J.)
　　Lire le Capital, Maspéro, 1965.
　　(차이와 모순: 차이의 구조적 논리)

Aristote. *Passim*.
　　(차이의 논리와 차이의 존재론: 유적 차이와 종적 차이)

Artaud (A.) * *Œuvres complètes*, N.R.F.
　　(규정, 연극, 사유)

Axelos (K.) *Vers la pensée planétaire*, Minuit, 1964.
　　(존재론적 차이와 놀이)

Bachelard (G.) *Le rationalisme appliqué*, P.U.F., 1949.
　　(문제론적 인식론과 차이의 인식론)

Ballanche (P.) *Essais de palingénésie sociale*, Paris, 1827～1832.
　　(반복, 보편적 역사, 신앙)

Beaufret (J.) *Introduction au Poème de Parménide*, P.U.F., 1955.
　　(하이데거의 존재론적 차이)
　　"Hölderlin et Sophocle", *Remarques sur Œdipe et sur Antigone de Hölderlin*,
　　　10/18, 1965.
　　(횔덜린의 차이, 시간의 형식, 각운의 중단)

Bergson (H.) *Œuvres*, P.U.F., Éd. du Centenaire.
　　(물리적 반복, 수축, 변화 / 반복과 기억 / 생물학적 분화 / 강도, 질,
　　연장)

Blanchot (M.) *L'espace littéraire*, N.R.F., 1955.
　　Le livre à venir, N.R.F., 1959.
　　"Le rire des dieux", *la Nouvelle Revue Française*, juillet 1965.
　　(차이, 사유, 죽음: 허상들)

Boltzmann (L.) *Leçon sur la théorie des gaz*, 1898, tr. fr., Gauthier-Villars.
　　(차이와 개연성)

Bordas-Demoulin (J.) *Le Cartésianisme ou la véritable rénovation des sciences*, Paris,
　　　1843.
　　(미분적 이념, 미분법에 대한 해석)

Borges (J.-L.) *Fictions*, 1941., tr. fr., N.R.F.
　　(카오스, 놀이, 차이, 반복)

Bouligand (G.), Desgranges (J.) *Le déclin des absolus mathématico-logiques*, Éd. d'
　　　Enseign. sup., 1949.
　　(수학에서 엿볼 수 있는 문제론적 인식론과 차이의 인식론)

Brunschwig (J.) "Dialectique et ontologie chez Aristote", *Revue philosophique*, 1964.
　　(아리스토텔레스적 의미의 차이와 변증론)

Butler (S.) *La vie et l'habitude*, 1878, tr. fr., N.R.F.
　　(차이와 습관)
　　Erewhon, 1872, tr. fr., N.R.F.

Butor (M.) *Répertoire* I, Minuit, 1960.
(레이몽 루셀에게서 읽을 수 있는 반복과 자유)
* *La Modification*, Minuit, 1957.
(반복과 양태변화)

Camus (A.) *Le mythe de Sisyphe*, N.R.F., 1942.
(차이와 동일성)

Canguilhem (G.) *Le normal et le pathologique*, P.U.F., 1966.
(생물학에서 엿볼 수 있는 문제론적 인식론과 차이의 인식론)

Carnot (L.) * *Réflexion sur la métaphysique du calcul infinitésimal*, Paris, 1797.
(미분법과 문제)

Carroll (L.) * *The Complete Works*, London, Nonesuch Library.
(문제, 의미, 차이: 대상=x)

Cohen (H.) *Kants Theorie der Erfahrung*, Dümmler, 1885.
(『순수이성비판』에서 강도량들이 차지하는 역할)

Cunot (L.) *L'espèce*, Doin, 1936.
(생물학과 차이)

Dalcq (A.) *L'œuf et son dynamisme organisateur*, Albin Michel, 1941.
(강도, 개체화, 생물학적 분화)

Damascius *Dubitationes et solutiones de primis principiis*, Éd. Ruelle.
(신플라톤주의와 차이의 변증법)

Damourette (J.), Pichon (E.) *Essai de grammaire de la langue française*, D'Astrey,
1911~1952.
(허사 'Ne'의 차이 유발적 특성)

Darwin (C.) *L'origine des espèces*, 1859. tr. fr., Reinwald.
(생물학적 관점의 차이의 논리학)

Dequoy (N.) *Axiomatique intuitionniste sans négation de la géométrie projective*,
Gauthier- Villars, 1955.
(그리스Griss의 논리학과 수학이 말하는 실증적 거리 혹은 차이)

Derrida (J.) *L'écriture et la différence*, Seuil, 1967.
(무의식, 언어, 예술작품 등에서 나타나는 차이와 반복)

Duns Scot (J.) *Opus oxoniense*, Garcia, Quaracchi.
(존재론적 일의성, 형상적 구별, 개체화하는 차이)

Eco (U.) *L'œuvre ouverte*, 1962, tr. fr., Seuil.
(허상, 차이, 예술작품)

Eliade (M.) *Le mythe de l'éternel retour*, N.R.F., 1949.
(반복, 신화, 신앙)

Elie (H.) *Le "complexe significabile"*, Vrin, 1936.
(몇몇 중세 논리학 이론에서 볼 수 있는 의미와 차이)

Faye (J.-P.) *In* Débat sur le roman, Tel Quel, 17, 1964.
* Analogues, Seuil, 1964.
(예술작품에서 나타나는 차이와 반복)

Ferenczi (S.), Rank (O.) *Entwicklungziele der Psychoanalyse*, Neue Arbeiten zur
ärtzlichen Psychoanalyse, Vienne, 1924.
(무의식에서 일어나는 전이와 반복)

Feuerbach (L.) *Contribution à la critique de la philosophie de Hegel*, 1939, tr. fr.,
Manifestes philosophiques, P.U.F.
(철학적 의미의 차이, 철학과 시작의 문제)

Fvrier (P.) "Rapports entre le calcul des problèmes et le calcul des propositions", C.
R. Ac. des Sc., avril 1945.
Manifestations et sens de la notion de complémentarité, Dialectica, 1948.
(논리학, 수학, 물리학 등을 통해 본 차이와 부정)

Fink (E.) *Le jeu comme symbole du monde*, 1960. tr. fr., Minuit.
(존재론적 차이와 놀이)

Foucault (M.) *Raymond Roussel*, N.R.F., 1963.
"La prose d'Actéon", N.R.F., mars 1964.
Les mots et les choses, N.R.F., 1966.
(차이, 유사성, 동일성 / 허상 안의 차이와 반복)

Freud (S.) *Passim*.
(무의식과 반복)
—— 1918년 이후의 저작들.
(반복, 에로스, 죽음충동)

Geoffroy Saint-Hilaire (E.) *Principes de philosophie zoologique*, Paris, 1830.
Notions synthétiques et historiques de philosophie naturelle, Paris, 1837.
(생물학적 관점의 차이의 논리학)

Ghyka (M.) *Le nombre d'or*, N.R.F., 1931.
(정태적 반복과 동태적 반복, 대칭과 비대칭)

Gilson (E.) *Jean Duns Scot*, Vrin, 1952.
(차이, 유비, 존재론적 일의성)

Gombrowicz (W.) * *Ferdydurke*, tr. fr., Julliard, 1958.
* *Cosmos*, tr. fr., Denol, 1966.
(카오스, 차이, 반복)

Gredt (J.) *Elementa philosophiae aristotelico-thomisticae*, I, Fribourg, 7e d., 1937.
(아리스토텔레스의 유비론과 차이의 논리학)

Griss (G.-F.-C.) "Logique des mathématiques intuitionnistes sans négation, *C. R. Ac. des Sc.*, novembre 1948.
* *Sur la négation*, Synthèse, Bussum, Amsterdam, 1948~1949.
(논리학과 수학을 통해 말할 수 있는 실증적 거리 혹은 차이)

Gueroult (M.) *La philosophie transcendantale de Salomon Maïmon*, Alcan, 1929.
　　　L'évolution et la structure de la Doctrine de la Science chez Fichte, Les Belles-
　　　Lettres, 1930.
　　　(후기 칸트주의에서 나타나는 차이의 철학)
　　　"Espace, point et vide chez Leibniz", *Revue de métaphysique et de morale*.
　　　(라이프니츠 관점의 거리와 차이)

Guillaume (G.) *Passim*.
　　　(언어와 차이의 논리)

Guiraud (P.) *Psychiatrie clinique*, Le François, 1956, rééd. de la "Psychiatrie du
médecin clinicien", 1922.
　　　"Analyse du symptôme stéréotypie", *L'Encéphale*, novembre 1936.
　　　(정신의학이 말하는 되풀이 증세와 반복증들)

Gurvitch (G.) *Dialectique et sociologie*, Flammarion, 1962.
　　　(변증법에서 차이와 대립의 관계)

Hegel (G. W. F.) *Passim*.
　　　(차이의 논리학과 차이의 존재론: 차이, 부정, 대립, 모순)

Heidegger (M.) *Passim*.
　　　(존재론적 차이: 존재, 차이, 물음)

Heyting (A.) *Les fondements mathématiques, intuitionnisme, théorie de la démonstration*,
　　　1934. tr. fr., Gauthier-Villars.
　　　(그리스Griss의 논리학과 수학이 말하는 실증적 거리나 차이)

Hlderlin (F.) *Remarques sur Œdipe. Remarques sur Antigone*, 1804, tr. fr., 10/18.
　　　(차이, 시간의 형식, 각운의 중단)

Hume (D.) *Traité de la Nature humaine*, 1739, tr. fr., Aubier.
　　　(물리적 반복, 수축, 변화: 습관의 문제)

Hyppolite (J.) *Logique et existence*, P.U.F., 1953.

(헤겔에 따른 차이의 논리학과 차이의 존재론)

Joachim de Flore *L'Évangile éternel*, tr. fr., Rieder.
        (반복, 보편적 역사, 신앙)

Joyce (J.) * *Finnegan's Wake*, Faker, 1939.
        (카오스, 차이, 반복)

Jung (C. G.) *Le moi et l'inconscient*, 1935, tr. fr., N.R.F.
        (무의식, 문제, 분화)+

Kant (I.) *Prolégomènes*, 1783. tr. fr., Vrin.
        (이념 내부적 차이와 개념 내부적 차이)
        Critique de la raison pure, 1787, 2e éd., tr. fr., Gibert.
        ('나는 생각한다'와 이념 안에서 규정되지 않은 것, 규정 가능한 것, 규
        정 등 삼자의 관계/인식능력들의 차이)

Kierkegaard (S.) *La répétition*, 1843, tr. fr., Tisseau.
        Crainte et tremblement, 1843, tr. fr., Aubier.
        Le concept d'angoisse, 1844, tr. fr., N.R.F.
        Les miettes philosophiques, 1844, tr. fr., Le caillou blanc.
        (반복, 차이, 자유, 신앙)

Klossowski (P.) *Un si funeste désir*, N.R.F., 1963.
        "Oubli et anamnèses dans l'expérience vécue de l'éternel retour du
        Même", *Nietzsche, cahiers de Royaumont*, Minuit, 1966.
        * *Le Baphomet*, Mercure, 1966.
        (허상과 반복: 강도, 영원회귀, 그리고 동일성의 상실)

Lacan (J.) *Le mythe individuel du névrosé*, C.D.U.
        Écrits, Seuil, 1966.
        (무의식에서 나타나는 차이와 반복의 관계: 죽음충동)

Lagache (D.) "Le problme du transfert", *Revue française et psychanalyse*, 1952.
        (무의식에서 나타나는 전이, 습관, 반복)

참고 문헌

Lalande (A.) *Les illusions évolutionniste*, Alcan, 1930.
　　　　 "Valeur de la différence", *Revue philosophique*, avril 1955.
　　　　 (차이와 동일성)

Laplanche (J.), Pontalis (J.-B.) "Fantasme originaire, fantasmes des origines, origine
　　　　　　　　 du fantasme", *Les Temps Modernes*, avril 1964.
　　　　 (환상을 통해 본 차이와 반복)

Laroche (E.) *Histoire de la racine NEM – en grec ancien*, Klincksieck, 1949.
　　　　 (고대 그리스의 '분배' 개념)

Lautman (A.) *Essai sur les notions de structure et d'existence en mathématiques*, Hermann,
1938.
　　　　 Novelles recherches sur la structure dialectique des mathématiques, Hermann,
　　　　 1939.
　　　　 Le problème du temps, Hermann, 1946.
　　　　 (변증법적 이념, 미분, 문제 이론)

Leclaire (S.) "La mort dans la vie de l'obsédé", *La Psychanalyse*, 2, 1956.
　　　　 "A la recherche des principes d'une psychothérapie des psychoses",
　　　　 Évolution psychiatrique, Ⅱ, 1958.
　　　　 "Les éléments en jeu dans une psychanalyse", *Cahiers pour l'analyse*, 5,
　　　　 1966.
　　　　 (무의식 차원의 차이와 반복, 자크 라캉의 관점에서 본 물음들의 역할)

Leibniz *Passim*.
　　　　 (차이의 논리학과 차이의 존재론: 연속성, 식별 불가능자, 미분적 무
　　　　 의식)

Lvi-Strauss (C.) *Tristes Tropiques*, Plon, 1955.
　　　　 (정태적 반복과 동태적 반복)
　　　　 Le totémisme aujourd'hui, P.U.F., 1962.
　　　　 (차이와 유사성)

Maïmon (S.) *Versuch über Transzendantalphilosophie*, VOS, 1790.

(미분적 이념과 초월론적 차이 철학)

Marx (K.) *Le 18 Brumaire de Louis Bonaparte*, 1852, tr. fr., Éd. sociales.
(반복과 역사)

Meinong (A.) "Über die Bedeutung des Weberschen Gesetzes", *Zschr. f. Psych. u. Phys. d. Sinnesorg.*, XI, 1896.
(차이와 강도)

Meyer (F.) *Problématique de l'évolution*, P.U.F., 1954.
(생물학적 관점의 차이의 논리학)

Meyerson (E.) *Passim*.
(차이와 동일성)

Miller (J.-A.) "Le suture", *Cahiers pour l'analyse*, 1, 1966.
(자크 라캉의 관점에서 본 무의식적 차원의 차이와 반복)

Milner (J.-C.) "Le point du signifiant", *Cahiers pour l'analyse*, 3, 1966.
(자크 라캉의 관점에서 본 무의식적 차원의 차이와 반복)

Mugler (C.) *Deux thèmes de la cosmologie grecque*, Klincksieck, 1953.
(그리스 사유에서 영원회귀가 떠맡는 역할)

Nietzsche (F.) *Werke*, Kröner.
(차이의 존재론과 반복의 존재론: 힘의 의지와 영원회귀)

Ortigues (E.) *Le discours et le symbole*, Aubier, 1962.
(기욤의 관점에서 본 언어 차원의 차이의 논리)

Osborn (H. F.) *L'origine et l'évolution de la vie*, 1917, tr. fr., Masson.
(생명, 차이, 문제)

Paliard (J.) *Pensée implicite et perception visuelle*, P.U.F., 1949.
(거리와 깊이)

Pguy (C.) *Passim.*
> (반복, 차이, 자유, 신앙 / 반복, 변이, 문체)

Perrier (E.) *Les colonies animales et la formation des organismes*, Masson, 1881.
> (생물학을 통해 본 분화와 반복)

Piaget (J.) *Introduction à l'épistémologie génétique*, P.U.F., 1949.
> (차이와 강도)

Platon *Passim.*
> (차이의 논리학과 차이의 존재론: 나눔의 방법과 허상들)

Porphyre *Isagoge*, tr. fr., Vrin.
> (아리스토텔레스에 따른 차이의 논리학)

Pradines (M.) *Traité de psychologie générale*, P.U.F., 1943.
> (깊이, 거리, 강도)

Proclus *Commentaires sur le 1er livre des Éléments d'Euclide*, tr. fr., Desclée de Brouwer.
> *Commentaire du Parménide.* tr. fr., Leroux.
> (신플라톤주의와 차이의 변증법, 이념과 문제의 관계)

Proust (M.) *A la recherche du temps perdu*, N.R.F.
> (체험적 경험을 통해 본 차이와 반복)

Renouvier (C.) *Les labyrinthes de la métaphysique*, La Critique philosophique, 1877.
> (미분법 이론들에 대한 비판적 검토)

Ricœur (P.) *De l'interprétation*, Seuil, 1965.
> (프로이트의 관점에서 본 무의식적 차원의 차이와 반복)

Robbe-Grillet (A.) *Passim.*
> (차이와 반복, 전치와 위장들)

Rosenberg (H.) *La tradition du nouveau*, 1959, tr. fr., Minuit.

(반복, 연극, 역사)

Rosny (J.-H.) aîné *Les sciences et le pluralisme*, Alcan, 1922.
(강도와 차이)

Rougier (L.) *En marge de Curie, de Carnot et d'Einstein*, Chiron, 1922.
(강도, 비대칭, 차이)

Rousseau (J.-J.) * *La nouvelle Héloïse*, 1761.
(심리적 삶에서 엿볼 수 있는 반복의 시도)

Roussel (R.) *Passim*.
(차이와 반복, 변이와 문체)

Russell (B.) *The Principles of Mathematics*, Allen & Unwin, 1903.
(차이, 거리, 강도)

Ruyer (R.) *Élments de psychobiologie*, P.U.F., 1946.
La genèse des formes vivantes, Flammarion, 1958.
(생물학적 분화)
"Le relief axiologique et le sentiment de la profondeur", *Revue de métaphysique et de morale*, juillet 1956.
(깊이, 차이, 대립)

Saussure (F. de) *Cours de linguistique générale*, Payot, 1916.
(언어에서 드러나는 차이의 구조적 논리)

Schelling (F. W.) *Essais*, tr. fr., Aubier.
Les âges du monde, 1815, tr. fr., Aubier.
(차이, 역량, 바탕)

Schuhl (P.-M.) *Etudes platoniciennes*, P.U.F., 1960.
(플라톤의 관점에서 본 반복, 변이, 문체)

Selme (L.) *Principe de Carnot contre formule empirique de Clausius*, Givors, 1917.

(강도, 차이, 엔트로피)

Servien (P.) *Principes d'esthétique*, Boivin, 1935.

        Science et poésie, Flammarion, 1947.

        (동등성과 반복)

Simondon (G.) *L'individu et sa genèse physico-biologique*, P.U.F., 1964.

        (차이, 독특성, 개체성)

Sollers (P.) *In* Débat sur le roman, *Tel Quel*, 17, 1964.

        * *Drame*, Seuil, 1965.

        (예술작품 안에서 본 문제, 차이, 반복)

Spinoza *Ethique*.

        (존재론적 일의성, 형상적 구별, 개체화하는 차이)

Tarde (G.) *Passim*.

        (자연과 정신의 범주들에 해당하는 차이와 반복)

Tournier (M.) * *Vendredi ou les limbes du Pacifique*, N.R.F., 1967.

        (타인과 차이)

Troubetzkoy *Principes de phonologie*, 1939, tr. fr., Klincksieck.

        (언어에서 볼 수 있는 차이의 구조적 논리)

Verriest (G.) * Evariste Galois et la théorie des équations algébriques, *Œuvres mathématiques* de Galois, Gauthier-Villars, 1961.

        (갈루아의 문제 이론과 규정 개념)

Vialleton (L.) *Membres et ceintures des Vertébrés Tétrapodes*, Doin, 1924.

        (생물학적 분화)

Vico (J.-B.) *La science nouvelle*, 1744, tr. fr., Nagel.

        (반복과 보편적 역사)

Vuillemin (J.) *L'héritage kantien et la révolution copernicienne*, P.U.F., 1954.
(후기 칸트주의적 차이의 철학과 코헨의 해석에서 강도량들이 차지하는 역할)
Philosophie de l'Algèbre, P.U.F., 1962.
(아벨과 갈루아의 문제 이론과 규정 개념)

Wahl (J.) *Passim*.
(변증법과 차이)

Warrain (F.) *L'œuvre philosophique de Hoëné Wronski*, Vega, 1933.
(브롱스키와 차이의 철학)

Weismann (A.) *Essais sur l'hérédité et la sélection naturelle*, tr. fr., Reinwald, 1892.
(생물학을 통해 본 차이)

Wronski (H.) * *Philosophie de l'infini*, 1814.
"Philosophie de la technie algorithmique", 1817, *Œuvres mathématiques*, Hermann.
(미분적 이념과 미분법에 대한 해석)

들뢰즈 연보

1925   1월 18일 파리 출생.

1944~1948   파리 소르본 대학에서 철학을 연구하다. 페르디낭
                알키에, 조르주 캉길렘, 장 이폴리트 등에게서 배
                웠으며, 프랑수아 샤틀레, 미셸 뷔토르, 클로드 란
                츠만, 미셸 투르니에와 친분을 맺고 평생 변치 않
                는 우정을 나눈다.

1947   데이비드 흄에 관한 연구를 끝으로 대학을 졸업하
                다. 이때 쓴 졸업논문인 『경험론과 주체성: 흄에
                따른 인간 본성에 관한 시론*Empirisme et subjectivité.
                Essai sur la nature humaine selon Hume*』(P.U.F.)은
                1953년 책으로 출판된다.

1948   철학교사 자격시험 통과.

1948~1957   아미앵, 오를레앙, 파리(루이르그랑 고등학교) 등에
                서 철학을 가르치다.

1957~1960   소르본 대학에서 철학사 분야 조교로 일하다.

1960~1964   국립과학연구소(CNRS) 연구원으로 재직.

1962	미셸 푸코와 함께 클레르몽페랑 대학의 학생운동에 가담하다. 푸코는 막 출간된 들뢰즈의 『니체와 철학Nietzsche et la philosophie』(P.U.F.)에 열광한다. 1983년의 회고에서 그는 평생에 걸쳐 들뢰즈와 공유한 문제의식을 이렇게 정식화한다. "우리가 진정으로 니체를 활용할 수 있는 방법은 무엇인가?"
1963	『칸트의 비판철학La philosophie critique de Kant』(P.U.F.) 출간.
1964~1969	리옹 대학의 철학부 강사로 재직. 『프루스트와 기호들Proust et les signes』(P.U.F., 1962), 『베르그손주의Le Bergsonisme』(P.U.F., 1966) 출간.
1967	푸코와 함께, 콜리와 몬티나리가 간행한 니체 『비판전집Kritische Gesamtausgabe』 불역본 총책임을 맡다. 앞서 1965년에 쓴 「총론」에서 그들은 오류 없이 출간된 이 최초의 유고와 더불어 "니체로 돌아가는" 길을 찾을 수 있기를 희망한다.
1968	국가 박사학위 논문 제출. 주 논문인 『차이와 반복Différence et Répétition』(P.U.F.), 부논문인 『스피노자와 표현의 문제Spinoza et le problème de l'expression』(Minuit)가 출간되다. 들뢰즈의 '철학사 연구의 시기'는 여기서 끝이 난다.
1969	『의미의 논리Logique du sens』(Minuit) 출간. 같은 해에 들뢰즈는 정신과 전문의이자 정신분석학자인 펠릭스 가타리와 친교를 맺는다. 그와 함께 쓴 『안티 오이디푸스L'Anti-Œdipe』(Minuit, 1972)와

같은 책들은 강단 철학의 울타리를 넘어서 광범위한 영향을 미친다. 1968년 5월 사태로 유발된 정치적 참여의 시기가 시작되고, 이 시기에 그는 여러 소수자 그룹에 가담하여 그들의 정치적 역할에 대해 체계적으로 숙고한다. 파리 8대학(벵센 대학, 후에 생드니 대학으로 개명됨)의 철학과 교수 직을 맡는다. 이곳에서 들뢰즈는 1987년 정년퇴임할 때까지 프랑수아 샤틀레, 장 프랑수아 리오타르, 그리고 잠시 동안이지만 푸코와 함께 가르친다. 1970년대 프랑스 강단에서 벵센 대학은 '68운동'이 전개되는 중요한 지적, 제도적 실험의 장이 된다. 들뢰즈는 이 운동을 "프랑스에서 시도된 가장 중요한 교육개혁 가운데 하나"라고 평가한다. 벵센 대학에서는 관심 분야를 달리하는 각양각색의 대중이 정규 코스를 거치지 않은 채 강의를 들었다. 여기서는 전문적인 후진 양성과는 무관한 철학적 탐구가 시도되었고, 실용적이면서도 실험적인 수업이 가능했다. 정부 부처의 관료주의에 부딪혀 결국 실패하고 말았지만, 들뢰즈는 이 운동을 열렬히 옹호한다. 같은 해, 심한 폐 질환으로 수술을 받다.

1970 《비평Critique》에 들뢰즈의 『차이와 반복』과 『의미의 논리』에 대한 푸코의 서평이 실리다. 이 서평에는 이제는 전설이 되어버린 그 유명한 문구가 등장한다. "아마 언젠가는 들뢰즈의 세기가 올 것이다."

1971	푸코와 다니엘 드페르Daniel Defert가 창설한 GIP(Group d'information sur les prisons)에서 다른 지식인들과 함께 활동하다. 이 집단의 목표는 프랑스 감옥의 열악한 상황을 널리 알리고 감옥-체제에 특유한 권력의 유형을 기술하는 데 있었다. 들뢰즈의 회고에 따르면, 감옥에 대한 사실을 말하는 것이 아니라 죄수들에게 말할 기회를 주는 것, 그들에게 외부와 연락할 수 있는 공간을 마련해주는 것이 이 '실험'의 가장 중요한 부분을 이룬다. 푸코, 사르트르, 장 주네, 클로드 모리아크 등과 함께 파리의 구트 도르Goutte d'Or 지역에서 팽배해가던 인종주의적 폭력에 반대하고 이민자들의 권리를 옹호하는 시위에 참여한다.
1972	가타리와 공동으로 저작한 최초의 책『안티 오이디푸스』출간. 이해에《아르크L'Arc》의 들뢰즈 특집호가 나오고, 여기에 '지식인과 권력'에 대한 들뢰즈와 푸코의 대담이 실린다. 이 대담에서 두 사람은 보편적 지식인과 특수한 지식인을 대립시킨다. 보편적 지식인은 정치 투쟁에 개입하여 진리를 공식화하고 이념적 방향과 목표를 부여하는 고전적인 유형의 인물이다. 반면 특수한 지식인은 모든 이론이 국지적으로밖에는 적용될 수 없음을 인정하고 자신의 전문 영역인 '현장에서' 권력에 맞서 저항과 항거에 나선다.
1975	가타리와의 두 번째 공동 작업으로『카프카: 소수 문학을 위하여Kafka: pour une littérature mineure』

(Minuit)를 출간하다.

1977 　클레르 파르네Claire Parnet와 함께한 『대담
　　　　Dialogues』(Flammarion) 출간. 『안티 오이디푸스』의
　　　　영어 판 출간. 서문에서 푸코는 이 책을 "비-파시
　　　　스트적인 삶으로 인도하는 안내서", "프랑스에서
　　　　저술되어온 책들 중 아주 오랜만에 나온 윤리학
　　　　서적", "정치를 슬픈 정서, 부정과 원한의 힘에서
　　　　벗어나게 해주는 책" 등으로 평가한다.

1978 　푸코와 결별하다. 결별의 이유는 테러리즘의 역
　　　　할, 테러리즘에 대한 독일과 이탈리아 정부의 대
　　　　처 방식 등을 둘러싼 정치적 견해 차이에 있었고,
　　　　이른바 '신철학자들'에 대한 입장 차이에도 있었
　　　　다. 『성의 역사 1: 앎에의 의지Histoire de la sexualité
　　　　1: la volonté de savoir』에 대해 논평한 메모들을 푸
　　　　코에게 보내지만, 응답은 없었다.

1980 　가타리와 함께 저술한 세 번째 책인 『천 개의 고
　　　　원Mille plateaux』(Minuit)을 내놓다. 『안티 오이디
　　　　푸스』의 속편인 이 책은 "오이디푸스가 다루지 않
　　　　은 영역들"을 탐구하지만 전작만큼 성공을 거두지
　　　　는 못한다. 그동안 상황이 변했기 때문인데, 이탈
　　　　리아어 판 저자 서문에서 들뢰즈는 "앞의 책이 출
　　　　간된 시기는 68운동의 영향 아래 있었지만, 뒤의
　　　　책은 천박한 양상의 침체와 무관심의 시기에 출간
　　　　되었다."라고 말하고 있다.

1981 　『프랜시스 베이컨: 감각의 논리Francis Bacon:
　　　　Logique de la sensation』(La Différence) 출간.

1983	『영화 1.운동-이미지*Cinéma 1.L'image-mouvement*』(Minuit) 출간.
1985	『영화 2.시간-이미지*Cinéma 2.L'image-temps*』(Minuit) 출간.
1984	그동안 중병을 앓았던 푸코가 재회를 희망했지만 이루어지지 못한다. 들뢰즈는 푸코가 죽은 직후에 출간된『성의 역사 2: 쾌락의 활용*Histoire de la sexualité 2: l'usage des plaisirs*』의 한 구절을 추도사로 낭독한다.
1986	『푸코*Foucault*』(Minuit)를 출간하다. 이 책에서 들뢰즈는 "항상 수많은 위기와 동요를 넘어서는" 사유를 총체적으로 파악하고자 했으며, "내가 필요했기 때문에, 또 푸코에 대한 존경 때문에" 이 책을 썼다고 말했다.
1988	『주름. 라이프니츠와 바로크*Le pli. Leibniz et le baroque*』(Minuit)와『페리클레스와 베르디. 프랑수아 샤틀레의 철학*Périclès et Verdi. La philosophie de François Châtelet*』(Minuit) 출간.
1991	가타리와의 마지막 공저인『철학이란 무엇인가 *Qu'est-ce que la philosophie?*』(Minuit)를 출간하다. 이 책에서 두 사람은 "노년에 이르러서야 비로소 제기되는", "내가 일생 동안 한 것이 도대체 무엇이었던가?"라는 물음에 대답한다.
1992	펠릭스 가타리 사망.
1995	자신의 마지막 글인「내재성: 하나의 삶……」을 《철학*Philosophie*》에 기고하다. 이 글은 몇 쪽 안 되

는 분량이지만 들뢰즈 철학의 기본 주제들을 담고
있다. 1993년 이후로 나날이 건강 상태가 악화되
어가던 중 11월 4일, 스스로 삶을 끝맺는다.

들뢰즈 존재론의 기본 구도

1

원래 국가박사 학위 청구 논문으로 작성된 『차이와 반복』[1]은 처음 출간될 무렵부터 커다란 반향을 불러일으켰다. 푸코를 비롯한 당대의 평자들은 이 저서를 사상사의 새로운 국면을 예고하는 획기적인 작품으로 평가했다. 이런 평가는 동료에게 보내는 주례사도, 출판사를 위한 상업적 포장도 아니었다. 그것은 이 저서를 꼼꼼히 읽어본 사람이라면 충분히 수긍할 만한 감탄사일 것이다. 우리는 여기서 희귀한 재능과 열정, 초인적인 훈련과 시적 영감이 어우러진 참신한 감각의 철학적 기획을 읽을 수 있다. 들뢰즈는 이 저서 이외에도 기념비적인 작품들을 많이 남겼다. 특히 그의 영화론이나 가타리와 함께 저술한 대작들이 그럴 것이다. 하지만 철학자 들뢰즈의 저작들 전체를 통해 뻗어나가는 풍요한 방사선들은 이 작품에서 시작되고 있다. 말하자면 칸트의 『순수이

---

[1] Gilles Deleuze, *Différence et Répétition*(Paris: Presses Universitaires de France, 1968). 이 한국어 번역판의 저본(底本)은 1989년 4월에 간행된 이 책의 6쇄본이다.

성비판』이나 하이데거의『존재와 시간』에 해당하는 들뢰즈의 대표작은
『차이와 반복』인 것이다.

이 대표작에서 들뢰즈는 헤겔과 덩치를 겨루고 하이데거보다 멀리
이르고자 하며 니체의 반플라톤주의적 전회를 완성하고자 한다. 그렇
게 완성된 기획은 데리다의 해체론적 차이의 철학과 대조할 만한 구축
론적 차이의 철학을 이루고, 그 구축의 규모와 정교함은 화이트헤드의
과정 철학을 족히 넘본다. 이 작품을 통해 구현된 철학자 들뢰즈의 모
습은 철학적 전통 전체의 산맥과 형세를 뒤바꿔놓는 거인, 당대의 학문
과 예술을 망라하는 종합적 체계의 설계자, 최고의 지혜를 꿈꾸는 비전
적 전통의 계승자이다. 그런 의미에서 들뢰즈 철학의 등장은 고전적 형
이상학의 부활에 해당한다. 이는 이른바 '독단적' 형이상학에 대한 칸
트적 해체론 이후 협소한 인식론에 몰두해온 서양 철학의 주류에서 볼
때는, 심지어 데리다적 해체론의 관점에서 보더라도 어떤 퇴보이자 예
외로 비칠 수 있다. 하지만 들뢰즈는 해체론적 전통이 도달한 일정한
지점에서 새로운 높이의 형이상학을 펼쳐내고, 이를 '초월론적 경험론'
이라 명명했다.

이 경험론은 한편으로는 이제까지 감춰져 있던 철학사의 보고들을
들추면서, 다른 한편으로는 수학자와 자연과학자들과 대화하면서, 또
한 화가, 소설가, 시인들을 인용하면서 자신의 범위를 넓혀가고 있다.
이는 단순한 지적 과시도, 산발적이고 우연한 연상도 아니다. 형이상학
은 세계의 밑그림을 그린다는 점에서, 또 세계를 해석하는 가장 초보적
인 도식이나 코드를 창조한다는 점에서 과학이나 예술과 다르지 않다.
다만 형이상학자는 합리적 언어에 기대어 세계의 총체적 그림을 그리
는 종합자일 뿐이고, 그가 합리적 언어를 초월하는 차원으로 발을 들여
놓을 때도 사정은 마찬가지다.

초월론적 경험론 역시 개념적으로 재현될 수 없는 사태, 능동적으로

구성되지 않고 명석 판명하게 표상되지 않는 사태에 초점을 맞추고 있다. 이런 재현 이하의 사태는 언어의 잠재력을 극단적으로 실현하는 고도의 문체에 대해서만 자신이 드러날 기회를 허락하기 마련이다. 이 책에서 구사된 들뢰즈의 문체, 사실 이것이 이상적 번역의 일차적 대상이지만, 또한 그것이야말로 옮긴이로서 부끄러움을 고백할 수밖에 없는 가장 커다란 이유이기도 하다. 독자의 입장에서 보자면, 집중과 밀착을 요구하는 이 문체는 어떤 난해의 장벽으로 비춰질 수 있다. 그렇지 않아도 어려운 내용 자체를 포기할 구실로 삼을 수 있는데, 그럴수록 옮기는 이의 과제와 의무는 커질 수밖에 없을 것이다. 하지만 문법의 차이가 너무 큰 외국어일 경우 문체상의 생동감을 옮긴다는 것은, 명쾌한 수준에서 우리말의 활력을 되살린다는 것과 다르지 않을 것이다. 그렇기 때문에 들뢰즈의 이 작품을 옮기는 과정에서는 때때로 시를 번역하는 기분으로 원래의 문법적 구조마저 무시하는 과감한 의역(意譯)의 길을 택해야 했고, 내용상 독자의 혼동이 있기 쉬운 곳에는 옮긴이의 독서 경험을 반영하는 역주를 달기도 했다. 이 두꺼운 저작을 읽는 과정에서 독자가 길을 잃지 않도록 하기 위해서는 전체의 내용을 개괄하는 간단한 지도도 있어야 할 것이다.

2

초월론적 경험론은 이 책에서 어떤 구도로 펼쳐지고 있는 것일까? 어떤 도식을 끌어들일 때 그 복잡한 내용을 가장 경제적이고 효과적으로 집약할 수 있을까? 아마 서양 철학사에 익숙한 독자라면 칸트의 초월론을 들뢰즈의 철학으로 가는 제법 그럴듯한 징검다리로 삼을 수 있을 것이다. 잘 알려져 있는 바와 같이 『순수이성비판』은 감각을 다루는 감성론, 개념적 판단을 다루는 분석론, 초월적 이념의 세계를 다루는 변증론 등으로 이루어져 있다. 『차이와 반복』도 마찬가지다. 이 책에서 들뢰즈는 개념적 매개와 재현의 빈곤성을 고발하는 해체론적 분석론(1장)을 선보이고, 감각적 경험과 심미적 경험을 일거에 통합하는 새로운 감성론(5장)을 통해 칸트의 감성론을 극복하고 있다. 또 이념의 세계가 감성적 사태와 개념적 사태의 실질적 발생 원천임을 말하는 새로운 변증론(4장)을 통해 칸트의 변증론은 물론이고 헤겔의 변증법과도 확연히 구별되는 길을 걷고 있다. 게다가 이런 새로운 분석론, 감성론, 변증론은 포괄적이고도 견고하게 짜여가는 새로운 시간론과 맞물리면서 근대적 전통의 토대 개념을 해체하는 현대적 토대론(2장) 안에서 종합되고, 나아가 근대적 사유 개념을 대체하는 특이한 인식론(3장) 안에서 다시 반복되고 있다.

이런 감성론, 분석론, 변증론, 토대론, 인식론 등을 세부로 거느리는 들뢰즈의 존재론은 여전히 칸트의 초월론 철학에 기대어 도식화해볼 수 있다. 칸트적 의미에서 인식한다는 것은 물(物) 자체로부터 주어진 감성적 소여(所與)를 지성의 개념들을 통해 구성한다는 것이다. 또 사유한다는 것은 이성의 이념들을 통해 현상 저편의 물 자체와 관계하고, 개념적 인식들 각각을 어떤 체계적 전체 안에 자리매김한다는 것이다. 하지만 마이몬이나 코헨의 신칸트주의를 선호하는 들뢰즈는(서론 마지막 부분, 5장 495쪽 이하 등 참조), 이념적 세계를 개념적 세계 위에 두는 것이 아니라 감성적 세계 속에 둔다. 개념적 세계의 저편은 감성적 차원 안에 내재한다는 것이고, 따라서 감성적인 것은 이미 개념적인 것보다 우월한 셈이다. 비전적 전통의 계승자 들뢰즈에게서 감성적이거나 물질적인 것은 이미 정신적이고, 처음부터 이상적인 요소를 머금고 있다. 물질은 이미 물질 이상의 물질, 정신적인 물질, 개념 이상의 물질이다. 이념적 함량 운동과 이어져 있는 감성이나 물질을 들뢰즈는 강도

(强度, intensité)라 부르는데, 초월론적 경험론은 이런 강도의 세계에 대한 탐구라 할 수 있다.[2]

감성적인 것이 강도적인 것으로서 이미 이념을 끌어안고 있으므로, 이제 경계선은 감성의 세계와 지성(개념)의 세계 사이에서만 남게 된다. 하지만 여기서 인식을 구성하는 감성적 소여와 지성적 개념 사이의 이원론적 대립을 해결하기 위해 상상력의 도식을 그 중간에 두었던 칸트의 전략을 기억할 필요가 있다. 즉 규정되는 것(감성적 소여)과 규정하는 것(지성의 개념) 사이에는 규정 가능한 것(도식)이 있다. 칸트적 의미의 도식화하는 상상은 감각적 소여의 개념적 규정 가능성을 확보하기 위해 내감(內感)을 자극하는 지성의 노력이다. 그런 노력의 산물인 도식은 마치 우리가 머리 속에 표상하는 삼각형처럼 감성적인 동시에 개념적인 어떤 축약 그림이고, 이런 이중의 성격 때문에 감성과 지성을 매개하는 위치에 오른다.[3] 하이데거는 이런 도식론을 칸트의 해석에서 가장 중요한 대목으로 부각시켰지만, 들뢰즈의 초월론적 경험론 또한 칸트의 도식론을 현대적으로 계승하는 특이한 사례에 해당한다. 이런 계승의 노력은 이 책에서 극화(劇化) 개념으로 귀결될 뿐 아니라(4장 8절 참조), 시간 이론(정확히 '시간의 세 번째 종합')이 전개되는 중요한 계기가 되고 있다(2장 3절 참조).

---

2 이런 강도는 동아시아 존재론의 기초개념인 기(氣)와 어떻게 같고 어떻게 다른 것인가? 아마 서양철학에 관심이 많은 동양철학 전공자라면 이미 여기서 이렇게 물을 것이다. 또 그런 독자라면 이 해제를 읽고 이 책의 본문을 읽어갈수록 이런 물음에 휩싸이지 않을 수 없을 것이다.

3 우리가 삼각형의 개념을 자유롭게 활용하거나 그 개념에 다른 개념들을 자유롭게 적용하기 위해서는 삼각형의 도식을 먼저 그려야 한다. 하지만 이 도식은 특수하고 감성적인 것이면서도 경험적인 모든 삼각형들을 대신한다는 의미에서 일반적이고 초감성적인 것, 개념적인 어떤 것이다. 들뢰즈의 초월론적 경험론뿐 아니라 데리다의 그라마톨로지도 이런 칸트의 도식 개념에 대한 현대적 재해석과 교정이라 할 수 있지 않을까? 칸트 도식론의 논증 구조와 의미에 대해서는 졸저, 『해체론 시대의 철학』(서울: 문학과지성사, 1996), 55~74쪽 참조.

들뢰즈 존재론의 기본 구도

이 점을 지적하는 것은 먼저 이 극화가 칸트의 도식처럼 여전히 어떤 두 영역에 사이공간을 만들어놓고 있다는 사실을 강조하기 위해서이다. 게다가 하이데거의 칸트 해석이 도식론에 초점을 맞추고 있는 것처럼, 우리의 들뢰즈 수용도 역시 ── 적어도 『차이와 반복』의 범위 안에서는 ── 극화 이론의 주변(강도론)에 중점을 두어야 하지 않을까? 들뢰즈적 의미의 극화는 강도적 차이소들이 종합되는 과정이다. 초월론적 경험론이 그리는 형이상학적 밑그림의 중앙에는 바로 이 강도적 종합의 영역이 있고, 이 영역이 어떤 두 영역을 벌려놓으면서 연결하고 있다. 그런데 들뢰즈의 존재론이 이렇게 삼분적 구도 안에서 펼쳐지고 있다면, 이제 문제는 이런 구도 자체가 함축하는 3단계의 형성 절차에서 초월론적 경험론의 주요 내용을 집약할 수 있는 상징적 도식들을 끌어낼 가능성에 있다. 그러므로 여기서 그런 도식에 해당하는 그림으로 먼저 어떤 원을 생각해보자. 그다음에는 이 원이 마치 태극문(太極紋)처럼 양의(兩義)로 나뉘어 있는 그림을, 그리고 그 양의가 마치 대한항공(KAL) 마크처럼 서로 간격을 벌리고 있는 그림을 떠올려보자. 들뢰즈의 존재론은 이러저러한 변신의 끝에서 어떤 변형된 태극도설(太極圖說)의 형태를 띨 수 있는 것이 아닐까?

우리는 태극문이 성립하고 변형되는 세 단계 각각을 들뢰즈의 존재론을 요약하는 도식으로 삼을 수 있다. 첫 단계는 커다란 원이다. 하지만 왜 원인가? 그것은 존재의 유비론적 간극이 사라진 그림이기 때문이다. 아리스토텔레스로부터 하이데거에 이르기까지 존재는 그것을 언명하는 존재자에 따라 서로 다른 의미를 지닌다고 이해되었고(가령 신을 통해 언명되는 존재와 하루살이를 통해 언명되는 존재는 서로 다른 의미를 지닌다.), 이런 다의적 의미의 간극은 유비를 통해서만 메워질 수 있다고 간주되어 왔다. 그렇기 때문에 『차이와 반복』에서 존재론적 일의성의 테제는 들뢰즈의 개성이 드러나는 중요한 대목을 이룬다(1장 3절, 결론의 마지막 부분 등 참조). 존재론은 언제나 일의적 존재론으로서만 가능하다는 이 테제에 따르면, 존재는 어떠한 존재자를 통해 언명되든 언제나 단일하고 똑같은 의미를 지닌다. 존재를 언명하는 모든 존재자의 목소리는 아우성을 이루지만, 이 아우성은 똑같은 목소리로 외쳐대는 함성이다. 존재의 목소리는 하나이고, 따라서 존재의 길은 갈림이 없는 하나이다.(프랑스어에서 '목소리'를 뜻하는 voix와 '길'을 뜻하는 voie는 같은 음가를 갖는다.) 존재는 단일한 전체이고, 그런 의미에서 존재론의 최초 도식은 하나의 커다란 원일 수 있다.

유비적 존재 이해 안에서 존재는 다의적 의미를 지니지만, 그 대신 존재자는 일의적 의미를 지닌다. 존재자는 단일한 규정, 본질, 형상에 묶이고 고정된 위계질서 안에서 제한된 권리밖에 배당받지 못한다. 이런 존재 이해 안에서 성립하는 체계는 확고 부동한 어떤 근거를 요구하고, 그 근거를 중심으로 유기적으로 조직화된 질서를 이룬다. 들뢰즈는 이런 존재론적 질서를 '정착적' 질서라 부른다. 반면 일의적 존재 이해 안에서 존재는 단일한 하나의 의미를 지니지만, 그 대신 존재자는 다의적 의미를 지닌다. 존재자는 고정된 규정, 본질, 형상에 묶여 있지 않다. 존재론적 위계는 언제나 잠정적이고 변화될 수 있다. 따라서 모든 존재자는 권리상 동등하고 같다.

하지만 이 동등성이나 같음은 어떤 중심에 대한 관계를 상정하지 않는다. 존재자들은 어떤 공통의 본질에 참여하거나 어떤 기원으로 수렴하는 것이 아니라 오히려 매번 새로운 영역과 위계질서를 창출할 수 있는 '유목적' 질서 안에 있다. 들뢰즈의 존재론을 하나의 원으로 표시할 수 있다면, 이 원에는 중심도, 기원도, 원형(原形)이나 목적지도 없다. 있는 것은 다만 발산이자 탈중심화이고, 그 어떤 것도 다른 것에 대해 모델로서의 특권적 지위를 누릴 수 없다. 모든 존재자는 저마다 차

들뢰즈 존재론의 기본 구도

이나는 것le différent이고, 오로지 그런 자격에서만 서로 동등하거나 같다. 따라서 우리가 그린 원의 도식은 다시 한 번 추상화되어야 한다. 무엇보다 똑같은 거리에서 중심을 둘러싸고 있는 원주를 잃어버려야 하고, 그 대신 요철이 심하고 유동적인 둘레를 얻어야 할 것이다.

플라톤적 용어 사용법에 기대자면, 이런 기이한 둘레 속에 자리하는 존재자, 가장 탁월한 의미의 존재자는 시뮬라크르, 곧 허상(虛像)이다. 유비적 존재 이해 안에서 존재자는 고정된 정체성을 지녀야 하고, 그 정체성은 그 자체로 존재한다고 간주되는 형상이나 원형에 대해 모방적 관계로 설명된다. 여기서 존재자는 본성상 모상(模像)일 수밖에 없다. 반면 일의적 존재 이해 안에서 존재자를 정의하는 것은 차이와 변화이므로 모사의 질서는 무력해진다. 존재자는 어떠한 선행의 동일성도 전제하지 않으며, 고정된 정체성도 지니지 않는다. 존재자는 모사의 질서에서 벗어나 있고 어떠한 동일성이나 같음의 질서로도 환원되지 않는다는 의미에서 허상이다. 허상으로서의 존재자는 차이나는 것, 차이짓는 것, 또는 차이소이다. 하지만 차이짓는다는 것은 단순히 달라진다는 것만을 의미하는 것이 아니다. 그것은 또한 '짓고' 합한다는 것을 뜻한다. 차이소들은 저마다 다질적인 항들을 하나로 엮어 어떤 계열들을 이루어낸다. 또 이 계열들은 다시 다른 차이소, 정확히 말해서 '분화소le différenciant'를 통해 공명하게 되어 어떤 체계를 낳는가 하면, 자신을 낳는 그 종합의 운동에 압도되어 결국 와해되고 만다.

그렇다면 차이소들이 뭉쳤다가 다시 흩어지는 이유들은 무엇인가? 그런 반복되는 생성과 파괴에 놓인 차이소들은 어디서 유래하는가? 이것이 들뢰즈의 존재론이 던지는 궁극적 물음들이며, 원의 도식은 이런 물음들에 상응하는 생성과 파괴의 현장 일반을 총괄적으로 나타내는 그림이다. 말하자면 그것은 '카오스모스'의 도식이다. 물론 이 말의 고유한 의미는 세 번째 단계의 그림에 이르러서야 명확히 한정될 수 있다. 하지만 느슨한 의미로 새긴다면 그것은 존재자 전체를 낳고 거두어 가는 일의적 존재 일반에 대한 명칭일 수 있다.

이제 두 번째 단계에서 우리는 하나의 커다란 원이었던 최초의 도식을 태극문으로 변형시켜야 한다. 이는 이 카오스모스의 두 측면을 나누어 고찰하는 것이 불가피하기 때문이다. 플라톤주의로 대표되는 서양의 주류 사상은 카오스의 위험에 대처하기 위한 어떤 방어와 제압의 전략이었다. 이런 전략은 코스모스의 아성을 구축해온 건축술의 역사로 이어졌고, 이 건축술은 코스모스와 카오스의 내적 연관성을 무시한 고립적 공간의 구축으로 귀결되곤 했다. 들뢰즈는 그런 고립적 공간을 '재현'의 세계라 부른다. 재현은 개념적 매개와 종합 일반을 지칭하는데, 유비적 존재 이해는 이런 재현적 사유로 심화될 수밖에 없다. 유비적 존재 이해 안에서는 존재자가 단일하고 고정된 의미를 지녀야 한다면, 그 고정된 의미는 동일성을 띤 개념을 통해 표현되거나 매개될 수 있어야 한다. 또 이 개념의 동일성은 그 자체로 자기동일성을 향유하는 어떤 토대에 의해 근거지어져야 하고, 이를 위해 그 토대의 동일성과 어떤 매개 관계에 놓여야 한다. 이런 유비적 존재 이해 안에서 사유한다는 것은 개념적 매개의 질서를 통해 재현한다는 것이고, 이런 재현적 사유는 동일화하거나 동질화하는 사유이다. 하지만 동일성을 확대 재생산하는 재현적 사유는 차이의 개념(이념)을 개념적 차이(개념 안에 기입된 차이)와 혼동하고 카오스를 소극적인 것, 가령 결여의 사태나 부재의 사태로만 인정한다. 그런 의미에서 그것은 부정적 사유이다(1장 5절 참조).

이런 재현적 사유가 구축하는 공간은 중심이 있고 유기적으로 조직화되며 모든 것이 항구적 질서에 따라 분류된다. 이런 정착적 공간은 어떤 최고의 진리에 의해 범위 자체가 한정되고, 여기서 분배는 그

들뢰즈 존재론의 기본 구도

진리에 대한 친소(親疎) 관계에 의해 결정된다(2장 3절 참조). 사유는 그 진리와 모종의 친근성을 지닌다고 가정되고, 그런 친근성은 위계화의 원리인 동시에 조화의 원리이기도 하다. 가령 사유의 모든 인식능력은 서로 조화롭게 일치하는가 하면 대상과도 합치한다고 가정되며(3장 1~2절 참조), 이런 조화의 메커니즘에서 벗어나는 것은 야만이자 오류, 죄악이 된다. 카오스, 부조화, 차이는 개념적 매개와 환원을 통해 길들여져야 할 것으로 가정되고, 그런 길들이기와 동화 작업에 순응하는 한에서만 존재론적 위상과 인식론적 의미를 얻을 수 있다. 하지만 그렇게 동화되었을 때 차이는 개념 안의 동일성, 술어들 사이의 대립, 판단 안의 유비, 지각 안의 유사성 등으로 환원되어 본래의 모습을 잃어버린다(1장 1~2절 참조).

플라톤에게서 싹트고 아리스토텔레스로부터 본격화되는 재현주의적 전통은 라이프니츠와 헤겔에 이르러 절정을 맞이한다(1장 4절 참조). 이 전통 안에서 철학은 언제나 "재현을 통해 차이가 지닌 마비, 도취, 잔혹성 등의 역량, 심지어 죽음의 역량까지 장악하고…… 아폴론의 유기체적 혈관 속에 디오니소스의 피 몇 방울이 흐를 수 있도록 만드는 것"(결론, 554쪽)을 꿈꾸어왔다. 라이프니츠는 지나치게 작아서 개념의 그물망을 빠져나가는 차이에 대해, 헤겔은 개념이 감당할 수 없을 정도로 커다란 차이에 대해 접근할 수 있는 재현적 절차를 고안함으로써 그런 꿈에 부응하고자 했다. 재현적 매개의 범위를 이렇게 무한소의 차이와 무한대의 차이로까지 확장해온 기존의 철학은 토대론적 전략에 의해 향도되어 왔다. 철학은 코스모스의 세계에 대해 어떤 상황에서도 흔들리지 않을 항구적인 초석과 근거를 마련해주려는 영웅적인 노력이었다.

하지만 들뢰즈가 그리는 세계에서 코스모스의 유래와 목적지는 카오스에 있다. 재현적 사유가 발견하는 근거 아래에는 언제나 어두운 바탕이 자리하고 있다. 이 바탕은 단순히 자리한다기보다는 올라오고 있고, 올라오면서 형상들을 일그러뜨리고 있다. '근거와해'를 초래하는 어떤 무-바탕으로 변하는 것이다. 카오스와 코스모스는 서로의 꼬리를 물며 이어지고, 따라서 카오스는 다시 코스모스이며 원래 카오스모스이다. 카오스는 단순한 무질서가 아니다. 들뢰즈의 존재론은 이 세계가 혼돈이라고 주장하기보다는 오히려 부조리해 보이는 카오스가 어떤 조리를 낳는다고 주장한다.

카오스와 코스모스는 때로 디오니소스적인 것과 아폴론적인 것으로, 그러나 보다 엄격한 설명의 문맥에서는 잠재적인 것과 현실적인 것으로 불린다. 베르그손을 계승하는 이런 분할의 구도에서 볼 때 모든 사물은 잠재적 상태에서 현실적 상태로, 그리고 다시 잠재적 상태로 변화해간다. 잠재적 차원에서 차이소들은 그 자체가 어떤 역량이자 다른 차이소들과 더불어 다시 새로운 역량을 산출한다. 들뢰즈의 존재론은 역량의 존재론이다. 하지만 이 존재론이 가리키는 역량은 n승의 역량, 매번 변신과 변형을 이어나가는 급수(계열)적 형태의 거듭제곱 역량이다. 모든 것은 이런 누승적 잠재력에서 처음 발생하고, 이런 발생 과정의 마지막 효과가 재현적으로 파악될 수 있는 현실적 세계이다. 이 현실적 세계는 유기적으로 조직화되는 양(量)과 종별화 가능한 질(質)들, 다시 말해서 일정한 연장(延長)의 부분과 분류 가능한 종(種)들로 이루어져 있다. 이 양과 질들, 부분과 종들은 자신의 유래와 그 유래의 본성을 왜곡하는 어떤 표면이다. 이 모든 것들의 원인인 잠재적 역량은 그 표면을 결과로 낳으면서 그 결과 속에서 본성상의 변화를 겪거나 소멸해버린다. 하지만 초월론적 경험론은 이 사라진 듯한 원인이 그 결과 속에 내속(內續)하거나 공속(共續)하면서 끈덕지게 자신을 주장하는 속삭임에 귀를 기울이고 있다.

그렇다면 현실적 사태를 낳으면서 지하로 숨어들어가는 이 잠재적 역량 자체는 어떻게 생성하는가? 이 재현 이하의 잠재적 역량은 정확

들뢰즈 존재론의 기본 구도

히 어떤 과정을 거쳐 재현의 차원에서 현실화되는가? 들뢰즈의 생성론은 이런 두 가지 물음으로 집약될 수 있으며, 『차이와 반복』에서 이 두 물음은 4장과 5장을 통해 각기 집중적으로 다루어지고 있다. 이 두 장을 읽을 때 우리는 두 번째 단계의 그림인 태극문을 다시 변형하여 양의가 사이를 벌리고 있는 형태의 그림, KAL 마크를 표상해야 한다. 이는 들뢰즈의 생성론이 셋으로 나뉘는 존재론적 구역을 설정하고 있기 때문인데, 이념-잠재성의 층위, 강도-개체성의 층위, 재현-현실성의 층위가 바로 그것이다. 세 번째 단계의 그림에서 아래쪽에 와야 하는 것은 이념-잠재성의 층위이고 위쪽에 와야 하는 것은 재현-현실성의 층위, 그 중간의 사이공간에는 강도-개체성의 층위가 와야 한다.

먼저 이념-잠재성의 층위에서 주목해야 하는 것은 어떤 '점진적 규정'의 과정이다. 이는 온전한 규정성을 띤 잠재력이 형성되는 과정인데, 들뢰즈는 이 과정을 서술하기 위해 미분법, 군(群) 이론, 리만 기하학 등 형식 과학의 기초개념들을 활용하고, 특히 미분법에 대한 해석의 역사에 개입하여 자신의 의도를 관철하기 위한 결정적인 초석을 마련한다. 일단 이 점부터 언급하자면, 잠재성의 영역에는 다질적인 차이소(미분적인 것)들이 '부차모순'을 이루면서 공존한다. 그러다가 이 차이소들은 상호 비율적 관계에 놓이면서 어떤 특정한 연속체를 낳고, 이 연속체는 조건의 변화에 따라 시시각각 측정 단위를 바꾸는 n차원의 다양체로 탈바꿈되며, 이 다양체는 마침내 순수 잠재력으로 거듭난다. 이 과정의 논리적 절차는 규정 가능성(연속성과 양화 가능성의 성립), 상호적 규정(비율적 관계와 질화 가능성의 성립), 완결된 규정(독특성과 에너지 계열들의 성립) 등의 세 단계를 거친다. 이는 일정한 값의 미분비가 발생하는 과정 — dx와 dy의 발생, dy/dx의 발생, dy/dx 값의 성립 — 에 해당한다. 또 다양체가 순수 잠재력으로 거듭나는 과정은 급수적 형식의 대수방정식이 미분방정식으로 변환될 때 일어나는 '거듭 제곱 제거'의 과정에 상응하고, 따라서 그 두 종류의 방정식은 수학적 형식의 누승적 잠재력과 형이상학적 순수 잠재력 —— 누승적이지만 거 듭제곱 형식으로 표현될 필요가 없는 잠재력 —— 사이의 차이를 표현한 다(이상 4장 2절 참조).

잠재적 역량은 존재자가 발생하는 원점이다. 하지만 이 원점 자체 는 미분의 형성 과정에서 볼 수 있는 것처럼 차이소들이 어떤 비율적 관계에 놓여 상호적 규정의 단계에 진입할 때야 비로소 형성되기 시 작한다. 들뢰즈는 잠재적 역량이 형성되는 점진적 규정의 과정을 미분 화différentiation라 부른다. 그것은 곧 미분적 차이소들이 상호적 규정 과 완결된 규정의 국면으로 접어들면서 일정한 가치(독특한 점과 그 점 을 중심으로 하는 계열들)를 획득하는 절차를 가리킨다. 반면 미분화를 통해 발생한 잠재적 역량이 현실적 대상으로 탈바꿈되는 과정은 분화 différenciation라 불린다(4장 7절 참조). 우리의 세 번째 도형으로 돌아가 서 말하자면, 분화는 아래층의 잠재적 역량이 중간층의 강도적 역량으 로, 이 강도적 역량이 다시 위층의 현실적 대상으로 변모하는 수직적 상승의 과정이다. 이 상승의 과정은 정신적인 것이 질료화되고 육화되 는 과정이므로 구현이라 불리며, 최초의 강도적 개체(생명체)가 등장하 는 과정이므로 개체화라 불린다. 또 현실적 대상이 태어나는 과정이므 로 현실화라 불리며, 잠재적 역량이 마지막까지 펼쳐지는 과정이므로 진화 혹은 개봉이라 불린다.

하지만 이 모든 수직적 상승이 일어나기 위해서는 먼저 이념-잠재 성의 영역에, 정확히 말해서 이념적 다양체에 어떤 출발점이 만들어져 야 한다. 이 출발점을 이루는 것은 두 가지인데, 하나는 미분적 차이소 들 간의 비율적 관계(미분비)들이고 다른 하나는 이 관계들이 수렴, 발 산, 우회하는 등의 독특한 점(특이점)들이다. 들뢰즈는 미분비와 특이점

들뢰즈 존재론의 기본 구도

들로 이루어진 이념적 다양체를 구조라 부른다(4장 4절 참조). 이는 그것이 아직 질료화되지 않은 순수 형식적 유희의 질서이기 때문이고, 또한 현실적 층위의 존재론적 구도를 선험적으로 구조화하기 때문이다. 가령 이념적 다양체가 최종의 분화 국면에 이를 때, 이 다양체의 미분비들은 사물의 질과 종들로 현실화되고, 특이점들은 일정한 수의 연장과 부분들로 분화된다. 이렇게 분화된 현실적 세계가 계속 변화를 거듭한다면, 이는 다양체-구조를 구성하는 비율적 관계들이 끊임없이 변이하고 그 점들은 부단히 변형되기 때문이다.

이런 분화 혹은 현실화의 과정은 어떤 주어진 물음이 제대로 규정된 문제로 발전하고, 또 그 문제에 응답하여 해답을 찾는 과정과 같다. 그런 의미에서 분화되고 현실화된 대상은 잠재적 층위에서 제기된 문제의 해(解)이다(4장 5절 참조). 그러므로 문제제기와 해결 등과 같은 용어들은 인지적 과정을 가리키기 이전에 존재론적 과정 자체를 서술하는 범주들이다. 이렇게 말할 때 들뢰즈가 강조하는 것은 이념-잠재성의 층위가 실증성을 띤다는 점이다. 즉 잠재적 상태는 규정성이 부족한 결핍의 상태가 아니며, 존재의 함량이 모자라는 결여의 사태도 아니다. 그것은 오히려 어떤 한정된 조건의 문제가 제기되고 수립되는 사태이며, 그런 의미에서 그것은 순수한 설정과 정립의 사태이다. 이념적 다양체는 충만한 규정성을 띤 어떤 문제틀이고, 이 문제틀은 객체성과 실증성을 띠고 있다. 잠재적 상태는 무(無)가 본질의 실현을 가로막고 있는 어떤 부정적 사태가 아니다. 무, 비-존재는 없다. 이념적 다양체는 아직 해가 없다는 의미에서 (비)-존재이거나 물음과 문제를 제기한다는 의미에서 ?-존재일 뿐이다(1장 6절, 3장 5절 참조).

우리의 세 번째 도형에서 사이공간을 차지하는 강도-개체성의 층위는 이런 잠재적 층위의 역량이 질료화, 감성화, 개체화되는 장소이다.

여기서 잠재적 역량은 강도적 차이들로 분화되고, 그렇게 태어난 강도적 차이들은 현실적 대상의 질적 성질과 양적 성질들을 낳는 직접적 원인이다. 물론 여기서 오해는 없어야 한다. 열역학 이론가들은 물론이고 칸트와 니체, 심지어 베르그손마저도 강도적인 것을 질적인 것과 동일시하고 있다. 하지만 들뢰즈적 의미의 강도는 질과 양의 이항대립에 선행하는 초월론적transcendantal 사태이자 자신이 낳은 질과 양들 밑으로 숨어들어가는 초월적transcendant 사태이다(5장 4절 참조). 강도는 현실적 대상의 경험에 선행할 뿐 아니라 그 경험과 대상의 생성 자체를 가능하게 해주는 조건이라는 의미에서 초월론적이고, 재현적 사유와 개념적 매개를 깨뜨리는 힘을 지닌다는 의미에서 초월적이다. 강도는 결코 차분하게 거리를 두고 재현할 수 없는 어떤 불가능한 사태이고, 이 불가능한 사태는 사유 주체를 역설감과 지극한 수동성에 빠뜨리는 어떤 마주침의 대상이다.

들뢰즈가 자신의 철학을 초월론적 경험론이라 부른 이유는 여기서 분명히 드러난다. 그것은 결국 초월적이자 초월론적 지위에 있는 이 강도적 사태를 염두에 둔 명칭이다. 철학이 강도적 사태에 궁극의 초점을 맞추어야 하는 것은, 강도적 사태가 존재자의 직접적 발생 원인이자 사유와 인식의 참된 조건이기 때문이다. 칸트는 인식 대상의 '가능한 조건'을 찾았지만, 그런 조건은 대상 자체의 내적 발생 과정을 서술한다기보다는 어떤 합의된 법칙의 일반적 타당성을 정당화하는 전제에 불과하고, 게다가 조건화된 인식 대상에 견줄 때 외연이 너무 크다. 만일 인식 대상과 일체를 이루는 실질적 조건을 찾아야 한다면, 그 조건은 강도적 요인들에 있다. 다시 말해서 본연의 모습에서 볼 때 존재자는 강도적 개체이고, 사유와 인식은 강도적 체험의 수준에서 처음 발생한다. 따라서 과학이 대상을 개념적으로 재현한다면, 철학은 대상을 강도적 본성에 따라 규명해야 하고, 사유와 인식의 절차를 그 강도적 본

들뢰즈 존재론의 기본 구도

성에 관계하는 주체를 중심으로 서술해야 한다. 아마 이 두 가지 과제가 초월론적 경험론을 규정하는 철학적 의도 자체일 것이다.

이 점을 생각한다면 들뢰즈의 철학에서 강도론이 차지하는 비중을 족히 실감할 수 있을 것이다. 사실 들뢰즈가 '즉자적 차이', '차이 그 자체'라 부르는 것은 개념 안에 정돈된 차이도, 개념으로 묶이지 않는 잡다성도, 이념 안에서 꿈틀대는 부차모순이나 미분적 차이도 아니다. 그것은 개념적 차이도 이념적 차이도 아닌 강도적 차이일 뿐이다. 이 강도적 차이가 이 책에서 말하는 '순수한 차이'고, 들뢰즈의 반복 이론도 이 순수한 차이(발산과 탈중심화)에 상응하는 반복(전치와 위장)을 대상으로 하고 있다. 곧 밝혀지겠지만, 우리가 앞에서 느슨한 의미로 끌어다 쓴 카오스모스라는 말도 원래는 강도적 층위의 이중적 성격을 지칭하기 위한 용어이다.

그렇기 때문에 들뢰즈의 존재론은 물론이고 이와 함께 가는 차이론, 반복론, 인식론, 토대론, 시간론, 주체론, 교육론 등도 강도론의 주위를 맴돌고 있는 형국이다. 예를 들어 『차이와 반복』 3장에서 펼쳐지는 새로운 인식능력 이론의 기초개념들, 가령 역설감, (인식능력의) 탈구적 사용, 균열된 나와 분열된 자아, 애벌레-주체, 잔혹성, 어리석음 등은 모두 강도적 사태의 체험이나 그 체험의 조건들을 서술하기 위해 고안된 개념들이다 ── 강도적 사태를 체험하기 위해서는 재현적 사유를 지배하는 공통감(모든 인식능력들의 조화로운 일치와 협력)이 파괴되어야 한다. 그 체험 안에서 부조화를 겪는 인식능력들은 저마다 자신만의 고유한 대상과 마주치지만, 그 마주침의 대상은 재현적 사유의 관점에서는 접근 불가능한 것이거나 역설적인 사태이다. 마찬가지로 정초, 근거, 바탕, 무-바탕, 근거와해 등과 같이 들뢰즈의 토대론을 형성하는 용어들도 모두 강도적 종합의 영역을 배경으로 하고 있으며, 이 책 2장에서 토대론과 함께 펼쳐지는 시간론과 수동적 종합 이론 전체도 강도적 종합의 영역을 지반으로 하고 있다 ─ 강도적 체계를 '정초'하는 첫 번째 시간의 종합(하비투스의 종합)은 다질적 요소들 사이에 짝짓기를 가져와 계열(살아 있는 현재)들을 낳고, 그 정초 아래의 항구적 '근거'를 만드는 두 번째 시간의 종합(므네모시네와 에로스의 종합)은 그 계열들 사이에 내적 공명을 가져와 안정된 체계(순수 과거)를 구축하지만, 그 근거 아래의 '바탕'은 그 계열들 밖으로 넘치는 어떤 강요된 운동을 통해 표면으로 상승한다. 그런 바탕을 형성하는 것은 세 번째 시간의 종합(죽음본능의 종합)이고, 이 바탕은 표면으로 상승하면서 계열들을 근거와해와 카오스 상태(미래)로 빠뜨리는 무-바탕이 된다.

들뢰즈가 자신의 철학을 긍정의 철학이라 즐겨 부르는 이유도 바로 여기에 있다(1장 5절 참조). 그 긍정은 강도적 차이가 일으키는 종합을 일컫는다. 앞에서 언급했던 것처럼 이념적 종합이 문제틀을 정립한다는 의미에서 실증적이라면, 강도적 종합은 그런 문제를 있는 그대로 받아들이면서 해결을 모색한다는 의미에서 긍정적이다. 긍정이란 정확히 강도적 차이소들 사이에 일어나는 '공명'의 사태이다(5장 4절 참조). 이런 긍정의 세계에서 차이소는 단순히 차이나는 것으로 그치지 않는다. 그것은 또한 다질적인 항들을 하나의 계열로 묶는 것, '차이짓는 것'이 되고, 어떤 차이소는 다시 그렇게 생산된 복수의 계열들 사이에 공명과 분절화를 가져오는 차이소, '차이짓는 차이소le différemment différent' '분화소'가 된다(2장 5절 참조). 들뢰즈적 의미의 신호는 이런 분화소가 일으키는 공명의 사건이다. 기호와 상징은 그런 사건을 가져오는 분화소, '어두운 전조'이며, 이 기호와 전조는 존재론적 사건의 두 반쪽에 해당하는 분화와 미분화를 하나로 엮고 있다는 의미에서 상징이다. 존재론적 의미의 상징, 대문자 상징은 미/분화différet/ciation이고, 이 상징의 두 반쪽을 벌리면서 잇는 주름(/)의 역할은 개체화와 극화의 몫이다. 들뢰즈가 말하는 강도적 종합은 이런 개체화와 극화의 주름운동을 가리킨다.

이런 강도적 종합을 가져오는 차이는 재현적 사유가 현실 속에서 표상하는 양적 제한이나 질적 대립도, 이념적 차이의 특성인 부차모순이나 미분적 차이도 아니다. 강도적 차이의 본성은 불균등성, 비동등, 비대칭, 계속되는 불일치dispars 등에 있다(5장 1절 참조). 이런 강도적 차이는 다질적인 항들을 묶어 계열들을 생산하고, 계열들 사이에 어떤 시공간적 역동성과 공명을 일으켜 체계를 낳는다. 하지만 체계를 낳는 이 운동은 이내 계열들 밖으로 넘치는 어떤 강요된 운동으로 이어져 다시 카오스의 상태로 돌아간다. 그런 의미에서 강도적 개체는 카오스모스의 체계이다. 말하자면 고유한 의미의 존재자는 강도적 개체이며, 이 개체는 다양한 계열들, 짝짓기, 시공간적 역동성, 공명, 강요된 운동, 카오스 등으로 이루어진 어떤 체계이다. 이 체계로서의 강도적 개체는 현실적 대상들의 실질적 뿌리이지만, 재현 가능한 형상을 지니지 않는다. 그런 의미에서 이 강도적 개체는 플라톤이 배제하려 했던 시뮬라크르, 허상(虛像)이다. 니체의 반플라톤주의적 전회의 마지막 귀결점이라 할 들뢰즈의 철학에서 허상은 가장 탁월한 의미의 존재자를 가리키는 이름이 된다(이상 2장 5~6절 참조). 허상으로서의 존재자, 그 강도적 개체는 존재의 바탕에서 휘몰아치는 카오스의 시험을 이겨내면서 일정한 규정성을 획득하지만, 또한 자신을 따라 올라오는 바탕에 다시 휘말려 결국 흩어져버린다.

강도적 개체가 어떤 체계라면, 이미 지적했던 것처럼 이념적 다양체는 어떤 구조이다. 아직 어떠한 질료성도 띠지 않고 다만 순수한 형식적 변이성만을 특징으로 하는 이 구조의 질서로 나아가기 위해서는 형식과학의 개념들을 징검다리로 삼아야 한다. 반면 강도의 세계로 나아가기 위해서는 에너지와 생명을 다루는 자연과학, 특히 열역학과 배아 발생학의 초보적 개념들을 교정하고 보완하는 길을 걸어야 한다. 이념적 다양체를 구성하는 미분비와 특이점들은 질료성을 띠지 않는다는 의미에서 전-개체적이라면, 강도적 세계에 등장하는 개체는 통합된 인격이나 능동적 코기토의 주체가 아니라는 의미에서 비-인격적 주체, 익명의 아무개이다. 사실 확고한 정체성을 획득한 인격체는 강도적 세계의 가혹한 환경 안에서는 살아남을 수 없다. 계열들 밖으로 넘치는 들끓는 차이와 강요된 운동을 견뎌낼 수 없는 것이다. 강도적 세계에 서식하는 것은 완성된 인격의 능동적 주체가 아니라 몸으로 사유하는 주체, 수동적으로 응시하고 종합하는 주체, 수동적 정념에 휩싸인 애벌레-주체들이다. 여기서 '나'는 균열을 겪고 있고 '자아'는 분열되어 있다.

들뢰즈는 이 애벌레-주체들이 겪어내는 사건을 어떤 드라마가 연출되는 과정으로 보고, 이를 극화(劇化)라 부른다. 이 극화는 이념적 다양체의 미분비와 특이점들이 강도적 요인들로 구현되고, 이 요인들이 다시 현실적 대상의 질과 연장들을 잉태하는 과정에 해당한다. 강도적 요인들은 어떤 순수한 시간과 공간을 분만하면서 잠재적인 것과 현실적인 것들 사이에 어떤 연속적 분화의 절차를 보장하지만, 이 강도적 시공간은 잠재적 층위에서 형성된 양화 가능성이나 질화 가능성과 구별될 뿐 아니라 현실적 차원의 시공간과도 다른 위상에 있다.(앞에서 지적한 것처럼 이 점에서 들뢰즈의 극화는 칸트의 도식화와 비교해볼 수 있다.) 그러나 강도적 요인들이 순수한 시간과 공간을 낳기 위해서는 먼저 어떤 깊이가 형성되어야 한다. 사물의 존재론적 깊이 자체에 해당하는 이 강도적 깊이는 이념-잠재적 층위의 순수 잠재력이 최초로 질료화되어 어떤 에너지 계열들이 등장하는 장소이며, 바로 여기서 개체화 요인들에 해당하는 어떤 공-간spatium과 거리, 또 어떤 가속과 감속이 형성된다. 이후 강도적 공-간과 거리는 다시 드라마를 형성하고, 가속과 감속은 리듬을 형성한다. 경험적 공간(연장extensum)이 형성되는 역동적 과정은

들뢰즈 존재론의 기본 구도

부분화(유기적 조직화)라 하는데, 드라마는 그런 부분화에 내재하는 순수한 공간성이며, 경험적 공간 이전의 지성적 공간(외연extensio)을 낳는다. 반면 경험적 질quale이 형성되는 역동적 과정은 질화(종별화)라 하는데, 리듬은 그런 질화에 내재하는 순수한 시간성이며, 경험적 질 이전의 지성적 질qualitas을 낳는다(이상 5장 3절 참조).

들뢰즈는 순수한 시공간적 역동성을 일으키는 이런 극화의 과정을 안-주름운동implication이라는 표현의 논리를 통해 다시 집약한다(5장 5절 참조). 이미 언급했던 것처럼, 강도적 차이를 가져오는 것은 어떤 비대칭성이자 불균등성이다. 이 불균등성은 두 사태를 구분짓는 어떤 선(線)을 만들게 되지만, 이것은 단순히 어떤 균열을 표시하는 선이 아니다. 그것은 단절선이라기보다는 오히려 두 사태를 나누면서 이어주는 어떤 주름pli이다. 강도적 차이는 불균등성과 비동등성이 낳는 이런 이중적 의미의 주름이고, 주름이라기보다는 오히려 주름 덩어리이다. 왜냐하면 그것은 고립된 어떤 것이 아니라 다른 주름들과 더불어 상호 침투적이고 상호 표현적인 관계에 있기 때문이다. 안-주름운동은 주름들 간의 이런 상호적 표현의 관계를 지칭한다. 즉 강도적 차이들 각각은 서로를 안으로 접어넣는 주름운동 속에 놓여 있다. 다시 말해서 하나의 강도적 차이는 다른 모든 차이들을 함축하면서 동시에 다른 모든 차이들 속에 함축된다.

하나의 강도적 차이가 다른 모든 차이들을 함축하는 한에서 비대칭적 종합은 순수한 긍정의 사건이다. 왜냐하면 그 종합의 역량이 가장 낮은 등급의 차이로까지 미치기 때문이다. 강도는 이미 서로 다른 강도 A와 A'의 종합이다(가령 우리가 어떤 물에 손을 넣을 때 느끼는 강도는 물의 강도와 손의 강도의 종합이다). 하지만 A는 다시 a와 a'의 종합이고, a는 다시 와 '의 종합이며, 이런 함축의 과정은 무한히 이어진다. 하나의 강도는 다른 모든 강도들을 함축하는 안-주름운동 속에 놓여 있고,

또 이 운동을 통해 강도는 개체화한다. 다시 말해서 '개체화하는 차이'가 되고, 앞에서 언급된 강도적 공-간은 이 개체화하는 차이의 다른 이름이다. 반면 개체화하는 차이는 다른 모든 강도들 속에 함축되는 한에서 '개체적 차이'가 되고, 앞에서 언급된 강도적 거리는 이 개체적 차이의 다른 이름이다. 함축하는 동시에 함축되는 강도는 개체화하는 동시에 개체적이고, 공-간을 낳는 동시에 거리를 낳는다. 그러므로 하나의 강도가 다른 강도들을 함축한다는 것은 일정한 거리를 지나 자기 자신으로 되돌아온다는 것과 같다. 함축하는 강도는 함축되고 있는 다른 강도들 속에 이미 함축되어 있고, 따라서 다른 강도들을 함축하면서 자기 자신을 다시 함축한다. 그런 의미에서 함축은 언제나 상호 함축이고, 상호적으로 함축하는 주름운동 속에서 강도적 긍정은 자신으로 향한 회귀이다(이상 5장 4~5절 참조).

영원회귀. 들뢰즈는 니체의 영원회귀를 이런 안-주름운동의 극치로 해석한다. 또 니체의 힘의 의지를 안-주름운동이 암시하는 비대칭적 종합으로, 다시 말해서 순수한 긍정에 해당하는 강도적 종합으로 해석한다. 강도적 개체가 탁월한 의미의 존재자라면, 이 존재자는 이제 힘의 의지이고, 이 힘의 의지는 다른 차이들을 긍정하는 차이, 다른 차이들을 차이짓는 차이소, 분화소이다. 분화소로서의 강도적 개체는 다시 자기 자신으로 복귀한다. 하지만 그것은 동일자의 자기 회귀가 아니다. 오히려 거꾸로 그것은 차이나는 것의 반복적 차이짓기이고, 오로지 그런 자격에서만 존재자들은 모두 같고 차이가 없다. 힘의 의지인 한에서 모든 존재자들은 영원회귀 안에서 동등하며, 그런 조건에서 존재의 목소리는 하나이다. 들뢰즈가 말하고자 하는 '차이와 반복'은 강도적 층위에서 안-주름운동을 통해 일어나는 차이와 반복이자 니체의 힘의 의지와 영원회귀를 통해 언명되고 있는 차이와 반복이다. (들뢰즈는 잠재적 층위의 차이와 반복을 힘의 의지와 영원회귀를 통해 설명하기도 한다.

이때는 힘의 의지는 어떤 명법으로, 영원회귀는 전-개체적 독특성들의 응축과 재취합으로 정의된다. 이에 대해서는 이 책 4장 6절 「반복, 특이한 것, 평범한 것」 참조. 하지만 힘의 의지는 차이의 상관항이고 영원회귀는 반복의 상관항이라는 점에서는 언제나 마찬가지다.)

이런 차이와 반복을 가져오는 안-주름운동은 다른 종류의 주름운동들을 이어가는 위치에 있다. 먼저 그것이 이어가고 있는 것은 강도적 깊이의 밑바탕에서 일어나는 온-주름운동complication이다. 다양한 주름들이 동시적으로 공존하는 상태를 말하는 이 주름운동은, 잠재적 층위의 순수한 잠재력들이 질료화되면서 형성한 다질적인 계열들이 서로 복잡하게 얽히는 국면을 가리키고, 이런 복잡성의 상태가 들뢰즈가 말하는 고유한 의미의 카오스이다. 이 카오스를 지배하는 것은 죽음본능이고, 미래는 언제나 이 죽음본능이 초래하는 강요된 운동과 근거와해에서 온다. 이런 혼돈에 찬 주름운동과 비교한다면, 안-주름운동은 어떤 분화소를 통해 주름들 사이에 어떤 짝짓기와 내적 공명이 일어나는 국면이고, 이 내적 공명을 통해 어떤 개체화의 장이 성립하는 과정이다. 개체화하는 차이(강도적 공-간)와 개체적 차이(강도적 거리)에 의해 구성되는 이 개체화의 장은 사물의 존재론적 바탕이지만, 이 바탕은 자신이 낳는 개체를 통해 표면으로 상승하고, 그렇게 개체화를 통해 상승하면서 온-주름운동의 혼돈을 표면으로 전달한다.

들뢰즈적 의미의 죽음은 그렇게 상승하는 바탕, 다시 말해서 생명체(개체)가 처음 태어난 그 개체화의 장으로, 그리고 다시 그 아래의 온-주름들로 되돌아간다는 것을 말한다. 하지만 이런 온-주름들도 역시 또 다른 주름운동을 계승하고 있다. 그것이 계승하는 것은 잠재적 층위의 막-주름운동perplication인데, 이것은 물음-문제들의 복합체인 이념적 다양체가 형성되는 과정, 다시 말해서 점진적 규정의 절차를 지칭한다. 막-주름운동은 부차모순을 이루면서 공존하는 미분적 차이소들이 규정성을 띤 문제들을 제기하는 과정, 실증성을 띤 (비)-존재가 정립되는 절차이다. 반면 막-주름운동을 계승하는 온-주름운동과 안-주름운동은 현실적 층위에서 밖-주름운동explication으로 이어진다. 그것은 곧 강도적 요인들이 현실적 대상을 구성하는 연장과 질들, 부분과 종들로 개봉되고 설명되는 과정이다. 이런 현실적 요소들을 통해 바깥으로 펼쳐질 때 강도적 층위의 주름들은 모습을 감춘다. 현실적 대상 안에서 강도의 주름들은 소멸하는 것같이 보인다. 하지만 주름운동은 계속된다. 계속되는 주름운동, 들뢰즈는 그것을 겹-주름운동réplication이라 부른다. 이는 강도의 주름들을 펼치면서 발생하는 현실적 존재자 안으로 그 주름들이 다시 봉인되는 과정을 가리킨다. 하지만 이렇게 봉인된 주름들은 잠재적인 것도, 현실적인 것도 아니다. 그것들은 실재적인 어떤 것이 아니라 다만 '가능한 것'에 불과하다. 겹-주름들은 현실적 대상의 존재론적 유래를 암시하는 실마리로서, 어떤 가능한 세계를 현시한다. 들뢰즈적 의미의 타인autrui은 우리의 심리적 세계 안에서 그런 겹-주름들을 봉인하고 있는 인물이다(5장 6절 참조).

우리는 이제까지 KAL 마크에 이르는 세 단계의 그림을 통해 들뢰즈의 존재론을 도식화하는 절차를 밟았다. 하지만 이 주름운동에 이르러서는 다시 새로운 그림을 그려야 할 것이다. 특히 막-주름, 온-주름, 밖-주름, 겹-주름 등이 영원회귀를 함축하는 안-주름과 이어져 있는 장면을 표상하기 위해서는 회전하고 있는 프로펠러를 떠올려야 할 것이다. 대한항공 마크는 힘차게 돌고 있다. 그렇게 돌고 있는 태극 마크가 존재자를 힘의 의지라 부르고 존재를 영원회귀라 부르는 니체-들뢰즈의 목소리를 대신하여 굉음을 내고 있다. 너무 어지럽고 시끄럽다고? 이런 독자라면 다른 종류의 동그라미, 어떤 알을 떠올려보시길 바란다. 그 평온해 보이는 동그란 알이 들뢰즈가 말하는 세계, 강도적 세계 자체를 대변하기 때문이다. "세계는 어떤 알이다." 거듭해서 이렇게 말하는 들

들뢰즈 존재론의 기본 구도

뢰즈의 관점에서 수정란은 우리가 직접 들여다볼 수 있는 가장 구체적인 강도적 세계, 더 정확히 말해서 개체화의 장이고, 그 알 속의 "배아야 말로 개체들 중의 개체, 자신의 개체화의 장 안에서 직접 만날 수 있는 개체이다. …… 배아는 일종의 환상, 어미 아비들의 환상이다. 모든 배아는 어떤 공상의 괴물, 원기(原基)로 기능할 수 있는 괴물, 종별화된 그 어떤 성체도 살아낼 수 없는 것을 견뎌낼 수 있는 괴물이다. 배아는 어떤 강요된 운동들을 끌어안고, 어떤 내적 공명들을 구성하며, 생명의 원초적 관계들을 어떤 드라마로 극화한다.……살아 있는 알은 이미 개체화의 장이고, 배아 자체는 여전히 순수한 개체이다. 또 그 알 속의 배아는 개체화가 현실화에 우선하고, 다시 말해서 종별화는 물론이고 유기적 조직화에도 우선한다는 사실을 증언하고 있다."(5장 5절 531~532쪽) 살아 있는 알은 이념적 질서가 강도적 에너지를 통해 물질화되고 있는 변신의 극장이다. 세계 전체는 그런 극장에 해당하는 알이고, 들뢰즈의 초월론적 경험론은 그런 알의 세계, 강도적 세계에 대한 탐구이다.

강도적 세계를 구현하고 대변하는 알, 이 알은 KAL 마크에 이르기 위해 우리가 그렸던 첫 번째 도형과 마찬가지로 둥근 모습이고, 그래서 이야기는 다시 처음으로 돌아온 셈이다. 하지만 태극문을 그리든 동그란 알을 그리든 『차이와 반복』의 세부 내용들을 모두 담기는 어려울 것이다. 우리의 단순한 그림들은 아직 많은 것을 생략하고 있다. 특히 2장에서 펼쳐진 시간론, 토대론, 수동적 종합 이론, 부분 대상 이론 등은 그 중요성에도 불구하고 충분히 언급되지 못했다. 이런 아쉬움을 다소나마 보충하자면, 이제 선명히 드러난 존재론적 세 층위를 서로 비교하는 절차를 가져보는 것도 좋을 것이다. 이런 비교를 되도록 빠르게 진행하기 위해서 재현-현실성의 층위는 상층, 강도-개체성의 층위는 중층, 이념-잠재성의 층위는 하층이라 부르도록 하자.

먼저 상층은 현상계이다. 반면 중층에 있는 것은 현상의 본체(누메나)이고, 하층은 어떠한 질료도 띠지 않은 이상적 세계이다. 상층은 연장과 질들을 특성으로 하는 현실적 대상들의 세계이다. 중층은 강도적 요인들(깊이, 공-간, 거리, 리듬, 드라마 등)의 세계이고, 하층은 이념적 다양체를 구성하는 미분비와 특이점들의 세계이다. 상층은 분석론의 대상이고, 중층은 감성론, 하층은 변증론의 대상이다. 상층의 차이는 개념적 차이인 반면, 중층의 강도적 차이와 분화소, 하층의 미분적 차이는 개념 없는 차이다. 하지만 이 개념 없는 차이, 개념 밖의 차이는 이념적이라는 의미에서, 또 존재자의 내면을 구성한다는 의미에서 내적 차이다. 상층의 종별화와 유기적 조직화에서 차이는 부정적이거나 결여의 사태로 간주된다. 하지만 중층에서 차이들은 긍정되어 공명을 낳고, 하층은 차이들을 문제로 일으켜 세우는 실증성의 세계이다. 상층의 부정적인 차이는 양적 제한과 질적 대립(상반성, 모순 등)으로 나타나지만, 중층의 긍정적인 차이는 비대칭과 불균등성이고, 하층의 실증적 차이는 공-가능성을 이루는 부차모순이다. 상층에서 사물은 중심을 향해 수렴하는 반면, 중층에서는 계열들이 발산하고 탈중심화하며, 하층에서는 이념적 다양체들이 n차원의 변이성을 띠고 있다. 상층에서는 질들의 종별화와 부분들의 합성이 일어나지만, 중층의 절차는 극화(劇化)이고, 하층의 절차는 점진적 규정이다. 상층은 유기적 조직화의 영역이지만, 중층에서는 체계들이, 하층에서는 구조들이 형성되고 있다. 상층은 분화와 현실화의 마지막 국면이고, 중층은 두 과정이 개체화로서 진행되는 단계이며, 하층은 그런 과정들을 준비하는 미분화(微分化)의 영역이다. 상층은 밖-주름운동과 겹-주름운동 속에 놓여 있지만, 중층은 안-주름운동과 온-주름운동 속에 있고, 하층은 막-주름운동 속에 있다.

상층에서 반복은 헐벗고 기계적인 반복인 반면, 중층에서는 옷 입고 가면을 쓴 반복(위장)이 일어나며, 하층의 반복은 누승적이다. 상층

들뢰즈 존재론의 기본 구도

의 반복이 대칭적이거나 수평적인 구도를 이룰 때, 중층의 반복은 비대
칭적이거나 수직적인 구도를 이루고, 하층의 반복은 급수적이다. 중층
에서 상층으로 올라가는 역량은 '결정적인 어떤 한 순간' 모두 구현되
는 반면, 하층에서 중층으로 올라가는 역량은 '매 순간' 다시 구현된다.
상층은 일반성을 띤 법칙이 지배한다. 그런 법칙을 정초하고 근거짓는
것은 중층이지만, 이 중층의 바탕은 개체화의 과정을 따라 다시 무-바
탕과 근거와해로 이어진다. 상층의 재현은 능동적 종합이고, 중층의 강
도적 세계는 주체에 대해 수동적 종합의 영역이며, 하층의 구조는 정태
적 종합의 영역이다. 상층에서는 분명 능동적 코기토가 주체이다. 하지
만 중층의 주체는 균열된 나, 분열된 자아, 익명인 아무개, 애벌레-주체
등이며, 아직 인격이 없는 이들은 하나같이 수동적 정념을 겪고 있다.
그렇지만 하층은 비인격적인 동시에 전-개체적 세계이다. 상층의 살아
있는 현재는 하비투스의 수축에 의해 정초되고, 중층의 순수 과거는 에
로스와 므네모시네에 의해 근거지어지며, 하층의 시간은 죽음본능에
의해 열리는 본연의 미래이다. 그러나 이때 죽음은 생명체의 유래인 강
도적 바탕(개체화의 장)으로, 강도적 깊이의 밑바탕에 있는 온-주름들로
복귀한다는 것을 의미한다. 상층의 시간은 수평선을 이루고, 중층의 시
간은 원환을 이루며, 하층의 시간은 자기 자신에 의해 이리저리 이끌리
는 구불구불한 선을 이룬다. 상층과 중층의 시간은 운동에 종속되어 있
지만, 하층의 시간은 운동과 무관하다. 하비투스는 반복에서 차이들 훔
쳐내고, 므네모시네의 반복은 공존하는 차이들을 포괄하지만, 죽음본
능은 차이들을 해방하는 동시에 선별한다. 상층은 양식과 공통감이 지
배하는 명석-판명한 지성의 세계이지만, 중층은 명석-혼잡한 감지(感
知)의 영역이고, 하층은 판명-애매한 무의식의 영역이다. 상층은 아폴
론적 개방성의 세계이고, 중층과 하층은 디오니소스적 개방성의 세계
이다. 상층은 일반성과 특수성으로 나뉘지만, 중층은 수축과 이완의 정

도로 나뉜다. 그러나 하층을 분류하는 기준은 독특성과 규칙성, 특이성과 평범성이다. 상층의 언어가 개념적 함축의 순서를 따르는 논리적 언어라면, 중층의 언어는 전제들을 받아들이면서 전복하는 익살(유머)이 되고, 하층의 언어는 기존의 전제들을 문제 상황에 빠뜨리는 반어(아이러니)의 형식을 띤다. 상층은 정착적 분배의 영역이고, 중층은 유목적 분배의 대지이며, 하층은 하늘이다.

3

이상이 거칠게 요약한 『차이와 반복』의 주요 내용이다. 하지만 이 책의 섬세함이나 깊이는 결코 이런 도식으로는 옮길 수 없을 것이다. 이 작품은 그 내용만이 아니라 형식에서도 특이한 면모를 보여준다. 데카르트나 루소의 저작들은 발견의 순서와 분석의 절차를 따르고, 스피노자나 칸트의 저작들은 논리적 순서와 종합의 절차를 따른다. 하지만 들뢰즈는 여기서 이도저도 아닌 제3의 길을 따르고 있다. 이런 경우에 사람들은 보통 나선형의 순서라고 대충 얼버무리기도 하지만, 정확히 말하자면 이 책은 강도적 종합의 순서를 따른다고 해야 할 것이다. 이미 서론에 마지막 부분의 내용이 들어와 안-주름들을 만들고, 각각의 부분들마다 전체의 내용이 반향을 일으키고 있기 때문이다. 이 책을 처음 여는 독자는 첫 대목부터 어떤 주름운동 속에 놓여 있는 재빠른 문장들 앞에서 강렬한 인상을 받을 것이다. 하지만 동시에 애매한 개념들이 혼잡하게 난무하고 있다는 느낌도 받기 십상이다. 적어도 내 자신의 경험에 비추어 볼 때는 그렇다. 남들이 어렵다고 내팽개친 철학 책들을 별 불만 없이 읽곤 했던 나로서도 들뢰즈의 이 저서 앞에서 느낀 처음의 당혹감은 예외적이었다. 두세 번 반복해서 읽은 다음에야 겨우 번역

들뢰즈 존재론의 기본 구도

할 용기를 얻을 정도였으니까.[4]

머리말에서 들뢰즈는 이 책은 결론만 잘 읽어도 충분하다는 식으로 말하고 있지만, 이 말을 액면 그대로 받아들인다면 낭패를 볼 것이다. 결론은 분명 이 책 전체의 주요 내용을 반복하고 압축하고 있다. 그러나 이 반복의 유희를 이해하고 거기서 펼쳐지는 주름운동을 즐기기 위해서는 앞 부분들에 대한 충분한 독서가 있어야 할 것이다. 푸코의 지적처럼 이 책은 각 부분들마다 매번 새로운 장면의 무대를 연출하고 있는 "철학 극장"에 비유될 수 있다.[5] 이런 비유는 각 부분들이 어떤 완결된 줄거리의 이야기를 펼쳐나가고 있어서 전체를 고려하지 않더라도 그 나름대로 읽을 만한 가치가 있다는 뜻으로 받아들여도 좋다. 하지만 각기 완결된 부분이나 계열들이 어떻게 짝을 맺고 공명하는지, 그런 공명을 가져오는 우발점은 어디에 있으며, 그 우발점에서 시작된 '강요된 운동'은 어떻게 그 계열들 밖으로 넘치는지 등을 헤아릴 때만 우리는

---

4 번역 과정에서 애매한 대목에 부딪히고 적절한 번역어를 찾기 어려울 때마다 역시 외국어 판본들을 들추어보지 않을 수 없었다. 하지만 Paul Patton의 영어 번역본 *Difference and Repetition*(New York: Columbia University Press, 1994)은 도움이 되지 않은 것은 아니었지만, 가끔 오역이 눈에 띨 뿐 아니라 역주며 색인이 전혀 없어서 허술하다는 느낌을 받았다. Joseph Vogel의 독일어 번역본 *Differenz und Wiederholung*(München: Wilhelm Fink, 1992)은 신뢰감을 주어 프랑스어 원본과 꾸준히 대조해 읽어가면서 많은 도움을 얻었지만, 역주가 그리 많지 않을뿐더러 수학과 자연과학에 관련된 대목들에 대해서는 아무런 역주가 없었다. 몇몇 학생들의 도움을 받아 간접적으로나마 참조할 수 있었던 財津理의 일본어 번역본 『差異と反復』(東京: 河出書房新社, 再版 1993)은 공들인 흔적이 뚜렷했으며 상세하고 풍부한 역주를 달고 있어서 감탄을 자아냈는데, 특히 4장의 전문 용어 번역과 역주 작업에 무척 긴요한 도움을 주었다. 하지만 원문의 번역은 직역에 치우쳐 딱딱하고 난삽한 문장이 아닌가 한다. 이상의 외국어 판본과 비교할 때 이번의 한국어 번역본이 지닌 변별적 특징은 가독성의 배려에 있다고 하겠다. 적어도 옮긴이가 원서를 읽으면서 겪었던 시행착오들을 한국의 독자가 되풀이하지 않도록 노력하자는 것이 원문 번역이나 역주 작업의 첫 번째 원칙이었다. 그 밖에 부록으로 첨부한 들뢰즈 연보는 Friedrich Balke, *Gilles Deleuze*(Frankfurt am Main: Campus Verlag, 1998), 181~185쪽을 참조하여 작성했음을 밝혀둔다.
5 Michel Foucault, "Theatrum philosophicum", *Critique*, 282호(1970년 11월), 885~908쪽.

이 책을 완전히 읽었다고 자부할 수 있을 것이다.

이 작품이 어떤 체계를 이루고 있다면, 그것은 아마 들뢰즈적 의미의 강도적 체계일 것이다. 하지만 관점을 달리한다면 이 책은 인체의 모습을 하고 있는 듯한 느낌을 준다. 가령 서론(「반복과 차이」)은 머리에 해당하고, 1장(「차이 그 자체」)과 2장(「대자적 반복」)은 두 팔에 해당할 것이다. 또 3장(「사유의 이미지」)은 가슴에, 4장(「차이의 이념적 종합」)과 5장(「감성적인 것의 비대칭적 종합」)은 배에, 결론(「차이와 반복」)은 두 다리에 해당할 것이다. 따라서 이 책의 앞부분이나 뒷부분만을 읽는다면 들뢰즈 철학의 외양은 어느 정도 식별할 수 있을지 모르겠지만, 그 내장을 들여다보기 위해서는 4장과 5장을 자세히 뜯어읽어야 할 것이다.

들뢰즈는 철학사 전체를 자신의 관점에서 재편하고 당대의 급진적 사유를 적극적으로 수용하여 철학의 변형을 꾀했다는 점에서 20세기의 헤겔이라 할 수 있다. 『차이와 반복』은 협소한 전공에 매몰되기 쉬운 오늘날의 연구 풍토에서도 새로운 철학은 여전히 학문들 간의 경계를 뒤흔들 만한 역량에서 탄생한다는 사실을 말해주는 중요한 사례이다. 이런 점과 관련해서 어떤 독자는 철학과 수학이 만나는 대목에 경탄하고 어떤 독자는 시와 문학작품들을 자유롭게 끌어들이는 대목에 찬사를 보낼 테지만, 개인적으로는 2장의 4절이 인상적이었다. 해당 장 앞부분에서 개진된 시간론과 수동적 종합 이론을 정신분석의 영역에서 반복하면서 심화시키는 대목인데, 현대 인문학의 새로운 지반이자 아직도 개척해야 할 대륙으로 남아 있는 무의식의 세계를 자신의 철학적 개념들을 동원하여 깔끔하게 재해석하는 작업은 일품이다.

사실 철학이 인간 사유의 범위를 개척하고 확장해가는 전위적 위치를 차지하는 시대가 없었던 것은 아니지만, 철학은 보통 다른 분야에서 이미 성취된 사유의 높이를 다시 따라잡는 노력을 통해 새로운 이정표를 세워왔다. 오늘날에도 정신분석은 물론이고 인접 학문과 예술은 기존의 인식론적 범주들이나 존재론적 구도로서는 해명하기 힘든 대단히 복잡한 현장에서 씨름하고 있다. 이미 우리를 둘러싼 정치경제학적 현실 자체, 이 현실의 핵을 이루는 자본-기술의 결합체는 웬만한 철학으로는 감당할 수 없는 괴물로 변신한 지 오래이다. 그만큼 포괄적이고 높은 수준의 사변 능력이 요구되는 시대임을 말해주고 있는 것인데, 아직도 허물이 많을 이 번역서를 세상에 내놓으면서 현실이 일으키는 가파른 관념의 파고를 넘어야 하는 많은 사람들에게 때때로 유용한 도구가 될 수 있기를 희망해본다. 끝으로 지난 수년간 대학원 강의에 참여하면서 이런저런 방식으로 번역 작업을 도왔을뿐더러 그 누구보다 이 책의 출간을 기다리고 있을 서울대학교 철학과 프랑스철학 전공 학생들에게 고마운 마음을 전한다.

2004년 2월 20일
김상환

찾아보기

|인명|

|용어|

김상환

1960년생. 연세대 철학과에서 공부한 후 프랑스 파리 4대학에서 『데카르트적 코기토와 비데카르트적 코기
토』(1991)로 철학박사 학위를 받았으며, 현재 서울대학교 철학과 교수로 재직하면서 프랑스 철학을 강의하
고 있다. 저서로는 『해체론 시대의 철학』(1996), 『예술가를 위한 형이상학』(1999), 『풍자와 해탈 혹은 사랑
과 죽음: 김수영론』(2000), 『니체가 뒤흔든 철학 100년』(공저, 2000), 『니체, 프로이트, 마르크스 이후』
(2002), 『라캉의 재탄생』(편저, 2002) 등이 있으며, 그 밖에 데카르트와 데리다에 관련된 많은 논문을 발표
했다.

현대사상의 모험 13
차이와 반복

1판 1쇄 펴냄 2004년 3월 20일
1판 26쇄 펴냄 2024년 5월 29일

지은이 질 들뢰즈
옮긴이 김상환
발행인 박근섭·박상준
펴낸곳 **(주)민음사**

출판등록 1966. 5. 19. 제16-490호
주소   서울특별시 강남구 도산대로1길 62(신사동) 강남출판문화센터 5층 (06027)
대표전화 02-515-2000 | 팩시밀리 02-515-2007
홈페이지 www.minumsa.com

한국어 판 © **(주)민음사**, 2004. Printed in Seoul, Korea

ISBN 978-89-374-1613-2 (94160)
        978-89-374-1600-2 (세트)

* 잘못 만들어진 책은 구입처에서 교환해 드립니다.